对外经济贸易大学校志
（2000—2010）

对外经济贸易大学校志编委会 编

对外经济贸易大学出版社
中国·北京

图书在版编目（CIP）数据

对外经济贸易大学校志．2000～2010／对外经济贸易大学校志编委会　编．—北京：对外经济贸易大学出版社，2011

ISBN 978-7-5663-0004-1

Ⅰ．①对…　Ⅱ．①对…　Ⅲ．①对外经济贸易大学－校史－2000～2010　Ⅳ．①G649．281

中国版本图书馆CIP数据核字（2011）第081391号

对外经济贸易大学校志（2000—2010）

对外经济贸易大学校志编委会　**编**

责任编辑：朱成器

对外经济贸易大学出版社

北京市朝阳区惠新东街10号　　邮政编码：100029

邮购电话：010－64492338　　发行部电话：010－64492342

网址：http://www.uibep.com　　E-mail：uibep@126.com

唐山市润丰印务有限公司印装　　新华书店北京发行所发行

成品尺寸：185mm×260mm　　50.5印张　　1172千字

2011年8月北京第1版　　2011年8月第1次印刷

ISBN 978-7-5663-0004-1

定价：190.00元

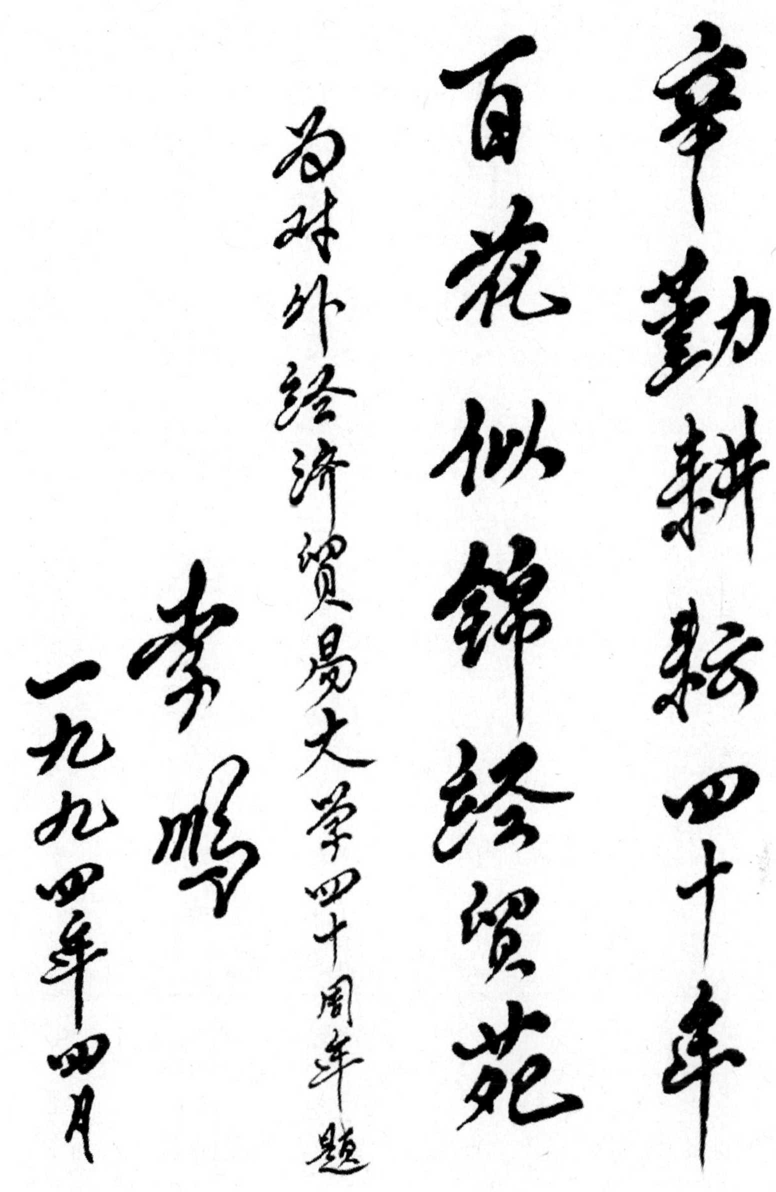

原全国人大常委会委员长、原国务院总理李鹏同志题词

进一步提高教学质量，深化改革，為把對外經濟貿易大学办成國内國際上的第一流大学而奋斗。

李岚清

一九九〇年六月廿五日

原国务院副总理李岚清同志题词

辛勤耕耘四十年，经贸大学为我国经贸事业培养了大量优秀人才，成就斐然，特致祝贺。

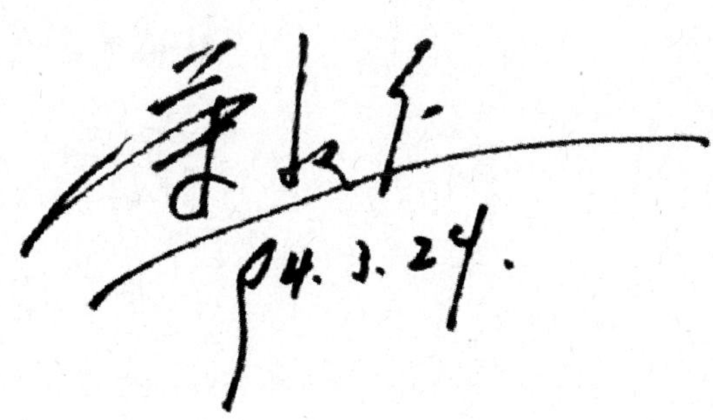

原国家副主席荣毅仁同志题词

坚持改革开放
培养经贸人才

田纪云
一九九一年六月廿九日

原全国人大常委会副委员长田纪云同志题词

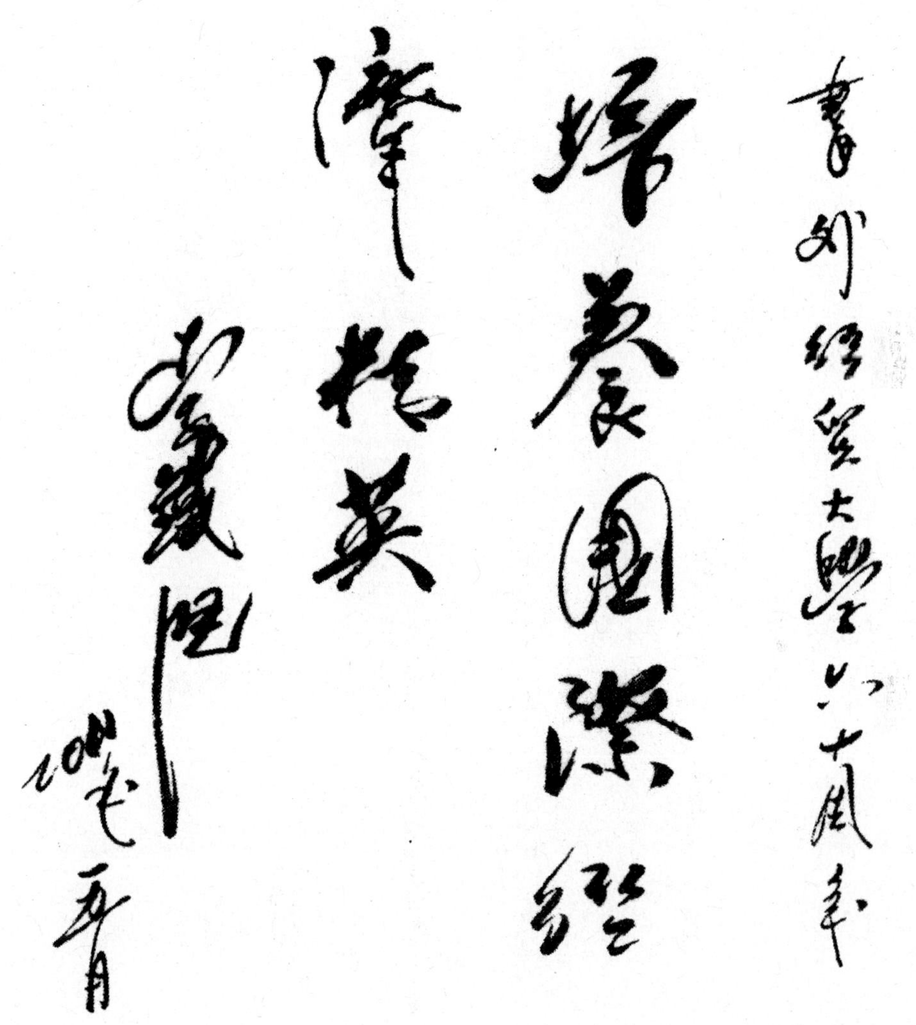

原全国人大常委会副委员长李铁映为学校建校 60 周年题词

殷实的足迹
經貿的搖籃

为对外经济贸易大学建校四十周年题词

吴仪

一九九一年九月

原对外贸易经济合作部部长、党组书记吴仪同志题词

《对外经济贸易大学校志（2000—2010）》编委会

各单位供稿人名单

单位	供稿人	单位	供稿人
党委办公室	高　媛	学术刊物部	于友伟
校长办公室	孟令冬	图书馆	齐晓航
组织部	李航敏	出版社	陈　曦
统战部	武丹丹	网络与教育技术中心	金　玮
宣传部	匡卫平	国际学院	伍爱凤
学生工作部（处）	王小楠	继续教育学院	许子春
校团委	陈彩优	远程教育学院	李　爽
工会	沈思言	国际经济贸易学院	薛荣久
学科建设办公室	王报平	法学院	阎丽鸿
人力资源处	杨洪义	金融学院	王春蕾
财务处	张　洁	国际商学院	汪　洋
监察处	张志群	英语学院	李　争
审计处	邓　婧	外语学院	徐天鹏
教务处	王志宁	信息学院	刘建军
研究生部	周晶晶	公共管理学院	邵　鹏
科研处	张　瑞	保险学院	许海军
保卫处	刘　洁	中国语言文学学院	蔡少薇
离退休人员工作处	朱忠田	国际关系学院	霍伟岸
资产管理处	陈怡琴	国际经济研究院	俞雄飞
基建处	王红伟	中国世界贸易组织研究院	孙　娜
后勤管理处	鲁　萍	思想政治理论课教学科研部	张玉新
国际合作交流处	项　洁	高级研修学院	廖　建
国际商务汉语教学与资源开发基地	宋　扬	体育部	皮天仪
就业指导中心	李　璐	人文科学系	荣　真
校友会（校董会、教育基金会）	丁激中 苏隆中	人文与社会科学学院	霍伟岸
档案馆	侯英杰	人文与行政学院	郑俊田
关心下一代工作委员会	吴兴旺	海关系	郑俊田

序

施建军

2011年是对外经济贸易大学六十华诞，作为校庆工作的重要内容之一，学校组织力量编撰《对外经济贸易大学校志（2000—2010）》。经过编写人员的辛勤努力，校志完稿，即将付印。应邀为之作序，欣然命笔。

盛世修史，懿年纂志。编写学校校志，对于积累和保存学校历史文化、研究教育现状、促进和谐社会建设有着极为重要的现实意义和深远的历史意义，是承上启下、继往开来、服务当代、有益后人的千秋大业。2000—2010年，是对外经济贸易大学发展史上的一个全新时期，《对外经济贸易大学校志（2000—2010）》，对2000年至2010年十年间学校跨越式发展取得的突出成就进行了全面总结，它的编撰出版，是学校发展史上的一件大好事，可喜可贺！

对外经济贸易大学是为了我国对外贸易事业的发展而成立的。学校顺应国家改革开放的大潮不断发展壮大，形成了“博学、诚信、求索、笃行”的校训，为国家培养了一大批优秀的外经贸人才，1998年被批准为国家重点建设的“211工程”高校，为新世纪的发展奠定了坚实基础。

2000年2月，国务院批准原中国金融学院与原对外经济贸易大学合并，成立新的对外经济贸易大学。学校以新的面貌进入新世纪，在新的时期实现了新发展，顺利完成了两校实质性合并。先后实施了“十五”、“十一五”规划，学科建设取得了突破性进展，人才强校战略成效显著，国际化特色更加鲜明；学术研究硕果累累，本科教学评估取得优秀；招生与学生就业稳居高校前列，办学实力大大增强，服务社会功能日益显现。学校整体面貌焕然一新，国内外知名度显著提高。

《对外经济贸易大学“十二五”发展规划》即将实施，全体贸大人将以贯彻科学发展观和构建和谐社会为统领，坚持走科学发展、内涵发展、特色发展、现代化发展之路，经过五年的努力，要把学校建成整体办学实力和主要指标居于同类大学前列、国际化水平领先的国内知名大学；到2020年，力争把学校建成国际竞争力、影响力显著增强的国际知名有特色高水平大学。

古人说："前事之不忘，后事之师。"《对外经济贸易大学校志（2000—2010）》，记录了学校于新世纪奋勇前进的足迹，蕴涵着一代新贸大人的办学精神，是学校事业可持续发展可资借鉴的一部宝典。我们要从历史中汲取营养和智慧，认识和把握今天教育发展的规律，进而创造明天伟大的事业。

接力传承，再续华章。在学校六十华诞来临之际，让我们一起翻开历史画卷，共享昔日荣光，憧憬明朝辉煌；传承学校精神，弘扬学校文化；打造宏伟蓝图，谱写新的篇章！

二〇一一年七月

目　　录

第三篇 教学工作

第四篇　学术研究

第五篇　图书、出版、网络与教育技术

第六篇　国际交流与合作

第七篇　中国共产党、民主党派和群众团体

第八篇　教职工与学生

第九篇　行 政 管 理

第十篇　学院、研究院、教研部

概　　述

2000－2010 年，是对外经济贸易大学发展史上的一个全新时期。2000 年 2 月，国务院批准原中国金融学院与原对外经济贸易大学合并，划归教育部管理。合并后，学校确定使用对外经济贸易大学的校名。2000 年 6 月 21 日，两校合并大会召开，以此为开端，新的对外经济贸易大学，以新的面貌进入新世纪，在新的时期实现了新发展。

一、战略阶段定方针，发展步伐求跨越

2000 年 6 月至 2010 年 12 月，经上级任命或民主选举，学校先后组成三届党政领导班子。学校实行党委领导下的校长负责制，校党委认真贯彻党的基本路线和教育方针，坚持社会主义办学方向，坚持党对高校的领导，总揽全局，协调各方，坚持发展是第一要务，在学校改革发展进程中切实发挥领导核心作用。

十年间，对外经济贸易大学经历三个发展阶段。第一阶段：两校实质性合并，实施“十五”规划；第二阶段：贯彻第十次党代会决策，实施“十一五”规划；第三阶段：第十一次党代会召开后，进入“十二五”发展新阶段。校领导班子科学进行各阶段战略决策，领导和组织师生员工，推进学校事业不断发展。

1. 学校合并顺利完成，“十五”规划全面实施

2000 年，原两校合并的准备工作稳步进行。2001 年 3 月，党委常委会批准颁发关于机构设置和学科整合、院处级干部任免等系列文件，实质性合校工作全面有序进行。至 2001 年 8 月底，合校各项任务完成。自 2001 年 9 月新学期起，全校各项工作统一组织开展。2010 年 12 月 28 日，合校后的首次教职工代表大会和工会代表大会召开。两校实质性合并的完成，为学校事业发展奠定了稳定基础。

2001 年 6 月，党委常委会通过《对外经济贸易大学“十五”事业与学科发展规划》。规划确定的办学原则是：以质取胜，追求卓越，追求精品，以教学和科研为中心，以人才培养为根本，突出办学特色，走内涵式发展道路。

2001 年 9 月，对外经济贸易大学建校 50 周年庆典隆重举行。至此，学校设有 11 个学院、一个直属系、3 个直属教学部，本科专业 22 个、专科 11 个、硕士点 13 个、博士点 2 个。在校全日制本科、专科、研究生 8 000 多人，成人教育生 1 万多人，来华留学生突破 500 人，专任教师 656 人。

“十五”期间，办学规模显著扩大，办学层次稳步提升。至 2006 年 9 月，学校设 14 个学院、2 个直属系以及研究生部和体育部，有 25 个本科专业、37 个硕士点、2 个专业硕士学位点、1 个一级学科博士点和 14 个二级学科博士点、2 个博士后流动站、1 个国家人文社会科学研究基地、1 个北京市人文社会科学研究基地、2 个国家重点学科、2 个北京市重点学科。全日制学生 1 万多名，其中本科生 6 334 名、硕士和博士研究生 3 130 名，来华留学学历生 803 名；教师 721 人，其中具有正高级专业技术职务的 136

人、副高级专业技术职务的 298 人。

2. 第十次党代会确定战略大计，“十一五”事业发展取得新突破

2005 年 7 月，中共对外经济贸易大学第十次代表大会召开，学校进入事业发展新阶段。第十次党代会确定以学科建设为龙头、实现学校跨越式发展的战略方针，强调要坚持以人为本、以优取胜、国际化办学、大力服务社会的办学原则。

2006 年 2 月，学校“十一五”规划正式实施。2006 年 2 月至 2010 年 6 月，校党委会先后 8 次召开全体会议，就学校的办学指导思想、学科建设、本科评建、和谐校园建设、优势学科创新平台筹建、党的先进性建设和深入学习实践科学发展观活动等重大问题作出重要决策，破解学校发展难题。2008 年 12 月，学校在教育部指导下主办第二届高水平特色型大学发展论坛年会，校领导在年会上进一步阐述了特色办学的战略构想。

在全校努力下，“十一五”事业发展取得新突破。至 2010 年 7 月，学校设 15 个独立二级学院、2 个直属教学部和研究生部；有国家级重点学科 2 个、国家级人文社会科学重点研究基地 1 个、国家级战略研究培育基地 1 个、北京市人文社会科学研究基地 1 个、北京市重点学科 6 个；设一级学科博士点 4 个、二级学科博士点 30 个、博士后流动站 2 个、一级学科硕士点 7 个、二级学科硕士点 54 个、专业硕士学位授权点 9 个、本科专业 34 个；全日制学生 1.4 万多人，其中本科生 8 000 多人、硕士和博士研究生 3 700 多名，来华留学生 2 800 多名；教职工 1 500 余人，其中专任教师 780 余人，具有正高级专业技术职务的 158 人。

3. 第十一次党代会作出科学发展新决策，踏上建设有特色高水平大学新征程

2010 年 7 月，中共对外经济贸易大学第十一次代表大会召开，大会确定坚持科学发展、内涵发展、特色发展、现代化发展的战略原则，提出把学校建成国际竞争力、影响力显著增强的国际知名有特色高水平大学的目标。校党委强调坚持发展是第一要务，改革是第一出路，创新是根本动力，科学制定“十二五”事业发展规划，建设高水平特色学科体系，打造高水平人才队伍，培养高素质国际化创新人才，提升科研能力和服务水平，探索和建立现代大学制度，增强学校核心竞争优势，推进国际化深入发展。

根据学校第十一次党代会的决定，学校“十二五”规划的编制工作于 2010 年 7 月正式启动。

二、学科建设为龙头，办学实力上台阶

十年来，学校以学科建设为龙头，不断提升办学层次，大力增强竞争实力。学科建设的主要内容是：以“211 工程”建设、国家优势学科创新平台申建、学科和专业授权点申报等为重点，以科研创新为重要支撑，整合全校资源，组织骨干团队，优化布局，提升层次，提高整体实力。

1. 战略决策明确及时

自 2004 年上半年开展学科建设大讨论起，学校加强对学科建设新战略的谋划。2005 年 7 月，学校第十次党代会明确提出学科建设是学校事业发展的关键，是学校各

项工作的龙头。此后，学科建设方案不断细化，相关措施不断强化。2006 年 2 月，党委十届二次全会提出学科建设的阶段性任务和目标。2006 年 8 月，党委十届三次全会进一步明确学科建设的战略主攻方向和主要措施。2007 年 3 月，党委十届四次全会再次提出为有效推进学科建设尽快制定学科建设和师资队伍建设规划的行动方案的要求。2008 年 3 月，党委十届五次全会作出申报创建国家优势学科创新平台的决定。

2. “211 工程”建设全面推进

2002 年 4 月，学校“211 工程”“九五”时期建设项目通过教育部专家组复核评估，受到高度肯定。

2002 年 11 月，学校召开“211 工程”二期建设动员大会，“211 工程”二期项目正式启动。2006 年 6 月，教育部专家组对学校“211 工程”“十五”时期建设项目进行整体验收，予以通过，赞誉学校学科建设工作“有特色、有创新、有影响”。

2008 年 9 月，学校“211 工程”三期项目正式启动，三期项目包括重点学科建设、创新人才培养、师资队伍建设等方面的项目与重大课题，其中重点学科建设分为 4 个子项目。

3. 学科和专业点建设取得重大突破

2001 年，学校国际贸易学、国际法学（国际经济法）两个学科被批准为国家级重点学科，实现了在国家级重点学科建设上零的突破。

“十五”期间，学校设立 2 个博士后流动站，企业管理学和金融学成为北京市重点学科，增加一级学科博士学位授权点 1 个、二级学科博士学位授权点 12 个、一级学科硕士学位授权点 4 个、二级学科硕士学位授权点 8 个、增设本科专业 3 个。

2006 年，学校获得应用经济学一级学科博士学位授权，民商法学、企业管理（含财务管理、市场营销、人力资源管理）二级学科博士学位授权，法学、外国语言文学、工商管理一级学科硕士学位授权。

“十一五”期间，学科水平稳步提升，学科结构和布局进一步完善。新增 1 个一级学科博士点、2 个二级学科博士点、4 个一级学科硕士点、7 个专业硕士点（翻译硕士、国际商务硕士、保险硕士、金融硕士、会计硕士、资产评估硕士、公共管理硕士）、本科专业 10 个；新增 4 个北京市级重点学科（含 1 个一级学科），11 个专业成为国家级特色专业，评选出 12 个校级重点培育学科，初步形成了三级重点学科建设体系。

2010 年，学校积极组织力量为申报理论经济学、法学、工商管理一级学科博士学位授予权点与理论经济学、政治学、公共管理一级学科硕士学位授予权点做了扎实的工作，以上学科点于 2011 年 3 月获得国务院学位委员会批准。

4. 科研创新成果丰富

2002 年 12 月，学校召开科研工作会议，提出改进科研管理体制、强化科研工作考评、加大科研投入的方针和措施。2004 年 4 月，颁行《教师科研工作量考核暂行办法》。2005 年以来着力优化体制，加强创新平台、创新团队建设，组织申报高级别科研项目与课题。2006 年 12 月的科研工作研讨会进一步明确了科研工作的重点任务。此后，学校出台系列文件，加强对重点研究基地、非实体科研机构、学术交流、优秀科研成果、学生科研创新、青年教师科研启动项目、学术创新团队、特色科研项目、重大项目预研基金等工作的支持和管理。

“十五”期间，学校科研水平整体提高。校拨科研经费1 569万元，重点学科建设、重点课程建设和专项科研等资金总额约3 500万元；获得国家社科基金、国家自然科学基金、教育部社科规划基金等纵向研究课题82项，横向合作研究项目105项，从校外获得项目资助经费1 788万多元；教师出版专著比“九五”期间增长1.2倍，发表论文比“九五”期间增长51%，在国际上发表论文150多篇，1项研究成果获国家级科研奖励，37项获省部级科研奖励，新增1个国家人文社科重点研究基地、1个北京市哲学社会科学重点研究基地，校科研处被教育部评为先进科研处。

“十一五”期间，科研管理优化，科研成果大大超过既定目标。SCI、SSCI、A&HCI收录期刊发表论文86篇，48项研究成果获省部级以上科研奖励；承担国家级科研课题92项，其中重大项目2项；省部级纵向科研课题148项，其中重大攻关项目1项，实现历史性突破；横向课题306项；除“211工程”专项经费外，获得各类科研经费6 422万元，年均增长50%。新增1个国家级战略研究培育基地，创立了4个跨学科虚拟研究平台，学术机构进一步完善。

三、教学质量高水准，人才培养重精英

十年来，学校以先进的教育思想为指导，不断深化教学改革，探索人才培养新模式，提高教学管理水平，改善教学条件，教学质量不断提高，逐步形成了鲜明的人才培养特色。

1. 树立现代教育理念

面对新世纪高等教育改革发展的新形势，学校在认真学习贯彻党和国家关于教育工作的方针政策的过程中，紧密联系实际，更新教育观念，确立符合社会需要和学校特点的人才培养理念。2001年11月至2002年1月开展首次全校教育教学思想大讨论，明确提出以教学改革、制度创新来提高人才培养质量，提高学校的国际竞争能力。2007年3－5月开展第二次大讨论，明确创新教学模式的任务。2009年10－12月开展第三次大讨论，进一步明确人才培养定位和人才培养规格，提出坚持精英教育理念，培养高素质、创新性、国际化的未来领军人才，从教学思想、教学理念、教育手段、教学方法和教学条件等方面全方位推进教学改革。

2. 教学改革不断深化

2000年以来，学校深入贯彻《中共中央国务院关于深化教育改革全面推进素质教育的决定》，出台一系列深化教育改革、提高教育质量的方案。

在本科教学方面，2000年4月启动校级基础课程建设，7月推广多媒体教学方法。2001年9月实施教学督导制度，12月起修订新一轮教学计划，调整培养方案。2002年2月网上教学管理系统投入使用，6月实施本科生指导教师制度，7月推出定向培养人才的“民生班”，9月出台本科生第二课堂学分制度，试行学生自选专业和专业方向制度，进一步完善主辅修制并扩大辅修专业范围。2003年8月出台《关于允许本科生跨学院（直属系）转专业的暂行规定》，10月网络教学辅助系统（TAS）正式运行。2004

年4月出台“全外语教学”和“双语言教学”管理办法，大力推进全外语、双语教学，到2010年全校常年开设双语课程50多门，其中7门为国家级双语教学示范课程，排名全国前列。2004年出台本科生科研创新活动管理办法，2009年予以修订，加大对本科生科研的支持力度。2005年起设立“荣誉学士学位实验班”，探索培养特殊优秀人才的新模式。2007年进一步完善弹性学制，本科生可以跨年度、跨学院、跨专业自主选课、选教师、选时段、选进程。2008年校教务处被评为北京高校先进教务处。

在研究生教学方面，2000年6月29日，学校召开新世纪首届研究生培养工作会议，提出深化改革、提高研究生培养质量的战略方针。2000年11月通过教育部MBA教学合格评估。2001年4月出台新的研究生培养方案，印发关于加强和改进研究生教学工作的意见，开展研究生课程建设方案的修订，进行学位点建设评估试点。2002年起，坚持开展研究生课程教学质量评估工作。2002年4月，研究生教育教学立项工作展开，学校设立专项资金，支持和鼓励广大教师、科研和管理人员积极开展研究生教育教学改革与探索。2003年起，定期开展学院研究生培养工作评估、研究生学位课程抽查评估工作。2004年，研究生教学辅助平台（BB平台）正式运行。2007年，开始招收硕博连读研究生，提高博士生的整体科研水平。2007年8月启动中外联合培养研究生项目，大力推进研究生的国际化培养工作。2007年10月，实行教学督导制，进一步加强对研究生教学质量的监督指导工作。2008年底，成为首届北京高校国内外联合研究生培养基地。2009年7月召开研究生培养管理工作会议，进一步推进研究生培养管理制度的改革。2009年出台优秀博士论文培育和资助制度。2009年校研究生部被评为北京地区学位与研究生教育管理先进集体。

3. 以优异成绩通过本科教学评估

2002年6月，学校决定开展迎接教育部本科教学水平评估的建设工作，9月正式启动本科教学评建。2006年8月校党委十届三次会议就本科评建冲刺阶段的工作进行部署。

2006年10月16－20日，教育部评估专家组正式对学校进行评估。专家组充分肯定了学校的办学风貌和办学思路，充分肯定了学校在学科建设、师资队伍建设、教学条件、教学改革、教学管理、校园文化等方面所做的工作和取得的成绩。经教育部确定，学校本科教学工作水平评估结果为优秀。

2006年12月召开本科教学工作水平评估总结暨整改工作部署会。至2007年10月，按照本科教学评估整改工作方案，分准备、实施、验收总结三个阶段进行了整改工作并顺利完成任务。

4. 实施本科教学改革和质量工程

2007年3月7日，学校召开教学工作会议，对贯彻落实教育部《关于实施高等学校本科教学质量与教学改革工程的意见》和《关于进一步深化本科教学改革全面提高教学质量的若干意见》作出部署，正式启动“质量工程”。根据“质量工程”方案，在专业结构调整与专业认证，课程、教材建设与资源共享，实践教学与人才培养模式改革创新，教学团队与高水平教师队伍建设等方面进行了新的系统性改革和建设，重点是：以提高人才培养质量为中心，全面加强第一课堂和第二课堂；明确人才培养目标，建立

“三位一体”的人才培养模式，明确拔尖创新人才、精英人才和通识人才等三种类型的人才培养目标，深化人才培养模式和教学模式的改革，构建全新的创新拔尖人才培养模式，大力优化现行的精英人才培养模式，增建通识人才培养模式。实施“硕博连读制”和“创新人才培养项目”；构建新型博士教育体系，实施“国内外联合培养制”，开展博士培养国际评估。

5. 人才培养成效显著

通过教育教学改革和建设，初步形成了具有学校特色和优势的教育教学模式，人才培养质量显著提高。课堂教学和“第二课堂”取得创新性成果，人才培养机制得到优化，建立起教学质量全面监控保障体系；国家级特色专业、精品课程、双语示范课程数量在财经类高校居于领先地位；学生社会实践和海外学习比例大幅提高，学生实践能力明显增强。2001－2005 年，学生代表队连续代表中国参加全球企业管理挑战赛总决赛并蝉联两届世界冠军，夺得欧莱雅全球在线商业策略竞赛世界冠亚军，学生团体或个人约 60 多次在全国性和省市级专业技能水平测试或竞赛中获得总分第一、冠亚军、个人最高奖或优胜奖等成绩。2006－2010 年，学生获得各类国际、省部级以上竞赛奖励 276 项。毕业生就业保持较好的竞争态势，毕业生受到社会广泛认可，就业质量在全国高校中名列前茅。与此同时，各种形式和层次的成人教育快速发展，面向社会的高端培训和中外合作办学取得新进展，学校的人才培养更加多样化，终身教育体系逐渐确立和完善，取得了良好的社会效益和经济效益。

四、人才强校抓关键，师资团队全优化

2004 年 11 月 25 日，学校召开人才强校工作会议，全面实施人才强校战略，整合人力资源，创新制度，建设高素质高水平的师资队伍、党政干部队伍、教学管理队伍、教辅工作队伍和后勤管理队伍。学校成立了人才强校工作领导小组。2008 年 7 月 10 日召开第二次人才强校工作会议，提出以科学发展观为指导、围绕学科建设目标、建设高层次人才队伍和优势学科创新团队的重点任务和主要措施。

1. 建设高水平师资队伍

学校把建设高水平师资队伍作为人才强校的首要任务，制定学术带头人、学术骨干队伍建设规划，培养和引进相结合，实现高端人才队伍的迅速生成；明确选用标准和工作职责，组建以学科带头人为首的学科建设团队；增加专任教师人数，公开招聘和遴选有较高学术声誉的学科带头人，积极引进优秀留学归国人才，建立人才引进“绿色通道”；推行学术休假制度，组织开展对教职工的培训，积极鼓励青年教师进修，提高教师的博士化率，进一步拓宽教师出国进修提高、访问讲学的渠道。

2001－2005 年实施“十五”师资队伍建设规划，先后制定、修订关于教师引进、培养、评审、考评、岗位聘任等方面的系列文件，构成促进人才成长的制度体系。2001 年 3 月设师资处专司师资队伍建设工作。2001 年 10 月设教师奖励基金。5 年间，引进特聘教授、博士 51 人，有 50 多名教师分别入选省部级以上人才培养工程或被评为教学名师、中青年学科带头人，一批教学科研人员任政府部门决策咨询顾问或专家组成员。

2006 年以来实施“十一五”师资建设行动方案，抓住引进培养高层次拔尖人才、打造高水平有活力的创新团队这两个关键，优化教师队伍整体结构。修订高层次人才引进制度，设立“伯乐奖”，健全海内外高层次人才引进制度体系；完善专业技术职务晋升、破格晋升等考核评价机制，2008 年实施《对外经济贸易大学专业技术岗位破格聘用实施细则》。加大师德建设力度，2006 年 6 月召开师德建设工作会议，成立学校师德建设工作领导小组，制定《关于加强和改进教风、师德建设的若干意见》、《关于进一步加强学风建设的实施办法》等文件，健全完善师德建设长效机制。2008 年成为国家留学基金委“青年骨干教师出国进修项目”签约学校。

十年间，一支素质优良、结构合理、发展趋势良好的师资队伍逐步形成。至 2010 年 12 月，学校有教师 773 人，45 岁以下教师占 66.2%，教师队伍整体年轻而富有活力。具有博士学位的教师由 121 人增加到 458 人，比例由 19.1% 增加到 54.7%；具有正高级专业技术职务的教师由 105 人增加到 158 人，比例由 16.6% 增加到 18.9%；在国外取得最后学位的教师由 66 人增加到 130 人，比例由 10.4% 增加到 15.5%。1 人入选“千人计划”，2 人入选长江学者，1 人入选海外名师，1 人入选新世纪百千万人才工程国家级人选，14 人入选教育部新世纪优秀人才支持计划，1 人被评为国家级教学名师，6 人被评为北京市教学名师，10 人享受政府特殊津贴，首都劳动奖章获得者 2 名，北京市劳动模范 3 名。

2. 深化干部人事制度改革

学校大力推进干部人事制度改革，推进薪酬制度改革，完善岗位聘任制度，健全和完善考核评价体系，创造使优秀人才尽快脱颖而出的制度环境。

2001 年 5 月，党委常委会通过人事分配制度改革决议，9 月启动干部和人事管理制度改革试点。2002 年 2 月 24 日召开全校中层干部和管理干部竞聘上岗动员大会，此后完成第一轮教师和管理干部竞聘工作。

2004 年上半年，按照“按需设岗，能上能下；竞争上岗，择优聘用”的思路，实行专业技术人员、一般管理人员的全员竞聘上岗。2004 年 4 月，党委常委会批准学校《教师科研人员岗位设置与聘任方案》，4 月 19 日正式启动教师科研人员岗位聘任工作。

2005 年上半年，全校公开选拔任用处级干部。2005 年 5 月举办新一届处级领导干部聘任仪式暨培训会，110 名处级干部接受任职聘书，历时一个多月的处级干部换届工作基本结束。通过这次公开选拔，处级干部队伍的学历结构、年龄结构明显优化。与此同时，进行了第二轮薪酬制度改革，分配重点向优秀人才和关键岗位倾斜。

2005 年 7 月学校第十次党代会召开以来，干部人事制度改革不断推进。扩大干部初始提名权范围，创建处级领导班子集体谈话制度，健全干部考核评价机制，建立干部培训体系，加强后备干部队伍建设，建立分管校领导、处级班子党政一把手、群众代表“三级联动意见征集渠道”，实行处级班子和领导干部任期目标责任制，推进职务管理向职责绩效管理方式的转变。

2009 年 11 月召开中层干部换届动员大会，新一轮中层干部换届工作开始，至 2010 年 3 月完成相关工作。干部队伍结构进一步优化，综合素质和战略执行能力明显提高。

五、招生就业是热门，德育首位多亮点

十年来，学校招生、就业局面优良，成为备受瞩目的国内“热点”高校之一。学校树立“育人为本、德育为先”的工作理念，开创大学生思想政治教育工作新局面，形成全员育人、全程育人、全方位育人格局。

1. 招生持续保持高位

2000年以来，学校招生工作一直保持高水平，生源范围不断扩大，生源质量不断提高，本科和研究生的录取分数线持续保持在高位，处于全国高校前列。不断加强招生宣传，通过各种方式展示学校的办学特色和培养水平。严格按照有关要求和规定进行招生录取工作，招生“阳光工程”全面实施，采取各种资助和优惠措施保证学生顺利入学。2009年首次开通网上报名系统。本科招生、研究生录取工作多次获得上级有关部门表彰，学工部被教育部评为高校招生网上咨询先进校，研究生部2007年获得“北京研究生招生特别贡献奖”。

学校自2003年开始招收艺术特长生起，逐步增加多样的录取方式，以招收更多更好的学生。2005年首次招收澳门保送生和华侨港澳台联合招生考生，2006年首次进行部分外语专业提前批次录取，2007年开始招收外语类、非外语类保送生，2009年开始自主选拔录取招生。

2. 就业指导成为典范

2001年11月学校就业指导中心挂牌，2006年5月成为独立设置的机构，2009年升格为正处级独立二级单位。

学校落实“一把手工程”。2008年6月校党委下发《关于加强学生就业工作的意见》、《毕业生就业工作奖励暂行办法》。2008年12月党委常委会确定加强就业指导的5项措施的决议。2009年3月党委召开就业信息分析会，议定设立学生海外学习奖学金等10项举措。强化就业指导队伍，为各学院配备专职就业辅导员。通过评选毕业生最佳雇主、就业最佳合作伙伴等方式，密切与重点用人单位的关系。2006年以来建立见习基地72个、就业实习基地41个及多个联合培养项目。积极配合国家部门的人才遴选计划，开展创业教育引导，提供创业实训平台模拟创业，针对不同年级学生开设不同的就业指导讲座。注重强化特色，实现国际化就业，通过积极拓展海外学习项目，本科生出国的人数大幅增加。

2006－2010年，学校毕业生就业率保持在95%以上。就业指导中心2006年被评为北京高校毕业生就业工作先进集体，2008年10月被评为北京高校示范性就业中心，2010年被教育部评为全国毕业生就业典型经验高校。

3. 开创德育工作新局面

2000年7月召开以面向21世纪的学生工作为主题的学生工作研讨会。2004年中央16号文件下发后，校党委下发《对外经济贸易大学进一步加强和改进大学生思想政治教育的意见》，成立大学生思想政治教育工作领导小组。2006年召开大学生思想政治工作会议。

充分发挥思想政治理论课的主渠道作用。2005年成立学校思想政治理论课指导委员会，投入专项经费加强课程建设。2008年12月，校党委下发贯彻落实中宣部、教育部《关于进一步加强高等学校思想政治理论课教师队伍建设的意见》的《实施指导意见》，2009年11月校党政联席会议决定实施思想政治理论课建设“百万工程”。2009年11月11日学校成立思想政治理论课教学科研部。2010年，思想政治理论课建设

“百万工程”全面实施，推进教学改革，加强实践教学，采用灵活多样的教学法，针对国际国内热点问题及时开展形势政策教育，教学效果显著提高；马克思主义理论学科被确定为校重点培育学科，科研基础初步强化，获得教育部“马克思主义大众化”专项科研课题1项、思政课“精彩一课”专项课题1项，实现历史性突破。

大力加强学生辅导员队伍建设，制定并修订《学生辅导员工作条例》等文件，设立辅导员队伍建设基金，拓展辅导员的培训进修渠道，建立辅导员境内外研修制度，设立辅导员专项奖教金和研究经费。2010年起探索实行专职班主任制度。2006－2010年，先后有10人获得北京市优秀德育工作者称号，26人次获得北京高校优秀辅导员等称号。

建设第二、第三课堂与第一课堂联动体系。学校着眼于素质教育的整体目标要求，将课程教学、课外活动、社会实践和科研创新等紧密联系起来，将第二课堂、第三课堂作为相对独立的大课堂来建设，将第二课堂、第三课堂的相关内容纳入到整个教育计划中，统筹规划、完善体制、加强指导、增加投入，充分发挥第二、第三课堂对第一课堂的辅助作用，同时又充分发挥第二、第三课堂的独特功能，真正将学生培养成为适应社会需要的高素质人才。学校深入开展学生社会实践活动，2003－2006年学校连续4年被评为首都高校社会实践先进单位。2006－2010年赴海外进行社会实践活动的团队有136支。2006－2010年学校获市级以上社会实践先进个人和集体表彰78项。帮困助学体系不断完善，心理健康教育不断加强。颁布《学生听证与申诉管理规定》等制度，推动学生工作的制度化、规范化建设。2005年学生志愿者团圆满完成我国政府主办的20国财长及央行行长会议接待服务工作。2008年学生志愿者圆满完成北京奥运会志愿服务工作，2009年圆满完成建国60周年庆祝活动任务，受到北京市表彰。共青团工作全面加强，2006－2010年举办第二课堂活动千余场，参与学生达12万人次。学校被评为2005年北京市学生军训先进学校、2005年北京高校学生社团工作先进单位，校团委获2006年、2010年北京市五四红旗团委称号，校学生会获首都高校学生会创新工作奖。

六、开放办学国际化，特色鲜明受瞩目

十年来，学校坚持国际化办学原则，不断扩大国际交流与合作，国际化特色日益鲜明。国际交流的深化、中外学生的融合，已成为学校的独特气质与文化氛围。

1. 国际化办学特色突出

2001年3月中旬，学校召开外事工作会议，提出关于国际化建设的四个重点：师资队伍建设国际化、学生培养国际化、学科建设国际化、管理工作国际化。

2005年7月学校第十次党代会提出要更加强调国际化办学，提升学校的国际竞争力，在办学模式、专业设置、课程设置、教材选用、科研重点等方面紧跟国际高等教育发展步伐，在生源结构特别是来华留学生比重、师资结构、授课语言、教学方法、学术活动类型、学生实习、就业等方面努力形成跨文化交流、跨地域交往的局面和特色。

2008年12月19日学校召开“高等教育国际化研究暨国际化指标体系研讨会”，对高等教育国际化指标设置进行调研分析。

2010年7月，学校第十一次党代会强调，国际化是立校之本、特色之源、发展之路，要发挥学科专业特色和优势，切实增强学校、学科、专业、师资和学生的国际竞争力，提升学科建设与学术研究国际化水平，加强师资队伍的国际化建设，推进学生国际交流，保持来华留学生教育领先地位，打造商务汉语国际品牌。

2010 年 1 月 8 日，学校举行国际化工程行动启动仪式，就实施 2010－2013 年国际化工程行动方案作出部署，确定了 10 项重点任务，提出要在现有基础上，创新国际化发展思路，将国际化向更深程度拓展，向整体策划发展，实现高层次、高质量的国际化合作，提高国际交流的针对性和有效性。

2. 来华留学生教育居全国前列

2001 年 5 月，学校第一位来华留学博士研究生通过论文答辩，标志着学校具备了从来华留学生汉语进修到多层次正式学历教育体系。2001 年 4 月承办全国高等学校来华留学生教育管理职能学术研讨会。2002 年 12 月组建国际学院。2003 年 1 月国际学院被北京市评为留学生教育管理先进单位。2003 年 11 月学校被评为“全国聘请外国文教专家先进单位”。2004 年被评为北京外国留学生管理先进单位。

2005 年 12 月学校召开来华留学生教育工作会议，对“十一五”期间来华留学生教育工作作出全面规划。2010 年 12 月召开第三次来华留学生教育工作会议，提出建设来华留学生教育强校的目标。目前，学校的来华留学生规模和质量居全国高校前列，有来自 129 国家和地区的留学生近 3 000 人，其中 2 028 人攻读本、硕、博学位，占学校全日制学生的 15%，留学生本、硕、博英文培养体系形成。

3. 国际合作全方位拓展

学校与全球 100 多个伙伴建立了交流合作关系，与 18 个国家和地区的 68 所高校建立校际合作关系，成立 20 余个中外联合研究机构。学生出国、出境学习和实习项目丰富，每年派出约 500 名学生赴海外学习、实习、参加各种国际交流活动。2006－2010 年成功举办 170 余场国际学术会议，派遣学生出国（境）学习千余人次。众多国际知名人士来校参观访问、发表演讲。2001 年 5 月 25 日委内瑞拉总统查韦斯来校演讲并接受名誉博士称号，2010 年 7 月 12 日阿根廷总统克里斯蒂娜·费尔南德斯·德基什内尔来校演讲并接受名誉博士称号。举办一年一度的外语文化节，2010 年举办第一届国际文化节，有 37 个国家的 70 余位外交使节莅临国际文化节开幕式。学校现聘请外籍教师 156 名，短期专家 439 名。2007 年学校被评为“十五”期间教育外事工作先进集体。

2007 年 9 月 4 日，学校承办的首个孔子学院在俄罗斯国立人文大学揭牌，至 2010 年已与国外大学联建 6 家孔子学院。以教材和课程体系建设为基础，推进国际商务汉语教学与资源开发基地建设，2010 年 5 月，对外经济贸易大学国际商务汉语教学与资源开发基地（北京）成为国家汉办批准的国际汉语推广基地。组织大学生艺术团赴欧、美、亚多国巡演，展示中国文化和贸大学生的风采，反响热烈。

七、资源保障现代化，绿色大学环境美

十年来，学校办学资源大幅增加，公共服务体系优化，校园面貌焕然一新，师生员工的工作、学习、生活条件显著改善。

1. 财务资产大幅增长

学校财务状况明显改善，资产规模显著扩大，经济运行步入良性循环。2004 年底，学校年收入4.07亿元，固定资产规模5.27亿元，总资产12亿元。2005年6月购入校舍1万平方米并经行政划拨得到土地27亩，2010年购入2.8亩，校园总面积达到516亩。“十一五”期间，学校总收入平均增长11.89%。固定资产增长119%，净资产增长85%。设备采购大幅增加。

2. 基建资产发展迅猛

“十五”期间，基建投资4.7亿元，竣工建筑面积17万平方米。2000年6月新食堂启用，2001年9月经济适用房住宅楼交付使用。先后建成多媒体教室79个，完成体育场、视听中心、学生公寓、校内道路和地下管线等近百项改造工程，建成当时北京高校最大的中水处理站。校园公共服务体系功能升级，计算机网络覆盖全校，网络办公自动化系统运行良好，建成数字化卫星地面站，语言实验室全面改造。图书馆实现资料检索和图书借阅自动化，藏书量增加近1倍。

“十一五”期间，虹远楼、宁远楼、新图书馆投入使用，总建筑面积14万平方米，完成行政楼、诚信楼等功能性改造。数字化校园建设取得实效。绿色大学、低碳校园建设成效显著，22项节能减排、低碳环保项目全部完成，学校被评为全国首批先进试点高校和北京市“节约型学校”建设优秀高校。新增各类固定资产总额约6.87亿元；新购家具1 962台（件），价值约3 433万元；新购电脑（含笔记本）和服务器4 316台，价值3 751万元；新购空调1 636台，价值约644万元；新购打印机653台，价值约169万；新购复印机52台，价值约119万等；新建多媒体教室193个和实验室62个。先后出台了《对外经济贸易大学人才安居基金管理暂行办法》、《关于无房教职工住房补贴实施试行办法》、《关于发放住房补贴和提前支取住房补贴的实施细则》、《对外经济贸易大学已购公有住房上市出售管理办法》、《对外经济贸易大学农转人员住房补贴实施办法》、《对外经济贸易大学经济适用住房汇新楼售房实施办法》、《对外经济贸易大学租赁周转房管理暂行办法》、《对外经济贸易大学固定资产管理办法》等文件，并制定了相关工作实施方案及细则，使资产管理工作有据可依、有章可循。2010年，科研楼开工建设，综合体育馆、国际教育大厦获得立项。

2001年1月起，校园改造二期工程开始。2001年4月11日北京高校校园环境整治工作现场会在本校召开，本校成为北京高校校园环境整治工作示范单位。至2010年三期改造项目完成，校园全面绿化美化，环境面貌焕然一新。

3. 后勤改革稳步推进

后勤保障走上规范化、标准化道路。2000年4月举行后勤社会化改革甲乙方签字仪式，学校与运输服务中心、餐饮服务中心、幼儿园、维修中心、供暖中心、宿舍管理中心等后勤实体分别签署协议。2002年1月1日学校成立后勤服务集团，下设十多个实体机构。2005年以来，教学楼、学生公寓、供暖、维修等管理服务中心通过ISO9000质量体系认证，节水、节电工作效益较高。2009年2月，学校虹远楼学生公寓被评为“北京市标准化学生公寓”。2010年后勤集团启动新的社会化改革，完成了机构和人员的整合，进一步提高了管理服务水平。

4. 教职工收入和生活水平持续提高

学校积极改善师生生活待遇，逐步解决收入分配上存在的具体问题，多举措帮助患重病教职工、离退休老同志解决实际问题。“十五”期间教职工年平均收入翻了一番，“十一五”期间继续大幅提高。2009 年以学习实践科学发展观活动为契机，集中解决了与师生员工切身利益相关的 20 件实事。在 2003 年抗击“非典”的战斗中，校党委带领全校师生员工一手抓“非典”防控，一手抓教学科研，同舟共济，众志成城，夺取了抗击“非典”的重大胜利。2009 年，学校严密组织，高效协同，全面完成了防治甲型 H1N1 流感的重大任务。

八、党的建设保根本，思想政治领方向

校党委认真贯彻党中央关于加强党的执政能力建设、先进性建设的要求，紧密围绕学校中心工作和重点任务，以改革创新精神全面推进党建和思想政治工作，在把握方向、制定战略、汇聚人才、制度创新、全面育人、弘扬文化、服务群众、促进和谐等方面发挥了根本保证作用。

1. 主题教育活动成效显著

2000 年 10 月至 2001 年 1 月，开展“讲学习、讲政治、讲正气”教育活动；2001 年 11 月 1 日至 12 月 3 日，开展“三讲”教育“回头看”活动。2005 年 9 – 12 月，开展保持共产党员先进性教育活动；2006 年开展整改和“回头看”工作。2009 年 3 – 9 月，开展深入学习实践科学发展活动。2010 年，开展共产党员争先创优活动。在历次重大主题教育活动中，校党政领导班子高度重视，精心组织，把握环节要求，完成具体任务，制定并全面落实整改方案，使教育活动取得显著成效，得到上级党组织高度评价。

2. 党建和思想政治工作达标创先

根据中共北京市委教育工委 2003 年 1 月试行、2006 年 10 月正式执行的《北京高校党建和思想政治工作基本标准》，校党委于 2004 年 2 月决定启动《基本标准》达标创先工作。2005 年 7 月提出达标创先行动目标和阶段任务安排。2006 年 12 月召开达标创先动员大会，学校自查自评工作全面展开。各级党组织、各有关单位认真开展工作，以评促建取得实效。

2007 年 9 月，中共北京市委教育工委《基本标准》达标检查组来校进行检查验收。检查组对学校党建和思想政治工作取得的多方面成果予以充分肯定，经审定，中共北京市委教育工委对学校的评定结果为予以通过，评定等次为合格。

3. 贯彻党委领导下的校长负责制，领导决策机制逐步完善

制定《党委领导下的校长负责制实施办法》，订立全委会、常委会、书记办公会、校长办公会等议事规则。2007 年 5 月教育部对本校巡视工作进行，校党委认真完成相关任务。制定《重大事项决策听证暂行办法》、《关于常委会向全委会汇报工作并接受监督的制度》、《关于党政领导班子落实“三重一大”制度的暂行办法》等规章制度，不断完善决策机制。加强党内民主建设，实行党内情况通报会制度，通过召开全委会、总支书记通气会、党员通报会等形式，定期通报学校重大事项和重大决策。依托书记办公会和总支书记通气会，逐步探索党委职能部门、院系基层党组织定期向党委汇报工作的机制。校党委加强与院系基层党组织的沟通，不定期召开各种类型、各种层次的座谈会、调研会，畅通党内信息沟通反馈渠道。

4. 唱响宣传思想文化主旋律

“十五”期间，加强宣传阵地建设，完善工作体系。2000年5月召开全校宣传思想工作会议，讨论通过《关于加强宣传思想工作的若干措施》，成立校报编辑委员会、网络编辑委员会、外宣编辑委员会等组织。2000年11月召开首次校园网络宣传工作会议，全面加强BBS管理，组建网络记者团和通讯员队伍。加强以中心组为主干的干部理论学习，2001年3月印发《对外经济贸易大学党委（党总支、直属支部）中心组理论学习办法》。贯彻党中央关于加强党校工作的精神，2000年印发《关于组建中共对外经济贸易大学委员会党校的决定》。大力推进面向社会的新闻宣传工作，实现面向社会新闻宣传的全面突破。2002年校广播站节目全面改版，设备全面更新。2003年3月成立学校文化建设调研策划小组，至2004年完成学校文化理念纲要、学校文化形象标识的第一阶段制定和展示。2004年组建学校党建和思想政治工作研究会。2000－2004年先后组织开展“三讲”教育活动、学习“三个代表”重要思想，学习江泽民在纪念建党八十周年大会上的讲话、学习党的十六大精神等重大活动。

学校第十次党代会召开后，宣传思想文化建设水平整体提升。2006年4月召开宣传工作会议。全面加强对意识形态工作的领导，确保马克思主义主导地位。校报、新闻网等媒体围绕工作中心，紧扣改革发展主题，坚持方向性，提高思想性，加强时效性，增强影响力，为学校事业发展营造出良好舆论氛围。2005年4月校报全面改版，2007年4月第二次全面改版。2005年7月校新闻网正式开通。2008年学校参加教育部高校网络建设管理会议并在大会上作经验交流发言。2008年3月校广播站开通网络广播频道，受到市委教育工委好评。2009年校报网络版开通。2006－2010年先后开展先进性教育、本科评建、党建评估、“志愿奥运”和“平安奥运”、新中国成立60周年庆祝活动、学习实践科学发展观活动等重大专项宣传，组织开展学习贯彻党的十七大精神、纪念改革开放30周年等主题教育活动。2009年4－5月组织“辩热点问题，论科学发展”学校首届网络辩论大赛。2005－2010年，校报和校新闻网获全国高校和北京高校“好新闻奖”75项，获奖级别和数量在全国高校位居前列。

5. 基层党组织整体优化

颁布党总支工作细则、党支部工作细则、处级干部选拔任用工作实施细则等制度，建立健全学院党政共同负责的工作机制。制定《加强和改进基层党组织工作的意见》，鼓励基层党组织工作创新。2002年以来每年开展“主题党日”活动，形成品牌项目，受到北京市委教育工委表彰，2008年“主题党日”活动入选北京高校基层党组织创新项目。基层党组织强化服务功能，拓展服务内容，解决实际问题。制定《党员联系和服务群众暂行办法》，开展服务师生、服务社区主题实践活动。创新网上党校培训模式，2007年11月正式开通“先锋在线”网上党校。切实加强从青年教师、大学生中发展党员工作。建立专兼职组织员队伍。2005－2010年，4个党总支被评为北京高校和北京市先进基层党组织，9人被评为北京高校优秀共产党员和优秀党务工作者。

6. 党风廉政建设和反腐败斗争常抓不懈

校党委、纪委认真贯彻党中央关于建立健全教育、制度、监督并重的惩治和预防腐败体系的总体要求，坚持标本兼治、综合治理、惩防并举、注重预防的原则，全面落实教育部关于加强高校反腐倡廉建设的意见，不断完善反腐倡廉工作的领导体制和工作机制，层层落实党风廉政建设责任制，扎实推进廉政风险防范管理，不断推进制度落实和制度创新。

2005 年 4 月召开党风廉政建设工作大会。深入持续开展党风廉政建设宣传活动，在加强理论学习的同时，采取信息通报、案例分析、制作廉政宣传品等方式，提高教育的效果。制定实施党风廉政建设责任制及其检查考核和责任追究实施细则。制订并遵守“三重一大”制度，认真贯彻领导干部廉洁自律各项规定。推行兼职党风廉政监督员制度，严肃处理违纪干部。认真组织开展专项治理，2006 年 12 月召开党风廉政建设和治理商业贿赂专题会。针对“小金库”、资产租赁、中外合作办学、后勤管理等方面暴露的党风廉政问题，处理和调整相关部门的领导干部，维护师生员工的根本利益。完善制度，规范管理，纠正不正之风，协调有关部门制订规范工程建设、物资采购、教育收费、干部人事、招生就业、后勤管理等重点业务的文件，实施“阳光工程”，从源头上预防和制止不正当行为的发生，切实维护学校师生的根本利益。重视信访工作。2009 年 9 月学校以优秀成绩通过教育部对落实高校加强反腐倡廉建设工作的专项量化考评。

7. 统战、离退休、工会工作异彩纷呈

2006 年 12 月党委常委会原则通过《对外经济贸易大学统一战线工作制度》、《对外经济贸易大学党外代表人士队伍建设工作规划》等文件。校领导定期听取党外人士对学校事业发展的建议，党外人士在学校发展中的作用有效发挥；重视党外人士的培训和推荐工作，积极支持党外人士开展活动。2008 年 3 月召开民族宗教工作专项会议，6 月开展无党派人士政治交接主题教育活动。2005 – 2010 年党外人士获市级以上表彰 23 项。

重视加强离退休工作，多方关心老同志，共享发展成果。校党委制定《落实〈北京市老干部工作领导责任制〉实施细则》，成立离退休工作领导小组。2004 年，校离退休工作获得北京高校党建和思想政治工作单项进步奖。认真听取老同志对学校事业发展的意见，切实保障老同志分享学校事业发展成果，老同志的待遇和活动条件得到改善。关心下一代工作委员会在大学生思想政治教育中的作用进一步发挥。

作为北京市高校校务公开 12 所试点院校之一，积极推进校务公开。重视教代会制度的延伸，加强二级教代会制度建设。成立校务、院（部/处）务公开领导小组，完善校务公开系统，校务公开运行机制运转良好。全面开展工会建家升级活动，关注教职员工切身利益，为教职员工排忧解难。工会和教代会在民主管理、民主监督以及校务公开中的作用得到有效发挥。2009 年 5 月通过北京市先进教职工之家评估验收。

8. 确保校园安全稳定

“十五”期间，“科技创安”一期工程顺利完成，初步建立起工作预案健全、信息沟通及时、队伍反应灵敏、技术保障有效的安全保卫工作机制，政治稳定局面得到维护，有效避免了重大消防、治安、交通等安全事故的发生。校保卫处及其工作人员多次获北京市国家安全先进集体、先进个人、首都社会治安综合治理先进集体等多项省部级荣誉称号、记功和嘉奖。

“十一五”期间，进一步建立和完善校、院（处）和重点部位三级安全稳定长效机制，健全安全稳定工作责任体系，落实责任追究制。2005 年，学校科技创安工程被评为北京高校科技创安示范工程。

学校注重建立健全信息通报制度、意见表达与反馈制度、利益诉求与协调制度，增加教授、中青年学术骨干在各类学术机构的比重，通过“书记在线”、“校长信箱”、“校领导接待日”等渠道，关注并积极推动涉及师生员工切身利益问题的解决，和谐校园建设全面推进。

回顾过去，创业不凡，成就辉煌；瞩目现实，事业兴旺，责任重大；面向未来，使命崇高，充满希望。今天的对外经济贸易大学，凝聚着党和国家 60 年的希望与重托，凝聚着教职工 60 年的心血和智慧，凝聚着 60 年学子的信任和期待。未来的岁月，对外经济贸易大学将办得更好，让崇高的教育事业更加辉煌！

第一篇　领导体制与组织机构

第一章　领导体制

第一节　领导体制

1984 年 9 月至 2000 年 6 月，对外经济贸易大学隶属对外贸易经济合作部。1984 年，在领导体制上实行党委领导下的校长负责制；1988 – 1990 年，对外经济贸易大学在对外贸易经济合作部和中共北京市委双重领导下实行校长负责制；1991 年起，在对外贸易经济合作部和中共北京市委双重领导下实行党委领导下的校长负责制。1987 年 9 月至 2000 年 6 月，中国金融学院隶属中国人民银行。1987 – 1991 年，实行院长负责制；1991 年起，实行党委领导下的院长负责制。

2000 年 6 月 12 日，教育部决定对外经济贸易大学与中国金融学院合并，组建新的对外经济贸易大学，同时撤销原两校建制。新的对外经济贸易大学为教育部直属高等学校，实行党委领导下的校长负责制。

2000 年 6 月 29 日，党委常委会决定认真贯彻党委领导下的校长负责制和民主集中制，完善有关议事规则。

2000 年 12 月 20 日，党委常委会通过《中共对外经济贸易大学委员会常务委员会会议议事规则》（见附件 1.1.1）、《对外经济贸易大学校长办公会议议事规则》（见附件 1.1.2）、《对外经济贸易大学党政联席会议事规则》（见附件 1.1.3）。

2004 年 7 月 6 日，党委常委会通过《对外经济贸易大学关于校级党政领导班子落实“三重一大”制度的暂行办法》（见附件 1.1.4）。

2006 年 2 月 9 日，党委十届二次全会通过《对外经济贸易大学党委常委会向全委会报告工作并接受监督的规定（试行）》（见附件 1.1.5）和《中共对外经济贸易大学委员会重大事项决策听证实施办法（试行）》（见附件 1.1.6）。

2006 年 6 月 25 日，校长办公会通过《对外经济贸易大学行政办公会议事规则》（见附件 1.1.7）。

第二节　领导分工

对外经济贸易大学与中国金融学院合并前，原对外经济贸易大学由陈准民任党委书记兼校长，陈苏东、徐子健、贾怀勤（兼）、王正富任副校长，贾怀勤任党委副书记；原中国金融学院由许其立任党委书记，胡怀邦任院长，姚德骧、刘亚任副院长，陈建香任纪委书记。

新的对外经济贸易大学成立后，教育部党组任命对外经济贸易大学党委领导班子。许其立任党委常委、书记，贾怀勤任党委常委、副书记兼纪委书记，陈建香任党委常委、副书记，陈准民、姚德骥、陈苏东、徐子健、刘亚、王正富任党委常委。教育部任命对外经济贸易大学行政领导班子，陈准民任校长，姚德骥、陈苏东、徐子健、刘亚、王正富任副校长。

2000 年 6 月 29 日，经党委常委会研究决定，为保持稳定和正常的教学工作秩序、在两校实质性合并方案出台之前，原中国金融学院的工作仍由原中国金融学院的领导负责，原对外经济贸易大学的工作仍由原对外经济贸易大学领导负责，两校区的重大问题须经校党委常委会议或校长办公会议讨论决定。

2000 年 11 月 8 日，经党委常委会研究决定，校领导分工如下：

党务工作：许其立负责党委全面工作，分管党委办公室和政保工作；贾怀勤分管组织、宣传和纪律检查工作；陈建香分管学生、共青团、工会、妇女和大学生体育委员会（简称“大体委”）的工作。

行政工作：陈准民负责行政全面工作，分管发展规划、财务和校长办公室；姚德骥分管人事、继续教育、高职教育、医疗、通信、交通、幼儿园等项后勤工作；陈苏东分管外事、外语教学、留学生教育、离退休人员工作和教学辅助单位的工作（图书馆和教育技术中心）；徐子健分管研究生教育、师资工作（师资引进、考核、培养）；刘亚分管本科生教育工作、科研工作；王正富分管基建维修、资产管理、校园管理、治安保卫、出版社。

2001 年 3 月 8 日，经党委常委会研究决定，校领导分别联系若干教学单位，分工如下：

许其立联系保险系；贾怀勤联系国际经济贸易学院、人文与行政学院；陈苏东联系英语学院、外语学院；徐子健联系国际工商管理学院、法学院；刘亚联系金融学院、信息学院；王正富联系中德学院。

2002 年 9 月，教育部任命胡福印为对外经济贸易大学副校长，免去姚德骥对外经济贸易大学副校长职务。教育部党组任命胡福印为中共对外经济贸易大学委员会委员、常委，免去姚德骥中共对外经济贸易大学委员会常委、委员职务。

2002 年 9 月 25 日，经党委常委会研究决定，许其立和陈准民的分工不变，对其他校领导的分工作出如下调整：贾怀勤主持纪律检查委员会工作，分管纪检监察审计处和组织部、宣传部、统战部，联系国际经济贸易学院和人文与行政学院；陈建香分管学生部（处）、团委、就业指导中心、工会、妇女和大体委的工作，联系信息学院；陈苏东分管国际合作交流处、离退休人员工作处、卓越国际学院、高等职业教育学院、图书馆、网络中心、教育技术中心、中澳中心，联系英语学院；徐子健分管人事处、师资处、研究生部、高级研修学院，联系国际工商管理学院、法学院；刘亚分管教务处、科研处、研究所、继续教育学院、远程教育学院、中国世界贸易组织研究院、学刊部、体育部，联系金融学院；王正富分管基建处、保卫处、留学生部、国际学苑，联系中德学院；胡福印分管后勤处、资产处、后勤集团、出版社，联系外语学院。

2004年2月18日，经党政联席会研究决定，校领导分工作如下调整：

表1.1.1　　2004年2月党政联席会调整的校领导行政工作分工

姓名	分管工作	分管部门	联系单位
陈准民	行政全面、发展规划	校办、发展规划处	英语学院
徐子健	人事、国际交流与合作、研究生工作	人事处、师资处、国际合作交流处、研究生部、卓越国际学院、中外合作项目（中澳、中美、中法）	国际工商学院、法学院
刘　亚	本科教学、科研、继续教育、远程教育、高职教育、高级培训	教务处、科研处、继续教育学院、高等职业教育学院、高级研修学院、国际经济研究院、中国世界贸易组织研究院、学术刊物部	金融学院
王正富	基建、保卫、留学生、教辅	基建处、保卫处、国际学院、体育部、图书馆、教育技术中心、网络中心	中德学院
胡福印	财务、后勤、资产	财务处、后勤处、资产处、出版社	外语学院
陈建香	学生、工会、离退休、大学生体育	学工部（处）、团委、离退休人员工作处、校工会、大体委	信息学院

2004年5月，教育部党组任命王玲为中共对外经济贸易大学委员会委员、常委、书记，免去许其立的中共对外经济贸易大学委员会委员、常委、书记职务。

2004年6月22日，经党委常委会研究决定，校领导分工作如下调整：王正富分管基建、保卫、留学生、经营性资产，联系的教学单位是中德学院；胡福印分管财务、后勤、教辅、出版社、体育部、非经营性资产，联系的教学单位是外语学院。

2004年8月17日，经党委常委会研究决定，校领导分工作如下调整：王玲分管组织工作；王正富分管维修工作。

2005年1月，对外经济贸易大学行政领导班子换届，教育部任命陈准民为校长，徐子健、刘亚、王正富、胡福印、林桂军为副校长；免去陈苏东的副校长职务。教育部党组任命林桂军为对外经济贸易大学党委常委，免去陈苏东的对外经济贸易大学党委委员、常委职务。

2005年1月5日，经党政联席会研究决定，校领导分工作如下调整：林桂军分管学科建设（含“211”工程）、国际交流与合作。

2005年7月11日，中共对外经济贸易大学第十次代表大会召开，大会选举产生第十届委员会委员21名，纪律检查委员会委员9名；第十届委员会第一次全体委员会议选举党委常委9名，王玲为党委常委、书记，杨逢华、陈建香为党委常委、副书记，陈准民、徐子健、刘亚、王正富、胡福印、林桂军为党委常委；纪律检查委员会第一次全体委员会议选举杨逢华为纪委书记。2005 年 7 月 22 日，中共北京市委组织部批复了上述选举结果。

第十次党代会后，校领导分工作如下调整：杨逢华主持纪律检查委员会工作，分管监察处、审计处、宣传部、统战部，联系人文与行政学院（2006 年拆分为公共管理学院、人文与社会科学学院、中国语言文学系）；林桂军联系国际经济贸易学院。

2009 年 6 月，对外经济贸易大学行政领导班子换届，教育部任命施建军为校长，徐子健、刘亚、胡福印、林桂军、张新民为副校长；免去陈准民的校长职务、王正富的副校长职务。教育部党组任命施建军为中共对外经济贸易大学委员会委员、常委，张新民为中共对外经济贸易大学委员会常委；免去陈准民、王正富的中共对外经济贸易大学委员会委员、常委职务。

2009 年 6 月 10 日，经党政联席会研究决定，校领导分工作如下调整：

表 1.1.2　2009 年 6 月 10 日党政联席会调整后的校领导班子行政工作分工

姓名	工作分工	分管部门	联系单位
王　玲	党委全面	商务汉语国际推广中心	保险学院
施建军	行政全面	校长办公室	国际商学院
杨逢华	监察、审计、校友会、基金会	监察处、审计处、校友会、基金会（筹）	公共管理学院、人文与社会科学学院
陈建香	学生、离退休	学生部（处）、团委、就业指导中心、离退休人员工作处、工会、大体委	信息学院
徐子健	人事、发展规划	人事处、发展规划处	法学院
刘　亚	研究生教学、本科生教学、继续教育、远程教育、教辅	研究生部、教务处、继续教育学院、远程教育学院、高级培训学院、高级研修学院、图书馆、网络与教育技术中心、体育部	金融学院
胡福印	财务、资产、后勤、基建	财务处、资产处、后勤处、基建处	外语学院
林桂军	国际交流与合作、留学生、社会服务	国际合作交流处、国际学院、社会服务部（筹）、卓越国际学院	英语学院、中国语言文学学院
张新民	学科建设（含“211”工程）、科研、保卫、经营性资产	科研处、学科建设办公室（筹）、保卫处、资产经营公司（筹）、国际经济研究院、中国世界贸易组织研究院、学术刊物部、出版社	国际经济贸易学院

2009 年 7 月 7 日，经党委常委会研究决定，成立基金会（与校友会、校董会三块

牌子一套班子），施建军校长兼任校友总会会长，杨逢华副书记任常务副会长；成立档案馆、校史馆（两块牌子一套班子），由徐子健副校长负责；成立社会发展服务部，由林桂军副校长负责。

2010 年 7 月 17 日，中共对外经济贸易大学第十一次代表大会召开，大会选举产生第十一届委员会委员 23 名，纪律检查委员会委员 9 名；第十一届委员会第一次全体委员会议选举党委常委 9 名，王玲为党委常委、书记，杨逢华、陈建香为党委常委、副书记，施建军、徐子健、刘亚、胡福印、林桂军、张新民为党委常委；纪律检查委员会第一次全体委员会议选举杨逢华为纪委书记。2010 年 7 月 29 日，中共北京市委组织部批复了上述选举结果。

表 1.1.3　新的对外经济贸易大学成立后校领导任职时间一览表

党委领导	任职时间	行政领导	任职时间
许其立（书记）	2000.6—2004.5	陈准民（校长）	2000.6—2009.5
王　玲（女，书记）	2004.5 至今	施建军（校长）	2009.5 至今
贾怀勤（副书记兼纪委书记）	2000.6—2005.7	姚德冀（副校长）	2000.6—2002.9
杨逢华（副书记兼纪委书记）	2005.7 至今	陈苏东（女，副校长）	2000.6—2005.1
陈建香（女，副书记）	2000.6 至今	徐子健（副校长）	2000.6 至今
		刘　亚（副校长）	2000.6 至今
		王正富（副校长）	2000.6—2009.5
		胡福印（副校长）	2002.9 至今
		林桂军（副校长）	2005.1 至今
		张新民（副校长）	2009.5 至今

〔第一篇第一章附录〕

附件 1.1.1：《中共对外经济贸易大学委员会常务委员会会议议事规则》

中共对外经济贸易大学委员会常务委员会会议（以下简称常委会议）是校党委对学校重大问题进行集体研究和决策的重要会议。为加强党的领导，提高科学决策水平，根据《中国共产党普通高等学校基层组织工作条例》规定，结合我校实际情况，特制订本议事规则。

一、会议制度

1. 常委会议原则上每两周召开 1 次，因工作需要可临时召集。

2. 常委会议由党委书记主持，特殊情况下，可委托党委副书记或党员校长主持。

3. 常委会议必须有半数以上的成员出席，方能召开。因故不能参加时要事先向党委书记请假。

4. 常委会议的参加人员是：校党委正副书记、常委。主持日常工作的副书记列席会议。根据会议内容，由会议主持人指定有关部门负责人列席会议。

5. 党委办公室主任列席会议，负责会议记录。

二、议事内容

1. 贯彻执行党的路线方针政策、上级重要指示决定以及学校党委会决议的实施方案和重要措施；

2. 学校党的建设、党风廉政建设、思想政治工作、德育工作、精神文明建设、校园综合治理工作中的重要问题；研究党内外思想状况和党风廉政状况；按有关规定讨论和处理学校党组织和党员违纪案件，提出意见、建议或作出决定；

3. 学校办学方向、指导思想、发展规划、教育教学改革、科技改革和管理体制等重要问题；

4. 学校机构设置和中层干部的配备、定员定编以及干部队伍、教师队伍建设中的重要问题和中层干部的任免、调动及奖惩；

5. 学校重要规章制度、年度财务预决算、一次50万元以上的大额度资金的使用、校办产业政策；

6. 学校年度工作计划与总结、学期工作计划、常委会工作报告和向上级的重要请示报告，涉及群众利益的重要问题；

7. 工会、共青团、学生会等群众组织和教代会工作中的重要问题；

8. 学校与国际国内的重要合作与交流项目，如重大科技合作与交流、合作办学与校外（境外）投资、出国（境）组团与校领导出国等；

9. 维护学校稳定，以及其他应当提交常委会讨论决定的重要问题。

三、议事程序和要求

1. 常委会议议题由党委书记商校长确定。其他党政领导和职能部门可以向书记、校长提出需要讨论的重要问题的建议。会议日期和议题应提前通知与会人员。

2. 凡提交会议讨论决定的重大问题，应做充分准备，提供论证材料、政策依据、可供选择的方案或建议。会前书记与校长应主动协商，交换意见，取得共识。涉及行政工作重要事项和重要行政干部任免的议题，会前应充分征求校长和主管副校长的意见，并对拟任命干部在一定范围内进行民意测验和考核。

3. 讨论议题时，一般先由提出议题的部门主要负责人报告情况，分管领导作出说明，然后展开讨论。

4. 常委会实行民主集中制。决定重大问题，要进行表决。同一问题的赞成人数超过到会委员人数半数为通过。如对重要问题发生争论，双方人数接近，一般应暂缓作出决定，进一步调查研究、交换意见，下次再表决，或向上级党组织请示。

5. 常委委员在处理突发性事件或遇到紧急情况而无法提请集体讨论时，应当机立断，作出决定，并在事后急速向常委会汇报。

6. 党委主要负责人要定期向其他常委委员通报工作情况。常委会议作出重要决定、发布重要文件前，要认真听取下级党组织的意见，并征询学院和党外人士的意见。

7. 常委会决议一旦形成，个人必须服从和执行集体的决定，个人有不同意见，允许保留，并可向上级组织反映。会议议决事项，除授权传达者外，其他与会人员无权外传会议议决情况和讨论情况。

四、决议的执行和督办

1. 常委会议形成的决议、决定，由党委办公室向缺席会议的人员和有关干部通报。必要时以文件或纪要的形式发布，由党委书记或副书记审核签发。讨论决定干部任免后，党群干部的任免，以党委名义，由书记签发文件；行政干部的任免，以学校行政名义，由校长签发文件。

2. 党委办公室在党委授权下负责决议的督办和协调。各职能部门应及时将决议的执行情况反馈给党委书记或常委会议，必要时写出专题书面报告。

3. 常委会记录由党委办公室负责整理归档。如因工作需要查阅常委会议记录，需经党委领导批准，由党委办公室统一调阅。

附件 1.1.2：《对外经济贸易大学校长办公会议事规则》

对外经济贸易大学实行党委领导下的校长负责制。校长办公会议是校长行使行政权力，召集有关领导对学校重大行政事项作出决策和决议的重要会议。为提高会议质量，特制订本议事规则。

一、会议制度

1. 校长办公会一般每两周召开 1 次或根据工作需要临时安排。

2. 会议由校长或校长委托副校长召集并主持。

3. 会议参加人员是校长、副校长和校办公室、监察处（室）负责人，党委、纪委负责人也可参加会议，其他列席会议人员由校长确定。

4. 应参加会议人数达到半数以上时，会议方能召开。

5. 校长办公室秘书担任会议记录，并负责整理归档。

二、议事内容

1. 贯彻执行党和国家的路线方针政策和法律、上级重要指示决定以及校党委决议的实施方案和重要措施。

2. 讨论落实党委关于学校办学方针、指导思想、发展规划、重大改革方案等决定的实施意见和重要措施。

3. 研究学校年度工作计划的实施、学期工作安排、校长工作报告和向上级的重要请示报告。

4. 组织实施教学改革、科技改革，制定和实施教学计划、科技规划、科研计划，检查评估教学质量和科技成果，制定和实施师资队伍建设规划；讨论落实加强思想政治工作，建立以校长、行政系统为主实施的德育管理体制，组织引导教职工结合本职工作开展“教书育人、管理育人、服务育人”活动。

5. 讨论决定筹措经费、兴办产业，实施年度财务预算、落实大额资金使用和基本建设项目，加强财务管理和审计监督。

6. 根据有关法律法规，组织实施完善行政管理系统、设置和调整行政机构，健全教学、科研、行政与学生管理等规章制度，决定师生员工的奖惩。

7. 审议决定学校召开的教学科研、行政管理、学生工作等业务性工作会议，协调部署全校性的行政工作，听取系部处重要工作汇报。

8. 讨论处理工会、教代会、团代会、学代会有关行政工作的提案，以及关系师生员工切身利益的重要问题。

9. 处理、决定日常行政工作需要共同商定的问题，通报工作情况。

三、议事程序和要求

1. 校长办公会议议题由校长商党委书记确定。副校长和职能部门可以向校长提出需要讨论决定的问题的建议。

2. 提出议题的领导和职能部门必须在会前做充分准备，提供有关资料和政策依据，可供选择的方案与建议。

3. 由校长办公室负责会议有关准备工作，提前将会议地点、时间和议程通知与会人员。因故不能到会者，需事先向校长请假。

4. 会议按确定的议题进行，如需临时增加议题，须经会议主持人同意。

5. 重要问题的决定必须经集体讨论，校长在充分听取意见的基础上决策。

四、决议的执行和督办

1. 会议形成的决议、决定，应明确主管领导的责任，落实承办单位，提出完成时限及具体要求。

2. 校长办公室根据会议要求，及时将会议决定通知到有关部门，必要时，整理会议纪要并经校长签发后，印发有关部门。

3. 有关部门对会议决定及其完成时限要坚决执行，抓紧贯彻和落实。在执行中如有问题，应及时向主管校长报告。

4. 会议决定的贯彻落实，由校长办公室负责督查和催办。

附件 1.1.3：《对外经济贸易大学党政联席会议事规则》

坚持和完善党政联席会议制度，是实行党政沟通情况、交流意见、协调工作的一项有效措施。为提高会议质量，加强会议管理，特制订本议事规则。

一、会议制度

1. 校党政联席会议每周召开一次，一般定在每周五，形成例会制度。

2. 会议由党委书记或校长召集并主持。

3. 参加会议人员：校党委正副书记、正副校长、纪委书记。党委办公室、校长办公室负责人列席会议，其他列席人员由会议主持人根据会议内容确定。

4. 校长办公室秘书负责会议记录，并整理归档。

二、议事内容

1. 学习贯彻党和国家的政策法令及上级部门的有关指示、决定。

2. 通报本周校党政领导各自主管工作的情况，研究需要党政协调解决的问题。

3. 研究下周工作，拟定下周会议日程。

4. 审议提交党委常委会和校长办公会议讨论的事项。

三、会议要求

1. 校党政领导应互相尊重，互相支持，团结协作。

2. 通报工作情况，力求简明扼要。

3. 安排工作以大局为重，有分工，有合作，不推诿，保证工作顺利开展。

4. 校党政联席会议对重要事项一般不作决定。

四、会议落实

1. 校长办公室秘书根据会议安排拟定下周会议日程表，及时下发到各部门。

2. 重要的党政联席会记录，由校长办公室秘书负责送因故缺席者阅知。

附件 1.1.4：《对外经济贸易大学关于党政领导班子落实“三重一大”制度的暂行办法》

为落实中央关于“重大事项决策、重要干部任免、重要项目安排、大额度资金的使用，必须经集体讨论作出决定”的制度（以下简称“三重一大”制度）精神，推动学校校级领导班子民主、规范决策，为提高科学决策水平提供制度保证，根据党和国家有关规定，结合学校工作实际，制订本暂行办法。

一、“三重一大”事项的主要内容

（一）重大事项决策

凡涉及学校改革、发展和稳定，关系教职工切身利益的重大问题，均属于重大事项决策的范围，主要内容包括：

1. 党和国家的路线、方针、政策，上级有关部门的会议和文件精神的贯彻和落实；

2. 学校发展战略以及规划的制订和调整；

3. 学校年度总体工作计划的制订；

4. 学校年度决算、预算的制订和调整；

5. 涉及学校全局的重大改革方案和改革措施的制订；

6. 党的建设、党风廉政建设、社会主义精神文明建设和思想政治工作的重大问题；

7. 师资队伍建设、干部队伍建设和学生工作中的重大问题和相关政策；

8. 学校学科、专业设置和调整；

9. 学校办学规模和年度招生计划；

10. 学校党政和学术机构的设置、调整及人员编制；

11. 全校性规章制度的制订、修改和废除；

12. 基本建设、校园规划以及其他办学资源配置的重大决定和重大调整；

13. 对外经济贸易大学校级荣誉称号的授予和全校性的奖惩事项；

14. 工资待遇、医疗、住房、职称等涉及教职工切身利益的重大事项；

15. 重大人身伤亡、责任事故、突发事件的处理；

16. 国内外重要合作和交流事项；

17. 校办产业的开发和产权变更；

18. 学校无形资产的授权使用；

19. 党委及学校行政领导班子自身建设；

20. 学校领导班子认为应当集体研究决定的其他重要问题。

（二）重要干部任免

1. 中层副职以上干部任免；

2. 校级后备干部推荐、选拔；

3. 全国、市、区人大代表、政协委员候选人的推荐；

4. 校办骨干企业决策层组成人选的提名；

5. 涉及学校整体工作的学术委员会、学位委员会负责人和成员的任免。

（三）重要项目安排

1. 未列入预算的基本建设项目、不动产购置、大型房屋修缮项目、大宗物资、设备采购等；

2. 国内外合资、合作的重大项目（含合作办学）以及对外投资项目；

3. “211 工程”建设项目。

（四）大额度资金的使用

学校年度预算经费和专项经费，未列入预算，单项支出在 5 万元以上（含 5 万元）的资金款项的支出。

二、集体决策的机制和程序

（一）集体决策机制和分工

依照《中华人民共和国高等教育法》，对外经济贸易大学实行党委领导下的校长负责制。党委常委会讨论决定关系学校全局的重大问题和党务工作，对学校总体工作具有最高决策权，统一领导学校工作，支持校长独立负责地行使职权。

校长全面负责学校的教学、科学研究和其他行政管理工作，对重大问题，通过校长办公会行使决策权。

（二）参与集体决策的范围

出席党委常委会的正式成员为校党委常委。根据会议内容，由党委书记或委托副书记确定有关院系、部门的负责同志列席会议。党委办公室主任列席会议，负责会议记录。主持日常工作的纪委副书记列席会议。

出席校长办公会的正式成员为校长、副校长。根据会议内容，由校长或委托副校长确定有关院系、部门的负责同志列席会议。校党委正副书记、常委列席会议。校长办公室主任或副主任列席会议，负责会议记录。监察审计处长列席会议。

（三）民主决策程序

依照国家法律、法规和学校规章；凡属“三重一大”事项，在提交党委常委会和校长办公会决策之前，要经过必要的民主程序进行论证。

依照《高等学校教职工代表大会暂行条例》规定，应交教代会审议通过的重要事项，在党委常委会或校长办公会决策之前要提交教代会审议或通过。

依照《中华人民共和国高等教育法》和《对外经济贸易大学学术委员会章程》的规定，应由学术委员会审议的重大学术事项，在校长办公会决策之前要提交学术委员会审议。

中层副职以上干部任免，党委常委会决策之前要严格按照《党政领导干部选拔任用工作条例》及相关规定中确定的程序执行。

其他“三重一大”事项，在党委常委会和校长办公会决策之前，要依照法律、法规和学校规章规定的程序，广泛调查研究，充分听取群众和专家意见，深入进行论证和协调，提交论证报告或立项报告。

三、集体决策机构议事规则

（一）要认真贯彻民主集中制原则，充分听取与会人员意见，确保决策的科学化、民主化、制度化。

（二）凡需党委常委会或校长办公会议决的事项，任何人不得以任何其他形式替代。

（三）集体决策议决事项，一般应坚持少数服从多数的原则。对于带有实质性的有争议事项，如无时限要求，一般应推迟议决，重新调研，待意见成熟后，再提交会议议决。凡前次党委常委会作出的决策，如需再次上会复议，必须有 1 人动议报党委书记，由党委书记在会前征得 2/3 以上应出席会议同志的同意，否则不得复议。

（四）超过党委常委会成员数 1/2 的人员认为是特别重大的议题在表决时，应采取票决制，以赞成票超过应到会人数的 2/3 为通过。

（五）校长办公会如遇有时限要求的有争议事项，主持会议的校长有权作最后决定。凡前次校长办公会作出的决策，如需再次上会复议，必须有 1 人动议报校长，由校长在会前征得 1/2 以上应出席会议同志的同意，否则不得复议。

（六）会议要严格按照预定议题进行，一般不能临时动议议题或表决事项，特别是不能临时动议特别重大议题。遇有特别紧急情况来不及召开全体会议时经请示党委书记或校长后可当机处置，事后及时向全体会议汇报。

（七）会议在讨论有关议题和工作时，应首先由主管领导报告情况，其他同志不受委托不得越权代替。

（八）在讨论与本人及家属有关的议题时，本人应主动回避。

（九）会议决定的事项，必须明确实施的部门和负责人。

（十）对尚未正式公布的会议决策和需保密的会议内容，与会人员不得外泄，否则追究有关人员的泄密责任。

（十一）“三重一大”事项决策的会议记录要做到“五明确”，即明确具体事项，明确决策范围，明确集体决策的形式，明确集体决策的程序，明确检查考核人和责任追究办法。将决策参与事项、决策人、决策过程、决策结论、工作时效等以会议通知、议程、记录、纪要、决定、备忘录等形式留下文字性资料，并存档备查。

四、“三重一大”事项决策的实施

（一）分工组织实施

党委常委会决定的事项，由领导班子成员按照分工组织实施；校长办公会作出的决定，由校长办公会成员按照分工组织实施，个人不得擅自改变或拒绝执行。被授权实施的职能部门应及时反馈执行情况。

学校决定的重大基建工程、修缮工程项目、大宗材料、设备采购，按国家规定需要招标的，必须严格按照招标程序进行，招标结果由主管校或处领导报告校长办公会。

（二）加强监督检查

党委常委会、校长办公会决定的事项，由主管校领导负责落实，并将落实情况向党委常委会或校长办公会汇报。党委办公室、校长办公室负责催办，并及时将催办情况向书记、校长汇报。纪委、监察审计等部门根据职责权限对决策执行情况进行监督检查，发现问题，及时报告，提出纠正建议。

五、责任追究

（一）凡属下列情况给国家、学校造成重大经济损失和严重政治影响的要追究责任：

1. 不履行或不正确履行“三重一大”制度决策程序，不执行或擅自改变集体决定的；

2. 未经集体讨论决定而个人决策、事后又不通报的；

3. 未向领导集体提供全面真实情况而造成错误决定的责任人；

4. 执行决策后发现可能造成损失，能够挽回而不采取措施纠正的；

5. 其他因违反本实施办法而造成失误的。

（二）责任追究主要依据本人职责范围，明确集体责任、个人责任或直接领导、主要领导责任。

（三）给学校造成重大损失和严重政治影响的责任人，根据事实、性质、情节应承担的责任，依法依纪追究。

六、解释权和时效性

（一）本暂行办法的解释权属中共对外经济贸易大学委员会。

（二）本办法自发布之日起试行，今后将根据具体实践情况逐步修改完善。

附件 1.1.5：《对外经济贸易大学党委常委会向全委会报告工作并接受监督的规定（试行）》

第一条 为进一步贯彻党的民主集中制原则，根据《中国共产党章程》和《中国共产党普通高校基层组织工作条例》，制定本规定。

第二条 学校党委全委会在学校党的代表大会闭会期间，是学校党的领导核心，行使下列职权：

（一）对学校改革、发展和稳定，党的自身建设及其他涉及全局性的重大问题作出决策；

（二）制定贯彻执行上级党组织和学校党的代表大会决议、决定的措施；

（三）听取和审议常委会工作报告，对常委会及其成员履行职责的情况进行监督和评议；

（四）决定召开学校党的代表大会或党代表会议；

（五）选举产生党委常委会和党委书记、副书记，通过学校纪律检查委员会选举产生纪委书记、副书记；

（六）对常委会提请研究决定的问题或必须由全委会决定的其他重要问题作出决策。

第三条 学校党委常委会在全委会闭会期间，行使全委会职权，主持日常工作。

第四条 校党委全委会研究决定重大问题，要贯彻实事求是的思想路线，深入调查研究，充分听取党总支（直属党支部）书记、党代表和各民主党派及“双代会”代表的意见，必要时组织专家咨询，进行分析论证，坚持科学、民主决策。

第五条 校党委全委会决议问题时，应严格遵守“集体领导、民主集中、个别酝酿、会议决定”的要求，按照少数服从多数原则进行表决，以赞成人数超过应到会委员的半数为通过。会议决定多个事项的，应逐项表决。表决可根据讨论事项的不同内容，分别采取口头、举手、无记名投票、记名投票等方式。如对重要问题发生争论，双方人数接近，除在紧急情况下必须按多数意见执行外，应当暂缓作出决定，进一步调查研究、交换意见，下次再表决。

第六条 凡属全委会职责范围内决定的重大问题，个人或少数人无权决定。如遇紧急情况或突发性事件，来不及召开会议，由个人或少数人作出决定的，事后应及时向校党委全委会报告。

第七条 校党委全委会每年至少召开两次，遇有重要情况可随时召开全委会或全委会扩大会。全委会由校党委常委会召集，党委书记或副书记主持。会议议题由常委会确定。全委会必须有三分之二以上委员到会方能举行。

第八条 党委常委会向全委会报告工作会议规程：党委书记作党委工作报告，校长作行政工作报告。也可结合实际情况，由党委常委会（常委）向全委会作专题报告。

第九条 党委常委会向全委会汇报工作范围：

（一）贯彻执行党和国家的路线方针政策与上级有关部门的重大决策、重要工作部署以及学校党的代表大会及全委会决议、决策的意见和措施情况；

（二）对学校办学方向、指导思想、发展规划、重大改革方案、重要规章制度等事项作出决策的情况；

（三）有关学校“三重一大”（重大事项决策、重要干部任免、重要项目安排、大额度资金使用）以及年度工作部署、年度财务预算方案等重大问题的情况；

（四）学校党的建设和思想政治工作方面的情况；

（五）学校党风廉政建设情况，按有关规定处理违法违纪案件的情况；

（六）学校与国际国内的重要合作与交流项目，如重大科技合作与交流、合作办学与校外投资情况；

（七）其他需要汇报的重要事项。

第十条 常委会向全委会所作的工作报告，应经过党委常委会审议，并在会议召开前送达全体党委委员。

第十一条 党委委员审议常委会工作报告时，对工作报告的有关问题提出询问或质询，常委会或受常委会委托的工作机构应作出说明。

第十二条 全委会应就审议常委会工作报告的情况形成决议，并提交大会表决，赞成票超过应到会委员人数的半数为通过。未到会委员的书面意见不能计入票数。常委会工作报告未获全委会通过，常委会应在三个月内重新向全委会报告工作。

第十三条 常委会报告工作的情况，应及时向上一级党的委员会报告，并根据实际情况，可以适当方式向下属党组织通报。

第十四条 本规定由学校党委办公室负责解释。

第十五条 本规定自发布之日起施行。

附件 1.1.6：《中共对外经济贸易大学委员会重大事项决策听证实施办法（试行）》

第一条 为加强依法治校，提高校党委重大问题决策的科学性和透明度，促进学校重大问题决策的民主化和规范化，制定本办法。

第二条 本办法所称学校重大事项决策听证是指制定涉及学校发展、教职工和学生切身利益等重大事项的政策前，经党委常委会研究同意，广泛征求教职员工和学生代表及学校有关职能部门意见，对拟制定政策的必要性、可行性及具体内容等进行沟通、质询的形式。听证不是决策。实行听证的项目由校党委常委会讨论确定。

第三条 听证是校党委进一步提高科学决策和民主决策的重要渠道之一。听证便于倾听学校师生员工心声、集思广益，使学校重大问题的决策更为公正、科学和合理。

第四条 听证过程接受全校师生员工的监督；听证工作程序遵循公开、公正和规范原则。

第五条 听证工作由党委职能部门具体组织实施。

第六条 听证会代表一般由学校有关职能部门代表、教师和学生代表以及相关方面的专家组成。听证会代表应具有一定的广泛性、代表性。听证会代表采取由职能部门或院系推荐的方式产生，最后经听证组织者研究确定。

第七条 除参会正式代表外，教职工和学生可以向听证组织者提出旁听申请，经批准后参加旁听。

第八条 听证组织者应提前七个工作日公告举行听证会的时间、地点和主要内容。

第九条 听证组织者应在举行听证会七个工作日前将听证材料送达听证会代表，并确认能够参会的代表人数。听证组织者应当提供以下材料：

（一）拟制定政策的具体内容；

（二）拟制定政策的依据和理由；

（三）拟制定的政策对学校发展及教职工利益的影响；

（四）与拟制定政策相关的其他材料。

第十条 听证会代表应如实反映所代表的教职工、学生或相关部门对拟制定政策的意见，自觉遵守听证会纪律。

第十一条 听证会按下列程序进行：

（一）听证主持人宣布听证事项和听证会纪律，介绍听证会参加人员；

（二）制定政策的职能部门说明拟制定政策的内容、依据和理由、相关政策、法律、法规及其他需要说明的情况；

（三）听证会代表对听证内容进行质询；

（四）职能部门陈述意见；

（五）听证主持人总结。

第十二条 听证组织部门应当在举行听证会后起草听证会纪要，并于十个工作日内送达听证会代表。听证会纪要应当包括下列内容：

（一）听证会的基本情况；

（二）听证会代表意见扼要陈述；

（三）听证会代表对决策方案的主要意见。

第十三条 听证会代表有权向制定政策的职能部门提出质询，对拟制定政策的可行性、必要性以及具体方案提出意见，查阅听证会记录和听证会纪要。

第十四条 校党委制定政策应认真考虑听证会收集的意见。

第十五条 听证经费纳入学校党务预算。

第十六条 本办法由校党委办公室负责解释。

第十七条 本办法自发布之日起施行。

附件 1.1.7：《对外经济贸易大学行政办公会议事规则》

行政办公会是由行政领导（或兼管行政工作的党委副书记）召集，对涉及多位校领导分管部门或事项的一般性行政工作进行研究、协商、协调、部署的会议。

一、会议制度

1. 行政办公会一般在党政联席会上安排或根据工作需要临时安排。
2. 会议由校长、副校长或兼管行政工作的党委副书记召集并主持。
3. 会议参加人员由召集会议的校领导确定。
4. 校长办公室秘书担任会议记录，并负责整理归档。

二、议事程序和要求

1. 行政办公会议议题由召集会议的校长、副校长或兼管行政工作的党委副书记确定。职能部门可以向主管校领导提出需要讨论决定的问题的建议。

2. 提出议题的领导和职能部门必须在会前做充分准备，提供有关资料、政策依据及可供选择的方案与建议。

3. 由校长办公室负责会议有关准备工作，提前将会议地点、时间和议程通知与会人员。因故不能到会者，需事先向召集会议的校领导请假。

4. 对于学校重大行政事项，行政办公会不作决策，但可以受校长委托，拟定方案报校长办公会或党委常委会研究。

三、决议的执行和督办

1. 会议形成的决议、决定，应明确责任，落实承办单位或承办人，提出完成时限及具体要求。

2. 校长办公室根据会议要求，及时将会议决定通知到有关部门，必要时，整理会议纪要并经召集会议的校领导签发后，印发有关部门。

3. 有关部门或责任人对会议决定及其完成时限要坚决执行，抓紧贯彻和落实。在执行中如有问题，应及时向主管校领导报告。

4. 会议决定的贯彻落实，由校长办公室负责督查和催办。

第二章 组织机构

第一节 二级机构设置

一、二级机构设置基本情况

根据〔（2001）外经贸学党发第04号〕文件和〔（2001）外经贸学办字第18号〕文件精神，学校机构设置分党群机构、行政机构、教学科研机构、教学辅助机构、其他机构五大类共47个。各类机构设置如下：

党群机构包括8个部门：党委办公室、组织部、统战部（与组织部合署办公）、宣传部（含党校办公室）、纪检委办公室、学生工作部（含武装部）、团委（副处级机构）、工会。

行政机构包括15个部门：校长办公室、发展规划处、人事处、师资处、财务处、监察审计处（与纪检委办公室合署办公）、教务处、科研处、学生处、国际合作交流处、保卫处（保卫部）、离退休人员工作处、资产管理处、基建处、后勤管理处。

教学科研机构包括17个部门：国际经济贸易学院、金融学院、国际工商管理学院、英语学院、外语学院、中德学院、法学院、信息学院、人文与行政学院、保险系、体育部（副处级机构）、研究生部、留学生部、继续教育学院、高等职业教育学院、国际经济研究所、世界贸易组织研究中心。

教学辅助机构包括3个：图书馆、网络与计算中心（副处级机构）、教育技术中心（副处级机构）

其他机构4个：出版社、就业指导中心（副处级机构）、世贸培训与政策研究中心（副处级机构）、人才交流中心（副处级机构）。

二、二级机构设置变化情况

2002年，《关于成立远程教育学院的通知》发布，该通知根据教育部教高厅（2002）2号文件批示，决定成立对外经济贸易大学远程教育学院。

2002年，《关于我校“世界贸易组织研究中心”更名为“中国世界贸易组织研究院”的通知》发布，该通知根据教育部社会科学研究与思想政治工作司《同意对外经济贸易大学重点研究基地更名请示的函》，将学校“世界贸易组织研究中心”更名为“中国世界贸易组织研究院”。

2002年，《关于单独设置党委统战部的决定》发布，该文件根据党委常委会纪要（2002年第30号）精神，决定单独设置党委统战部。

2003年，《关于我校国际经济研究所更名为国际经济研究院的通知》发布，国际经济研究所更名为国际经济研究院。

2004 年，《关于成立 3 号地置换办公室的通知》发布，新成立 3 号地置换办公室。

2005 年，《关于调整对外经济贸易大学二级机构设置的通知》发布，通知根据党委常委会纪要（2005 年第 8 号）的精神，对部分二级机构设置作了调整。具体调整是：师资处与人事处合并为人事处；高等职业教育学院并入继续教育学院（过渡期保持相对独立，两块牌子一套班子）；撤销世贸培训与政策研究中心，其职能并入国际合作与交流处；国际工商管理学院更名为国际商学院；学术刊物编辑部更名为学术刊物部。

2006 年，根据《关于调整对外经济贸易大学部分机构设置的通知》文件，撤销人文与行政学院，新设公共管理学院、人文与社会科学学院、中国语言文学系（人文与社会科学学院下独立建制、副处级机构）。

2006 年，《关于设立独立建制就业指导中心的决定》发布，该文件根据党委常委会纪要（2006 年第 13 号）精神，为全面加强学校毕业生就业指导工作，整合学校本科生和研究生就业指导资源，建立面向全校毕业生的就业服务工作机制，设立独立建制的就业指导中心（副处级），直接对主管校领导负责。

2006 年，《关于撤销中德学院建制的决定》发布，该通知根据党委常委会纪要（2006 年第 12 号）的精神，决定撤销中德学院建制，将其作为德语学系整体并入外语学院。

2006 年，《关于新设机构的决定》发布，该文件根据党委常委会纪要（2006 年第 16 号）的精神，为加强学校审计工作，决定成立独立设置的审计室（副处级）；另，该文件根据常委会纪要（2006 年第 10 号）和校长办公会议纪要（2006 年第 12 号）的精神，决定成立高级培训学院。

2006 年，《关于监察审计处更名的通知》发布，该文件根据党委常委会（2006 年第 16 号）决议精神，将监察审计处（与纪检委合署办公）分为监察处和审计室（副处级）两个独立设置的机构，将原监察审计处更名为监察处（与纪检委合署办公）。

2006 年，《关于确定中国语言文学系为正处级单位的通知》发布，该通知根据党委常委会会议纪要（2006 年第 32 号）精神，决定确定中国语言文学系为正处级单位。

2007 年，《关于将保险系更名为保险学院的决定》发布，该文件根据校长办公会（2007 年第 7 号）会议纪要精神，为进一步促进我校保险专业的发展，决定将保险系正式更名为保险学院。

2007 年，《关于将审计室升级为审计处的决定》发布，该文件根据校长办公会（2007 年第 10 号）会议纪要精神，决定将审计室（副处级建制）升级为审计处。

2007 年，《关于网络与计算中心和教育技术中心合并成立网络与教育技术中心的决定》发布。该文件根据党委常委会（2007 年第 8 号）会议纪要和校长办公会（2007 年第 13 号）会议纪要的精神，为加强网络和教育技术资源的共享，提高办学效益，决定将网络与计算中心和教育技术中心合并，成立网络与教育技术中心。

2008 年，《关于将中国语言文学系更名为中国语言文学学院的决定》发布，该文件根据校长办公会（2008 年第 2 号）会议纪要精神，决定将中国语言文学系正式更名为中国语言文学学院。

2009 年，《关于成立对外经济贸易大学商务汉语国际推广中心的决定》发布，该文件根据党委常委会（2008 年第 21 号）会议纪要精神，决定成立对外经济贸易大学商务汉语国际推广中心。

2009 年，《关于成立对外经济贸易大学基金会（筹）的决定》发布，该文件根据党委常委会（2009 年第 14 号）会议纪要精神，决定成立对外经济贸易大学基金会（筹），与校友会、校董会三块牌子一套班子，该机构行政级别为正处级。

2009 年，《关于成立对外经济贸易大学档案馆、校史馆的决定》发布，该文件根据党委常委会（2009 年第 14 号）会议纪要精神，决定成立对外经济贸易大学档案馆、校史馆（两块牌子一套班子），该机构行政级别为正处级。

2009 年，《关于成立对外经济贸易大学社会发展服务部的决定》发布，该文件根据党委常委会（2009 年第 14 号）会议纪要精神，决定成立对外经济贸易大学社会发展服务部，该机构行政级别为正处级。

2009 年，《关于成立对外经济贸易大学思想政治理论课教学科研部的决定》发布，该文件根据党委常委会（2008 年第 21 号）会议纪要和党政联席会（2009 年第 14 号）会议纪要精神，决定成立对外经济贸易大学思想政治理论课教学科研部，行政级别为正处级。思想政治理论课教学科研部人员编制 20 人，其中专职教师编制 18 人，行政管理人员编制 2 人。

2009 年，《关于撤销 3 号地置换工程办公室的决定》发布，该文件根据党政联席会（2009 年第 14 号）会议纪要，决定撤销 3 号地置换工程办公室，其人员和职能划归资产处。

2010 年，《关于将人文与社会科学学院更名为国际关系学院的决定》发布，该文件根据党政联席会（2010 年第 1 号）会议纪要，决定将人文与社会科学学院正式更名为国际关系学院。

2010 年，《关于成立国际商务汉语教学与资源开发基地（北京）的决定》发布，该文件根据国家汉办《关于建立国际商务汉语教学与资源开发基地（北京）的函》，决定成立国际商务汉语教学与资源开发基地（北京），该基地与商务汉语国际推广中心两块牌子，合署办公。

2010 年，《关于成立学科建设办公室的决定》发布，该文件根据党委常委会（2009 年第 18 号、27 号和 2010 年第 2 号）会议纪要的精神，决定成立对外经济贸易大学学科建设办公室，行政级别为正处级。决定撤销发展规划处，将其原有事业规划、高教研究、综合统计、合作办学预审等工作职能划归校长办公室，其余职能划归学科建设办公室。决定将“211 工程”办公室的工作职能划归学科建设办公室。

2010 年，《关于成立对外经济贸易大学中国开放经济与国际科技合作战略研究中心（培育）的决定》发布，该文件根据教技委（2010 年 4 号）及党委常委会（2010 年第 16 号）会议纪要精神，成立对外经济贸易大学中国开放经济与国际科技合作战略研究中心（培育），正处级。对外经济贸易大学中国开放经济与国际科技合作战略研究中心（培育）人员暂定编制 5 人，其中专职研究人员编制 3 人，行政管理人员编制 2 人。

2010 年，《关于确定体育部为正处级单位的通知》发布，该文件根据党委常委会（2010 年第 31 号）会议纪要精神，确定体育部为正处级单位。

第二节　二级机构负责人任职概况

2000 年 6 月，原对外经济贸易大学与原中国金融学院合并，成立新的对外经济贸易大学，教育部党组任命了新的对外经济贸易大学党委领导班子和校级领导班子。二级机构的合并经过了一段过渡期，2000 年 6 月至 2001 年 3 月，原对外经济贸易大学与原中国金融学院的中层机构与处级干部基本按照原有的体系运转。2001 年 3 月，学校的中层机构与领导干部开始统一调整。

一、2000 年 6 月—2001 年 3 月二级机构负责人任职情况

表 1.2.1　　原对外经济贸易大学党群各部门负责人任职时间一览表

机构名称	部长（主任）		副部长（副主任）	
	姓名	任职时间（年月）	姓名	任职时间（年月）
组织部	赵宜敏	1995. 11 - 2001. 3	车洪波 郑成秀 （副处级组织员）	1999. 10—2001. 3 1996. 9—2001. 3
宣传部	李景瑜	1997. 9—2001. 3	张　楠	1998. 4—2001. 3
统战部	赵宜敏（兼）	1999. 7—2001. 3	车洪波（兼）	1999. 11—2001. 3
学生工作部	王　强（兼）	1999. 7—2001. 3	梁尔华 冯守华	1999. 7—2001. 3 1999. 7—2001. 3
武装部	王　强	1999. 7—2001. 3	梁尔华	1999. 7—2001. 3
校工会	贾怀勤（兼）	1999. 3—2001. 3	张德义（常务） 章昌裕（兼）	1998. 3—2001. 3 1998. 3—2001. 3
团委	冯守华	1999. 7—2001. 3		

表 1.2.2　　原对外经济贸易大学各系处级单位党总支部委员会（直属党支部委员会）正副书记任职时间一览表

单位名称	书　记		副书记	
	姓名	任职时间（年月）	姓名	任职时间（年月）
校直机关党总支部委员会	程东信	1999. 7—2001. 3		
教务处直属党支部委员会	仇鸿伟	1999. 3—2001. 3		
科研处直属党支部委员会	张汉林	1999. 7—2001. 3		
离退休人员工作部党总支部委员会	王家祥	1999. 7—2001. 3	朱忠田	1999. 7—2001. 3
后勤管理处党总支部委员会	孙宪萍（兼）	1999. 7—2001. 3		

续表

单位名称	书记		副书记	
	姓名	任职时间（年月）	姓名	任职时间（年月）
资产管理处党总支部委员会	褚增秋	1999.7—2001.3		
国际经济贸易学院党总支部委员会	杨巨库	1997.3—2001.3	胡东旭	1998.4—2001.3
国际工商管理学院党总支部委员会	张新民（兼）	1999.6—2001.3	张卫滨	1998.4—2001.3
国际交流学院党总支部委员会	杨言洪	1999.4—2001.3	张建华	1994.3—2001.3
继续教育学院党总支部委员会	谢毅斌	1994.3—2001.3	段桂良	1998.4—2001.3
海关管理系党总支部委员会	唐春梅	1995.9—2001.3		
法学院党总支部委员会	王淑霞	1996.3—2001.3	赵　梅	1999.7—2001.3
人文科学系党总支部委员会	李景瑜（兼）	1997.9—2001.3	安兰凤	1994.2—2001.3
研究生部党总支部委员会	杨逢华（兼）	1997.9—2001.3	杨长春	1999.11—2001.3
国际贸易问题研究所直属党支部委员会	曹红月	1999.4—2001.3		
计算中心（信息经济系）党总支部委员会	冯国友	1995.3—2001.3	魏辛德	1992.2—2001.3
技术教育中心直属党支部委员会	杜建新	1999.11—2001.3		
图书馆直属党支部委员会	薛昌莲	1984.9—2001.3		
出版社直属党支部委员会	刘　军（兼）	1993.3—2001.3		

表 1.2.3　原对外经济贸易大学处级单位、各院（系）负责人任职时间一览表

机构名称	正职		副职	
	姓名	任职时间（年月）	姓名	任职时间（年月）
学校办公室	刘　园	1997.7—2001.3	吴兴旺 袁利新	1997.7—2001.3 1997.7—2001.3
发展规划处	刘　园（兼）	1999.7—2001.3	卢进勇	2001.1—2001.3
外事处	贾利群	1999.7—2001.3		
教务处	仇鸿伟	1999.7—2001.3	李卫群	1999.7—2001.3

续表

机构名称	正职		副职	
	姓名	任职时间（年月）	姓名	任职时间（年月）
科研处	张汉林 （主持工作）	1999.7—2001.3		
留学生部	贺向民	1995.3—2001.3	曹亚红	1999.7—2001.3
学生处	王　强	1999.7—2001.3	梁尔华	1998.4—2001.3
人事处	叶文楼	1997.10—2001.3		
人才交流中心	高中武	1998.4—2001.3		
离退休人员工作部	朱忠田	1999.7—2001.3		
保卫处	李保元	1999.7—2001.3	袁　祥	1999.7—2001.3
后勤管理处	崔玉良	1999.7—2001.3	孙先泮 王长安	1999.7—2001.3 1999.7—2001.3
基建处	邓可模	1999.8—2001.3	柳永树	1996.9—2001.3
财务处	安玉华	1999.10—2001.3	郭岩海	1999.12—2001.3
资产管理处	杜　晓 （主持工作）	1999.7—2001.3	杨宝峰 王长安（兼）	1999.7—2001.3 1999.11—2001.3
监察审计处	蔡少英	1999.10—2001.3	范新荣	1999.10—2001.3
国际经济贸易学院	林桂军	1997.3—2001.3	李占海 赵忠秀	1996.9—2001.3 1997.6—2001.3
国际交流学院	李　平	1999.12—2001.3	王关富 杨言洪 吴　芬	1999.5—2001.3 1996.5—2001.3 1999.5—2001.3
继续教育学院	谢毅斌	1997.9—2001.3	曾　钢	1999.11—2001.3
法学院	沈四宝	1996.3—2001.3	王　军 王淑霞（兼） 焦津洪	1998.10—2001.3 1996.3—2001.3 1996.3—2001.3
中德学院	王正富	1997.11—2001.3	潘亚玲	1997.11—2001.3
海关与检验检疫管理系	郑俊田	1999.10—2001.3	高　懿	1999.11—2001.3
人文科学系	荣　真 （主持工作）	1999.11—2001.3	王伟利 董　瑾	1994.3—2001.3 1999.11—2001.3

续表

机构名称	正职		副职	
	姓名	任职时间（年月）	姓名	任职时间（年月）
研究生部	杨逢华	1997. 9—2001. 3	杨长春	1999. 12—2001. 3
国际贸易问题研究所	华晓红	1998. 4—2001. 3	曹红月	1992. 5—2001. 3
信息经济系（计算中心）	孙　强（主持工作）	1999. 3—2001. 3	王丽娟	1997. 7—2001. 3
技术教育中心	杜建新（主持工作）	1999. 5—2001. 3	章昌裕	1999. 11—2001. 3
图书馆	邱小红	1999. 11—2001. 3	吕云生	1999. 11—2001. 3
对外贸易教育出版社	刘　军	1992. 9—2001. 3		
世界培训与政策研究中心			王福明	1998. 5—2001. 3
华德公寓	夏占友	1999. 8—2001. 3		

表 1. 2. 4　　原中国金融学院党委各部门负责人任职时间一览表

机构名称	正职		副职	
	姓名	任职时间（年月）	姓名	任职时间（年月）
党委办公室	王　红	1999. 3—2001. 3	陶建初	1995. 7—2001. 3
组织部	周玉梅	1999. 9—2001. 3		
宣传部	刘　红	1995. 7—2001. 3		
学生工作部	周永逸	1995. 7—2001. 3	霍占仙	1999. 3—2001. 3
团委	刘金兰	1999. 12—2001. 3		

表 1. 2. 5　　原中国金融学院各处级单位、院（系）负责人任职时间一览表

机构名称	正职		副职	
	姓名	任职时间（年月）	姓名	任职时间（年月）
院长办公室	王　红	1999. 3—2001. 3	陶建初	1995. 7—2001. 3
教务处	史　薇	1999. 3—2001. 3	王　平 郑东晓	1997、5—2001. 3 1999. 5—2001. 3
科研处			郝旭光	1999. 3—2001. 3
人事处	任明鹤	1999. 10—2001. 3	安　林	1995. 7—2001. 3

续表

机构名称	正职		副职	
	姓名	任职时间（年月）	姓名	任职时间（年月）
财务处	黄潮发	1994.12—2001.3	康永慧 王俊明	1993.3—2001.3 1994.12—2001.3
总务处	王子新	1999.10—2001.3	赵　瑾 尚中华	1995.7—2001.3 1999.5—2001.3
工会	陈成刚	1995.3—2001.3		
基建处	王子新（兼）	1999.10—2001.3		
学生处	周永逸	1995.7—2001.3	霍占仙	1999.3—2001.3
保卫处			汪荣才	1999.10—2001.3
审计监察处（纪委）	满文泰	1999.10—2001.3	丁世超	1997.6—2000.12
外事办公室	王大云	1999.7—2001.3		
国际经济系	朱忠明	1999.3—2001.3		
金融系	吴　军	1999.3—2001.3	郭红玉	1997.6—2001.3
信息系	陈　进	1999.3—2001.3	谢怀军	1999.12—2001.3
工商管理系	许施智	2000.3—2001.3		
保险系	黄华明	1999.3—2001.3		
会计系			李长江 张学谦	1996.2—2001.3 1998.12—2001.3
基础部			赵杰明 廖铁林	1998.12—2001.3 1998.12—2001.3
外语部			沈素萍	1999.5—2001.3
体育部	綦明德	1996.10—2001.3		
理论部	郭　飞	1999.3—2001.3		
经济研究所	冯　彬	1999.3—2001.3	贺力平	1999.5—2001.3
培训中心	丁建臣	1999.7—2001.3		
继续教育学院			邬若虹	1999.12—2001.3
高等职业教育学院	姚德骥（兼）	1999.12—2001.3	何文涛	1999.12—2000.3
图书馆			鲍　平	1995.4—2001.3
电教中心	张建国（聘任）	1999.12—2001.3		

表 1.2.6 原中国金融学院各系、处级单位党总支部委员会（支部委员会）正副书记任职时间一览表

机构名称	书记		副书记	
	姓名	任职时间（年月）	姓名	任职时间（年月）
国际经济系总支	姜以波	1999.3—2001.3		
金融系总支	刘军明	1995.7—2001.3		
信息系支部	许　平	1999.12—2001.3		
工商管理系总支			刘新敏	1999.3—2001.3
保险系支部	白　艳	1995.9—2001.3		
会计系支部	刘秀英	1999.3—2001.3		
基础部外语部支部	廖铁林（兼）	1998.12—2001.3		
理论部支部	郭　飞（兼）	1995.7—2001.3		
人保财联合支部	王子新（兼）	1995.7—2001.3		

二、2001 年 3 月至今二级机构负责人任职情况

表 1.2.7 对外经济贸易大学党群各部门负责人任职时间一览表

机构名称	正职		副职	
	姓名	任职时间（年月）	姓名	任职时间（年月）
党委办公室	任明鹤 袁利新 张　楠 张　楠	2001.3—2004.1 2004.2—2009.3 2009.3—2010.1（兼） 2010.1—今	吴兴旺 马健姝	2001.3—2002.7 2006.9—今
党委组织部	周玉梅 张　楠 王　稳 黄　捷	2001.3—2005.3 2005.3—2010.1 2010.1—2010.12 2010.12—今	范新荣 黄　捷（副处级组织员） 黄　捷 王　涛（副处级组织员） 王　涛 周玉梅（正处级组织员） 李　洁（副处级组织员） 李　洁 徐　松	2001.3—2004.3 2002.5—2004.3 2004.3—2005.1 2004.4—2005.4 2005.4—2009.9 2005.3—2006.3 2006.9—2009.10 2009.10—2010.6 2009.12—今

续表

机构名称	正职		副职	
	姓　名	任职时间（年月）	姓　名	任职时间（年月）
宣传部	李景瑜 张小锋（主持工作） 张小锋	2001.3—2009.12 2009.12—今 2011.1—今	张　楠 张小锋 王海涛（兼） 李　悦 李欢欢	2001.3—2005.3 2005.4—2009.12 2005.4—2010.1 2010.2—今 2010.4—今
纪检/监察审计处	蔡少英 黄　捷	2002.3—2005.3 2005.3—2006.9	康永慧 高中武 孙淑玉（副处级纪检员） 祁雪冻 黄　捷（正处级纪检员） 徐高林（副处级纪检员）	2002.3—2006.9 2002.4—2003.12 2002.5—2006.9 2004.4—2006.3 2005.1—2005.3 2005.4—2006.9
纪检/监察处	黄　捷 王　涛	2006.9—2009.9 2009.9—今	李常州 孙淑玉（副处级纪检员） 徐高林（副处级纪检员） 孙淑玉（正处级纪检员） 张志群	2006.9—2009.9 2006.9—2007.9 2006.9—2009.11 2007.9—今 2010.4—今
统战部	周玉梅（兼） 赵　梅（主持工作） 赵　梅	2001.3—2002.11 2002.11—2004.3 2004.3—今	赵　梅	2001.3—2004.3
学工部	王　强 王云海	2001.3—2009.8 2009.8—今	冯守华（兼） 周永逸（兼，正处级） 梁尔华（兼） 霍占仙（兼） 余兴发（兼） 周　波（兼） 徐　松（兼） 樊泽民（兼） 陶好飞（兼）	2001.3—2001.11 2001.3—2002.4 2001.3—2005.4 2001.3—2006.8 2002.4—2005.5 2005.4—2007.12 2005.5—2010.2 2009.2—今 2010.2—今

续表

<table>
<tr><th rowspan="2">机构名称</th><th colspan="2">正　　职</th><th colspan="2">副　　职</th></tr>
<tr><th>姓　　名</th><th>任职时间（年月）</th><th>姓　　名</th><th>任职时间（年月）</th></tr>
<tr><td>武装部</td><td>王　强（兼）
王云海（兼）</td><td>2001. 3—2009. 8
2009. 8—今</td><td>梁尔华（兼）</td><td>2001. 3—2002. 4</td></tr>
<tr><td>保卫部</td><td>李保元（兼）
梁尔华（兼）</td><td>2002. 9—2009. 8
2009. 8—今</td><td></td><td></td></tr>
<tr><td>校团委</td><td>冯守华
余兴发
徐　松
陶好飞</td><td>2001. 3—2001. 11
2001. 11—2005. 5
2005. 5—2010. 2
2010. 2—今</td><td></td><td></td></tr>
<tr><td>校工会</td><td>张德义
陈建香</td><td>2003. 1—2006. 1
2006. 1—今</td><td>张德义
章昌裕
陶建初
李占海（常务）
胡东旭（常务）
张石榴</td><td>2001. 3—2003. 1
2001. 3—2006. 1
2001. 3—2009. 3
2006. 1—2007. 6
2007. 6—今
2009. 3—今</td></tr>
</table>

表 1. 2. 8　　对外经济贸易大学各处级、院（系）单位负责人任职时间一览表

<table>
<tr><th rowspan="2">机构名称</th><th colspan="2">正　　职</th><th colspan="2">副　　职</th></tr>
<tr><th>姓　　名</th><th>任职时间（年月）</th><th>姓　　名</th><th>任职时间（年月）</th></tr>
<tr><td>校长办公室</td><td>刘　园
余兴发</td><td>2001. 3—2005. 4
2005. 4—今</td><td>吴兴旺
袁利新
杨晓平
杨晓平（正处级）
孟令东</td><td>2001. 3—2002. 7
2001. 3—2004. 2
2004. 4—2005. 4
2010. 1—今
2005. 4—今</td></tr>
<tr><td>发展规划处</td><td>刘　园（兼）
杨晓平（主持工作）
杨晓平</td><td>2001. 3—2002. 4
2002. 4—2006. 9
2006. 9—2010. 1</td><td>卢进勇</td><td>2001. 3—2005. 4</td></tr>
<tr><td>人事处</td><td>叶文楼
曹红月
史　薇</td><td>2001. 3—2002. 3
2002. 3—2005. 4
2005. 4—今</td><td>安　林
李世光
屈满学
杨洪义
高　玲</td><td>2001. 3—2007. 4
2002. 4—2005. 4
2005. 4—2007. 9
2005. 4—今
2008. 1—今</td></tr>
</table>

续表

机构名称	正职		副职	
	姓名	任职时间（年月）	姓名	任职时间（年月）
师资处	史 薇	2001.3—2005.4	杨宝峰 屈满学	2001.3—2002.4 2002.4—2005.4
财务处	安玉华 黄潮发 （主持工作） 黄潮发 孙 强	2001.3—2006.11 2006.11—2007.5 2007.5—2009.12 2009.12—今	黄潮发 郭岩海 付希珍	2001.3—2006.11 2001.3—2010.6 2007.7—今
审计监察处	蔡少英	2001.3—2002.3	康永慧 高中武	2001.3—2002.3 2001.3—2002.4
审计室	康永慧	2006.9—2007.6		
审计处	康永慧 李常州	2007.6—2009.9 2009.9—今		
教务处	仇鸿伟 王丽娟	2001.3—2010.3 2010.3—今	王 平 郑东晓 祝传臣	2001.3—2002.4 2001.3—今 2002.4—今
学生处	王 强（兼） 王云海（兼）	2001.3—2009.8 2009.8—今	霍占仙 梁尔华 周 波 樊泽民	2001.3—2002.4 2002.4—2005.4 2005.4—2007.12 2009.2—今
学生资助管理中心	周 波（兼） 樊泽民（兼）	2006.12—2007.12 2010.9—今		
科研处	叶文楼 王 强	2002.4—2009.10 2009.10—今	张汉林 郝旭光 张 瑞	2001.3—2002.4 2001.3—2005.4 2005.4—今
外事处	贾利群	2001.3—2002.4	王大云	2001.3—2002.4
国际合作交流处	贾利群 贺向民 夏海泉	2002.4—2006.6 2006.6—2009.9 2009.9—今	夏海泉 项 洁 陈 潇	2002.4—2009.9 2009.10—今 2009.10—今
研究生部	杨逢华 杨长春	2001.3—2006.8 2006.8—2007.5（主持工作） 2007.5—今	杨长春（兼） 李卫群 王 颖	2001.3—2006.8 2001.3—今 2010.2—今

续表

机构名称	正职		副职	
	姓　名	任职时间（年月）	姓　名	任职时间（年月）
保卫处	李保元 梁尔华	2001. 3—2009. 8 2009. 8—今	汪荣才 袁　祥	2001. 3—2002. 4 2001. 3—今
离退休人员工作处	朱忠田 李　洁	2001. 3—2010. 6 2010. 6—今	张金龙	2004. 3—2004. 5
资产管理处	杜　晓（主持工作） 杜　晓 李世光 梁尔华 黄　捷 胡东旭	2001. 3—2002. 4 2002. 4—2005. 4 2005. 4—2006. 12 2006. 12—2009. 8 2009. 8—2010. 12 2010. 12—今	王长安 刘志宏 牛秀清	2001. 3—2005. 4 2002. 4—今 2005. 4—今
总务处	王子新	2001. 3—2001. 7	赵　瑾 尚中华	2001. 3—2001. 7 2001. 3—2001. 7
基建处	邓可模 任明鹤	2001. 3—2004. 1 2004. 1—今	柳永树 冯二未	2001. 3—2004. 3 2002. 4—今
后勤管理处	崔玉良（兼） 杜　晓 李占海 王　强	2001. 3—2005. 4 2005. 4——2007. 5 2007. 5—2009. 8 2009. 8—今	尚中华 赵振波 李占海 苏隆中 鲁　萍	2001. 7—2002. 4 2003. 1—2003. 5 2003. 9—2006. 1 2006. 3—2009. 9 2009. 11—今
就业指导中心	周永逸 霍占仙 周　波	2001. 3—2002. 4 2002. 4—2007. 12 2007. 12—今	梁尔华 庄红岩	2001. 3—2002. 4 2010. 3—今
学科建设办公室	仇鸿伟	2010. 1—今		
档案馆（校史馆）	曹亚红	2009. 10—今		

续表

机构名称	正职		副职	
	姓　名	任职时间（年月）	姓　名	任职时间（年月）
国际经济贸易学院	林桂军 赵忠秀	2001.3—2006.1 2006—今	李占海 赵忠秀 冷柏军 刘树林 葛　赢 唐宜红 洪俊杰 蒋先玲	2001.3—2003.9 2001.3—2006.1 2003.9—今 2007.11—2009.7 2007.11—今 2009.7—2010.4 2010.7—今 2010.7—今
金融学院	吴　军 丁志杰	2001.3—2009.7 2009.7—今	朱忠明 许施智 唐春梅（兼） 丁志杰 邹亚生 吴卫星	2001.3—2004.3 2001.3—2004.4 2002.4—2009.7 2004.4—2009.7 2004.6—今 2009.10—今
国际工商管理学院	张新民	2001.3—2005.4	张学谦 张　杰 张建平 王丽娟（兼）	2001.3—2002.4 2001.3—2005.4 2001.3—2005.4 2002.4—2005.4
国际商学院	张新民 汤谷良	2005.4—2010.4 2010.4—今	张　杰 张建平 王丽娟（兼） 范黎波 王永贵 雷光勇 王铁栋	2005.4—2006.5 2005.4—2010.5 2025.4—2010.5 2007.11—今 2010.5—今 2010.5—今 2010.5—今
英语学院	李　平 王立非（主持工作） 王立非	2001.3—2005.8 2005.8—2007.12 2007.12—今	张金龙 王关富 沈素萍 许德金 俞利军	2001.3—2004.3 2001.3—2007.12 2001.3—2007.12 2008.1—今 2008.1—今

续表

机构名称	正职		副职	
	姓　　名	任职时间（年月）	姓　　名	任职时间（年月）
外语学院	杨言洪	2001.3—今	朱　凯	2001.3—2002.4
			李爱文	2001.3—2010.3
			徐永彬	2002.4—今
			赵雪梅	2002.4—2010.4
			郭铭华	2006.6—2009.7
			郭德玉	2010.4—今
			潘亚玲	2010.4—今
			丁　隆	2010.4—今
中德学院	王正富（兼）	2001.3—2004.3	潘亚玲	2001.3—2004.3
	任国强	2004.3—2006.6	任国强	2002—2004.3
			郭铭华	2004.4—2006.6
法学院	沈四宝	2001.3—2009.9	焦津洪	2001.3—2003.1
	王　军（执行院长）	2009.9—2010.11	王　军	2001.3—2009.9
	王　军	2010.11—今	王淑霞（兼）	2001.3—2007.4
			丁　丁	2004.4—今
			鲍　禄	2009.10—今
信息学院	陈　进	2001.3—今	赵杰民	2001.3—2004.2
			冯国友	2001.3—2005.4
			谢怀军	2001.3—2010.3
			曹淑艳	2004.4—今
			黄健青	2010.3—今
人文与行政学院	郑俊田	2001.3—2006.1	车洪波（兼）	2001.3—2004.3
			高　懿	2001.3—2002.4
			董　瑾	2001.3—2002.4
			荣　真	2001.3—2006.1
			王福明（兼）	2002.4—2005.4
			李柱国	2003.4—2006.1
人文与社会科学学院	戴长征（领导小组组长）	2006.1—2007.1	徐凯峰（领导小组成员）	2006.1—2007.1
	戴长征	2007.1—2010.2	徐凯峰（兼）	2007.1—2010.2
			乐　平（领导小组成员）	2006.1—2007.1
			乐　平	2007.1—2010.2

续表

机构名称	正职		副职	
	姓名	任职时间（年月）	姓名	任职时间（年月）
国际关系学院	戴长征	2010.2—今	熊光清 马健姝（兼）	2010.2—今 2010.1—今
公共管理学院	郑俊田（领导小组组长） 郑俊田	2006.1—2007.1 2007.1—今	李柱国（领导小组成员） 李柱国（兼） 崔鑫生（兼） 崔鑫生	2006.1—2007.1 2007.1—今 2007.1—2009.3 2009.3—今
中国语言文学系	董　瑾（领导小组组长） 董　瑾	2006.1—2007.1 2007.1—2008.2	王明辉（领导小组成员） 王明辉	2006.1—2007.1 2007.1—2008.2
中国语言文学学院	董　瑾	2008.2—今	王明辉	2008.2—今
保险系	黄华明 陈　欣 王　稳	2001.3—2002.4 2002.4—2003.8 2005.9—2007.7	黄敬阳	2001.3—2007.7
保险学院	王　稳	2007.7—今	孙　洁 孙　健	2007.11—今 2010.3—今
体育部	李凤桥 白建军（兼）	2001.3—2010.4 2010.3—今		
思想政治理论课教学科研部	李景瑜	2009.8—今	刘宏元 梁凯音（兼）	2010.2—今 2010.2—今
留学生部	贺向民	2001.3—2003.1	曹亚红	2001.3—2003.1
国际学院	贺向民 曹红月	2003.1—2005.4 2005.4—今	曹亚红（兼） 韩维春 程振川	2003.1—2005.4 2005.4—今 2009.12—今
继续教育学院	谢毅斌 曾　钢	2001.3—2010.6 2010.6—今	曾　钢 曾　钢（正处级） 邬若虹 胡建生	2001.3—2002.1 2003.9—2010.6 2001.3—今 2005.4—今

续表

机构名称	正职		副职	
	姓　　名	任职时间（年月）	姓　　名	任职时间（年月）
远程教育学院	陈准民（兼） 谢毅斌（兼） 门　明	2002. 3—2002. 9 2002. 9—2010. 6 2010. 6—今	谢毅斌（兼） 李福德	2002. 3—2002. 9 2005. 4—今
高等职业教育学院	王　红 谢毅斌	2001. 3—2005. 4 2005. 4—2010. 6	王伟利（兼）	2001. 3—2004. 3
高级研修院	徐子健（兼） 刘　亚（兼）	2002. 7—2004. 3 2004. 3—今	廖　健 廖　健（正处级，执行院长）	2002. 7—2004. 3 2004. 3—今
高级培训学院	谢毅斌（兼）	2007. 3—2010. 6		
卓越国际学院	王云海	2006. 12—今	曾　钢 羡锡彪 王　健 王云海（常务） 程振川	2002. 1—2003. 9 2002. 1—今 2002. 1—2004. 5 2006. 8—2006. 12 2007. 1—2009. 12
中美管理学院	张新民（兼）	2002. 1—2002. 9	张　杰（兼）	2002. 1—2002. 9
国际贸易问题研究所	华晓红	2001. 3—2002. 1		
国际经济研究所	冯　彬 华晓红	2001. 3—2002. 1 2002. 1—2003. 11	冯　彬 夏占友（兼）	2002. 1—2003. 11 2002. 4—2003. 11
国际经济研究院	华晓红 桑百川	2003. 11—2009. 9 2009. 9—今	冯　彬 夏占友（兼） 庄　芮 寇文煜	2003. 11—2005. 4 2005. 4—今 2009. 10—今 2009. 10—今
世界贸易组织研究中心	薛荣久 张汉林	2001. 3—2002. 3 2002. 3—2002. 10	张汉林（兼）	2001. 3—2002. 3

续表

机构名称	正职		副职	
	姓　名	任职时间（年月）	姓　名	任职时间（年月）
中国世界贸易组织研究院	张汉林	2002.10—今		
商务汉语国际推广中心	韩　亮 韩　红	2009.3—2010.5 2010.5—今	韩　亮	2010.5—今
中国开放经济与国际科技合作战略研究中心	夏友富（执行主任）	2010.9—今		
图书馆	邱小红	2001.3—今	鲍　萍 吕云生 齐晓航	2001.3—2005.4 2001.3—今 2005.4—今
网络与计算中心	孙　强	2001.3—2007.6		
教育技术中心	杜建新	2001.3—2007.6	张建国	2001.3—2002.4
网络与教育技术中心	孙　强 王海涛（主持工作）	2007.6—2009.12 2010.1—今	杜建新 梅　涛 张建华（兼）	2007.6—2009.1 2007.6—今 2009.1—今
出版社	刘　军	2001.3—今	刘　红（兼）	2003.5—今
人才交流中心	王家祥 安　林 张洪流	2001.3—2005.3 2007.4—2009.12 2010.1—今		
世贸培训与政策研究中心	王福明	2001.3—2005.4		
学术刊物编辑部	郑宝银	2002.6—今		

续表

机构名称	正职		副职	
	姓名	任职时间（年月）	姓名	任职时间（年月）
校友会（校董会、基金会）	叶文楼	2009.9—今	苏隆中	2009.9—今
3号地置换工程办公室	柳永树	2004.3—2009.12	褚增秋	2004.3—2009.12
华德公寓	张卫滨	2010.1—今		

表 1.2.9 对外经济贸易大学各学院、处级单位党委（党总支、直属党支部）书记、副书记任职时间一览表

机构名称	正职		副职	
	姓名	任职时间（年月）	姓名	任职时间（年月）
国际经济贸易学院党总支部委员会	满文泰 赵忠秀 胡东旭 冷柏军	2001.3—2005.3 2005.4—2006.1 2006.1—2007.7 2007.7—2009.10	胡东旭 赵鸿韬	2001.3—2006.1 2006.9—2009.10
国际经济贸易学院党委委员会	冷柏军	2009.10—今	赵鸿韬	2009.10—今
金融学院、保险系联合党总支部委员会	唐春梅	2001.3—2002.4	姜以波 白艳 赵瑾	2001.3—2001.7 2001.3—2002.4 2001.7—2002.4
金融学院党总支部委员会	唐春梅 郭敏	2002.4—2009.7 2009.7—2009.10	白艳	2002.4—2009.10
金融学院党委委员会	郭敏	2009.10—今	白艳 滕云	2009.10—2010.4 2010.2—今
国际工商管理学院党总支部委员会	张新民（兼） 王丽娟	1999.6—2001.3 2001.3—2005.4	张卫滨	1998.4—2005.4
国际商学院党总支部委员会	王丽娟	2005.4—2009.10	张卫滨	2005.4—2009.10
国际商学院党委委员会	王丽娟 范黎波	2009.10—2010.3 2010.3—今	张卫滨 孟大惟	2009.10—2010.1 2010.3—今

续表

机构名称	正职		副职	
	姓　名	任职时间（年月）	姓　名	任职时间（年月）
法学院党总支部委员会	王淑霞 王晓川	1996.3—2007.4 2007.4—2009.10	张建华 曹亚红	2001.3—2005.4 2005.4—2009.10
法学院党委委员会	王晓川	2009.10—今	阎丽鸿	2010.2—今
英语学院党总支部委员会	杨逢华（兼） 李　平（兼） 范新荣 张翠萍	2001.7—2002.4 2002.4—2004.3 2004.3—2005.8 2007.3—2009.10	孙宪萍 张翠萍 王云海 徐文兵	2001.3—2002.4 2002.4—2004.3 2004.3—2006.9 2006.9—2009.10
英语学院党委委员会	张翠萍	2009.10—今	徐文兵	2009.10—今
外语学院、中德学院联合党总支部委员会	曹红月 刘金兰	2001.3—2002.4 2002.4—2006.6	刘金兰 杨春宇 田文泉	2001.3—2002.4 2002.4—2005.4 2005.4—2006.6
外语学院党总支部委员会	刘金兰	2006.6—2009.10	田文泉	2006.6—2009.10
外语学院党委委员会	刘金兰	2009.10—今	田文泉	2009.10—今
信息学院党总支部委员会	冯国友 巩喜云	2001.3—2005.4 2006.3—2010.11	许　平 巩喜云 冯国友（正处级组织员） 张志娟	2001.3—2002.4 2002.4—2006.3 2005.4—2007.12 2006.9—2010.11
信息学院党委委员会	巩喜云	2010.11—今	张志娟	2010.11—今
保险系直属党支部委员会	赵　瑾	2002.4—2006.2		
保险学院直属党支部委员会	白建军 于海纯	2006.2—2008.12 2009.3—2009.10		
保险学院党总支部委员会	于海纯	2009.10—2010.11	李　峰	2010.2—2010.11

续表

机构名称	正职		副职	
	姓名	任职时间（年月）	姓名	任职时间（年月）
保险学院党委委员会	于海纯	2010.11—今	李峰	2010.11—今
人文与行政学院党总支部委员会	车洪波 王伟利	2001.3—2004.3 2004.3—2005.4	魏辛德 徐凯峰	2001.3—2002.4 2002.4—2006.1
人文与社会科学学院党总支部委员会	徐凯峰	2007.1—2010.2		
公共管理学院党总支部委员会	李柱国	2007.1—2009.10	崔鑫生 廉思	2007.1—2009.5 2009.5—2009.10
公共管理学院党委委员会	李柱国	2009.10—今	廉思	2009.5—今
国际关系学院直属党支部委员会	马健姝	2010.1—2010.11		
国际关系学院党总支部委员会	马健姝	2010.11—今		
中国语言文学系直属党支部委员会	董瑾 阎静	2007.1—2009.2 2009.2—2009.10		
中国语言文学学院党总支部委员会	阎静	2009.10—今		
国际贸易问题研究所直属党支部委员会	华晓红	2001.3—2002.1		
国际经济研究所直属党支部委员会	华晓红（兼） 夏占友	2002.1—2002.4 2002.4—2003.11		
国际经济研究院直属党支部委员会	夏占友 寇文煜	2003.11—2010.5 2010.5—2010.11		
国际经济研究院党总支部委员会	寇文煜	2010.11—今		
留学生部直属党支部委员会	贺向民（兼） 曹亚红	2001.3—2002.4 2002.4—2003.1		
国际学院直属党支部委员会	曹亚红 贺向民 袁利新	2003.1—2005.4 2005.4—2009.3 2009.3—今		

续表

机构名称	正职		副职	
	姓　名	任职时间（年月）	姓　名	任职时间（年月）
思想政治理论课教学科研部直属党支部委员会	梁凯音	2010.2—今		
体育部直属党支部委员会	綦明德 白建军	2002.4—2004.3 2008.12—今		
继续教育学院党总支部委员会	谢毅斌（兼） 李保元	2001.3—2009.8 2009.8—今	段桂良 王　新	2001.3—2009.2 2009.2—今
高职学院党总支部委员会	王伟利 刘秀英	2001.3—2004.3 2004.3—2005.4	刘秀英	2001.3—2004.3
研究生部党总支部委员会	杨逢华（兼） 杨长春	2001.3—2006.3 2006.3—2010.6	杨长春	2001.3—2006.3
卓越国际学院直属党支部委员会	羡锡彪	2005.4—2008.7		
校直机关党总支部委员会	蔡少英（兼） 周永逸 袁利新（兼） 王　强（代理）	2001.3—2002.4 2002.4—2005.4 2005.4—2009.3 2009.3—2009.10	安　林（兼） 周永逸（正处级组织员）	2001.3—2002.4 2005.4—2006.12
校直机关党委委员会	王　强（代理） 张　楠（兼）	2009.10—2010.3 2010.6—今		
教辅党总支部委员会	程东信 张建华	2001.3—2004.3 2008.12—今	程东信（正处级组织员） 王海涛	2005.4—2006.12 2008.12—2010.1
教辅、体育部联合党总支部委员会	程东信 张建华	2004.3—2005.4 2005.4—2008.12	綦明德 王海涛	2004.3—2005.4 2005.4—2008.12
离退休人员工作处党总支	王家祥 刘新敏 吴兴旺	1999.7—2001.3 2001.3—2005.4 2005.4—2009.10	赵　瑾（副处级组织员）	2006.2—2010.3
离退休人员工作处党委委员会	吴兴旺 郭岩海	2009.10—2010.6 2010.6—今		
总务处直属党支部委员会	王子新（兼）	2001.3—2001.7		

续表

机构名称	正职		副职	
	姓　名	任职时间（年月）	姓　名	任职时间（年月）
基建、后勤、保卫联合党总支部委员会	王子新	2002. 4—2003. 1		
基建、保卫直属党支部委员会	王子新	2003. 1—2004. 3		
资产管理处党总支部委员会	褚增秋	2001. 3—2004. 3		
基建资产保卫联合党总支部委员会	王子新 祁雪冻 李占海	2004. 3—2005. 4 2006. 3—2009. 8 2009. 8—今		
后勤管理处党总支部委员会	孙宪萍 崔玉良（兼） 王子新 吴兴旺 梁尔华 屈满学 祁雪冻	1999. 7—2001. 3 2001. 3—2001. 7 2001. 7—2002. 4 2003. 1—2005. 4 2006. 3—2007. 9 2007. 9—2009. 8 2009. 8—今	徐高林（兼）	2006. 3—2009. 11
后勤集团党总支部委员会	吴兴旺	2002. 7—2003. 1		
联勤党总支部委员会	梁尔华	2005. 4—2006. 3	徐高林（兼）	2005. 4—2006. 3
出版社直属党支部委员会	刘　军（兼） 刘　红	1993. 3—2001. 3 2001. 3—今		

第三章　校级常设委员会/领导小组

学校常设委员会/领导小组是为适应各项工作的需要，明确责任分工、提高工作效率，实现学校科学化管理而成立的。随着校领导及人员的调整或人员岗位的变动，按照有利于加强民主管理、发挥人才作用的原则，学校在增设校级常设委员会的同时，陆续对原有的某些常设委员会/领导小组进行了调整或撤并。

2001—2010 年，校级常设委员会/领导小组如表 1.3.1 所列：

表 1.3.1　　　　2001—2010 年校级常设委员会/领导小组一览表

<table>
<tr><th rowspan="2">序号</th><th rowspan="2">名　称</th><th rowspan="2">负　责　人</th><th colspan="3">时　　间</th><th rowspan="2">备注</th></tr>
<tr><th>成立</th><th>调整</th><th>撤销</th></tr>
<tr><td rowspan="2">1</td><td rowspan="2">绿化委员会</td><td>主任：王正富</td><td></td><td>2001 年
3 月 7 日</td><td></td><td>成员 6 人</td></tr>
<tr><td colspan="5">2005 年 5 月 17 日与“爱国卫生运动委员会”合并成立“卫生工作与校园环境建设领导小组”。</td></tr>
<tr><td rowspan="3">2</td><td rowspan="3">校务公开
领导小组</td><td>组　长：陈准民
副组长：贾怀勤　陈建香</td><td>2001 年
3 月 21 日</td><td></td><td></td><td>成员 8 人</td></tr>
<tr><td>组　长：党委书记
副组长：校长</td><td></td><td>2006 年
12 月 29 日</td><td></td><td>成员：副书记、纪委书记、副校长成员和校工会主席</td></tr>
<tr><td></td><td></td><td></td><td>2009 年
6 月 16 日</td><td></td></tr>
<tr><td rowspan="4">3</td><td rowspan="4">节能领导
小组</td><td>组　长：王正富
副组长：安玉华　柳永树</td><td></td><td>2001 年
4 月 13 日</td><td></td><td>成员 8 人</td></tr>
<tr><td>组　长：胡福印
副组长：杜　晓</td><td></td><td>2005 年
5 月 17 日</td><td></td><td>成员 3 人</td></tr>
<tr><td>组　长：胡福印
副组长：李占海</td><td></td><td>2007 年
6 月 15 日</td><td></td><td>成员 3 人</td></tr>
<tr><td>组　长：胡福印
副组长：李占海</td><td></td><td>2009 年
6 月 16 日</td><td></td><td>成员 3 人</td></tr>
</table>

续表

序号	名　称	负　责　人	时　　间			备注
			成立	调整	撤销	
4	防汛领导小组	组　长：王正富 副组长：安玉华　柳永树		2001 年 4 月 13 日		成员 4 人
		组　长：胡福印 副组长：李世光		2005 年 5 月 17 日		成员 5 人
		组　长：胡福印 副组长：梁尔华		2007 年 6 月 15 日		成员 5 人
		组　长：胡福印 副组长：梁尔华		2009 年 6 月 16 日		成员 5 人
5	学生工作委员会	主 任 委 员：陈建香 副主任委员：王　强 仇鸿伟		2001 年 4 月 13 日		成员 13 人
		主 任 委 员：陈建香 副主任委员：王　强 仇鸿伟		2005 年 5 月 17 日		成员 16 人
		主 任 委 员：陈建香 副主任委员：王　强 仇鸿伟		2007 年 6 月 15 日		成员 15 人
		主　任：陈建香 副主任：王　强 杨长春　仇鸿伟		2009 年 6 月 16 日		成员 13 人
6	人防工作领导小组	组　长：王正富 副组长：柳永树		2001 年 4 月 13 日		成员 7 人
		组　长：王正富		2005 年 5 月 17 日		成员 6 人
		组　长：王正富		2007 年 6 月 15 日		成员 6 人
		组　长：胡福印		2009 年 6 月 16 日		成员 7 人

续表

序号	名　称	负　责　人	时　间			备注
			成立	调整	撤销	
7	爱国卫生运动委员会	主任委员：王正富		2001年4月13日		成员9人
		2005年5月17和“绿化委员会”合并成立“卫生工作与校园环境建设领导小组”				
8	公费医疗管理委员会	主任委员：姚德骥		2001年4月13日		成员7人
		主任委员：胡福印		2005年5月17日		成员4人
		主任委员：胡福印		2007年6月15日		成员4人
		主　　任：胡福印		2009年6月16日		成员5人
9	体育运动委员会	主任委员：陈建香		2001年4月13日		委员：各院系处一名主要领导
10	计划生育工作委员会	主任委员：陈准民 副主任委员：姚德骥		2001年4月13日		成员5人
		主任委员：陈准民 副主任委员：陈建香		2005年5月17日		成员4人
		主任委员：陈准民 副主任委员：陈建香		2007年6月15日		成员3人
		主　　任：陈建香		2009年6月16日		委员3人
11	交通安全委员会	主　　任：姚德骥		2001年4月13日		成员10人
		主任委员：王正富		2005年5月17日		成员10人
		主任委员：王正富		2007年6月15日		成员9人
		主　　任：张新民 副　主　任：李保元		2009年6月16日		成员8人

续表

<table>
<tr><th rowspan="2">序号</th><th rowspan="2">名　称</th><th rowspan="2">负　责　人</th><th colspan="3">时　　间</th><th rowspan="2">备注</th></tr>
<tr><th>成立</th><th>调整</th><th>撤销</th></tr>
<tr><td rowspan="4">12</td><td rowspan="4">义务献血
工作委员会</td><td>主任委员：姚德骥</td><td></td><td>2001 年
4 月 13 日</td><td></td><td>成员 6 人</td></tr>
<tr><td>主任委员：胡福印</td><td></td><td>2005 年
5 月 17 日</td><td></td><td>成员 5 人</td></tr>
<tr><td>主任委员：陈建香</td><td></td><td>2007 年
6 月 15 日</td><td></td><td>成员 4 人</td></tr>
<tr><td>主　　任：陈建香</td><td></td><td>2009 年
6 月 16 日</td><td></td><td>成员 4 人</td></tr>
<tr><td rowspan="4">13</td><td rowspan="4">招生工作
领导小组</td><td>组　长：陈建香
副组长：王　强　刘　园</td><td>2001 年
5 月 25 日</td><td></td><td></td><td>成员 16 人</td></tr>
<tr><td>组　长：陈准民
副组长：陈建香　贾怀勤</td><td></td><td>2005 年
5 月 17 日</td><td></td><td>成员 17 人</td></tr>
<tr><td>组　长：陈准民
副组长：陈建香　杨逢华</td><td></td><td>2007 年
6 月 15 日</td><td></td><td>成员 18 人</td></tr>
<tr><td>组　长：施建军
副组长：陈建香　刘　亚
杨逢华</td><td></td><td>2009 年
6 月 16 日</td><td></td><td>成员 8 人</td></tr>
<tr><td rowspan="7">14</td><td rowspan="7">专业技术职务
聘任工作
领导小组</td><td>组　长：陈准民
副组长：姚德骥　徐子健</td><td></td><td>2001 年
6 月 8 日</td><td></td><td>成员 4 人</td></tr>
<tr><td>组　长：陈准民
副组长：徐子健　刘　亚</td><td></td><td>2002 年
10 月 15 日</td><td></td><td>成员 5 人</td></tr>
<tr><td>组　长：陈准民
副组长：徐子健　刘　亚</td><td></td><td>2004 年
9 月 28 日</td><td></td><td>成员 5 人</td></tr>
<tr><td>组　长：陈准民
副组长：徐子健　刘　亚</td><td></td><td>2005 年
9 月 27 日</td><td></td><td>成员 4 人</td></tr>
<tr><td>组　长：陈准民
副组长：徐子健　刘　亚</td><td></td><td>2008 年
12 月 2 日</td><td></td><td>成员 4 人</td></tr>
<tr><td colspan="5">2009 年 6 月 16 日一度撤销</td></tr>
<tr><td>组　长：施建军
副组长：王　玲　徐子健</td><td>2009 年
9 月 22 日
（新成立）</td><td></td><td></td><td>成员 6 人</td></tr>
</table>

续表

序号	名称	负责人	时间			备注
			成立	调整	撤销	
15	专业技术职务评审委员会	主　任：陈准民 副主任：姚德骥　徐子健 陈苏东　刘　亚 王正富　贾怀勤 陈建香		2001 年 6 月 8 日		委员 11 人
		主　任：陈准民 副主任：徐子健　陈苏东 刘　亚　王正富 贾怀勤　陈建香		2002 年 10 月 15 日		委员 12 人
		主　任：陈准民 副主任：徐子健　刘　亚 王正富　贾怀勤 陈建香		2004 年 9 月 28 日		委员 5 人
		主　任：陈准民 副主任：徐子健　刘　亚 王正富　林桂军 杨逢华　陈建香		2005 年 9 月 27 日		委员 10 人
		主　任：陈准民 副主任：徐子健　刘　亚 王正富　胡福印 林桂军　杨逢华 陈建香		2008 年 12 月 2 日		委员 11 人
		主任委员：施建军 副主任委员：王　玲 徐子健 刘　亚 林桂军 张新民		2009 年 6 月 16 日		委员 19 人
16	人才引进领导小组	组　长：姚德骥 副组长：徐子健	2001 年 6 月 10 日			成员 3 人
		组　长：徐子健 副组长：林桂军		2007 年 12 月 4 日		成员 3 人
					2009 年 6 月 16 日	

续表

序号	名　称	负　责　人	时　　间			备注
			成立	调整	撤销	
17	师德建设领导小组	组　长：许其立 副组长：姚德骥　徐子健	2001 年 12 月 12 日			成员 8 人
		组　长：王　玲 副组长：徐子健		2006 年 3 月 10 日		成员 8 人
18	管理学类中外合作办学项目联合委员会中方委员会	主　任：徐子健 副主任：张新民	2002 年 9 月 13 日			成员 3 人
					2004 年 4 月 16 日	
19	住房改革委员会	主任委员：胡福印	2002 年 11 月 5 日			成员 11 人
		主任委员：胡福印		2005 年 5 月 17 日		成员 10 人
		主任委员：胡福印 秘 书 长：牛秀清		2007 年 6 月 15 日		成员 9 人
					2009 年 6 月 16 日	
20	后勤改革工作管理委员会	主　任：主管副校长	2003 年 1 月 17 日			成员包括主管副校长以及后勤处、财务处、资产处、人事处、基建处的处长
		主　任：主管副校长		2007 年 5 月 22 日		成员包括后勤处、财务处、资产处、人事处、监察处和审计处等部门的处长
					2009 年 6 月 16 日	

续表

序号	名称	负责人	时间			备注
			成立	调整	撤销	
21	教学项目管理委员会	主任委员：刘　亚 副主任委员：仇鸿伟	2003 年 4 月 22 日			成员 10 人
		主任委员：刘　亚 副主任委员：仇鸿伟		2005 年 5 月 17 日		成员 10 人
		主任委员：刘　亚 副主任委员：仇鸿伟		2007 年 6 月 15 日		成员 11 人
					2009 年 6 月 16 日	
22	教学委员会（原为教学指导委员会）	主任委员：陈准民 副主任委员：陈苏东 徐子健 刘　亚		2003 年 4 月 22 日		成员 24 人
		主任委员：陈准民 副主任委员：徐子健 刘　亚		2005 年 5 月 17 日		成员 26 人
		主任委员：陈准民 副主任委员：徐子健 刘　亚		2007 年 6 月 15 日		成员 24 人
		主任委员：刘　亚 副主任委员：赵忠秀 张新民 王立非 李伯杰 王　健		2009 年 6 月 16 日		委员 38 人
23	大学生公寓管理委员会	主任委员：陈建香 副主任委员：胡福印		2005 年 5 月 17 日		成员 15 人
		主任委员：胡福印 副主任委员：陈建香		2007 年 6 月 15 日		成员 17 人
		主　任：胡福印 副主任：陈建香		2009 年 6 月 16 日		成员 18 人
		主　任：胡福印 副主任：陈建香		2009 年 12 月 15 日		成员 20 人

续表

序号	名　称	负　责　人	时　间			备注
			成立	调整	撤销	
24	招投标工作领导小组	组　长：陈准民 副组长：贾怀勤　王正富 胡福印	2003 年 5 月 12 日			成员 6 人
		组　长：陈准民		2003 年 8 月 5 日		成员 7 人
		组　长：陈准民 副组长：贾怀勤　王正富 胡福印		2005 年 5 月 17 日		成员 6 人
		组　长：陈准民 副组长：杨逢华　王正富 胡福印		2007 年 6 月 15 日		成员 7 人
		组　长：施建军 副组长：杨逢华　胡福印		2009 年 6 月 16 日		成员 8 人
25	博士后流动站工作领导小组	组　长：徐子健 副组长：曹红月	2004 年 3 月 9 日			成员 9 人
		组　长：徐子健 副组长：史　薇		2009 年 4 月 30 日		成员 10 人
		组　长：徐子健 副组长：史　薇		2009 年 6 月 16 日		成员 10 人
26	学位委员会	主任委员：徐子健 副主任委员：刘　亚		2004 年 3 月 9 日		成员 29 人
		主任委员：徐子健 副主任委员：刘　亚 林桂军		2005 年 5 月 17 日		成员 29 人
		主任委员：徐子健 副主任委员：刘　亚 林桂军		2006 年 6 月 13 日		成员 28 人
		主任委员：徐子健 副主任委员：刘　亚 林桂军		2006 年 11 月 21 日		成员 29 人

续表

序号	名　称	负　责　人	时　间			备注
			成立	调整	撤销	
26	学位委员会	主任委员：徐子健 副主任委员：刘　亚 林桂军		2008年 5月27日		成员30人
		主任委员：徐子健 副主任委员：刘　亚 林桂军		2009年 6月2日		成员30人
		主任委员：施建军 副主任委员：徐子健 刘　亚 林桂军 张新民 林汉川 葛　赢		2009年 6月16日		成员33人
		主任委员：施建军 副主任委员：徐子健 刘　亚 林桂军 张新民 林汉川 葛　赢		2010年 12月21日		成员35人
27	党风廉政建设和反腐败工作领导小组	组　长：许其立 副组长：陈准民　贾怀勤 陈建香	2004年 3月16日			成员10人
		组　长：王　玲 副组长：陈准民　杨逢华 陈建香		2007年 4月16日		成员9人
28	学校文化建设领导小组	组　长：许其立　陈准民 副组长：贾怀勤	2004年 3月30日			成员3人
		组　长：王　玲 副组长：贾怀勤　陈建香		2005年 1月4日		成员4人
		组　长：王　玲 副组长：陈准民　杨逢华		2007年 4月16日		成员3人
		组　长：王　玲 副组长：施建军　杨逢华		2009年 6月16日		成员3人

续表

序号	名　称	负　责　人	时　间			备注
			成立	调整	撤销	
29	博士生指导教师遴选小组	组　长：徐子健 副组长：刘　亚	2004 年 5 月 18 日			成员 7 人
		组　长：徐子健 副组长：刘　亚　林桂军		2006 年 11 月 21 日		成员 9 人
					2009 年 6 月 16 日	
30	人才强校领导小组	组　长：王　玲	2004 年 9 月 7 日			组员 8 人
		组　长：王　玲		2007 年 4 月 16 日		组员 8 人
		组　长：王　玲		2008 年 11 月 24 日		组员 8 人
		组　长：王　玲　施建军 副组长：徐子健　胡福印 张新民		2009 年 6 月 16 日		成员 5 人
31	信息化校园建设领导小组	组　长：胡福印 副组长：校长办公室主任 网络中心主任	2005 年 4 月 12 日			成员：人事处、教务处、研究生部、财务处、资产长和学工部一把手
		组　长：胡福印 副组长：余兴发　孙　强		2005 年 5 月 17 日		成员 8 人
		组　长：胡福印 副组长：余兴发　孙　强		2007 年 6 月 15 日		成员 8 人
		组　长：刘　亚 副组长：余兴发　孙　强		2009 年 6 月 16 日		成员 8 人
32	卫生工作与校园环境建设领导小组	组　长：王正富	2005 年 5 月 17 日			成员 7 人
		组　长：王正富		2007 年 6 月 15 日		成员 7 人
		组　长：胡福印		2009 年 6 月 16 日		成员 7 人

续表

序号	名　称	负　责　人	时　间			备注
			成立	调整	撤销	
33	大项维修工程领导小组	组　长：王正富	2002 年 4 月 29 日			成员 3 人
		组　长：王正富		2005 年 5 月 17 日		成员 5 人
		组　长：王正富		2007 年 6 月 15 日		成员 8 人
					2009 年 6 月 16 日	
34	维护安全稳定工作领导小组	组　长：王　玲 副组长：陈建香　王正富	2005 年 5 月 17 日			成员 27 人
		组　长：王　玲 副组长：杨逢华　陈建香 王正富		2007 年 4 月 16 日		成员 33 人
		组　长：王　玲 副组长：杨逢华　陈建香 张新民		2009 年 6 月 16 日		成员 40 人
35	信访工作委员会	主任委员：王　玲 副主任委员：陈准民 陈建香 王正富	2005 年 5 月 17 日			成员 11 人
		主　任：王　玲 副主任：陈准民　陈建香 王正富	2007 年 4 月 16 日			成员 9 人
		主　任：王　玲 副主任：施建军　陈建香 张新民		2009 年 6 月 16 日		成员 9 人

续表

序号	名　称	负　责　人	时　　间			备注
			成立	调整	撤销	
36	学术委员会	主 任 委 员：陈准民 副主任委员：徐子健 刘　亚 林桂军 沈达明 王林生		2005 年 5 月 17 日		成员 49 人
		主 任 委 员：陈准民 副主任委员：徐子健 刘　亚 林桂军		2007 年 5 月 22 日		成员 50 人
		主 任 委 员：陈准民 副主任委员：徐子健 刘　亚 林桂军		2007 年 5 月 29 日		成员 51 人
		主 任 委 员：施建军 副主任委员：王　玲 徐子健 刘　亚 林桂军 张新民		2009 年 6 月 16 日		成员 55 人
37	保密委员会	主 任 委 员：王　玲 副主任委员：陈准民 王正富		2005 年 5 月 17 日		成员 14 人
		主　任：王　玲 副主任：陈准民　王正富		2007 年 4 月 16 日		成员 15 人
		主　任：王　玲 副主任：施建军　张新民		2009 年 6 月 16 日		成员 14 人

续表

序号	名　称	负　责　人	时　　间			备注
			成立	调整	撤销	
38	华德公寓董事会	董事长：胡福印		2005 年 6 月 28 日		董事 3 人
		董事长：胡福印		2007 年 1 月 16 日		董事 3 人
		董事长：胡福印		2008 年 1 月 18 日		董事 4 人
					2009 年 6 月 16 日	
39	“211 工程”建设项目法人组织	法定代表人：陈准民		2005 年 11 月 8 日		成员 21 人
		法定代表人：陈准民		2008 年 5 月 27 日		成员 12 人
		法定代表人：施建军		2009 年 6 月 16 日		成员 21 人
40	学生听证与申诉处理委员会	主　任：杨逢华 副主任：陈建香　刘　亚	2006 年 1 月 10 日			成员 6 人
		主　任：杨逢华 副主任：陈建香　刘　亚		2009 年 6 月 16 日		成员 5 人
41	民族宗教工作领导小组	组　长：杨逢华 副组长：陈建香		2006 年 11 月 28 日		成员 12 人
		组　长：杨逢华 副组长：陈建香		2009 年 6 月 16 日		成员 12 人
42	校务公开工作委员会	主　任：校长 副主任：副校长 校工会主席	2006 年 12 月 29 日			成员：人事处、学生处、财务处、后勤处、资产处、基建处、法务办和院系代表
					2009 年 6 月 16 日	

续表

序号	名　称	负　责　人	时　间			备注
			成立	调整	撤销	
43	校务公开监督委员会	主　任：纪委书记 副主任：纪委副书记、主席团副主席和校工会副主席	2006年12月29日			成员：教代会代表、民主党派代表、教师代表、党政干部代表、纪委委员代表和兼职纪检委员
		主　任：杨逢华 副主任：黄　捷　胡东旭　唐春梅		2009年6月16日		成员7人
44	国际学院服务中心管委会	主　任：王正富		2007年1月16日		成员9人
					2009年6月16日	
45	处理“法轮功”及其他邪教领导小组	组　长：王　玲 副组长：杨逢华　陈建香		2007年4月16日		成员15人
		组　长：王　玲 副组长：杨逢华　陈建香		2009年6月16日		成员16人
46	离退休工作领导小组	组　长：王　玲 副组长：陈准民　陈建香		2004年9月20日		成员8人
		组　长：王　玲 副组长：陈准民　陈建香		2007年4月16日		成员9人
		组　长：王　玲 副组长：施建军　陈建香		2009年6月16日		成员8人
47	国家安全领导小组	组　长：王　玲 副组长：王正富	2007年4月16日			成员13人
		组　长：王　玲 副组长：张新民		2009年6月16日		成员13人

续表

序号	名　称	负　责　人	时　间			备注
			成立	调整	撤销	
48	思想政治理论课指导委员（前身为“两课”指导委员会）	主　任：杨逢华 副主任：陈建香　刘　亚 贾怀勤	2005 年 10 月 25 日			成员 5 人
		主　任：杨逢华 副主任：陈建香　刘　亚		2007 年 4 月 16 日		成员 5 人
		主　任：杨逢华 副主任：陈建香　刘　亚		2009 年 6 月 16 日		成员 5 人
49	学校应急指挥中心	总 指 挥：王正富 副总指挥：陈建香 胡福印	2007 年 5 月 6 口			成员 13 人
		总 指 挥：施建军 副总指挥：陈建香 胡福印 张新民		2009 年 6 月 16 日		成员 13 人
50	优秀教师评选工作小组	组　长：徐子健	2007 年 5 月 15 日			成员 10 人
					2009 年 6 月 16 日	
51	优秀教育工作者评选工作小组	组　长：徐子健	2007 年 5 月 15 日			成员 9 人
					2009 年 6 月 16 日	
52	外来人员管理工作领导小组	组　长：王正富		2007 年 6 月 15 日		成员 8 人
		2008 年 12 月 23 日更名为外来人员安全管理领导小组				
53	消防委员会	主　任：陈准民 副主任：王正富　胡福印		2007 年 6 月 15 日		成员 32 人
		主　任：施建军 副主任：胡福印　张新民		2009 年 6 月 16 日		成员 5 人

续表

序号	名　称	负　责　人	时　间			备注
			成立	调整	撤销	
54	治安综合治理委员会	主　任：陈准民 副主任：王正富　胡福印		2007 年 6 月 15 日		成员 33 人
		主　任：施建军 副主任：胡福印　张新民		2009 年 6 月 16 日		成员 17 人
55	治理教育乱收费工作领导小组	组　长：陈准民 副组长：杨逢华　胡福印		2007 年 6 月 15 日		成员 8 人
		组　长：施建军 副组长：杨逢华　胡福印		2009 年 6 月 16 日		成员 8 人
56	社会实践工作领导小组	组　长：主管校领导 副组长：学工部部长 团委书记 教务处处长	2007 年 6 月 16 日			成员为各院（系、部）分管学生工作的领导
57	阳光体育运动领导小组	组　长：陈准民 副组长：陈建香		2007 年 7 月 3 日		成员 10 人
		组　长：陈建香		2009 年 6 月 16 日		成员 10 人
58	地下空间综合整治及安全使用管理工作领导小组	组　长：王正富 副组长：柳永树		2007 年 7 月 17 日		成员 5 人
					2009 年 6 月 16 日	
59	校产改革领导小组	组　长：陈准民 副组长：杨逢华　王正富		2007 年 8 月 28 日		成员 6 人
					2009 年 6 月 16 日	
60	汉语国际推广领导小组	组　长：王　玲 副组长：林桂军（常务） 胡福印	2007 年 11 月 2 日			成员 6 人
		组　长：王　玲 副组长：林桂军（常务） 胡福印		2009 年 6 月 16 日		成员 6 人

续表

序号	名　称	负　责　人	时　　间			备注
			成立	调整	撤销	
61	劳动人事争议调解工作委员会	主　任：陈建香 副主任：胡东旭	2007 年 11 月 16 日			成员 9 人
		主　任：陈建香 副主任：胡东旭		2009 年 6 月 16 日		成员 9 人
62	节约型校园建设领导小组	组　长：王正富	2007 年 11 月 20 日			成员 7 人
		组　长：胡福印		2009 年 6 月 16 日		成员 7 人
63	少数民族特招生协调工作小组	组　长：陈建香 副组长：刘　亚	2008 年 7 月 7 日			成员 4 人
					2009 年 6 月 16 日	
64	语言文字工作领导小组	组　长：刘　亚	2008 年 9 月 9 日			成员 6 人
		组　长：刘　亚		2009 年 6 月 16 日		成员 6 人
65	高校共建项目领导小组	组　长：陈准民 副组长：刘　亚	2008 年 9 月 16 日			成员 6 人
		组　长：施建军 副组长：刘　亚		2009 年 6 月 16 日		成员 7 人
66	出版社改制领导小组	组　长：胡福印	2008 年 12 月 2 日			成员：组织部、纪委办/监察处、人事处、资产处、财务处、审计处和出版社主要领导
		组　长：张新民		2009 年 6 月 16 日		成员 7 人

续表

序号	名　称	负　责　人	时　　间			备注
			成立	调整	撤销	
67	汇新楼售房工作领导小组	组　长：胡福印	2008 年 12 月 5 日			成员：资产处、财务处、人事处、基建处、监察处和工会一把手
					2009 年 6 月 16 日	
68	全国大学英语四、六级考试工作领导小组	主　考：刘　亚 副主考：仇鸿伟　张翠萍 许德金　郑东晓 邬若虹	2008 年 12 月 11 日			
		组　长：刘　亚		2009 年 6 月 16 日		成员 5 人
69	临时用工与外聘人员管理领导小组	组　长：徐子健 副组长：胡福印	2008 年 12 月 23 日			成员 7 人
		组　长：徐子健 副组长：胡福印		2009 年 6 月 16 日		成员 7 人
70	火灾隐患排查整治“雷霆行动”领导小组	组　长：陈准民 副组长：王正富　胡福印	2009 年 3 月 5 日			成员 10 人
					2009 年 6 月 16 日	
71	学生科研创新活动管理委员会	主　任：由主管学生工作、科研工作的校领导担任	2009 年 3 月 10 日			成员 7 人
		主　任：陈建香　张新民		2009 年 6 月 16 日		成员 7 人
72	经营性资产管理委员会	主　任：陈准民 副主任：徐子健　王正富 胡福印	2009 年 3 月 27 日			成员 3 人
		主　任：施建军 副主任：徐子健　胡福印 张新民		2009 年 6 月 16 日		成员 3 人

续表

序号	名　称	负　责　人	时　间			备注
			成立	调整	撤销	
73	甲型 H1N1 流感防控工作领导小组	组　长：胡福印	2009 年 4 月 30 日			成员：后勤处、国际学院、党委办公室、校长办公室、学生工作部、校团委、财务处、宣传部、校医院部门负责人
		组　长：施建军 副组长：胡福印（常务） 陈建香　张新民		2009 年 6 月 16 日		成员 13 人
74	“小金库”专项治理工作领导小组	组　长：陈准民 副组长：杨逢华　胡福印	2009 年 5 月 19 日			成员 8 人
		组　长：施建军 副组长：杨逢华　胡福印		2009 年 6 月 16 日		成员 8 人
75	校务委员会	主　任：王　玲 副主任：施建军　杨逢华 陈建香	2009 年 6 月 16 日			成员 35 人
76	党风廉政建设工作领导小组	组　长：王　玲 副组长：施建军　杨逢华 陈建香		2009 年 6 月 16 日		成员 9 人
77	财经领导小组	组　长：施建军	2009 年 6 月 16 日			成员 5 人
78	来华留学生教育工作领导小组	组　长：施建军 副组长：林桂军　刘　亚 胡福印	2009 年 6 月 16 日			成员 11 人
79	学生就业工作领导小组	组　长：王　玲　施建军 副组长：陈建香		2009 年 6 月 16 日		成员 19 人

续表

序号	名　称	负　责　人	时　间			备注
			成立	调整	撤销	
80	学生社会实践领导小组	组　长：陈建香　刘　亚 副组长：王　强　仇鸿伟 徐　松　周　波		2009 年 6 月 16 日		成员 13 人
81	红色“1+1”工作领导小组	组　长：陈建香		2009 年 6 月 16 日		成员 11 人
82	学生军训工作领导小组	组　长：陈建香 副组长：王　强　张　楠 余兴发		2009 年 6 月 16 日		成员 8 人
83	外来人员安全管理工作领导小组（由外来人员管理工作领导小组更名而来）	组　长：王正富	2008 年 12 月 23 日			成员 8 人
		组　长：张新民 副组长：李保元		2009 年 6 月 16 日		成员 6 人
84	人事分配制度改革领导小组	组　长：施建军 副组长：徐子健　胡福印		2009 年 6 月 16 日		成员 7 人
85	后勤企业注销专项工作小组				2009 年 6 月 16 日	
86	大额度资金使用预审小组				2009 年 6 月 16 日	
87	国际学院服务中心管委会				2009 年 6 月 16 日	
88	党代会党员代表提案工作委员会	组　长：杨逢华 副组长：王　稳　张　楠	2010 年 3 月 9 日			成员 7 人

续表

序号	名　称	负　责　人	时　间			备注
			成立	调整	撤销	
89	学科建设 领导小组	组　长：施建军 副组长：张新民	2010 年 4 月 12 日			成员 7 人
90	应届毕业生 入伍预征工作 领导小组	组　长：陈建香 副组长：张新民	2010 年 5 月 14 日			成员为学工部/武装部部长、就业指导中心主任、学生资助管理中心主任和各学院分党委（党总支、直属党支部）副书记
91	高水平运动队 建设工作小组	组　长：陈建香 副组长：王云海　王丽娟 白建军	2010 年 5 月 14 日			成员 6 人
92	法制宣传教育 领导小组	组　长：杨逢华	2010 年 5 月 14 日			成员 9 人

第四章　教　代　会

第一节　教代会简况

教代会是教职工代表大会的简称。根据《高等学校教职工代表大会暂行条例》和《北京高等学校教职工代表大会工作流程》，对学校教代会作出如下规定：

一、教代会的性质和地位

教代会制度是学校管理体制的重要组成部分，是党委领导下，教职工依法行使民主权利，实行民主管理、民主监督的基本制度和形式，也是学校领导广泛听取教职工意见，促进决策科学化、民主化的重要渠道。

二、教代会的职权

听取讨论校长的工作报告，对学校的办学指导思想、发展规划、重大改革方案、财务工作状况及其他有关学校发展的重大问题提出意见和建议；讨论通过学校提出的校内教职工聘任、奖惩、分配改革的原则、办法及其他与教职工权益有关的重要规章制度；审议决定学校提出的教职工住房改革的原则和办法以及其他有关教职工生活福利的事项；根据主管机关的部署，参与民主评议领导干部，参与民主推荐学校行政领导人选。教代会在学校党委的领导下行使职权，尊重和支持校长及行政系统行使职权。

教职工代表大会每届任期 3 至 5 年，每学年至少召开一次。

教代会代表应根据一定的条件，由教职工直接选举产生。代表的构成须顾及各方面人员，教师代表应占代表总数的 60% 左右。代表实行常任制，可连选连任。

校工会委员会（以下简称“工会”）承担教代会日常工作机构的任务。

三、教代会制度

（一）校级教代会制度

校级教代会制度包括换届大会制度和年度大会制度。

1. 换届大会制度

（1）会前工作，主要包括：分工会改选、选举产生代表、代表资格审查等。工会专职兼职主席、副主席人选，会前由学校党委组织部向党委提出，并会商市教育工会，经大会选举后由市教育工会批准，学校党委颁发任命。

（2）大会议程，主要包括校长工作报告、工会工作报告、财务工作报告等，必要时可视需要增加其他工作报告。

（3）大会程序主要包括：预备会议、主席团会议、分团讨论、开幕式、工作报告、分团讨论、选举、闭幕式。

2. 年度大会制度

每年召开年度大会，议程主要包括校长工作报告、工会工作报告、财务工作报告等，必要时可视情况增加其他工作报告；讨论通过需要经双代会表决的，涉及学校工作的重大决策性决议、方案等。

（二）二级教代会制度

二级教代会是教职工对本单位、本部门工作行使民主权利，参与民主管理，进行民主监督的基本形式。

2006 年 12 月 1 日，教代会主席团讨论修订了学校《二级教职工代表大会工作实施办法（试行）》，讨论通过学校《二级教代会实施方案（试行）》，并于 2007 年初公布，对学校二级教代会作出如下规定：

1. 二级教代会召开的形式为：院（系）50 人以上的召开教职工代表大会，不足 50 人的召开全体教职工大会；机关各部门、教辅部门，以部门为单位召开全体干部大会；后勤管理处召开职工代表大会。

2. 二级教代会的组织程序

（1）进行院（系）、部门政务公开，部门行政主要负责人作年度工作报告。

（2）审议、讨论年度工作报告。

（3）就教职工提案情况作说明。

（4）代表发言与会议总结。

各单位二级教代会结束后，书面总结报校工会备案。

3. 二级教代会主要内容

（1）报告和讨论院（系）、部门年度工作，重点是本单位的发展规划、改革方案或年度主要工作任务完成情况。

（2）报告和讨论院（系）、部门政务管理有关情况；领导班子勤政廉政情况。

（3）报告和讨论与教职工切身利益密切相关的问题；部门拟制定或修改的各类津贴发放方案和奖惩办法。

四、教代会组织机构

（一）主席团

学校自第五届教代会始决定设立常设主席团。教代会大会主席团是大会的领导机构。在学校党委领导下开展工作，可实行常任制。主席团坚持民主集中制，实行集体领导。

主席团职责：1. 审议大会议题，并提请大会通过；2. 组织、主持会议；3. 听取和讨论各代表团对各项议案的审议意见，对议案进行修改；4. 草拟大会决议和决定；5. 处理大会期间其他重要问题。

（二）日常工作机构

根据工作需要，教代会大会主席团下设相关日常工作机构，包括校务公开办公室、提案工作委员会、青年教师委员会等。

（三）第五届教代会

第五届教代会选出正式代表 137 名。其中：男 72 名，占代表总数的 52%；女 65 名，占代表总数的 48%。教学、科研的一线教师 81 名，占代表总数的 59.1%；副高以上专业技术职称的代表 73 名，占代表总数的 53.2%。少数民族代表 6 名，占代表总数的 4.3%；党员代表 100 名，民主党派代表 3 名，无党派代表 1 名。具有研究生以上学历的代表 47 名，占代表总数的 34.3%；具有大学本科学历的 49 名，占代表总数的 36%；具有大专以上学历的共 117 名，占代表总数的 85.4%。

1. 常设主席团

主席团名单（2002 年 1 月 – 2005 年 12 月）：陈准民、陈建香、任明鹤、余兴发、王健、王志民、王甲廷、李博纳、郑建成、孙利、张德义、陶建初、章昌裕、史燕平、史薇。主席团主席：陈准民。秘书长：张德义。副秘书长：陶建初、章昌裕。

2. 日常工作机构

（1）校务公开办公室

作为北京市高校校务公开 12 所试点院校之一，学校于 2001 年 3 月颁布了《关于开展校务公开工作的意见》，成立校务公开领导小组，负责全校校务公开的组织协调工作，办公室负责日常工作。校务公开领导小组组长为相关校领导，副组长为纪检、工会主要负责人，参加部门包括校办、学生处、财务处、纪监审处、工会、后勤处等。校务公开办公室设在校工会。

2006 年 12 月 29 日，学校下发《关于调整校务公开工作机构的通知》，调整校务公开工作机构，成立校务公开领导小组、校务公开工作委员会和校务公开监督委员会，其相应办公室主任分别由党委办公室主任、学校办公室主任和纪检监察处处长兼任。

2004 年，学校颁布《对外经济贸易大学关于开展院（系）务公开的指导意见》，建立院（部/处）务公开制度，实施二级校务公开。

（2）提案工作委员会

教代会提案是教职工代表和教职工群众就学校改革发展、管理、教学科研、规章制度、人事分配制度改革方案、生活福利、教职工队伍建设等方面提出的议案。教代会成立提案工作委员会。

（四）第六届教代会

第六届教代会选出大会正式代表 145 名，占学校在岗教职工总数的 10%。其中教学、科研一线的教师 87 名，占代表总数的 60%；具有副高以上专业技术职称的代表 78 名，占代表总数的 53.9%。在全部代表中，具有研究生以上学历的 50 名，占代表总数的 34.6%；具有大学本科学历的 49 名，占代表总数的 36%。

1. 常设主席团

主席团名单（2006 年 1 月 – 2010 年 7 月）：陈建香、胡东旭、李占海、陶建初、袁利新、孙利、史薇、郭敏、赵忠秀、章昌裕、徐凯峰、徐松、杨长春、杨逢华、郑建明、沈素萍、王宝成。主席团主席：陈建香。副主席：赵忠秀、孙利。秘书长：李占海、胡东旭。

2. 日常工作机构

（1）提案工作委员会

（2）青年教师工作委员会

因工作需要，自第六届教代会设立青年教师工作委员会，负责研究青年教师工作、生活及发展等事宜。

第二节　教代会工作

一、建立健全教代会的有关规章制度

2002年9月，制定学校《基层分工会换届选举暂行办法》。12月，第五届教代会常设主席团秘书处制定《教代会常设主席团职责》。

2004年3月，第十二届工会委员扩大会议通过学校《教代会、工代会及其工作机构组成人员替补办法》。7月，制定《教代会议事规则和程序（试行）》。11月，工会常委会扩大会议讨论通过《二级教职工代表大会工作实施办法（试行）》。12月，制定《双代会制度》。

2005年12月，制定学校《关于教代会调整任期的议案》、《教职工代表大会青年教师工作委员会工作条例》。

2006年11月，教代会主席团讨论通过学校《教职工代表大会提案工作规则》、《教职工代表大会提案工作委员会工作细则》、《教代会优秀提案和提案承办先进评选办法》、《教代会提案征集和处理制度》以及《提案工作的基本程序》。12月，教代会主席团重新修订并讨论通过《二级教职工代表大会工作实施办法（试行）》。

二、校级教代会主席团会议

（一）第五届教代会主席团会议

2003年5月14日，第五届教代会主席团召开扩大会议，讨论学校如何收回三号地事宜，会议达成一致意见，统一了思想。6月27日，主席团听取审议学校关于3号地的最终解决办法，同意以外贸中专（4 300平方米）置换学校三号地（2 700平方米），外贸中专搬迁费用由学校、教育部、北京市三家分摊。

2004年3月17日，第五届教代会主席团召开工作会议，听取校工会2003年工作汇报和2004年工作重点介绍、主管副校长介绍当前学校基建情况与发展规划、师资处长介绍新一轮教师聘任方案与有关构想、陈准民校长介绍学校文化建设设计方案。3月25日，主席团召开扩大会，讨论学校教师聘任方案，提出修改意见和建议。6月4日，主席团听取学校基建工程情况通报。10月21日，主席团讨论决定双代会年会事宜。

2005年3月9日，第五届教代会召开常设主席团会议，讨论有关学校发展问题和学校《教师第二轮人员聘任和人事分配改革总体意见》，校长陈准民，副校长徐子健、王正富，副书记陈建香、人事处长曹红月出席。5月20日，召开教代会主席团扩大会议，听取人事处通报学校《第二轮人员聘任和岗位酬金改革总体意见》及相关文件修改讨论稿。6 月 24 日，主席团举行教代会教学研讨会，讨论目前教学理念、教学现状、问题及改革建议等。11 月 8 日，主席团召开扩大会，讨论通过青年教师住房补助办法。12 月 8 日，主席团再次召开扩大会，讨论青年教师住房问题解决方案，校长陈准民、副校长胡福印、资产处处长李世光、资产处副处长牛秀清、人事处长史薇与会。

（二）第六届教代会主席团会议

2006 年 2 月 23 日，第六届教代会主席团听取学校行政楼装修工程情况通报。4 月 6 日，主席团成员和分工会主席参加学校大型施工项目和大型改造项目情况通报会。12 月 1 日，主席团召开扩大会，常务副主席李占海传达学校党委对工会《关于建立健全二级教代会制度、开展“建家升级”工作请示》的批复；讨论修改学校《二级教职工代表大会实施办法》和《二级教代会实施细则》。12 月 21 日，召开教代会主席团扩大会，副校长王正富、胡福印通报学校基建情况和资金缺口需贷款情况，校领导陈准民、杨逢华、陈建香到会。贷款意向获教代会认可。

2007 年 1 月 4 日，主席团召开扩大会，讨论通过关于成立高远学院事宜。11 月 22 日，主席团召开会议，通过增补胡东旭为教代会常设主席团成员、担任教代会主席团秘书长的意见；审议通过即将出台的《劳动、人事争议调解工作暂行办法》。

2008 年 1 月 9 日，第六届教代会主席团组织召开双代会筹备会暨分团长会，讨论年底双代会有关事宜。1 月 23 日，主席团召开会议，原则性通过学校首次岗位聘任实施细则，提出保证细则顺利实施的有关建议；讨论研究学校已购公有住房上市问题。9 月 8 日，主席团召开会议，议决事项如下：通过学校关于教职工专项交通补贴和增加岗位津贴两项方案草案，建议学校尽快出台正式文件并实施。一致同意学校取消班车，直接向教职工发放交通补贴，并请学校有关部门做好宣传组织工作，妥善安置班车司机的就业问题。一致同意在教职工现有岗位津贴基数的基础上增加 10% 的津贴。12 月 17 日，主席团召开会议，听取校工会“建家升级”准备情况和双代会问卷调查结果；讨论研究本年度双代会年会召开的时间、地点、大会主题、任务、口号以及大会报告、校长工作报告的主要内容和形式；讨论广大教职员工关心的热点问题等。

2009 年 9 月 29 日，校工会组织双代会代表巡视学校在建工程，近 30 名代表参加巡视。12 月 3 日，第六届教代会主席团召开会议，一致通过决定，将每年校级教代会召开时间由原来的年底调整到 3 月份第二学期初，各单位二级教代会在年底或寒假前召开；讨论教代会、工代会换届有关事宜；听取关于落实科学发展观整改方案工会教代会承担的两项任务，即教代会代表巡视工作和教代会代表评价管理服务工作相关方案的制定起草和工作设想，提出修改完善意见；听取工会关于教职工热点问题情况分析；同意工会提出的 2010 年打造健康快乐工作年的工作设想。

2010 年 1 月 27 日，第六届教代会主席团召开会议，通过提高教职工过节费标准的决议。4 月 8 日，主席团召开扩大会议，审议通过学校 2010 年行政切块经费预算，讨论通过推选学校参加北京市教育工会九大代表方案，讨论通过学校基层工会换届选举办法。4 月 29 日，主席团召开会议，研究《对外经济贸易大学教职工医疗互助会管理办法（讨论稿）》。

三、校级教代会历届大会报告

学校历届教代会上，校领导和有关职能部门均向大会作各类报告（见表 1.4.1）。

表 1.4.1　校级教代会历届大会报告一览表

会议名称	开会时间	会议报告
第五届教代会暨第十二届工代会第一次会议	2002.12.27	1. 校长工作报告 2. 第四届教代会工作报告
第五届教代会暨第十二届工代会第二次会议	2003.11.27	1. 校长工作报告 2. 财务工作报告 3. 资产工作报告
第五届教代会暨第十二届工代会第三次会议	2004.12.23	1. 校长工作报告 2. 财务工作报告 3. 资产工作报告
第六届教代会暨第十三届工代会第一次会议（换届大会）	2005.12.23	1. 校长工作报告 2. 工会工作报告 3. 工会财务与经费审查报告 4. 校务公开工作报告 5. 提案工作报告 6. 代表资格审查报告
第六届教代会暨第十三届工代会第二次会议	2007.1.4	1. 校长工作报告 2. 财务工作报告 3. 学校重大事件处理情况的通报 4. 基建工作报告 5. 提案工作报告 6. “十一五”校园建设发展规划 7. 双代会讨论题（书面）
第六届教代会暨第十三届工代会第三次会议	2008.1.10	1. 校长工作报告 2. 学科建设进展情况通报 3. 岗位设置工作进展情况通报 4. 财务工作报告 5. 提案工作报告（书面） 6. 基建工作报告（书面） 7. 双代会讨论题（书面）

续表

会 议 名 称	开会时间	会 议 报 告
第六届教代会暨第十三届工代会第四次会议	2009. 1. 8	1. 校长工作报告 2. 劳动人事工作有关情况通报 3. 财务工作报告 4. 关于教职工所关心的七个热点问题的有关说明（书面） 5. 提案工作报告（书面） 6. 基建工作报告（书面） 7. 双代会讨论题（书面）
第六届教代会暨第十三届工代会第五次会议	2010. 7. 20	1. 校长工作报告 2. 财务工作报告 3. 我校管理服务部门满意度调查 4. 审议通过《对外经济贸易大学教职工医疗互助会管理办法》。

四、二级教代会召开情况

学校二级教代会建设工作于2007年初正式启动。2007年，全校26个分工会，有15个单位召开二级教代会（或全体职工大会/全体职工代表大会）。2008年，全校25个分工会，有17个单位召开二级教代会（或全体职工大会/全体职工代表大会）。2009年，全校26个分工会，有20个单位召开二级教代会（或全体职工大会/全体职工代表大会）。

各单位严格按照程序召开二级教代会，会议内容包括讨论审议学院（系）发展规划、学科建设规划、人才队伍建设规划、财务收支及使用情况、岗位津贴发放办法、科研奖励办法等涉及学院整体发展及教职工切身利益的重大事项。自建立二级教代会制度后，很多单位建立了在二级教代会闭会期间，就日常工作（如评选先进、队伍建设等）随时征求和听取教代会主席团、分工会意见的工作机制。

第五章 校 董 会

在改革开放的新形势下，为了主动适应我国对外经济贸易事业的迅速发展，加强学校与社会的联系，依靠各方面力量，培养德、智、体、美全面发展的对外经济贸易专门人才，学校于1989年11月成立校董会。时任国务院副总理李岚清任第一届校董会主席；时任全国人大副委员长荣毅仁、时任全国政协常委霍英东、时任对外经济贸易部部长郑拓彬任名誉主席。现任主席是前中共中央政治局委员、国务院副总理吴仪。

第一节 基本职责

校董会的基本职责是：

1. 审议学校办学方向和发展规划；
2. 筹措学校发展所必需的资金和教学设施、设备；
3. 提供有关国内、国际经贸发展信息；
4. 听取学校的工作报告，提出改进意见和建议；
5. 维护校长的权益，支持校长行使职责、职权；
6. 协助学校开展社会有偿服务和联合办学、委托办学，促进继续教育事业的发展；
7. 协助学校了解社会对人才的需要和毕业生的工作情况，并提出进一步提高教育质量的意见和建议；
8. 推荐组织国内外专家来校讲学或从事科研指导工作。

校董会每年开会一次，必要时可由主席决定提前或推迟召开。

第二节 组成人员

一、第一届校董会成员名单

名誉主席：荣毅仁　霍英东　郑拓彬

主　　席：李岚清

副 主 席：孙维炎　张骏泉　郭宏儒　刘山在

秘 书 长：石畏三

副秘书长：周世俭　方茂田

校董单位及校董：对外经济贸易部办公厅主任　郭宏儒

对外经济贸易部人事教育劳动司司长　张骏泉

对外经济贸易部财务会计司司长　刘山在

对外经济贸易部外国贷款管理司副司长　焦素芬

对外经济贸易大学副校长　王林生
华润（集团）有限公司总经理　佟志广
南光（集团）有限公司副总经理　潘文明
中国国际经济技术交流中心主任　王治业
中国对外贸易中心（集团）副总裁　岳顺凯
中国粮油食品进出口总公司副总经理　蔡佩康
中国土产畜产进出口总公司总经理　王治新
中国纺织品进出口总公司总经理　钟泉盛
中国丝绸进出口总公司总经理　黄建谟
中国轻工业品进出口总公司副总经理　温玉昆
中国化工进出口总公司总经理　郑敦训
中国机械进出口总公司总经理　李广元
中国五金矿产进出口总公司副总经理　周明臣
中国技术进出口总公司总经理　许德恩
中国医药保健品进出口总公司总经理　郑义山
中国出口商品基地建设总公司副总经理　邹运尔
中国成套设备出口公司总经理　王明波
中国对外贸易运输总公司总经理　刘福麟
中国对外贸易开发（集团）有限公司（驻深圳）总经理　罗开富
中国国际贸易促进委员会副会长　郭东坡
中华人民共和国海关总署副署长　于庚申
中华人民共和国进出口商品检验局党委书记兼副局长　张循柱
中国银行副行长　凌　志
中国人民保险公司副总经理　潘履孚
中国机械设备进出口总公司副总经理　胡桂祥
中国冶金进出口总公司总经理　白保华
中国有色金属进出口总公司处长　荀　皋
中国煤炭进出口总公司总经理　卫国福
中国石油化工总公司副总经理　阎三忠
国务院特区办公室副主任　胡光宝
深圳经济特区对外贸易（集体）公司董事长　林诗彬
美国礼来公司继承人、关岛巡回大使　余丽云
香港中华总商会副会长、大庆石油有限公司董事经理、永兴企业公司总经理　张永珍

随着时间的推移，组成人员的职务发生变动，校董会的组成结构也发生一些变化，1994 年校董会的组成人员为：

名誉主席：荣毅仁　霍英东　郑拓彬　冷格尔

主　　席：李岚清

副 主 席：佟志广　李国华　刘山在　孙维炎　苗复春　李水林
秘 书 长：李康华
副秘书长：方茂田　李保元
校董单位及校董：对外经济贸易部办公厅
对外经济贸易部人事教育劳动司
对外经济贸易部财务会计司
对外经济贸易部外国贷款管理司
对外经济贸易大学
华润（集团）有限公司
南光（集团）有限公司
中国国际经济技术交流中心
中国对外贸易中心（集团）
中国粮油食品进出口总公司
中国土产畜产进出口总公司
中国纺织品进出口总公司
中国丝绸进出口总公司
中国轻工业品进出口总公司
中国化工进出口总公司
中国机械进出口总公司
中国五金矿产进出口总公司
中国技术进出口总公司
中国医药保健品进出口总公司
中国出口商品基地建设总公司
中国成套设备出口公司
中国对外贸易开发（集团）有限公司（驻深圳）
中国国际贸易促进委员会
中华人民共和国海关总署
中华人民共和国进出口商品检验局
中国银行
中国人民保险公司
中国机械设备进出口总公司
中国冶金进出口总公司
中国有色金属进出口总公司
中国煤炭进出口总公司
中国石油化工总公司
国务院特区办公室
深圳经济特区对外贸易（集体）公司
美国礼来公司继承人、关岛巡回大使　余丽云

香港中华总商会副会长、大庆石油有限公司董事经理、永兴企业公司总经理　张永珍

二、第二届校董会

（一）产生

为力争对外经济贸易大学首批进入国家高等教育“211 工程”计划，加速培养适应社会主义市场经济体制所需要的对外经济贸易人才，对外经济贸易大学第二届校董会1995 年年会于 6 月 19 日召开。会议修改了校董会章程，选举第二届校董会领导机构，听取了校长工作报告，审议学校“211 工程”整体建设子项目论证报告。校董会对学校工作、培养目标等问题提出许多宝贵的意见和建议。

会议改选产生了第二届校董会成员。

（二）组成

第二届校董会组成如下：

名誉主席：荣毅仁　冷格尔

主　　席：吴　仪

副 主 席：李国华　刘山在　郭东坡　龙永图　周可仁　高虎城
孙维炎　郑敦训　谷永江　张旭明

秘 书 长：黄震华

副秘书长：刘　园　周德昌

校董单位：对外贸易经济合作部办公厅
对外贸易经济合作部人事教育劳动司
对外贸易经济合作部计划财务司
对外贸易经济合作部外国贷款管理司
对外贸易经济合作部对外贸易管理司
对外贸易经济合作部国际联络司
对外贸易经济合作部经济政策和发展司
对外贸易经济合作部行政司
国务院特区办公室
中国银行
中华人民共和国海关总署
国家进出口商品检验局
中国人民保险（集团）总公司
中国国际贸易促进委员会
华润（集团）有限公司
中国南光进出口总公司
中国国际经济技术交流中心
中国国际贸易中心
中国对外贸易中心

中国粮油食品进出口总公司
中国土畜产进出口总公司
中国丝绸进出口总公司
中国轻工业品进出口总公司
中国化工进出口总公司
中国对外贸易运输总公司
中国机械进出口总公司
中国五金矿产进出口总公司
中国技术进出口总公司
中国仪器进出口总公司
中国工艺品进出口总公司
中国医药保健品进出口总公司
中国出口商品基地建设总公司
中国出国人员服务总公司
中国成套设备出口公司
中国对外贸易开发（集团）总公司
北京市对外经济贸易委员会
对外经济贸易大学
中国机械设备进出口总公司
中国有色金属进出口总公司
中国石化国际事业公司
中国港湾工程公司
中国公路桥梁建设总公司
中国电子进出口总公司
深圳中电投资股份有限公司
香港中华总商会
香港永兴企业集团
国际商业机器中国有限公司（IBM）
香港万友贸易有限公司
香港新立基（国际）有限公司
香港华懋集团公司
印尼尚大集团
泛华投资（香港）有限公司

（三）增补

随着学校与社会各界交流的加强，校友对母校回报的增加，校董会的规模得以扩大，先后增聘了十几位为学校发展作出积极贡献的社会成功人士和杰出校友担任校董，他们是：

香港华人置业集团董事局副主席　刘鸣炜

香港华人置业集团董事　吕丽君

香港烟草公司、泛华科技青年实业家　何信德

台湾企业家、慈善家　王俊雄

1979 届校友、江苏美迪洋集团公司董事长兼总裁　毛建华

1989 届校友、深圳市信诚实业有限公司董事长　沈建强

1987 届研究生校友、美国艾威资本集团亚洲基金董事总经理　谢　岷

2008 届博士生校友、全国政协委员、深圳祥祺集团董事长　陈红天

1992 届校友深圳走秀网络科技有限公司联合创始人　纪文泓

青海格尔木藏格钾肥有限公司董事长　肖永明

浙江越美集团董事长　徐志明

北京华信怡和投资集团董事长　陈小平

河南豫联能源集团有限责任公司董事长兼总经理　张洪恩

第三节　贡　献

校董会作为一个高层次的咨询机构，为对外经济贸易大学办学作出了重要贡献。校董们不仅利用各种机会对学校的发展方向、培养目标等重大问题提出许多宝贵的意见和建议，而且本着共同办好学校的精神在财力上给予大力支持。例如：

张永珍女士资助本校教师赴香港中文大学进修或研究费用。

自成立至 1995 年，学校陆续收到各校董单位捐助的征地款 4 000 多万元。

1995 年，香港万友贸易有限公司董事长邵友保校董出资 50 万元用于在校建立教育基金。

1997 年，香港华懋集团公司董事长龚心如校董资助 1 300 万人民币；香港新立基（国际）有限公司董事长刘希泳校董出资 1 000 万人民币；香港烟草公司董事长何英杰校董、总经理何柱国校董捐资 3 000 万人民币设立教育发展基金。

2005 年至今，江苏美迪洋集团公司董事长兼总裁毛建华校董两次捐资共约 800 万人民币。

2006 年至今，深圳市信诚行实业有限公司董事长沈建强校董捐资相加共计 211 万元人民币。

2007 年，香港华人置业集团执行董事（现董事局副主席）刘鸣炜校董捐资 3 000 万港币。

2007 年、2010 年，深圳祥祺集团董事长陈红天校董三次捐资共 300 万人民币。

2008 年，美国艾威资本集团亚洲基金董事总经理谢岷校董捐资 100 万人民币，台湾企业家、慈善家王俊雄校董协议捐资 250 万港币。

2009 年，青海格尔木藏格钾肥有限公司董事长肖永明校董协议捐资 800 万人民币。

2010 年，深圳走秀网络科技有限公司联合创始人纪文泓校董两次捐资共 200 万人民币；浙江越美集团董事长徐志明校董捐资 100 万人民币；北京华信怡和投资集团董事长陈小平校董捐资 50 万人民币。

第二篇　学 科 建 设

第一章　学科建立与发展

第一节　本科专业

2000 年 6 月，原对外经济贸易大学与原中国金融学院合并，成立新的对外经济贸易大学。

学校的学科发展可追溯到 1951 年。1951 年，原对外经济贸易大学创办了俄文翻译、德文翻译两个专业。自此历经 60 年，学校逐步形成了拥有经、管、法、文四大学科门类，以应用经济学、法学、工商管理、外国语言文学等优势学科为特色的学科布局。

一、原对外经济贸易大学的学科发展

原对外经济贸易大学本科专业的发展可分为 20 世纪 50—80 年代和 20 世纪 90 年代两个阶段。

（一）1951 年—1984 年

这一时期，学校的学科设置主要是根据国家的经济建设，特别是对外贸易的需要。自 1951 年起，原对外经济贸易大学从俄文翻译、德文翻译两个专业起步，逐步形成了自己的学科、专业布局。

1. 从原北京高级商业干部学校到原北京对外贸易学院（1951 年—1965 年）

1951 年 11 月，原北京高级商业干部学校正式开学。学校设俄文、德文 2 个系，分别开设俄文翻译和德文翻译 2 个专业。这一时期的专业设置情况如下表：

表 2.1.1　　1951－1965 年院系、专业设置一览表

年份	学校（学院）	系（班、组）	专业名称	批建日期
1951	高级商业干部学校	俄文系	俄文翻译	1951 年 11 月 11 日
		德文系	德文翻译	1951 年 11 月 11 日
1952	高级商业干部学校	俄文系	俄文翻译	
		德文系	德文翻译	
		英文系	英文翻译	1952 年 9 月 1 日
		朝鲜文班	朝鲜文翻译	1952 年 9 月 1 日
		越南文班	越南文翻译	1952 年 9 月 1 日

续表

年份	学校（学院）	系（班、组）	专业名称	批建日期
1953	北京对外贸易专科学校	俄文系	俄文翻译	
		德文系	德文翻译	
		英文系	英文翻译	
		朝鲜文班	朝鲜文翻译	
		越南文班	越南文翻译	
		日文组	日文翻译	1953 年 9 月
1954	北京对外贸易学院	对外贸易经济系	对外贸易经济	1954 年 8 月
		俄罗斯语言系	对外贸易俄语翻译	1954 年 8 月
		东方语言系	对外贸易日语翻译	1954 年 8 月
			对外贸易朝鲜语翻译	
			对外贸易越南语翻译	
		西方语言系	对外贸易英语翻译	1954 年 8 月
			对外贸易德语翻译	
			对外贸易法语翻译	
			对外贸易西班牙语翻译	
1965	北京对外贸易学院	对外贸易经济系	对外贸易经济	
		第一外语系	英语	1964 年 12 月
		第二外语系	俄语	1964 年 12 月
			德语	
			法语	
			西班牙语	
			意大利语	
			日本语	
			朝鲜语	
			越南语	
			阿拉伯语	

2. 恢复原北京对外贸易学院时期（1973—1984 年）

1973 年 3 月，经国务院批准，恢复北京对外贸易学院。学院恢复后设置 4 个系，

11 个专业。后经教学机构以及专业的调整，至 1984 年 8 月，北京对外贸易学院已经拥有 7 个系，设有对外贸易、国际经济管理、国际经济合作、国际经济法、海关管理等经贸专业和对外贸易英语、海关英语、法语、西班牙语、德语、意大利语、俄语、日语、阿拉伯语、朝鲜语和越南语等共计 16 个专业。这一时期的专业设置情况如下表：

表 2.1.2　　1984 年原北京对外贸易学院专业设置情况一览表

系	专业	学位授予权限	批建日期
一系	对外贸易英语	经济学学士	1978 年 2 月
二系	俄语	经济学学士	
	德语	经济学学士	
	法语	经济学学士	
	西班牙语	经济学学士	
	意大利语	经济学学士	
	日语	经济学学士	
	朝鲜语	经济学学士	
	越南语	经济学学士	
	阿拉伯语	经济学学士	
三系	对外贸易	经济学学士	
四系	海关英语	经济学学士	1978 年 4 月
	海关管理	经济学学士	
国际经济管理系（五系）	国际经济管理（后改为国际企业管理）	经济学学士	1982 年
国际经济关系系（六系）	国际经济关系（后改为国际经济合作）	经济学学士	1983 年
国际经济法系（七系）	国际经济法	法学学士	1984 年 4 月

（二）1984—2000 年

1984 年 9 月，原北京对外贸易学院改名为对外经济贸易大学，并在 1997 年首批进入“211 工程”重点建设高校之列。随后，原对外经济贸易大学先后增设了人文科学系、对外贸易德语系等系，开设了思想政治教育专业（专科）、国际运输管理、会计学、经济信息管理、市场营销、行政管理学、人力资源管理、财务管理等专业。

表 2.1.3　　1984—2000 年专业设置情况一览表

<table>
<tr><th>学院（系）</th><th>专业</th><th>学位授予权限</th><th>批建日期</th></tr>
<tr><td rowspan="3">国际经济贸易学院</td><td>国际经济与贸易（含第二学士、来华留学生）</td><td rowspan="3">经济学学士</td><td rowspan="24">2000 年 6 月</td></tr>
<tr><td>金融学（来华留学生）</td></tr>
<tr><td>经济学（运输经济方向）（含来华留学生）</td></tr>
<tr><td rowspan="5">国际工商管理学</td><td>工商管理（含来华留学生）</td><td rowspan="5">管理学学士（管理学学士学位授予时间为 2003 年起）</td></tr>
<tr><td>会计学</td></tr>
<tr><td>市场营销（含来华留学生）</td></tr>
<tr><td>财务管理</td></tr>
<tr><td>人力资源管理</td></tr>
<tr><td rowspan="9">国际交流学院</td><td>英语</td><td>经济学学士</td></tr>
<tr><td>日语</td><td>经济学学士</td></tr>
<tr><td>朝鲜语</td><td>经济学学士</td></tr>
<tr><td>阿拉伯语</td><td>经济学学士</td></tr>
<tr><td>越南语</td><td>经济学学士</td></tr>
<tr><td>俄语</td><td>经济学学士</td></tr>
<tr><td>法语</td><td>经济学学士</td></tr>
<tr><td>西班牙语</td><td>经济学学士</td></tr>
<tr><td>意大利语</td><td>经济学学士</td></tr>
<tr><td>法学院</td><td>法学（含来华留学生）</td><td>经济学学士</td></tr>
<tr><td rowspan="2">海关系</td><td>行政管理（海关管理方向）（含第二学士）</td><td rowspan="2">经济学学士</td></tr>
<tr><td>行政管理（商品检验与质量管理方向）</td></tr>
<tr><td>人文科学系</td><td>行政管理</td><td>管理学学士</td></tr>
<tr><td>信息经济系</td><td>信息管理与信息系统</td><td>管理学学士</td></tr>
<tr><td>中德学院</td><td>德语</td><td>经济学学士</td></tr>
</table>

二、原中国金融学院学科发展

1987 年 5 月，国家教委批准原中国金融学院设立金融专业和国际金融两个本科专业。1987 年 8 月，中国人民银行教育司批复同意设立金融系、国际金融系、经济信息系，学制 4 年。1987 年 8 月开始招生，共招收金融、国际金融两个专业 86 名新生。

1988 年，在金融系内增设保险专业。1988 年 10 月，中国人民银行教育司批复成立投资信用系、保险学系；投资信用系（1991 年改为投资经济系）设立投资经济管理专业，学制 4 年，当年开始招生。

1989 年 12 月，成立经济信息系，设经济信息管理专业，学制四年，1990 年开始招生。

1991 年 3 月，在投资经济管理专业下设立投资信用方向。

1992 年 2 月，在金融系设置会计专业大专班，学制两年。

1993 年 2 月，经中国人民银行教育司批准，在投资经济管理专业下设证券投资专业方向。

1993 年 9 月，经中国人民银行教育司批准，增设会计专业本科，学制四年，设在金融系。同时，根据国家教委《关于做好普通高校现设本科专业名称整理工作的通知》和《关于印发“普通高等学校本科专业目录”等文件的通知》，对已设本科专业名称进行了修正。这一修正有：

金融系：（1）金融学专业修正为货币银行学专业；（2）保险学专业修正为保险专业；（3）会计专业修正为会计学专业。

投资系：（1）投资经济管理专业修正为投资经济专业；（2）参考专业方向设证券投资专业。

经济信息系：经济信息管理专业名称不变，但应明确为工商管理类专业（文科）。

1994 年 3 月，经中国人民银行教育司批准，投资经济系改为国际投资系。到 1994 年，原中国金融学院共设有 4 个系 6 个专业。其中，金融系含货币银行学、会计学和保险 3 个专业；国际投资系含投资经济专业及证券投资方向；国际金融系含国际金融专业；经济信息含经济信息管理专业。

1994 年，经中国人民银行人事司批准设立会计学系。

1995 年 4 月，设立保险系。

1995 年 3 月，在国际投资系内设置国际投资专业方向。

1996 年 1 月，设立会计学系。

表 2.1.4　原中国金融学院专业设置一览表

序号	所属系	专业名称	原专业名称	备　注
1	金融系	金融学（货币银行学方向）		
2	经济系	经济学	投资经济学	
		国际经济与贸易		新增

续表

序号	所属系	专业名称	原专业名称	备　　注
3	会计系	会计学		
		财务管理		新增
4	信息系	信息管理与信息系统	经济信息管理	
共4个系，6个本科专业				

三、学校现有的本科布局

2000年6月至2010年，学校本科专业发展的情况，详见第三篇第一章“本科教学”。

第二节　硕士、博士学位授权点

学校的研究生教育始于1954年9月，北京对外贸易专科学校和中国人民大学外贸经济专业合并成立北京对外经济贸易学院，从中国人民大学转入19名研究生。1981年，学校经国务院学位委员会批准成为首批具有硕士学位授予权的大学。1984年学校取得博士学位授予权。

一、2000年前硕士研究生情况

（一）科学学位硕士

1960年，学校有贸易经济1个硕士研究生教育专业，1978年北京对外经济贸易学院恢复研究生教育。

1981年至2000年6月，硕士研究生学位授予人数共计1 448人。其中，授予的经济学硕士学位为258人，管理学为62人，文学为70人，法学为86人。（详见下表）

表2.1.5　　2000年前原对外经济贸易大学科学学位硕士研究生专业设置表

学科专业名称	代码	学位名称	批准文号	批准时间	1997年修订对照表
国际金融	020112	硕士学位	（81）学位字018号	1981.11	金融学
国际贸易	020116	硕士学位	（81）学位字018号	1981.11	国际贸易学
专门用途外语（英语）	050212	硕士学位	（81）学位字018号	1981.11	外国语言学及应用语言学
专门用途外语（法语）	050212	硕士学位	（81）学位字018号	1981.11	法语语言文学
国际经济法	030113	硕士学位	（84）学位字002号	1984.1	国际法学
企业管理	020123	硕士学位	（86）学位字011号	1986.7	

续表

学科专业名称	代码	学位名称	批准文号	批准时间	1997 年修订对照表
日语语言文学	050205	硕士学位	（86）学位字 011 号	1986.7	
工商管理（试点）	120280	硕士学位	学位（1993）18 号	1993.5	会计学
					企业管理
信息经济	0201S3	硕士学位	学位（1993）39 号	1993.12	
民商法学	030105	硕士学位	京学位［1998］007	1998	
会计学	120201	硕士学位	京学位［1998］007	1998	

（二）专业学位及同等学力硕士授予情况

1993 年 5 月，学校获得工商管理硕士（MBA）（含国际 MBA）专业硕士项目；1995 年 10 月，学校获得法律硕士（试点）权。自 1996 年至 2000 年 6 月，学校授予的专业学位人数为 219 人，其中工商管理硕士（MBA）为 168 人，法律硕士（JM）为 51 人。同等学力硕士授予人数为 263 人，其中经济学为 176 人，管理学为 37 人，文学为 12 人，法学为 38 人。

二、2000 年前博士研究生情况

1984 年 1 月，经国务院学位委员会审定，原北京对外贸易学院获得国际贸易和国际经济法两个专业的博士学位授予权。

表 2.1.6　　2000 年前原对外经济贸易大学博士研究生专业设置表

学科专业名称	代码	学位名称	批准文号	批准时间	1997 年修订对照表
国际贸易	020116	博士学位	（84）学位字 002 号	1984.1.13	国际贸易学
国际经济法	030113	博士学位	（84）学位字 002 号	1984.1.13	国际法学

截至 2000 年，原对外经济贸易大学授予博士研究生学位的人数为 17 人，其中获国际贸易博士学位为 11 人，获国际法学博士学位为 6 人。

三、来华留学生硕士、博士学位授予情况

1996 年，原对外经济贸易大学经原对外经济贸易合作部批准，获得招收来华留学硕士、博士研究生的资格。同年招收首届来华留学硕士研究生。1998 年招收首届来华留学博士研究生。

1999 年，授予硕士学位的来华留学生为 6 人（均为科学学位）。

2000 年 6 月至 2010 年，学校硕士、博士研究生教育发展的情况，详见第三篇第二章“研究生教育”。

第二章　重点学科建设

截至2010年底，学校拥有2个国家重点学科：国际贸易学和国际法学；6个北京市重点学科，其中一级学科有应用经济学，二级学科有企业管理、民商法学、世界经济，交叉学科有法与经济学、低碳经济学。

第一节　国家重点学科建设

2002年2月，经教育部批准，学校的国际贸易学、国际法学成为国家级重点学科。

一、国际贸易学科建设

（一）师资队伍

国际贸易学科现有教授15人，副教授9人，讲师7人，博士生导师13人，博士化率为81%，其中11人有海外留学经历。学科师资队伍代表人物有薛荣久教授、林桂军教授、赵忠秀教授等。薛荣久教授曾任中国世界贸易组织研究会（该研究会为商务部主管）副会长。林桂军教授任国务院学位办应用经济学学科评议组学位召集人、教育部门经济学指导委员会委员、中国国际贸易学会和北京经济学联合会常务理事、全国国际商务专业学位研究生教育指导委员会副主任指导委员、AsianPacific Journal of Economics and Business 和 Journal of Technology Management in China 编委、农业部软科学委员会委员、若干国际学术期刊的评审人。赵忠秀教授是教育部新世纪优秀人才，兼任全国国际商务专业学位研究生教育指导委员会秘书长、中国国际贸易学会常务理事兼副秘书长、对外经济贸易大学国际低碳经济研究所所长等职。

（二）科研、教学成果

自2002年以来，该学科点的教师共发表SCI/SSCI论文30余篇，CSSCI论文620篇，出版专著220部。获得24项国家级科研立项，80项省部级科研立项。在获得的国家级、省部级的科研奖项中，一等奖12项、二等奖8项，其他奖项42项。

在获准成为国家级重点学科以来，国际贸易学科在教学方面获得了1项国家级奖项，60项省部级教学成果奖；获评3项国家级、6项省部级精品课程。有3人获得省部级教学名师称号。

（三）人才培养

该学科培养的学生中有1人撰写的博士论文获评全国优秀博士论文，获得的其他学术奖励有60项。

在全国学科竞赛中获奖的学生有135人次，获省部级奖励的约310人次，在其他类型的竞赛中获奖的有40人次。

该学科点建立了外贸实训仿真系统南北实验室，着力提高学生的实践技能。学生的就业率稳定在99%。

（四）社会服务

在“十一五”期间，该学科点有40人次以专家身份承担国家部委的咨询工作，呈报政策研究和对策研究报告约80份。为博鳌亚洲论坛撰写了《亚洲经济一体化年度报告》，并出版发行中文、英文、日文、俄文等版本。为社会培训国际化经营高级人才150名，其他国际贸易领域专业人才1 200人。承担外交、商务领域的国际培训项目10批次，培训外国政府官员和专家200人。为地方政府，如朝阳区的中央商务区建设等提供多项各类咨询服务。

（五）国际学术交流

该学科点80%的教师拥有三个月以上参与国际学术活动的背景，承担着10项国际合作项目，发表国际论文40余篇，参加国际学术会议达500人次，举办各类国际学术会80次，学生包括联合培养、出国深造在内约有700余人次。2009年5月23－24日召开的国际经济和金融学会国际学术会议，新古典贸易理论大师罗纳德·琼斯（Ronald Jones）教授、世界级经济学家默瑞·坎普（Murray Kemp）教授、IEFS现任会长凯思·麦斯克斯（Keith Maskus）教授，以及国际经济学顶级期刊JIE、CJE、RIE的主编和副主编，宏观经济学顶级杂志JMCB的主编和另外四家SSCI期刊的主编和编辑，六位国际研究性大学经济系的现任主任、院长和多位讲座教授出席大会并发言。2010年5月22－23日召开的国际经济和金融学会（中国）2010国际学术会议，世界级经济学家威尔福莱德·爱希亚（Wilfred Ethier），著名的Eaton-Kortum模型的创始人萨缪尔·克藤（Samuel Kortum），国际金融学领军人物尼尔森·马克（Nelson Mark），国际贸易学领军人、宾州大学讲座教授卡拉·克瑞斯纳（Kala Krishna），爱荷华大学讲座教授、美国中西部国际贸易学会创始人雷蒙·瑞兹曼（Raymond Riezman），国际经济和金融学会前任会长、范德比尔德大学讲座教授爱瑞克·邦德（Eric Bond）等著名经济学家及国内多位知名学者出席会议。

此外，国际贸易学科点还召开了第二届全国国际贸易实务教学与研究高级研讨会、第二届国际商务与亚太经济发展国际研讨会、21世纪中日经济论坛、中国国际贸易学会年会暨发展论坛、第三届全国国际贸易实务教学与研究高级研讨会；和美国雪城大学Maxwell学院共同主办“经济改革与企业：中国和印度的比较”实证国际贸易研讨会，与美国华盛顿大学国际经济学研究中心（RCIE）学术年会，2006/2008两届中国—拉美经济合作研讨会，全国高校国际贸易学科协作组会议，2006/2008两届中国—拉美经济合作研讨会，以及与美国国际贸易委员会经济办公室签署中美贸易合作研究协议。

二、国际法学学科建设

（一）师资队伍

国际法学学科现有教师48人，其中教授16人，副教授19人；具有博士学位的教师39人；有1人获得国家级教学名师称号，1人获得北京市教学名师称号；有3位教师历任国务院学位委员会学科评议组法学组成员。沈四宝教授现任教育部社会科学委员会委员、中国法学会国际经济法学会会长，2006年被评为国家级教学名师。王军教授现任国务院学位委员会第六届学科评议组法学组成员。

（二）科研、教学成果

该学科点教师自2000年至2010年，共发表CSSCI类论文291篇，出版的专著达97部，取得18项国家级科研项目、79项省部级项目；获得2项省部级一等奖、5项二等奖，其他类别的奖项中一等奖1项、二等奖17项。获得国家级教学成果奖1项、省部级教学成果奖5项；获评1项国家级精品课程及2项省部级精品课程。该学科点的国际商事仲裁实验教学中心于2009年经中共北京市委批准成为北京市示范中心。

该学科点在发展的同时，还带动了其他法学学科的发展，如民商法学2006年被评为北京市重点学科，2008年开始招收博士生。

（三）社会服务

在服务社会方面，沈四宝教授参与《中华人民共和国对外贸易法》的修订、《外商投资企业法》和《公司法》的起草与修订、《仲裁法》的起草及最高人民法院相关司法解释的起草等工作。2003年12月，沈四宝教授应邀为吴邦国委员长等中央领导作题为“对外贸易法律制度若干问题”的法制讲座。王军教授参与我国《侵权法》的起草工作、黄勇教授参与我国《反垄断法》制定工作、石静霞教授参与我国《企业破产与重整法》草案立法工作等。此外，学科团队成员参与了包括英国商事仲裁院（GAFTA）、巴黎国际商事仲裁院、日本商事仲裁中心、瑞士日内瓦仲裁中心、瑞典斯德哥尔摩仲裁院、新加坡国际商事仲裁中心、孟加拉达卡仲裁（ad hoc）等国际仲裁及诉讼。

学科点还与我国政府相关部门开展对外法律交流与合作，其中包括：2003年中国—欧盟司法与法律合作项目，8位来自七个欧盟国家的法律工作者在学校法学院接受9个月的培训。2001—2005年与美国劳约拉法学院、美国布鲁克林法学院共同举办的中美比较法暑期班，自1998年起至今已连续举办8期，200多名美国JD学生来学校法学院接受培训，中国—东盟法律培训项目连续4年提供中国法律培训等。

学科点完成欧盟国家社科基金、国务院法制办、教育部、商务部、最高人民法院、司法部、欧盟、亚洲开发银行等部门的相关研究课题数十项。包括研究报告在内的科研成果为欧盟、中国商务部、中国法学会、北京市等国家政府部门决策提供了学术支持。代表性项目如：王军教授2006年度国家社科基金项目“我国侵权损害赔偿制度的构建”；沈四宝教授2008年欧盟网上仲裁研究项目，2003年国家社科基金项目“中国法学教育现状、问题和对策研究”，2003年欧盟项目“世界贸易组织与中国法制建设”，2004年司法部课题项目“美日欧贸易法律制度比较研究”，2005年商务部课题项目“贸易促进法律问题研究”；万鄂湘教授承担的2004年国家社会科学基金重点项目“国际法与国内法的关系研究”等。

沈四宝教授主持的“科学研究与科研基地建设项目——北京市外商投资法制体系建设研究”及研究成果对北京市“十二五”规划及今后北京市外商投资政策的制订产生了重要影响。

此外，该学科点为社会培养了2位部级干部、21位局级干部，14位法学院院长、副院长，数十位教授以及律师事务所主任或主要合伙人。

学科点的学生在学科竞赛中获得1项全国级奖项、2项北京市奖励。学生就业率平均达96.5%。

（四）国际学术交流

2005年，该学科点与美国威斯康星大学合作举办了双硕士项目，至今已有30名中国学生获得了中、美两校的硕士学位。2010年，学校法学院本科生“特色化人才实验班”有8名学生赴韩国釜山大学交流。2009年，1名博士生获“福布赖特”项目，赴哈佛大学法学院学习。教师中出境进修、讲学的人数达到60人，具有3个月以上国际学术背景的教师比例达90%。教师承担的国际合作项目有5项，发表的国际论文5篇，教师参加的国际会议有206个，该学科点并举办了3次国际学术会议。

第二节　北京市重点学科建设

2010年6月，根据北京市教育委员会《关于公布北京市重点学科名单的通知》，学校又新增一个北京市重点学科：低碳经济学。至此，学校共拥有6个北京市重点学科。

一、企业管理学科建设

学校的企业管理学科于2002年被列入北京市重点学科建设计划，2007年在北京市重点学科终期检查中（2002－2007年建设期）被评为优秀。

该学科点的教师中有7人是享受国务院特殊津贴专家；2人是国家“百千万人才工程”获得者，1人是北京市名师获得者，7人是教育部新世纪人才计划获得者，还有1位是全国百篇优秀博士论文获得者。

自批准成为北京市重点学科以来，该学科点在国际学术期刊SSCI、SCI发表学术论文18篇；在国内《中国社会科学》、《经济研究》、《管理世界》、《管理科学学报》、《中国工业经济》、《会计研究》等权威CSSCI期刊发表论文266篇；出版专著49部，完成13项专项研究报告。并承担世界银行、联合国环境规划署、APEC、富布赖特基金、霍英东基金等多项科研立项。已获得1项国家级教学成果奖，7项北京教学成果奖与全国教育科学优秀成果奖；“中小企业管理”、“企业财务报表分析”、“国际企业管理”获评国家精品课程，还获得19项北京市精品课程或精品教材奖。该学科点已招收来华留学生781名，其中本科生488人，硕士和博士研究生293人；所招来华留学生人数已占该学科全部学生人数的18.9%，来华留学生来自美国、日本、韩国、泰国、蒙古等50多个国家和地区。

二、金融学学科建设

2002年5月，学校金融学获北京市教育委员会审核批准，为普通高校北京市重点学科。2007年12月，学校金融学参加了北京市教委组织的考核评估，并顺利通过。

金融学在进入北京市重点学科之初，有本科和硕士两个培养层次，下设货币银行学、国际金融、证券投资、投资分析和金融风险管理等五个研究方向。2003年，获得金融学专业博士授予权，形成了以货币经济学为学科基础，以金融组织学为学科主体，以金融经济学为学术前沿，以金融工程学为技术支撑的专业方向体系。

本学科点教师中有教授 29 人、副教授 31 人；有 80% 的教师具有国外研修经历。教师中有 5 位享受政府津贴的专家，1 人获北京市社科百人工程学者称号，3 位获北京市优秀教师称号，5 位获霍英东教育基金会优秀青年教师奖。具有博士学位的教师有 51 人。

自批准成为北京市重点学科以来，该学科点教师主持国家级科研课题 8 项，国务院各部门科研课题 14 项、北京市科研课题 10 项、横向科研课题 10 项；在学术刊物上发表论文 1 132 篇，被 SCI、EI、SSCI 或 ISTP 收录的有 15 篇，在 CSSCI 来源刊物上发表论文近 100 篇；出版专著 101 部。承担北京市教育部门和金融部门的研究课题 10 项，为北京市经济建设和金融发展提供服务。

学科点有 4 部教材纳入国家“十一五”规划教材系列，完成 2 门北京市精品课程建设，编著 5 部北京市精品教材，承担北京市教学管理改革项目 2 项。

该学科点召开了国际性金融学术会议 3 次、国内学术会议 7 次；本专业教师应邀在国际学术会议上作报告 27 人次，在国内学术会议上作报告 129 人次。其中，由本学科点主持召开的“瑞穗基金金融论坛”、“麦金农学术报告会”以及每年一届的“国际金融战略研讨会”都在金融领域产生了较大影响力。

2008 年，学校应用经济学获批为北京市一级重点学科。

三、世界经济学科建设

2008 年，学校世界经济学科被评为北京市重点学科。

世界经济学科的专职教师中有学术带头人 6 人、学术和科研骨干 43 人，其中具有高级职称的 40 人。另聘有校内外学术和研究机构兼职研究员 32 人。

2007 年，张汉林教授主持的“互利共赢的开放战略研究”获得国家社科基金重大项目立项，该项目于 2010 年 8 月结项。2008 年，学科点承担北京市哲学社会科学规划项目“CEPA 框架下加强京港现代服务业合作的新机制研究”和北京市教委共建项目“国际经贸摩擦对北京市相关产业的影响分析”，并以此为基础在该学科硕士培养方案中新设“WTO 争端解决”和“服务贸易与服务经济”等方向选修课，实现课堂教学中融入应用性研究的人才培养模式。2010 年，张汉林教授获教育部重大课题攻关项目：“全球化背景下国际秩序重构与中国国家安全战略”。

张汉林教授所著的《WTO 主要成员贸易政策体系与对策研究》获第十六届安子介国际贸易研究奖著作类三等奖。桑百川教授所著的《外商直接投资：中国的实践与论争》获得 2008 年“北京市第十届哲学社会科学优秀成果奖”二等奖，2010 年“全国商务发展研究成果奖”论著二等奖。蓝庆新副教授完成的论文《基于循环经济的绿色物流系统研究》获 2008/2009 年度商务部颁发的省部级奖项——全国商务研究成果奖，其观点写入北京市教委重点项目《后奥运时代北京市生产性服务业发展策略研究》中，获得了商务部、国务院发展研究中心、中国社会科学院等专家的好评。

世界经济学科至 2010 年底已经有 12 份咨询报告得到温家宝总理、王岐山副总理、回良玉副总理、戴秉国国务委员、刘延东国务委员等中央领导的批示，部分政策建议被直接采纳。

华晓红教授的研究报告《建立两岸更紧密经济合作机制研究》受到了商务部姜增伟副部长高度评价。杨立强等及庄芮等分别完成的《建立两岸经济合作机制研究》课题报告、《东亚区域经济合作中的涉台问题研究及工作建议》被中共北京市委台湾工作办公室、北京市人民政府台湾事务办公室评为“2008 年度北京市涉台调研课题一等奖”。屠新泉博士的《台湾加入 GPA 问题研究》获“2009 年度北京市涉台调研课题一等奖”。2007 - 2009 年，受国台办、北京市台办委托，该学科研究团队开展有关两岸 ECFA 以及台湾参与 GPA 和 FTA 研究，在《关于两岸签署 ECFA 主体问题的报告》中“两岸以两会模式签署 ECFA”的建议被直接采纳，屠新泉博士《关于台湾与非邦交国商签 FTA 问题的报告》获得国务院台办高度肯定，部分建议被作为处理该问题的政策口径。

该学科点 2008 届世界经济博士生毕业论文《中俄印巴经贸合作机制研究》获评 2009 年度北京市优秀博士学位论文。在 2009 年商务部组织的“第五届贸易救济与产业安全研究奖”评奖中，世界经济专业多名博士生的 5 篇论文获奖，其中二等奖 1 名、三等奖 1 名、优秀奖 3 名。在 2010 年的“第六届贸易救济与产业安全研究奖”中，本学科博士生获得一等奖，这是学校研究生第一次获得的省部级科研奖项。至 2010 年，本学科共有 2 名博士研究生获得校级优秀博士论文资助。2009 - 2010 学年世界经济专业 5 名同学，包括 4 名博士研究生和 1 名硕士研究生获得对外经济贸易大学光华奖学金。

2008 - 2010 年，该学科共举办两届学术年会和四次高层次研讨会，2009 年，世界经济专业 2 名博士研究生分别赴美国哥伦比亚大学和哈佛大学完成为期半年和一年的交流学习，建立了长期联合培养项目平台。

2009 年，国家新闻出版总署批复同意创办《Journal of WTO and China》(《WTO 与中国》) 杂志，成为国内外 WTO 领域研究的交流新平台。

四、民商法学学科建设

民商法学科于 2007 年成为北京市重点学科，现有教师 13 人，其中教授 5 人、副教授 5 人；具有博士学位的教师有 12 人，其中 1 人为德国图宾根大学法学博士。

自获准成为北京市重点学科以来，该学科的研究涉及民商法的各个重要领域，尤其在民法总论、民法典制定、物权法、合同法、侵权行为法制定、公司法修改和知识产权法等方面，教师共发表学术论文 81 篇，核心期刊率为 41%；科研项目共 33 项，其中包括国家社科基金项目 3 项、其他省部级重大专项 10 项，重大项目率为 40%；科研总经费为 304.5 万元。

该学科点陆续成立了侵权法研究中心、商事仲裁研究中心、公司法与证券法研究中心、民事权利研究中心、知识产权中心等科研创新平台及北京市商事仲裁实验中心。

民商法学科共主办国际学术会议 8 次、国内学术会议 22 次，聘请外国专家参加教学 47 人次、演讲和学术研讨会 10 人次，聘请国内专家参加教学和演讲等学术活动（不包括学术研讨会）70 人次，应邀出国讲学 8 人次，在国际学术会议上作特约报告 15 次，参加国际学术会议 20 人次，参加国内学术会议 80 人次。举办了“《消费者权益保护法》修改中的前沿问题研讨会”。为各地和北京市的侵权法高级培训班授课，并应邀为全国律协律师授课。另外，还应邀参加首届“东北亚法律合作论坛”；建立了“公司法民法总论”精品课程。

民商法学科的成员多次提出适合我国和北京市情况的立法建议和法律制度改革建议。2008 年，由沈四宝教授牵头的课题组承担了北京市政府（教委）科学研究与科研基地建设项目“北京市外商投资法制体系建设研究”。该项目的建设带动了其他与北京市共建项目的开展，如与北京市共建的低碳项目。

五、应用经济学学科建设

2008 年，学校应用经济学一级学科成为北京市重点学科。

应用经济学一级学科下设有应用经济学博士后流动站，以及国际贸易学、金融学、产业经济学、财政学、区域经济学和数量经济学 6 个硕士与博士专业，其中国际贸易学是各类评比中均列第一的国家重点学科。本科设有国际经济与贸易、金融、物流管理、经济学（实验班、国际税务）4 个本科主干专业。在来华留学生教育中，除中文培养的专业外，还建设了全英文培养项目，其中包括经济学、国际商务、金融、物流 4 个本科专业和应用经济学、国际商务、金融、国际发展 4 个硕士专业与经济学博士专业。

该学科学术队伍中共有教授 50 人、副教授 69 人；教师博士化率达到 80% 以上，其中自海外归来的博士所占比例超过 20% 。

在科研成果发表方面，自 2008 年至今，应用经济学学科共出版学术专著 86 部，发表论文近 584 篇，其中 3 篇刊登于《经济研究》、2 篇刊登于《中国社会科学》。在国际匿名专业期刊（refereed journals）上共发表论文 59 篇（包括已被接受的），其中 40 篇被 SSCI 收录。有一些成果发表在《Rand Journal of Economics》、《Games and Economic Behavior》、《Journal of Econometrics》、《International Economic Review》、《Review of Financial Studies》。

应用经济学科点承担了国家自然科学和社会科学基金项目 25 项、国际课题 7 项、教育部人文社科研究项目 10 项、国家各部门研究项目 131 项。科研经费近 2 500 万元。目前，学校与联合国贸发会议、商务部合作进行的“以所有权为基础的贸易平衡统计体系”研究项目，在国际上产生较大影响。学校林桂军副校长和长江学者王家骁教授带领的团队撰写了 2010 年博鳌亚洲论坛年会报告《博鳌亚洲论坛亚洲经济一体化进程 2009 年度报告》。

该学科点的白树强教授任国务院关税委员会专家咨询委员会委员，商务部 WTO 多哈回合谈判竞争政策咨询专家组成员；夏友富教授任商务部 WTO 多哈回合谈判贸易与环境咨询专家组组长；华晓红、卢进勇教授任商务部 WTO 多哈回合谈判咨询专家组成员；丁志杰教授任中国人民银行和国家外汇管理局主持的“人民币汇率机制改革研究”专家组成员和方案主要执笔人。学科点同时承担了“中国面临的贸易摩擦对北京主要产业影响及对策研究”、“用 GTAP 模型分析未来 20 年中国对外经贸发展及政策选择”、“CEPA 框架下加强京港现代服务业合作的新机制研究”等北京市重点项目的研究工作。研究项目“贸易自由化与投资自由化互动关系研究”和“生产要素按贡献参与分配原则新思考”被评为北京市哲学社会科学优秀成果奖；《中国对外贸易概论》、《国际经济合作》等教材，被评为北京市高等教育精品教材。

该学科点相继建成了农产品国际贸易政策研究中心（Center for the Studies of Agricultural Trade Policies）、金融市场与投资研究中心（Centre for Financial Markets and Investment）、中国国际货币研究中心（China Center for International Monetary Research）、中国能源经济研究中心（China Center for Energy Economics Research）等12个研究中心。学科点得到联合国贸发会议教学和研究体系的支持，使学校成为国内唯一被接纳为该机构虚拟学院（UNCTAD Virtual Institute）成员的大学。

该学科点主办和召开40次大型学术会议。2009年、2010年5月，分别主办了两届国际经济和金融学会（中国）的国际学术会议。2010年6月，与美国华盛顿大学合作举办了“中国与全球经济：经济一体化和保护主义”学术研讨会。

此外，与美国华盛顿大学共同建立国际经济学研究中心（RCIE），与日本名古屋大学合作建立低碳经济研究所，2008年与日本福冈大学合作“建立APEC无纸贸易发展路径分析”项目，2009年与昆士兰工业大学共同合作“信心物品市场动态契约理论”项目，与澳大利亚莫那什大学合作研究中国汇率与货币政策项目，与美国贸易委员会合作研究中美贸易项目，与法国发展署合作“中非石油开发和环境保护”项目。

六、法与经济学学科建设

该学科点共有教授28人、副教授38人、讲师22人，其中具有博士学位52人。学科自2008年至今在国际双向匿名杂志上发表论文23篇，其中SSCI收录论文近10篇。在国内学术期刊上发表法与经济学相关学术论文共323篇，其中154篇发表在国内核心期刊上，出版学术专著26部。承担国家级社会科学、自然科学基金14项，省部级课题15项，其他部委及社会企事业单位委托课题63项，科研经费近850余万元。

2008年至今，学校召开法与经济学相关国际学术研讨会12次、其中亚洲法经济学协会年会在本校举办。

法与经济学研究中心与美国康涅狄格大学法学院和美国天普大学建立合作关系，分3次选派了6名在读硕士、博士学生到两校进行访学，康涅狄格大学法学院已与本校法与经济学研究中心建立了长期的访问学者交流制度。

七、低碳经济学学科建设

该学科于2010年获准成为北京市重点学科，该学科涵盖理论经济学与应用经济学两个一级学科。研究队伍包括在编教师98人，其中教授32人、副教授35人。

该学科将低碳经济分别与能源经济、产业经济、国际贸易、全球治理、金融市场等进行交叉研究。已有6篇论文被SSCI收录、近200篇论文发表干国内核心期刊，这些研究成果分别发表在《经济研究》、《统计研究》、《系统工程理论与实践》以及《Journal of The Asia Pacific Economy》、《Journal of System Engineering and Electronics》等国内外知名学术刊物上；著有《现代能源经济学》等教材和专著三部；承担国家自然科学基金、国家社会科学基金、APEC秘书局以及国家部委和地方政府等多项科研项目。每年与国家发展和改革委员会合作举办“中国能源环境高峰论坛”、与厦门大学合作举办“节能减排与金融支持高峰论坛”等。

第三节 “211 工程”建设

一、“211 工程”一期建设情况

1993 年 3 月 15 日，国家教委决定在全国范围内设置“211 工程”重点建设项目，即面向 21 世纪，重点建设 100 所左右的高等学校和一批重点学科点，简称“211 工程”。对外经济贸易大学被列入“211 工程”计划。

（一）申请立项及组织保障

1993 年上半年，学校向当时的主管上级对外贸易经济合作部申请列入全国高等教育“211 工程”计划。1993 年 7 月 1 日，对外贸易经济合作部致函国家教委，申请将对外经济贸易大学列入“211 工程”计划。1994 年 1 月 15 日，国家教委根据外经贸部申请，同意外经贸部对学校“211 工程”计划进行部门预审。

学校“211 工程”建设项目于 1995 年 6 月通过外经贸部委托专家组进行的部门预审，1997 年 5 月通过国家教委专家组的审核。在此基础上，学校“211 工程”建设项目全面启动，进入重点建设阶段。

为确保“211 工程”建设质量，学校于 1997 年 4 月成立了“211 工程”法人组织，作为学校“211 工程”建设项目审核、监督的最高权力机构。其核心机构是法人组织常务小组，其具体办事机构是“211 工程”办公室。

法人组织成立后，数次召开会议，审批校内“211 工程”建设子项目，听取子项目负责人关于项目进展情况的汇报，研究解决“211 工程”建设中出现的重大问题，致力于确保和提高工程质量，不断将学校“211 工程”建设引向深入。

为提高项目管理水平，学校制定《“211 工程”建设项目管理办法》及《“211 工程”建设资金管理实施细则》，同时规范了各种相关文件的审批程序。

1998 年 5 月 22 日，国家发展计划委员会正式批准对外经济贸易大学进行“211 工程”建设，学校进入了建校以来发展的新阶段。

（二）“211 工程”一期建设项目规划

1. 重点学科建设

学校“211 工程”建设法人组织认为，重点学科建设是“211 工程”建设的核心，决定着学校“211 工程”建设整体水平，只有下大气力抓好重点学科建设，才能从根本上保证“211 工程”建设质量，并有力地带动其他学科建设。经过慎重研究，学校确定了以重点学科为核心，带动学校全面工作提高的整体思路。

经反复论证，学校确定“国际贸易”、“国际经济法”、“英语（经济贸易）”和“国际企业管理”4 门学科为“211 工程”建设的重点学科，对其给予政策倾斜，进行重点扶植。除此之外，还确定了 15 门校级重点课程，进行重点建设，从另一个层面加强了学校重点学科建设及其他学科建设。

2. 校园网络建设

1997年夏天，学校根据校园网络建设计划，开始校内综合布线并购置相关设备。校园网络的建设使广大师生得以通过全新的途径及时掌握世界经济、金融等最新发展动态以及国内外高等教育的最新发展，促进了学校教学与科研水平的提高。

3. 图书馆及相关支撑设施保障

“211工程”启动半年后，图书馆利用“211工程”经费购置大批最新图书，其中包括部分外文原版图书，特别注意保证各重点学科用书的需求。

1998年初，学校陆续对原有语言室进行改造，并建成全校第一个多媒体语言室，使外语教学条件得到较大改善。

此外，学校还购买了一批投影仪等教学仪器设备及办公自动化设备，给各重点学科统一配置了新的复印机、电脑、激光打印机等设备，改善了办公及教学条件。

4. 学生生活设施建设

1998年初，学校在新征土地上开始建设一幢面积10 000平方米的来华留学生楼，新楼的建设改善了学校来华留学生教育的办学条件，为扩大留学生招生规模提供了坚实的物质基础。此外，在外经贸部及有关单位的支持下，新的学生食堂也开始兴建。

（三）“211工程”一期建设资金投入、分配及经费投资完成情况

1. 资金投入及分配情况

根据国家教委有关文件精神，中央部委所属高等院校“211工程”建设经费主要由各部委自行安排。学校制定的“211工程”建设投资计划，得到了外经贸部领导的肯定和坚决支持，外经贸部计划为此投入25 180万元，加上学校自筹经费和其他渠道经费8 130万元，预计总投入达到33 310万元。

1997年底，第一笔建设资金共4 000多万元到位。

学校“211工程”一期建设项目分为学科建设、公共服务体系建设、基础设施建设和配套设施建设四个部分。截至2002年3月，资金投入及分配情况如下：

表2.2.1　“211工程”一期建设项目资金投入及分配情况（资金单位：万元）

	总体计划投资	主管部门计划投资	学校计划自筹经费	主管部门实际投资	学校实际自筹经费
学科建设投资	5 710	5 380	330	638	500
公共服务体系建设投资	6 690	6 490	200	1 500	
基础设施建设投资	18 650	11 150	7 500	5 150	1 100
配套设施建设投资	2 260	2 160	100	562	
投资总额	33 310	25 180	8 130	7 850	1 600

截至2000年底，主管部门对学校累计投资7 850万元，与计划投资（25 180万元）相比较，缺口为17 330万元。

学校“211工程”计划自筹经费8 130万元，主要是由科研经费、学生缴纳的学费、社会各界的赞助、校产企业盈利以及学校对外服务创收等部分构成。2000年底以

前，学校实际自筹经费 1 100 万元，主要用于基础设施建设。2001 年学校又自筹经费 500 万元，用于师资队伍建设以及高层次人才引进。与计划自筹（8 130 万元）相比较，缺口为 6 530 万元。

2. 经费投资完成情况

截至 2002 年 3 月，学校“211 工程”经费投资完成总额 9 450 万元。

各部分项目投资完成情况如下：

（1）学科建设 1 138 万元，主要用于国际贸易学、法学、英语、工商管理 4 个重点学科、师资队伍建设和其他非重点学科的建设。

（2）公共服务体系建设 1 500 万元，主要包括校园网（图书馆自动化，办公自动化，教务、人事、财务等系统）、语言实验室、教室扩音设备、图书馆资料建设等。

（3）基础设施建设 6 250 万元，主要包括留学生综合楼建设、学生食堂、图书馆书库改造、体育设施全面维修及器材购置等。

（4）配套设施项目 562 万元，主要用于物资设备购置和校园通讯“高科工程”、体育设施维修及器材购置等。

（四）“211 工程”一期建设期间的科研成果及获奖情况

1. 科研项目成果

“211 工程”一期建设的“九五”期间，学校争取和完成了 128 项重大的科研项目。其中国家社科基金项目 6 项，自然科学基金项目 1 项，教育部博士点基金项目 5 项，“跨世纪优秀人才”基金项目 1 项，中欧高等院校合作研究项目 2 项，教育部留学回国人员科研基金项目 3 项，教育部及其他省部级科研项目 110 项。此外，学校还对通过招标方式产生的 188 项校级科研项目加以资助。

学术专著共完成 116 部，译著 75 部，编著 130 部，论文 2 075 篇，译文 150 篇，教材及参考书 212 本，工具书（辞典）28 部，其他 238 件，共计 3 024 件。

表 2.2.2　“九五”期间科研成果一览表

成果形式（部、篇）	1996 年	1997 年	1998 年	1999 年	2000 年	合计
专著	16	25	23	25	27	116
译著	7	7	8	19	34	75
编著	20	28	23	38	21	130
论文	343	319	423	510	480	2 075
译文	47	23	26	33	21	150
教材（参考书）	30	38	65	39	40	212
工具书（辞典）	4	2	9	5	8	28
其他	73	38	35	41	51	238
共计	540	480	612	710	682	3 024

代表性成果有：

① 沈达明教授所著《准合同法和返还法》，1999 年 11 月由对外经济贸易大学出版

社出版。

② 薛荣久教授撰写的《世贸组织与中国大经贸发展》，是教育部人文社会科学“九五”规划博士点基金项目的研究成果，获得第六届“安子介国际贸易研究奖”优秀著作二等奖。

③ 由龙永图任名誉主编、张汉林教授执笔的《世贸组织知识读本》，于 1998 年 8 月由中国对外贸易出版社出版。中组部党组在审阅了书稿后，将其作为全党在职干部学习的推荐书目，1999 年 8 月 25 日外经贸部致函中宣部，将该书作为各级干部学习世贸组织知识的读物。

④ 张汉林教授所著《经贸竞争新领域》，1998 年获“安子介国际贸易研究奖”优秀著作三等奖，并被评为第五届北京市哲学社会科学优秀成果优秀专著类二等奖。

⑤《中国对外经济贸易五十年》由张祥任主任编委，时任学校校长陈准民任副主任编委，副校长徐子健任主编，该书以研究所研究人员为基础力量，吸纳校内外专家共同参与完成。

⑥ 刘亚教授所著《国际金融风险论》，1996 年获中国金融教育发展基金会优秀科研成果一等奖。

⑦ 国际贸易问题研究所夏友富教授任课题组长主持的“九五”国家科技攻关计划《发展对外贸易与环境保护策略研究》专题的 96－911－04－03－03 子课题：《外商投资污染密集产业与我国的对策研究》的研究成果，共 16 万字。专家组鉴定认为该成果具有开创性，达到国际先进水平，专题报告《发展对外贸易与环境保护策略研究》2000 年 7 月获北京市科技进步二等奖。

⑧ 黄仁杰副编审编著的《证券法律制度与实务》，于 1997 年由法律出版社出版，于 1998 年荣获北京市第五届哲学社会科学优秀成果二等奖。

2. 科研获奖情况

学校“九五”期间有多项科研成果参加了教育部、北京市、外经贸部、中国人民银行及其他科研管理部门组织的科研评奖活动，共获省部级以上各类奖项 38 项，其中专著 7 部，编著 2 部，教材 13 本，论文 11 篇，研究报告及其他 4 篇，译文 1 篇。

表 2.2.3　1996—2000 年部分科研成果获奖情况一览表

姓名	成果名称	形式	出版时间	出版单位	获奖名称	获奖等级
刘　亚	国际金融风险论	专著	1995.9	中国金融出版社	1996 年中国金融教育发展基金会优秀科研成果	一等奖
车洪波	邓小平建设社会主义理论与马克思晚年设想的关系	论文	1996.3	《黄淮学刊》（哲学社会科学版）	北京市高教学会哲学研究会第八届年会优秀论文	一等奖
马春光	跨国公司全球化对我国企业国际化的启示	论文	1996.4	《国际贸易问题》	第五届安子介国际贸易研究奖优秀论文	三等奖

续表

姓名	成果名称	形式	出版时间	出版单位	获奖名称	获奖等级
张汉林	论中国纺织品服装贸易发展的环境存在的问题及对策	论文	1996.8	《国际贸易问题》	国际贸易学会1996年“中国外贸发展与改革”征文优秀论文	三等奖
薛荣久	世贸组织与中国大经贸发展	编著	1997.6	对外经济贸易大学出版社	第六届安子介国际贸易研究奖优秀著作	二等奖
张汉林	经贸竞争新领域——服务贸易总协定与国际服务贸易	编著	1997.6	中国经济出版社	第六届安子介国际贸易研究奖优秀著作 1998年北京市第五届哲学社会科学优秀成果	三等奖 二等奖
黄仁杰	证券法律制度与实务	专著	1997.8	法律出版社	1998年北京市第五届哲学社会科学优秀成果	二等奖
沈达明	衡平法初论	专著	1997.8	对外经济贸易大学出版社	第六届安子介国际贸易研究奖优秀著作	二等奖
张卓其	现代化中国支付体系计算机辅助教学系统	研究报告	1997.11	中国人民银行总行	1997年中国人民银行金融科技进步	三等奖
桑百川	正确对待外资企业产品市场占有率提高问题	论文	1998.3	《国际贸易问题》	第七届安子介国际贸易研究奖优秀论文	三等奖
沈达明	知识产权法	专著	1998.6	对外经济贸易大学出版社	第七届安子介国际贸易研究奖优秀著作	三等奖
贾怀勤	经济全球化与原产地统计	论文	1998.8	《国际贸易问题》	第六届安子介国际贸易研究奖优秀论文	一等奖
赵忠秀	汇率波动对进出口价格的传递效应——兼析东南亚金融危机对中国进出口的影响	论文	1998.12	《对外经济贸易大学学报》	第七届安子介国际贸易研究奖优秀论文	三等奖
李旭影	水中人	译文	1998.12	《中国翻译》	第十届“韩素音青年翻译奖”	二等奖
沈四宝	把握大同和小异——涉外经济合同适用新合同法的基本原则	论文	1999.5	《国际贸易》	1998/99年度全国外经贸研究成果奖	三等奖

续表

姓名	成果名称	形式	出版时间	出版单位	获奖名称	获奖等级
桑百川	外商直接投资企业对我国的就业贡献分析	论文	1999.7	《国际贸易问题》	国际贸易学会举办《中国外贸发展与改革》征文	二等奖
杨长春	中西部地区的对外开放	专著	2000.5	对外经济贸易大学出版社	1998/99年度全国外经贸研究成果奖	三等奖
桑百川	外商直接投资下的经济制度变迁	专著	2000.7	对外经济贸易大学出版社	1998/99年度全国外经贸研究成果奖	三等奖

通过“211工程”一期建设，学校在学科建设、教学改革、人才培养、师资队伍建设、科学研究等方面取得明显进展：国际贸易学、国际法学被评为国家重点学科，工商管理和金融学被评为北京市重点学科，学校的中国世界贸易组织研究院被确定为教育部社科研究基地。学校已成为国家经济、法律、管理等领域高层次人才培养的重要基地，为实现学校总体建设目标奠定了良好基础。

二、“211工程”二期建设情况

2002年8月24日，教育部下发《关于做好“211工程”“十五”期间项目建设启动准备工作的通知》，对外经济贸易大学被纳入国家高等教育“211工程”二期建设单位。经校长办公会对有关问题进行专门研究和部署，学校“211工程”“十五”建设开始启动。

（一）启动和实施情况

2002年9月16日，国家计委、教育部、财政部在北京召开“十五”“211工程”建设部署会议，三部委主要领导对“211工程”二期工作作了动员和部署，并强调“211工程”二期的核心是重点推进高等学校的学科建设。2002年9月底，“211工程”部际协调小组办公室核定对对外经济贸易大学下达资金规模3 500万元的“211工程”学科建设专项资金计划。

2002年10月11日，经校长办公会研究决定，学校“211工程”建设项目法人组织进行人员调整，组建了新一届“211工程”建设项目法人组织以及法人组织常务小组。

2002年11月初，学校“211工程”建设项目法人组织以及常务小组多次开会讨论学校“211工程”建设的实施细节，决定学校自筹配套建设资金1 700万元，用于学科建设和部分公共服务体系建设项目。随后“211工程”办公室组织有关单位开始编制《可行性研究报告》。

2002年10月，经教育部专家组预审，学校《“十五”“211工程”建设项目可行性研究报告（预审送审稿）》获得通过，学校重点学科建设的3个大型研究项目得到高度肯定。其中，《经济全球化进程中国际贸易重大理论与政策研究》、《WTO框架下我国经济的可持续增长问题》2个项目的部分子课题通过海外专家通讯评审，并在“211工程”办公室指导下经过两轮细化修改；《WTO与中国法制建设及法律人才培养》项目在“211工程”办公室指导下完成首批课题细化设计；与此有关的15项研究课题通过学校预审专家的初评。

2002年11月开始，国际贸易学和国际法学重点学科建设子项目、校内公共服务体系有关项目（校园网二期和数字图书馆）、师资队伍建设子项目等进行初步方案设计。“校园网建设”项目下《80机位机房及相关设备》、《“电子商务实验室”硬件设备升级》2个子项目完成设备政府采购和安装工程。

2002年11月—2003年4月，经各个院系和有关教师申报、专家预审委员会审核，学校确定了《国际直接投资自由化、便利化和规范化发展与中国的对策研究》等15项与“211工程”二期项目相关的学科建设项目。

2002年12月，“211工程”办公室编辑《学科建设参考资料摘编》，重点就教育部有关“211工程”二期建设精神和兄弟院校学科建设经验在校内进行宣传。

2003年4月15日，国务院学位办公室委托中国工程咨询公司对学校国际贸易学和国际法学第二次提交的学科建设规划进行审核，原则通过学校学科建设的相关方案。

依据2002年9月2日国家计委、教育部、财政部《关于“十五”期间加强“211工程”项目建设的若干意见》和2002年9月14日国家计委、教育部、财政部关于“十五”“211工程”建设中央专项资金分配方案以及《对外经济贸易大学“十五”事业与学科发展规划》（经2001年5月8日校党委常委会通过）的要求，2003年4月下旬，学校编制出《“十五”“211工程”建设项目可行性研究报告》，重点研究了“十五”“211工程”的建设目标、建设条件、具体建设项目、项目的可操作性、保证项目实现的措施、项目建成后预计产生的效益等方面的内容。

2003年4月下旬，学校《“十五”“211工程”建设项目可行性研究报告》和《公服体系以及仪器设备论证报告》得到教育部原则批准。7月—9月，国务院学位委员办公室委托中国工程咨询公司完成了对学校《公服体系以及仪器设备论证报告》的审核。10月，国家发展改革委员会对学校《“十五”“211工程”建设项目可行性研究报告》和《公服体系以及仪器设备论证报告》进行审核。2004年5月，学校“十五”“211工程”建设项目经国家发展和改革委员会批复立项建设。2006年6月，顺利通过教育部专家组对“十五”“211工程”建设项目的验收。

（二）“211工程”二期建设项目规划

1. 重点学科建设

该项目包括《经济全球化进程中的国际贸易重大理论与政策研究》、《WTO框架下我国经济的持续增长问题》、《WTO与中国法制建设及法律人才培养》3个大型研究项目。

2. 公共服务体系建设

该项目包括丰富现有图书馆馆藏、建设数字化图书馆以及进行校园网二期建设。

3. 师资队伍建设

该项目包括“优秀人才引进工程”、“中青年教师成才工程”、“外聘优秀人才专项”三个建设项目。

根据国务院学位委员会办公室的意见，学校“师资队伍建设”和“公共服务体系建设”等“211 工程”建设项目于2002 年9 月下旬先期启动。

（三）“211 工程”二期建设总投资及资金执行情况

1. 总投资

学校“十五”“211 工程”建设总投资5 200 万元，其中，中央专项资金3 500 万元，学校自筹资金1 700 万元。在中央3 500 万元专项资金中，3 000 万元用于学科建设，500 万元用于公共服务体系建设。在学校自筹的1 700 万元中，200 万元用于公共服务体系建设中的图书资料建设及数字化图书馆建设，1 400 万元用于师资队伍建设，另有100 万元为工程管理费及预留不可预见费。

2. 资金执行情况

学校“十五”“211 工程”建设共执行资金5 210.03 万元。其中，中央专项资金执行3 500 万元，学校自筹资金执行1 710.03 万元。

“十五”“211 工程”建设期间，学校重点学科建设项目共执行资金3 100 万元。其中，重点学科建设项目仪器设备购置费共约500 万元，主要用于购买计算机、打印机、复印机和多媒体投影仪等教学、科研必备的硬件设备。重点学科建设项目业务费共约2 500 万元，主要用于购买数据库、书籍与文献，订购专业学术期刊，进行调研，开展学术交流等。重点学科建设项目其他费用100 万元，主要用于重点学科建设3 个子项目启动阶段、中期检查阶段及验收阶段的项目论证费、项目鉴定费以及不可预见费用。

“十五”“211 工程”建设期间，学校公共服务体系建设项目共执行资金710.03 万元。其中，图书资料建设及数字化图书馆项目执行资金210.03 万元，主要用于图书资料建设、完善馆藏、建设数字图书馆。校园网建设执行资金约500 万元，100% 完成计划，主要用于学校计算机网络的建设与完善。

“十五”“211 工程”建设期间，学校师资队伍建设项目共执行资金1 400 万元，完成计划的100% 。主要用于加强培养和引进知名学者、优秀中青年学科带头人和骨干教师，调整优化教师队伍结构、深化人事制度改革，创新内部管理机制。其中，优秀人才引进工程项目执行资金1 093.36 万元，中青年教师成材工程项目执行资金156.87 万元，外聘优秀人才项目执行资金149.77 万元。

（四）“211 工程”二期建设项目完成情况

1. 重点学科建设项目完成情况

《经济全球化进程中的国际贸易重大理论与政策研究》和《WTO 框架下我国经济的持续增长问题》两个子项目在“十五”“211 工程”建设期间分别完成投资1 033.43 万元和1 136.35 万元。主要用于购置相关的图书资料和仪器设备、进行国内外学术交流、师资队伍建设和调研等。其中设备购置费分别约为180 万元和170 万元，业务费分别约为820 万元和930 万元，其他费用分别约为33 万元和36 万元。项目负责单位是对外经济贸易大学国际经济贸易学院，项目负责人为现任对外经济贸易大学副校长林桂军教授。

《WTO 与中国法制建设及法律人才培养》子项目在“十五”“211 工程”建设期间完成投资约 930.22 万元，主要用于师资引进和培养、开展国内外学术交流、购置与学科建设相关的图书资料和部分小型实验仪器设备等。其中设备购置费约 150 万元，业务费约 750 万元，其他费用约 30 万元。项目负责单位是对外经济贸易大学法学院，项目负责人为时任法学院院长的沈四宝教授。

2. 公共服务体系建设项目完成情况

公共服务体系建设项目下的“图书资料建设及数字化图书馆”子项目在“十五”“211 工程”建设期间完成投资 210.03 万元，主要用于图书资料和数字图书馆建设。项目建设单位是对外经济贸易大学图书馆，项目负责人为对外经济贸易大学图书馆馆长邱小红。

公共服务体系建设项目下的“校园网建设”子项目在“十五”“211 工程”建设期间完成投资 500 万元，主要用于学校计算机网络的建设与完善。项目建设单位是对外经济贸易大学网络与计算中心，项目负责人为对外经济贸易大学网络与计算中心主任孙强。

3. 师资队伍建设项目完成情况

师资队伍建设项目在“十五”“211 工程”建设期间完成投资 1 400 万元，主要用于加强培养和引进知名学者、优秀中青年学科带头人和骨干教师，调整优化教师队伍结构、深化人事制度改革，创新内部管理机制。项目负责人为对外经济贸易大学人事处处长史薇教授。

（五）“211 工程”二期建设期间取得的成果及获奖情况

1. 学科建设取得的成果

在 2004 年教育部学位中心组织的一级学科整体水平评估中，学校的应用经济学被评为全国第 6 名，其中科学研究和人才培养均列第 4 名。在此基础上，经过坚持不懈的努力，2006 年 1 月，在国务院学位委员会下发的《关于下达第十批博士和硕士学位授权学科、专业名单的通知》（学位［2006］3 号）中，学校获得应用经济学一级学科博士学位授予权。

“十五”期间，学校还获得了金融学、世界经济、企业管理、民商法等 4 个二级学科博士学位授予权，博士学位授予点由“九五”期间的 2 个增加到 14 个，并建立了 2 个博士后流动站；硕士学位授予点从“九五”期间的 11 个增加到 39 个。企业管理和金融学被评为北京市重点学科，“北京企业国际化经营研究基地”被确定为北京市哲学社会科学重点研究基地。

2005 年，学校国际经济贸易学院被接纳为联合国贸发会议虚拟学院的成员，是国内唯一被接纳为该机构虚拟学院成员的大学，教学和研究都得到了联合国贸发会议教学和研究体系的有力支持。

2005 年 7 月 6 日，经中国法学会党组及中国法学会批准，全国性学术团体“中国法学会国际经济法学研究会”成立，常设机构设在对外经济贸易大学法学院，沈四宝教授被选为会长。

2. 学术研究成果

“十五”“211 工程”建设期间，学校重点学科在国际双向匿名评审的学术期刊上发表学术论文（包括已被接受的）近 70 篇，2003 年以后，在国内核心学术期刊上发表论文共计 789 篇（2003 年 198 篇，2004 年 304 篇，2005 年 287 篇），2005 年有 134 篇被 CSSCI 收录。其中重点学科及相关研究领域在《中国社会科学》、《经济研究》、《管理世界》、《世界经济》、《中国法学》和《法学研究》等国内重要学术期刊上发表的论文数量超过 410 篇。此外，“十五”“211 工程”建设期间共出版学术著作 224 部，比“九五”期间增加 93%，其中重点学科自 2003 年以来围绕主要研究方向出版学术专著 65 部。

尤其是在 2003 年，各类科研成果总数达到 1 027 项，比上年增长 15%，其中核心期刊发表论文数量为 198 篇，比上年增长 116%，无论是数量上还是质量上都大幅提高。

“十五”期间，学校共承担了各类科研项目和课题 199 项，比“九五”期间增加了 55%。2003 年以后，承担科研项目和课题共计 135 项，项目资金总额超过 1 378 万元，包括国家社会科学基金项目 16 项，国家自然科学基金项目 5 项，教育部人文社科研究项目 13 项，教育部重点研究基地重大项目 2 项，重大攻关项目 1 项，霍英东教育基金项目 1 项，北京市社科项目 6 项，司法部项目 3 项，横向合作科研课题 88 项。其中重点学科及相关学科承担的项目达到 115 个，占总项目数的 85%，项目经费约 1 316 万元。学校已形成以重点学科建设项目为中心的课题群。

2004 年 5 月，由对外经济贸易大学法学院兼职教授、最高人民法院副院长万鄂湘教授担任项目负责人申报的“国际法与国内法的关系研究”获得 2004 年国家社会科学基金重点项目的立项批准。这是对外经济贸易大学历史上获得的第一项国家社会科学基金重点项目。

“十五”期间，对外经济贸易大学共获国家和省部级各类奖项 36 项，比“九五”期间增加 20%。尤其是 2003 年以后，重点学科共获得省部级以上科研成果奖 17 项，国际奖项 2 项，其中主要获奖情况如下：

表 2.2.4　　2003—2005 年部分科研成果获奖情况一览表

年度	姓名	成果名称	获奖名称	获奖等级
2003	华晓红	拓展均衡——我国出口市场多元化战略评价与调整	第五届全国外经贸研究成果奖	论文二等奖
	王林生 范黎波	跨国经营理论与战略		论著二等奖
	黄　勇	国际竞争法研究——竞争法实施中的国际冲突与国际合作		论著优秀作品荣誉奖
	夏友富	我国大豆产业发展战略研究	第十一届安子介国际贸易研究奖	优秀论文一等奖
	张汉林	经贸竞争新领域——服务贸易总协定与国际服务贸易	第三届中国高校人文社会科学优秀成果奖	二等奖

续表

年度	姓名	成 果 名 称	获奖名称	获奖等级
2004	孙华妤 马 跃	资本账户和经常账户负面冲击与钉住汇率制度危机的理论分析	第十二届安子介国际贸易研究奖	优秀论文二等奖
2004	贾保华	扩大出口与财政税收的关系	北京市第八届哲学社会科学优秀成果	二等奖
2005	葛 嬴	Regional Inequality, Industry Agglomeration and Foreign Trade: the Case of China	联合国大学国际发展经济学研究所国际论文竞赛	二等奖
2005	赵忠秀	The Impact of Foreign Ownership, Local Ownership and Industry Characteristics on Spillover Benefits from Foreign Direct Investment in China	第九届全球贸易与经济发展国际研讨会	最佳论文奖

3. 教学成果

“十五”“211 工程”的建设使学校的留学生教育实现了跨越式发展。2005 年，在校来华留学生规模达到 1 530 人，其中 848 人是攻读本科、硕士和博士学位的学历生，占留学生总数的 55%；外国学生和中国学生比达 1:8；“十五”期间，已毕业的全日制来华留学生达 283 人，尤其是重点学科的来华留学生规模和质量更是在全国同类院校中处于前列。2005 年底，重点学科在校来华留学生学历生人数达 596 名，占全校来华留学生学历生人数的 70%。国际经济贸易学院的来华留学生规模和层次尤为突出，在校来华留学生学历生的人数达 556 名，占全校来华留学生学历生规模的 66%，来华留学生的培养规模和层次在全国高校中具有比较明显的优势。

2005 年底，学校全日制在校学生规模接近 12 000 人，其中本科生 6 437 人，研究生 3 130 人，来华留学生 1 530 人。研究生和来华留学生，特别是博士生和来华留学学历生的比重明显上升，研究生增长了 142%，来华留学生增长了 209%。在招生规模稳步扩大的基础上，生源质量继续保持高水平。

“十五”期间，学校毕业的本科生共计 6 130 人，毕业的硕士研究生共计 2 017 人，毕业的博士研究生共计 81 人，毕业的全日制来华留学生共计 283 人，分别比“九五”期间增长 133%、269%、350% 和 813%。

2003 年，学校共有本科毕业生 1 162 人，就业率为 90%。2004 年共有本科毕业生 1 650 人，就业率为 96%，尤其是国际经济与贸易专业的毕业生就业率高达 99%。2005 年共有本科毕业生 1 251 人，就业率为 97%。

“十五”期间，全校新编和修订教材 622 本，比“九五”增加 193%；共获得国家级高等教育教学成果奖 1 项，入选国家级精品课程 3 门；获得北京市高等教育教学成果奖 8 项，入选北京市精品课程 12 门、精品教材 17 部。其中，重点学科的课程体系建设成效尤为卓著。

国际贸易学学科：2004 年，《国际贸易实务》课程被评为北京市和国家级精品课程，《中国对外贸易概论》等 4 种教材被评为北京市精品教材；2005 年，《国际贸易》课程被评为国家级精品课程，“《国际贸易实务》课程建设与教学实践”获国家级高等教育教学成果二等奖。

国际法学学科：2003 年，《国际商法》课程被评为北京市首批精品课程；2004 年，《国际商法》教材被评为北京市精品教材，《国际商法》课程获北京市高等教育教学成果一等奖；2005 年，《国际商法》课程被评为国家级精品课程。

三、“211 工程”三期建设情况

（一）项目建设启动

学校“211 工程”三期项目建设于 2008 年正式启动，“211 工程”三期重点学科建设项目实行法人组织领导下的项目建设委员会负责制。根据教育部办公厅、国家发展改革委办公厅、财政部办公厅《关于做好“211 工程”三期建设项目规划编制及论证工作的通知》和“211 工程”部际协调小组办公室《关于“211 工程”三期建设项目评审和建设等有关问题的通知》精神，为规范和加强学校“211 工程”三期重点学科建设项目的管理，更好地完成“211 工程”三期重点学科建设任务，学校陆续出台《“211 工程”三期重点学科建设项目管理办法》、《“211 工程”三期师资队伍建设项目实施办法》、《“211 工程”三期创新人才培养项目实施办法》等一系列文件。

（二）项目规划

学校按《对外经济贸易大学“211”三期重点学科建设项目管理办法》，在法人组织统一指导下，按 6 个子项目实施建设，各子项目设立项目建设委员会具体负责和实施项目建设。

1. “经济全球化下的国际贸易理论问题研究子项目”

子项目下设 46 项课题，项目建设经费 800 万元。4 项课题未达到第一阶段的成果要求。

2. “中国对外贸易发展与贸易强国子项目”

子项目下设 51 项课题，项目建设经费 800 万元。2009 年 11 月进行了第一阶段的成果检查汇总与项目委员会的评审工作。51 项课题中，10 项课题未达到第一阶段的成果要求，41 项课题顺利通过评审。计划在 2010 年 10 月进行第二阶段的成果检查与评审工作，同时 2010 年 5－6 月新增立项有重大社会影响的课题。

3. “WTO 与提高我国对外开放水平子项目”

子项目建设，项目建设经费 800 万元。2010 年 4 月，该子项目建设委员会对各项课题的进展情况和计划执行情况进行了考核，有 1 项课题提前完成预定任务，提前结项，有 29 项课题完全达到预定任务，有 15 项课题基本完成预定任务，有 5 项课题未能完成预定任务。合格率在 90% 左右。

4. “全面参与经济全球化与我国外经贸法制建设子项目”

于 2008 年 12 月立项，2009 年 3 月子项目第一阶段拨款到位，共计 140 万元；2009 年 12 月子项目第二阶段拨款到位，共计 340 万元。子项目下设 57 项课题，项目建设经费 800 万元。

5. “创新人才培养子项目”

根据《对外经济贸易大学“211 工程”三期创新人才培养项目实施办法》，研究生部积极开展创新人才培养项目，于 2009 年至 2010 年 5 月完成了以下工作：

（1）开展优秀博士学位论文培养项目；

（2）加大国内外联合培养支持力度；

（3）引进外部评估机制，提高博士培养的国际化水平；

（4）引进研究生教学辅助平台，加快研究生教育信息化进程。

6. “师资队伍建设子项目”

学校“211 工程”三期设立“师资队伍建设项目”，计划利用“211 工程”三期建设经费中的 1 320 万元投入师资队伍建设。

（三）资金预算及主要用途

对外经济贸易大学“211 工程”三期建设总投入 6 300 万元，其中中央专项资金 4 700 万元，学校自筹资金 1 600 万元。

中央专项资金主要用于重点学科建设、创新人才培养和师资队伍建设。重点学科建设为 3 200 万元，其中，“经济全球化下的国际贸易理论问题研究”项目 800 万元；“中国对外贸易发展与贸易强国”项目 800 万元；“WTO 与提高我国对外开放水平”项目 800 万元；“全面参与经济全球化与我国外经贸法制建设”项目 800 万元。创新人才培养和师资队伍建设 1 500 万元，其中，人才培养 180 万元，队伍建设 1 320 万元。

学校自筹资金 1 600 万主要用于公共服务体系建设、创新人才培养和研究团队建设。其中，公共服务体系建设 840 万，人才培养 360 万，师资队伍建设（以研究平台为载体的学术团队建设）400 万。

资金主要用于科研业务费（包括差旅费、会议费、调研费、印刷费，图书资料费等）、国际合作与交流、国内外进修、举办和参加国际国内研讨会、设备及办公用品购置、实验室建设、数据库建设、专家咨询、引进人才的配套费用、辅助人员费用以及与项目相关的管理费用。

（四）项目实施情况

学校已分别于 2009 年 11 月和 2010 年 10 月对 6 个子项目进行了第一阶段和第二阶段评审与考核工作。各子项目建设进展顺利，已经取得了丰硕成果，绝大多数课题通过评审，其中有 30 余个课题已完成研究任务，提前结项。

为进一步提高“211 工程”三期建设质量，促进学校重点学科建设进程，经“211 工程”法人组织批准，学校于 2009 年 5 月启动“211 工程”三期重点学科建设项目重大课题立项工作。经过选题申报、校内外专家评审、法人组织会议通过等程序，最终确定 8 项重大课题立项，每项课题建设经费 50 万元。截至目前，各课题建设进展顺利，计划于2011年3月进行中期检查。

第四节　优势学科创新平台

一、“优势学科创新平台”项目的设立

“优势学科创新平台”项目建设是教育部、财政部实施的一项重要举措。

根据教育部、财政部发布的《关于试点建设优势学科创新平台的意见》（教重[2006]1号）的精神，优势学科创新平台应以国家和行业发展急需的重点领域和重大需求为导向，围绕国家科技发展战略和学科前沿，充分发挥部分学校学科的综合优势，加大学科结构调整力度，拓展学科发展空间，促进学科交叉，推进资源共享，组建高水平团队，建立开放、共享、竞争、高效的管理和运行机制，建设、改善平台的教学、科研条件和基础设施。

该项目开始于2006年，2006－2008年为试点期，重点是取得经验，探索机制。2008年之后与“985工程”同期执行。项目建设资金由财政部在“985工程”和“211工程”以外设置专项资金予以支持。

该项目采用“985工程”科技创新平台的建设模式，入选条件是：1. 项目建设单位属于“211工程”，但未被列入“985工程”建设计划。2. 在国家发展急需的能源、资源和环境等重点领域以及与国民经济发展密切相关的经济等方面拥有优势学科；所建平台的水平和相关支撑学科的水平在国内处于前列；所建平台需与相关行业主管部门签署共建协议，其行业主管部门提供政策或资金支持。

二、学校“中国开放型经济”优势学科创新平台的建设

（一）建设目标

秉承为中国经济领域对外开放事业提供一流智力支持的目标，紧紧围绕中国外经贸事业的发展和学科前沿，学校启动了“中国开放型经济”优势学科创新平台的建设。创新平台以“中国开放型经济”为主题，以“内外联动、互利共赢、安全高效的开放型经济”为导向，以“评估开放型经济的影响→构建开放型经济的理论基础及战略→研究开放型经济建设中的重大问题→提出促进开放型经济全面、协调、可持续发展的思路与建议”为技术路线展开建设。

“中国开放型经济”优势学科创新平台以学校国际贸易学、国际法学两个国家重点学科为基础，以金融学、企业管理、世界经济、产业经济学、区域经济学、数量经济学/统计学、民商法、法与经济学等北京市重点学科为核心学科群；充分发挥教育部人文社会科学重点研究基地——中国世界贸易组织研究院、北京市哲学社会科学研究基地——北京企业国际化经营研究基地的作用；借助对外经济贸易大学—华盛顿大学国际经济学研究中心、中澳服务贸易研究中心在开放经济研究中的国际化优势；与商务部结成紧密合作伙伴；整合学校各优势学科的研究集体和优秀人才，鼓励多学科协作与交叉，形成研究和解决中国开放型经济建设中重大问题的集成优势，加快学校优势学科群

建设的步伐。

创新平台的具体目标是：

1. 构建国内集成能力强、水平最高的中国开放型经济研究群；

2. 促生一批开放型经济领域的高水平研究团队；

3. 构建广泛的学术研究网络，增强与政府、企业、经济组织等实际部门和国内外学术界的互动联系，使平台成为研究中国开放型经济重大理论与实践问题的知识创新基地；

4. 围绕党的十七大提出的建设开放型经济战略目标，突破2008年全球金融危机的影响，产生一批重大研究成果，为国家开放型经济发展提供智力支持；

5. 进一步提升我校作为开放型经济精英人才培养摇篮的地位；

6. 推动与开放型经济相关的优势学科群的建设。

（二）建设内容

“中国开放型经济”优势学科创新平台包括3个子项目：

1. 构建中国开放型经济研究群

这是创新平台的核心组成部分。该研究群以中国开放型经济建设为主题，以促进对外开放、国民经济稳定增长、实现中国经济强国战略为核心；以中国对外开放所涉及的重点领域为对象，包括货物和服务贸易、跨国直接投资活动、重点产业发展、金融和国际资本流动；涵盖一个完整的开放型经济所必备的要素，包括市场组织、企业效率、政府政策与政府治理、法律体系、国际环境等；力求把现实问题与学科前沿问题统一起来。

研究群借鉴加拿大社会科学与人文委员会所采用的“轴－辐（Hub and Spoke）”研究群组织模式，从7个方向开展深入研究，调动多学科集体攻关，在确保研究范围具有一定宽度的基础上，突破当前中国开放型经济面临的10个重大理论和现实问题，为中国开放型经济的持续发展提供坚实有力的智力支持。

研究群的研究方向是初始性的，随着研究活动的深入，研究群将派生出新的方向。目前研究群的7个研究方向是：

（1）中国开放型经济理论与战略；

（2）外贸增长方式转变与结构优化；

（3）跨境直接投资与中国企业国际竞争力提升；

（4）中国金融开放策略选择与国际金融体系改革；

（5）开放型经济与区域协调可持续发展；

（6）开放型经济下公平竞争的制度构建和法律保障；

（7）互利共赢的开放战略与和谐国际经贸关系的构建。

2. 中国开放型经济高水平师资队伍建设

中国经济的日益开放和未来世界经济中心的转移，需要一大批能够引领学术前沿、具有解决重大现实问题能力的优秀学者。该项目与学校《“十一五”学科与师资建设行动方案》相衔接，围绕中国开放型经济建设这一主题，造就高层次学术队伍，尤其是提高中青年教师知识创新的能力和国际合作的竞争力。

3. 中国开放型经济精英人才培养

中国建设开放型经济的过程实际上是一个向经济强国转变的过程，要确保这一过程成功，人才质量是一个关键因素。该项目主要针对高层次应用型人才的培养模式进行创新性探索。

（三）运行模式

“中国开放型经济研究群”以一个核心子研究群为中心，各子研究群之间构成密切的有机联系，形成解决中国开放型经济中重大问题的群体学科优势。

研究群将坚持：

1. 功能多样性。以研究团队作为研究群的基础，鼓励团队在与实际部门合作、延长学科链、促进学科交叉、研究生培养、国际学术交流等方面发挥更积极的作用。

2. 开放性和包容性。只要符合主题，研究群对各个学科领域实行开放。研究群包括有直接政策效应的项目，也包括那些没有直接政策效应，却能够提升学校学术声誉的项目；不仅对学者开放，也对实际工作部门的研究人员开放。

3. 适应性。随着研究的深入，研究群将适时调整和拓展研究问题的范围，组建新的子研究群或确定新的研究方向。

4. 扩展性。研究群中的每一个方向下设数目不等的子研究群（或研究团队）。在建设初始阶段，团队（子研究群）成员一般在10人以内。随着团队成员协作能力的增强和新研究问题的派生，团队成员将依情况增加，最终实现在全校创建若干核心研究团队的目标。

采用研究群方式进行大规模多学科研究是科研组织方式上的一个创新。这一模式可以集中多学科资源对重大问题进行攻关，有助于实现学科布局集中、优势学科竞争力突出的学科建设目标。研究群功能强大，可以整合分散在不同院系乃至不同地理区位的相关研究团队，建立科研联系网络，具有较高的知识集成效果。

“中国开放型经济研究群”中的子研究群采用研究团队的方式。研究团队在满足一定条件下自由申请，经同行评审和研究群学术委员会批准立项。研究团队由带头人和团队成员组成，应有明显的证据显示研究团队核心成员之间已经形成较密切的学术合作关系。研究团队学术带头人应具有教授职称并满足下列条件之一：教育部人文社科重点研究基地及省部级研究基地的负责人或首席专家；各类基金项目主持人；在某一问题研究上已经有一定积累的各类优秀人才（长江学者、杰出青年基金获得者、跨世纪/新世纪优秀人才、百千万工程人选、北京市“百人工程”人才等）。不能满足上述条件的学术带头人申请者，立项后须通过海内外同行专家评审产生。

（四）建设规模

“中国开放型经济”优势学科创新平台建设总经费为6 000万元。主要经费投向为：

1. 中国开放型经济研究群建设为3 900万元，其中900万元用于开放型经济数据库建设。经费将用于科研业务（含调查问卷及处理、会议、差旅、图书资料等），国内协作，国际合作与交流，案例建设，设备及办公用品购置，开放型经济大型数据库建设，劳务费及与课题相关的管理费用。

2. 中国开放型经济高水平师资队伍建设为980万元。经费将用于学术带头人及学术骨干的培养，支持中青年骨干教师和博士后进行国际合作研究，参加国内外学术研讨会，设立特殊人才预研基金，为引进人才提供所需的生活和工作条件等。

3. 中国开放型经济精英人才培养工程为1 020万元，博士后培养为100万。经费将用于精英人才培养模式及质量保障体系研究，实验室和实验课程建设，模拟国际文化环境建设，外语教学平台建设，国际学术前沿教育平台建设，国内外联合培养研究生和本科生有关费用的支出等。

（五）管理体制

1. 管理体制

“中国开放型经济”优势学科创新平台隶属于对外经济贸易大学，在学校直接管理下运行。学校将成立平台建设管理委员会和平台建设监督委员会。平台建设管理委员会代表学校向上级主管部门负责，任命平台执行主任，全面负责平台管理。平台建设管理委员会下设办公室，负责日常工作。平台建设监督委员会负责监督平台的组织和实施，对平台建设过程中存在的问题提出质询。

平台建设内容之一“中国开放型经济研究群”项目设学术委员会，负责研究群各子研究群学术带头人的任免及研究群学术方向的把握。学术委员会主任由平台建设管理委员会执行主任兼任。“中国开放型经济研究群”享有高度的学术自主权，由研究群学术委员会负责行使。

“中国开放型经济高水平师资队伍建设”和“中国开放型经济精英人才培养”项目，分别由学校人事处、教务处和研究生部负责管理并实施。

2. 激励机制与绩效考核

学校将采取灵活有效的措施鼓励优秀人才参与平台建设，对平台建设各项任务的绩效，将按照国家对优势学科创新平台的要求进行定期考核。在平台建设管理委员会正式成立后，将专门制定《中国开放型经济优势学科创新平台建设激励机制与绩效考核细则》。

第三章　学科建设规划

第一节　“十五”学科建设规划

一、编制过程

“九五”末期，在全面总结“九五”发展成绩与不足、深入分析所面临的形势与挑战的基础上，学校原发展规划处起草了“十五”事业与学科发展规划。此后，学校召开多次研讨会，集思广益，充分发扬民主，广泛听取各方面对学校“十五”事业与学科发展规划的意见与建议。经学校学术委员会、“双代会”代表审议后，学校“十五”事业与学科发展规划于2001年5月8日报学校党委会会议研究通过，成为指导学校“十五”期间事业和学科发展的纲领性文件。

二、基本内容

“十五”期间，学校学科建设的总目标是：根据21世纪经济和社会发展对高素质、高层次和创新人才的需要，强化优势学科，大力发展应用学科，积极支持新兴学科，优化学科专业结构，增设新的有市场前景的学科专业，调整过时的没有市场需求的学科专业。到2005年基本建成多学科综合交叉、协调发展的学科体系，使若干重点学科达到国家重点学科水平，重点学科的某些优势领域接近或达到国际先进水平。

学科建设的具体目标是：增加新的学科专业点，今后五年要根据市场需求增加2至3个本科专业、5至6个硕士点，力争增加4个博士点、1至2个博士后流动站和2个国家级重点学科，从而扩大本科专业和硕士点的范围，使博士点数量在现有基础上增加2倍，博士后流动站和国家级重点学科实现零的突破。

三、主要措施

（一）做好新增学科专业点的工作

未来五年，本科拟增加电子商务等2至3个专业；硕士点拟从经济学、行政管理、法学等专业中增加5至6个；博士点拟增加企业管理、民商法学、金融学、外国语言学及应用语言学4个。

（二）建立博士后流动站和国家级重点学科

力争从国际贸易学和国际法学中产生1至2个博士后流动站；同时，力争使国际贸易学和国际法学通过教育部国家级重点学科评审，使之成为国家级重点学科。

（三）设立学科建设专项基金

围绕“十五”期间学校学科建设的目标，设立校级学科建设专项基金，增加对学科建设的投入和扶持力度，推动新兴学科的发展。

（四）将院系调整和设置与学科专业的发展和增设结合起来

院系的调整和设置要为提高学科档次和水平服务，为学科专业的发展和增设新的学科专业服务，发挥出学科整合的优势。

（五）继续加强“211 工程”的建设

搞好“211 工程”的一期验收结项工作，着手启动“211 工程”的二期建设，借助“211 工程”加快学校重点学科的发展。

（六）增加科研经费投入，加强对科研经费使用的管理

使得科研经费在学校预算中的比例不低于 1.5%，总额达到 1 500 万元；加强科研方面国内外的横向交流与合作，继续争取国家级、省部级、大企业以及其他类型的科研项目，多渠道筹措科研经费；加强对学校科研经费使用的管理和监督，使有限的经费发挥出最大的效益。

（七）制定科研奖励办法，加大科研奖励力度

制定科研奖励办法，建立科研奖励基金，加大科研奖励的力度，重点奖励各级科研获奖者，强化科研激励机制；要明确科研成果在职称评聘尤其是高级职称评聘中的地位；各院系也要制定相应的科研奖励办法。

（八）深化科研体制改革和实现科研机制的创新

建立新型的科研管理制度，以适应国家经济和社会发展的需要，适应学校教学发展的需要，实现科研的跨越式发展；建立科学、公正、公开的科研投入产出质量评估标准，保证科研成果达到社会公认的高水平；正确处理科研与教学的关系，树立以科研促教学的思想；建立科研联合办公室，为非实体科研机构提供优质高效服务；探索开放式科研模式，吸纳社会力量参与科研，鼓励学生尤其是研究生参与科研活动。

（九）加强新的科研机构的建设

进一步支持全国普通高等学校人文社会科学重点研究基地——“世界贸易组织研究中心”的发展，使之成为开放、高效的国家级科研实体。同时，在未来五年内要建立电子商务研究中心等 10 个校级重点研究中心，力争使其中的 1 个升级成为能承担重大课题研究的国家级研究基地。

（十）扩大科研国际交流与合作

要加强与国际组织、外国政府机构、科研机构和高等院校等国际交流与合作，承揽国际性科研项目，举办国际性学术会议，以增强学校科研面向世界的特色。

（十一）办好学术期刊，搞好“安子介国际贸易研究奖”的评奖工作

要办好一定数量有学校特色的学术期刊，如《对外经济贸易大学学报》、《国际贸易问题》、《金融科学》等，以提高学校的学术水平和学术地位，组织校内研究人员和教师在国内外主要学术刊物上每年发表一定数量的学术研究论文；要进一步搞好“安子介国际贸易研究奖”这一省部级奖的评审工作，强化该奖项在外经贸领域最高学术奖的地位。

（十二）科研单位参与教学和研究生培养工作

学校的科学研究机构要为教学服务，要将科研成果充实到教学中去，科研机构要探

索和试验参与教学与研究生培养工作。

第二节　“十一五”学科建设规划

一、组织机构

2005年3月，学校召开校长办公会，决定成立学校“十一五”发展规划工作领导小组，校长、书记分别担任领导小组组长与副组长。规划工作领导小组下设学科建设规划组、人力资源战略规划组、资源规划组和学校文化建设规划组；分别由主管学校学科建设、人力资源、资源保障、文化宣传的副校长或副书记担任各小组组长；主管学科建设的林桂军副校长负责“十一五”学科建设规划的编制工作。学校规划工作领导小组还下设秘书处，秘书处设在原发展规划处。

二、编制

（一）编制过程

1. 规划调研与战略分析

战略分析是科学编制战略规划的基础与前提。为全面认知学校“十一五”期间学科建设面临的新形势与挑战，以及学校学科建设的相对优势与不足，学科建设规划组首先对学校学科发展的现状进行SWOT分析，探讨国际与国内经济、政治、社会文化等宏观环境因素的发展趋势，扫描学校学科建设的外部发展环境，识别学校学科建设面临的发展机遇与挑战、优势与不足。

2005年5月，学校学科建设领导小组组长林桂军副校长与原发展规划处对中国人民大学、中央财经大学、上海财经大学、中南财经政法大学、北京外国语大学、上海外国语大学等10所国内财经类、外语类标杆学校的学科建设理念、工作动态与发展趋势进行了全面调研。同时，以网大公司大学排行榜、武书连等人的“中国大学评价课题组”的中国大学排行榜、中国校友会的中国大学排行榜等在我国具有一定社会影响力的三大大学排行榜为研究目标，选取三大排行榜中的学科建设数据，以10所标杆学校为参照系进行对比分析与实证研究，综合研究了学校学科建设的发展水平与状况。

2005年6月，学校召开“十一五”学科建设专家座谈会，对学校学科建设面临的外部发展环境与学校学科建设的任务，以及兄弟院校学科建设的情况进行深入研讨；7月，学校召开学科建设与大学学术组织建设研讨会，探讨了发达国家学科建设与高校学术组织的模式，并着重就学校“十一五”学科建设规划中学术组织的现状与如何优化进行了广泛研讨。

2005年6月开始，学校“十一五”学科建设规划领导小组分别赴学校各学院实地调研，与各学科教授分析探讨学校学科建设的状况与发展。

2. 规划文本草拟与广泛讨论

在全面扫描、分析、识别学校内外部发展环境，深入进行院校研究与学校内部调研的基础上，学科建设规划领导小组林桂军副校长带领研究队伍，开始起草学校“十一五”学科建设规划，同时，借鉴国外大学的办学指标，设计出衡量学校学科建设水平的两个学科竞争力指标体系：国内先进学科竞争力指标体系，接近国际水平学科竞争力指标体系，并于2005年10月完成学校学科建设规划文本初稿的撰写工作。

2005年11月，学校召开“十一五”学科建设规划领导小组会议，听取林桂军副校长关于“十一五”学科建设规划（征求意见稿）的汇报，并进行深入研讨；12月，学校召开学术委员会会议，学术委员讨论“十一五”学科建设规划（征求意见稿），根据研讨精神，对学科建设规划（征求意见稿）进行了修改。

规划的编制是一个集思广益、凝聚智慧的过程，科学规划编制需要全体教职员工的广泛参与和支持。学校“十一五”学科建设规划（征求意见稿）形成后，在全校范围内开展了多次自上而下、自下而上的征求意见活动。2006年4月开始，学校规划领导小组成员分赴国际经济贸易学院、金融学院等13个院（系），交流研讨学校学科建设规划，听取各学院关于本学院各学科发展的汇报，进一步完善学校“十一五”学科建设规划。

2006年11月29日，学校校长办公会研究决定，成立学校“十一五”学科与师资队伍建设规划领导小组，整合学科建设与师资队伍建设规划，陈准民校长任组长，徐子健、刘亚、林桂军副校长任副组长，成员有史薇、仇鸿伟、叶文楼、杨长春、杨晓平。随后，领导小组开展工作，在原“十一五”学科建设规划、师资队伍建设规划文本的基础上，开始研制学校“十一五”学科与师资队伍建设规划。

随后，学校召开学科与师资队伍建设规划研讨会，学校规划领导小组成员与人事处、科研处、教务处、研究生部、原发展规划处等部分职能单位负责人出席会议。会议全面回顾了近期学校“十一五”学科规划、师资队伍建设规划的各项工作进展情况，深入分析了国内外社会经济发展和高等教育改革的趋势，研究了学校学科建设与师资队伍建设规划面临的主要问题，探索了新形势下学校“十一五”学科建设与师资队伍规划面临的形势与任务。

2006年12月，学校学科与师资队伍建设规划领导小组组织召开学校各院（系）院长（系主任）会议，会议宣讲学校“十一五”学科与师资队伍建设规划（讨论稿），并与院系开展互动研讨；同时，召开学校学术委员会会议，进一步深入讨论“十一五”学科与师资队伍建设规划，广泛征求意见与建议。

2007年1月，学校组织召开学校领导班子务虚会，听取林桂军副校长关于学科与师资队伍建设规划的专题汇报，并进行了深入讨论；3月，学校分别组织召开新引进中青年教师会议、学科带头人与学术骨干会议，讨论学校学科与师资队伍建设的有关问题；4月16日，党委常委会集体讨论学校“十一五”学科与师资队伍规划。根据各次会议的研讨意见与建议，学校学科与师资建设规划领导小组与原发展规划处进一步完善规划文本。

经过两年的广泛调研、深入研讨、精心修改，全面论证，2007年9月1日，经学校党委常委会讨论，学校审议通过了学校《“十一五”学科与师资建设规划》。

（二）规划的实施与行动方案的制定

学校“十一五”学科与师资建设规划颁布后，学科与师资建设规划领导小组积极采取措施，不断推进学科与师资队伍建设规划的落实工作。

1. 规划的宣讲与行动方案的磋商阶段（2007. 10—12）

2007 年 10 月 18 日，学校学科与师资建设领导小组召开“学科与师资规划宣讲与落实会议”，各学院、系主任、正教授以及相关职能部门负责人参加会议，会议宣讲了规划并布置了行动方案的编制工作。

10 月 29 日—11 月 12 日，领导小组赴各学院以及教务处、研究生部与科研处，同各单位就学科建设行动方案的思路进行深入讨论与磋商，围绕学校学科建设的总体目标，即“为我国经济领域的对外开放事业提供一流的智力支持”这一核心，研讨了学院各学科的目标定位、研究方向及其学术队伍的配备、学术研究的设想、精英人才模式的创新、平台建设，以及目前国际上流行的教学与科研评估的体系与发展现状。

11 月 13 日—12 月底，主管学科工作的林桂军副校长根据磋商会议的精神，对每一学院的学科进行了深入分析，提出了每一学科相关学科的分析报告，并反馈给每一学院。

2. 学院学科建设方案的起草阶段（2008. 1—2）

学校于 2008 年 1 月 15 日下发通知，各学院根据学校“十一五”学科与师资队伍建设规划、磋商会议的主要精神、学科建设行动方案分析报告等文件，填报每一学科的《学科建设行动方案》报表，报表内容包括：各学科的建设层次、学科目标描述与定位、研究方向等 28 个单项的内容。根据通知精神，各学院开始编制本学科各学科的行动方案。

3. 学校层面行动方案的编制阶段（2008. 2—5）

原发展规划处汇总全校各学院每一学科的行动方案报表，对每个学科 28 项的信息、数据进行梳理、统计与分析，并对每一学科的报表进行了认真的讨论与修改，之后返回各学院，同时，学校开始起草行动方案文本；各学院于 2008 年 3 月将修改完成的学科报表上交领导小组，领导小组对所有学科报表的所有信息、数据进行了第 2 次梳理、统计与分析，并修改了行动方案文本。

随后，学校学科与师资建设规划领导小组召开数次专题工作会议，集中讨论行动方案，并进行了 5 次修改，对每一学科的研究方向进行了论证，对每一学科的带头人与学术骨干的引进与培养规模进行分解与量化，对师资队伍建设、学术平台、开放型精英人才培养、学术交流等方面进行了资金投入的核算与论证，对“十一五”学科与师资建设规划中提出的科研目标进行分解与量化。

领导小组与各学院进行了逐一反馈，经过磋商，调整并修改了行动方案。

经 2008 年 5 月 26 日校党委常委会讨论，原则通过《对外经济贸易大学“十一五”学科与师资建设行动方案》。

4. 行动方案的制定

《对外经济贸易大学“十一五”学科与师资建设行动方案》是对学校《“十一五”学科与师资建设规划》中提出的各项目标进行分解与量化。

“行动方案”主要包括以下内容：

（1）“十一五”期间学科服务对象的定位：为我国经济领域的对外开放事业提供一流的智力支持。

（2）根据学校提出的有特色、高水平和具有国际竞争力的总体建设目标，提出以下具体学科建设目标：国家重点学科瞄准世界先进水平进行建设；努力实现理论经济学、工商管理、法学、外国语言文学一级学科博士学位授予权；使应用经济学、企业管理进入国内先进水平；夯实基础，推动其他学科的建设。

（3）对各学科的研究方向进行了论证。所涉及的学科包括：应用经济学（国际贸易、金融与保险、产业经济学、数量经济学、区域经济学、财政学）；理论经济学（世界经济）；法学（国际法、民商法）；工商管理（企业管理、会计学、信息管理）；外国语言文学（外国语言学及应用语言学、外国文学、外国文化）；中国语言文学（文学）；政治学（国际政治）；法与经济学交叉学科。

（4）把各学科的学术带头人与学术骨干的引进和培养规模分解到学院，计划投入9 066 万元支持人才引进和学术队伍提升计划，占总投入经费的78%。

（5）对师资队伍建设、学术平台、开放型精英人才培养、学术交流等方面进行了资金投入的核算与论证。

（三）学校资金保障的投入

根据学校“十一五”学科与师资建设行动方案，以及学校学科与师资建设领导小组会议精神，2009 年、2010 年学校及时下拨相应资金，全面支撑学校师资队伍建设、学术交流、开放型精英人才培养、博士点申报、虚拟研究平台等学科方面的建设，着力加快学校学科与师资队伍的建设步伐。

第四章　博士后流动站

第一节　申请设立博士后科研流动站基本情况

2003 年 10 月，经人事部、全国博士后科研流动站管理协调委员会批准，学校设立应用经济学、法学两个博士后流动站。

申请设立博士后科研流动站时，法学学科包含国际法（国际经济法方向）专业国家重点学科，有博士生导师 6 人，主要研究方向为：国际法学、国际商法、国际私法、国际公法。

应用经济学学科包含国家级重点学科国际贸易学（2001 年批准）和北京市重点学科金融学（2002 年批准），有博士生导师 8 人，主要研究方向为：国际贸易学、金融经济学、产业经济学、数量经济学、国民经济管理、公共经济学与社会福利。

2000 年 1 月，经教育部批准学校设立世界贸易组织研究中心，该中心为国家级重点社科研究基地，可以承担应用经济学和法学两个学科的跨学科研究工作。

第二节　2003—2008 年学校博士后制度建设及运行状况

一、制度建设状况

博士后科研流动站的设立，为学校跨学科的应用研究搭建了良好的平台，为解决科研活动专业人员投入不足、研究领域需要进一步拓展、社会资源需要积极争取、教育应用及服务功能需要大力发挥等问题开辟了新的渠道，为学校师资队伍建设的人才储备工作提供了支持。从 2003 年开始，学校对博士后管理的制度建设进行了积极探索。

经过校内相关人员的充分讨论和研究，2004 年，学校制定并发布《对外经济贸易大学博士后流动站管理办法》。该文件确立了学校博士后管理的基本制度和规程，是学校开展博士后工作的法定基准文本。文件全面规定了博士后管理的组织机构、博士后研究人员的招收及出站、博士后研究人员在站的管理、博士后研究人员的工资福利待遇、博士后研究人员研究成果管理等方面内容。该文件确立了管理机构和组成人员名单，成立了主管副校长为组长、学校各主要职能部门领导和相关学院院长为成员的博士后工作领导小组。文件规定将学校博士后管理工作办公室设在人事处，由一名副处长兼任办公室主任。

根据全国博士后管理委员会《关于进一步明确博士后研究人员身份等问题的通

知》，学校对博士后研究人员的奖惩、考勤、科研、住房管理等适用事业编制教师的有关制度，具体包括：《对外经济贸易大学教职工奖惩暂行办法》、《对外经济贸易大学考勤管理规定》、《关于周转房管理的暂行规定》。

为贯彻执行学校人才强校战略，各相关学院加大了博士后管理制度的建设，对博士后研究人员的招收考核评价、在站考核、合作导师的配备、科研项目的申报和管理等方面，结合本学科特点、充分考虑本单位资源状况进行了创新改革。2006 年，学校制定“十一五”事业发展规划，提出七大建设主题：一是优化布局，突出重点，实现学科建设的整体跨越；二是深化改革，创新模式，进一步提高人才培养质量；三是提高学术水准，规范指标体系，增强学术研究的贡献力；四是内培外引，创新机制，加强队伍建设；五是全方位开放办学，提高学校声誉和综合实力；六是加大服务力度，满足社会需求；七是多渠道增加办学资源，确保学校可持续发展。这些规定为博士后制度的发展与完善起到了指导性的作用。

二、2003－2008 年博士后运行状况

博士后流动站设立后，相关管理文件得到执行。参与招收博士后研究人员的相关学院由最初的国际经济贸易学院和法学院 2 个学院发展到国际经济贸易学院、法学院、金融学院、世界贸易组织研究院、国际商学院 5 个学院。

（一）管理层级和权限划分与管理人员配备状况

学校管理层级划分为校级和院系部两级。校级职能由直属部处承担，主要负责学校战略和事业发展规划的制定和组织管理工作；各学院为二级职能部门，具体负责学科建设和人才培养。由于历史原因，学校应用经济学学科各有关专业的设置分布在不同的学院，因此，在博士后管理层级和权限划分上学校采用二级划分、围绕重点学科和重点院系设置管理组织的办法。

具体而言，由人事处代表学校行使博士后流动站设站单位的管理职能（博士后管理办公室设在该处），主要包括：负责博士后政策解释及全国博士后管理协调办公室的联络工作；负责汇总学院博士后招收需求数并对外发布博士后研究人员的招收计划；负责审核博士后研究人员的进出站申请表及各类基金申报表；负责办理博士后研究人员的进出站手续；负责博士后研究经费的管理；负责两个流动站各组成单位的协调工作。

各相关学院是博士后流动站的组成单位。如法学院是法学博士后流动站的组成单位，国际经济贸易学院、金融学院、国际商学院、世界贸易组织研究院等涉及应用经济学一级学科的学院是应用经济学博士后流动站的组成单位。各组成单位负责本单位博士后的招收遴选、日常管理、科研组织及管理、期中考核及出站考核等工作。各组成单位由办公室主任作为博士后管理专职人员。

博士后管理组织结构如图 2. 4. 1。

这一组织系统既保证了上级意志的贯彻，又发挥了组成单位在学科建设上的积极性，使得运转的各个环节如人员招收审批程序、各项通知信息传达及活动组织等运行良好。在 2008 年举办的“中国改革开放 30 年暨博士后科学论坛”上，本校被中国博士后科学基金会授予优秀组织奖的称号。

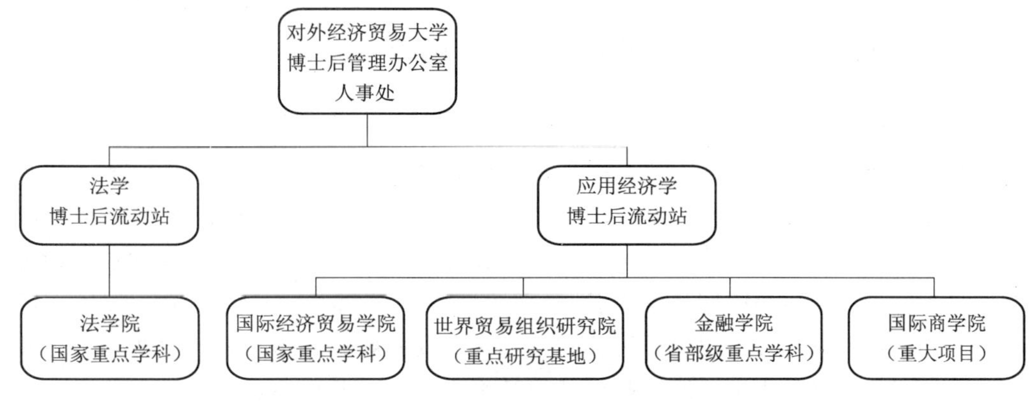

图 2.4.1　博士后管理组织结构

（二）博士后研究人员招收与培养状况

学校对博士后研究人员的招收遵照全国博士后管理协调委员会办公室的政策规定。从招收类别上分为：自筹经费招收和国家资助招收。国家资助招收的资助金是根据各组成单位招收的博士后研究人员的个体情况，如研究能力素质、背景、从事研究项目的级别等综合考虑后，确定是否给予资助。国家资助招收之外的人员属于自筹经费招收，要求自带博士后研究经费和日常经费。

为规范招收的流程，保证培养质量，学校在招收审批程序、进站后的管理考核方面又相继出台了相关规定，有：《博士后招收协议书》、《对外经济贸易大学博士后科研工作协议书》、《对外经济贸易大学博士后研究人员考核表》。

《博士后招收协议书》明确了招收的类别，特别约定了研究经费的使用办法，对博士后研究人员在站期间的福利待遇、工作纪律和考勤等方面作出了约定，有利于其在站期间的管理。

《对外经济贸易大学博士后科研工作协议书》是博士后研究人员本人与合作导师协商约定的工作协议书，为博士后研究人员进站后的工作设定了目标，用于激励其研究的积极性，高质量地完成研究工作。

《对外经济贸易大学博士后研究人员考核表》是对博士后研究人员进行学术和思想全面考核的依据，有利于督促其向更高的学术目标迈进。

（三）经费来源及管理

学校博士后科研经费主要来源于中国博士后科学基金资助及合作导师和博士后研究人员自筹两项。经费管理由人事处按学校财务管理规定统一划拨分配。

由国家资助的博士后，在站期间，享受国家资助金 10 万元人民币。其中 57 000 元由学校根据国家及学校的相关规定，用于发放博士后的个人待遇；30 000 元用于博士后的科研经费报销，报销项目包括书报费、科研会议会务费和差旅费等；8 000 元用于合作导师培养费。3 000 元用作博士后管理经费，2 000 元用于博士后在站期间的考核及进出站评审费等。

自筹经费博士后，在站期间，档案不转入学校，需缴纳 21 800 元。其中 10 000 元用于博士后科研经费报销，报销项目包括书报费、科研会议会务费和差旅费等；8 000 元用于合作导师培养费；2 000 元用于博士后在站考核及进出站评审费；1 800 元用于博士后管理费。

（四）博士后研究人员福利待遇及住房情况

根据全国博士后管理委员会《关于进一步明确博士后研究人员身份等问题的通知》，博士后研究人员系国家正式职工，其行政、工资、组织等各类关系均在建站单位，博士后研究人员不列入建站单位正式编制，但属于建站单位经国家批准的流动编制内的工作人员，一切待遇应按建站单位正式职工对待。2004 年学校开始招收博士后研究人员时，国家政策允许的招收类别形式有国家资助招收和自筹经费招收两种。对两类人员，学校按国家政策规定比照讲师待遇为其确立工资福利待遇。

博士后研究人员住房待遇适用学校《关于周转房管理的暂行规定》。博士后研究人员住房配备简单家具，已婚博士后研究人员，可以申请一套居室套房。

第三节　2009 年博士后流动站评估工作

2009 年 2 月，为加强博士后科研流动站、工作站建设，进一步推动博士后工作健康发展，根据 2008 年人力资源和社会保障部《博士后科研流动站和工作站评估办法》的要求，人力资源和社会保障部和全国博士后管理委员会决定，开展博士后科研流动站、工作站评估工作。学校根据通知精神，结合评估指标要求，组织各相关院系进行数据收集汇总，形成评估报告，上报全国博士后管理委员会，并通过了评估，见表 2.4.1：博士后科研流动站评估指标（新设站评估）。

表 2.4.1　　博士后科研流动站评估指标（新设站评估）

一级指标	二级指标	三级指标	数据采集方法
1. 流动站建设情况	1-1 工作措施及制度建设	① 博士后工作促进本单位人才队伍建设、学科发展和科研工作的措施及发挥作用情况	设站单位填报、博士后研究人员问卷调查
		② 博士后研究人员招收、考核、日常经费、住房、科研项目管理和奖惩管理制度的建设情况	
		③ 从期满出站博士后研究人员中选留教职员工的人数与录用教职员工人数比	设站单位填报
	1-2 学术环境营造	① 博士后研究人员创新能力的培养情况	博士后研究人员问卷调查
		② 合作导师培养、使用博士后研究人员的情况	
		③ 信息化建设情况	
		④ 组织博士后研究人员参加学术交流活动的情况	
		⑤ 组织博士后研究人员参与国外科研合作的情况	
		⑥ 为博士后研究人员提供的综合能力培训情况	

续表

一级指标	二级指标	三　级　指　标	数据采集方法
1. 流动站建设情况	1－3　流动站管理水平	① 专门工作人员配备情况	流动站填报、博士后研究人员问卷调查
		② 设站单位对其各站管理人员的培训情况	流动站填报
		③ 规章制度的宣传、执行情况	博士后研究人员、合作导师问卷调查
		④ 有关政策的熟悉程度和解答情况	
		⑤ 管理人员的工作态度、水平及效率情况	
		⑥ 科研和生活条件保障情况	
2. 博士后研究人员招收情况	2－1　招收数量	① 博士后研究人员招收人数	流动站填报
	2－2　招收结构	① 博士后研究人员招收人数与博士生招收人数比	流动站填报
		② 博士后研究人员在站人数与副高级以上专业技术人员人数比	
		③ 国家资助名额与博士后研究人员招收人数比	流动站填报
		④ 联合招收博士后研究人员人数与博士后研究人员招收人数比	
		⑤ 留学回国类型博士后研究人员人数与博士后研究人员招收人数比	
		⑥ 外单位人员做博士后人数与博士后研究人员招收人数比	
		⑦ 跨学科博士后研究人员人数与博士后研究人员招收人数比	流动站填报
		⑧ 外籍博士后研究人员人数与博士后研究人员招收人数比	
3. 博士后研究人员科研项目	3－1　项目数量	① 博士后研究人员人均参与国家级项目数量	流动站填报
		② 博士后研究人员人均参与省（部）级项目数量	
	3－2　经费数额	① 博士后研究人员人均参与国家级项目的科研经费数额	
		② 博士后研究人员人均参与省（部）级项目的科研经费数额	

续表

一级指标	二级指标	三　级　指　标	数据采集方法
3. 博士后研究人员科研项目	3-3　基金项数	① 博士后研究人员人均申获自然科学基金项数	流动站填报
		② 博士后研究人员人均申获社会科学基金项数	
		③ 博士后研究人员人均申获博士后科学基金项数	
4. 博士后研究人员科研成果	4-1　发表论文、出版论著情况	① 博士后研究人员人均发表论文收录数量	流动站填报
		② 博士后研究人员人均出版论著数量	
	4-2　获专利情况	① 博士后研究人员人均专利受理数量	
		② 博士后研究人员人均专利授权数量	

第四节　2010 年博士后管理制度文件的修订

2009 年博士流动站评估后，学校总结经验认为：应进一步加强博士后管理，以增强博士后制度在学科建设和学校人才发展战略中的作用，逐步扩大博士后研究人员的招收规模，提高质量，将博士后研究人员队伍作为“准”教师进行管理。

为此，学校设定博士后发展的基本思路：一是要加强制度理念宣传，稳步扩大招收规模；二是设立博士后科研基金，加大资源投入力度；三是加大在站期间考核力度，提升科研产出水平。根据上述理念和思路，学校人事处博士后管理办公室在总结经验、调研各兄弟高校情况、分析校内外环境的基础上，提出对学校 2004 年的《对外经济贸易大学博士后流动站管理办法》进行修订的建议。2010 年 5 月 5 日，修订后的《对外经济贸易大学博士后流动站管理办法》出台，此次修订的总体特点是：加大院（所）在博士后管理工作中的管理职责，增加博士后事业的资源投入力度，扩大合作导师在博士后招收过程中的自主权，细化招收、中期考核、出站评审等环节的条件指标，严格考核标准，规范程序，理顺管理。

第三篇　教 学 工 作

第一章　本科教育

第一节　概　　述

2000 年 6 月，原对外经济贸易大学与原中国金融学院合并成立新的对外经济贸易大学。合并前原对外经济贸易大学有 4 个学院，3 个系，1 个中心，21 个本科专业；原中国金融学院有 4 个系，6 个本科专业。合校后调整为 9 个学院，1 个系，22 个本科专业。

合校后经过 10 年的发展，学校现设有 15 个学院以及体育部和思想政治理论课教学科研部；拥有经、管、文、法四个学科门类，34 个本科专业，40 个专业方向，其中经济学类专业 6 个，管理学类专业 11 个，文学类专业 15 个，法学类专业 2 个。

学校本科生在校规模由 3 000 余人发展到现在的 8 000 余人，实行校、院、学系管理体制。本科教育主要包括培养目标、专业设置、培养方案、教学管理、课程建设、教材建设和管理、教学评估、教学改革与研究、实践教学和学位管理等工作。

学校的本科教学工作归教务处统一负责。2000 年，教务处设有教学管理科、教学研究科、教材科和办公室。2003 年 8 月，成立多媒体教学管理科。2005 年 8 月，取消教材科。2006 年 5 月，多媒体教学管理科更名为实验教学科。2006 年 8 月，成立学习事务科。

2008 年，教务处的两项教学改革成果《突出国际化特色，培养具有国际竞争力的经贸人才——对外经济贸易大学国际化本科人才培养模式探索与实践》和《以人为本，构建全方位、服务型信息化教学管理体系》分别荣获北京市优秀教学成果一等奖和二等奖。

2008 年 11 月，教务处获得“北京市普通高等学校先进教务处”称号，时任教务处处长的仇鸿伟研究员获得“北京市普通高等学校教学管理标兵”称号。

第二节　培养目标

2001 年 5 月，学校颁布《对外经济贸易大学“十五”事业与学科发展规划》（以下简称“十五发展规划”），将学校本科生人才培养目标确定为：培养基础宽厚、视野开阔、创新能力强、面向世界、善于跨文化交流的经管类复合型精英人才。本科教育重点培养应用型人才，应当使学生比较系统地掌握本学科专业必需的基础理论、基本知识，掌握本专业的基本技能、方法和必要的相关知识，具有从事本专业实际工作和研究工作的初步能力，使学校毕业生的综合素质高于国内同类院校的毕业生。

2006 年 3 月，学校颁布《对外经济贸易大学“十一五”事业发展规划（2006 - 2010)》(以下简称“十一五发展规划”)。“十一五”时期的总体发展目标是：全面贯彻党的教育方针，坚持科学发展观，以国家“211 工程”重点大学的建设目标为基准，以学科建设为龙头，以改革创新为动力，继续巩固在同类型高校中的领先地位，全面提升学校的人才培养、学术研究与社会服务的水平，加快建设并协调发展经济学、法学、管理学、文学等主干学科，适度发展相关学科，在“十一五”时期，通过固本强基，为实现从教学研究型大学向研究教学型大学转变奠定坚实基础。

围绕学校“十一五发展规划”和对教学教育工作的要求，教务处在专业建设、人才培养模式、课程建设、教材建设、教学实验课题等方面开展了工作。

一、完善荣誉学士学位项目建设，探索精英化人才培养模式

2009 年 3 月，学校荣誉学士学位项目正式启动。教务处两次召开学生代表座谈会和部分教学管理研究会教师分会成员座谈会，就拔尖创新人才培养和“荣誉学士学位项目”问题进行交流和研讨。同时，教务处组织人员走访北京大学和北京航空航天大学，对两校分别开展的“元培计划”和“高级工程学院”工作进行调研，吸取两校在探索拔尖创新人才培养模式的实践中所取得的经验。

2009 年 7 月，教务处召开“对外经济贸易大学荣誉学士学位项目教学研讨会”，第一批申报的 54 门荣誉课程的授课教师到会。会议对培养模式、教学模式、培养过程等进行了研讨。

2009 年 9 月，教务处启动“荣誉学生”申报工作。经过申报、初审，有 396 名本科生获得“荣誉学生”资格，其中 2006 级学生 178 名，2007 级学生 218 名。

2009 - 2010 学年第一学期共开设荣誉课程 25 门，372 名荣誉学生选课，有效选课为 424 门次。在保证班级规模和教学效果的前提下，为实现优质教学资源利用效益最大化，教务处组织有资格的非荣誉学生对尚有余量的荣誉课程进行选课，个别荣誉学生的选课也有调整。最终选课人数为 328 人，有效选课为 436 门次。2009 - 2010 学年第二学期，通过荣誉学生选课和电脑抽签，最终开设荣誉课程 21 门次，有效选课 258 人次。

在荣誉课程授课结束后，教务处通过专门的评估问卷，对所有荣誉课程和授课教师的教学情况进行测评。荣誉课程综合评价总分为 91. 32 分。

2010 年 7 月，共 58 名（含国际经济贸易学院实验班学生）获得了学校首批荣誉学士学位，由校长亲自颁发证书。

二、科学确定分类分层培养的基本框架，制订开放的富有弹性的培养方案

教务处落实学校“三位一体”（拔尖创新人才、精英人才和通用人才）的培养目标，完善“双导向”人才培养体系，探索并构建多样化人才培养模式，强化国际化、高素质、创新型人才培养特色。教务处从 2002 年起，每年均对本科生培养方案进行不

同程度的微调和修订。如在2010年的培养方案修订中，突出了：1. 探索和完善研究型创新拔尖人才培养模式和教学模式，增设研究型课程，加强研究型教学；2. 继续大力优化现行的精英人才培养模式，按照“厚基础、宽口径”的培养思路，充实和丰富公共基础课程平台；3. 探索通用人才培养模式，建立“因材施教，鼓励个性发展”的人才培养体系和课程体系；4. 强化国际化人才培养特色，增加双语、全英文教学课程及实验课程。

三、建立多元化人才培养模式

学校在不断完善以素质教育、国际化、复合型人才培养为中心的主体培养模式的基础上，主要探索了四种不同的人才培养模式，简称“一带四”培养模式。所谓“一”，指一个主体培养模式，即面向全体本科生主修专业的人才培养模式；所谓“四”，指主修和辅修相结合、国内培养和国外培养相结合、学术教育与职业资格认证相结合、专业学习与专业实践相结合四种选择性培养模式。如：国际经济贸易学院实行按大类招生，并开展日语、法语、西班牙语三语种双学位培养试验；国际商学院设置工商管理专业全球管理实验班，对学生进行学术素质的培养。

在质量工程建设方面，教务处专门制订《对外经济贸易大学关于落实教育部〈关于实施高等学校本科教学质量与教学改革工程的意见〉和〈关于进一步深化本科教学改革全面提高教学质量的若干意见〉的工作思路》以及《教学质量与教学改革工程建设项目工作计划》，对教学指导思想、建设目标等提出了明确要求。针对质量工程项目管理，学校还制订《对外经济贸易大学本科教学质量与教学改革工程项目管理暂行办法》（教务字［2008］001号），对质量工程的相关机构、项目负责人的职责、项目建设经费管理、奖惩等方面作出规定。

第三节　专业设置

2001年，两校合并后的对外经济贸易大学开始招生。2001年设有9个本科学院，1个直属系，共有22个本科专业，28个专业方向，如表3.1.1所示。

表3.1.1　　2001年院、系、专业设置一览表

学院/系	专业（及方向）
国际经济贸易学院	国际经济与贸易专业（含第二学士）
	金融学专业
	经济学专业（运输经济方向）
金融学院	金融学专业（国际金融方向）
	金融学专业（货币银行学方向）
	金融学专业（证券投资方向）

续表

学院/系	专业（及方向）
国际工商管理学院	工商管理专业
	会计学专业
	市场营销专业
	人力资源管理专业
	财务管理专业
英语学院	英语专业
外语学院	日语专业
	阿拉伯语专业
	朝鲜语专业
	越南语专业
	俄语专业
	法语专业
	西班牙语专业
	意大利语专业
中德学院	德语专业
法学院	法学专业
信息学院	信息管理与信息系统专业
	电子商务专业
人文与行政学院	行政管理专业
	行政管理专业（海关管理方向）（含第二学士）
	行政管理专业（商品检验与质量管理方向）
保险系	金融学专业（保险方向）

2002 年共有 23 个本科专业，新增汉语言文学专业，隶属人文与行政学院。共有 33 个专业方向，取消金融学院的金融学专业（货币银行学方向）和金融学专业（证券投资方向），调整为金融学专业（金融工程方向）、金融学专业（金融管理方向）和金融学专业（金融经济方向）；英语学院的英语专业调整为 3 个方向：英语专业（翻译方向）、英语专业（经济新闻方向）和英语专业（商务英语方向）；信息学院新增信息管理与信息系统专业（应用软件方向）。

2003 年共有 24 个本科专业，新增金融工程专业，隶属金融学院。共有 33 个专业方向，取消金融学院金融学专业（金融工程方向）；人文与行政学院行政管理专业调整为行政管理专业（涉外行政管理方向）。

2004 年本科专业没有调整，部分专业方向有所调整。共有 32 个专业方向，取消金融学院金融学专业（金融经济方向），调整为金融学专业（证券投资方向）；取消人文与行政学院行政管理专业（商品检验与质量管理方向）。

2005 年本科专业没有调整，部分专业方向有所调整。共有 31 个专业方向，取消信息学院信息管理与信息系统专业（应用软件方向）。

2006 年共有 9 个学院，2 个直属系。外语学院和中德学院合并为外语学院，人文与行政学院调整为公共管理学院、人文与社会科学学院和中国语言文学系（直属系）。共有 25 个本科专业，新增保险专业，隶属保险系；原中德学院的德语专业并入外语学院。共有 30 个专业方向，取消金融学院金融学专业（国际金融方向）、金融学专业（证券投资方向）和金融学专业（银行管理方向），统一调整为金融学专业；公共管理学院增加行政管理专业（涉外经济事务管理方向）和行政管理专业（质量控制与检验检疫管理方向）；取消保险系金融专业（保险方向）。

2007 年共有 10 个学院，1 个直属系。保险系调整为保险学院。共 31 个本科专业，新增物流管理专业，隶属国际经济贸易学院；新增投资学专业，隶属金融学院；新增商务英语专业，隶属英语学院；新增国际政治专业，隶属人文与社会科学学院；新增公共事业管理专业，隶属公共管理学院；新增劳动与社会保障专业，保险学院和公共管理学院均开设此专业，两个学院隔年分别招生。共有 37 个专业方向，新增国际经济贸易学院经济学专业（国际税务方向）；取消英语学院英语专业（经济新闻方向），调整为英语专业（新闻与传播方向）；取消英语学院英语专业（商务英语方向），调整为商务英语专业（国际贸易方向）和商务英语专业（工商管理方向）；取消公共管理学院行政管理专业（海关管理方向）（第二学士）；新增公共管理学院公共事业管理专业（文化事业管理方向）；新增中国语言文学系汉语言文学专业（对外汉语教学方向）；新增保险学院保险专业（员工福利和社会保障方向）。

2008 年共有 11 个学院，取消中国语言文学系，调整为中国语言文学学院。共有 34 个本科专业，新增翻译专业，隶属英语学院；新增葡萄牙语专业，隶属外语学院；新增对外汉语专业，隶属中国语言文学学院。共有 38 个专业方向，新增金融学院金融学专业（特许金融分析师 CFA① 方向）；取消英语学院英语专业（翻译方向）；新增外语学院葡萄牙语专业（经贸方向）；取消中国语言文学学院汉语言文学专业（对外汉语教学方向）。

2009 年共有 34 个本科专业。共有 40 个专业方向，新增国际经济贸易学院物流管理专业（国际运输与物流方向），取消国际经济贸易学院经济学专业（运输经济与物流方向）；新增国际商学院会计学专业（ACCA② 方向）和会计学专业（CGA③ 方向），新增市场营销专业（全球营销方向）；取消公共管理学院行政管理专业（质量控制与检验检疫管理方向）；取消中国语言文学学院汉语言文学专业（跨文化交流方向）；增加保险学院保险专业（风险管理与保险方向）和保险专业（精算与风险管理方向）。

2009 年专业设置如表 3.1.2 所示。

---

① Chartered Financial Analyst.

② 英国特许公认会计师。

③ 加拿大注册会计师。

表 3.1.2 **2009 年学院、专业设置一览表**

学　　院	专业（及方向）
国际经济贸易学院	国际经济与贸易专业（含第二学士）
	金融学专业
	经济学专业（国际税务方向）
	物流管理专业（国际运输与物流方向）
金融学院	金融学专业
	金融学专业（特许金融分析师 CFA 方向）
	金融工程专业
	投资学专业
国际商学院	工商管理专业
	会计学专业
	会计学专业（ACCA 方向）
	会计学专业（CGA 方向）
	市场营销专业（全球营销方向）
	人力资源管理专业
	财务管理专业
英语学院	翻译专业（英语经贸方向）
	英语专业（传媒方向）
	商务英语专业
外语学院	日语专业（经贸方向）
	阿拉伯语专业（经贸方向）
	朝鲜语专业（经贸方向）
	越南语专业（经贸方向）
	俄语专业（经贸方向）
	法语专业（经贸方向）
	西班牙语专业（经贸方向）
	意大利语专业（经贸方向）
	德语专业（经贸方向）
	葡萄牙语专业（经贸方向）
法学院	法学专业
信息学院	信息管理与信息系统专业
	电子商务专业

续表

学　　院	专业（及方向）
人文与社会科学学院	国际政治专业
公共管理学院	行政管理专业（涉外行政管理方向）
	行政管理专业（涉外经济事务管理方向）
	行政管理专业（海关管理方向）
	公共事业管理专业（文化事业管理方向）
中国语言文学学院	汉语言文学专业
	对外汉语专业
保险学院	保险专业（风险管理与保险方向）
	保险专业（精算与风险管理方向）
	保险专业（员工福利与社会保障方向）

第四节　培养方案

2001 年，教务处将《教学方案》调整为《培养方案》。《2001 培养方案》将全部课程分为公共基础课、学科基础课和专业方向课三大类，适度压缩专业课程，增加基础课程，调整了学科、专业的培养重心。所有课程都按学科方向划分模块，完善学科课程体系建设和教学简介，增加了课程、辅修专业和双学位专业。压缩必修课课时，扩大选修范围。要求同一课程必须保持名称、要求、考核方式一致。《2001 培养方案》是动态稳定的开放系统，可以根据客观环境的需要进行适度调整。

《2002 培养方案》建立了包括政治理论、思想品德、外语、体育、人文、数学、文学与艺术、信息技术、经济、管理、法学等基础课程在内的公共基础课平台。在公共基础课范围内以必修学分取代必修课，主要学科都建立学科基础课程平台，进一步完善了课程结构，补充了许多体现学科发展方向的新课程。部分学科调整了专业方向和课程体系，学分学时普遍降低。

《2003 培养方案》调整和修订了公共基础课，其中包括：将经济、管理学科的数学基础课最低必修学分增加了 1 学分；将管理学科中的信息管理与信息系统专业和电子商务专业的信息技术基础课提高了 2 学分；将英语基础课听力课的最低必修学分调低了 4 学分，课时不变，将其他基础英语课的学分增加了 2 学分；进一步明确了先修后续课程的关系；增补了部分新课程。

新增和适当调整了专业培养方案，其中包括：新增了金融工程专业的专业培养方案；修订了金融学院金融学专业培养方案；新增了来华留学本科生汉语言文学专业培养方案；修订了德语专业中外合作培养班（企业管理实验班）的教学计划；修订了英语专业教学计划；其他院系增删了部分学科基础课程。增加和完善了辅修方案，增加了汉语言文学专业辅修专业计划和7个非通用语种（含日语、阿语、韩语、法语、俄语、西班牙语、意大利语）辅修双学位计划；适当调整了这7个非通用语种辅修专业的教学计划。

进一步增补、完善了课程简介。将《教学管理制度摘编》作为附录纳入《培养方案》。

《2004培养方案》重点对各院系的专业培养目标、教学计划进行适当调整，对公共基础课的设置进行少量增删：公共基础课模块增减了一些课程，同时对部分选修量较大的课程，变单学期开课为双学期滚动开课。适当增加部分专业的任意选修学分，调整了体育与健康类课程的课程设置。对学科基础课和专业方向课进行了调整。

金融学院对金融学、金融工程专业的教学计划进行了较大幅度调整，学科基础课和专业方向课的设置重新整合；金融工程专业增加了数学类课程，学科基础课单开数学类课程达到11学分，加深了学科基础，突出了专业特色。

国际经济贸易学院学科基础选修课中新增《金融原理与Excel计算》。国际工商管理学院《公司理财》按教学对象分为两门，《公司理财》仍为公共基础课程，另开设双语教学的《公司财务管理》，面向国际工商管理学院学生；学科基础选修课新增《物流管理》和《多元统计》2门课程；调整了人力资源管理专业方向课设置。

法学院在法学专业学科基础选修课中新增加《国际商事仲裁》、《世界贸易组织法》、《公司融资法》3门课程。信息学院调整了信息管理与信息系统专业部分学科基础选修课和专业方向课开设和学期设置，原专业方向课《EDI理论与实践》（主要课程）调整为学科基础选修课；新增《信息系统建设与实施》课程。

外语学院对俄语专业俄语阅读、报刊选读课程进行了整合。中德学院撤销德语专业企业管理实验班教学计划，学科基础选修课新增《语义学基础》、《篇章语言学基础》、《企业管理经济学基础》等3门课程。

人文与行政学院调整了行政管理（涉外行政管理方向）专业的学科基础选修和专业方向课的课程设置，新增《非政府组织管理》、《政党学》、《公共部门决策分析》等3门课程；调整汉语言文学专业（跨文化交流方向）学科基础课程设置，《写作与演讲》分解为《写作概论》与《演讲基本知识与技巧》；《小说鉴赏与写作》更换为《文学鉴赏与写作》；取消《中国20世纪文学经典专题》、《外国文学经典专题》、《中国古代文学经典专题》等3门课程。取消行政管理专业（商品检验与质量管理方向）培养方案。修改第二学士学位专业培养方案，第二学士学位国际经济与贸易专业和行政管理（海关管理方向）培养方案总学分分别从84学分减少到80学分。第二学士学位行政管理（海关管理方向）培养方案对教学计划的课程设置进行了较大幅度调整，在学科基础选修课中增加了对公共基础课程（经济、管理、法学基础类课程）的选修要求。

这次调整还包括修订辅修专业、双学位教学计划。法学院辅修专业教学计划最低学分要求提高到23学分。对各专业辅修（专业、双学位）教学计划中课程开课的学期进行了设定。

《2005培养方案》对实践教学环节的要求有所加强。明确了对学生专业实习的要求，各专业要求完成4学分的专业实习，该学分纳入总学分，作为学生毕业的条件之一。各学院在学科基础课程设置中都相应增加了实验课程，加强学科基础课程的同时，对课程进行了整合。国际商学院对本院各专业学科基础必修课进行了调整，前3个学期的课程全部统一，改进和完善了学科基础课程平台。对会计类课程的开设进行了调整，非会计专业的《财务会计概论》分为《初级财务会计》和《中级财务会计概论》两门课程。信息学院撤销信息管理与信息系统（应用软件方向）培养方案。中德学院恢复德语专业企业管理实验班教学计划。国际商学院将法国兰斯项目正式列入来华留学生培养方案。调整、更新了附录中相关的管理制度。

《2006培养方案》的调整重点是加强学科基础课程建设，进一步明确实践教学环节要求。公共基础课程中政治理论与思想品德模块必修学分由12学分调整为15学分，中文写作模块减少1-2学分，人文基础模块减少2学分，数学模块增加1学分。国际商学院各专业对经管法模块经济学课程的要求由4学分调整为6学分，由要求修《经济学原理（一）、（二）》，改为要求必修《微观经济学》和《宏观经济学》，并将其规定为主要课程。信息学院各专业将《经济学原理（一）》增设为主要课程。公共管理学院各专业对数学类课程的要求由8学分提高为16学分。

学科基础课教学规模较小的专业增大必修课学分，减少选修课学分：中国语言文学系将汉语言文学专业（跨文化交流方向）的学科基础必修课学分，由原来的35学分增加到44学分；外语学院各语种专业增加基础外语等必修课学分，要求将总学分提高3学分；英语学院将日、法、德、西第二外语列为学科基础课，每个语种必修8学分。部分经济类学科专业增设应用数学类课程：国际经济贸易学院经济学专业（运输经济与物流方向）开设物流数学方法新课；保险系保险专业开设随机数学方法新课。部分学院增设专业英语课程：法学院新增设了共计14学分的法律英语选修课；公共管理学院行政管理专业设置公共管理专业英语课程。部分专业增设研究型课程：国际经济贸易学院各专业在高年级增设国际贸易专题研究等研究型课程。专业方向课中，中国语言文学系在汉语言文学专业（跨文化交流方向）增设英美文学等英语课程。

这次调整的内容还有，调整和压缩来华留学生各专业公共基础课汉语课程。更新专业技能课程，明确对实践教学环节的学时要求，认知实习不得少于30学时，岗位实习不得少于200学时，明确毕业论文开题、写作、答辩的时间安排。

《2007培养方案》调整专业结构，增设新专业及专业方向培养方案，金融学院、人文与社会科学院、英语学院和公共管理学院分别增设投资学、国际政治、商务英语、公共事业管理专业培养方案。部分院系对原有专业的专业方向进行了调整，确定经济学专业（荣誉学士实验班）培养方案，国际经贸学院经济学专业增设经济学专业国际税务方向；中国语言文学系增设汉语言文学专业对外汉语教学方向；保险学院增设保险专业员工福利和社会保障方向；信息学院增设电子商务专业（来华留学生），人文与社会科学学院增设国际政治专业（来华留学生），保险学院增设保险专业（来华留学生）。这次调整加大了基础类和核心课程的学分和课时，减少学生必修课程门数，国际贸易、管理学原理、中国对外贸易概论、货币银行学原理、国际金融学、商业银行管理、风险管理与保险等课程由原2学分增加到3学分。加强专业技能训练，培养学生实践能力，整合并开设实验课，国际商学院会计学专业将原会计实验课和企业会计实务两门课整合为企业会计实务，市场营销专业开设 ERP 沙盘模拟课程，金融学院新设的投资学专业开设建筑制图与识图选修课，公共管理学院在新设公共事业管理专业（文化事业管理方向）设置国际会展管理实验选修课。对国际经济与贸易、金融学、工商管理、会计学等辅修专业和双学位专业课程设置进行了调整，扩大课程的可选范围，理顺该课程与主修专业课程的关联性。公共管理学院撤销第二学士学位行政管理专业（海关管理方向）培养方案。

《2008 培养方案》的调整有：英语学院开设翻译专业，中国语言文学学院开设对外汉语专业。金融学院设置金融学专业特许金融分析师 CFA 方向。加大基础类和核心课程的学分和课时，强化专业基础理论培养，适当减少学生必修课程门数。金融学院、英语学院、法学院、公共管理学院等将原 2 学分学科基础必修课和专业方向必修课程增加到 3 学分。增加了实践教学环节内容和学分，实践教学环节由社会实践、专业实习和毕业论文（设计）三部分构成，共计 28 学分。

《2009 培养方案》的调整中，“经管法”类课程经济学基础课程统一名称和学分，面向全校各学科、专业开设《微观经济学》、《宏观经济学》（基础级，各 3 学分）课程，同时新增《中级微观经济学》、《中级宏观经济学》（各 2 学分）课程。“人文基础”类课程调整部分课程名称、增设新课，如：《中国通史（一）（二）》、《中国哲学史》、《西方哲学史》、《西方政治思想史导论》、《科学技术发展史》、《台港澳概论》等。国际经贸学院开设物流管理专业（国际运输与物流方向）；外语学院开设葡萄牙语专业（经贸方向）；保险学院开设劳动与社会保障专业（员工福利与社会保障方向）。国际商学院增加会计学（ACCA 方向）和会计学（CGA 方向）。外语学院各专业确定为经贸方向。保险学院保险专业分设风险管理与保险方向和精算与风险管理方向。2009 年国际经贸学院实行大类招生，全面修订 4 个专业的培养方案，统一学院各专业学科基础必修课程和学分，强化对数学课程的要求，将微积分、线性代数、概率论与数理统计课程（共计 16 学分）列为学科基础必修课。国际商学院设置工商管理专业全球管理实验班，新订培养方案。外语学院各专业课程总学分增加 4 学分，为 168 学分。

第五节 教学管理

教学管理是指根据学校所确定的人才培养目标和质量标准，对教学工作实施协调、组织、监控、研究，并与教学工作直接相关的综合管理和服务工作。其基本目标是贯彻上级主管部门的有关政策和指示，贯彻学校的办学指导思想，确定教学工作基本规范和流程，记录教学工作的历史和演进，维护学校正常教学秩序，保证人才培养方案和教学制度的落实，稳定教学质量，提高教学工作效益，为教师和学生提供服务工作。

一、教学管理相关文件

从 2001 年至 2010 年 7 月，对外经济贸易大学主要制定、修订了如下教学管理相关文件：

1. 对外经济贸易大学本科教学管理工作条例；
2. 对外经济贸易大学本科教师教学工作规范；
3. 对外经济贸易大学本科课堂教学基本规范；
4. 对外经济贸易大学本科考试管理规定；
5. 对外经济贸易大学有关试卷制作的管理规定；
6. 对外经济贸易大学学生成绩管理办法；
7. 对外经济贸易大学“非外语类课程外语教学”和“汉外双语教学”管理办法；
8. 对外经济贸易大学本科指导教师管理办法；
9. 对外经济贸易大学本科生学籍管理办法；
10. 对外经济贸易大学本科生学籍管理办法补充规定；
11. 对外经济贸易大学本科生学分制管理办法；
12. 对外经济贸易大学本科生课堂学习规范；
13. 对外经济贸易大学学生成绩管理办法（修订）；
14. 对外经济贸易大学网上选课管理办法；
15. 东方大学城教学共同体跨校选修规定；
16. 对外经济贸易大学学生选修本专业培养方案外课程和旁听课程的管理办法；
17. 对外经济贸易大学分级分类教学管理办法；
18. 对外经济贸易大学关于允许本科生跨学院转专业的规定；
19. 对外经济贸易大学推荐优秀应届本科毕业生免试攻读硕士学位研究生办法；
20. 对外经济贸易大学关于少数民族特招学生的学业、学籍管理办法；
21. 对外经济贸易大学本科生试读规定；
22. 对外经济贸易大学考场纪律；
23. 对外经济贸易大学学生学习违纪处分实施细则。

二、教学过程管理

（一）网上选课

从2001－2002学年第二学期开始，教务处开发的网上教学管理系统正式投入使用。该系统主要包括教务管理、学生服务、教师服务三大模块，其中，学生网上选课系统、学生信息网上查询系统、教师成绩录入系统、教学调研系统等全面运行。

2001年12月，教务处制定《网上选课管理办法（暂行）》。2003年10月，教务处根据实际运行情况，对《网上选课管理办法》进行了修订，调整了选课程序。2005年8月又进行了修订，除根据《选课手册》外，增加了网上“本学期课程信息查询系统”；另外对学生每学期选课学分调整为：除毕业学期外，学生不得连续两学期每学期选修学分低于12学分；小语种各专业每学期选修学分不得高于30学分，其他专业每学期选修学分不得高于26学分。2008年9月再次进行修订，取消了免修课程需要先选课的限制，并对选课程序进行调整，由原来的预选、正选和补、退选三个阶段调整为预选、抽签、正选和补、退选四个阶段。

（二）分级分类教学

从2002级学生开始，学校对大学英语类、计算机基础类课程实施分级分类教学。

在英语教学上推行分级教学，根据学生的实际水平，通过听力、口语、写作等方面的测试，同时参考学生高考时的英语成绩，将学生按不同起点组织教学。学校将听力课程分为初级、中级、高级和免修四个层级，特别优秀的学生，经测试英语水平基本达到Native Speaker水平的，即可免修听力课程；大学英语精读课程共分为三级：大学英语精读（一）、（二）、（三），大学英语口语课程分为三级：大学英语口语（一）、（二）、（三）。

计算机基础类课程分为计算机应用基础、应用软件EXCEL、应用软件ACCESS、信息发布与网页设计等。新生入校后，由学生本人根据自身实际情况自行选择课程。

（三）期末考试

2003年12月，教育部办公厅发布《关于采取切实有效措施坚决刹住高等学校考试作弊歪风的紧急通知》。根据通知精神，教务处要求在期末考试期间，除期末考试领导小组成员和教务处工作人员正常巡视外，教务处督导组在期末考试期间巡视全部考场，并要求各院系加强组织领导工作、思想教育工作和巡视工作。

2003年10月，教务处修订《期末考试工作管理规范（暂行）》。2005年5月，教务处再次进行修订，将考试管理分为命题和试卷、考务管理、阅卷评分、试卷存档管理四大部分，文件名称调整为《本科考试管理规定》。该规定于2005年8月获校长办公会通过。2008年1月又对该规定进行了修订，对“考务管理”部分增补了内容。

（四）成绩管理

2002年9月，教务处修订《学生成绩管理办法》。2003年10月再次修订，调整平时成绩、期中成绩、期末成绩的比例，任课教师有了更大的自主权。2005年8月，修订有关学生成绩计算的百分制和五级计分的折算办法，调整学分积点系数；要求阅卷的评分结果应体现命题要求的难度与区分度，具体要求是：40人以下的教学班，全班平均分应控制在75—80分之内，优秀（85分以上）率不高于35%；40人以上的教学班，全班平均分应控制在70—75分之内，优秀率不高于30%；命题难度较低或较高的课程，允许平均分适当浮动。

（五）教材管理

2003年5月和2005年5月，教务处先后两次修订《关于本科教学教材选用的管理规定》，2008年9月，校长办公会议予以通过。

2007年3月，学校颁布《教材和图书采购管理实施办法（暂行）》，教材由对外经济贸易大学出版社负责供应。

（六）试读管理

2002年9月，教务处修订《本科生试读规定》。2003年10月再次进行修订，取消了学生第二次试读的规定，明确规定每名学生只有一次试读机会。2008年9月对试读的申请程序等内容进行微调，校长办公会议予以通过。

（七）本科学习指导

2002年4月，教务处制定《本科指导教师管理办法》，成立本科学习指导中心，组建本科指导教师委员会。从2002级学生开始，要求学院为一年级、二年级学生配备本科指导教师。2003年7月，教务处修订《本科指导教师管理办法》。2006年12月，教务处召开本科指导教师委员会会议，推选出主任、副主任、委员、秘书，教务处学习事务科为常务秘书处。

2009年3月，教务处完成教学实验研究课题——本科学习指导中心工作模式探索。主要研究成果结合TAS（教学辅助平台），分为三个网络模块：设置指导教师系统、网上答疑系统和本科生学习指导中心查询网页。

（八）辅修专业

学校自2003年实行辅修制度以来，辅修课程和申请辅修的学生数呈逐年递增的趋势。2003－2010年毕业生获得辅修证书情况，详见表3.1.3。

表3.1.3　2003－2010年毕业生获得辅修证书人数统计表

毕业时间	2003	2004	2005	2006	2007	2008	2009	2010	合计
获证人数	31	64	79	161	117	216	222	267①	1 157

第六节　课程建设

一、课程建设相关文件

2006年10月学校颁布《对外经济贸易大学“十一五”本科课程建设规划》。

2007年3月，学校颁布《对外经济贸易大学关于落实教育部〈关于实施高等学校本科教学质量与教学改革工程的意见〉和〈关于进一步深化本科教学改革全面提高教学质量的若干意见〉的工作思路》。

二、国家级、北京市级精品课程建设情况

2003年以来，经中华人民共和国教育部和北京市教育委员会评审，学校共有12门课程获评国家级精品课程，23门课程获评北京市精品课程。国家级精品课程如表3.1.4所示，北京市精品课程如表3.1.5所示。

表3.1.4　国家级精品课程一览表

序号	课程类别	课程名称	课程负责人	年度
1	国家级精品课程	国际贸易实务	王　健	2004
2	国家级精品课程	国际贸易	薛荣久	2005
3	国家级精品课程	国际商法	沈四宝	2005
4	国家级精品课程	高级商务英语听说	陈准民	2007

① 此数据为截至2010年7月22日的获证人数。

续表

序号	课程类别	课程名称	课程负责人	年度
5	国家级精品课程	中小企业管理	林汉川	2007
6	国家级精品课程	阿拉伯语经贸谈判与口译	杨言洪	2007
7	国家级精品课程	企业财务报表分析	张新民	2008
8	国家级精品课程	国际企业管理	范黎波	2009
9	国家级精品课程（网络）	世界贸易组织概论	薛荣久	2008
10	国家级精品课程（网络）	商务英语写作	常玉田	2008
11	国家级精品课程（网络）	商务英语	谢毅斌	2009
12	国家级精品课程（网络）	营销学原理	傅慧芬	2009

表 3.1.5　北京市精品课程一览表

序号	课程名称	课程负责人	年度
1	国际商法	沈四宝	2003 年
2	国际企业管理	范黎波	2003 年
3	微观经济学	郝旭光	2003 年
4	国际贸易实务	王　健	2004 年
5	公司理财	张建平	2004 年
6	高级商务英语阅读	王关富	2004 年
7	管理信息系统	陈恭和	2004 年
8	中国对外贸易概论	黄晓玲	2004 年
9	银行管理学	刘　亚	2005 年
10	企业财务报表分析	张新民	2005 年
11	阿拉伯语经贸谈判与口译	杨言洪	2005 年
12	国际贸易	薛荣久	2005 年
13	金融英语阅读	沈素萍	2006 年
14	管理会计	余恕莲	2006 年
15	国际运输与物流管理	赵忠秀	2006 年
16	营销学原理	傅慧芬	2007 年
17	高级商务英语听说	陈准民	2007 年
18	西班牙语经贸应用文	赵雪梅	2008 年
19	电子商务	曹淑艳	2008 年
20	国际财务管理	蒋　屏	2008 年

续表

序号	课程名称	课程负责人	年度
21	财务会计	王秀丽	2009 年
22	国际经济合作	杜奇华	2009 年

此外，从 2006 年开展双语教学课程建设以来，学校共有 7 门课程荣获国家级双语教学示范课程，具体名单见表 3.1.6。

表 3.1.6　　国家级双语教学示范课程一览表

序号	课程名称	项目负责人	年份
1	营销学原理	傅慧芬	2007
2	国际营销学	刘宝成	2007
3	银行管理学	何自云	2007
4	国际商法	王　军	2007
5	战略管理	马春光	2008
6	国际贸易	林桂军	2008
7	国际财务管理	浦　军	2009

三、校级课程建设情况

2001－2009 年，学校校级精品课程建设如表 3.1.7 所示。

表 3.1.7　　校级精品课程一览表

序号	课程名称	课程负责人	年度
1	公司投资法	沈四宝	2002
2	民法总论	王晓川	2002
3	跨国经营理论与战略	范黎波	2002
4	成本管理会计	于首华	2002
5	世界贸易组织概论	张汉林	2002
6	国际经济学	赵忠秀	2002
7	金融经济学导论	许施智	2002
8	管理信息系统	陈恭和	2002
9	电子商务概论	席宁华	2002
10	财务会计	王秀丽	2003
11	中小企业管理	林汉川	2003
12	中国经济概论	韩　琪	2003

续表

序号	课程名称	课程负责人	年度
13	跨国公司	张　玮	2003
14	高级商务英语听说	江　春	2003
15	综合英语	陈俐丽	2003
16	货币经济学	吴　军	2003
17	银行市场营销	郝旭光	2003
18	电子商务系统建设与管理	席宁华	2003
19	系统分析与设计	陈恭和	2003
20	商务英语写作	常玉田	2003
21	国际贸易	唐宜红	2004
22	人力资源管理	刘玉新	2004
23	中国海关通关实务	郑俊田	2004
24	高级经贸文章选读	王关富	2004
25	散文分析	蒋显璟	2004
26	金融工程学	许施智	2004
27	世界贸易组织（WTO）（申报）	薛荣久（申报）	2004
28	中国对外贸易概论（申报）	黄晓玲（申报）	2004
29	国际金融（申报）	刘　亚（申报）	2004
30	民法总论（申报）	苏号朋（申报）	2004
31	世界贸易组织（WTO）概论	薛荣久	2004
32	民法概论	苏号朋	2004
33	外国合同法	王　军	2005
34	德国文化	李伯杰	2005
35	外贸德语	杜景林	2005
36	应用统计	王玉荣	2005
37	意大利语经贸谈判与口译	张　密	2005
38	金融英语阅读	沈素萍	2005
39	银行管理学	何自云	2005
40	国际金融原理与实务	史燕平	2005
41	融资租赁	史燕平	2006
42	企业伦理	叶陈刚	2006
43	日语经贸谈判	李爱文	2006
44	西班牙语经贸应用文	赵雪梅	2006
45	信息系统建设与实施	陈恭和	2006
46	大学英语	沈素萍	2006

续表

序号	课程名称	课程负责人	年度
47	中国二十世纪文学	董　瑾	2006
48	政治学	戴长征	2006
49	领导科学	车洪波	2006
50	国际经济合作	杜奇华	2006
51	大学语文（古代）	王明辉	2007
52	《宏、微观经济学》	张翠萍	2007
53	中国主要贸易伙伴	黄晓玲	2007
54	投资分析	于　瑾	2007
55	毛泽东思想、邓小平理论与“三个代表”重要思想概论	王志民	2007
56	经贸文章选读（阿）	杨言洪	2007
57	公共经济学	王福明	2007
58	商业银行风险管理	蔡红艳	2007
59	微积分	苏燕玲	2008
60	行政法学	张　红	2008
61	马克思主义基本原理概论	乐　平	2008
62	战略管理	马春光	2008
63	概率论	张立卓	2008
64	运营管理	张　杰	2008
65	组织行为学	郝旭光	2008
66	国际财务管理	蒋　屏	2008
67	商务调研	熊　伟	2008
68	商务英语	谢毅斌	2008
69	商业银行管理与实务	史　薇	2008
70	项目战略组合设计	梁　蓓	2009
71	投资银行学	邱兆祥	2009
72	关税制度	何晓兵	2009
73	人寿与健康保险	荆　涛	2009
74	文学批评理论	吴晓峰	2009
75	基础朝（韩）语（1、2、3、4）	徐永彬	2009
76	国际政治学	王志民	2009

续表

序号	课程名称	课程负责人	年度
77	宪法学	李卫刚	2009
78	英语文体学	许德金	2009

2001－2009 年，学校校级常规课程建设如表 3.1.8 所示。

表 3.1.8　　校级常规课程建设一览表

序号	课程名称	课程负责人	年度
1	国际服务贸易	张汉林	2002
2	中国经济研究	韩　琪	2002
3	计算机应用基础	杨尚群	2002
4	经济贸易中的最优化方法	赵杰民	2002
5	电脑逻辑与操作系统	姜咏江	2002
6	离散数学	李大丰	2002
7	公司治理概论	王智慧	2002
8	人力资源管理基础原理	牛雄鹰	2002
9	中国文化专题	荣　真	2002
10	当代世界政治与文学专题	梁凯音	2002
11	中国当代文学专题	董　瑾	2002
12	中国古代管理学说	尚　明	2002
13	世界文化	杨言洪	2002
14	世界文学	朱　凯	2002
15	思想道德修养	张　楠	2003
16	人力资本经济学	范黎波	2003
17	项目管理	高　懿	2003
18	供应链管理	杨宝峰	2003
19	海关管理实务	郑俊田	2003
20	毛泽东思想概论	徐凯峰	2003
21	社会学	乐　平	2003
22	公共政策	崔鑫生	2003
23	证券投资分析	严渝军	2003
24	微观经济学	齐天翔	2003
25	税收理论与实务	杨冬梅	2003

续表

序号	课程名称	课程负责人	年度
26	概率数理统计	李博纳	2003
27	微积分	苏燕玲	2003
28	世界经济	李爱文	2003
29	世界热点问题系列讲座	赵雪梅	2003
30	金融英语	沈素萍	2003
31	国际贸易融资	蒋先玲	2003
32	物法权	徐海燕	2004
33	中国法制史	李　俊	2004
34	仓储管理	叶　梅	2004
35	中国通史专题	荣　真	2004
36	公共管理学	车洪波	2004
37	政治学	戴长征	2004
38	涉外行政管理研究	赵正平	2004
39	公共经济学	崔鑫生	2004
40	基础意大利语	周莉莉	2004
41	基础西班牙语	杨仲林	2004
42	基础日语	马　骏	2004
43	基础朝鲜语	朴淑子	2004
44	计算机网络	刘瑞林	2004
45	英汉商务翻译	王恩冕	2004
46	公司融资法	李　莘	2005
47	金融工程应用分析	吴卫星	2005
48	金融风险定量分析	刘立新	2005
49	金融时间序列分析	黄晓薇	2005
50	关税制度	何晓兵	2005
51	基础越南语（1、2、3、4）	雷慧萃	2005
52	基础俄语（1、2、3、4）	吴　军	2005
53	基础阿拉伯语（1、2、3、4）	葛铁鹰	2005
54	应用软件 EXCEL	乔　红	2005
55	JAVA 语言与面向对象的程序设计	雷　擎	2005
56	经济分析软件	王朝培	2005

续表

序号	课程名称	课程负责人	年度
57	基础德语（1、2）	郭铭华	2005
58	语义学基础（德）	冯晓虎	2005
59	协调制度归类	刘文丽	2006
60	投资学	郭　敏	2006
61	金融市场学	何丽芬	2006
62	个人理财学	张　颖	2006
63	中外文化交流史	赵崔莉	2006
64	国际政治学	梁凯音	2006
65	体育舞蹈	翟京云	2006
66	会计信息系统	席宁华	2006
67	计算机网络与 Internet	赵星秋	2006
68	数据库系统	黄健青	2006
69	信息发布与网页制作	曹　健	2006
70	International Business Etiquette（国际商务礼仪）	张海森	2006
71	中国古代文学	仇鸿伟	2006
72	健美操	彭　艳	2007
73	西方哲学流派选讲	刘宏元	2007
74	微分方程与动态经济学	杜冬云	2007
75	线性代数	刘桂芳	2007
76	合同法分论	宁红丽	2007
77	汉语精读（1、2）	董　瑾	2007
78	财政学	王剑锋	2007
79	宪法学	李卫刚	2007
80	国际金融市场	边江泽	2008
81	社会保障学	孙　洁	2008
82	国际关系史	李海英	2008
83	商法导论	张　平	2008
84	世界新闻传播史	冯　悦	2008
85	西方政治思想	邵　鹏	2008
86	外交学	熊李力	2008
87	商务汉语教学概论	董　瑾	2008

续表

序号	课程名称	课程负责人	年度
88	税收会计与税收筹划	王素荣	2008
89	Web应用程序设计	佟　强	2008
90	语言信息处理	唐兴全	2008
91	商务交际实践	张佐成	2008
92	运筹学	余　湄	2008
93	初级汉语	杨　宏	2008
94	国际商业文化	冯乃祥	2008
95	初级商务英语听说（1、2）	张　红	2008
96	公务员制度	张旭霞	2008
97	阅读指导	蒿　青	2008
98	新闻英语分析	李　平	2008
99	近代风云人物专题	徐凯峰	2008
100	英语公众演说	宿玉荣	2008
101	现代汉语	韩沛玲	2009
102	轮滑	李凤桥	2009
103	国际结算	温晓芳	2009
104	阿拉伯语经贸应用文	杨建荣	2009
105	中国近现代史纲要	刘建萍	2009
106	国际贸易政策与公共管理	吴老二	2009
107	金融衍生工具	陶利斌	2009
108	形式逻辑	管淑侠	2009
109	数字经济学概论	殷国鹏	2009
110	计量经济学	陈志鸿	2009
111	法律英语写作	王秉乾	2009
112	跨文化交际	窦卫霖	2009

第七节　教材建设与管理

一、教材建设相关文件

2001年11月，教务处制订《对外经济贸易大学关于教材编写立项的有关规定》。

2003 年 3 月进行修订。

2002 年 10 月，教务处制订《对外经济贸易大学优秀教材奖评选办法》。

2003 年 4 月，校长办公会议通过修订《对外经济贸易大学教材管理办法》和《对外经济贸易大学优秀教材奖励实施条例》。

2004 年 3 月，校领导签发《对外经济贸易大学关于北京市“精品教材”立项的管理办法》。

2006 年 9 月，教务处修订《对外经济贸易大学教材编写立项评审实施细则》。同年 10 月，学校颁布《对外经济贸易大学“十一五”教材建设规划》。

二、教材建设情况

自 2004 年以来，学校共有 51 本教材荣获“北京市高等教育精品教材”称号，如表 3. 1. 9 所示。

表 3. 1. 9　　北京市高等教育精品教材一览表

序号	教材名称	教材负责人	年度
1	工商导论	陈准民	2004
2	国际商法	沈四宝	2004
3	中国海关通关实务	郑俊田	2004
4	大学英汉翻译教程	王恩冕	2004
5	经贸汉译英教程	常玉田	2004
6	保险会计学	陶存文	2004
7	国际财务管理	蒋　屏	2004
8	保险市场营销导论	黄华明	2004
9	高级投资分析	门　明	2004
10	特许经营	朱明侠	2004
11	阿拉伯语经贸文选	杨言洪	2004
12	意大利语经贸谈判与口译	周莉莉	2004
13	西班牙语经贸应用文	赵雪梅	2004
14	企业财务报表分析	张新民	2004
15	德国文化史	李伯杰	2004
16	国际贸易（新编本）	薛荣久	2004
17	中国对外贸易概论	黄晓玲	2004
18	世界贸易组织法教程	沈四宝	2006
19	国际商务谈判	刘　园	2006
20	国际结算	高　洁	2006

续表

序号	教材名称	教材负责人	年度
21	金融市场与机构（英文版）	何丽芬	2006
22	投资银行学	宋国良	2006
23	金融监管学	卫新江	2006
24	个人理财基础	张　颖	2006
25	国际金融（第三版）	刘舒年	2006
26	融资租赁原理与实务	史燕平	2006
27	汉语商务通——中级口语教程	董　瑾	2006
28	商务英语（上、下册）	谢毅斌	2006
29	经贸英译汉教程	常玉田	2006
30	高级商务英语实况听说	陈小全	2006
31	国际工程承包	许文凯	2006
32	管理信息系统——理论与实践	陈恭和	2006
33	数据、模型与决策	贾怀勤	2006
34	国际会计准则与惯例	张学谦	2006
35	保险经济学	王国军	2008
36	国际贸易实务	冷柏军	2008
37	国际经济合作	卢进勇	2008
38	国际营销学	徐子健	2008
39	经贸研究与论文写作（新编版）	薛荣久	2008
40	中央银行学	何丽芬	2008
41	投资管理	宋国良	2008
42	国际金融风险管理	刘　园	2008
43	英语商务信函写作	常玉田	2008
44	高级商务英语听说	江　春	2008
45	商务英语写作（远程）	康　晋	2008
46	商务韩国语	徐永彬	2008
47	初级商务汉语精读	董　瑾	2008
48	特许经营手册编写指南	朱明侠	2008
49	商品学	赵　苏	2008
50	企业财务报表分析	张新民	2008
51	电子商务教程	曹淑艳	2008

自 2002 年以来，学校共有 57 本教材获校级精品教材项目建设立项，如表 3.1.10 所示。

表 3.1.10　　校级精品教材项目建设一览表

序号	教材名称	教材负责人	年度
1	物流系统经济	王　强	2002
2	运输经济学	胡瑞娟	2002
3	公共财政学	安玉华	2002
4	企业创新战略	范黎波	2002
5	房地产投资分析	蒋先玲	2002
6	法理学与比较法	鲍　禄	2002
7	时间序列分析	潘红宇	2002
8	博弈论及其分析	邹亚生	2002
9	人力资源管理	孙维炎	2002
10	中国古代文学专题	杨立群	2002
11	税收分析法	何晓兵	2002
12	资产评估	高　懿	2002
13	国际工程承包	许文凯	2002
14	高级投资分析	门　明	2002
15	金融分险管理	丁志杰	2002
16	中国利用外资概论	宋　沛	2003
17	中国市场营销	刘子安	2003
18	国际会计	吴　革	2003
19	银行市场营销导论	邹亚生	2003
20	外汇交易与管理	王　稳	2003
21	民法学	苏号朋	2003
22	国际商务法	王晓川	2004
23	高级财务会计	余恕莲	2004
24	阿拉伯语精读	杨言洪	2004
25	基础韩国语（1）	徐永彬	2004
26	关税理论政策与实务	何晓兵	2004
27	金融经济学	郭　敏	2004
28	中国主要经贸伙伴的经济贸易	黄晓玲	2004
29	经贸研究与论文写作	薛荣久	2005
30	领导科学	车洪波	2005
31	计算机应用基础	杨尚群	2005
32	金融英语阅读教程	沈素萍	2005

续表

序号	教材名称	教材负责人	年度
33	金融学院系列教材	邹亚生	2005
34	概率论与数理统计	李博纳	2006
35	西班牙语经贸文章选读	郭德琳	2006
36	阿拉伯语阅读教程	邹兰芳	2006
37	海上保险理论与实务	曾立新	2007
38	法语经贸文章选读	刘宝义	2007
39	韩（朝）语经贸谈判	徐永彬	2007
40	电子金融	谢怀军	2007
41	孙子兵法通论	张小锋	2007
42	俄语经贸应用文	宋艳梅	2007
43	中级财务会计	王秀丽	2007
44	民法学	苏号朋	2007
45	经贸汉语听和说配套数字视听教材	邓如冰	2007
46	高级财务会计	余恕莲	2008
47	刑法学	孙　利	2008
48	商务文化	董　瑾	2008
49	商务知识导读	王燕希	2008
50	离散数学（经济类院校）	郝素敏	2008
51	实用网络技术与应用	刘瑞林	2008
52	系统分析与设计实验	崔金红	2009
53	客户关系管理	王永贵	2009
54	西班牙语经贸应用文	赵雪梅	2009
55	中国商法·经济法概论	沈四宝	2009
56	商务信函写作	常玉田	2009

自2002年以来，学校共有89本教材获校级常规教材项目建设立项，如表3.1.11所示。

表3.1.11　校级常规教材项目建设一览表

序号	教材名称	教材负责人	年度
1	阿语经贸应用文	杨言洪	2002
2	阿语经贸文章选读	葛铁鹰	2002
3	西班牙语经贸应用文	赵雪梅	2002
4	日语经贸谈判	李爱文	2002
5	法语经贸谈判	刘保义	2002

续表

序号	教材名称	教材负责人	年度
6	德语外贸	杜景林	2002
7	网络金融学	孔淑红	2002
8	中国对外贸易史	孙玉琴	2002
9	德国市场经济基础知识	陈健平	2002
10	国际货币理论与政策分析	孙华妤	2002
11	意大利语经贸谈判	周莉莉	2002
12	国际金融	刘舒年	2002
13	外贸英语	谢毅斌	2002
14	国际投资	章昌裕　梁　蓓	2003
15	金融监管政策与操作	赵霜苗　孙东升	2003
16	保险经济学	王国军	2003
17	员工福利	陈　欣	2003
18	民法讨论教学教材——物权法	梅夏英	2003
19	运筹学简明教程	蒋汉生	2003
20	海关稽查理论实务	吴爱华	2003
21	行政管理专业英语	郑俊田	2003
22	越语经贸文选	雷慧萃	2003
23	经贸俄语谈判与口译	陆　勇	2003
24	日语经贸文选	李二敏	2003
25	基础商贸汉语	黄　勇	2003
26	环境经济学	董　虹	2004
27	财政与税收筹划	孔淑红　安玉华	2004
28	采购学原理	张家瑾	2004
29	区域经济合作的理论与实践	孙秀峰	2004
30	企业财务报表分析	张新民	2004
31	中级财务会计	王秀丽	2004
32	公司财务管理	蒋　屏	2004
33	成本管理会计	吴　革	2004
34	初级会计学	李相志	2004
35	国际商务英语写作	常玉田	2004
36	数据结构	曹淑艳	2004
37	经贸法语应用文	张　萍	2004
38	日语经贸应用文	郭德玉	2004
39	国际结算	乔飞鸽	2004

续表

序号	教材名称	教材负责人	年度
40	中国对外贸易发展史	孙玉琴	2005
41	国际结算	温晓芳	2005
42	政府管理与公司治理	李柱国	2005
43	海关行政法	张　红	2005
44	海关法规英语选读	吴爱华	2005
45	跟我学同义词	蔡少薇	2005
46	保险资金投资管理教程	陈　欣	2005
47	保险企业经营管理学	张淑艳	2005
48	高级商务英语实况听说	江　春	2005
49	经贸英译汉教程	常玉田	2005
50	民法债权	林　敏	2005
51	日本文学选读	付　荫	2005
52	消费者行为	安圣慧	2006
53	涉外行政管理	赵正平	2006
54	Excel 应用教程	杨尚群	2006
55	当代国际关系（英）	茅海红	2006
56	中级经贸汉语阅读与写作训练教程	杨立群	2006
57	高校太极拳基础教程	张旭光	2006
58	应用统计分析软件教程	王玉荣	2006
59	西班牙语国家概况	赵雪梅	2007
60	系统分析与设计	陈恭和	2007
61	信息技术与电子商务专题——电子商务中的知识产权	曹淑艳	2007
62	公共管理学	宋衍涛	2007
63	税务会计与税收筹划	王素荣	2007
64	Practice of International Trade（（暂定））	李月菊	2007
65	中外美术欣赏	刘咏阁	2007
66	个人理财基础（修订）	张　颖	2007
67	意大利语经贸应用文（改编）	张宇靖	2007
68	Java 与面向对象程序设计	黄健青	2007
69	电子商务网站建设	陈　进	2007
70	经贸汉语阅读与写作配套教材	哈嘉莹	2007
71	现代领导理论与实践	范黎波	2008
72	意大利语经贸文章选读	张宇靖	2008
73	商务英语综合教程	王立非	2008
74	管制经济学	崔鑫生	2008

续表

序号	教材名称	教材负责人	年度
75	唐宋诗词选讲	杨立群	2008
76	中国政治制度史	荣　真	2009
77	商务日语翻译教程	姚莉萍	2009
78	法国文学作品选读	周晓幸	2009
79	民法总论	苏号朋	2009
80	对外贸易行政法	张　红	2009
81	网络营销	华　迎	2009
82	经营管理中的决策方法实验教程	张　莉	2009
83	国际运输地理	赵　苏	2009
84	社会保障学	孙　洁	2009
85	计算机系统与实践	佟　强	2009
86	商务英语	王立非	2009
87	西班牙语文学选读	吴　飒	2009

第八节　教学评估

一、学校教学评估

2000年6月前，原对外经济贸易大学和原中国金融学院都进行教学评估工作，期初、期中、期末教学秩序检查和日常教学秩序检查已形成制度，各环节的管理较为规范，督导制度也已建立。

2001年5月，为落实教育部《关于加强高等学校本科教学工作提高教学质量的若干意见》文件精神，学校完善了教师评价体系——教学质量综合评估系统。这一评价体系采用量化的方式对全校教师的教学工作进行评价，同时制定信息采集—处理—反馈体系。工作流程见图3.1.1。

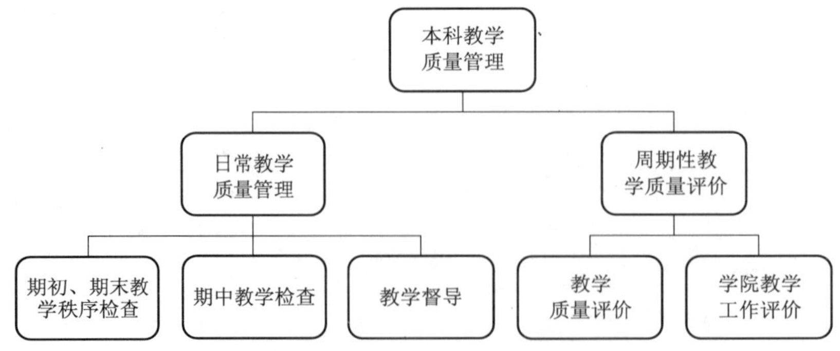

图3.1.1　对外经济贸易大学本科教学质量保证与监控体系

2003 年 5 月，学校修订《对外经济贸易大学本科课堂教学质量评价方案》，引进与学校教学管理系统相匹配的清华大学网上评估操作系统，并于 2003—2004 学年第二学期开始实行。“本科课堂教学质量评价体系”采用教学效果评价（学生评价，占 70%）+课程评价（院系评价，占 30%）的模式；将课程分为普通课程、基础外语类课程和体育课三大类，根据各类课程的特点设置不同的评价指标。为实现样本最大化，提高评价信息的准确率和评价结果的信度，要求学生对所选全部课程进行评价。

2005 年 5 月、10 月和 2006 年 5 月，学校先后三次对《本科课堂教学质量评价方案》进行修订。

2005 年 8 月，校长办公会议通过《本科教师教学工作规范》（以下简称“工作规范”）。在“工作规范”中，规定学校的教学质量监督保证体系包括学期初教学检查、期中教学检查（如图 3.1.2 所示）、期末课堂教学质量评估（如图 3.1.3 所示）、督导随机听课（如图 3.1.4 所示）等内容。

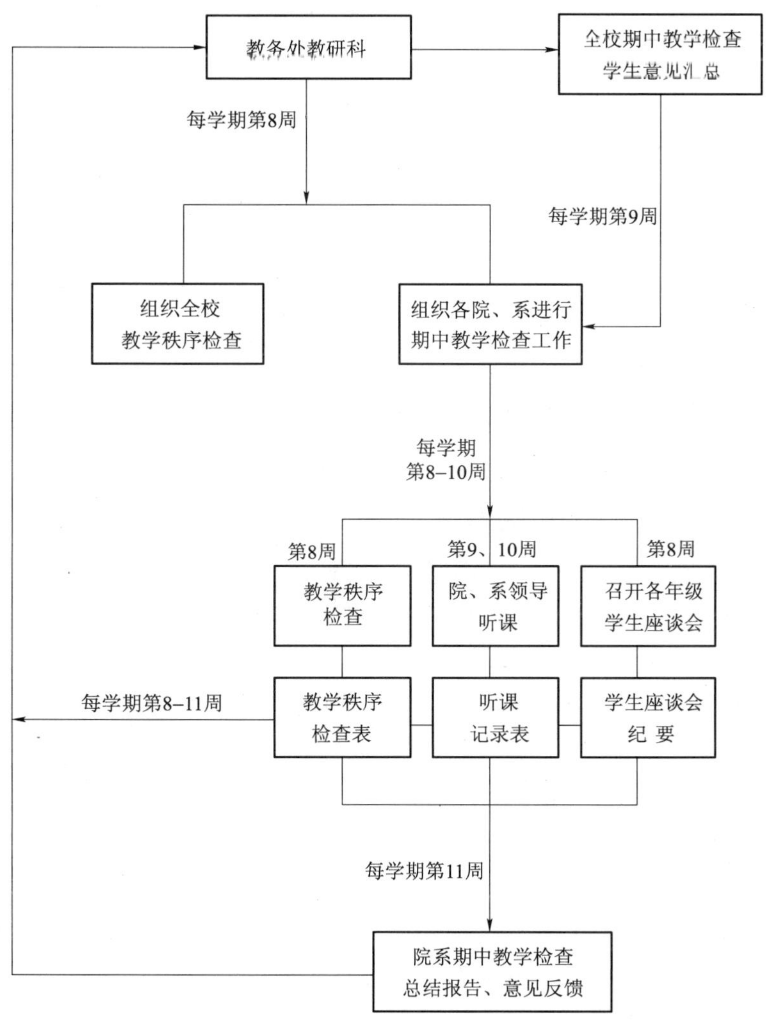

图 3.1.2　对外经济贸易大学期中教学检查工作流程图

学期初教学检查，主要检查师生到课情况。

期中教学检查的主要内容及其流程见图 3. 1. 2；

期末课堂教学质量评估的主要内容及其流程见图 3. 1. 3；

督导随机听课的主要内容及其流程见图 3. 1. 4。

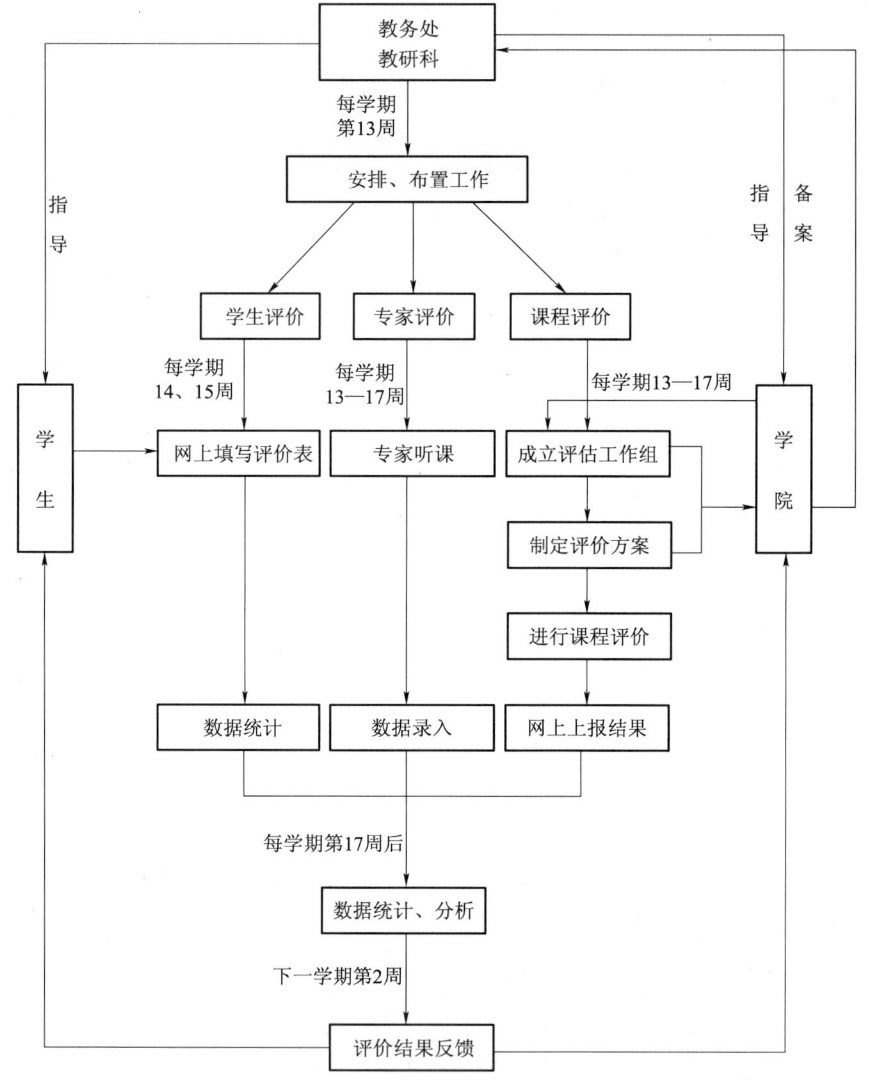

图 3. 1. 3 对外经济贸易大学课堂教学质量评价工作流程图

二、本科教学工作水平评估

2003 年 11 月，教育部办公厅颁布《关于对全国 592 所普通高等学校进行本科教学工作水平评估的通知》，决定 2006 年对对外经济贸易大学进行本科教学工作水平评估。评估主要分为自查自建和整改两个阶段。

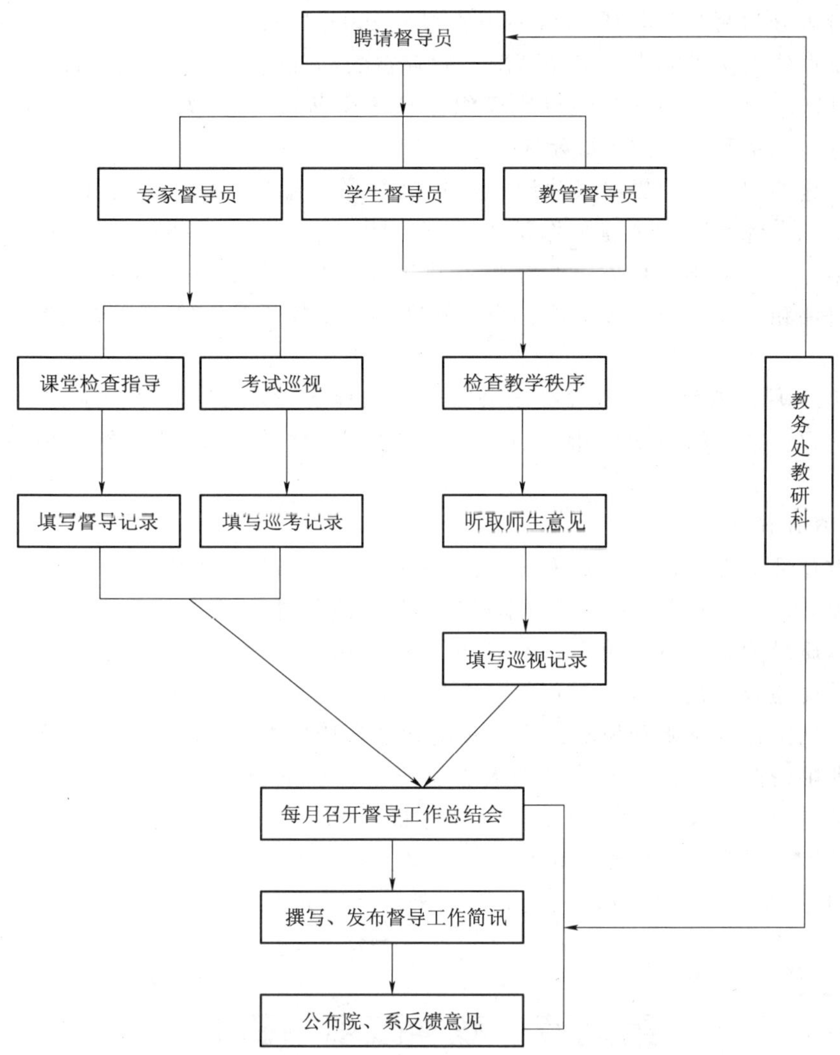

图 3.1.4　对外经济贸易大学本科教学督导工作流程图

（一）自查自建阶段

学校自查自建工作分为三个阶段：

1. 启动和动员阶段（2002.11—2003.10）

这一阶段的主要工作是了解、把握、宣传评估指标体系内涵，建立评建工作领导机构，制订评建工作方案，明确评建工作目标。同时，根据评估指标体系，全面检查学校的本科教学工作，分解评建工作任务。

2. 重点建设阶段（2003.11—2005.12）

这一阶段的主要工作是在全面了解学校本科教学工作的基础上，落实评建工作任务，解决存在的问题，提出未来发展规划，以优秀的标准规范本科教学工作，全面提高学校的办学水平和教学质量。

3. 局部整改和迎评阶段（2006. 1—2006. 9）

这一阶段分为两个小阶段。第一小阶段（2006. 1—2006. 7）为局部整改阶段，即全面检查重点建设阶段完成的工作情况，对存在的局部问题抓紧时间建设和整改。第二小阶段（2006. 8—2006. 9）是迎接专家组进校考察阶段，即做好迎接专家组进校考察的必要的资料准备和评建成果展示工作。

自评自建期间，学校提出了建设本科教学国内一流水平的总体目标与“全面建设，严格要求，志在优秀”的评建工作基本原则，明确了“找出差距，凝练特色，建设为主，质量第一”的基本工作方针，在校评建工作领导小组的统一指挥下，进行了两次全面自查自评和6次专项检查工作，全面推进了学校各项工作的建设与发展，取得了预期的成效。

2007年5月，教育部颁布《关于公布中国人民大学等133所普通高等学校本科教学工作水平评估结论的通知》中，对外经济贸易大学的本科教学工作水平评估结果为“优秀”。

（二）整改阶段

根据教育部文件精神和评估专家组《关于对外经济贸易大学本科教学工作水平评估的考察意见》，学校用一年时间对本科教学评估进行整改工作。秉承“办学以育人为本，育人以质量为本”的传统，认真贯彻落实“以评促改、以评促建、以评促管、评建结合、重在建设”的方针，强化教学质量意识，把教学质量作为学校的核心竞争力，作为学校一切工作的基础和根本，进一步明确办学指导思想和教学改革思路，进一步加快学科专业师资队伍建设，进一步加大教学投入，加强教学改革，形成“领导重视教学、教师热爱教学、投入优先教学、制度保证教学、管理服务教学、全校关注教学”的局面，落实了教学工作的中心地位。

2007年11月，学校向教育部提交《对外经济贸易大学本科教学工作水平评估整改报告》。

第九节　教学改革与研究

一、质量工程

2007年1月、2月，教育部先后颁布《教育部、财政部关于实施高等学校本科教学质量与教学改革工程的意见》（根据此文件精神所进行的一系列工作，以下称为“质量工程”）和《教育部关于进一步深化本科教学改革全面提高教学质量的若干意见》。

2007年3月，学校颁布了《对外经济贸易大学关于落实教育部〈关于实施高等学校本科教学质量与教学改革工程的意见〉和〈关于进一步深化本科教学改革全面提高教学质量的若干意见〉的工作思路》。

2008年1月，学校颁布《对外经济贸易大学本科教学质量与教学改革工程项目管理暂行办法》。

质量工程主要有六大部分内容：专业结构与专业认证，课程、教材、资源共享，实践教学、人才培养模式，教学团队与高水平教师队伍，评估与状态数据和支援西部。其中的专业结构与专业认证，人才培养模式、教学团队与高水平教师队伍的建设成果，陈述于本节中；课程、教材、资源共享的建设成果，分别陈述于本章的第六节“课程建设”和第七节“教材建设和管理”中；实践教学的建设成果，陈述于本章的第十节“实践教学”中；评估的建设成果，主要陈述于本章的第八节“教学评估”中。

二、英语教学改革

学校从2001年开始探索英语教学手段的改革，于2002年成立外语自学与研究中心，首先开始听力课教学改革。学校购置了国外英语教学软件Vektor和DynEd，将大学英语的听力课程全部改为使用多媒体教学。学生除了在规定时间上机学习外，还利用课余时间、节假日时间自主到实验室学习。学校组织听力课程课外教学班，要求学生结合课程教学内容，利用业余时间每周参加两小时课外学习，巩固课堂教学成果，加强口语练习，使听力课程的实际学习时间延长一倍以上。组织高年级学生和以英语为母语的来华留学生形成学生助学团队（TA Team），负责多媒体教学的课内课外学习辅导。

学校自2002年开始，在英语教学上推行分级教学，根据学生的实际水平，通过听力、口语、写作等方面的测试，同时参考学生高考时的英语成绩，将学生按不同起点分班组织教学。学校将听力课程分为初级、中级、高级和免修四个层级，特别优秀的学生，经测试英语水平基本达到Native Speaker水平的可免修听力课程。将口语和精读课程分为普通班和高起点班，分别组织教学。

2003年，英语类课程课堂教学课时压缩为540课时。

此外，学校在部分专业课程中开展双语教学和全外语教学，使用原版教材。

从2003年起，学校要求学生必须通过学校组织的BET（商务英语测试）或选修一定学分的商务英语课程，取得第二课堂英语2个学分的学生方能取得毕业资格。

三、教学改革研究

（一）国家级教学改革与研究

国家级教学改革与研究项目包括特色专业建设、国家级教学改革立项、国家级教学团队、国家优秀教学成果奖、教学名师教学改革项目、培养模式创新实验区等。详情见表3.1.12。

表3.1.12　国家级教学改革与研究项目一览表

序号	项目类别	项目名称	项目负责人	年份
1	人才培养模式创新实验区	国际化工商管理类精英人才培养模式实验区	张新民	2007
2	第一类特色专业建设	金融学	吴　军	2007
3	第一类特色专业建设	会计学	张新民	2007

续表

序号	项目类别	项目名称	项目负责人	年份
4	第二类特色专业建设	外语非通用语种——非通用语种群	徐永彬	2007
5	第二类特色专业建设	外语非通用语种——阿拉伯语	杨言洪	2007
6	第二类特色专业建设	外语非通用语种——西班牙语	赵雪梅	2007
7	第二类特色专业建设	法学国际化人才培养——法学	沈四宝	2007
8	第二类特色专业建设	国际经济与贸易国际化人才培养——国际经济与贸易	赵忠秀	2007
9	第三批特色专业建设	市场营销	傅慧芬	2008
10	第四批特色专业建设	金融工程	刘立新	2009
11	国家级教学改革立项	国际化管理学精英人才培养模式研究——对外经济贸易大学的探索与实践	林汉川	2005
12	国家级教学团队	商务英语教学团队	王立非	2008
13	国家级教学团队	管理系列课程教学团队	范黎波	2009
14	国家级教学团队	国际贸易教学团队	赵忠秀	2009
15	国家优秀教学成果奖	国际贸易实务	冷柏军	2005
16	国家优秀教学成果奖	《中小企业管理》的三层次课程体系创新与人才培养模式探索	林汉川	2008
17	教学名师教学改革项目	教学名师	赵忠秀	2007

（二）北京市教学改革与研究

北京市教学改革与研究项目包括北京市高等学校教育教学改革立项、信息技术改造项目、北京市特色专业、北京市级实验教学示范中心、北京市优秀教学团队、北京市优秀教学成果奖、北京市大学生科学研究与创业行动计划、北京市大学生英语演讲比赛等项目。详情见表 3. 1. 13。

表 3. 1. 13　　北京市教学改革与研究项目一览表

序号	项目类别	项目名称	项目负责人	年度
1	北京市高等学校教育教学改革立项	金融工程本科专业培养模式及其对金融学课程结构和教学方法改革的影响	刘　亚	2005

续表

序号	项目类别	项目名称	项目负责人	年度
2	北京市高等学校教育教学改革立项	零起点外语专业复合型经贸人才培养模式	杨言洪	2005
3	北京市高等学校教育教学改革立项	商务英语课程体系创新与实践	江　春	2005
4	北京市高等学校教育教学改革立项	构建财经类高等院校实践教学体系的研究与实践	王　健	2005
5	北京市高等学校教育教学改革立项	积极利用多媒体技术，开展北京高校大学英语听说课程改革	沈素萍	2006
6	北京市高等学校教育教学改革立项	开放条件下金融类专业课程体系的设置与改革	吴　军	2006
7	北京市高等学校教育教学改革立项	北京高校商务英语教学可持续发展研究	王立非	2006
8	北京市高等学校教育教学改革立项	具有国际竞争力的经管类专业人才培养模式研究与实践	刘　亚	2007
9	北京市高等学校教育教学改革立项	国际贸易人才专业技能培养模式的设计与教学改革	林桂军	2007
10	北京市高等学校教育教学改革立项	网络化时代大学政治理论课课堂教学模式研究	乐　平	2007
11	北京市高等学校教育教学改革立项	国际化会计人才培养模式研究——学历教育与国际会计职业资格教育的结合	张新民	2007
12	北京市高等学校教育教学改革立项	面向财经类学生可持续性素质教育研究	范黎波	2008
13	北京市高等学校教育教学改革立项	开放型经济下的投资学特色专业建设	郭　敏	2008
14	北京市高等学校教育教学改革立项	现代复合型商务人才能力培养的教学模式研究	陈　进	2008
15	北京市高等学校教育教学改革立项	涉外经贸领域公共管理特色专业建设研究	李柱国	2008

续表

序号	项目类别	项目名称	项目负责人	年度
16	北京市高等学校教育教学改革立项	构建基于实践的国际化创业教育体系研究	浦　军	2008
17	北京市大学英语教学改革立项	大学英语综合应用能力培养模式研究	沈素萍	2006
18	北京市级实验教学示范中心	经贸人才培养实验教学中心	王　健	2006
19	北京市级实验教学示范中心	现代服务业人才培养实验教学中心	陈　进	2008
20	北京市级实验教学示范中心	文科综合自主学习中心	许德金	2009
21	北京市级实验教学示范中心	国际商事仲裁实验教学中心	王晓川	2009
22	北京市就业示范中心	北京市就业示范中心	周　波	2008
23	北京市教学名师	教学名师	薛荣久	2004
24	北京市教学名师	教学名师	张新民	2006
25	北京市教学名师	教学名师	沈四宝	2006
26	北京市教学名师	教学名师	赵忠秀	2007
27	北京市教学名师	教学名师	杨言洪	2009
28	北京市特色专业	非通用语种群	徐永彬	2008
29	北京市特色专业	阿拉伯语	杨言洪	2008
30	北京市特色专业	西班牙语	赵雪梅	2008
31	北京市特色专业	法学	沈四宝	2008
32	北京市特色专业	国际经济与贸易	赵忠秀	2008
33	北京市特色专业	金融学	吴　军	2008
34	北京市特色专业	会计学	张新民	2008
35	北京市特色专业	金融工程	刘立新	2008
36	北京市特色专业	电子商务	陈　进	2009
37	北京市优秀教学成果奖	《国际商法》课程建设	沈四宝	2004
38	北京市优秀教学成果奖	成人本科名师系列教材（教材）	谢毅斌	2004
39	北京市优秀教学成果奖	推动管理决策模拟的教学创新——培养世界冠军人才	胡玉龙	2004

续表

序号	项目类别	项目名称	项目负责人	年度
40	北京市优秀教学成果奖	《国际贸易实务》课程建设与教学实践	石玉川	2004
41	北京市优秀教学成果奖	《比较合同法》教学与课程建设	王　军	2004
42	北京市优秀教学成果奖	研究生教育评估的创新与实践	薛荣久	2004
43	北京市优秀教学成果奖	电子商务专业本科人才培养与实践研究	陈　进	2004
44	北京市优秀教学成果奖	以国家科研项目为基础，推进经济管理类博士生培养体制改革的探索与实践	林汉川	2004
45	北京市优秀教学成果奖	财经类专业本科生毕业论文英文写作指导模式的探索与实践	冷柏军	2008
46	北京市优秀教学成果奖	《中小企业管理》的三层次课程体系创新与人才培养模式探索	林汉川	2008
47	北京市优秀教学成果奖	突出国际化特色，培养具有国际竞争力的经贸人才——对外经济贸易大学国际化本科人才培养模式探索与实践	刘　亚	2008
48	北京市优秀教学成果奖	新型国际化经贸法律人才培养模式	沈四宝	2008
49	北京市优秀教学成果奖	面向国家公共信息服务的现代商务实践体系建设	陈　进	2008
50	北京市优秀教学成果奖	《国际贸易》课程建设与创新	薛荣久	2008
51	北京市优秀教学成果奖	金融学院本科实践教学体系的建设	吴　军	2008
52	北京市优秀教学成果奖	工商管理硕士培养模式的创新与实践	张新民	2008
53	北京市优秀教学成果奖	广泛开展国际合作，培养全球化工商管理类人才的探索与实践	王丽娟	2008
54	北京市优秀教学成果奖	创新大学英语教育：高级商务英语听说课程建设	陈准民	2008
55	北京市优秀教学成果奖	复合型商务英语人才培养与专业建设	王立非	2008
56	北京市优秀教学成果奖	以人为本，构建全方位、服务型信息化教学管理体系	祝传臣	2008

续表

序号	项目类别	项目名称	项目负责人	年度
57	北京市优秀教学成果奖	财经类《电子商务》公共课程建设研究和立体化教材建设	曹淑艳	2008
58	北京市优秀教学团队	国际经济法教学团队	沈四宝	2007
59	北京市优秀教学团队	国际贸易实务教学团队	王　健	2007
60	北京市优秀教学团队	商务英语教学团队	王立非	2008
61	北京市优秀教学团队	商务信息管理系列课程教学团队	陈　进	2008
62	北京市优秀教学团队	会计系列课程教学团队	张新民	2008
63	北京市优秀教学团队	管理系列课程教学团队	范黎波	2009
64	北京市优秀教学团队	国际贸易教学团队	赵忠秀	2009
65	北京市优秀教学团队	金融学专业课程教学团队	吴　军	2009
66	信息技术改造项目	营销风险管理	王永贵	2008
67	信息技术改造项目	使用信息技术工具改造课程项目	邹亚生	2008
68	信息技术改造项目	用 MATLAB 和建模实践改造工料线性代数课程	苏燕玲	2009
69	北京市大学生科学研究与创业行动计划	北京市大学生科学研究与创业行动计划	刘　亚	2008
70	北京市大学生英语演讲比赛	北京市大学生英语演讲比赛	王立非	2008

（三）学校教学改革与研究

学校教学改革与研究项目主要有教学实验课题、人才培养模式创新实验区、双语教学建设课程、双语教学示范课程、新办专业建设、优秀教学团队等。详情见表 3. 1. 14 和表 3. 1. 15。

表 3. 1. 14　　学校教学实验课题一览表

序号	项　目　名　称	项目负责人	年度
1	《应用统计》课程建设——制作完善教学课件与试题库	刘春英	2001
2	商业文化与伦理	刘宝成	2001
3	《资产评估》课程配套建设	高　懿	2001
4	《管理学》网上教学的探索研究	范黎波	2001
5	《财务会计》多媒体教学（英语）	王秀丽	2001
6	《消费者行为学》多媒体课件编制及案例库建设	熊　伟	2001

续表

序号	项　目　名　称	项目负责人	年度
7	《营销学原理》网络教学	傅慧芬	2001
8	《经济统计学》讲义及制作幻灯片	杨宝峰	2001
9	《数据模型决策》课程建设	贾怀勤	2001
10	《管理会计》习题及案例分析	李相志	2001
11	金融计量经济学	潘红宇	2001
12	《社会保障制度》案例教学实验研究	桑百川	2001
13	《股票市场分析》模拟教学法（后续）	金　燕	2001
14	完善《运输与物流管理》课程体系	王晓东	2001
15	成人教学管理与实践研究	谢毅斌	2001
16	网上教学质量评估和保证体系研究报告	刘　亚	2001
17	完善网上教学管理深化学分制改革	仇鸿伟	2001
18	网上教材信息管理系统	仇鸿伟	2001
19	《欧洲文明史》多媒体课程	荣　真	2001
20	《毛泽东思想概论》多媒体教学课件	徐凯峰	2001
21	《当代世界经济与政治》多媒体课件	王志民	2001
22	《中国政治思想史》（多媒体）	张小峰	2001
23	《海关管理》教学信息资料库	郑俊田	2001
24	《法学概论》多媒体教学课件	赵正平	2001
25	《世界宗教概论》（多媒体）	乐　平	2001
26	《马克思主义哲学》多媒体教学实验	乐　平	2001
27	《公共关系理论与实务》多媒体教学	车洪波	2001
28	中高级经贸汉语同义词对比分析学习软件	蔡少薇	2001
29	《日本概况》计算机多媒体教学研究	吴英杰	2001
30	《软件开发工具（VB6.0）》课程课件开发	曹淑艳	2001
31	《商务英语写作》中的多媒体课件应用	常玉田	2001
32	大学英语听说课系列有声资料开发	康　晋	2001
33	商务调研课程多媒体教学课件及案例建设	熊　伟	2003
34	不分专业招生后教学管理的实践与探索	王丽娟	2003
35	组织行为学教学法研究与试验	刘世敏	2003
36	“分销策略”多媒体课件及案例库建设	傅慧芬	2003
37	《应用统计》教学案例课件	丁　岚	2003

续表

序号	项 目 名 称	项目负责人	年度
38	成本会计实验教程	王俊明	2003
39	领导科学教学多媒体课件配套建设	车洪波	2003
40	汉语言文学专业培养跨文化交流人才项目设计	蔡少薇	2003
41	中文系汉语言文学专业建设实施方案	蔡少薇	2003
42	大众传播学	哈嘉莹	2003
43	入世后大学生跨文化交际能力的培养与教育	王　晴	2003
44	《现代秘书学与秘书实务》多媒体课件	罗陈霞	2003
45	国际结算案例汇编	高　洁	2003
46	《微观经济学》教学案例	齐天翔	2003
47	《投资银行学》课程多媒体网络互动与动态影视立体教学模式研究及辅助软件的制作	宋国良	2003
48	如何进行案例分析——方法介绍及实例分析	朱明侠	2003
49	专题讲座结合文献阅读教学实验	张　玮	2003
50	《西方经贸报刊选读》课堂互动教学实验	丁崇文	2003
51	VEKTOR 教学软件的有效性及其优缺点评估分析	李　平	2003
52	英语专业经济新闻方向课程设置	李　平	2003
53	《LOTUS NOTES》电子教案制作	曹淑艳	2003
54	信息发布与网页制作	陈　进	2003
55	8 个语种多媒体系列课件	赵雪梅	2003
56	外国驻华使节系列讲座	徐永彬	2003
57	国际商事仲裁实务案例：软件的制作、提取和运用	王　军	2003
58	建立《经贸汉语词语语表》及《经贸汉语词汇等级大纲》	黄震华	2003
59	教学管理模式与教学方法的改革与创新	谢毅斌	2003
60	组织编写高职高专系列教材	王　红	2003
61	档案室计算机综合管理系统	袁利新	2003
62	本科教学课程规范研究	刘　亚	2003
63	选课制的机理与实务	仇鸿伟	2003
64	教学数据统计与分析	仇鸿伟	2003
65	《大学英语精读》课试卷分析研究	沈素萍	2003
66	全国 CCTV 杯英语演讲大赛与我校英语口语教学实践与探索	沈素萍	2003
67	本科零起点外语专业课程教学规范	杨言洪	2004

续表

序号	项 目 名 称	项目负责人	年度
68	零起点外语专业本科教学管理电子文档	赵雪梅	2004
69	限制性贸易做法案例教学及案例汇编	冷柏军	2004
70	统计学教学案例——关于我校学风校纪的统计调查与分析	刘春英	2004
71	模型模拟教学方法在市场营销课程中的应用研究	熊 伟	2004
72	战略管理课程多媒体课件及案例教学研究	王智慧	2004
73	营销和管理类课程英/汉双语教学的必要性和方法研究	傅慧芬	2004
74	商务模拟软件测试与分析	胡玉龙	2004
75	行政管理专业公共财政课程多媒体课件与案例建设	李柱国	2004
76	《唐宋诗词选讲》教学实验	杨立群	2004
77	公共管理教学体系的改革与创新：以实际案例、模拟公共部门实务为基础	戴长征	2004
78	《文字学》教学手段的建设	符 渝	2004
79	海关进出口报关单填制——多媒体实务模拟和案例教学研究	张维亮	2004
80	法学本科毕业论文及论文答辩指导方法要论	王国平	2004
81	BLENDED LEARNING 教学理论与我校英语多媒体听说实验课程教学改革的深化	张海森	2004
82	商务英语课程设置研究	江 春	2004
83	对外经贸大学大学英语（三）、（四）测试标准建设	沈素萍	2004
84	落实教育部大学英语教学模式改革创新试点项目	李新萍	2004
85	《金融市场学》教学案例建设	史 薇	2004
86	金融工程专业的教学实验、实践方法及其手段探讨	刘立新	2004
87	《数据库系统》实验课程建设	黄健青	2004
88	《计算机应用基础》分级教学改革探索	杨尚群	2004
89	第二课堂学分管理系统	仇鸿伟	2004
90	TAS 二次开发	仇鸿伟	2004
91	校级本科教学建设项目管理模式研究	张 瑞	2004
92	2004 年精品课程制作	刘 亚	2004
93	课堂教学质量评价系统	仇鸿伟	2004
94	外国留学生教育在我校国际化特色建设中的重要作用	贺向民	2004
95	留学生教育实习基地的建设与毕业生就业指导工作意义的探索与实践	韩维春	2004

续表

序号	项　目　名　称	项目负责人	年度
96	《思想道德修养》课考试改革的探索	王　强	2004
97	从中国传统武术教学到现代防身特色课程的潜力发掘及优势研究	张旭光	2004
98	经贸学院本科毕业论文英文写作模式建设	冷柏军	2004
99	政治理论课暑期延安老区社会调查	乐　平	2004
100	中国武术健身新功法“九式太极操”的创编及应用	张旭光	2004
101	《公司金融战略》多媒体课件与案例库建设	姜海川	2005
102	法学类案例教学法研究	马其家	2005
103	《美学概论》多媒体教学课件	王明辉	2005
104	对外经贸大学大学英语（一）、（二）测试标准建设	沈素萍	2005
105	加强大学英语精读课的阅读输入，建立配套自主阅读材料库	朱美慧	2005
106	跨文化商务英语交际案例集	窦卫霖	2005
107	TAS 网络教学平台使用效率分析及教学模式研究	张海森	2005
108	对外经济贸易大学本科生英语写作能力的多维度分析	武姜生	2005
109	本科指导教师的定位分析	邹亚生	2005
110	当代大学生对高校教师形象的期望和要求研究	唐春梅	2005
111	电子商务专业学生第二课堂技能培养探索	黄健青	2005
112	财经类院校信息技术基础系列课程设置研究	曹淑艳	2005
113	WIN2000SERVER 实验课程	刘瑞林	2005
114	《多媒体应用》立体化电子教案制作	李降龙	2005
115	《应用软件 ACCESS》学习与实验指导	吴桂焕	2005
116	考试制度改革设计	王国军	2005
117	本科生毕业实习模式改革与探索	张　瑞	2005
118	本科生毕业和学位审核管理系统	祝传臣	2005
119	借助远程教育手段支持传统教学的实践与研究	谢毅斌	2005
120	我校来华留学非学历生的《中国经济贸易实务研修班》的课程设置建设	贺向民	2005
121	来华留学教育生源市场拓展（宣传）策略的实施与创新	阎　静	2005
122	毕业生就业指导——案例篇	霍占仙	2005
123	毕业生跟踪调查及分析	王　强	2005
124	本科学生体质健康现状的调查分析对策研究	赵广银	2005
125	体育舞蹈课课程设置及教学方法研究	翟京云	2005

续表

序号	项 目 名 称	项目负责人	年度
126	比较与启示：西方发达国家跨文化教育与我国高等教育跨文化交流人才的培养	杨晓平	2005
127	零起点外语专业经贸外语复合型人才培养特色研究	杨言洪	2005
128	培养跨文化交流人才的设想与措施	朱 凯	2005
129	加强试卷库建设，规范试卷库管理	赵雪梅	2005
130	开发第二课堂，提高学生专业技能与综合素质	刘金兰	2005
131	对外经济贸易大学商务英语测试	王关富	2005
132	依托校园网加强第二课堂研究性学习模式研究	陈 欣	2006
133	房地产法学案例教学法研究	马其家	2006
134	海关管理专业技能调查研究	郑俊田	2006
135	海关管理专业实习基地建设的探索与实践	李杜国	2006
136	营销学类课程案例教学法研究	郭晓凌	2006
137	商务预测原理教学案例	丁 岚	2006
138	对外经济贸易大学课堂教学质量评估研究与评估系统开发	祝传臣	2006
139	对外经济贸易大学通识课课程体系研究（人文类）	乐 平	2006
140	健美操课程对我校女生身体素质的影响	赵广银	2006
141	我校开设健身瑜珈课的模式研究	李凤桥	2006
142	在我校体育课开设跆拳道项目的可行性研究	尹凤仙	2006
143	通过武术课程教学培养学生热爱传统文化的探索	丁学龙	2006
144	经贸外语人才国际化特色研究	刘金兰	2006
145	零起点外语专业本科生班主任教学管理模式探讨	徐永彬	2006
146	中—英两国信息类专业课程教学及实验模式对比与分析	陈 进	2006
147	程序设计语言上机考试系统	曹淑艳	2006
148	从剧本到屏幕——经典英语戏剧 - 电影赏析	蒋显璟	2006
149	大学英语试题试卷库建立	李 莉	2006
150	利用 Dyned 教学软件进行本科生英语听说能力培养模式试点	苑 龙	2006
151	外语法律复合型人才培养的路径选择和方法研究——一个德国法的研究	卢 谌	2006
152	中外文学交流专题	蒋春红	2006
153	文化生产和文化消费课程研讨型教学模式研究	宋晓萍	2006
154	西方文论原著导读教学法研究	耿 涛	2006

续表

序号	项　目　名　称	项目负责人	年度
155	中文系实践技能指导讲座课程建设	王明辉	2006
156	微积分疑难问题解析与自测提高	苏燕玲	2006
157	《概率论与数理统计》辅导	张立卓	2006
158	海关案例评析	张　红	2006
159	经贸学院高层次经济学人才培养模式探索与实践	冷柏军	2006
160	金融学院专业人才培养模式与培养方案比较研究	邹亚生	2006
161	商学院本科人才培养模式及培养方案比较研究	王丽娟	2006
162	英语人才培养模式与培养方案比较研究	沈素萍	2006
163	人才培养模式研究与培养方案比较分析及成果	赵雪梅	2006
164	人才培养模式研究与培养方案比较分析及成果	郭铭华	2006
165	法学“三会”人才培养模式与培养方案比较分析	王　军	2006
166	信息管理与信息系统专业、电子商务专业人才培养模式与课程体系建设研究	曹淑艳	2006
167	行政管理人才培养模式与培养方案比较研究	李柱国	2006
168	国际政治人才培养模式研究与培养方案比较分析	乐　平	2006
169	中文系人才培养模式及课程体系研究	王明辉	2006
170	保险专业人才培养模式研究与培养方案比较分析	王　稳	2006
171	新形势下的马克思主义理论课教学研究	戴长征	2006
172	对外经济贸易大学特色建设项目研究	刘　亚	2006
173	对外汉语教学专业方向人才培养模式设计	董　瑾	2007
174	远程教育人才培养目标定位研究	刘　亚	2007
175	计算机辅助英语听力教学中学习者自主学习能力要素研究	张海森	2007
176	中国政治制度史教学研究报告及学习资料编撰	荣　真	2007
177	大学生人文素质指标体系及实现途径研究	乐　平	2007
178	金融工程课程教学培养本科学术研究能力探索	刘立新	2007
179	毕业论文弹性制的探索与研究	刘　亚	2007
180	企业管理沙盘模拟教学	郭晓凌	2007
181	公共管理学科案例教学体系建设	李柱国	2007
182	《模拟法庭》实验课程开发的理论与实践	陈学权	2007
183	英语国际营销译写	常玉田	2007
184	形成性学习教学模式的探索与研究	谢毅斌	2007

续表

序号	项　目　名　称	项目负责人	年度
185	远程教育网上模拟实验室的建设与研究	谢毅斌	2007
186	信息学院本科实验课程体系建设	刘瑞林	2007
187	电子商务特色专业建设研究	陈　进	2007
188	零起点外语专业教学管理体制的完善与改革	郭德玉	2007
189	我校学生体育锻炼状况与心理健康水平的关系及其对策研究	庞　颖	2007
190	投资学专业课程设置研究	郭　敏	2007
191	大学英语听力改革的探索与实践——多媒体语言教学和学生助学模式的实证分析	韩淑伟	2007
192	本科学习指导中心工作模式探索	马　谦	2007
193	公共管理学科课程体系建设	郑俊田	2007
194	《语言学概论》教学模式与现代化教学手段的建设	杨　宏	2007
195	《中国饮食文化专题》实验课程建设	方　敏	2007
196	远程教育课程设计与开发的质量管理	谢毅斌	2007
197	发挥我校小语种特长培养具有世界文化视野的经贸人才	杨言洪	2007
198	金融风险案例教学实践研究	刘　亚	2007
199	国际结算教学实验课程设计研究	高　洁	2007
200	商务汉语教材语料库——在对外汉语中的应用研究	季　瑾	2007
201	《思想道德修养与法律基础》新开课程规范化建设研究	巩喜云	2007
202	体育专选课对我校女生体质健康状况的影响	王　洋	2007
203	高校试读生问题的分析与研究	邹亚生	2007
204	《投资学实验》课程开发	田秀娟	2007
205	《金融计算》实验课开发	冯建芬	2007
206	公共管理专业“双语教学”教学法研究	张维亮	2007
207	公司融资法案例教学法研究	李　莘	2007
208	开设“大学数学实验”课程的探索与实践	张小燕	2007
209	《全球著名品牌案例集》编撰	傅慧芬	2007
210	在我校开展数学建模的探索与实施	苏燕玲	2007
211	马克思主义学科建设与教学改革	戴长征	2007
212	形势与政策教学方法研究	乐　平	2007
213	培养本科生金融数据教学研究	冯建芬	2008
214	外语专业学生实践教学探讨	刘金兰	2008

续表

序号	项　目　名　称	项目负责人	年度
215	商务英语建设与研究	杨伶俐	2008
216	大学英语多媒体教学探索与实践	刘　亚	2008
217	计量经济学课程教学实验研究	贺炎林	2008
218	企业会计实务与会计研究	于首华	2008
219	大学英语多元化配套建设	张　晶	2008
220	本科翻译专业口译课程开发建设研究	王欣红	2008
221	模拟法庭实验教学案例汇编	陈学权	2008
222	财经类高校教学管理实践	仇鸿伟	2008
223	我校国际商学院双语教学的实践研究	王智慧	2008
224	我校体育舞蹈课程研究	尹凤仙	2008
225	中文类通识课程体系建设与教学管理	王明辉	2008
226	留学生课程“中国文化专题”探讨	赵崔莉	2008
227	创新试验的基地建设	范黎波	2008
228	《国际财务管理》实验课程开发	浦　军	2008
229	我校留学生——以《经贸汉语视听说》课程为例	邓如冰	2008
230	大学英语精读课件开发及课程配套建设	孟丽萍	2008
231	软件开发工具实验课程建设	刘瑞林	2008
232	留学生汉语写作课“语块—范式”教学法实验与研究	耿　涛	2008
233	本科毕业论文管理制度建设与管理环境改善研究	李柱国	2008
234	我校本科生教育成本与培养质量的实证研究	胡福印	2008
235	《中国近代史纲要》政治理论课专题化教学模式创新研究	刘建萍	2008
236	货币银行学开放式教学模式初探	丁建臣	2008
237	《计算机系统》实验教学系统的研究与开发	赵星秋	2008
238	信息学院改进第二课堂研究	巩喜云	2008
239	听力对中国学生英语听力理解作用的比较性分析	江　春	2008
240	深化网上党校教育　推进学生党建电子化进程	张　楠	2008
241	会计电算化实验课程建设	崔金红	2008
242	信息学院考试管理探索与实践	曹淑艳	2008
243	《汉语表达与演讲》教学实验模式探讨	蒋春红	2008
244	思想政治理论课实践教学的课程化	王　强	2008
245	公共事业管理专业建设	吴承忠	2008

续表

序号	项　目　名　称	项目负责人	年度
246	对外汉语专业建设	董　瑾	2008
247	投资学专业建设	郭　敏	2008
248	商务英语专业建设	王立非	2008
249	国际政治专业建设	梁凯音	2008
250	国际化金融工程人才培养实验区	邹亚生	2008
251	英语创新人才基础阶段培养实验区	许德金	2008
252	本科拔尖创新人才培养模式研究与实践	刘　亚	2009
253	专业课程教学辅助论坛建设	孙勇进	2009
254	“经典原著选读法”在马克思主义基本原理课程教学中的运用研究	张玉新	2009
255	《实证金融》教学实验课程建设	潘慧峰	2009
256	银行会计学教学实验课程设计研究	志学红	2009
257	实习管理系统开发	仇鸿伟	2009
258	教育发达国家课堂教学质量评估指标体系研究及借鉴	韩淑伟	2009
259	《全球商业策略模拟》实验教学	胡玉龙	2009
260	提高我校数学建模竞赛水平的探索	郭　伟	2009
261	现代服务业人才培养实践教学体系创新研究	刘瑞林	2009
262	《社会保障学》案例教学研究	王亚柯	2009
263	关于留学生学历生汉语教学外聘教师管理的改革与实践	邓如冰	2009
264	英语保送生班《综合英语》课程教学研究	孙　亚	2009
265	阿拉伯语教学资源库和视频点播网站建设	丁　隆	2009
266	韩国语系网站及教学资源库建设	周玉波	2009
267	我校本科体育教学现状分析及发展对策研究	张旭光	2009
268	以第二课堂促进我校学生身心健康探索与实践	翟京云	2009
269	国际交换项目的管理研究——兰斯2+3项目的管理实践与探索	王丽娟	2009
270	司法考试背景下的法学本科专业教学——以刑诉为例	陈学权	2009
271	“高等数学”分类教学研究与实践	张小燕	2009
272	《创业理论与实务》课程建设	昝　欣	2009
273	《公共事业管理》课程建设	王文杰	2009
274	案例对话式保险法教学模式研究——基于建构主义教育观的视野	于海纯	2009
275	探索提高大学英语口语能力的有效途径——英语经典作品的诵读	张　晶	2009

续表

序号	项　目　名　称	项目负责人	年度
276	外语学院本科生科研状况及建立科研机制探讨	刘金兰	2009
277	《清史专题》课程案例式教学设计	赵崔莉	2009
278	进出口通关案例教学研究	徐　伟	2009
279	英语专业教学实践基地建设问题研究	徐文兵	2009
280	运用信息技术改革经济类《线性代数》课程	许　静	2009
281	数据仓库与数据挖掘实验及案例	赵星秋	2009
282	企业级数据库实验课程模式研究	李降龙	2009
283	文化事业管理本科人才需求市场调查与我校本专业培养方案调整研究	吴承忠	2009
284	HSK 全新真题应试指南	黄　勇	2009

表 3.1.15　　其他教学改革与研究项目一览表

序号	项目类别	项目名称	项目负责人	年度
1	人才培养模式创新实验区	国际经贸高层次创新人才培养实验区	冷柏军	2009
2	人才培养模式创新实验区	零起点经贸外语复合型人才培养模式创新实验区	李爱文	2009
3	人才培养模式创新实验区	商务英语人才培养模式创新实验区	许德金	2009
4	双语教学建设课程	国际贸易实务	李　洋	2009
5	双语教学建设课程	《论语》释读	刘　岩	2009
6	双语教学建设课程	外交工作实务	乔　旋	2009
7	双语教学示范课程	博弈论及其应用	邹亚生	2009
8	双语教学示范课程	国际货物买卖法	陈剑玲	2009
9	双语教学示范课程	人力资源管理概论	牛雄鹰	2009
10	双语教学示范课程	财务管理	浦　军	2009
11	新办专业建设	劳动与社会保障	王国军	2009
12	新办专业建设	葡萄牙语	杨言洪	2009
13	优秀教学团队	国际贸易教学团队	赵忠秀	2009
14	优秀教学团队	金融学专业教学团队	郭红玉	2009
15	优秀教学团队	管理系列课程教学团队	范黎波	2009

续表

序号	项目类别	项目名称	项目负责人	年度
16	优秀教学团队	阿拉伯语专业教学团队	杨言洪	2009
17	优秀教学团队	计算机基础系列课程教学团队	曹淑艳	2009

四、其他

（一）教育教学思想讨论

2007 年 3 月至 6 月，根据《对外经济贸易大学本科教学工作水平评估整改方案》要求，学校制定了《对外经济贸易大学教育教学思想大讨论实施方案》。这次大讨论是以推进本科教学工作水平评估的整改工作为契机，以学校完成本科教学工作水平评估自评自检工作和教育部专家组进校考察为背景，为深化学校的教学改革和提高教学质量，巩固学校本科评建成果并形成长效机制，实现学校跨越式发展而进行的一次大讨论。

2009 年 11 月，根据《对外经济贸易大学学习实践科学发展观活动整改落实方案》，学校颁布了《对外经济贸易大学教育教学思想讨论实施方案》。这次讨论以“发展中的抉择与创新”为主题，在学校的科学发展、内涵发展、特色发展、现代发展进程中，创新教育教学思想，转变观念，提高和统一认识，进一步明确人才培养目标和培养规格定位。

（二）开设专题系列讲座

2005－2006 学年第二学期，教育部高教司在学校开设“当代中国国情与青年的历史责任”课程，该课程由 8 次主题讲座组成，其中包括由梁思礼院士主讲的“中国航天技术与航天精神”。全校共有 260 多位学生选修了这门课程。

（三）优秀多媒体课件评选

2006 年 8 月，教务处组织评选校级优秀多媒体课件，共收到 11 个院系提交的 56 门课程的课件。评出校级优秀多媒体课件一等奖 5 名，二等奖 10 名，三等奖 16 名，其余为鼓励奖。优秀组织奖分别由英语学院和信息学院获得。

第十节　实践教学

实践教学是指通过引导和帮助学生从事有教学要求的社会观察、调研、科学实验与科学研究、实训（主要指专门技能训练）、实习方案设计和论文写作等实践活动，以提高学生实践能力的教学活动。

一、实践教学管理文件

从 2001 年至 2010 年 7 月，学校主要制定、修订了如下实践教学相关文件：

1. 对外经济贸易大学本科生实践教学管理办法；

2. 对外经济贸易大学本科生专业实习实施细则；
3. 对外经济贸易大学模拟岗位实习规定；
4. 对外经济贸易大学本科生校外教学实习基地管理办法；
5. 对外经济贸易大学学科竞赛管理及奖励办法；
6. 对外经济贸易大学学生出国留学、实习管理规定（修订）；
7. 对外经济贸易大学本科生第二课堂学分管理规定；
8. 对外经济贸易大学本科生毕业论文（设计）管理规范；
9. 对外经济贸易大学本科毕业论文（设计）工作流程；
10. 对外经济贸易大学本科生毕业论文（设计）选题质量控制流程；
11. 对外经济贸易大学毕业论文（设计）开题报告基本要求；
12. 对外经济贸易大学毕业论文文献综述写作基本规范；
13. 对外经济贸易大学本科生毕业论文（设计）写作基本规范；
14. 对外经济贸易大学毕业论文（设计）成绩考核实施细则。

二、实践教学内容

（一）专业实习和社会实践

在《2005 培养方案》中，加强了实践教学环节，各专业要求完成 4 学分专业实习，该学分纳入总学分，作为学生重要的毕业条件之一。

在《2006 培养方案》中，明确要求学生必须完成不少于 230 学时的专业实践教学，其中认知实习不少于 30 学时（1 周），岗位实习不少于 200 学时（4 周）。

在《2008 培养方案》中，实践教学学分调整为 28 学分，具体调整情况详见表 3. 1. 16。

表 3. 1. 16　　实践教学环节要求一览表

项目		周数	周学时	总学时	总学分	备注
社会实践	军政训练	2	50	100	2	
	社会调查	2	50	100	2	完成调查报告
	其他实践	1	50	50	1	
专业实习	认知实习	1	30	30	1	
	岗位实习	6	50	300	10	完成实习报告
毕业论文/设计		24	10	240	12	
合计		36	—	820	28	

实践教学环节学时学分计算规则是：社会实践 50 学时计 1 学分，专业实习 30 学时计 1 学分，毕业论文/设计 20 学时计 1 学分。

（二）毕业论文

2003 年 6 月，教务处对 2002 届和 2003 届两届毕业生的毕业论文（设计）进行评选，共评出17篇校级本科优秀毕业论文（设计），其中2002届9篇，2003届8篇。此后，学校每年都对应届毕业生的毕业论文（设计）进行校级优秀论文（设计）评选工作。

2003年11月，教务处修订《对外经济贸易大学本科毕业论文（设计）管理办法》，制定《对外经济贸易大学本科毕业论文（设计）管理办法补充条例》，包括本科生毕业论文（设计）封皮、书写格式、论文审题表、论文评定表、质量评价方案、质量评价表、自评报告、管理工作评价依据等。

2004年6月，学校首次对2004届毕业生的毕业论文（设计）进行抽查。此后，学校每年都对应届毕业生的毕业论文（设计）至少进行一次抽查。同年，学校评选出校级本科优秀毕业论文（设计）10篇。

2004年4月，教育部办公厅发布《关于加强普通高等学校毕业设计（论文）工作的通知》。9月，教务处编制《本科毕业论文（设计）管理文件简编》。11月，教务处编制《2005届毕业论文指导手册》。

2005年6月，学校评选出校级本科优秀毕业论文（设计）一等奖10篇，二等奖7篇。9月，教务处编制《2006届毕业论文指导手册》。

2006年6月，学校评选出校级本科优秀毕业论文（设计）一等奖10篇，二等奖8篇，鼓励奖1篇。11月，教务处编制《2007届本科毕业论文写作指导手册》。

2007年6月，学校评选出校级本科优秀毕业论文（设计）10篇。10月，教务处编制《2008届本科毕业论文写作指导手册》。

2008年6月，学校评选出校级本科优秀毕业论文（设计）10篇。10月，教务处编制《2009届本科毕业论文写作指导手册》。

2009年6月，学校评选出校级本科优秀毕业论文（设计）11篇。10月，教务处编制《2010届本科毕业论文写作指导手册》。

2010年6月，学校评选出校级本科优秀毕业论文（设计）13篇。

三、社会实践

1. 社会实践

2007年6月，学校颁布《学生社会实践实施细则（暂行）》，成立了由主管校领导担任组长的社会实践工作领导小组，日常工作由学校团委办公室承担。

2007年暑期社会实践中共有15支重点团队、160余人分赴山东、辽宁、河南、内蒙古、四川、西藏、广东、云南、青海、宁夏以及北京市郊区等11个省、市、自治区开展实践活动。此外，学校还有275名学生成为奥运测试赛正式志愿者。

2009年4月，学校颁布《本科生实践教学管理办法》。

（二）实习基地

2006年8月，学校颁布《本科生校外教学实习基地管理办法》。

从2002年至2010年7月，学校建立并正在使用的实习基地有70多个，具体名单详见表3.1.17。

表 3.1.17　学校实习基地一览表

序号	实习基地名称	学校负责单位	所在地
1	北京华盛保险代理有限公司教学实习基地	保险学院	北京
2	永安财产保险股份有限公司北京分公司教学实习基地	保险学院	北京
3	达信保险与风险管理咨询有限公司教学实习基地	保险学院	北京
4	中国人民健康保险公司教学实习基地	保险学院	北京
5	中国保险学会实习基地	保险学院	北京
6	民生人寿北分实习基地	保险学院	北京
7	深圳保险中介行业协会实习基地	保险学院	北京
8	长城保险经纪公司实习基地	保险学院	北京
9	华夏人寿实习基地	保险学院	北京
10	昆仑健康实习基地	保险学院	北京
11	华贸硅谷律师事务所教学实习基地	法学院	北京
12	中国法学会教学实习基地	法学院	北京
13	海问律师事务所教学实习基地	法学院	北京
14	环中律师事务所教学实习基地	法学院	北京
15	大都律师事务所教学实习基地	法学院	北京
16	天地和律师事务所教学实习基地	法学院	北京
17	本杰律师事务所教学实习基地	法学院	北京
18	思峰律师事务所教学实习基地	法学院	北京
19	中国国际经济贸易仲裁委员会教学实习基地	法学院	北京
20	昊凯律师事务所教学实习基地	法学院	北京
21	北京海关教学实习基地	公共管理学院	北京
22	深圳亦和供应链管理公司教学实习基地	公共管理学院	北京
23	中国行政管理协会县级行政管理研究会教学实习基地	公共管理学院	北京
24	北京东方泰和咨询服务有限公司教学实习基地	公共管理学院	北京
25	北京荷庄一号地国际艺术区投资顾问有限公司	公共管理学院	北京
26	北京市古代钱币展览馆	公共管理学院	北京
27	中国嘉德国际拍卖有限公司	公共管理学院	北京
28	中国国际旅行社总社有限公司	公共管理学院	北京
29	北京北奥会展有限公司	公共管理学院	北京

续表

序号	实习基地名称	学校负责单位	所在地
30	大钟寺古钟博物馆	公共管理学院	北京
31	广州市东洋科技有限公司	公共管理学院	广州
32	中国神华煤制油有限公司教学实习基地	国际经济贸易学院	北京
33	胜利油田采油厂教学实习基地	国际经济贸易学院	山东
34	义乌中国小商品城展览有限公司教学实习基地	国际经济贸易学院	浙江
35	北京中关村	国际经济贸易学院	北京
36	石药集团有限公司	国际商学院	北京
37	沧州渤海新区中捷产业园区	国际商学院	沧州
38	优智咨询管理公司	国际商学院	北京
39	北京诺舟企业管理咨询有限公司	国际商学院	北京
40	中平建华浩会计师事务所	国际商学院	北京
41	中国民生银行教学实习基地	教务处	北京
42	广交会实习基地	教务处	广州
43	珠海进出口商会实习基地	教务处	珠海
44	中国纺织品进出口总公司实习基地	教务处	北京
45	深圳海川实业股份有限公司教学实习基地	教务处	深圳
46	西南教学实习基地	金融学院	昆明
47	东南教学实习基地	金融学院	福州
48	农行北京分行教学实习基地	金融学院	北京
49	金融工程教学实习基地	金融学院	北京
50	中国信达资产管理公司太原办事处教学实习基地	金融学院	太原
51	交通银行北京分行教学实习基地	金融学院	北京
52	中南教学实习基地	金融学院	武汉
53	对外经济贸易大学广交会实习基地	外语学院	广州
54	对外经济贸易大学北京昆之源教学实习基地	外语学院	北京
55	对外经济贸易大学外语学院浙江义乌小商品批发市场实践基地	外语学院	义乌
56	对外经济贸易大学浙江省纺实习基地	外语学院	浙江
57	对外经济贸易大学浙江省东方集团实习基地	外语学院	浙江
58	对外经济贸易大学中技总公司实习实践基地	外语学院	北京
59	首都信息化发展有限公司教学实习基地	信息学院	北京
60	中国国际电子商务中心教学实习基地	信息学院	北京

续表

序号	实习基地名称	学校负责单位	所在地
61	中国银联商务有限公司	信息学院	北京
62	航天信息股份有限公司	信息学院	北京
63	北京市贸促会教学实习基地	英语学院	北京
64	中国日报网站教学实习基地	英语学院	北京
65	中国对外翻译出版公司教学实习基地	英语学院	北京
66	中国外文发行出版事业局教学实习基地	英语学院	北京
67	北京海纳领域语言文化传播有限公司教学实习基地	英语学院	北京
68	北京传神翻译公司教学实习基地	英语学院	北京
69	中译悦尔（北京）翻译中心教学实习基地	英语学院	北京
70	北京国际科技协作中心	英语学院	北京
71	中国现代文学馆教学实习基地	中国语言文学学院	北京
72	《市场圈》杂志社教学实习基地	中国语言文学学院	北京

（三）北京市级校外人才培养基地

2009－2010 年，学校每年获得 1 项北京市级校外人才培养基地立项，具体名单见表 3.1.18。

表 3.1.18　　北京市级校外人才培养基地立项一览表

序号	时间	项　目　名　称	负责人	学院
1	2009 年	对外经济贸易大学中国对外贸易中心校外人才培养基地	杨言洪	外语学院
2	2010 年	中国国际电子商务中心	陈　进	信息学院

（四）实习征文

2005 年，学校组织 2002 级学生参加“首期本科生暑期专业实习有奖征文”活动。共 17 名学生在活动中获奖，其中一等奖 3 名、二等奖 5 名、三等奖 5 名、优秀奖 4 名。2005 年 10 月，教务处将获奖征文编制成《暑假实习征文获奖作品集》。

2006 年 9 月，教务处从 2003 级本科生暑期专业实习征文中精选出 69 篇，编制成《实习报告作品集》。

2007 年 12 月，教务处编制 2004 级本科生《实习征文获奖作品集》，其中包括成果奖 2 篇、一等奖 6 篇、二等奖 13 篇、三等奖 9 篇、鼓励奖 19 篇。

2008 年 12 月，教务处编制 2005 级本科生《实习征文获奖作品集》，其中包括特等奖 2 篇、一等奖 5 篇、二等奖 10 篇、三等奖 13 篇、优秀奖 28 篇。

2009 年 12 月，教务处编制 2006 级本科生《实习征文获奖作品集》，其中包括特等奖2篇、一等奖6篇、二等奖10篇、三等奖16篇、优秀奖20篇。国际经济贸易学院、金融学院、国际商学院、英语学院、外语学院、信息学院荣获“最佳组织奖”。

四、学科竞赛

(一) 北京市大学生(非数学专业)数学竞赛

2002年，学校首次组织学生参赛，获得一等奖1名、二等奖1名、三等奖4名；2003年北京市因“非典”暂停比赛；2004年学校参赛学生获得一等奖2名、二等奖2名、三等奖6名；2005年学校参赛学生获得一等奖2名、二等奖4名、三等奖14名；2006年学校参赛学生获得一等奖4名、二等奖8名、三等奖11名；2007年学校参赛学生获得一等奖2名、二等奖3名、三等奖17名。

2009年比赛名称调整为“全国大学生数学竞赛(北京赛区)”，学校组织学生参赛，获得一等奖2名、二等奖4名、三等奖7名。

(二) 全国大学生英语竞赛

学校自2004年开始参赛，当年20名参赛学生获奖，其中特等奖2名、一等奖2名、二等奖5名、三等奖11名；2005年13名参赛学生获奖，其中特等奖1名、一等奖1名、二等奖4名、三等奖7名；2006年共有26名学生获奖，李玥、王梦晗和马晓夏等3名选手荣获最高奖——特等奖，其中李玥同学第三次蝉联特等奖，二等奖8名、三等奖15名；2007年41名学生获奖，其中特等奖2名、一等奖3名、二等奖12名、三等奖24名；2008年共有40名学生获奖，其中特等奖4名、一等奖1名、二等奖12名、三等奖23名；2009年共有52名学生获奖，其中特等奖3名、一等奖4名、二等奖15名、三等奖30名。

(三) 全国大学生数学建模竞赛

2007年，学校首度组建7支队伍、21名学生参赛，其中1个队获得参加全国数学建模比赛资格，2个队获得北京市一等奖，1个队获得北京市二等奖。

2008年，学校第二次组建10支队伍、30名选手参赛，其中7个队获奖：2个队荣获全国二等奖，2个队荣获北京市一等奖，3个队荣获北京市二等奖。

2009年，学校第三次组队参赛，共有12个队获奖：1个队荣获全国一等奖，2个队荣获全国二等奖，5个队荣获北京市一等奖，4个队荣获北京市二等奖。

(四) 美国大学生数学建模竞赛(MCM/ICM)

2008年，学校共有2支队伍、6名学生参加比赛，其中3名学生荣获国际二等奖。2009年，学校共有12支队伍、36名学生参加比赛，5个队获奖，其中1个队获得Meritorious，4个队获得Honorable Mention。

(五) 全国高等院校学生语言文字基本功大赛

2007年，学校首度组织学生参加“第二届全国高等院校学生语言文字基本功大赛”，当年共有29名学生获奖，其中一等奖5名、二等奖13名、三等奖11名；2009年，学校组织学生参加“第三届全国高等院校学生语言文字基本功大赛”，共有35名学生获奖，其中一等奖7人、二等奖11人、三等奖17人。

（六）全国 ITAT 教育工程就业技能大赛

2008 年，学校组织学生参加第四届全国 ITAT 就业技能大赛，5 名选手获优秀奖。2009 年，学校组织学生参加第五届全国 ITAT 就业技能大赛，4 名选手荣获三等奖。

（七）北京市大学生英语演讲比赛

2009 年，举行首届比赛，由对外经济贸易大学承办。共 53 所学校、59 名选手参赛。学校金融学院王轩同学获得特等奖。

（八）国际企业管理挑战赛（GMC[①]）

2000 年，学校参赛学生夺得全球总决赛冠军，并于 2001 年蝉联此项冠军。

（九）欧莱雅全球在线商业策略竞赛

2004 年，学校代表队代表东亚区大学参赛，荣获第四届总决赛的世界亚军；2005 年，荣获第五届总决赛的世界冠军。

（十）中国国际青少年外语大赛

2004 年，学校有 4 名学生在比赛中获奖，其中北京赛区一等奖 1 名、北京赛区二等奖 2 名、北京赛区三等奖 1 名，同时学校还荣获优秀组织奖。

（十一）其他比赛

2003 年，法学院学生王向伊获全国“CCTV 杯英语演讲比赛”全国总决赛三等奖，总排名第六名。王向伊同学又在 2006 年北京市教委组织，清华大学和北京市国际教育交流中心承办的有 78 所高校参加的“‘我心中的奥运’大学生英语演讲比赛”决赛中获得第一名。

2003 年，外语学院学生李劼、张晓云获“全国越语口语比赛”一等奖，霍媛获“北京高校德语作文比赛”一等奖，叶欣华获“全国阿拉伯语演讲比赛”二等奖；2004 年，刁星月获“全国大学生韩国语讲演比赛”一等奖，原中德学院学生在“首届全国高校德语短剧比赛”中获团体一等奖、最佳音乐奖和最佳男主角奖。

2004 年，外语学院学生获“全国大学生韩国语讲演比赛”一等奖和“朝鲜语竞赛”一等奖；2005 年，获“北京高校西班牙语征文大赛”一等奖和“第三届外研社杯北京高校法语演讲比赛”一等奖，“2005 年全球意大利语专业学生作文大赛”一等奖。

自 2004 年起，学校承办或组织学生参加“全国电子商务大赛”，2005 年获得 3 个一等奖和 3 个三等奖。

2005 年，由学校 3 名学生组成的代表队在“欧莱雅校园市场策划大赛”中荣获亚洲第二名；同年，1 名学生在 ACCA2.3 英国税法考试中以 93 分的成绩位列祖国大陆第一名；同年，6 名学生在“我与 DynED”征文活动中获奖，其中一等奖 1 名、二等奖 2 名、三等奖 3 名。

2005 年，第四届“CCTV 杯英语演讲比赛”中，黄韬同学获得第八名，并捧回“最佳演讲人”和“最受欢迎奖”两个单项奖以及“最佳表演奖”奖杯。黄韬同学 2006 年 5 月赴马来西亚参加亚洲大专辩论赛。

2006 年，学校组队参加“中国大学第二届莎士比亚英文戏剧比赛”，夺得冠军，英

① Global Management Challenge.

语学院王鲁蒙同学获得“最佳演员”称号。

2007 年，学校代表队在“第四届‘挑战杯’首都高校大学生课外学术科技作品竞赛”中获北京市一等奖 2 个、二等奖 3 个、三等奖 1 个、获奖学生达 13 人。

2009 年，学校法学院学生代表队获得“北京市首届大学生模拟法庭竞赛”二等奖和“最佳书状奖”。

第十一节　学位管理

一、学士学位

2005 年 6 月，学校学位评定委员会修订《对外经济贸易大学学士学位授予办法（修订）》，该办法是在原对外经济贸易大学 1999 年 10 月修订的基础上进行的，增加了对来华留学本科生和成人高等教育（含远程教育等）本科生学士学位的授予办法。修订了基本工作程序，在普通高等教育本科生学士学位授予条件中，增加以下内容：在允许的修业年限内，学完培养方案规定的全部课程，取得培养方案规定的学分，完成学校要求的各项实践教学环节并达到相关要求；毕业论文（毕业设计）成绩合格；英语专业第二外语课程平均积点达到 2.0 的学生，可取得毕业证书。不授予学士学位的条件中删除了“在校期间受过记过处分，经六个月以上时间考察后无明显改进”，增加以下内容：“因考试作弊而受处分者；毕业前六个月内（自宣布处分之日起不足六个月）受记过处分者；未达到本办法所规定的其他获得学位必备条件者”等内容。

2007 年 12 月，学校学位评定委员会修订《对外经济贸易大学学士学位授予办法（修订）》。普通高等教育本科生学士学位授予条件增加英语专业学生参加全国高校英语专业八级统一测试，成绩达到合格以上（含合格）的内容。

2005 年 8 月，国务院学位委员会发布《关于调整学位证书编号方式的通知》，对学位证书编号方式进行调整。

2001－2010 年，学校共授予本科生学士学位 13 643 人，在经济学、管理学、文学、法学的分布情况见表 3.1.19。

表 3.1.19　　2001－2010 年授予学士学位一览表

时间＼学位	经济学	管理学	文学	法学	合计
2001	443	298	128	35	904
2002	444	347	124	37	952
2003	484	479	156	56	1 175
2004	598	740	170	59	1 567
2005	526	426	155	80	1 187
2006	641	464	259	118	1 482

续表

学位 时间	经济学	管理学	文学	法学	合计
2007	554	387	268	120	1 329
2008	583	475	276	121	1 455
2009	722	554	296	82	1 654
2010	873	613	336	116	1 938
合计	5 868	4 783	2 168	824	13 643

二、双学位

在 2000 级《教学方案》中，开始设置对外经济贸易大学双学位教学计划，2004 届学生中开始有获得双学士学位证书的毕业生。2004 - 2010 年学校毕业生获得双学士学位证书情况见表 3. 1. 20。

表 3. 1. 20　　2004 - 2010 年毕业生获得双学士学位证书统计表

毕业时间（年）	2004	2005	2006	2007	2008	2009	2010	合计
获证人数	60	73	106	87	97	146	206①	775

三、荣誉学士学位

2009 年 6 月，学校先后颁布《对外经济贸易大学荣誉学士学位项目建设方案》和《对外经济贸易大学荣誉学士学位授予条例（暂行）》。

第一届荣誉学士学位获得者从 2010 届毕业生开始，共有 23 位学生获得对外经济贸易大学“荣誉学士学位”证书。

① 此数据为截至 2010 年 7 月 22 日的获证人数。

第二章　研究生教育

第一节　概　　述

对外经济贸易大学研究生教育可追溯到建校之初。1954 年 9 月，北京对外贸易专科学校和中国人民大学外贸经济专业合并成立北京对外贸易学院，从中国人民大学转入两个年级的研究生共 19 人，学校研究生教育由此起步。“文化大革命”期间，研究生培养工作被迫中断，到 1978 年学校恢复招收研究生。1981 年我国开始实行学位制度，学校经国务院学位委员会批准成为首批具有硕士学位授予权的大学。1984 年取得博士学位授予权，同年成立研究生部。学校研究生教育步入正轨，进入正式发展阶段。

2000 年 6 月，原对外经济贸易大学与原中国金融学院合并成立新的对外经济贸易大学。经过 10 年的发展，截至 2010 年 12 月底，学校研究生教育拥有 1 个一级学科博士点（应用经济学）、14 个二级学科博士点、4 个一级学科硕士点、37 个二级学科硕士点、9 个硕士专业学位授权点，涵盖经济学、管理学、法学、文学四个学科门类。其中国际贸易学和国际法学专业为国家重点学科；应用经济学为一级学科，企业管理、世界经济、民商法学为二级学科，法与经济学、低碳经济学交叉学科为北京市重点学科。

学校研究生教育包括学历教育和非学历教育：既有国家计划内非定向生，也有自筹经费学生，还有国家计划内定向生和委托培养学生；既有全日制脱产学习，也有在职不脱产学习，还有在职人员以研究生同等学力申请硕士学位学习。研究生教育实行导师制，现有硕士生、博士生指导教师 500 余人。硕士研究生教育重点培养学术与应用结合型人才，博士研究生教育重点培养高级研究与决策型人才。

2000－2010 年，学校在校研究生规模由 1 000 余人发展到 3 000 余人，研究生管理体制逐渐从统一管理转变为校院两级管理。2007 年以前，研究生部统筹全校研究生教育工作，包括招生、学籍、培养、学位、就业及学生日常管理工作，学院承担研究生的授课及具体教学工作。自 2007 年起，研究生就业工作划归学校就业指导中心统一负责。自 2010 年 4 月 30 日开始，学校全面实行研究生思想政治教育及日常管理工作两级管理，由学院负责学生的日常管理、思想政治教育等工作。

近十年来，学校为国家培养了万余名研究生，研究生在国内、国际有关赛事中屡创佳绩，在竞争激烈的人力资源市场上保持较高的就业层次和整体就业率。

第二节 培养目标

一、总述

2003 年 8 月，学校制定《关于博士研究生培养工作的若干规定》、《关于硕士研究生培养工作的若干规定》和《关于专业学位硕士研究生培养工作的若干规定》，分别确定博士研究生、科学学位及专业学位硕士研究生的培养目标。

“十五”后期，根据国家、社会的需要与学科的优势和特色，学校进一步明确各类研究生培养目标。2006 年 11 月，学校修订《关于博士研究生培养工作的规定》；2006 年、2007 年分别修订《关于硕士研究生培养工作的若干规定》和《关于专业学位硕士研究生培养工作的若干规定》。

2010 年 1 月，学校召开博士培养工作会议。根据会议精神，于同年 4 月再次调整博士培养目标，并修订《关于博士研究生培养工作的规定》。

二、研究生分类培养目标

1. 博士研究生培养目标

2003 版《研究生手册》中规定，博士研究生的培养目标是：培养我国社会主义建设事业需要的，适应面向现代化、面向世界、面向未来的德、智、体全面发展的高层次专门人才。

2007 版《研究生手册》中，博士研究生的培养目标定位为：坚持党的教育方针，全面推进素质教育，培养德才兼备、善于创新、基础宽厚、专业扎实、具有跨文化交流能力和国际竞争力的高级研究与决策型人才。

2010 年，博士研究生的培养目标进一步调整为：培养信念执著、品德优良、基础宽厚、专业扎实、身心健康，致力于高等院校、科研机构、政府部门和大型企事业单位从事教学、科研或管理工作的高素质创新人才。

2. 科学学位硕士研究生培养目标

2003 版《研究生手册》中规定，硕士研究生的培养目标是：培养我国社会主义建设事业需要的，适应面向现代化、面向世界、面向未来的德、智、体全面发展的高层次专门人才。

2007 版《研究生手册》中，硕士研究生的培养目标定位为：坚持党的教育方针，全面推进素质教育，培养德才兼备、善于创新、基础宽厚、专业扎实、具有跨文化交流能力和国际竞争力的学术与应用结合型人才。

3. 专业学位硕士研究生培养目标

2003 版《研究生手册》中规定，专业学位硕士研究生的培养目标是：培养我国社会主义建设事业需要的、符合职业特点的、德才兼备的高层次的复合型、应用型专门人才。

2007 版《研究生手册》中，专业学位硕士研究生的培养目标定位为：坚持党的教育方针，全面推进素质教育，培养德才兼备、善于创新、基础宽厚、专业扎实、符合职业特点的、具有跨文化交流能力和国际竞争力的高素质复合型、应用型专门人才。

第三节 专业设置

学校早期的研究生教育只设对外贸易经济一个专业。

1978年学校恢复研究生教育，当年招收国际贸易、国际金融（当时作为国际贸易专业的一个研究方向）、国际经济法（国际贸易的研究方向）和英语专业的研究生。至2000年，学校的研究生专业设置已经增加为2个博士学位专业，12个硕士学位专业，见表3.2.1。

表3.2.1 2000年以前对外经济贸易大学研究生专业设置表

学科专业名称	代码	学位名称	批准文号	批准时间	1997年修订对照表
国际贸易	020116	博士学位	（84）学位字002号	1984.1.13	国际贸易学
国际经济法	030113	博士学位	（84）学位字002号	1984.1.13	国际法学
国际金融	020112	硕士学位	（81）学位字018号	1981.11.3	金融学
国际贸易	020116	硕士学位	（81）学位字018号	1981.11.3	国际贸易学
专门用途外语（英语）	050212	硕士学位	（81）学位字018号	1981.11.4	外国语言学及应用语言学
专门用途外语（法语）	050212	硕士学位	（81）学位字018号	1981.11.5	法语语言文学
国际经济法	030113	硕士学位	（84）学位字002号	1984.1.13	国际法学
企业管理	020123	硕士学位	（86）学位字011号	1986.7.28	
日语语言文学	050205	硕士学位	（86）学位字011号	1986.7.28	
工商管理（试点）	120280	硕士学位	学位（1993）18号	1993.5.8	会计学 企业管理
信息经济	020183	硕士学位	学位（1993）39号	1993.12.17	
法律硕士（试点）	030180	专业学位		1995.10	
民商法学	030105	硕士学位	京学位［1998］007	1998	
会计学	120201	硕士学位	京学位［1998］007	1998	

2003年9月，学校的金融学（含保险）和世界经济2个专业获准成为博士学位授权点，同时，学校的国民经济学、世界经济、数量经济学、经济法学、德语语言文学、阿拉伯语语言文学、技术经济及管理和行政管理等8个专业获准成为硕士学位授权点。

2006年2月，国务院学位委员会审定批准学校应用经济学为一级学科博士学位授权点，民商法学、企业管理2个专业为博士授权点；同时法学、外国语言文学和工商管理获准为一级学科硕士学位授权点。

2009 年 6 月，国务院学位委员会审定批准学校成为翻译硕士专业硕士学位授予单位。

2010 年 9 月，国务院学位委员会下达 2010 年硕士专业学位授权审核结果，学校获得金融、国际商务、保险、资产评估、公共管理、会计 6 个专业学位授权点。具体学科、专业设置见表 3. 2. 2。

表 3. 2. 2　授予博士、硕士学位的学科、专业设置表

一级学科名称	学科专业名称	专业编号	学位授权类别	批准文号
理论经济学	世界经济	020105	博士	学位［2003］57 号
应用经济学＊	国民经济学	020201	博士	学位［2006］3 号
	区域经济学	020202	博士	学位［2006］3 号
	财政学（含：税收学）	020203	博士	学位［2006］3 号
	金融学（含：保险学）	020204	博士	学位［2003］57 号
	产业经济学	020205	博士	学位［2006］3 号
	国际贸易学	020206	博士	（84）学位字 002 号
	劳动经济学	020207	博士	学位［2006］3 号
	统计学	020208	博士	学位［2006］3 号
	数量经济学	020209	博士	学位［2006］3 号
	国防经济	020210	博士	学位［2006］3 号
法学	国际法学（含：国际公法、国际私法、国际经济法）	030109	博士	（84）学位字 002 号
	民商法学	030105	博士	学位［2006］3 号
工商管理	企业管理（含：财务管理、市场营销、人力资源管理）	120202	博士	学位［2006］3 号
理论经济学	世界经济	020105	硕士	京学位［2003］5 号
应用经济学＊	国民经济学	020201	硕士	京学位［2003］5 号
	区域经济学	020202	硕士	学位［2006］3 号
	财政学（含：税收学）	020203	硕士	学位［2006］3 号
	金融学（含：保险学）	020204	硕士	（81）学位字 018 号
	产业经济学	020205	硕士	学位（1993）39 号
	国际贸易学	020206	硕士	（81）学位字 018 号
	劳动经济学	020207	硕士	学位［2006］3 号
	统计学	020208	硕士	学位［2006］3 号
	数量经济学	020209	硕士	京学位［2003］5 号
	国防经济	020210	硕士	学位［2006］3 号

续表

一级学科名称	学科专业名称	专业编号	学位授权类别	批准文号
法学＊	法学理论	030101	硕士	学位［2006］3号
	法律史	030102	硕士	学位［2006］3号
	宪法学与行政法学	030103	硕士	学位［2006］3号
	刑法学	030104	硕士	学位［2006］3号
	民商法学（含：劳动法学、社会保障法学）	030105	硕士	京学位［1998］007
	诉讼法学	030106	硕士	学位［2006］3号
	经济法学	030107	硕士	京学位［2003］5号
	环境与资源保护法学	030108	硕士	学位［2006］3号
	国际法学（含：国际公法、国际私法、国际经济法）	030109	硕士	（84）学位字002号
	军事法学	030110	硕士	学位［2006］3号
公共管理	行政管理	120401	硕士	京学位［2003］5号
工商管理＊	会计学	120201	硕士	京学位［1998］007
	企业管理（含：财务管理、市场营销、人力资源管理）	120202	硕士	（86）学位字011号
	旅游管理	120203	硕士	学位［2006］3号
	技术经济及管理	120204	硕士	京学位［2003］5号
外国语言文学＊	英语语言文学	050201	硕士	学位［2006］3号
	俄语语言文学	050202	硕士	学位［2006］3号
	法语语言文学	050203	硕士	学位［2006］3号
	德语语言文学	050204	硕士	京学位［2003］5号
	日语语言文学	050205	硕士	（86）学位字011号
	印度语言文学	050206	硕士	学位［2006］3号
	西班牙语语言文学	050207	硕士	学位［2006］3号
	阿拉伯语语言文学	050208	硕士	京学位［2003］5号
	欧洲语言文学	050209	硕士	学位［2006］3号
	亚非语言文学	050210	硕士	学位［2006］3号
	外国语言学及应用语言学	050211	硕士	学位［2006］3号

续表

一级学科名称	学科专业名称	专业编号	学位授权类别	批准文号
工商管理硕士 **	工商管理硕士	120280	硕士	学位（1993）18号
法律硕士 **	法律硕士	030180	硕士	1995年10月
翻译硕士 **	英语笔译	580101	硕士	学位办［2009］35号
	英语口译	580102	硕士	学位办［2009］35号
金融硕士 **	金融硕士	025100	硕士	学位［2010］32号
国际商务硕士 **	国际商务硕士	025400	硕士	学位［2010］32号
保险硕士 **	保险硕士	025500	硕士	学位［2010］32号
资产评估硕士 **	资产评估硕士	025600	硕士	学位［2010］32号
公共管理硕士 **	公共管理硕士	125200	硕士	学位［2010］32号
会计硕士 **	会计硕士	125300	硕士	学位［2010］32号

注：有＊标记的是按一级学科专业招生，其余是按二级学科专业招生。有＊＊标记的是按专业学位招生。

2002年，学校国际贸易学、国际法学获教育部审核批准为国家级重点学科；2006年12月，这两个学科参加教育部组织的考核评估，全部顺利通过。

2002年，学校金融学、企业管理获北京市教育委员会审核批准为普通高校北京市重点学科；2007年12月，这两个学科参加北京市教委组织的考核评估，全部顺利通过。

2008年4月23日，根据北京市教委《关于公布北京市重点学科名单的通知》，学校新增北京市重点学科为：应用经济学一级学科，世界经济、民商法学二级学科，法与经济学交叉学科。

2010年6月，根据北京市教委《关于公布北京市重点学科名单的通知》，学校新增低碳经济学交叉学科为北京市重点学科。至此，学校已拥有1个一级学科、2个交叉学科、3个二级学科北京市重点学科。

第四节　培养方案

一、总述

学校研究生培养方案的修订工作紧跟国家、社会以及学科发展的需要，基本上每两年作一次大的调整。为确保每一轮研究生培养方案修订工作顺利进行，学校提前颁布《研究生培养方案修订工作实施方案》，由研究生部培养办公室具体组织实施。各研究生培养单位按照学校的统一要求，成立由院系主管领导、学系或教研室主任、学科带头人、有关教师和研究生教学管理人员组成的研究生培养方案制定工作小组，具体负责新版培养方案的制定工作。研究生部负责审核、编辑、排版与校对工作。

从2001年到2010年，学校研究生部组织进行了八次研究生培养方案的修订工作。经过八轮的修订，研究生培养方案的体例已趋于规范，基本包括以下几部分内容：适用学科、培养目标、研究方向、学制、课程设置与学分要求、培养方式、教学或社会实践、学位论文与论文答辩、培养计划表、课程简介等。

二、研究生培养方案的修订和制定

2001年4月，研究生部完成《研究生培养方案》（2001版）的修订和制定工作。此次修订和制定工作历时约一年半，设立了一系列在国内具有领先性的课程体系，包括国际贸易学、国际法学2个博士学位授权专业，涉及国际经济贸易学院和法学院；国际贸易学、金融学、产业经济学、国际法学、民商法学、企业管理、会计学、外国语言学及应用语言学（含英语、法语、朝鲜语、阿拉伯语、西班牙语、意大利语、德语）、日语语言文学等9个硕士学位授权专业以及工商管理硕士（MBA）、法律硕士（JM）2个专业学位，涉及国际经济贸易学院、国际工商管理学院、法学院、信息学院、英语学院、外语学院、中德学院等7个学院。

2002年7月，针对学校不同学科、层次、类型的研究生培养制度和学科体系的发展需要，正式启动研究生培养方案的修订工作。2003年“非典”期间，研究生部与各学院培养方案修订人员通力协作，在广泛借鉴国内外先进经验、充分听取各方面意见的基础上，于2003年8月制定出反映学科规划与定位要求、专业特色突出的《研究生培养方案》（2003版）。

2003年，学校新增2个博士点和8个硕士点，同时决定从2004级开始将硕士研究生学制调整为两年（非全日制MBA和法律硕士为三年）。为此，研究生部再次组织研究生培养方案的制定与修订工作。2004年6月，《研究生培养方案》（2004版）顺利完成，主要有以下变化：新增金融学、世界经济2个博士授权专业研究生培养方案；新增世界经济、国民经济学、数量经济学、技术经济及管理、行政管理、经济法学、德语语言文学、阿拉伯语语言文学等8个硕士授权专业研究生培养方案；根据硕士研究生学制缩短的实际需要，各专业精简课程或调整部分课程学时，形成新的课程体系。博士研究生培养单位增至3个学院（增加金融学院），硕士研究生培养单位增至11个学院（增加金融学院、人文与行政管理学院、国际经济研究院、中国世界贸易组织研究院）。

2006年，研究生部根据两年的教学实践及“十一五”事业发展规划的需要，又对研究生培养方案作了一次大的修订。与2004版相比，2006版主要有以下变化：根据学校新的人才培养目标，各学院对专业人才培养目标重新定位，进一步明确人才培养的规格与标准；改进各专业课程体系，精简课程模块，调整部分课程的开课学期及学时，将毕业学分要求缩减到35—40分（除法学院各专业、英语学院的个别方向及专业学位外）；统一调整政治课和英语课的学分，增设全校研究生公共选修课，并编制便于管理的新课程代码。硕士研究生的培养单位仍为11个，但略有变动：金融学专业保险方向从国际经济贸易学院独立出来，培养单位调整为保险系（增设），行政管理专业的培养单位调整为公共管理学院（原人文与行政管理学院），德语语言文学专业的培养单位调整为外语学院（原中德学院与外语学院合并）。

2006 年，学校新增 10 个博士点和 20 个硕士点。在此情况下，研究生部于 2006 年下半年起组织各院系制定新设专业研究生培养方案，并对 2006 版研究生培养方案进行修订。鉴于新增学科点较多，首次实行硕士、博士研究生培养方案分册印制。2007 年 7 月，《研究生培养方案》（2007 版）顺利完成，主要有以下变化：新增区域经济学、财政学、产业经济学、数量经济学、民商法学、企业管理 6 个博士授权专业研究生培养方案；新增区域经济学、财政学、数量经济学、法学理论、宪法学与行政法学、诉讼法学、英语语言文学、俄语语言文学、法语语言文学、西班牙语语言文学、欧洲语言文学、亚非语言文学 11 个硕士授权专业研究生培养方案；针对学制调整为两年后出现的新情况，国际经济贸易学院、英语学院对硕士培养计划进行大幅调整，金融学院、国际商学院（原国际工商管理学院）、法学院、国际经济研究院、中国世界贸易组织研究院、保险学院（原保险系）也对硕士生课程体系进行微调；博士培养方案打破学院的界限，完全按照学科点编制，并对博士培养的各个环节作出明确要求。

2008 年，研究生部又组织对硕士研究生的培养方案进行修订，主要是对部分专业课程体系作微调，突出学科前沿特点。具体涉及的研究生培养单位有：英语学院、国际商学院、法学院、国际经济研究院、中国世界贸易组织研究院、金融学院、保险学院、公共管理学院、外语学院。各专业在基本保持原有培养计划各功能模块框架的基础上，适当调整部分课程的开课学期及学时，并根据人才培养目标的需要及实际师资情况增减硕士生课程。2008 年 7 月，《研究生培养方案》（2008 版）修订完成。

2009 年，研究生部对硕士、博士研究生培养方案作进一步的规范，制订 2009 版。研究生部与各学院重点做了以下五个方面的工作：1. 各学院培养方案的文字说明部分保持体例一致；2. 精简课程体系，删减多年未开设课程；3. 增加反映学科前沿的特色课程；4. 适当缩减各科学学位硕士专业对毕业总学分的要求；5. 更新所有研究生课程的课程简介和参考书目。根据国家专业学位设置的变化，法学院还增设法律硕士（法学）专业的培养计划。2009 年，学校新增翻译硕士专业学位硕士点，在培养方案的修改中，新增翻译硕士专业学位的培养方案。

2010 年初，学校召开博士培养工作会议，对博士生的培养提出更高更规范的要求。研究生部组织各学院修订完成 2010 版《研究生培养方案》，该方案于 2010 年 9 月投入使用。2010 版《研究生培养方案》的主要变化有：减少对博士必修课程及总学分的要求，突出对博士生创新能力的培养；增加信息学院金融学专业硕士培养方案及保险学院博士培养方案。

2010 年 10 月，新一轮研究生培养方案修订工作正式启动，重点是新增的金融硕士、国际商务硕士、保险硕士、会计硕士、公共管理硕士等专业学位硕士点的培养方案制定工作。2011 版《研究生培养方案》修订工作的总体要求是：博士培养方案根据各学科的不同特点适当调减必修课程，突出强调对博士生创新能力的培养；科学学位硕士培养方案要进一步明确培养目标和培养规格，根据培养目标的要求和不同的生源背景，科学、合理地构建课程体系，科学设置专业方向，统一二级学科目录下各研究方向的必修课；专业学位硕士方案要严格按照全国各专业教学指导委员会的要求，在培养目标、培养手段等方面体现出与科学学位的明显差异。

第五节　课程建设与管理

一、课程建设情况

（一）总述

1984 年研究生部成立后，学校研究生课程一直沿用教务处统一编制的 6 位课程代码，前 3 位为英文大写字母，后 3 位为流水号。其中，英文字母表示课程类别：国际经济贸易学院课程分 7 类，国际工商管理学院课程分 6 类，外语学院按语种不同分 8 类，公共管理学院分 3 类，法学院、信息学院、英语学院、中德学院课程均设 1 类。流水号第 1 位代表研究生课程的层次，如 5 代表硕士层次，6 代表博士层次。

2006 年，随着各学院开设课程的数量不断增加，研究生部在原有课程代码基础上编制新的课程代码。新课程代码由 8 位数字组成，其中第 1－2 位代表开课院系，共计 12 个研究生教学单位（含人文与社会科学学院）；第 3－4 位代表开设课程的分类，根据学校研究生课程总体情况，分为 29 个类别；第 5 位代表课程层次：5 为硕士，6 为博士；第 6－8 位为该院系研究生课程流水号。2009 年，增设人文社科、奢侈品管理类、文化管理等类别课程。

表 3.2.3　　研究生课程类别码一览表

课程类别	课程类别码	课程类别	课程类别码
政治理论类	00	英语类	16
国际贸易学类	01	外语学院公共课类	17
经济学类	02	日语类	18
金融学类	03	阿拉伯语类	19
国际运输与物流类	04	朝鲜语类	20
农业经济学类	05	法语类	21
项目投资类	06	西班牙语类	22
保险类	07	意大利语类	23
企业管理类	08	俄语类	24
会计与财务管理类	09	德语类	25
统计与数量分析类	10	行政管理类	26
市场营销类	11	海关管理类	27
运营管理类	12	质量管理类	28
技术经济及管理类	13	人文社科类	29
法学类	14	奢侈品管理类	30
信息管理类	15	文化管理类	31

2004－2010 年，在《研究生培养方案》的修订过程中，学校始终注意以下几点：

1. 课程学习时间：博士生课程学习时间一般为 1－2 年，硕士生课程学习时间为 1－1.5年，专业学位硕士生课程学习时间为 1.5－2 年。

2. 先修课程问题：有先后关系的课程，确保开课学期的衔接。

3. 课程整合问题：将内容重复、交叉的课程重新整合。

4. 授课层次问题：与本科内容重复的硕士课程，加深难度，或删减，或由必修改为选修。

5. 课程淘汰制度：连续多年未被学生选修的课程，考虑淘汰。

6. 补修课程要求：对于跨专业的硕士生及专业背景欠缺的博士生，设置补修课程的要求，补修课程不计学分。

（二）博士研究生课程设置情况

2003 年，学校制定的《关于博士研究生培养工作的若干规定》对博士研究生的课程设置提出要求。博士研究生必修课包括：学位公共课（马克思主义理论课）、学位基础课、专业必修课和方向必修课。选修课包括：专业选修课、方向选修课。博士生在学期间修读各类课程总学分应不少于 19 学分。

博士研究生课程设置原则主要包括：

1. 课程设置尽可能体现本学科发展的新内容和新特点，有较宽的学科专业覆盖面。课程内容能反映本学科的基础及发展前沿，适应研究生培养的需要。

2. 博士生的课程设置与教学内容，应与同学科的硕士研究生课程分清层次，体现本专业博士生在基础理论、专业知识方面应具备的宽度和水准。专业基础课应力求在一级学科的范围内安排。专业课原则上按二级学科开设，为体现本专业学科发展的前沿及特色，也可适当设置与研究方向有关的课程。

3. 课程的开设要发挥和体现本院系所、本学科集体的群体作用，避免不同导师为本人指导的研究生各自开设基本上属同一内容的课程，或一个导师包揽所指导研究生多门课程的情况。

2004 版《研究生培养方案》中，国际经济贸易学院国际贸易学专业博士生的总学分要求不低于 25 学分，金融学专业博士生不低于 23 学分，其中学位公共课 1 门（4 学分）、学位基础课 4 门（9 学分）、方向必修课 2－4 门（4－8 学分）、选修课要求 2－3 门（4－6 学分）。法学院国际法学专业博士生的总学分要求不低于 21 学分，其中学位公共课 1 门（4 学分）、专业必修课 8 门（17 学分）。

2006 年，国际经济贸易学院和法学院的课程设置基本不变。新增的金融学院金融学专业和中国世界贸易组织研究院的世界经济专业博士生的总学分要求均为不低于 25 学分，其中学位公共课（含专业英语课）2 门（7 学分）、学位基础课 2 门（4－6 学分）。金融学专业的专业必修课和方向必修课 5 门（8 学分）、选修课 2 门（4 学分）。世界经济专业的专业必修课 3 门（6 学分）、选修课 4 门（8 学分）。

2007 版《研究生培养方案》（博士卷）中，博士生的马克思主义理论课学分均由 4 学分调整为 3 学分。国际经济贸易学院 6 个专业的博士生总学分要求不低于 23 学分，其中学位公共课 1 门、学位基础课 4 门（9 学分）、专业必修课和方向必修课 4 门（7－

8 学分）、选修课 2 门（4 学分）。金融学院金融学专业的博士生总学分要求不低于 20 学分，其中学位公共课 1 门、学位基础课 3 门（7 学分）、专业必修课和方向必修课 4 门（8 学分）、选修课 1 门（2 学分）。国际商学院企业管理专业的博士生总学分要求不低于 23 学分，其中学位公共课 1 门、学位基础课 5 门（9 学分）、专业必修课和方向必修课 5 门（7 学分）、选修课 2－3 门（4 学分）。法学院国际法学和民商法学专业的博士生总学分要求不低于 23 学分，其中学位公共课 1 门、学位基础课 4 门（9 学分）、专业必修课 6 门（11 学分）。中国世界贸易组织研究院世界经济专业的博士生总学分要求不低于 27 学分，其中学位公共课 2 门（6 学分）、学位基础课 3 门（7 学分）、专业必修课 5 门（10 学分）、选修课 2 门（4 学分）。

2009 版《研究生培养方案》（博士卷）中，国际经济贸易学院 6 个专业的博士生总学分要求不低于 20 学分，减少对选修课的要求，对必修课的设置不变。金融学院和国际商学院的课程设置基本不变。中国世界贸易组织研究院世界经济专业的博士生总学分要求不低于 24 学分，即学位公共课减少 1 学分，学位基础课设置由 3 门减至 2 门，其他类课程要求不变。

2010 年《关于博士研究生培养工作的规定》中明确规定，博士生课程设置一般为 6－8 门课程；在学期间修读各类课程最低总学分由原来的 19 学分调减至 16 学分。

（三）科学学位硕士研究生课程设置情况

2003 年，学校制定的《关于硕士研究生培养工作的若干规定》中对硕士研究生的课程设置提出要求。硕士研究生必修课包括：学位公共课（马克思主义理论课、外语课）、学位基础课、公共必修课、专业必修课和方向必修课。选修课包括：专业选修课、方向选修课及公共选修课。硕士研究生在学期间修读各类课程总学分应不少于 45 学分。

硕士研究生课程设置原则主要包括：

1. 课程体系的整体优化，课程内容的合理性和整体功能。要尽可能体现本学科发展的新内容和新特点，要有较宽的学科专业覆盖面。课程内容要能反映本学科的基础及发展前沿，适应研究生培养的需要。

2. 有利于形成本专业乃至本专业所属一级学科或相关学科群的研究生课程体系。硕士生的课程设置与教学内容应与同学科的本科生及博士生课程分清层次，并注意衔接。

3. 必修课应体现本专业硕士生在基础理论、专业知识方面应具备的宽度和水准。专业基础课应力求在一级学科的范围内安排。专业课原则上按二级学科开设，为体现本专业学科发展的前沿及特色，也可适当设置与研究方向有关的课程。

4. 选修课要按拓宽基础、扩大知识面的要求开设，各学科专业应根据需要开设选修课，所开设选修课门数至少应为学生应选修课门数的 2 倍以上。提倡研究生根据自己的需要和兴趣跨专业、跨学科选修研究生课程。

5. 课程的开设要发挥和体现本院系所、本学科集体的群体作用，应避免不同导师为本人指导的研究生各自开设基本上属同一内容的课程，或一个导师包揽所指导研究生多门课程的情况。

2004 年，科学学位硕士研究生学制由 3 年调整为 2 年后，各专业培养计划课程开设学期由原来的 3－4 学期调整为 2－3 学期。2004 版《研究生培养方案》中，各专业硕士生毕业总学分要求仍保持在 45 学分左右。学校统一设置硕士生学位公共课 3 门（英语学院设 2 门），包括马克思主义理论课 1 门（4 学分）、外语课 2 门（8 学分），另设 1 门马克思主义理论课为公共必修课（3 学分）。根据学科特点的不同，各专业硕士另设置学位基础课 2－4 门，专业必修课和方向必修课 2－7 门，专业或方向限选课、专业选修课 5－9 门。此时的公共选修课仅有外语学院开设的第二外语（日、法、西、俄、德）。

2006 年，学校统一调整马克思主义理论课和外语课设置，其中马克思主义理论课由 2 门减至 1 门（3 学分），取消公共必修课；外语课仍设置两门，由 8 学分缩减至 4 学分。2006 版《研究生培养方案》中，各专业硕士研究生毕业学分要求缩减到 35－40 分（除法学院各专业、英语学院的个别方向），普遍减少了必修课的门数，通过选修课来体现专业方向特色。为拓宽研究生的学术视野，加强学科交流，从 2006 年起，各学院每学期向全校研究生滚动开设 1－2 门公共选修课。

2006 年后，考虑到学生撰写学位论文、实习、就业等因素，学校要求各学院普遍调整课程体系，将第 3 学期开设的专业课特别是选修课提前至 1、2 学期。2007－2009 年，学校进一步缩减硕士生的总学分要求，精简课程体系，通过淘汰机制删减不活跃课程，并逐步统一二级学科目录下各研究方向的必修课，设置学院内各专业通选课程。2009 版《研究生培养方案》中，各专业硕士生的毕业总学分要求在 31－39 学分之间。学位公共课设置情况不变；根据学科特点，各专业硕士设置学位基础课 2－4 门，专业必修课和方向必修课 2－5 门，专业或方向限选课、专业选修课 6－10 门。

（四）专业学位硕士研究生课程设置情况

2003 年，学校制定的《关于专业学位硕士研究生培养工作的若干规定》中对专业学位硕士研究生的课程设置提出要求。专业学位设必修课（含学位课）和选修课（含限选课、任选课）。专业学位硕士研究生在学期间修读各类课程总学分应不少于 45 学分。

专业学位硕士研究生课程设置原则主要包括：

1. 专业学位课程按本专业所属一级学科设置，并符合国家各专业学位教育指导委员会制定的各专业学位研究生指导性培养方案的要求。

2. 课程设置与教学内容应区别于科学学位教育，体现专业学位教育高层次、宽基础、实务性的特点和培养目标的要求。

3. 必修课应体现本专业硕士生在基础理论、专业知识方面应具备的宽度和水准。选修课要按拓宽基础、扩大知识面的要求开设，各学科专业应根据需要开设选修课。提倡研究生根据自己的需要和兴趣跨专业、跨学科选修研究生课程。

2004 版《研究生培养方案》中，工商管理硕士（MBA）专业学位（全日制及非全日制）硕士生的总学分要求均为 47 学分，其中学位公共课 3 门（6 学分）、学位基础课 3 门（7 学分）、专业必修课 7 门（16 学分）、选修课 9 门（18 学分）。法律硕士（JM）专业学位（全日制及非全日制）硕士生的总学分要求均为 45 学分，其中学位公共课 2

门（6－8学分）、公共必修课1门（2学分）、专业必修课9－11门（23－26学分）、选修课6门（11－12学分）。

2006版《研究生培养方案》中，工商管理硕士（MBA）专业课设置结构整体不变，仅调整必修课的名称及内容，选修课则按类别模块分别列出。法律硕士（JM）专业学位全日制硕士生的总学分要求不变，必修课由12门增至14门，由33学分减至31学分；选修课相应增加。非全日制硕士生的总学分要求减至40学分，其中学位公共课2门（4学分）、公共必修课1门（2学分）、专业必修课12门（23学分）、选修课6门（11学分）。

2007年，学校对专业学位硕士研究生培养方案作出大的调整。工商管理硕士（MBA）专业学位硕士生的总学分要求均为47学分，但分设2个研究方向，在具体课程安排上有所不同，其中学位公共课、学位基础课设置情况基本不变，专业必修课和方向必修课9门（20学分）、选修课减至7门（14学分）。根据国务院学位办的有关文件精神，学校在法律硕士（JM）专业学位培养计划的原有课程体系上，增设实践必修环节、学位论文环节。法律硕士专业学位全日制硕士生的总学分要求为75学分（2007年起，法律硕士专业统考招生取消非全日制），其中必修课15门（33学分），4个实践必修环节共12学分，选修课20学分，学位论文10学分。

2008年、2009年，学校根据全国各专业教学指导委员会的要求，对专业学位硕士研究生培养方案进行两轮修订，课程设置略有变动。2009版《研究生培养方案》中，工商管理硕士（MBA）专业学位（全日制及非全日制）硕士生的总学分要求仍为47学分，其中学位公共课3门（6学分）、学位基础课3门（7学分）、专业必修课和方向必修课10－11门（22－23学分）、选修课6门（11－12学分）。2009年，学校增设法律硕士（法学）专业学位硕士研究生。法律硕士（非法学）专业学位硕士生的总学分仍为75学分，除选修课微调外，课程设置基本不变。法律硕士（法学）专业学位硕士生的总学分要求为57学分，其中学位公共课1门（3学分）、公共必修课1门（2学分）、专业必修课10门（22学分），5个实践教学环节共15学分，选修课5门（10学分），学位论文5学分。

2010年，学校编制翻译硕士（MTI）专业培养方案设置必修课5门（14学分），其中国际会议口译方向设必修课8门（25学分）；选修课9门（18学分），实习6学分。

二、课程管理措施

（一）课程管理规范

2003年8月，学校制定《关于研究生课程教学的暂行规定》（外经贸学研字［2003］112号）、《关于研究生教学事故认定及处理的暂行规定》（外经贸学研字［2003］113号）。这些规定对授课资格、基本要求、课程安排与调停课、教学大纲与授课大纲、教材或主要参考书、课堂管理、课程考核与成绩评定、考试管理、教学事故认定与处理等作了明确规定。

（二）学位课抽查评估制度

为强化研究生课程建设，通过深化教学改革建设一批研究生教育优质品牌课程，自

2003 年开始，学校每学期组织学位课评估，即对研究生学位课程和影响面较大的必修课程进行抽查检验。学位课评估是对一门课程的全面评估，包括对课程的教学队伍及教科研状况、教学改革与建设、教学条件、教学效果的评估，其主要环节包括院系领导和校内外专家深入课堂听课、课程负责人进行课程状况自评、研究生部组织学生评教以及召开学位课程综合评价会议。

2003－2006 年，研究生部在调研基础上逐步建立了较全面的评估指标体系，根据专家对课程的状态评估（占 30%）、专家听课（占 40%）及学生评教（占 30%）结果，统计被抽查课程综合量化分值。截至 2006 年底，研究生部共对各院系的 35 门研究生课程进行了抽检，其中 94% 的课程综合评分达到优秀水平（90 分以上）。

经过三年的努力，研究生学位课程基本经过了一轮抽检，从 2007 年开始，此项工作暂停。通过学位课评估，不仅可以比较全面地了解学校研究生学位课程的教学队伍和教学状况，及时发现课程建设中存在的问题，而且可以通过专家与院系领导、任课教师面对面的直接交流获得建设性意见。

表 3.2.4　2003－2006 年研究生学位课、必修课抽检情况汇总

学　期	抽检课程	抽检课程名称
2003－2004－1	6 门	国际经济贸易学院《资本论》、金融学院《国际货币经济学》、国际工商管理学院《管理理论与行为》、英语学院《高级英语》、外语学院《第二外语法语（中）》、人文与行政学院《马克思主义经典著作选读》
2003－2004－2	8 门	国际经济贸易学院《计量经济学Ⅱ》、金融学院《公司金融》、国际工商管理学院《管理定量分析》、法学院《比较合同法》、信息学院《项目管理》、英语学院《语义学与语用学》、外语学院《中日经贸关系Ⅱ》、人文与行政学院《科学社会主义理论与实践》
2004－2005－1	6 门	国际经济贸易学院《微观经济学》、金融学院《微观经济学》、法学院《民法总论》、信息学院《管理信息系统》、英语学院《普通语言学》、外语学院《阿拉伯近现代文学研读Ⅰ》
2004－2005－2	4 门	金融学院《宏观金融运行分析》、国际商学院《高级财务会计》、法学院《比较商事组织法》、英语学院《商务联系学Ⅱ》
2005－2006－1	4 门	金融学院《计量经济学Ⅰ》、国际商学院《财务会计》、法学院《证券法》、信息学院《数字经济学》
2005－2006－2	4 门	国际经济贸易学院《宏观经济学》、金融学院《投资技术分析理论》、国际商学院《公司财务管理》、英语学院《经贸翻译》
2006－2007－1	3 门	国际商学院《管理统计学》、法学院《比较破产法》、公共管理学院《公共组织理论》

（三）研究生教学督导制

2007年10月，学校制定《研究生教学督导管理办法》（外经贸学研字［2007］177号），开始实行研究生教学督导制。

研究生教学督导组由7名教授组成，每人每周听课不少于2人次，每月召开一次督导工作会议。根据听课情况，教学督导对研究生教学秩序、教学手段、讲授内容、讲授方法等提出具体看法和建议，并及时和任课教师、院系主管领导交流听课意见，对研究生课程建设和教学质量的提高起到了积极作用。

2008年后，学校更加重视各学院研究生课程规范化管理与基础文档建设工作。研究生部每学期组织研究生教学督导对上学期期末考试试卷或论文批改、评阅情况以及本学期教学大纲提交情况进行抽查。

（四）课堂教学秩序检查

研究生部坚持每学期期初、期中的教学检查以及不定期的教学秩序抽查工作，以确保稳定、正常的课堂教学秩序。

2009年，为加强研究生课堂管理，研究生部聘请3名教学督查员，专门进行日常教学检查，以避免研究生教师私自调停课及学生迟到的现象，进一步规范了研究生教学秩序。

（五）网络辅助课程管理

2004年底，学校引进了全球通用的Blackboard教学辅助平台，用于辅助研究生教学工作。该平台为广大教师与学生架设了一座在时间和方式上都相当灵活的网上信息桥梁：一方面，教师可以根据授课需要在该平台上提供教学资料（包括文本、音频、视频、网页等），发布课程通知，布置作业和测验，组织讨论和在线答疑，统计学生学习情况等；另一方面学生可以利用该平台查看参考资料，完成课前预习和课后复习，做作业和进行测验，参与讨论和答疑等。此外，教学管理人员也可以利用网络信息实施课程管理，极大地提高了工作效率。2007年，该平台暂停使用。

2009年底，基于前期的良好使用效果，学校购进Blackboard教学辅助平台。研究生部通过该平台强化了对研究生课程的管理，重点是要求授课教师在平台上发布授课大纲、教学课件等材料。

第六节　导师队伍

一、总述

研究生导师队伍建设是保证高校学科建设水平和研究生教育质量的关键。导师对研究生的影响是全方位的，要培养高质量的研究生，导师必须具有良好的道德素养、精湛的业务水平和严谨的治学态度。学校始终把导师队伍建设作为人才强校战略的重要组成部分，在导师遴选、培训、考核、评优等工作中不断完善规章制度，全面提高导师队伍整体水平，促进学位与研究生教育的可持续发展。

二、导师遴选

2002 年 4 月，学校制订《关于校外专家在我校兼任研究生指导教师的规定》，明确了校外导师的选任资格、与本院教师的人数比及科研成果的归属。

2003 年 12 月，学校制订《博士生指导教师遴选小组遴选原则》，确立博导遴选的组织机构为博导遴选小组，并明确了遴选的基本规范。

2004 年 6 月，学校对硕士生导师的遴选规则进行调整，规定讲师及讲师以上具有博士学位的人员不需要进行遴选，可以直接指导硕士研究生，但须由学院报研究生部备案。

2006 年 11 月，学校在原有制度的基础上，制定《博士生指导教师遴选办法》，该办法规定博导遴选由个人提出申请，经学院分学位评定委员会、博导遴选小组、校学位评定委员会三级评审；遴选条件对申请人年龄、学位、教学与科研成果、研究生培养经验等方面提出明确要求，并首次将副教授纳入博导的遴选体系中来。同时，该办法也对遴选程序作出了详细规定。

2008 年 1 月 25 日，为适应形势需要，学校经修订再次发布《博士生指导教师遴选办法》。本次修订保留并细化了原办法中关于“条件特别优秀的副教授可以参加博导遴选”的规定，量化了申请者应满足的科研成果条件，对校外聘请博士生导师的认定条件和承担职责进行了界定。在遴选程序中，本次修订加入了博导遴选小组成员的人数及组成要求，首次规定了主管校长对学校引进高层次人才的博导特聘权，对学术性公示异议和非学术性公示异议明确了不同的解决方案；本次修订还首次规定对导师进行定期考核和退出机制，为学校导师队伍的规范化管理打下基础。

2009 年底，学校组织开发研究生导师信息管理系统。该系统于 2010 年正式投入运行，对导师基本情况、科研成果、教学情况、培养研究生情况进行统计，主要服务于学科建设、导师管理及宣传工作。

三、导师队伍建设

2009 年 1 月，学校制定并颁布实施《优秀研究生导师评选和奖励办法》，以奖励在指导研究生及教学科研工作中表现突出的研究生导师。评选标准除考察研究生导师的道德水平、教学水平、学术水平等基本条件外，还着重考察导师对研究生科研指导情况、学生参与中外联合培养项目情况、推荐学生实习和就业情况，将优秀研究生导师的评选条件依不同层次细化为基本条件、优先考虑条件和直接授予条件，使评选规则更加清晰。同时，该办法明确了优秀研究生导师的评选人数、申请方法和评选机构。

2009 年 6 月，经专家组评审，学校评选出 2009 年度优秀研究生导师共 12 名（名单见表 3. 2. 5）。

表 3.2.5　　2009 年度优秀研究生导师获奖名单（12 人）

序号	姓名	所在学院	序号	姓名	所在学院
1	张汉林	中国世界贸易组织研究院	7	王立非	英语学院
2	刘树林	国际经济贸易学院	8	唐宜红	国际经济贸易学院
3	奉立城	国际经济贸易学院	9	苏号朋	法学院
4	王　强	国际经济贸易学院	10	邱兆祥	金融学院
5	李　兵	信息学院	11	徐永彬	外语学院
6	钱爱民	国际商学院	12	王国军	保险学院

2010 年 5 月，经专家组评审，学校评选出 2010 年度优秀研究生导师共 10 名（名单见表 3.2.6）。

表 3.2.6　　2010 年度优秀研究生导师获奖名单（10 人）

序号	姓名	所在学院	序号	姓名	所在学院
1	丁志杰	金融学院	6	张汉林	中国世界贸易组织研究院
2	林汉川	国际商学院	7	崔鑫生	公共管理学院
3	刘树林	国际经济贸易学院	8	雷光勇	国际商学院
4	蓝庆新	国际经济研究院	9	王国军	保险学院
5	吴　军	金融学院	10	窦卫霖	英语学院

2010 年 1 月 12 日，学校召开博士生培养工作会议。会议明确了博士生导师的岗位职责，强调博士生导师应加强博士研究生的思想政治教育。会议提出，学校要逐步提高博士生导师遴选要求，加大对导师、博士生、博士后的科研考核力度，建立博士生导师退出和停招机制，重视和加强对新任博导的岗位培训，增强导师在招生工作中的自主权。会上，研究生导师共同讨论《研究生指导教师管理条例（讨论稿）》，并就具体规定提出修改建议。

2010 年 4 月 15 日，学校颁布并实施《研究生指导教师管理条例》（外经贸学研字［2010］082 号），对研究生导师的职责、权利、考核管理等方面作出详细规定。明确研究生导师承担的六项职责：1. 基本职责；2. 思想政治教育；3. 课堂教学；4. 学术科研指导；5. 课外实践指导；6. 学科建设。规定了研究生导师享有的六项权利：1. 招生录取权；2. 培养方案制订权；3. 学位授予建议权；4. 研究生评价权；5. 合理意见提出权；6. 科研成果署名权。对导师提出了岗位考核要求，规定考核工作每三年一次，由研究生部负责实施；考核内容包括导师的思想道德素质、业务素质和科研能力；考核结果分为优秀、良好、合格和不合格四个层次，并对考核不合格的导师作出处理规定，为今后开展导师考核和培训提供了依据。

2010 年 4 月，学校召开“我国专业学位教育发展研讨会暨专业学位导师培训会”，会议邀请国务院学位办领导介绍国务院第 27 次学位委员会关于我国专业学位设置和未来发展规划，学校80余位专业学位导师参加培训，本次研讨会使学校进一步明晰了专业学位工作的发展方向，有利于专业学位导师进一步加强教学指导工作。

四、导师队伍现状

至2010年12月，学校已拥有研究生导师共计529人，其中博士生指导教师17人，博士生指导教师兼硕士生指导教师101人，硕士生指导教师411人。总体上，研究生指导教师的数量可以满足学校研究生培养工作的需要。

表3.2.7 2010年12月各学院研究生导师数量

院系名称	研究生导师人数
国际经济贸易学院	105
英语学院	78
国际商学院	77
金融学院	75
外语学院	50
法学院	36
公共管理学院	34
信息学院	23
国际经济研究院	25
保险学院	17
中国世界贸易组织研究院	9
合计	529

表3.2.8 2010年12月各学院博士研究生指导教师名单（校内博导，按姓氏拼音排列）

院系名称	博士生导师列表
国际经济贸易学院（36人）	白树强 陈 欣 陈志鸿 崔 凡 奉立城 葛 赢 郭 飞 洪俊杰 黄晓玲 蒋先玲 孔淑红 赖平耀 林桂军 刘东升 刘树林 刘 园 卢进勇 门 明 史燕平 孙华妤 孙玉琴 王 健 王林生 王 强 王绍熙 魏巍贤 吴 青 夏友富 薛荣久 杨长春 姚新超 殷晓鹏 于 瑾 赵忠秀 朱明侠 郑俊田
国际商学院（22人）	范黎波 傅慧芬 贾怀勤 蒋 屏 雷光勇 林汉川 吕文栋 马春光 施建军 汤谷良 王秀丽 王永贵 王玉荣 吴 革 徐子健 叶陈刚 尹建华 余恕莲 张建平 张 杰 张新民 郑建明
法学院（15人）	鲍 禄 边永民 丁 丁 黄 勇 冀宗儒 李 玫 马其家 梅夏英 沈四宝 盛建明 石静霞 苏号朋 王 军 王晓川 徐海燕

续表

院系名称	博士生导师列表
金融学院（11人）	丁建臣 丁志杰 郭红玉 郭 敏 刘立新 刘 亚 齐天翔 邱兆祥 粟 勤 吴 军 吴卫星
保险学院（5人）	荆 涛 孙 健 孙立娟 王国军 王 稳
中国世界贸易组织研究院（8人）	戴长征 华晓红 李爱文 桑百川 杨荣珍 杨言洪 张汉林 庄 芮
信息学院（1人）	陈 进

第七节 教学管理与教学评估

一、教学管理体制与规定

自1984年起，学校研究生教育实行研究生部一级管理的体制。具体到教学管理方面，研究生部统一管理培养方案、教学安排与考试、学籍学历等工作。

2000年6月，学校召开首届研究生培养工作会议。会议的主要成果之一是研究生部编制的《研究生手册》（2001版），其中对选课、免修、重修、课堂规则、课程考核与成绩管理、考勤与纪律、休复学与退学等作了规定。

2003年“非典”期间，根据国家有关文件的规定，结合学校研究生培养工作的具体情况，学校对原有各项规定进行了修订，并制定一些新的管理规定。2003年8月，校长办公会议通过《关于博士研究生培养工作的若干规定》、《关于硕士研究生培养工作的若干规定》、《关于专业学位研究生培养工作的若干规定》、《关于研究生课程教学的暂行规定》、《关于研究生教学事故认定及处理的暂行规定》、《研究生学分制管理规定》和《研究生学籍管理规定》。

2005年8月，为进一步加强和规范研究生教学管理工作，根据国家教育部《普通高等学校学生管理规定》及北京市教委有关文件精神，学校修订了《研究生学籍管理办法》和《研究生学分制管理办法》。

2006年11月，学校颁布新修订的《关于博士研究生培养工作的规定》，对博士培养提出更加严格和高标准的要求，为规范博士培养管理提供了可靠的依据。

2007年4月和9月，学校分别颁布《关于硕博连读研究生培养工作的规定（试行）》和《中外联合培养研究生管理办法（试行）》，相关工作同年正式展开。

这些管理条例均被汇编收入当年的《研究生手册》中，使研究生的教学管理有章可循、有据可查。经过近几年的实践，一套科学、系统、可操作性强的研究生教学管理制度已基本形成。

为了激励广大研究生教师及管理人员积极从事教学与管理研究，2009 年 1 月，学校制定《学位与研究生教育优秀成果评选和奖励办法》和《优秀研究生教学管理工作者评选和奖励办法》。新的激励机制的建立，有利于提高教学质量及教学管理水平，推进学校的学位与研究生教育改革。

为激励学校研究生教学管理人员积极投身于研究生教学管理工作，发挥优秀教学管理工作者的示范作用，提高研究生教学管理水平，2009 年 1 月，学校制定《优秀研究生教学管理工作者评选和奖励办法》。根据该办法，优秀研究生教学管理工作者每年评选一次。

2010 年，根据国家教育部的文件精神研究生管理下放学院后，全校研究生教学仍由研究生部统一管理。

二、教学评估体制与措施

（一）研究生培养工作评估

2001 年 9 月，为贯彻国家教育部《关于加强和改进研究生培养工作的几点意见》的文件精神，学校参照国务院学位委员会办公室和教育部研究生工作办公室主持制定的《硕士学位授予单位研究生培养工作评估方案（征求意见稿）》，制订《硕士学位授予单位研究生培养工作评估方案（草案）》，供各硕士学位授予专业自评使用。自 10 月开始在国际经济贸易学院国际贸易学专业试点评估。

2003 年 10 月，根据国际经济贸易学院试点评估的经验，学校修订形成《硕士学位授予单位研究生培养工作评估方案（试行）》。通过一系列较为科学、客观的指标体系，对各培养单位研究生教育的规划与发展、研究生教学师资和导师队伍建设、学科点的建设与发展、科研水平、研究生教学、研究生指导与学位论文评审、培养管理工作、学科特色等方面进行年度全面评估。

从 2004 年起，学校定期开展院系研究生培养工作评估，全面考查院系研究生培养工作状况。2004 - 2008 年，研究生部共组织 5 次院系硕士点评估工作，要求各培养单位对照指标体系填写《硕士学位授予单位研究生培养工作自评表》和《研究生培养单位学位与研究生教育文档归档情况自查表》，并对研究生教学与培养工作进行检查，充分发挥了评估的导向作用。

2009 年初，学校制订新的研究生培养工作评估指标体系。新的评估指标体系针对日常教学管理过程中的具体问题一一进行评分，解决了以往评估指标偏宏观的问题，并起到了督促各院系规范教学管理、提高管理水平的作用。4 月，研究生部试用新的评估指标组织新一轮研究生培养工作评估，由专家根据各学院研究生培养情况和文档材料进行综合评分，最终评选出在研究生培养工作中成绩突出的 6 个学院给予奖励。各研究生培养单位通过自评和学校评估，“以评促建”，逐步建立了具有自我调节功能的校院两级质量保障与监控机制，确保了各学位授予点的培养质量。

（二）研究生评教工作

自 1984 年研究生部成立起，学校坚持开展研究生课程教学质量评估工作，即学生评教。学生评教是研究生教学质量自我监控的重要环节，通常每学期末由研究生部组织研究生对该学期所学的全部课程打分，从教学态度、教学方法、教学内容、教学手段、教学水平等方面对任课教师进行全面评估。

2002－2004 年，研究生部根据科学、全面、客观的原则多次修改教学质量评估指标体系。研究生评教使用的“教学质量评价表”中的评估指标由 14 项改为 12 项。这一时期主要采用手工填写评教表、记录评教结果，再进行“研究生教学质量评估系统”统计处理的办法。

2005 年，研究生部再次调整评教指标，新指标体系包括工作热情、教学纪律、教学方法、互动交流、教学手段、能力培养、学科前沿、重点难点、专业知识、言传身教等 10 项内容。同年 5 月引进新的评教设备，采用机读卡填涂、电脑阅读、评教系统统计处理的流程，评教效率与准确率明显提高。从近几年评估情况来看，研究生对教师的教学水平满意度较高，平均分保持在 90 分左右。

表 3.2.9　2003－2010 年研究生教学质量评估一览表

学期	参评教师	优秀	优秀率	平均分
2003－2004－1	168	142	84.5%	94.4
2003－2004－2	176	144	84.2%	94.2
2004－2005－1	213	152	71.4%	92.3
2004－2005－2	214	145	67.8%	91.4
2005－2006－1	252	160	63.5%	90.0
2005－2006－2	181	113	62.4%	89.3
2006－2007－1	228	102	44.7%	88.0
2006－2007－2	193	79	40.9%	88.0
2007－2008－1	187	107	57.2%	89.6
2007－2008－2	200	114	57.0%	89.2
2008－2009－1	175	137	78.3%	88.0
2008－2009－2	177	107	60.5%	89.8
2009－2010－1	197	116	58.9%	90.4
2009－2010－2	183	109	59.6%	89.8

（三）专家、学生评教排名前 10% 的优秀研究生教师评选

为了鼓励研究生任课教师积极投入研究生教学工作，进一步提高教学质量，从 2009 年起，学校开始评选各学院排名前 10% 的研究生授课教师。

2009 年 4 月，研究生部根据研究生评教结果和研究生教学督导听课结果，评选出 2008－2009 学年第一学期各学院排名前 10% 的研究生授课教师共 19 名；2009 年 11 月

评选出 2008－2009 学年第二学期各学院排名前 10% 的研究生授课教师共 18 名；2010 年 6 月评选出 2009－2010 学年第一学期各学院排名前 10% 的研究生授课教师共 22 名；2010 年 10 月评选出 2009－2010 学年第二学期各学院排名前 10% 的研究生授课教师共 18 名。学校对这些教师颁发了荣誉证书和奖金。

（四）优秀研究生教学管理工作者评选

为了发挥学校优秀教学管理工作者的示范作用，提高研究生教学管理水平，2009 年 6 月，根据《优秀研究生教学管理工作者评选和奖励办法》，经专家组评审和全校公示，学校共评选出 2009 年度优秀研究生教学管理工作者一等奖 4 名、二等奖 4 名；2010 年 5 月，经过专家组评审和全校公示，评选出 2010 年度优秀研究生教学管理工作者一等奖 4 名、二等奖 4 名。学校对获奖者颁发了荣誉证书和奖金。

第八节　教学改革与研究

一、总述

自 2002 年起，学校以立项资助的方式，每年拨专项经费支持研究生教学项目研究，包括教材建设、课程建设以及培养管理研究等不同类别。研究生部每年上半年组织研究生教学研究项目立项评审工作；每年 5 月、11 月集中组织两次项目中期阶段检查工作，了解项目研究的进展情况和下阶段的计划；对已经进入结项阶段的研究生教学研究项目，组织有关专家对该项目进行鉴定工作。

2002 年初，为进一步深化研究生教育改革，不断完善课程建设，改革教学内容和改进教学方法，全面提高研究生教学质量和水平，学校制定《研究生教学研究项目管理条例（试行）》，包括教学研究范围、申报审批程序、项目阶段检查和成果鉴定、项目基金管理、教学研究成果奖励等内容。

2002－2004 年，为确保学校拨付的专项经费能够在促进研究生教学研究与改革中发挥最大作用，研究生部先后制定《研究生教学研究项目经费管理办法》、《关于研究生教材编写立项的有关规定》、《研究生教学研究项目经费报销的若干规定》、《关于研究生教材评审鉴定的实施细则》、《关于对研究生教学研究项目进行鉴定的若干规定》、《研究生教学研究项目鉴定程序》和《关于研究生教学研究项目结项存档材料的规定》等一系列配套管理办法，从而使项目管理工作有章可循。

2007 年 5 月，学校修订《研究生教学研究项目管理办法》，从制度上对研究生教学研究项目的立项、评审、中期检查、结项鉴定等工作进行严格、规范管理，确保了研究生教学项目的研究质量。

2007 年 6 月，研究生部汇编完成《研究生教学研究项目管理手册》，内容包括研究生教学研究项目立项、评审、中期检查、结项鉴定等工作的相关表格、工作流程及管理规定，特别对不同类别的项目结项成果提出明确要求。

2009 年 1 月，为推进学位与研究生教育的改革与建设，鼓励教师积极开展学位与研究生教育科学研究，提高研究生教学水平和教育质量，学校制定了《学位与研究生教育优秀成果评选和奖励办法》。根据该办法，学位与研究生教育优秀成果每年评选一次。

二、研究生教学研究项目建设情况

（一）项目立项情况

表 3.2.10　　2002－2010 年度研究生教学研究项目立项情况一览表

		2002	2003	2004	2005	2006	2007	2008	2009	2010
汇总统计	总计	38	28	36	44	34	49	48	41	39
	教材建设	20	5	11	9	15	8	13	8	12
	课程建设	5	13	16	14	10	27	21	17	14
	其他项目	13	10	9	21	9	14	14	16	13
按项目负责人所在单位统计	国际经济贸易学院	6	8	9	9	2	2	5	2	2
	金融学院	4	3	6	5	4	5	6	3	1
	国际商学院	9	3	3	5	3	4	11	5	9
	法学院	8	2	3	6	1	9	5	5	5
	信息学院	5	3		2	2		2	4	4
	英语学院	3	4	3	5	7	7	2	8	3
	外语学院	1	2	4	2	2	4	1		1
	中德学院	1								
	人文与行政学院		1	3						
	公共管理学院				2	4	5	7	2	4
	保险学院			2		4	3	2	3	1
	人文与社会科学学院				1		2		1	
	中国世界贸易组织研究院				2	1	3	2	1	2
	国际经济研究院						1	2	1	1
	发展规划处				1		1		1	
	人事处						1			1
	组织部								1	1
	财务处									1
	校办							1		
	学生工作部									1
	研究生部	1	2	3	4	4	2	2	4	2

（二）项目结项情况

表 3.2.11　　2003－2010 年度研究生教学研究项目结项情况一览表

鉴定时间	结项汇总	说　明
2003.10	10 项	均为 2002 年度立项项目。
2004.08	8 项	7 项为 2002 年度立项项目，1 项为 2003 年度立项项目。
2005.01	3 项	2 项为 2002 年度立项项目，1 项为 2003 年度立项项目。
2005.06	6 项	4 项为 2002 年度立项项目，2 项为 2003 年度立项项目。
2005.12	4 项	3 项为 2003 年度立项项目，1 项为 2005 年度立项项目。
2006.06	20 项	6 项为 2003 年度立项项目，11 项为 2004 年度立项项目，3 项为 2005 年度立项项目。
2006.12	8 项	1 项为 2002 年度立项项目，2 项为 2003 年度立项项目，2 项为 2004 年度立项项目，3 项为 2005 年度立项项目。
2007.06	21 项	2 项为 2002 年度立项项目，2 项为 2004 年度立项项目，13 项为 2005 年度立项项目，4 项为 2006 年度立项项目。
2007.12	14 项	1 项为 2003 年度立项项目，5 项为 2004 年度立项项目，6 项为 2005 年度立项项目，2 项为 2006 年度立项项目。
2008.06	14 项	2 项为 2004 年度立项项目，3 项为 2005 年度立项项目，6 项为 2006 年度立项项目，3 项为 2007 年度立项项目。
2008.12	9 项	1 项为 2004 年度立项项目，3 项为 2006 年度立项项目，5 项为 2007 年度立项项目。
2009.06	10 项	1 项为 2002 年度立项项目，1 项为 2005 年度立项项目，1 项为 2006 年度立项项目，5 项为 2007 年度立项项目，2 项为 2008 年度立项项目。
2009.12	17 项	1 项为 2005 年度立项项目，3 项为 2006 年度立项项目，8 项为 2007 年度立项项目，4 项为 2008 年度立项项目，1 项为 2009 年度立项项目。
2010.06	8 项	3 项为 2007 年度立项项目，5 项为 2008 年度立项项目。
2010.12	16 项	1 项为 2006 年度立项项目，4 项为 2007 年度立项项目，11 项为 2008 年度立项项目。

三、学位与研究生教育优秀成果评选情况

2009 年 4 月，根据学校《学位与研究生教育优秀成果评选和奖励办法》，经专家组

评审和全校公示，学校共评选出2009年度学位与研究生教育优秀成果一等奖6名、二等奖12名、荣誉奖7名。2010年7月，学校共评选出2010年度学位与研究生教育优秀成果一等奖3项、二等奖9项。学校对获奖者颁发了荣誉证书和奖金。

第九节　国内外联合培养项目

一、总述

2007年10月，在北京市教委的支持下，学校正式启动首期国内外联合培养研究生项目，同时制定《中外联合培养研究生管理办法（试行）》。

2008年10月，基于在国内外联合培养方面取得的成绩，学校获得批准，成为北京市国内外联合培养研究生基地。12月，开始实行国内外联合培养研究生项目预选机制。

2009年3月，学校制定《关于国内外联合培养研究生管理办法的若干补充规定》，对国内外联合培养研究生资助办法作出明确规定。通过校内宣讲等宣传活动，获得该项目资助的研究生人数增多，规模日益扩大，国外合作院校层次得到提高。

2010年4月，学校修订《国内外联合培养研究生管理办法》，增加了奖励措施。

二、国内外联合培养研究生项目内容

国内外联合培养研究生项目旨在资助学校在读研究生赴国外知名大学交流学习、参加国际学术交流活动、在国际学术期刊和国际学术会议上发表论文，以拓宽研究生的学术视野，提高研究生的学术水平。该项目重点资助国家级和市级重点学科，是学校学科建设的有力支撑。联合培养研究生的国外合作方应具有明显的学科优势或良好的实习条件。双方应有共同或相近的研究方向和合作研究的基础，且外方院校在该研究领域处于国际先进水平。

联合培养研究生在国外期间需定期向国内导师和研究生部汇报学习、研究情况。研究生学成归国后，按学校规定提交学习调研成果，包括学术论文、调研报告、学习总结等。学术论文围绕具体课题展开，达到公开出版水平，有的已经被国际会议采用或发表于国际期刊上。

截至2010年12月，研究生部已选拔派出82名优秀硕士、博士研究生赴国外知名大学交流学习（详见表3.2.12），国外合作大学主要包括美国、澳大利亚、英国、日本等一些知名高校。

表3.2.12　　2008—2010年学校国内外联合培养研究生名单

姓名	所属学院	培养层次	国外合作单位	年度
林其敏	法学院	博士	美国威斯康星——麦迪逊大学法学院	2008
张　艳	国际经济贸易学院	博士	澳大利亚阿德雷德大学	2008

续表

姓名	所属学院	培养层次	国外合作单位	年度
黄　卉	国际经济贸易学院	博士	美国堪萨斯大学	2008
戴　臻	国际经济贸易学院	博士	伦敦大学皇家霍洛威学院	2008
张淑君	国际商学院	博士	德国科隆大学	2008
李　楠	法学院	硕士	美国威斯康星——麦迪逊大学法学院	2008
李姣妍	法学院	硕士	美国威斯康星大学法学院东亚法律研究中心	2008
张小琳	国际经济贸易学院	硕士	摩纳哥国际大学	2008
周晋竹	国际经济研究院	硕士	新西兰惠灵顿维多利亚大学	2008
于晴初	外语学院	硕士	日本大阪府立大学	2008
李蓓蓓	外语学院	硕士	日本早稻田大学	2008
王黎黎	外语学院	硕士	德国波茨坦大学	2008
黄丽莉	英语学院	硕士	英国伯明翰大学英语高级研究中心	2008
唐　山	英语学院	硕士	英国华威大学	2008
徐　凡	中国世界贸易组织研究院	博士	美国哈佛大学	2009
付亦重	中国世界贸易组织研究院	博士	美国哥伦比亚大学	2009
潘方方	法学院	博士	美国威斯康星大学法学院	2009
赵　栋	法学院	博士	美国康涅狄格大学法学院	2009
孙靓莹	国际经济贸易学院	博士	美国堪萨斯大学	2009
赵晓旭	国际经济贸易学院	博士	美国康涅狄格大学法学院	2009
于　涛	国际经济贸易学院	博士	美国康涅狄格大学法学院	2009
吴西顺	国际经济贸易学院	博士	韩国全北大学（Chonbuk National University）	2009
高　宇	国际经济贸易学院	博士	加拿大戴尔豪西大学	2009
陈萍萍	法学院	硕士	美国南伊利诺伊州大学	2009
刘凤英	法学院	硕士	美国南伊利诺伊州大学	2009
路　遥	国际商学院	硕士	美国西东大学	2009
魏文婷	国际商学院	硕士	德国明斯特大学	2009
唐　昊	国际商学院	硕士	加拿大布鲁克大学	2009
钟　雯	国际商学院	硕士	德国科隆大学	2009
黄伊涵	金融学院	硕士	英国布兰迪斯大学	2009
张　崇	国际经济贸易学院	硕士	澳大利亚西奥大学（UWA）	2009
颜明煌	国际经济贸易学院	硕士	英国布兰迪斯大学	2009
丘　鑫	国际经济贸易学院	硕士	法国 ESCE	2009

续表

姓名	所属学院	培养层次	国外合作单位	年度
贺译萱	国际经济贸易学院	硕士	英国皇家霍洛威大学	2009
洪寅雪	国际经济贸易学院	硕士	英国布兰迪斯大学	2009
王青青	外语学院	硕士	韩国庆熙大学	2009
张　珺	外语学院	硕士	韩国庆熙大学	2009
华　菲	外语学院	硕士	韩国庆熙大学	2009
刘　婷	外语学院	硕士	西班牙马德里康普顿斯大学	2009
范淑燕	外语学院	硕士	意大利米兰大学	2009
刘　婕	外语学院	硕士	韩国首尔国立大学	2009
李嫣然	外语学院	硕士	韩国首尔国立大学	2009
吕　丹	外语学院	硕士	法国巴黎三大	2009
全　智	英语学院	硕士	英国伯明翰大学	2009
姜贻娴	英语学院	硕士	英国伯明翰大学	2009
于　佳	英语学院	硕士	澳大利亚西澳大学	2009
孟　蒙	英语学院	硕士	美国南伊利诺伊州大学	2009
童　惟	英语学院	硕士	美国南伊利诺伊州大学	2009
梁　菲	英语学院	硕士	美国南伊利诺伊州大学	2009
李　笑	英语学院	硕士	美国南伊利诺伊州大学	2009
郑　楠	英语学院	硕士	美国圣托马斯大学	2009
仲莹祎	公共管理学院	硕士	美国南伊利诺伊州立大学	2010
胡　洋	英语学院	硕士	美国纽约城市大学巴鲁克学院	2010
黄湜尹	英语学院	硕士	美国纽约城市大学巴鲁克学院	2010
郑玩娜	英语学院	硕士	美国纽约城市大学巴鲁克学院	2010
倪　蓉	英语学院	硕士	美国南伊利诺伊州立大学	2010
彭　景	法学院	博士	美国威斯康星大学	2010
闫　丽	英语学院	硕士	美国南伊利诺伊州立大学	2010
杨　然	英语学院	硕士	美国南伊利诺伊大学	2010
张丽娜	英语学院	硕士	美国南伊利诺伊大学	2010
刘　聪	英语学院	硕士	美国南伊利诺伊大学	2010
蔡秀英	英语学院	硕士	美国南伊利诺伊大学	2010
田天洋	外语学院	硕士	西班牙缪尔西亚大学	2010
赵灵双	外语学院	硕士	西班牙缪尔西亚大学	2010

续表

姓名	所属学院	培养层次	国外合作单位	年度
张　萌	金融学院	博士	英国伦敦商学院	2010
卢皓宇	外语学院	硕士	韩国首尔大学	2010
范　洋	国际经济贸易学院	硕士	美国南伊利诺伊州立大学	2010
袁　方	金融学院	硕士	美国布兰迪斯大学	2010
李　倩	国际商学院	硕士	美国布兰迪斯大学	2010
罗文萍	外语学院	硕士	韩国亚洲大学	2010
潘天琴	外语学院	硕士	韩国亚洲大学	2010
许　蓓	法学院	硕士	美国康涅狄格大学	2010
于　淼	外语学院	硕士	俄罗斯国立普希金俄语学院	2010
郑丽娟	国际商学院	硕士	德国科隆大学	2010
李　洁	国际商学院	硕士	德国科隆大学	2010
于海娇	国际商学院	硕士	法国南特管理学院	2010
王　淼	国际商学院	硕士	法国南特管理学院	2010
周晓瑜	外语学院	硕士	德国曼海姆大学	2010
周　珊	国际商学院	硕士	美国布兰迪斯大学	2010
许荻迪	国际经济贸易学院	博士	英国牛津大学	2010
李　芸	国际经济贸易学院	博士	美国天普大学	2010
郑莉莉	国际经济贸易学院	博士	美国天普大学	2010

第十节　学位管理

一、总述

学位管理是一项严肃认真、政策性极强的工作。学位管理工作包括申报新的学科点和重点学科、学位审查与学位授予相关的事宜、申报全国优秀博士论文和北京市优秀博士论文等。随着学校研究生招生规模的逐年扩大，授予学位人数的逐年上升，学校在研究生学位方面的各项管理措施和规定也日渐完善规范。

二、管理体制

2004 年，学校召开研究生培养工作会议，对研究生教育的过去和现状进行梳理，会议编写了《研究生教育规章制度与文件汇编》，整合了与研究生教育相关的较重要的文件和规章制度。

2004 年 6 月，学校制订《对研究生答辩不合格情况的处理办法》，规定对于博士生，答辩委员会可在全体成员不记名投票、过半数通过的条件下，作出在两年内修改论文、重新答辩一次的决议；对于硕士生，答辩委员会可在全体成员不记名投票、过半数通过的条件下，作出在一年内修改论文、重新答辩一次的决议。

2007 年 6 月，学校制订《研究生学位论文写作规范》，该规范将论文封皮颜色统一为博士论文浅褐色、科学学位硕士论文浅黄色、专业学位硕士论文浅绿色、同等学力人员论文浅红色。将论文格式规定为 12 部分，分别是：1. 中文封面；2. 英文封面；3. 学位论文原创性声明；4. 学位论文版权使用授权书；5. 中文摘要；6. Abstract；7. 目录；8. 正文（第 1 章，第 2 章……）；9. 致谢；10. 参考文献；11. 附录；12. 个人简历及在学期间发表的学术论文或研究成果。该规范在 2007 年试行，并于 2008 年正式实施。

2008 年 1 月 18 日，学校制定《博士学位论文双盲评审试行办法》（外经贸学研字[2008] 014 号），该办法规定了博士学位论文答辩前送外校进行双盲评审的程序及评审结果的处理方法。2008 年下半年，正式开始执行博士双盲评审制度。

2009 年上半年，正式开始执行硕士学位论文抽检制度。2009 年 11 月，学校组织开发硕士抽检评审抽签系统，作为硕士学位论文抽检的辅助工具，保证抽检的公平公正。

2009 年 4 月，学校制定《优秀博士学位论文培育和资助办法（试行）》（外经贸学研字［2009］088 号），该办法中确定“设立优秀博士学位论文培育基金”，并具体规定资助人数、资助金额及选拔办法，旨在催生全国优秀博士论文。

2009 年 6 月，学校学位评定委员会进行调整，主任委员为施建军，副主任委员为徐子健、刘亚、林桂军、张新民、林汉川、葛嬴。委员名单（按姓氏笔画排列）如下：丁志杰、门明、王军、王强、王稳、王立非、王丽娟、仇鸿伟、史薇、白树强、刘亚、汤谷良、吕文栋、李伯杰、杨长春、杨立群、杨言洪、杨逢华、张汉林、张新民、陈进、林汉川、林桂军、郑俊田、赵忠秀、施建军、荆涛、贾文浩、徐子健、桑百川、曹红月、葛嬴、曾钢、雷光勇、戴长征。

2009 年 10 月 8 日，学校成功主办设置国际商务硕士专业学位专家论证会，会议议题为国际商务硕士专业的建设及该专业应如何与职业资格认证相衔接。

2009 年 11 月 25 日，学校召开 2009 年学科建设研讨会，会议明确学校学科建设的现状和目标。会上，国际经济贸易学院、法学院、国际商学院相关负责人对本学院学科建设情况进行汇报。会议聘请国际商学院林汉川教授为学科建设顾问。

2010 年 5 月，学校强化对硕士、博士答辩过程的内外部检查监督制度。博士答辩前由研究生部和答辩人所在院系共同发布答辩公告，引入外部监督。硕士、博士答辩过程由研究生部指派专人到现场抽查答辩各环节程序是否合规。

2010 年 7 月，学校制定《对外经济贸易大学优秀博士学位论文评选办法》，开始对校级优秀学位论文进行评选。2010 年 7 月，学校评选出 2010 年度校级优秀硕士学位论文共 6 篇。2010 年 12 月，学校评选出 2010 年度校级优秀博士学位论文共 2 篇。

表 3. 2. 13　　**2010 年度校级优秀硕士学位论文**

序号	所在院系	姓名	导师	论　文　题　目
1	国际经济贸易学院	张小琳	朱明侠	奢侈品企业价格歧视策略研究
2	国际商学院	林洲钰	张　杰	零售连锁企业生鲜商品供应链的研究——基于自组织理论视角
3	外语学院	赵元昊	杨言洪	埃及传统岁时节日民俗研究
4	金融学院	郭　凯	丁志杰	人民币远期汇率偏差性质研究
5	金融学院	李　婧	郭　敏	基于信息经济学的对赌协议委托代理
6	金融学院	宋　琛	吴卫星	IPO 发售中的信息激励机制与 IPO 抑价研究

表 3. 2. 14　　**2010 年度校级优秀博士学位论文**

序号	所在院系	姓名	导师	论　文　题　目
1	国际经济贸易学院	王明喜	刘树林	基于柯布——道格拉斯效用函数的拍卖理论模型及其应用研究
2	金融学院	李伟平	刘　亚	人民币汇率变动的传递效应研究

2010 年 12 月，学校制定《对外经济贸易大学学位论文学术不端行为检测及处理办法（试行）》，引入学位论文相似性检测系统，对申请答辩的学位论文进行相似性检测，以此作为答辩资格审核的重要环节。

目前，学校设校学位评定委员会，秘书处挂靠在研究生部，秘书长由研究生部主任和教务处处长担任，日常工作由学位办公室负责办理。各研究生培养单位设学位评定分委员会。研究生部学位办公室负责研究生的学位论文、答辩资格审核，学位证书、学位档案的管理，以及学科点申报、研究生导师遴选管理等工作。

三、学位授予

2002 年 8 月，根据国务院学位委员会《关于开展高级管理人员工商管理硕士（EMBA）专业学位教育工作的通知》，经国务院学位委员会批准，学校成为首批“高级管理人员工商管理硕士学位”（EMBA）的培养单位之一。

2003 年 9 月，根据国务院学位委员会《关于下达第九批博士学位授权学科、专业名单的通知》，经国务院学位委员会批准，学校获准增列 2 个博士学位授权点：世界经济、金融学（含：保险学）。根据北京市学位委员会《关于第九次硕士学位授权审核结果的通知》，经北京市学位委员会审核批准，并报国务院学位委员会同意备案，学校获准增列8个硕士学位授权点：世界经济、国民经济学、数量经济学、经济法学、德语语言文学、阿拉伯语语言文学、技术经济及管理、行政管理。

2006年1月，根据国务院学位委员会《关于下达第十批博士和硕士学位授权学科、专业名单的通知》，经国务院学位委员会第22次会议批准，学校获得应用经济学1个博士学位授权一级学科点；民商法学、企业管理（含：财务管理、市场营销、人力资源管理）2个博士学位授权二级学科点；法学、外国语言文学、工商管理3个一级学科硕士学位授权点。

2009年6月，根据国务院学位委员会《关于批准新增法律硕士等类别专业学位研究生培养单位的通知》，学校获得翻译硕士专业学位授权资格。

2010年9月2日，根据国务院学位委员会下发《关于下达2010年新增硕士专业学位授权点的通知》，学校获得金融、国际商务、保险、资产评估、公共管理、会计6个专业学位授权资格，使全校专业学位授权点的数量上升至9个。

到2010年12月，经国务院学位委员会批准学校已拥有1个一级学科博士学位授权点、14个二级学科博士学位授权点，专业覆盖经济学、法学、管理学三大学科门类；4个一级学科硕士学位授权点、37个二级学科硕士学位授权点，专业覆盖经济学、法学、文学、管理学四大学科门类。并拥有9个专业学位授权点。此外，2010年学校还在国际贸易学等13个专业开展同等学力申请硕士学位工作。

截至2010年12月，学校共授予博士学位401人，硕士学位15 293人。

表3.2.15　　1981－2010年12月硕、博士研究生学位授予情况表

年份/月	小计	博士	硕士
1981－2000.06	1 465	17	1 448
2000.12	301	3	298
2001	420	11	409
2002	661	11	650
2003	817	15	802
2004	1 087	26	1 061
2005	1 362	33	1 329
2006	2 215	57	2 158
2007	1 896	64	1 832
2008	1 770	40	1 730
2009	1 470	54	1 416
2010	2 230	70	2 160
合计	15 694	401	15 293

表 3.2.16 1989 – 2010 年 12 月博士学位分专业授予情况表

年份	小计	国际贸易	国际法学	金融学	世界经济	企业管理
1989 – 2000.06	17	11	6			
2000.12	3	2	1			
2001	11	7	4			
2002	11	8	3			
2003	15	12	3			
2004	26	18	8			
2005	33	19	14			
2006	57	19	38			
2007	64	21	33	7	3	
2008	40	10	22	6	2	
2009	54	9	27	15	3	
2010	70	25	13	27	4	1
合计	401	161	172	55	12	1

表 3.2.17 2000 – 2010 年 12 月硕士分学位类别授予情况表

年份	小计	科学学位硕士	专业学位硕士	同等学力硕士
2000	298	133	144	21
2001	409	124	195	90
2002	650	154	252	244
2003	802	243	236	323
2004	1 061	304	445	312
2005	1 329	391	644	294
2006	2 158	1 230	531	397
2007	1 832	820	655	357
2008	1 730	949	484	297
2009	1 416	900	360	156
2010	2 160	990	724	446
合计	13 845	6 238	4 670	2 937

表 3.2.18　　1981－2010 年 12 月科学学位硕士授予情况统计表

年份	小计	经济学	管理学	文学	法学
1981－2000.06	476	258	62	70	86
2000.12	2			2	
2001	124	63	17	22	22
2002	154	79	23	30	22
2003	243	120	33	34	56
2004	304	157	41	64	42
2005	391	230	45	69	47
2006	1 230	679	202	198	151
2007	820	482	151	112	75
2008	949	530	191	130	98
2009	900	529	170	124	77
2010	990	573	173	139	105
合计	6 583	3 700	1 108	994	781

表 3.2.19　　1996－2010 年 12 月专业学位硕士授予情况统计表

年份	小计	工商管理硕士 MBA	高级工商管理硕士 EMBA	法律硕士 JM
1996－2000.06	219	168		51
2000.12	76	76		
2001	195	134		61
2002	252	181		71
2003	236	155		81
2004	445	268		177
2005	644	320	82	242
2006	531	240	72	219
2007	655	207	160	288
2008	484	247	97	140
2009	360	192	81	87
2010	724	351	166	207
合计	4 821	2 539	658	1 624

表 3.2.20 1981－2010 年 12 月同等学力硕士授予情况统计表

年份	小计	经济学	管理学	文学	法学
1981－2000.06	263	176	37	12	38
2000.12	15	12	3		
2001	57	45	6	2	4
2002	244	158	48	7	31
2003	323	166	96	9	52
2004	312	135	108	5	64
2005	294	203	65	5	21
2006	397	252	89	16	40
2007	357	224	92	10	31
2008	297	186	81	13	17
2009	156	91	51	8	6
2010	446	304	84	41	17
合计	3 161	1 952	760	128	321

表 3.2.21 1999－2010 年 12 月来华留学生学位授予情况统计表

年份	博士留学生				硕士留学生		
	博士小计	国际经济贸易学院	法学院	世界贸易组织研究院	硕士小计	科学学位	专业学位
1999					6	6	
2000					6	6	
2001					5	5	
2002					10	10	
2003	1	1			21	21	
2004	1		1		18	18	
2005					34	34	
2006	5	5			86	86	
2007	1	1			74	65	9
2008	1			1	136	74	62
2009	3		3		126	67	59

续表

年份	博士留学生				硕士留学生		
	博士小计	国际经济贸易学院	法学院	世界贸易组织研究院	硕士小计	科学学位	专业学位
2010	6	5	1		188	125	63
合计	18	12	5	1	710	517	193

第十一节　学生日常管理与服务

一、管理机构沿革

1984 年 11 月，校党委在研究生部建立党总支和团总支，统一负责全校研究生的思想政治工作。

2000 年 4 月，研究生部出台《硕士研究生课外综合考评加减分办法》，标志着研究生自我管理的开始。

2000 年 6 月，学校召开首届研究生培养工作会议，进一步明确研究生部在学生日常管理、生活管理、就业指导等方面的职能。研究生部设学生管理办公室，负责全校研究生的学籍档案、组织发展、就业指导及日常学习、生活。

2006 年，研究生部学生管理办公室更名为学生工作办公室，学生工作从管理导向转变为服务导向，开展一条龙的研究生日常管理与服务工作。

2010 年 4 月，学校研究生思想政治教育和日常管理工作开始实行校院两级分工协作管理体制，学校在研究生部成立研究生工作办公室（正科级），统筹全校研究生思想政治教育、科研、奖惩等工作，各学院全面负责研究生日常管理、党建团学及思想政治教育等具体工作。

二、规章制度

自 1954 年以来，学校为本、专科学生制定一系列规章制度，有些规章制度原则上适用于研究生。1988 年，学校颁布《研究生工作手册》，研究生管理步入规范化、制度化轨道。

2000 年，研究生部编辑出版《研究生手册》，包括入学与注册等 10 项学生管理规章制度。

2001－2009 年，研究生部多次修订《研究生手册》，先后添加、修订《硕士研究生课外综合考评加减分办法》、《研究生违纪处分条例》、《研究生学生干部管理办法》、《研究生学生证管理规定》、《关于在校研究生申请出国（境）的管理规定》、《研究生宿舍管理规定》、《关于在研究生重大活动中奏唱〈研究生之歌〉的规定》、《研究生课外活动管理条例》、《研究生勤工助学值班守则》、《优秀毕业研究生申报和评选办法》、

《研究生就业管理规定》、《关于研究生办理离校手续的管理规定》等规章制度，进一步加强了学校研究生思想政治教育和日常管理工作的科学化、规范性。

2010年，学校进一步强化研究生在学术科研领域中的重要作用，先后出台《研究生参加国内外学术会议资助办法》、《研究生优秀学术成果奖励办法》，加大研究生学术科研支持和奖励力度，鼓励广大研究生积极从事学术创作和科学研究，力求提高学校研究生的科研产出水平。

经过多年的调研、讨论和论证，学校于2010年4月颁布《关于研究生思想政治教育和日常管理工作实施两级管理的方案》，标志着学校研究生党建、思想政治教育和日常管理工作开始施行校院两级管理体制。5月，校党委签发《关于加强和改进研究生党组织建设和思想政治教育工作的意见（试行）》，对学校研究生两级管理体制实施后的党建工作作了详细指示和部署。10月，校党委签发《研究生辅导员队伍建设实施办法》，对学校研究生辅导员的要求与职责、配备与选聘、培养与发展、管理与考核等方面进行了全面阐述，进一步完善和规范了研究生两级管理体制的队伍建设。

三、勤工助学

2004年以前，学校研究生人数不多，无专门供研究生勤工助学使用的经费。

2004－2007年，研究生招生规模扩大，学校勤工助学中心为研究生部设置了2－3个固定勤工助学岗位及每月固定的勤工助学最高限额，由研究生部学生工作办公室负责研究生勤工助学工作。发放的勤工助学薪酬从学校勤工助学中心支出，标准为30元/半天，个人每月最高不超过300元。

2007年3月，经研究生部申请、校长办公会批准，学校为研究生勤工助学设立专项基金。同时，研究生部明确了以学生工作办公室为主管科室，研究生会办公室勤工助学小组为具体执行机构的研究生勤工助学二级管理体制。研究生勤工助学工作已初具规模，先后制定《研究生勤工助学值班守则》、《研究生勤工助学管理办法》等一系列工作制度，开辟了多个勤工助学渠道，设立了更多的勤工助学工作岗位，勤工助学薪酬标准仍为30元/半天，提高个人每月发放额度最高至800元。

2007年7月，教育部、财政部公布《高等学校勤工助学管理办法》，为研究生勤工助学活动的开展提供了政策上的支持。

2009年3月，学校根据研究生规模及研究生勤工助学的开展情况，适当提高研究生勤工助学基金的拨付金额，对研究生勤工助学的管理也由粗放型逐步向细致型转变。为方便管理，研究生部自行研发了研究生勤工助学信息系统，2009年投入使用，运行良好。至此，研究生勤工助学工作走上正轨。

四、评优制度与惩罚制度

从2000年开始，研究生部以全面提高研究生综合素质为教育管理目标，大胆创新研究生评优、惩罚机制。2000年4月，研究生部颁布《硕士研究生课外综合考评加减分办法》，标志着研究生评优进入综合素质评比的轨道。2007年，研究生部制定《研究生课外活动管理条例》，进一步完善了研究生参加重大课外活动的奖惩措施。经过10

年的发展，研究生部已经建立起一套成熟的综合素质评估体系，研究生综合素质得分=智育得分（上限100分）×75%+德育能力（上限30分）×25%。

表3.2.22　研究生综合素质评分表

智育（75%）：百分制		各课成绩乘以学分后之和，除以各课学分之和。
德育（25%）：三十分制	思想品德	奖惩结合，以惩为主，采取扣分制或者评优降档、取消评优资格等方式。
	文体能力	加分制，根据获奖档次、参与度不同而异
	课外活动	加分制，活动项目负责人制，根据项目大小、个人具体参与工作度
	学术科研	加分制，遵循《研究生学术加分管理办法》

（一）评优制度

2000年以来，学校研究生评优范围和奖励力度都有大幅度提高，评优方式也逐渐多元化，形成以奖学金、优秀称号为主体的评优体系。

自1998年以来，学校及其研究生部为鼓励学生勤奋学习、刻苦钻研、努力实践，多方与社会联系，为研究生专门设立了各类奖学金。

表3.2.23　2000－2010年研究生奖学金一览表

序号	奖学金名称	资助单位	设置年份	每年总金额	年奖人次	备注
1	华为奖学金	华为技术有限公司	2000（续）	75 000	研究生受奖比30%－50%	已结束
2	环中奖学金	环中律师事务所	2000	40 000		已结束
3	中达干部奖学金	中达进出口公司	2000	10 000		已结束
4	硅谷动力奖学金	硅谷动力律师事务所	2001	50 000		已结束
5	研究生奖学金	本校	2000	30 000－700 000		
6	王林生奖学金	谢岷校友	2008	20 000	2	
7	光华奖学金	台湾光华教育基金会	2010	400 000	65	

注：“王林生奖学金”涉及本科、研究生、教师，此处王林生奖学金金额及人次的相关数据仅为研究生部分。

截至2010年上半年，学校研究生自有奖学金（不含校外资助）总金额达到70万/年，主要分为A类奖学金、B类奖学金、科研奖学金、GS鸿志奖学金及其他奖学金。A类奖学金奖励学习优秀并且积极参与学校活动的学生；B类奖学金为干部奖学金，奖励研究生会和党团工作突出的优秀干部、优秀组织；科研奖学金是为鼓励研究生积极参加科研活动、奖励科研成果而设置，一般分为特等、一等、二等、三等四个等级；GS鸿志奖学金是为激励那些家庭相对贫困但学习成绩优异，而且热心研究生会活动、积极参加勤工助学的同学而专门设立的，于2006年首次实施；其他奖学金以弘扬优良品德、树立榜样效应为评选宗旨，根据实际情况设立，包括拾金不昧、好人好事、志愿服务、西部支教团等奖学金。

研究生部每年评选优秀毕业研究生，对在校期间综合评估优秀、为集体为学校作出重要贡献的毕业研究生授予“优秀毕业研究生”荣誉称号。2008 年，研究生部制定《优秀毕业研究生申报和评选办法》，进一步明确优秀毕业研究生的申报要求，规范评选程序。

2006 年底，为鼓励广大研究生积极参与课外活动，提高研究生的集体荣誉感和责任感，研究生部指导研究生会启动“研会之星”评选工作，2006 年 12 月，8 位研究生荣获第一期“研会之星”称号。2007 年，研究生部授权研究生会制定《研究生“研会之星”评选条例》，完善“研会之星”的评选原则、评选时间、申报条件和程序、审核标准以及奖励措施，规定对“研会之星”获得者授予研究生部“优秀学生”光荣称号。

（二）惩罚制度

2003 年 7 月，研究生部修订《研究生违纪处分条例》，对违反国家法律、法令、法规，破坏校纪校规的研究生，视情节轻重给予处分。处分分为 6 种：警告、严重警告、记过、留校察看、勒令退学、开除学籍。

表 3.2.24　　2000－2010 年在校研究生受处分情况汇总表

年份	处分方式			
	警告	记过	留校察看	退学、取消学籍
2003		1	1	1
2004			2	
2005			3	
2006	1	1	12	
2007			6	

2003 年 8 月，校长办公会通过《研究生学籍管理规定》，为规范研究生管理工作进一步奠定了基础。

2007 年 12 月，研究生部发布《研究生课外活动管理条例》，对无故缺席重大活动的研究生作出了处罚规定。处罚分为 3 档：通报批评、评优降级、取消评优资格。

五、学生活动

（一）研究生会

1985 年，学校研究生会成立。其宗旨是：在校党委的领导和校团委的指导下，开展有益的学术、文体活动，沟通研究生相互之间和师生之间的联系，为全体研究生服务。

2000 年，研究生部制定实施《硕士研究生课外综合考评加减分办法》，并指导研究生会首次通过民主选举产生新一届主席团成员及学术部、宣传部、文艺部、体育部、生活部五个部门部长，标志着研究生会自我管理体制的建立。

2000年11月，研究生会增设外联部。2001年11月，增设信息部，原生活部正式更名为办公室。2003年，主席团增设2名秘书，协助主席团助理研究生会事务；12月，将宣传部和信息部合并，成立新的宣传部，同时增设沟通服务部。2004年，研究生会增设职业拓展部，撤销主席团秘书。2007年，增设财务秘书（长），独立于研究生会主席团及各部门之外，研究生会实行财务独立制；10月，将外联部与职业拓展部合并，成立新的外联与职业拓展部。2010年5月，随着研究生两级管理体制的实施，学校研究生会的组织机构和工作内容进行相应调整，设有主席团、财务秘书组以及办公室、学术部、外联部、文艺部、体育部、宣传部、沟通服务部七大部门。

研究生会是研究生自我管理制度的执行机构。2006年之前，每年11、12月分别进行研究生会主席团和部长换届选举。因研究生学制三年改为两年，从2006年开始，每年11月进行部长换届选举，次年3月进行主席团换届选举。部长产生后任命副部长2－3名，同时各部还任命1名财务负责人。研究生会财务秘书（长）则由研究生部直接选拔任命。

2010年11月，学校成立了研究生会博士生分会（简称“贸大博会”）。

（二）课外活动

研究生课外活动主要由研究生会组织开展，涉及学术科研、文体竞赛、求职就业、社会实践等各方面内容。

2000年以来，研究生部指导研究生会出版《研究生论坛》（2001年原《硕士论坛》更名为《研究生论坛》）共计22期，成功举办了八届GS学术文化节和科研立项活动。2010年3月，学校发布《研究生科研创新项目管理办法（试行）》，研究生部改变传统科研立项方式，于同年4月正式启动学校研究生科研创新项目。

研究生积极参加学校组织的各项文体赛事，于2005－2007年在全校学生运动会上实现男子总分、女子总分、团体总分3个三连冠。研究生会还自行组织各种文体活动。2000年，研究生标志设计大赛，魏力同学的作品获选，从此研究生活动及研究生部有了自己的标志。2005年，研究生会文艺部推出歌舞大赛，自此形成了迎新晚会、圣诞晚会、歌舞大赛、毕业晚会四大文艺品牌。2006－2007年，《研究生之歌》创作完成，代表着学校研究生集体智慧的结晶；2007－2008年，《研究生之歌》完成了首部DV制作。此外，研究生体育活动也非常丰富，定期举行足球赛、篮球赛、排球赛、羽毛球赛等球类赛事，还有研究生运动会、趣味运动会等大型赛事。

2004年以来，就业自救开始成为研究生课外活动的重心之一。2004年至今，共计出版《求职》电子杂志9期，举办各类求职就业讲座及宣讲近百场；2006年3月，研究生会外联部、职业拓展部联手举办第一届“心动·行动求职路”大型就业文化节，至今已成功举办五届。

2006年，研究生会沟通服务部启动“经贸知识田间行，携手共建新农村”社会实践活动，拉开我校研究生“走出校园，服务社会”的序幕。2009年4月，对外经济贸易大学“I志愿，爱之源”志愿服务中心辛庄村教育实践基地正式揭牌，研究生支农支教首个社会实践基地成立。

在研究生部的支持和指导下，研究生会于2003年12月召开首届研究生代表大会，

2007 年 5 月召开第二届研究生代表大会。

六、获奖情况

1998 届国际贸易学博士研究生裴长洪的学位论文《利用外资与产业竞争力》获评 2000 年度全国百篇优秀博士学位论文。2008 届世界经济专业博士研究生蔡春林的学位论文《中俄印巴经贸合作机制研究》获评 2009 年度北京市优秀博士学位论文。

2000 – 2010 年，学校共计 17 名在校研究生荣获安子介国际贸易奖。近年来，学校研究生还积极参与国内外各项赛事，多次获奖。

表 3. 2. 25　　2000 – 2010 年“安子介国际贸易奖”研究生获奖情况

年度	学生姓名	奖项	安奖届数
2000	陆　耀、陈振福	学术鼓励奖	第八届
2001	屠新泉、梁海峰、刘超然、黄中文	学术鼓励奖	第九届
2002	武艳辉、林丽霞、郭浑仪	学术鼓励奖	第十届
2003	容　冰	学术鼓励奖	第十一届
2004	薛　源	学术鼓励奖	第十二届
2006	陈泰锋	学术鼓励奖	第十四届
2008	蔡春林、徐　林	学术鼓励奖	第十五届
2010	储昭昉、顾　宾、林发勤	学术鼓励奖	第十六届

表 3. 2. 26　　2000 – 2010 年研究生获奖情况（选摘）

序号	年度	参赛项目	获奖学生	所获奖项
1	2000	全球企业管理挑战赛	叶　迈　张　炜　余海龙 王惠敏　任海宇　陈帅云	全球冠军
2	2001	全球企业管理挑战赛	范　昕　杜晓阳　许金龙 王　健　何　谦	全球冠军
3	2002	“英美烟草杯”中国入世面面观征文大赛	陈　静	一等奖
4	2002	“英美烟草杯”中国入世面面观征文大赛	金　钢	二等奖
5	2004	模拟联合国大赛	研究生代表队	最佳领导奖 最佳观察员奖
6	2004	第四届欧莱雅全球在线商业策略竞赛全球总决赛	张　竞　钟　妍　陈林林	东亚区亚军

续表

序号	年度	参赛项目	获奖学生	所获奖项
7	2005	第五届欧莱雅全球在线商业策略竞赛全球总决赛	刘　春　王　鲲　许　涛	全球季军
8	2007	《应对贸易摩擦——创新与发展》中国贸易与研究奖	李贝妮	三等奖
9	2007	“瑞泰杯”保险险种设计大赛	赵　洁　郑晓楠　黄微笑	三等奖
10	2007	北京市第四届“挑战杯”大学生课外学术科技作品竞赛	岑迪留　孔佳丹　张甜甜	北京市一等奖
11	2007	第五届“贸仲杯”国际商事模拟仲裁比赛	王斐亚　骆艳敏	四强
12	2008	全国优秀学生干部	缪　琦	全国
13	2008	第十三届“21世纪·联想杯”全国英语征文大赛	朱旭鹏	一等奖
14	2008	第五届达能Trust商业挑战赛	朴明华　严　谨　范丽娟　郭　鹏　郭剑辉	中国区亚军
15	2008	第二届中国大学生公共关系策划大赛	刘　培　胡　萍　王　斌　王文瑜	优秀案例特别奖
16	2008	2008中国青年创业奖	满　珺　张俊卿　齐凤伟　刘　溯　汤祎巍	全国
17	2008	CIMA 2008－2009商业精英国际挑战赛	郭　鹏　肖鲁宁　郭建辉　齐凤伟	华北区冠军
18	2009	PEAK TIME全球商业策略竞赛中国赛区决赛	徐　洋　满　珺　王　蕾　张俊卿	冠军
19	2009	PEAK TIME全球商业策略竞赛中国赛区决赛	王　超　刘　溯　汤祎巍	亚军
20	2009	PEAK TIME全球商业策略竞赛中国赛区决赛	胡　萍　刘　培　顾晓燕	优胜奖
21	2009	2009欧莱雅全球商业策略大赛	满　珺　王　蕾　徐　洋	全球冠军
22	2009	全国第二届口译邀请大赛	鲁妍钰	英语交传组优秀奖
23	2009	北京市第五届“挑战杯”大学生创业设计大赛	耿宇亭	一等奖

续表

序号	年度	参赛项目	获奖学生	所获奖项
24	2009	第十一届“挑战杯”全国大学生课外学术科技作品竞赛	刘　畅　李康乐　李慧青	三等奖
25	2009	国家级教学成果奖	王分棉	二等奖
26	2010	北京市研究生英语演讲比赛	王　深	特等奖
27	2010	北京市研究生英语演讲比赛	杨玉霞	二等奖
28	2010	全国商务发展研究成果奖	太　平	二等奖

第三章　来华留学生教育

第一节　概　　述

一、来华留学生教育前期发展历史

1954年9月，建校不久的北京对外贸易学院（对外经济贸易大学的前身）迎来了第一批总计17名来华留学生，标志着学校来华留学生教育正式起步。

“文革”期间，随着中国政治形势和外交政策的变化，学校来华留学生教育也随之中断。

“文革”结束后，学校恢复招收来华留学生的工作，迎来了改革开放后的第一批来华留学生，但初期人数极少，管理也不完善。为适应来华留学生教育发展的需要，更好地促进对外合作交流，学校于1985年成立亚太工商管理培训中心，1987年又成立对外汉语培训中心，试招本科留学生6名。至此，接收和培养来华留学生的工作得以有计划地开展，招生人数逐年增加，到1991年底，学校在校长期来华留学生约30人。1992年中韩建交以后，学校的韩国来华留学生人数剧增，来华留学生规模也迅速扩大，学生主要以汉语进修生为主。

1992年，学校经当时的上级主管部门对外贸易经济合作部批准，设立来华留学生本科专业，并于1993年正式招收第一批自费本科留学生。它标志着学校自费来华留学生学历教育的正式起步。

为适应来华留学生教育快速发展的需要，学校于1995年2月成立留学生部，作为专门负责来华留学生管理与教学的处级机构，下设行政办公室、学生工作科、教学教务科等3个部门，后增设中国商贸文化中心，确定了提高办学层次、持续稳定发展的方针，把大力发展来华留学生学历教育放在各项工作的首位。

1995年6月，学校经对外贸易经济合作部批准，获得招收来华留学硕士、博士研究生的资格。1996年9月，学校招收首届自费来华留学硕士研究生；1998年，招收首届来华留学博士研究生。至此，学校形成了较为完善的中文授课留学生培养体系。1997－1998年亚洲金融危机期间，我国部分高校来华留学生人数一度骤减，而学校来华留学生规模却一直呈稳步增长的态势。为了提高来华留学生的学历层次、优化来华留学生的生源质量，留学生部通过严格的入学考试，大量吸纳大学在读生、大学毕业生入校学习，使学校来华留学生的生源质量、教育层次明显提高。截至2000年春季学期，学校在读来华留学生共518人，其中汉语长期生364人、学历生154人；学历生中包括本科生101人、硕士生48人、博士生5人。

二、2000－2005 年来华留学生教育发展情况

进入 2000 年，来华留学生教育工作在学科建设、师资队伍建设、教学、科研、管理等诸方面取得发展，来华留学生规模逐年增加。

2001 年，学校成功承办大型“全国外国留学生教育管理学术研讨会”；同年在北京市外事工作会议上，学校应邀就本校来华留学生教育与发展作经验介绍。

2002 年 12 月，经学校批准，原留学生部和原国际学苑合并组建国际学院，作为学校来华留学生教育事务的归口管理机构。国际学院现设有院办公室、招生及项目开发部、学历教育事务部、学生事务部、教学部、教务部、服务中心七个部门，全面负责学校来华留学生教育的招生宣传、学籍管理、涉外管理以及非学历来华留学生的教学、教务管理等工作，提供日常生活、心理咨询、住宿等方面的服务。至此，来华留学生的招生、教学、住宿整合在一起，开始进入“三架马车”并驾齐驱的发展阶段。同年，在北京高校来华留学生教育管理评估中，学校被北京市教育委员会与专家组评为工作先进单位，时任副校长王正富教授应邀与北京大学共同在评估总结大会上作专题经验介绍。

2003 年春季，“非典”来袭。当时学校负责来华留学生管理的人员坚守岗位，通过对学生进行宣传教育、心理疏导、返还部分学费、与学生家庭保持密切联系等一系列举措，给学生以极大的人文关怀。“非典”过后的 2003 年秋季学期，学校正式报名注册的来华留学生共计 953 人（其中学历生 506 人，非学历生 447 人），比当年春季学期新增 145 人，继续保持了自 1995 年以来学校来华留学生教育发展的良好态势，尤其是学历生人数首次超过非学历生。学校来华留学生教育的成绩得到了教育部、市教委、全国高校来华留学生教育管理学会等单位的好评。

2004 年秋季学期，学校在学来华留学生规模首次突破 1 000 人大关。同年，学校成功承办教育部“建设世界一流大学中的来华留学生教育”高级研讨会。

2005 年秋季学期，学校长期在学来华留学生规模达到 1 530 人。其中，在学学历生 848 人，占总规模的 55%；非学历生 682 人，占总规模的 45%。生源国家达到 69 个，中外学生之比为 6.25∶1，中外学历生之比为 11.28∶1，来华留学生占到“三生”（本、硕、博）总数的 13.8%。

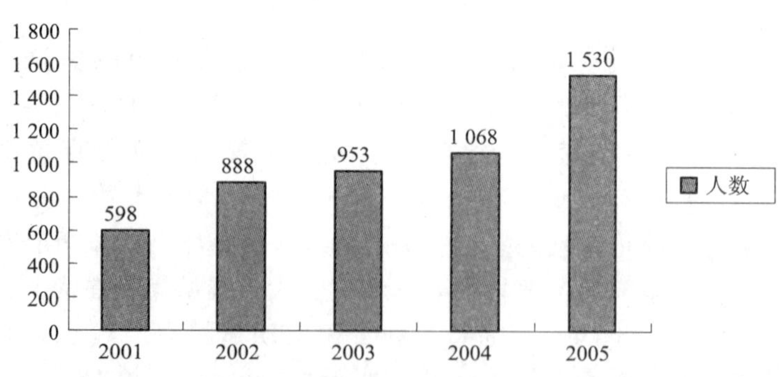

图 3.3.1　2001－2005 年学校来华留学生规模示意图

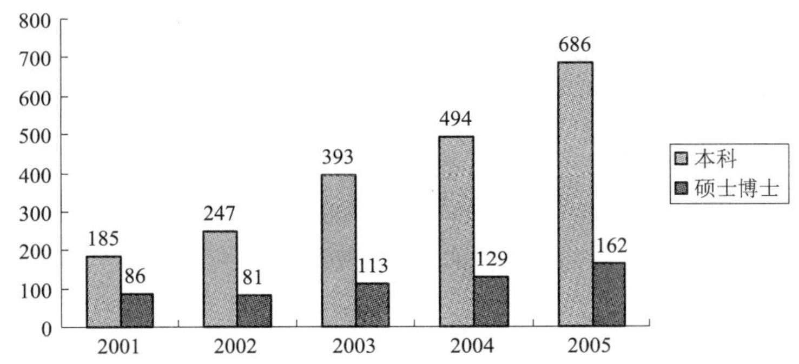

图 3.3.2　2001－2005 年学校学历来华留学生规模示意图

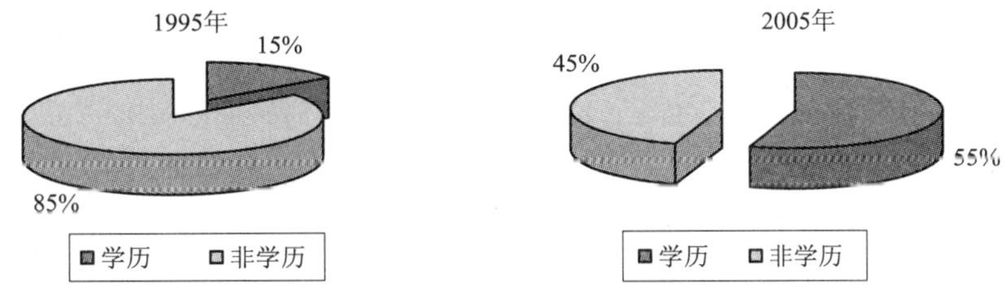

图 3.3.3　1995 和 2005 学校学历来华留学生与非学历来华留学生规模对比图

三、2006－2010 年来华留学生教育发展情况

2005 年 12 月，学校召开首届全校来华留学生教育工作研讨会，明确了“以教育质量为核心，以学生需求为导向，以特色与品牌求发展，向管理与服务要效益，不断打造我校来华留学生教育的核心竞争力，增强我校来华留学生教育的可持续发展能力”的办学指导思想。

2007 年秋季学期，在北京市具备接收并培养来华留学生资格的 68 所高等院校及研究机构中，学校来华留学生规模从 2006 年秋季学期的第四位跃居到第二位，仅次于北京语言大学。

2008 年，学校召开第二届全校来华留学生教育工作研讨会，明确了近中期发展思路，即：“继续坚持科学发展观，根据可持续发展的理念，以改革创新为动力，继续巩固在我国高校中的领先地位，以质量为核心，协同各方力量，稳步发展来华留学生教育规模，进一步优化来华留学生教育的学科结构，提高来华留学生教育的办学层次，促进来华留学生教育的质量、层次、规模、管理、效益的协调发展”。

2008 年国际金融危机爆发后，为帮助来华留学生渡过难关，学校决定面向全校所有来华留学生发放助学金。

2009 年，学校成立来华留学生教育工作领导小组，并于 9 月 4 日召开第一次会议，讨论并原则通过来华留学生国际本科项目通识教育平台方案以及来华留学中介机构管理与服务规程。

截至 2010 年春季学期，学校来华留学生规模达到 2 814 人，生源国家达到 121 个，位列全国第五。在过去5年中，学校来华留学生规模、国别、结构均有大幅度的提高与改善，从2005年秋季学期的1 530人，发展到目前在校来华留学生数量全国排名第四，在校攻读学位的学历来华留学生数量全国排名第三的位置（《中国教育报》2009年11月11日）。

2010年秋季学期，学校来华留学生总规模283 6人，国别总数122个，排名全国第五。学历生2 018人，占总规模的71.2%，占学校全日制学生的14.9%，排名全国第三，其中研究生415人，占学历生的20.6%。在2010年人民网中国大学50强排行榜的评比中，本校来华留学生项目取得72.59分。

表3.3.1　对外经济贸易大学2006－2010年各学期来华留学生规模一览表

学期	在学总规模（人）	生源国家（个）	学历生						非学历生	
			规模（人）	占总体（%）	生源国家（个）	研究生规模（人）	占学历（%）	休学（人）	规模（人）	占总体（%）
2006春	1 655	70	847	51.18	44	177	20.90	83	808	48.82
2006秋	1 900	79	1 071	56.37	60	207	19.33	131	829	43.63
2007春	2 010	82	1 104	54.93	66	242	21.92	128	906	45.07
2007秋	2 354	96	1 444	61.34	74	334	23.13	137	910	38.66
2008春	2 406	90	1 466	60.93	70	345	23.53	147	940	39.07
2008秋	2 536	108	1 672	65.93	91	351	20.99	165	864	34.07
2009春	2 546	105	1 679	65.95	92	375	22.33	169	867	34.05
2009秋	2 748	120	1 890	68.78	102	376	19.89	178	858	31.22
2010春	2 814	121	1 925	68.41	102	401	26.31	179	889	31.59
2010秋	2 836	122	2 018	71.2	108	415	20.6	183	889	31.34

2010年秋季学期，学校来华留学生按学生类别统计，学历教育中文授课及全英文授课项目（本、硕、博）学生达到2 018人，占来华留学生总规模的70.41%；其中硕士、博士415人，占学历来华留学生总规模的20.60%；非学历教育学生889人。学校学历来华留学生占全校中外学历生总规模的14.91%。

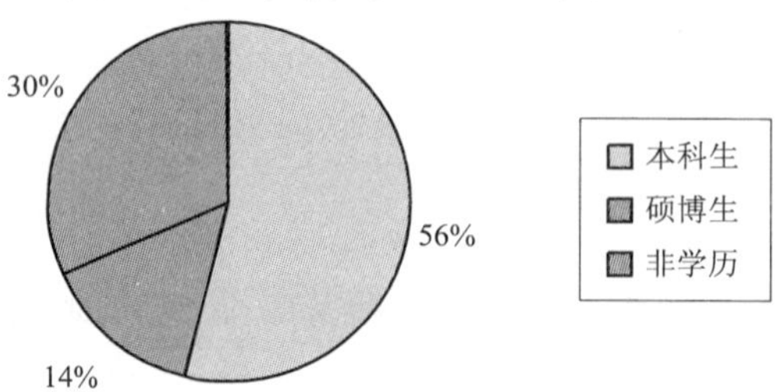

图3.3.4　学校来华留学生学习类别结构（2010年春季学期）

2010年秋季学期，学校来华留学生按国别统计，韩国（808）、印尼（370）、哈萨克斯坦（294）、泰国（190）、俄罗斯（167）、美国（138）、越南（109）、法国（86）、蒙古（77）、日本（55）的留学生人数占前10位，总国别数达到122个，其中学历教育学生国别为108个。

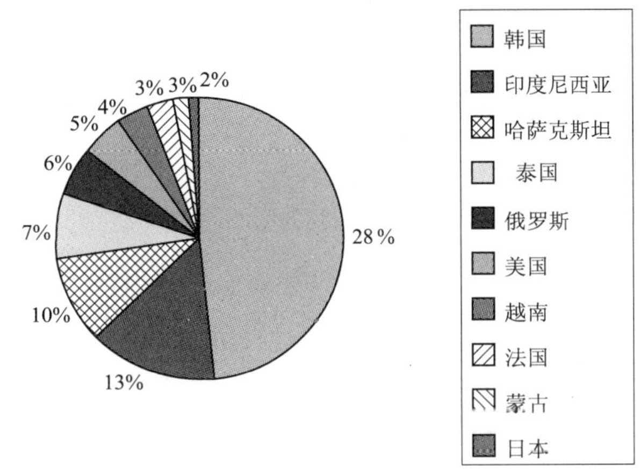

图3.3.5　学校来华留学生前10位国别组成（2010年秋季学期）

四、国际学院组织机构

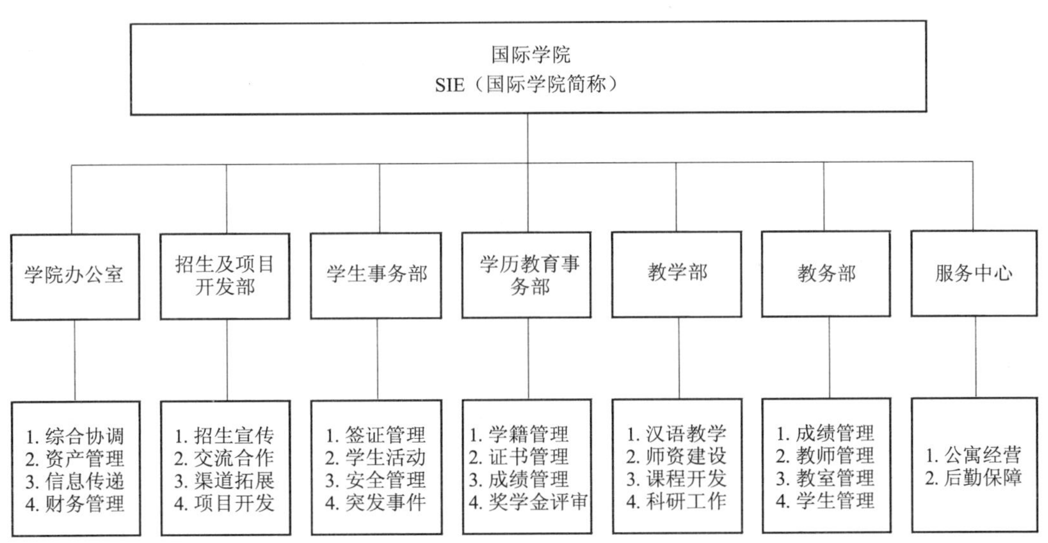

图3.3.6　国际学院的组织机构

五、人员状况与管理

国际学院现有管理人员34人，其中正式在编人员19人，院聘人员13人，返聘人员2人；专职教师8人，外聘汉语教师100余人。

国际学院不断加强队伍建设，改变过去专职教师担任管理工作、每日坐班的做法，鼓励教师回归教学第一线并从事科研活动。学院制定《国际学院科研奖励和会议资助办法》，在课题、时间、经费上均给予支持。同时，优化整合外聘汉语教师队伍，建立优胜劣汰的流动机制，改进教学评价体系，并将考核结果与薪酬相结合，激发教师提高教学水平的积极性和主动性。为加强对日益壮大的外聘人员队伍的管理，学院不断完善规章制度，在《员工手册》的基础上，进一步制定《国际学院院聘人员管理规定》，从聘任、出勤、待遇、考核、奖励等方面加以具体规定，在待遇和职位上实行阶梯和竞聘制度，制度明确，奖惩分明，激发了团队工作动力。

六、获奖

2002 年至 2010 年，由于在来华留学生教育方面的突出成就与贡献，国际学院教职工多次获得北京市外国留学生管理学会、中国高教学会外国留学生教育管理分会、北京市公安局出入境管理处等单位的表彰，累计达十余人次；同时，作为学校来华留学生教育的归口管理单位，国际学院也多次获得各类集体奖，为学校赢得了荣誉。

集体奖项有：

2002 年，在北京高校外国留学生教育管理评估中，学校被北京市教育委员会评为“北京高等学校外国留学生教育管理工作先进单位”。

2003 年，国际学院直属党支部被中共北京市教工委授予“北京市高校防治非典工作先进基层党组织”的称号。

2004 年，国际学院被北京市公安局出入境管理处评为“2001－2003 年外国留学生管理工作先进单位”。

2005 年，国际学院被教育部国际合作与交流司评为“建立和使用全国来华留学生管理信息系统先进单位”。

2006 年，国际学院被教育部国际合作与交流司评为“来华留学生保险推广工作先进集体”。同年，被北京市公安局出入境管理处评为“2004－2005 年度北京市公安局留学生管理工作先进单位”。

2009 年，国际学院被北京市公安局出入境管理处评为“2009 年度外国留学生管理工作先进单位”。

第二节　学历教育

一、学历教育的发展

1954 年 9 月，学校接收的第一批来华留学生，主要是来自波兰、民主德国、越南等社会主义国家的政府奖学金生，这些学生是学校第一批学历来华留学生。20 世纪 60 年代初，学校又相继招收来自阿尔巴尼亚、日本、蒙古、也门等国家的来华留学生。据不完全统计，截至“文化大革命”前，学校共招收和培养了 100 余名长、短期学历来华留学生。

学校的自费来华留学生学历教育是自 1993 年发展起来的。1992 年，对外经济贸易部批准学校设立来华留学生本科专业。1993 年，学校正式招收首届自费本科来华留学生班，本科来华留学生共 13 人，攻读国际贸易专业，学生来自韩国、日本。1995 年，对外经济贸易部批准学校招收来华留学硕士、博士研究生。1996 年 9 月，招收首届自费留学生 6 人。1998 年春季学期，学校首次招收来华留学博士研究生。2003 年，学校来华留学生学历生人数首次超过非学历生人数。

2003 年，国际经济贸易学院推出面向来华留学生的全英文授课的应用经济学硕士研究生项目。2004 年 9 月，来自 9 个不同国家的来华留学生成为该项目的首批学员。

2006 年春季学期，首批 22 名学校与韩国江南大学本科“2 +2”双学位项目学生正式入校学习，现已接纳五期学生，分别在中国语言文学学院、国际经济贸易学院、公共管理学院学习。

2006 年秋季学期，国际商学院正式推出面向来华留学生的全英文授课国际 MBA 课程。同年，学校外语学院面向韩国来华留学生的中韩同声传译硕士研究生项目正式启动。

2006 年秋季学期，学校面向来华留学生的本科“1 +1 +X”（商务英语 + 商务汉语 + 优势专业课程）商务英语专业在英语学院成型，并正式启动。目前，在本校攻读商务英语专业的本科生有 113 人、研究生有 8 人。

2007 年，学校与越南外贸大学签署了合作培养越南来华留学硕士研究生项目协议。2008 年秋季学期，国际经济贸易学院的全英文授课本科项目迎来首批学生。

2009 年，学校提出全英文国际本科通识教育的培养思路，国际本科通识教育项目将取代当前的英文本科项目，于 2010 年 9 月正式启动。

到 2010 年春季学期，学校的学历来华留学生达到 1 925 人，来自世界 102 个国家，分布在学校的 12 所学院，进行中英文本科、硕士、博士项目的学习。至此，学校学历来华留学生规模居全国第四、北京市第三。

2010 年秋季学期，学校学历留学生规模达 2 018 人，较 2005 年秋季学期的 840 人净增了 1 178 人，增幅达 140. 2%，其中研究生 415 人，占学历生规模的 20. 6%，国别 108 个。

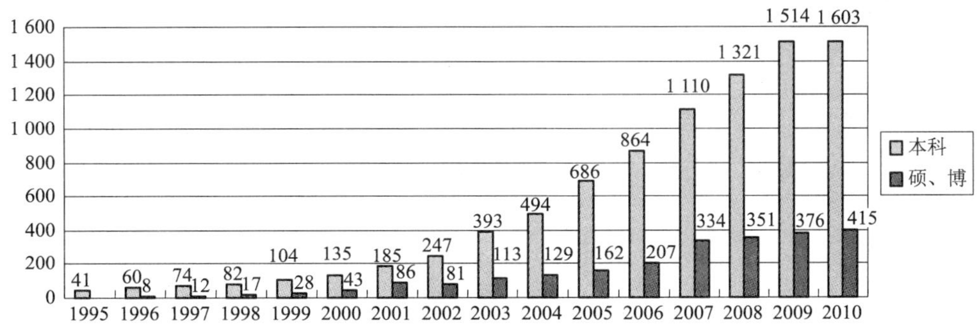

图 3. 3. 7 1995—2010 年春季学校学历来华留学生规模

学校学历来华留学生的教学以各培养学院为主，执行学校统一的教学计划，教学和教学管理由各培养学院和教务处共同负责。国际学院主要负责招生及新学历教育项目开发、培养方案优化、学位管理、学籍管理、考勤管理、学生实践实习安排、奖学金评审、学生相关管理制度制定等工作。

二、专业设置

目前，学校共有 12 个学院或研究院招收来华留学生，分别是：国际经济贸易学院、金融学院、国际商学院、法学院、保险学院、信息学院、公共管理学院、英语学院、国际关系学院、外语学院、中国语言文学学院、中国世界贸易组织研究院。目前，共有中文授课本科专业 13 个，全英文通识教育国际本科专业（IUPs）5 个；中文授课硕士专业 10 个，英文授课硕士专业 6 个；中文授课博士专业 5 个，英文授课博士专业 3 个。

三、学位管理

根据国务院学位委员会《关于普通高等学校授予来华留学生我国学位试行办法》的有关规定，学校对来华留学生的学士、硕士、博士学位授予办法作了详尽、具体的补充规定。规定涉及学习年限、纪律要求、课程、学分、成绩、论文、答辩等；同时对不能毕业、无法如期取得学位的情况作了明确的界定。

四、学籍管理

为加强对来华留学生的管理，使管理工作有法可依、有章可循，来华留学生日常管理的各个环节均步入规范化、制度化的轨道，国际学院专门制定《来华留学生学籍管理办法》，对学校来华留学生的入学、学分、课程、成绩、考勤纪律、转专业、休复学、退学、毕业等方面规定了具体的管理流程。

五、奖学金管理

2003 年 8 月，学校设立“对外经济贸易大学来华留学生奖学金”。截至 2009 年秋季学期，在学校学习的来华留学生中，累计有 2 130 人（队）次获奖，奖金额度累计达 3 801 900 元。

表 3.3.2 2004—2009 年“对外经济贸易大学来华留学生奖学金”获奖情况统计表

序号	奖项	2004 年		2005 年		2006 年		2007 年		2008 年		2009 年	
		人（队）数	金额（人民币元）	人（队）数	金额（人民币元）	人（队）数	金额（人民币元）	人（队）数	金额（人民币元）	人（队）数	金额（人民币元）	人（队）数	金额（人民币元）
1	研究生学习优秀奖	14	27 000	14	34 000	17	35 000	33	69 000	36	88 000	46	102 000
2	本科生学习优秀奖	82	88 000	106	221 000	139	289 000	171	353 000	226	462 000	294	576 000
3	新生 HSK 优秀奖	8	40 000	12	60 000	11	55 000	5	13 000	2	4 000	3	7 000
4	研究生优秀新生奖	2	12 000	6	36 000	6	36 000	3	18 000	4	24 000	—	—
5	本科生优秀新生奖	4	20 000	8	40 000	14	70 000	13	65 000	12	60 000	9	45 000

续表

序号	奖项	2004年		2005年		2006年		2007年		2008年		2009年	
		人(队)数	金额(人民币元)	人(队)数	金额(人民币元)	人(队)数	金额(人民币元)	人(队)数	金额(人民币元)	人(队)数	金额(人民币元)	人(队)数	金额(人民币元)
6	学习进步奖	—	—	—	—	17	5 100	17	5 100	48	14 400	79	23 700
7	科研成果奖	1	14 000	1	1 000	—	—	1	5 000	1	5 000	1	5 000
8	科研助学和助教助学奖	—	—	—	—	—	—	—	—	—	—	—	—
9	研究生优秀毕业生	8	4 000	9	4 500	14	7 000	18	9 000	21	21 000	26	26 000
10	本科生优秀毕业生	13	4 500	21	10 500	30	15 000	42	21 000	34	34 000	37	37 000
11	优秀学生干部奖	15	8 900	27	14 700	34	23 200	44	28 000	63	41 500	79	50 600
12	社会活动积极分子奖	15	7 500	27	13 500	28	14 000	107	50 600	48	18 400	50	20 200
13	专项奖	—	—	—	—	—	—	23	41 100	18	17 800	91	51 400
14	先进班集体	—	—	—	—	—	—	6	12 000	9	150 700	15	30 000

2006年，北京市政府设立“北京市外国学生与学者奖学金”。本校作为北京市教育委员会共建项目院校，每年可获得150－160万元人民币的奖学金额度，用以发展高端学历来华留学生。截至2010年春季学期，学校共有128名各层次来华留学生获得北京市奖学金，累计获奖金额达4 847 920元。

表3.3.3 2006—2010年春季学期学校北京市来华留学生奖学金获奖情况统计表

序号	学生类别	获奖人数	奖金总额（人民币元）
1	本科生	—	—
2	硕士研究生	66	2 618 820
3	博士研究生	22	1 259 100
4	校际交流生	40	970 000

1954年9月，学校迎来的第一批来自波兰、民主德国、越南等社会主义国家的来华留学生享受的是其本国政府的奖学金。1996年，学校开始接收享受中国政府奖学金的来华留学生，且数量逐年增长。2010年春季学期在校学习的政府奖学金生共计229人。

2006年，经教育部国际合作与交流司批准，本校成为2007/2008学年中国政府奖学金招生试点单位。自此，本校成为中国首个拥有自主招收中国政府奖学金博士研究生资格的院校。

第三节　非学历教育

一、发展现状

学校来华留学生的非学历教育的教学和教务管理等各项工作由国际学院独立负责。除传统的汉语培训外，国际学院还有预科教育项目、强化预科教育项目、强化汉语项目、商务汉语项目、美国 TBC 项目、中国—欧盟经理人交流培训项目、杜克大学交流项目等各类依托本校专业特色的创新项目，来华留学生非学历教育规模逐步扩大，层次不断提高。目前，每学期总体规模达到 70 余个教学班，每周教学量达 1500 课时以上。

2010 年秋季学期，非学历来华留学生 889 人，其中：预科培训项目 152 人、汉语培训项目 433 人、强化汉语项目 88 人、TBC 项目 102 人、中国—欧盟经理人交流培训项目 52 人、经贸研修项目 41 人、其他项目 21 人。

二、不断创新来华留学生教育项目

随着来华留学生规模的不断扩大，原有的汉语教学项目已无法满足市场需要。为满足不同类型学生的不同需求，国际学院开发出多种特色项目、高端项目以及全外文授课项目。

（一）本科预科项目

预科项目是衔接非学历教育和学历教育的特色项目，目前达到每年约 300 人的规模。其特色表现为较为严格的准入制度、具有针对性的课程设置、不断优化的强化教学模式、独特的以阶段考试为基础的保送制度等。

预科班的学习目的是：通过一学年或一学期的学习，使学生在汉语听、说、读、写以及英语和数学等各方面的能力达到可以满足本校中文授课本科专业的入学水平，即汉语水平达到 HSK5－6 级，数学达到文科高考及格水平，英语达到大学英语 3 级水平。

预科班的学期设置分为：每年 2 月至 6 月的春季学期和 9 月至次年 1 月的秋季学期。

1. 普通预科班

（1）学习期限：连续一学年（秋季和春季两个学期，共 36 周）。

（2）课程设置：汉语课 24 课时/周，数学课 3 课时/周，英语课 3 课时/周。

2. 强化预科班

2008 年秋季学期，为满足部分来华留学生希望通过短时间的集中强化学习达到本科入学水平的要求，国际学院专门开发强化预科班。

（1）强化班的学习期限为连续一学年（秋季和春季两个学期，共 36 周）或一个学期（春季学期，15－17 周）。

（2）课程设置：要求学生参加集中自习和答疑。

春季学期：汉语课 29 课时/周，数学课 3 课时/周，英语课 3 课时/周。

秋季学期：汉语课 30 课时/周，数学课 3 课时/周，英语课 3 课时/周。

（二）强化汉语培训项目

国际学院借鉴北京师范大学普林斯顿项目、英国外交官培训项目以及清华大学 IUP 项目的成功经验，于 2006 年春季学期，在全国范围内率先推出具有本校优势学科特色的短期、一学期、一学年等不同时间跨度的强化汉语培训项目。

1. 培训对象：面向那些希望通过大信息量学习、高强度训练和密集汉语课程，在短期内快速提高语言能力的汉语学习者。

2. 培养目标：通过科学化的课程设置、高强度的听说练习和灵活多样的课外辅助手段，使学生的汉语听、说、读、写等语言能力在短期内取得突破性进步。

3. 教学方式：采用大小班分班授课相结合（每班 4－8 人）、集体化教学和个性化教学相结合、课堂教学与课外实践（辩论会、社会实践、演讲比赛、游览参观等）相结合等方式。

4. 课程设置：强化汉语培训项目以 16 周为一个学期，每周课堂教学 30 学时，针对学习者的不同需求设定课程和教学计划。学院指派专职教师指导学生集中进行两小时有针对性的复习、预习；每周专职教师定期与学生进行“1 对 1”谈话，用以指导学习。

（三）商务汉语项目

随着中外商贸往来的不断深入，越来越多的来华留学生希望能够通过 2－3 个学期的学习，较深入地了解中国的经济概况和商务环境，且具有熟练运用汉语进行商务交流的能力。原有的中级班和高级班开设的仅有 2 个级别的商务汉语课程已无法满足学生的需要。为此，2010 年春季学期，国际学院根据市场需求，适时开发并推出全新的商务汉语课程。

商务汉语课程分为Ⅰ—Ⅴ5 个级别，每班 10—18 人。要求入学学生具有 100 小时的汉语学习经历或掌握 200－300 个汉语词汇，根据级别的不同设立相应的商务汉语课程，包括国际商务汉语、商务汉语听和说、商务汉语口语、商务汉语阅读等。

（四）商贸文化系列讲座平台

随着来华留学生规模的不断扩大，以攻读学分为目的来华普通进修生的数量逐年增加。国际学院适时推出具有本校学科特色的教育项目——商贸文化系列讲座平台。

商贸文化系列讲座平台自开设至今，课程不断更新、增加。目前包括英文授课、日文授课、韩文授课三个系列讲座。英文经济课讲座为常设项目，生源国别较为多样。日、韩文经济课讲座则是针对日本、韩国的长短期团队，根据对方需求设定讲座套餐。截至 2010 年秋季学期，国际学院可提供选修的讲座课程全英文达 18 门、日文 2 门、韩文 1 门。

此外，国际学院于 2007 年 9 月启动中国—欧盟经理人交流与培训项目。

三、优化语言培训教学管理模式

（一）师资队伍

国际学院现有在编教师 8 人，其中，具有副高以上职称 4 人，具有博士学位的教师 3 人。在编教师的主要工作包括：完成学校规定的教学量；通过听课的方式督导外聘教师；组织主持教学法研讨会；接受教材编写、论文发表等科研任务；进行课程设置、项目开发、教材更新、外聘新教师选聘等工作。

同时，国际学院还有外聘教师 100 余人，主要由对外汉语专业或汉语言文学专业毕业、具有对外汉语课堂教学经验的教师组成，其中具有硕士学位的教师占外聘教师总数的 40% 以上，其余教师均为本科毕业。外聘教师的主要工作是汉语教学，他们承担非学历来华留学生教学量的 90% 。

（二）教学质量监控

为保证教学质量的不断提高、教学秩序的平稳有序，国际学院在教师任用、教材选配、教学方法研讨等方面进行改革，采取了以下教学监管措施：1. 严格的教师招聘、培训、聘任制度；2. 教学督导组听课制度；3. 完整的教师教学质量评价体系；4. 底薪、奖教金等外聘教师激励制度；5. 完备的教学进度和教学纲要体系；6. 考试命题、审批和试卷分析制度；7. 教学研讨制度。

表 3.3.4　外聘教师评价体系

指标	比重	方　式
学生评分	50%	确保出勤率达到 70% 以上的学生全部参加投票。
督导组评分	20%	统一督导组评分标准，规范并量化、细化评分的具体标准。
教务部评分	15%	配合教务部工作情况，如核准考勤、考试、成绩单填写等情况。对打分标准进行严格量化、细化，基本杜绝弹性打分的可能。
教学部评分	15%	配合教学部工作情况，核准教学进度、试卷、教案等上缴情况。对打分标准进行严格量化、细化，基本杜绝弹性打分的可能。
否决机制		建立否决机制，对调课次数作出硬性规定；对教学事故分级，相应扣分。
加分机制		建立加分机制，对参加研讨会、协助解决潜在问题、替课、承担多课头、担任班主任等项工作的教师予以加分。

四、国际交流与合作

（一）交换来华留学生

除政府奖学金学生、自费来华留学生外，国际学院每年还接收大量校际交流的学生。学校与日本、韩国、越南、印尼、俄罗斯、西班牙、挪威、墨西哥、印度、沙特等国家的多个大学、机构、企业签订了教育协议书，并接待来自美国、英国、法国、日本、韩国、蒙古、印度、泰国、阿根廷、科特迪瓦等国上百个大学和机构的代表团。2010 年秋季学期，在国际学院学习的非学历交换来华留学生达 124 名。这些学生分别来自美国、德国、法国、意大利、西班牙、墨西哥、巴西、俄罗斯、澳大利亚、韩国、日本等国。

学校还与国外大学与教育机构开辟学分教育项目，主要包括韩国仁川大学、韩国南首尔大学、韩国韩南大学、日本东京大学、日本京都产业大学、日本东京经济大学、日本静冈文化艺术大学、日本福山大学、日本大学、日本奈良大学、日本名古屋大学、日本立命馆大学、德国纽伦堡大学、德国康斯坦斯应用技术大学、德国基森大学、德国西萨克森经济理工大学、德国科隆商学院、美国南卡大学、美国卡尔顿学院、挪威奥斯陆大学、美国 TBC、西班牙 ICO、美国 KEI、法国 INSEEC、法国 ESSC 和澳大利亚 WTCC 等。

（二）国际合作

1. TBC 项目

TBC（The Beijing Center for Chinese Studies）又名北京中国学中心，是一个为外国学生提供到中国学习并致力于使其了解中国文化的组织。TBC 项目自 2002 年开始与本校合作，每年派长期和短期学员前来学习，2010 年秋季学期有 102 人来本校学习。

2. 中国—欧盟经理人交流培训项目

该项目于 2006 年 7 月开始启动，是中国商务部和欧盟委员会在国际贸易领域开展的政府间合作项目，是在中国和欧盟双方共同的关注与需求中应运而生的，其目的是为了促进中欧之间的文化、经济交流，提供经贸领域人力资源开发平台。该项目的执行期为 4 年，即 2007 - 2011 年。截至 2010 年秋季学期，共有来自英国、法国、意大利、比利时、德国、西班牙、丹麦、波兰、奥地利、爱沙尼亚、拉脱维亚、捷克、罗马尼亚、希腊等 23 个欧盟成员国的 222 位经理人参加 6 期培训。每期学员均在本校国际学院接受为期 7 个月的商务汉语语言强化培训及 3 个月的公司机构实习。

3. 杜克大学项目

2009 年 8 月，对外经济贸易大学与美国杜克大学签署关于运作“杜克大学在华学习夏季项目”（简称 DSIC 项目）的合作协议。根据协议，国际学院将在每年暑期为杜克大学派遣的短期来华留学生提供为期 8 周的汉语强化培训项目。

2010 年 6 月 11 日，美国杜克大学第一批学员 53 人抵达本校，开始为期 8 周的强化培训。学员是来自美国杜克大学、俄亥俄州立大学、布朗大学、耶鲁大学和阿默斯特学院等知名高校的学生。

（三）海外预科

为稳定而有序地发展学校来华留学生教育，特别是发展学历留学生的层次与规模，开拓和建立新的、稳定的招生生源项目，学校于 2010 年春季学期与韩国南首尔大学达成协议，在该大学设立本校的来华留学生本科预科班。通过两校间的资源和优势互补，共同开发教育资源与海外教育市场。

在具体合作方式上，对外经济贸易大学授予南首尔大学开设对外经济贸易大学本科预科班的权限。南首尔大学仅在该项目上启用对外经济贸易大学的名义来进行招生宣传，定期开设对外经济贸易大学本科预科班。对外经济贸易大学将在本科入学录取时优先考虑录取该项目培养的学生。

南首尔大学承担具体的项目招生宣传工作及费用、项目学生选拔录取、项目具体教学安排，提供合格的教学师资力量和必需的教学场地，实行考勤统计与监督、日常测试等日常教务管理，以及配合本校对该项目培养的学生进行最终测试和确认的录取工作。

第四节　学生管理

国际学院作为学校来华留学生的归口管理单位，全面负责所有来华留学生的日常管理工作。国际学院于2007年春季学期进一步细化原有的组织框架，独立设置学生事务部，专门负责与来华留学生相关的学生活动、社团组织、医疗保险、心理咨询、涉外管理以及校友库建设等工作。

一、学生活动

为了丰富广大来华留学生的留学生活，国际学院自招收来华留学生以来，便根据学生的要求组织中国书法、戏剧、武术等各类中国传统文化讲座，同时有计划地组织学生参观长城和其他名胜古迹。

（一）郊游考察

这是学生活动的重要组成部分，包括定期郊游和不定期参观考察。随着来华留学生规模的扩大，国际学院组织的外出郊游地点不断增加，范围也不断扩大，每次参加的人数由早期的50－80人增加到现在的200－300人。不定期参观考察包括组织学生参观中国的企业、农村、经济开发区，参观博物馆，观看杂技、戏剧，游览北京胡同等。2003年开始，每年寒暑假期间还组织中国政府奖学金的学生到北京之外其他地方考察，地点扩大到东北、西北、西南、华南甚至海南等中国大陆各个地区。

（二）竞技比赛

组织来华留学生参加北京市或学校组织的各种体育比赛，丰富多彩的校内或北京市（来华杯）才艺比赛，如演讲、唱歌、辩论、陶艺制作等。

（三）文艺演出

国际学院适应形势的变化，越来越重视来华留学生的第二课堂的文化生活，每年均组织各种来华留学生的演出和举办不同类型的文艺晚会。

（四）实践教学

国际学院组织学生参加展览会实践、儿童村公益募捐等活动，每月开设话吧、语言角，为来华留学生与中国学生的语言、文化沟通搭建桥梁。国际学院陆续开发河北赤城、美的集团、国商国际、海湾集团、特变电工集团、酷奔国际商务网、悦康制药集团、空客北京等实习基地，并联系LG集团、三星电子、中国科学院声学研究所、日中文化交流中心、佳能集团等为来华留学生提供兼职实践机会。每年均有大量优秀的学生到企业实习，将所学用于实践。

（五）跨文化交流平台

为加强中外学生的交流，国际学院加速跨文化交流平台的建设，在上述课外活动中更多地邀请中国同学参与。2010年4月，学校第一届国际文化节成功举行，为中外同学提供了一场文化盛宴。

二、社团组织

2000 年，学校留学生会成立。成立之初设有学习部、文体部、生活部三个部门。此后，文体部分为文艺部和体育部两个部门，又增设了外联部。2007 年，第三届留学生会增设了宣传部，专门负责各项活动的海报制作、对外宣传等。

2010 年，留学生志愿者服务部成立，隶属于留学生会。

留学生会自成立以来，及时了解来华留学生的学习和生活动态，积极开展各种文体活动，丰富来华留学生的课余生活，帮助来华留学生解决各种困难，促进各国来华留学生之间的相互交流、共同进步。留学生会真正成了来华留学生自己的家。

三、医疗与保险

2008 年，根据中华人民共和国教育部有关《高等学校要求外国留学生购买保险暂行规定》的要求，凡来本校就读的来华留学生、学习期限超过 6 个月的，必须购买中国平安人寿股份有限公司的“来华人员综合保险”。学习期限不满 6 个月的同学，如在其本国未购买过符合条件（平安险——身故或残疾定额赔付，身故保额不得低于 10 万元人民币；人身意外伤害医疗险，保额不得低于 1 万元人民币；住院医疗保险，保额不得低于 40 万元人民币）保险的，也必须购买此项保险。个人人身保险的保险单不能作为办理入学注册和在华居留许可的文件。

《高等学校要求外国留学生购买保险暂行规定》的实施，更好地保证了学校来华留学生的人身安全和健康。

四、心理咨询

国际学院重视来华留学生的安全稳定工作，尤其关注来华留学生的思想动态和心理辅导。

2007 年，国际学院心理咨询室成立，面向全校来华留学生提供咨询。心理咨询是咨询师协助求助者解决各类心理问题的过程，它的核心是“助人自助”。咨询师通过启发、引导、支持、鼓励，帮助求助者领悟到内心存在的冲突，矫正错误的认知，做出新的有效的行为，从而达到解决问题、促进发展、完善人格的目的。专业心理咨询师与专职辅导员、班主任相配合，将来华留学生的心理卫生教育计划与学生思想工作相结合。咨询室成立以来已累计为 80 余名有心理障碍的学生排忧解难。

五、涉外管理

国际学院会同学校各有关院系及各职能部门（如学生处、保卫处等）共同负责来华留学生的管理工作，每个部门均有 1－2 名工作人员专门负责学历来华留学生的管理工作。

（一）签证及居留证管理

国际学院始终坚持严格按照北京市公安局出入境管理处的有关规定，对来华留学生签证及居留许可实行管理。

2001 年春季学期起，学生事务部每月公布当月居留许可证到期的学生名单，及时提醒签证即将到期的学生办理延长签证等手续，并对个别学生进行电话追踪。

2008 年 6 月，北京市公安局出入境管理处全面推行来华留学生签证信息采集系统，实现了签证及住宿登记申请管理的电子化办公。

（二）突发事件的处理与违法行为的协查

国际学院在处理校内外来华留学生的突发事件上，首先做到防患于未然，同时针对可能出现的情况制定应对措施：

1. 国际学院成立了专门处理校内外突发事件的领导小组，国际学院院长亲任组长；
2. 通过通告、重要通知、文字材料、法制宣传等形式向学生宣讲法制、纪律；
3. 积极协助有关部门查处个别来华留学生的违法行为，协助教育学生，并解决问题。

六、校友库建设

自 2009 年起，来华留学生毕业校友数据库建设全面启动，将已毕业、结业校友的信息进行收集汇总。

第五节　设 施 建 设

国际学院重视促进来华留学生教育发展的各项设施建设。设施建设包括硬件设施（学生公寓设备、教学设备）和软环境（管理方式的创新、现代化信息手段的运用等）两方面。

一、硬件设施

（一）留学生公寓

学校留学生公寓专门用来接待来校学习、进修的长短期来华留学生。目前学校共有三幢留学生公寓楼，即汇宾公寓、汇才公寓和汇德公寓，共有标准间、套间及豪华套间 547 间（套），分高、中、低三个档次，共有床位 1 200 余张。

1999 年底，汇宾公寓投入使用，共有学生公寓房 206 套，其中双人标准间 197 套，套间 9 套。公寓另设小卖部、咖啡厅、健身房、多功能娱乐中心、洗衣房、网络中心等设施。

2001 年 9 月，汇德公寓 1－6 单元投入使用，可提供学生公寓房 108 套，其中普通公寓房 102 套、豪华公寓房 6 套。

2002 年 9 月，汇才公寓部分房间经改造投入使用。至此，国际学院可提供的公寓房增至 385 套。

2006 年春季学期，汇才公寓东侧筒子楼和 1－2 单元以及汇德公寓 7－8 单元经过改造，有 162 套客房开始投入使用。

为进一步改善居住环境、提升公寓硬件水平，2008－2010 年，国际学院利用寒暑假和其他假期完成汇德公寓房间隔断改造工程、汇宾公寓楼道贴瓷砖工作、客房内燃气灶具及公共洗衣房洗衣机更新、汇宾公寓配电室增容改造、消防管道更新、汇宾公寓北侧雨水管道疏通等。

（二）教学相关设施

1. 多媒体教室

1999 年，汇宾公寓投入使用时，尚无多媒体教室。2003 年，随着各类需要多媒体授课课程的增加，国际学院在 102、005 教室安装了多媒体设备。

2006 年秋季学期，求索楼三至五层普通教室划归国际学院使用，一层的两间多媒体教室也成为来华留学生专用教室，这在一定程度上缓解了多媒体教室不足的问题。

2008 年秋季学期，为解决多媒体大教室不足问题，学院对求索楼 416、516 两间大教室进行改造，安装了多媒体设备。

2010 年春季学期，为满足美国杜克大学暑期项目的需要，国际学院投入 40 万元改造了 10 间多媒体教室。至此，国际学院多媒体教室数量达 16 间。

2. 语音教室

截至 2005 年，国际学院只有 4 间模拟语音教室供听力课使用。为贯彻学校来华留学生"十一五"发展战略，国际学院相继投入近百万元资金，于 2005 年 9 月、2006 年 3 月、2007 年 4 月二次安装 5 套在全国高校对外汉语教学界居于领先地位的多媒体数字语音设备，并购买学生自主学习软件、听力教材配套音频文件、中国旅游教学视频文件，初步建立起较为完整的汉语语音资料库。

3. 欧盟教室改造

2006 年底，欧盟项目启动后，国际学院将在学校诚信楼四层教室授课的课程统一调至求索楼，腾出 16 间教室作为欧盟项目的教室和办公室，并于 2007 年 4 月安装 4 套多媒体设备，专供欧盟学生使用。随着欧盟生源的增加，2009 年 3 月，再次购置 2 套多媒体设备，欧盟项目专用多媒体教室达到 6 间。

4. 北京中国学中心（简称 TBC）英文图书馆

1998 年，TBC 项目开始运营时，其图书馆只有近 200 册藏书。目前，装修一新的 TBC 图书馆拥有各种研究中国问题的英文图书 17 000 余册、期刊 10 余种。图书涉猎范围广泛，包括艺术、建筑、商业与经济、文化与社会、电影、历史、语言学、文学、媒体和新闻学、哲学宗教、民族学、传记、摄影、政治学、传统中医药、旅游、武术等。该图书馆的藏书近年以年均 1 000 册左右的速度增加。

5. 非学历来华留学生普通教室

2002 年，国际学院成立后，共有非学历来华留学生专用普通教室 39 间，其中汇宾公寓 14 间、诚信楼 18 间、求索楼 6 间、博学楼 1 间。

2005 年秋季学期，随着非学历来华留学生规模的不断扩大和教学班级数量的增加，原有的教室无法满足需要，国际学院非学历来华留学生专用普通教室增加到 48 间，其中汇宾公寓 10 间、诚信楼四层 18 间、五层 20 间。

2006 年春季学期，非学历来华留学生规模进一步扩大，在原有教室的基础上，诚信楼七层 11 间经过装修后投入使用，国际学院非学历来华留学生教室达 59 间。

2006 年，学校再次对教室使用情况作出调整，将原研究生公寓求索楼主要划归非学历来华留学生使用。国际学院对求索楼三至五层进行彻底改造。2006 年秋季学期，71 间普通教室正式投入使用至今。

6. 教师资料室

为充分发挥学院教师资料室的作用，从2008年6月开始，资料室设立专人管理，并在工作日全天向所有教师开放。2009年9月，为了方便大多数教师，资料室搬至求索楼五层，并开通了网络和电话，安装了打印机，最大限度地方便教师备课、查找资料和借阅书籍。

7. 来华留学生学习中心

2010年6月23日，学校原图书馆经过改造，全新的来华留学生学习中心正式面向全校来华留学生及中国学生开放，为学生们提供了一个宽敞、明亮、充满中式风情的学习、休息场所。来华留学生学习中心包括学习和休息两大功能，学习区可同时容纳80人，休息区可同时容纳40人。

二、软环境建设

（一）学位电子注册系统

为进一步规范学校来华留学生学位信息报送工作，加强对学位信息的管理，确保学位授予信息的完整、准确和及时报送，学校从2008年春季学期开始使用“学位电子注册系统”，由学历教育事务部负责按学期采集、修改、校验和提交上报学位授予信息，一年两报。

（二）学籍和学历证书电子注册系统

根据教育部《关于印发普通高等学校新生学籍电子注册暂行办法的通知》的要求，学校从2008年开始对来华留学生接受学历教育的新生学籍和来华留学生学历证书统一实行电子注册，建立学历来华留学生从入学到毕业的完整信息，供来华留学生和有关机构网上查询。

（三）来华留学生签证信息采集系统

为加强对来华留学生动态的掌握，实现学校对来华留学生证照的电子化管理，同时促进北京市高校间的交流和沟通，2008年6月，学校开始全面使用“来华留学生签证信息采集系统”，所有来华信息与出入境外管部门实现共享，包括信息采集、证照核对、条形码流程等，使签证管理工作更加标准化、电子化、信息化。

（四）国际学生电子保单商务平台

2009年9月，学校开始使用“国际学生电子保单商务平台”，配合24小时寰球医疗救援公司服务，来华人员的保险管理工作实现了纸质卡片向电子信息管理的转变。

（五）来华留学生在线报名系统

2009年4月，国际学院成立专门工作组，多方调研，筹备建设学校来华留学生在线报名系统。本着经济性、实用性、可靠性及可扩展性并重的原则，经过和工程技术人员的多次磋商和修改，最终开发了适合学校实际情况的来华留学生在线报名系统，该系统包括学生输入、学生查询、后台管理、在学管理等功能。2010年春季学期，来华留学生在线报名系统正式投入使用。经过一个招生季的检测，学院对该系统进行了升级。升级后的系统更加人性化，进一步丰富了学生操作功能，增加了学生与学院的交流平台，完善了住宿登记互动系统及信息查询和统计功能等。

第四章　继续教育

第一节　概　　述

继续教育学院负责对外经济贸易大学的继续教育工作。

一、历史沿革

2000年至2010年6月，继续教育学院与远程教育学院、高等职业教育学院和高级培训学院四位一体、联合运作，是一个四院合一的“集团”学院。2010年6月，继续教育学院与远程教育学院分离，成为两个独立建制的学院。

二、人员与机构

继续教育学院现有职工77人，其中正式编制在册的员工52人，派遣制员工25人。员工总数中，管理人员62人、教师15人。教师中教授2人、副教授6人、讲师6人、助教1人。

学院共设置13个职能部门及教学单位。除本校区外，学院在北京市还设有2个夜大教学点、2个职业培训校区，在全国各地设有17个外埠函授教学站（点）。

三、人才培养情况

学院现有各类在校生12 500余人，其中夜大生8 000余人、脱产生85人、函授生4 000余人。各类学生中长期培训生500余人。

2000－2010年，学院累计培养各类学生3.5万余人，其中成人本科、专科学历教育（脱产、夜大、高职、函授、自考）毕业生33 684人；非学历教育，如国际课程班、兰斯项目、国际高等文凭（HND）项目以及同政府机关和大型企业合办的各类中短期培训班，累计毕业学生1 000余人。

学院受国家相关部委、中共北京市委、各省市区党委组织部的委托，开办了多种以经贸、金融、外语培训为主的进修班。还与全国中小企业合作，举办各类专业讲座，并成为战略合作伙伴。

四、教学、科研情况

学院教学队伍由本院教师与校内外优质教师资源组成。

2001－2010年，学院教师、管理人员公开发表论文70余篇，主持、参与及组织编写出版成人高等教育本专科、高职高专等各类教材、课件及相关书籍100余种。其中国家级精品课程1门、北京市高等教育精品教材1部、北京市教育教学成果（高等教育）

一等奖 1 项。

学院承担省部级、校级各类科研、教研项目 12 项，2 项获学校优秀教学成果奖。学院完成了教育部《继续教育改革和发展战略与政策研究》国际贸易行业继续教育子课题的调研任务。

学院全程参加了教育部及北京市有关继续教育的政策制定、发展模式、长远规划等方面的课题研究。

五、专业设置

专业设置情况如下表：

表 3.4.1　　目前专业设置情况

培养方式	专业	培养层次		
		高中起点专科（2.5 学年制）	专科起点本科（2.5 学年制）	高中起点本科（5 学年制）
夜大	国际经济与贸易	√	√	
	商务英语	√		
	金融学	√	√	√
	会计学	√	√	
	经济信息管理	√		
	英语		√	
	物流管理		√	
函授	国际经济与贸易	√	√	
	会计学	√	√	
	金融学	√	√	
	物流管理	√	√	
	工商管理	√	√	
	法学		√	

（六）上缴学校财务总额

2000－2009 年，继续教育学院总计收入 34 970.5 万元，上交学校 11 461.2 万元。

第二节　成人学历教育

一、脱产学历教育

（一）校本部

校本部脱产学历教育，自 1995 年开始招生到 2008 年停止招生，历时 13 年，在校脱产学生人数最多时达4 000余人。随着招生计划的调整，自2005年起，脱产学生逐年减少，到2008年，停止招收脱产学历生。

脱产学历教育的专业设置中，专科有：国际经济与贸易、商务英语、金融学、工商管理、物流管理；专科升本科的有：国际经济与贸易、英语、国际金融；高中起点本科的有：信息与信息管理、国际经济与贸易。

脱产学历教育由校本部和分校区联合完成，其中校本部的学生情况如下表：

表3.4.2　校本部脱产学历生情况一览

在校时间	年级	专业	人数
1998年9月－2000年7月	1998级专科	国际贸易、外贸英语	196
1999年9月－2001年7月	1999级专科	国际贸易、外贸英语、计算机应用	419
2000年9月－2004年7月	2000级高本	信息管理	39
2001年9月－2003年7月	2001级专科	国际贸易、外贸英语、工商管理	845
2001年9月－2005年7月	2001级高本	信息管理	77
2002年9月－2006年7月	2002级高本	信息管理	73
2004年2月－2006年1月	2004级专科	国际贸易、外贸英语、金融学、会计学	889
2004年2月－2008年1月	2004级高本	国际贸易、信息管理	169
2005年2月－2007年1月	2005级专本	国际贸易、英语	832
2006年2月－2008年1月	2006级专科	国际贸易、外贸英语、金融学、物流管理	344
2006年2月－2008年1月	2006级专本	国际贸易、英语、金融	662
2007年2月－2009年1月	2007级专科	国际贸易、外贸英语、物流管理	173
2007年2月－2009年1月	2007级专本	国际贸易、英语	373
2007年2月－2011年1月	2007级高本	国际贸易	83

（二）分校区

1. 东区（芍药居甲3号院）

1999年8月至2007年8月30日，学校与北京市城建集团签订租赁协议，租用芍药居甲3号院（近8 000平方米），作为学生宿舍及教室用房。

2. 北区（经贸部干部管理学院）

2000年5月至2007年1月，学校和对外经济贸易管理干部学院签署联合办学协议，随即学院组建脱产大本部入住，下设国际经济与贸易专业和英语专业。在北区共招4届学生，2000年秋招生950人，2001年秋招生1 150人，2002年秋招生1 100人，2004年春招生1 000人。毕业率98%，授予学位率为85%。

3. 南区（北京朝阳社区学院）

2000年4月至2006年1月，学校与北京朝阳社区学院签署合作办学协议，承担继续教育学院脱产专科层次的学历教育工作，双方圆满完成了脱产专科2000级、2002

级、2004 级部分学生的教育和培养。

脱产专科 2000 级，设有国际贸易、外贸英语、工商管理 3 个专业。学生总数为 705 人，其中，国际贸易专业 364 人、外贸英语专业 313 人、工商管理专业 28 人。毕业生人数为 628 人，其中，国际贸易专业毕业 327 人、外贸英语专业毕业 273 人、工商管理专业毕业 28 人。

脱产专科 2002 级（2004 届），设有国际贸易、外贸英语、金融学、工商管理等 4 个专业。学生总数为 805 人。其中，国际贸易专业 420 人、外贸英语专业 268 人、金融学专业 96 人、工商管理专业 24 人。毕业生人数为 777 人，其中，国际贸易专业毕业 417 人、外贸英语专业毕业 271 人、金融学专业毕业 65 人、工商管理专业毕业 24 人。

脱产专科 2004 级（2006 届），设有国际贸易专业，学生总数为 163 人。毕业生人数为 161 人。

4. 朝阳校区

自 2003 年 3 月至 2007 年 7 月，学院与北京市朝阳区十八里店乡签订合作办学协议，成立对外经济贸易大学继续教育学院朝阳校区，承担脱产专升本科及大专班的教学及管理任务。设有国际贸易、商务英语、金融学、物流管理等专业。4 年来，共培养毕业生 2 778 人。学历生毕业 2005 级专科 449 人。

二、夜大教育

2001 年 6 月，原中国金融学院与原对外经济贸易大学合并后，成立新对外经济贸易大学继续教育学院夜大教育部，发展至今。夜大部现开设专科、专升本科、高中起点本科 3 个学历层次。开设英语（外贸英语）、国际贸易（国际经济与贸易）、会计学、金融学等 9 个专业。目前夜大在校生有 8 000 人左右，成为“没有围墙的对外经济贸易大学”。历年学生情况如表 3. 4. 3：

表 3. 4. 3　夜大教育部历年招生及毕业情况一览表

年份	学历	录取人数	毕业人数	获学位人数
2002	专科	282	174	0
	专升本	231	184	292
	高本	68	0	0
2003	专科	—	194	—
	专升本	—	148	—
	高本	—	18	—
2004	专科	344	255	—
	专升本	332	407	—
	高本	62	37	20

续表

年份	学历	录取人数	毕业人数	获学位人数
2005	专科	635	225	—
	专升本	516	247	139
	高本	55	34	10
2006	专科	800	0	—
	专升本	1 189	0	0
	高本	75	53	30
2007	专科	705	239	—
	专升本	1 112	281	206
	高本	82	57	17
2008	专科	532	510	—
	专升本	1 661	406	200
	高本	87	2	—
2009	专科	623	611	0
	专升本	1 547	1 045	361
	高本	118	52	23
2010	专科	560	350	—
	专升本	1 599	1 390	334
	高本	132	—	—

三、函授教育

函授教育为了适应社会主义市场经济对应用型人才的需要，增设了国际金融、国际会计、工商管理等专业。函授教育目前在校生人数为 4 000 余人。自 2000 年起，学院对各地函授站实行“合约管理”，进一步明确学校与各地函授站的责、权、利关系，出台《函授教育合约管理书》等多种规定。对教学计划、教学安排、教学实施、质量监控等方面实施合约管理，以保证教学质量。

2001 年初，函授教育的规模不断发展，共招生 3 166 人，其中本科生招生人数为 1 752 名。当年毕业人数为 706 名，其中含本科生 153 名。

2002 年，学院大部分函授站开始在互联网上建立自己的教育网站，丰富了教学形式。共招生 1 181 人，其中本科生人数超过了 50%，同年毕业人数 1 288 人，其中本科人数 269 人。

2003 年 10 月，继续教育学院函授部划归远程教育，成立了现代函授教育发展中心。

2010 年 6 月，远程教育从继续教育学院中分离，成立远程教育学院。学院的现代函授教育发展中心更名为函授教育部。

为进一步规范函授教育工作，自 2004 年起，学院停办成人高等教育“1+1”教学班，暂停贵州、内蒙 1、合肥、烟台、武汉、太原 2、佛山、重庆、淄博等 9 个站点的招生工作。

2004 年 4 月 22 日，学院重新与珠海、东莞、汕头、太原 1、大同、福州、广西、成都、内蒙 2、兰州、保定、石家庄、郑州、南昌、青岛、新疆、哈尔滨、海南、长沙、温州等函授站签署合作协议。

2007 年，新设物流专业和工商管理专业专升本层次，建立天津函授站，恢复内蒙 1 函授站招生。

2008 年开设物流专业专科层次。

2009 年设立安徽淮北函授站，增开法学专业。

各函授站负责人及联系地址如表 3.4.4：

表 3.4.4　　对外经济贸易大学函授站分布列表（截至 2010 年 7 月）

序号	函授站点	负责人	联 系 地 址
1	石家庄	冯法池	石家庄市红旗大街 333 号河北工业职业技术学院
2	保定	王树科	保定市恒祥北大街 3188 号继续教育部
3	大同	黄林凤	大同市新建南路付 11 号对外经济贸易大学大同函授站
4	太原 1	马瑞仙	太原市新建路 1 号山西省商务厅经贸大学太原函授站
5	太原 2	王永平	山西省太原市迎新街南巷 10 号山西金融职业学院
6	汕头	陈　纯	汕头市华山路 18 号外语外贸职业技术学校
7	珠海	龚　艳	珠海市吉大白莲路 53 号外经贸专修学院
8	广西	潘慧妮	南宁市大学西路 34 号广西国际商务职业技术学院
9	福州	林金瑞	福州市华林路 128 号 15 层对外经济贸易研究所
10	兰州	陈多胜	兰州市西固区福利东路 27 号甘肃省商业学校
11	郑州	李雯鸽	郑州市文化路 91 号省外贸学校经贸大学函授站
12	安徽	吕向生	合肥市双凤开发区工业大道与凤麟路交叉口安徽国际商务职业学院
13	哈尔滨	顾晓滨	哈尔滨市南岗区十字街 35 号省对外经贸学校干训科
14	海南	谷　强	海口市海府大道 171 号海南外贸学校
15	天津	李　曼	天津市河北区民生路 56 号天津职工经济技术大学
16	呼和浩特 1	张鹏飞	呼和浩特市赛罕区鄂尔多斯东大街呼和浩特市商贸旅游职业学校
17	淮北	施建设	安徽省淮北市相山路 44 号

续表

序号	函授站点	负责人	联系地址
18	军博教学点	李莲娣	北京市海淀区复兴路 12 号
19	昌平教学点	牛金成	北京市昌平区东环路 88 号成教中心

四、高教自考助学

2002 年 10 月，学院开始招收全日制高教自考助学班，开设国际贸易专业，分设专科（学制二年）、独立本科（学制一年半）两个层次。2006 年 9 月，新增物流管理专业。截至 2007 年 9 月，共计近 1 000 人次参加全日制自考助学班的学习。

五、成人学历教育毕业生统计

2000－2010 年，成人本、专科毕业生总人数 33 684 人。其逐年数据及专业分布等具体分布详见下列表格：

表 3.4.5　　2000 年毕业生统计　　（单位：人）

	专科			专升本	高起本	
	国际贸易	国际会计	外贸英语	国际经济与贸易	国际贸易	合计
脱产	92		104			196
夜大	136	44	85	69	15	349
函授	539	250		112	44	945
合计	767	294	189	181	59	1 490
总计	1 250			181	59	1 490

表 3.4.6　　2001 年毕业生统计　　（单位：人）

	专科								专升本		高起本
	国际贸易	会计学	外贸英语	工商管理	保险	金融学	涉外文秘	计算机应用	国际经济与贸易	国际贸易	合计
脱产	195		187					37			419
夜大	42	73	82		12	65			92	13	379
函授	445	259		33		172			153		1 062
高职							110				110
合计	682	332	269	33	12	237	110	37	245	13	1 970
总计	1 712								245	13	

表 3. 4. 7　　2002 年毕业生统计　　（单位：人）

	专科							专升本		
	国际贸易	外贸英语	涉外文秘	会计学	金融学	电子商务	工商管理	国际经济与贸易	英语	合计
脱产	327	273					28	245	392	1 265
夜大	21	58		40	55					174
函授	530			194	213		29	447		1 413
高职		79	61			70				210
合计	878	410	61	234	268	70	57	692	392	3 062
总计	1 978							1 084	3 062	

表 3. 4. 8　　2003 年毕业生统计　　（单位：人）

	专科					专升本				高起本	
	国际贸易	外贸英语	工商管理	金融学	会计学	国际经济与贸易	英语	会计学	金融学	货币银行学	合计
脱产	481	292	72			514	560				1 919
夜大	31	63		67	33	2	71	52	23	18	360
函授	557		187	193	246	537		116	77		1 913
合计	1 069	355	259	260	279	1 053	631	168	100	18	4 192
总计	2 222					1 952				18	44 192

表 3. 4. 9　　2004 年毕业生统计　　（单位：人）

	专科					专升本					高起本		
	国际贸易	外贸英语	工商管理	金融学	会计学	国际经济与贸易	英语	会计学	金融学	行政管理学	金融学	信息管理与信息系统	合计
脱产	411	267	24	65		580	499					39	1 885
夜大	37	50		83	85	116	174	88	29		37		699
函授	585		211	133	223	543		256	173	12			2 136
合计	1 033	317	235	281	308	1 239	673	344	202	12	37	39	4 720
总计	2 174					2 470					76		4 720

表 3.4.10　　2005 年毕业生统计　　（单位：人）

	专科					专升本					高起本		
	国际贸易	外贸英语	工商管理	金融学	会计学	国际经济与贸易	英语	会计学	金融学	行政管理学	金融学	信息管理与信息系统	合计
脱产												70	70
夜大	54	72		61	123	68	82	72	80				612
函授	578		136	63	144	669		287	196	20			2 093
合计	632	72	136	124	267	737	82	359	276	20		70	2 775
总计	1 231					14 474					70		

表 3.4.11　　2006 年毕业生统计　　（单位：人）

	专科				专升本			高起本		
	国际贸易	外贸英语	金融学	会计学	国际经济与贸易	英语	金融学	金融学	信息管理与信息系统	合计
脱产	596	195	72	26	466	429	88		73	1 945
夜大								57		57
合计	596	195	72	26	466	429	88	57	73	2 002
总计	889				983			130		

表 3.4.12　　2007 年毕业生统计　　（单位：人）

	专科							专升本				高起本	
	国际贸易	经济信息管理	外贸英语	工商管理	金融学	会计学	物流管理	国际经济与贸易	英语	会计学	金融学	金融学	合计
脱产	340		145		79		48	431	401				1 444
夜大	59	71	75		51	115		94	85	70	67	57	744
函授	525			186	29	124		585		309	95		1 853
合计	924	71	220	186	159	239	48	1 110	486	379	162	57	4 041
总计	1 847							2 137				57	

表 3.4.13　　2008 年毕业生统计　　（单位：人）

	专科							专升本				高起本		
	国际贸易	经济信息管理	外贸英语	工商管理	金融学	会计学	物流管理	国际经济与贸易	英语	会计学	金融学	信息管理与信息系统	国际经济与贸易	合计
脱产	133		127		23		61	328	285		49	61	108	1 175
夜大	172	100	90		98	230		119	146	95	63			1 113

续表

	专科							专升本				高起本		
	国际贸易	经济信息管理	外贸英语	工商管理	金融学	会计学	物流管理	国际经济与贸易	英语	会计学	金融学	信息管理与信息系统	国际经济与贸易	合计
函授	279			50	8	112		398		210	154			1 211
合计	584	100	217	50	129	342	61	845	431	305	266	61	108	3 499
总计	1 483							1 847				169		

表 3.4.14　　2009 年毕业生统计　　（单位：人）

	专科							专升本				高起本	
	国际贸易	经济信息管理	外贸英语	工商管理	金融学	会计学	物流管理	国际经济与贸易	英语	会计学	金融学	金融学	合计
脱产	87		59				27	224	149				546
夜大	290	114	115		69	209		328	263	316	148	54	1 906
函授	232			81		73		256		167	98		907
合计	609	114	174	81	69	282	27	808	412	483	246	54	3 359
总计	1 356							1 949				54	

表 3.4.15　　2010 年毕业生统计　　（单位：人）

	专科						专升本					高起本	
	国际贸易	经济信息管理	商务英语	工商管理	国际金融	会计学	国际经济与贸易	工商管理	英语	会计学	金融学	金融学	合计
夜大	238	92	98		95	216	303		234	291	153	55	1 775
函授	174			69		76	179	70		135	96		799
合计	412	92	98	69	95	292	482	70	234	426	249	55	2 574
总计	1 058						1 461					55	

2000－2010 年间，获得学士学位总人数为 10 199 人，具体情况如表 3.4.16：

表 3.4.16　　2000—2010 成人学历教育获得学位人数统计表

年份	经济学学士			管理学学士				文学学士
	国际经济与贸易	金融学	货币银行学	会计学	行政管理学	工商管理	信息管理与信息系统	英语
2000	196							
2001	221							

续表

年份	经济学学士			管理学学士				文学学士
	国际经济与贸易	金融学	货币银行学	会计学	行政管理学	工商管理	信息管理与信息系统	英语
2002	576							341
2003	795	89	9	94				490
2004	849	161	2	230	2		31	500
2005	387	158		165	6		41	135
2006	497	117		54	1		71	329
2007	589	136		140	1		1	340
2008	518	151		159			47	271
2009	342	131		147			1	186
2010	218	87		96		5	1	85
总计	6 229			1 293				2 677

第三节 远程教育

一、远程教育学院简介

远程教育学院负责对外经济贸易大学的远程教育工作。2002 年 3 月，学校成立远程教育学院，独立建制，是学校直属学院之一。

远程教育学院主要以网络为基础，面向广大成人从业人员开展非全日制学历与非学历教育，归口管理学校远程教育日常工作。学院下设办公室、招生开发部、教学管理部、技术管理与研发部、教材科研部、北京远程学习中心、教材服务部等 7 个部门。学校设立远程教育指导委员会，实行学校一级教学管理体制，由学校教务处统一下达教学任务。

二、学校远程教育概述

2001 年 11 月，学校向教育部提交《对外经济贸易大学网络教育学院申报书》，以答辩第一名、总分第二名的成绩通过评估程序。

2002 年 2 月，教育部下发文件，批复本校为开展现代远程教育试点工作的高校。

学校远程教育自 2002 年 7 月启动招生，截至 2010 年 12 月，累计招生 65 809 人，毕业 36 238 人，获得学士学位 3 304 人。目前在册学员保持在 2 万人的常量规模。

学校远程教育开设高起专、专升本和高起本 3 个层次，设有国际贸易、金融学、法学、商务英语、会计学、工商管理、行政管理、保险、物流管理、信息管理与信息系统

（计算机应用方向）和行政管理（海关管理方向）等 11 个专业或方向。

学校远程教育实行学分制和弹性学制，推行“7 + 1”教学模式，即网络课堂 + 网上答疑 + 课程光盘 + 导学教材 + 平时作业 + 串讲辅导 + 集中考试；另有第二课堂小学分课程等。

针对各个教学管理环节，学校远程教育独立开发具有自主知识产权的软件系统平台。目前形成以教学教务管理系统、在线学习系统、在线答疑系统、学习支持服务平台、虚拟校园系统为主，以招生管理系统、在线支付系统、资源开放联盟管理平台、社交网络型校友联络系统等为辅的全链条信息技术支撑体系。学校远程教育注重知识导学、管理导学和技术导学相结合；通过网站公告、手机短消息、手机贸大远程网、电子邮件、电话、即时通讯、SNS 应用、班级协作等方式，面对不同学习群体，提供个性化的服务，确保学习支持服务信息畅通。

以学校特色和优势为依托，学校远程教育自主开发 165 门网络课程和 40 余门名人名师网络讲座。近 80 门课程资源与兄弟院校共享，并有 20 门课程直接对社会免费开放。

学校致力于远程教育系列教材的研发。目前，通过清华大学和对外经济贸易大学出版社正式出版的远程教育系列教材达 80 部，数量名列全国第二，教材与课程配套率全国第一。

针对不同地区、不同经济状况、不同学习习惯学员的需要，学校远程教育设计了网络加强型（A 型）和导学加强型（B 型）两种业余学习模式。

2002 年 3 月，学校与香港泛华集团成立北京经华智业教育科技有限公司，专门为学校远程教育提供技术支持与服务。

三、远程教育校外学习中心

截至 2010 年 12 月，学校远程教育已在全国 24 个省（直辖市、自治区）累计创建 90 个校外学习中心。

表 3. 4. 17　　对外经济贸易大学远程教育校外学习中心

年度	学习中心依托单位
2002	广东省汕头市外贸中专学校、广东省东莞市塘厦理工学校、南京外贸中等专业学校、山东轻工业学院金融职业学院、广西国际商务职业技术学院、武汉市外贸学校、厦门市广电网络教育培训中心、湖南省商务厅培训中心、南华工商学院、天津市北方信息科学进修学院、南昌工程学院、大连外事专修学院
2003	浙江商业职业技术学院、深圳职业训练学院、深圳老教授协会、黑龙江省直属机关职工大学、河南省外贸学校、湖州市广播电视大学、浙江东方职业技术学院、衢州广播电视大学、浙江广播电视大学义乌分院、绍兴文理学院、宁波广播电视大学、嘉兴职业技术学院、丽水学院、舟山蓉浦学院、江西财经职业学院、包头市委党校、核工业研究生部、山西金融职业学院、四川商务职业学院、唐山市经济贸易学校、安徽国际商务职业学院

续表

年度	学习中心依托单位
2004	山西省临汾会计学校、河南质量工程学院、珠海市外经贸专修学院、广东法商专修学院、中共云南省委党校、青岛慧园文理专修学院、浙江法商专修学院、台州职业技术学院、重庆科创职业学院、安徽省马鞍山电视大学、青岛智达人才专修学院、北京中华商科学校、新疆人事信息服务中心、衡水工业学校、浙江金华商业学校、人民银行长治市中心、大同市荣鑫国际经贸培训中心、山西金融专修学院、兰州国际经济专修学院、济南青年学院、南昌保险学校
2005	常州信息职业技术学院、大连商务职业学院、天津市南开区职工大学、秦皇岛市中等专业学校、中共黑龙江省委党校、临沧市民族干部学校、苏州旅游与财经高等职业技术学校、昭通财贸学校、南通纺织职业技术学院、徐州市行政学院、扬州高等职业技术学校、中共镇江市委党校
2006	江苏经贸职业技术学院、西双版纳州民族干部学校、玉溪市红塔区青少年科技活动中心、文山州民族职业技术学校、海南经贸职业技术学院、北京老教育工作者培训中心、迪庆州教育局
2007	深圳职业技术学院、山东经贸职业学院、山东临沂商业学校、山东大王职业学院、德州职业技术学院
2008	聊城职业技术学院、山东理工职业学院、潍坊市委党校、山东财政学院东方学院
2009	西安外贸职工大学、宿迁学院、威海市行政学院、北京教育科学院研究院培训中心、中共淄博市委党校、中共菏泽市委党校、连云港市职业技术教育中心、河北经贸大学

四、招生状况

我校远程教育分春秋两季招生，自2002年以来，累计招收6万多人。

表3.4.18 对外经济贸易大学远程教育2002至2010年各专业招生录取人数统计表

专业＼年	2002	2003	2004	2005	2006	2007	2008	2009	2010	合计
国际贸易	353	2 009	1 899	1 404	1 212	1 607	1 087	960	738	11 269
金融学	337	904	1 315	914	1 061	1 047	1 073	1 028	971	8 650
法学	202	1 382	1 837	1 489	1 048	771	535	625	579	8 468
商务英语	193	608	791	734	548	703	473	362	263	4 675
会计学		950	1 811	1 385	1 263	1 408	1 679	1 871	1 829	12 196
工商管理			473	1 159	869	1 215	1 196	1 350	1 427	7 689
行政管理			628	1 397	1 371	1 356	1 390	1 626	1 211	8 979
信息管理与信息系统（计算机应用方向）						567	348	451	541	1 907

续表

专业＼年	2002	2003	2004	2005	2006	2007	2008	2009	2010	合计
物流管理						574	149		72	795
保险						395	210	220	160	985
行政管理（海关管理方向）							67	74	55	169
合计	1 085	5 853	8 754	8 482	7 372	9 643	8 207	84 567	7 846	65 809

五、毕业与学位授予状况

学校远程教育的学生在弹性学制内修满规定的学分（专科生须通过实践报告；本科生须通过毕业论文及教育部规定的部分公共课全国统考）可申请毕业。毕业分为春季和秋季两个批次。本科毕业生符合条件者授予对外经济贸易大学成人学士学位。

自 2002 年以来，学校远程教育累计毕业生 36 000 多人；获得学士学位毕业生 3 300 多人。

表 3. 4. 19　　对外经济贸易大学远程教育历届毕业人数统计表

层次	专业	2004届	2005 届		2006 届		2007 届		2008 届		2009 届		2010 届		合计
		秋季	春季	秋季	春季	秋季	春季	秋季	春季	秋季	春季	秋季	春季	秋季	
高起专	国际贸易	20	364	240	259	252	224	377	239	307	525	294	159	39	3 299
	金融学	27	70	71	50	186	122	163	115	136	173	142	127	45	1 427
	法学	11	173	194	146	262	195	369	233	155	213	155	96	45	2 247
	商务英语	18	52	76	62	71	74	230	83	145	117	135	71	24	1 158
	会计学	0	0	266	232	397	235	317	257	297	288	307	352	96	3 044
	工商管理	0	0	0	0	101	140	270	163	159	260	233	236	90	1 652
	行政管理	0	0	0	0	198	306	274	324	362	395	339	358	97	24 663
	物流管理	0	0	0	0	0	0	0	0	0	222	186	72	32	512
	信息管理与信息系统（计算机应用方向）						0	0	0	0	209	150	77	31	467
	保险	0	0	0	0	0	0	0	11	248	24	189	24	11	248
	行政管理（海关管理方向）						0	0	0	0	0	0	3	2	5

续表

层次	专业	2004届	2005届		2006届		2007届		2008届		2009届		2010届		合计
		秋季	春季	秋季	春季	秋季	春季	秋季	春季	秋季	春季	秋季	春季	秋季	
高起本	国际贸易	0	0	0	0	87	57	142	7	624	27	8	11	7	624
	金融学	0	0	0	0	51	56	48	2	349	11	8	4	2	349
	法学	0	0	0	0	38	36	74	3	328	21	4	0	3	328
	商务英语	0	0	0	0	13	10	14	3	224	18	10	5	3	224
	会计学	0	0	0	0	0	1	43	8	208	9	6	8	8	208
	工商管理	0	0	0	0	0	0	0	3	45	4	3	3	3	45
	行政管理	0	0	0	0	0	0	0	0	59	11	2	5	0	77
专升本	国际贸易	77	225	423	341	326	222	324	59	3 080	201	237	160	59	3 080
	金融学	91	214	260	247	242	218	352	105	3 273	306	325	289	105	3 273
	法学	44	212	401	484	358	268	418	59	3 393	214	185	169	59	3 393
	商务英语	28	114	122	98	152	94	106	39	1 267	75	152	92	39	1 267
	会计学	0	0	394	422	311	310	396	102	3 254	269	213	320	102	3 254
	工商管理	0	0	0	0	147	164	196	68	1 425	161	163	177	68	1 425
	行政管理	0	0	0	0	77	167	240	80	1 701	235	214	221	80	1 701
	物流管理	0	0	0	0	0	0	0	19	88	12	25	32	19	88
	信息管理与信息系统（计算机应用方向）						0	0	0	0	29	36	46	21	132
	保险	0	0	0	0	0	0	0	13	52	13	14	12	13	52
	行政管理（海关管理方向）						0	0	0	0	0	0	4	2	6
	合计	316	1 424	2 447	2 341	3 269	2 899	4 353	1 105	36 238	4 042	3 735	3 133	1 105	36 238

表 3.4.20　　对外经济贸易大学远程教育历届授予学士学位人数统计表

层次	专业	2004届	2005 届		2006 届		2007 届		2008 届		2009 届		2010 届		合计
		秋季	春季	秋季	春季	秋季	春季	秋季	春季	秋季	春季	秋季	春季	秋季	
高起本	国际贸易					32	13	14	28	16	5	2	1	0	111
	金融学					19	6	3	4	11	4		2	0	49
	法学					20	4	5	7	4	1	1		0	42
	商务英语						2	1	2	20	1	1		0	27
	会计学							2	3	5				1	11
	工商管理									3		1	2	0	6
	行政管理									1				0	1
专升本	国际贸易	18	61	107	130	106	103	131	75	64	61	66	63	28	1 013
	金融学	9	25	39	39	60	49	44	27	31	37	24	50	18	452
	法学	4	28	25	30	56	28	50	40	22	24	16	18	6	347
	商务英语	12	7	32	43	49	35	29	19	17	19	24	31	11	328
	会计学			19	58	61	47	52	46	30	36	23	45	26	443
	工商管理					7	35	43	38	31	45	22	32	17	270
	行政管理					1	11	31	24	22	9	18	21	21	158
	物流管理										2	2	5	3	12
	信息管理与信息系统（计算机应用方向）										4	6	9	6	25
	保险										2	1	3	1	7
	行政管理（海关管理方向）												1	1	2
	合计	43	121	222	300	411	333	405	313	277	250	207	283	139	3 304

六、获得的荣誉奖项

学校的远程教育获得的奖项如下：

2003 – 2006 年，连续荣获全国“十佳网络教育机构（网院）”称号 4 次。

2005 年，荣获“品牌教育最强师资奖”称号。

2006 年，荣获“教育单位年度贡献奖”称号、最受媒体信赖的远程教育品牌“最强师资奖”和新浪网首届课件大赛“集体奖”。

2007 年，在《中国远程教育》杂志举办的“我为中国远程教育建言献策”论文有奖征集活动中，本校荣获 1 项一等奖和 2 个三等奖。

2008 年，《世界贸易组织概论》和《商务英语写作》2 门课程被评为国家精品课程（网络教育）；《商务英语写作》、《商品学》、《投资管理》3 本教材被评为北京市精品教材；入选“2008 年度十大热门现代远程教育试点高校”。

2009 年，荣获全国网络教育教材建设奖金奖、国家精品课程（网络教育）建设组织奖银奖、优秀网络课程推广奖银奖、优秀论文奖和远程教育贡献奖等五项大奖；《商务英语》和《营销学原理》2 门课程被评为国家精品课程（网络教育）。

2010 年，《公司理财》、《国际贸易》、《跨文化交际导论》3 门课程被评为国家精品课程（网络教育）。目前，学校已有 7 门课程被评为国家精品课程（网络教育），位居全国现代远程教育 69 家试点高校第一方阵，是全国 69 家试点高校获奖最多的高校之一。

第四节　高等职业教育

1999 年 8 月，学校成立高等职业教育学院，与继续教育学院一套班子、两块牌子。9 月，新型高等职业教育涉外文秘专业开始招生。

2000 年 9 月，招收涉外文秘、电子商务、商务英语等 3 个专业的学生。同年，原中国金融学院高等职业教育学院也开始招收新型高等职业教育金融、涉外会计、电子商务等 3 个专业的学生。

2001 年 6 月两校合并后，成立新对外经济贸易大学高等职业教育学院，成为学校独立设置的二级学院。9 月，学院有 9 个专业招生。其中金融会计、金融信贷、涉外会计、电子商务、经济信息、涉外文秘与公共关系 6 个专业的学制为三年，海关管理、商务英语、阿拉伯语 3 个专业的学制为两年。

2002 年 9 月，高职学院对招生专业进行调整，共计 6 个专业招生，其中金融保险、金融证券、涉外会计、电子商务 4 个专业的学制为三年，商务英语、国际经济与贸易 2 个专业的学制为两年。

2003 年 9 月，首次招收“专升本”学生 33 人，开设专业为英语，学制为两年。同时，高等职业教育学院将专科层次所招专业的学制统一调整为三年。设有金融、涉外会计、商务英语、国际经济与贸易、商务日语 5 个专业。

2004 年 9 月，学院增设国际经济与贸易（国际物流）专业。“专升本”招生的专业为金融和英语。

2005 年 5 月，根据学校的决定，高等职业教育学院并入继续教育学院，成立高职教育部，原高等职业教育学院所有下设机构撤销。

2005 年 9 月，根据教育部调整高职高专专业目录，高职专科招生专业调整为金融管理与实务，“专升本”招生专业为金融学。

2006 年 9 月，高等职业教育学院最后一年招生，共计 105 人。其中，金融管理与实务专业的专科生招生 62 人，专升本金融学专业招生 43 人。

2007 年，学校停止高等职业教育学院的招生。

表 3.4.21　　高职学院历年毕业生情况汇总表（普通高职）

届次	毕业生总人数			授予学位数
	小计	本科	专科	
2003 届	337	—	337	—
2004 届	416	—	416	—
2005 届	285	33	252	31
2006 届	437	42	395	37
2007 届	126	22	104	26
2008 届	126	43	83	41
2009 届	62	—	62	1
合计	1 789	140	1 649	136

第五节　高级培训、其他非学历教育及合作办学

一、继续教育学院高级培训

（一）国际课程班

2000 年始，学院将原外事办公室和中加语言培训中心重组，成立国际合作办公室，全面负责学院开拓国际教育市场、引进海外优秀教育资源等国际教育合作事宜。

2005 年，学院开始与英国爱丁堡龙比亚大学合作，举办“2 + 2 + 1”的校际本硕连读项目。

2006 年，学校将由国家教育部正式批准的与法国兰斯高等工商管理学院合作的中外合作办学“零售管理硕士”项目交由学院承办。

2007 年，学院开始同美国西雅图城市大学合作“1 + 3”学士学位项目。

2008 年，学院开始同美国加利福尼亚州州立大学洛杉矶分校合作冬、夏令营项目。

2010 年 3 月，学院开始同法国兰斯高等工商管理学院合作，开始商务管理博士和

创建零售管理研究中心校际合作项目的谈判。

自2000年以来，学院先后与美国、英国、加拿大、澳大利亚、新西兰、韩国、泰国、西班牙、意大利以及中国香港、澳门等国家和地区的60多所大学和教育机构，签署50多份合作备忘录或意向书，正式合作协议达11份。

迄今为止，学院已开办零售管理硕士项目共3期110人，英国爱丁堡龙比亚大学本硕连读项目共6期410人，美国西雅图城市大学本科学士项目1期11人，国际高等文凭（HND）项目共3期近500人，高培雅思项目1期42人，小语种培训项目共8期100多人，美国加州大学冬、夏令营项目1期4人。

（二）语言培训

2010年7月，学院决定强化非学历语言培训教育。学院联合外语学院，成立以市场化模式运作的“对外经济贸易大学高远多国语言教育中心”，旨在发展和扩大以英语为主，包括日、韩、越、阿、德、西、法、意、俄及葡10个小语种的语言培训教育。经学校党政联席会议批准，“贸大高远”于2010年9月1日正式挂牌对外开展非学历语言培训。目前，中心已开办BEC考试培训班、雅思英语考试培训班、新概念英语培训班、西班牙语培训班等语言培训项目，在读学员近百人。

（三）国内高端培训

1. 2000年3月至2003年11月，继续教育学院共举办工商管理培训班8期，培训来自全国各地、各个系统的学员800余人，每期培训时间为2个月。

2. 2002年7月至9月，受石家庄市商业银行委托，继续教育学院为石家庄市商业银行举办青年干部培训班，参加培训学员50人，培训时间为2个月。

3. 2002年9月至10月，受中国人民保险公司山东分公司委托，继续教育学院为人保山东分公司举办青年干部工商管理培训班，参加培训的学员48人，培训时间为1个月。

4. 2003年6月至11月，受中国民用航空总局航管局航行情报中心委托，举办全脱产英语培训班，培训时间5个月。

5. 2004年1月至10月，继续教育学院在福建漳州地区举办“企业总裁高级研修班”，学员是来自漳州地区的民营企业家，研修班采取业余培训和集中培训结合的方式，2004年10月，学员集中于对外经济贸易大学校本部学习。

6. 2004年11月，受中共吉林市委组织部委托，继续教育学院为吉林市选送的28名领导干部进行为期1个月的“国际经济与贸易”高级培训。

7. 2006年2月，开办北京市委组织部商务英语培训班，培训人数为100人。

8. 2006年2月，开办商务英语培训（初、中级）班，培训人数为100人。

9. 2006年5月至6月，开办北京市朝阳区地税局税收高层研讨班培训（两期），培训人数为48人。

10. 2006年3月至5月，开办北京市质量技术监督局英语口译培训班，培训人数为34人。

11. 2006年3月至2007年3月，开办国际贸易实务精品班（共开办3期），培训人数为80人。

12. 2006 年 6 月，开办北京市乡镇企业协会专题讲座，培训人数为 120 人。

13. 2006 年 8 月至 11 月、2007 年 3 月至 6 月、2009 年 2 月 4 日—2009 年 8 月，开办呼和浩特春华水务开发有限责任公司中层干部经济管理培训班（三期），培训人数为 115 人。

14. 2006 年 9 月至 2007 年 2 月、2008 年 9 月至 2009 年 1 月，开办特变电工国际贸易进修班（两期），培训人数为 82 人。

15. 2006 年 12 月，开办鞍山钢铁国际贸易培训班，培训人数为 50 人。

16. 2007 年 4 月，开办中国五矿集团国际贸易实务培训班，培训人数为 40 人。

17. 2006 年 12 月至 2007 年 10 月，开办中国通用技术企业内训（2 期），培训人数为 80 人。

18. 2007 年 7 月至 2008 年 12 月，开办胜利油田涉外项目管理人员培训班（共三期），培训人数为 80 人。

19. 2007 年 7 月至 2009 年 3 月，开办中国技术进出口总公司新员工入职培训（共三期），培训人数为 100 人。

20. 2007 年 11 月，开办北京市工商局领导干部培训班，培训人数为 50 人。

21. 2007 年 11 月至 2008 年 1 月，开办澳大利亚蒙纳士大学中英商务翻译留学班（3 期），培训人数为 116 人。

22. 2008 年 6 月，开办四川商务厅中小企业研讨班，培训人数为 80 人。

23. 2008 年 11 月、2009 年 6 月，开办广西壮族自治区经贸系统干部跨国公司引进与外资项目管理研修班（两期），培训人数为 95 人。

24. 2008 年 11 月，开办民生银行金融高管培训班，培训人数为 49 人。

25. 2009 年 4 月，开办沈阳市招商引资管理高级研修班，培训人数为 49 人。

26. 2009 年 11 月，承办民生银行后危机时代的战略思考及银行业与中小企业的战略合作论坛，培训人数为 800 人。

27. 2010 年 5 月 10 日至 6 月 4 日，开办广西商务厅中国 - 东盟区域经济合作高级研讨班（第三期），培训人数为 30 人。

28. 2010 年 3 月至 7 月，开办中材集团领导干部高级管理研修班，培训人数为 49 人。

（四）证书培训

1. FIATA 国际货运代理资格证书项目

2005 年 1 月 31 日，中国国际货运代理协会和对外经济贸易大学签署协议，决定在对外经济贸易大学成立 FIATA 货运代理资格证书中国考试中心，并授权对外经济贸易大学作为该证书北京地区的招生和培训点。经培训、考试和复试合格者，方能获得由国际货运代理协会联合会（FIATA）主席和被授权的国家级货代协会主席联合签署，并由 FIATA 总部颁发并编号的 FIATA 证书。本校既是 FIATA 考试中心也是此项目的北京地区的培训中心。从 2005 年成立至今，全国参与培训的共计 428 人次，取得证书的有 372 人。

2. CIFA 国际货运代理从业人员证书考试

CIFA 考试是中国国际货代协会推出的国内货代从业人员的考试。考试地点设在对外经济贸易大学。

3. 全国经济专业技术资格考试（经济师）

全国经济专业技术资格考试（经济师）是对外经济贸易大学与北京市人事考试中心的合作项目。学院主要负责学员的教材征订、安排考试等项工作。每年报名的人数有1 200 - 1 500 人，学院负责安排 40 - 50 个考场。

4. OEIC—英语考试（托业）项目

自美国教育考试服务中心（ETS）于 1979 年开发 TOEIC（托业）英语考试以来，经继续教育学院多方努力，于 2005 年将 TOEIC 英语考试落户于本校。主要负责接待日常来访咨询者、报名以及办理考务等工作。每年的报名人数约在 500 人左右。

5. 国际商务会展员项目

国际商务会展员专业培训考试是由中国对外贸易经济合作企业协会推出的专业性很强的行业培训。2009 年，学院举办一期会展员培训，参加培训的有 37 人，通过率为 70%。

二、合作办学

2003 年至今，学院分别与十八里店村、世纪育达教育培训中心、北京商大培训中心、人大培训学院、北京文理学院、北京东方大学等教育机构及行政单位签订合作办学协议，分别设置朝阳校区、昌平校区、海淀校区。招生情况如下：

表 3.4.22 合作办学校区招生情况

名称	起止时间	合作内容	学生人数	合作单位	管理部门
朝阳校区	2003.7 - 2007.2	成人教育 专科/本科（预科）	396 人	十八里店村	朝阳校区管理部
	2006.7 - 2009.7	自学考试（脱产）	2 180 人	十八里店村 世纪育达教育培训中心	朝阳校区合作办学管理部
	2009.9—今	职业教育培训	202 人	北京东方大学	朝阳教学基地
昌平校区	2005.9 - 2006.2	天竺校区部分高职生与自考生迁入	150 人	北京商大培训中心	原高职学院项目
	2006.4 - 2009.7	自学考试（脱产）	1 050 人	北京商大培训中心	昌平校区管理部
海淀校区	2003.7 - 2009.7	自学考试（脱产）	780 人	人大培训学院 北京文理学院	海淀校区管理部
	2009.9—今	职业教育培训	520 人	北京文理学院	海淀教学基地
学校本部	2005.9—今	协调合作办学的相关事宜	合计： 5 278 人	各合作方	联合办学办公室

三、高级研修学院高级培训

2002 年 3 月 26 日，高级研修学院成立。学院于 2002 年 6 月开始运作。截至 2010 年 5 月，高级研修学院共举办各类高级研修班 55 期，培训各地党政领导干部学员 3 569 人次。此外，以组织专家外出讲学的形式培训各地干部学员 4 590 人次。学员主要来自江苏省、天津市、北京市、广东省、福建省、山西省、辽宁省、山东省、浙江省等地。前来学习的部门和单位主要有国家税务总局、海关总署，各地区党委组织部、发展和改革委员会、经济和信息化委员会、农业委员会、人口和计划生育委员会、财政局、地方税务局、商务局、统计局、工商行政管理局、人力资源与社会保障局、国土资源局、水利局、交通运输局、教育局、科学技术局、卫生局、审计局、住房和城乡建设局、城市管理局、规划局、公安局、旅游局、物价局、粮食局、文化广播新闻版局、文化联合会、报社、安全生产监督管理局、质量技术监督局、档案局、司法局、检察院、法院、经济开发区等。2003 年，高级研修学院还为美国驻华大使馆商务处的学员组织了高端商务培训。

目前，学院师资库专家人数发展到 240 人，其中，在国内外有一定影响的知名专家约占三分之一，各研究机构和高等学府的学科领军人物约占三分之一，优秀中青年教师约占三分之一。

截至 2010 年 5 月，高级研修学院实现培训收入共 1 500 万元，创造净收入 718 万元。学院积极参与社会的各项捐赠工作。

第六节　学生管理

学院加强共青团和学生会的建设，开辟第二课堂。

一、举办学生讲座

学院邀请社会知名专家学者、教授，为学生举办不定期的各种讲座和专题讲座，开阔学生眼界，丰富学生知识，培养学生全面素质。学生创办自己的刊物，如《继续学苑》、《继教之窗》、《继教之声》、《继教之音》等。

二、开展丰富多彩的文体活动

学院组织学生与其他兄弟学院同台竞技，互相沟通，加强了解，增进友谊。学院在各校区积极开展各种体育活动。如学生运动会、足球和篮球比赛、冬季越野长跑比赛、跳绳、踢毽子比赛、歌咏比赛、趣味运动会、迎春晚会以及“求索星光”十佳歌手大赛、英语角、志愿者工作等一系列活动。

三、组织学生参加社会实践

学院组织学生多次参加中央电视台“幸运 52”、“欢乐大世界”栏目的现场录制活动，组织同学参加中央电视台“劳动就业”栏目的摄制，参加与赫门工作室的网站设计，并与腾讯公司联合组织其产品的校园巡展活动，组织学生干部参观井冈山精神大型展览。在国庆期间组织同学参加中央电视台“幸运6+1”国庆特别版录制活动，与中国教育频道“校园点歌台”摄制组合作拍摄一期互动节目。为了加强学生爱国主义思想教育，学院联系多位奥运冠军到学校做事迹报告，李玲玉、洪战辉等到学校做励志报告等。学院安排每届新生参观抗日战争纪念馆，接受革命传统教育和爱国主义教育。

2008年8月至9月北京奥运会、残奥会期间，学院100余名学生参加了志愿者活动。

四、组织新生军训

学院每年在昌平区阳坊镇坦克六师汽车营的军训基地组织新生军训，时间约为两周。

第四篇　学 术 研 究

第一章　科研管理

第一节　概　　述

一、工作职责

科研处作为主管本校科学研究工作的职能机构，其主要职责有编制全校科学研究的中长期发展规划；制定和修订学校科研管理制度；组织开展全校性和校际间、国际间的学术科研活动；管理、指导和检查全校学术研究工作；规划和管理各类科研课题，合理配置学校科研资源，组织进行重大科研攻关项目；组织科研成果申报、统计以及优秀科研成果评奖；组织学术专著出版资助的评审；管理校属各类研究机构，负责本科生、研究生科研活动的指导和管理；负责教育部、北京市重点研究基地的申报与管理；审核教师和科研人员的科研工作量等。此外，科研处作为“安子介国际贸易研究奖”的秘书处，负责组织和落实该奖项的申报、评选、奖励等工作；作为校学术委员会秘书处，负责校学术委员会会议的召集、会议纪要发布等工作。

二、机构沿革

1951 年 11 月至 1954 年 7 月（即北京高级商业干部学校至北京对外贸易专科学校期间），学校的科研工作在校务委员会的直接领导下进行。1954 年 9 月，北京对外贸易学院成立后，学校在教务处设置专人主管科研工作，1960 年 6 月设立科研科。1963 年 1 月，北京对外贸易学院科学委员会成立。1966 年 6 月，全院教学与科研均停顿。1970 年，北京对外贸易学院被撤销，1973 年学院恢复，教务与科研工作随之开始重新运作。自此至 80 年代初期，学校科研工作的指导思想是“科研工作必须为教学服务”，科研的主要任务是编写教材。1980 年上半年，学院制定《1980—1982 年科研计划》，同时颁布《北京对外贸易学院科学研究工作暂行条例》。1989 年 12 月，科研处正式成立。2000 年 6 月，原对外经济贸易大学与原中国金融学院合并，成立新的对外经济贸易大学，两校的科研处也顺利完成合并。

目前，学校的科研工作已形成由校长、主管副校长领导，校学术委员会咨询、审议和监督，科研处组织、指导，各院（部）、研究院具体落实的管理模式。

科研处下设：项目管理办公室、成果管理办公室、信息管理办公室和“安子介国际贸易研究奖”办公室。现有工作人员 5 名。

第二节 科研规划

中长期科研规划的编制是科研处工作的重中之重，对学校科研事业的发展具有重大意义。2000—2010 年，科研处根据学校事业发展总体规划和师资与学科建设规划，本着“科研为教学服务，为学科建设服务，为社会服务”的原则，在校内外广泛、深入调研的基础上，制定了“十五”和“十一五”两个科研规划，并采取有效措施确保规划的顺利实施，圆满完成了规划中提出的各项工作任务，基本达到了预期目标。

一、学校“十五”科研发展规划的主要内容

（一）主要目标任务

“十五”期间科研工作要通过加快科研体制改革，建立和完善各项科研管理制度，组织重大课题研究，加大科研经费投入和科研成果动态的评估管理措施，加强基础理论研究地位，巩固和进一步发展具有传统优势的理论与政策研究，扬长避短，在主要学科科研方面，多出精品，保持国内领先地位。大力发展国家特别需要的应用性研究，提高重大实际问题和学术前沿问题研究的比重，并力争取得突破性成就。提高科研创新能力，建立和推进具有战略意义的多学科和跨学科性研究项目，积极申请和主动承担国家、各部委和省市政府及有关部门应用对策研究重大课题，组织精干力量重点开展世界贸易组织、跨国公司、地区经济一体化、国际金融、企业管理与竞争力、国际经济法、语言文学与商务外语研究、西部大开发战略研究等重大理论和现实问题研究，向政府决策部门和企业提供高水平的咨询服务。进一步巩固、加强国际交流与合作，力争有新的突破，扩大学校在科研方面的国际影响。通过“十五”规划的落实，使学校重点学科领域的研究工作，基本达到国内领先水平，为将学校建设成为主要学科国内领先、世界知名的科研与教学并重的高水平大学，打下坚实的科研基础。

（二）重点工作

1. 加强科研机构改革和重点研究基地建设规划；

2. 加强重点学科、博士点和重点科研机构的建设规划；

3. 加强科研队伍建设和各学科人才培养；

4. 确立各学科的主要研究领域、研究方向和重点研究课题；

5. 做好科研成果的评价推广和应用奖励工作；

6. 积极开展国内外学术交流和加强信息网络建设；

7. 加强和改革科研管理工作。

（三）主要措施

1. 加大科研经费投入力度；

2. 深化科研体制改革和实现科研体制创新；

3. 加强与国际经济组织、机构及科研机构、高等院校的国际合作，体现学校科研国际化的特色；

4. 办好一定数量有特色的学术期刊；

5. 加强研究方法论的学习，提高科学研究能力。

二、学校“十一五”科研发展规划主要内容

（一）总体目标

保持重点学科的科研水平在国内处于一流的地位并在国际上有知名度，其他学科在同领域处于领先地位并有良好影响，全校学术水平的排名在同类高校中居于前列。

（二）重点工作

1. 整合优势，探索创新，加强平台建设；

2. 加强队伍建设，提升团队科研竞争力；

3. 加强制度建设，规范评价体系，强化科学管理；

4. 提高学术水准，产出学术精品，服务国家发展；

5. 加强学术交流，浓厚科研氛围。

（三）保障措施

学校要加大对科研工作的重视力度，进一步强调科研是落实人才强校战略的重要抓手，用高水平的科研成果促进学科建设，促进人才培养，促进服务社会。要从制度、思想、资源等方面为学校科研事业的进一步发展提供强有力的保障。

三、学校“十五”和“十一五”科研发展规划的执行情况

由于“十五”和“十一五”科研规划的指导思想明确，所定目标比较科学、合理，激励和保障措施比较到位，科研组织作用显著，总体完成情况良好，而且还超额完成了某些任务指标，在产出高质量科研成果、科研队伍建设、争取高层次科研项目、拓宽科研渠道、打造研究平台、营造科研氛围、增强服务意识等方面都作出了积极努力并且取得了可喜的成绩，对学校科研水平和地位的不断提升起到了很好的推动作用，为学校的学科建设提供了有力支撑。具体任务完成情况见下表：

表 4.1.1　学校“十五”和“十一五”科研发展规划主要指标完成情况表

主要指标	“十五”完成情况	“十一五”完成情况
科研成果总数	4 580 项	5 891 项
SSCI/SCI/A&HCI 论文数	16 篇	93 篇
国家级和省部级纵向课题数	84 项	241 项
校外科研经费总额	1 827 万元	6 470 万元
省部级科研奖励	35 项	48 项
省部级研究基地	1 个	1 个

第三节　规章制度

2002 年以来，科研处围绕我校科研工作的发展制定的规章制度主要有：

1.《对外经济贸易大学科研经费管理办法》；

2.《对外经济贸易大学优秀科研成果奖励办法（试行）》；

3.《对外经济贸易大学非实体科研机构管理办法》；

4.《对外经济贸易大学学术著作出版资助专项经费管理办法（试行）》；

5.《对外经济贸易大学研究生科研活动管理办法（试行）》；

6.《对外经济贸易大学校级科研课题管理办法》；

7.《对外经济贸易大学本科生科研创新活动管理办法》；

8.《对外经济贸易大学重点研究基地管理办法》；

9.《对外经济贸易大学学术交流管理办法》；

10.《对外经济贸易大学青年教师科研启动项目管理办法》；

11.《对外经济贸易大学中央高校基本科研业务费专项资金项目管理办法》；

12.《对外经济贸易大学特色科研项目管理办法》；

13.《对外经济贸易大学学术创新团队建设管理办法》；

14.《对外经济贸易大学重大项目预研基金管理办法》；

15.《对外经济贸易大学研究生科研创新项目管理办法》。

2008 年，学校对科研机构管理办法进行了修订，颁布了修订的《对外经济贸易大学非实体科研机构管理办法》；同期，2002 年制订的《对外经济贸易大学科研经费管理办法》废止。2009 年学校制定《对外经济贸易大学学生科研创新活动管理办法》，成立了学生科研创新活动管理委员会，该委员会下设学生科研创新活动管理委员会办公室，办公室设在校团委，负责制定学校学生科研创新活动总体思路和规划并组织实施，统一管理研究生和本科生科研活动；同期，2004 年制订的《对外经济贸易大学研究生科研活动管理办法（试行）》和 2004 年制订的《对外经济贸易大学本科生科研创新活动管理办法》废止。2008 年重新修订了优秀科研成果奖励办法，出台《对外经济贸易大学优秀科研成果奖励办法（2008 年修订）》；同期，2002 年制订的《对外经济贸易大学优秀成果奖励办法（试行）》废止。

第四节　工作流程

为保证科研立项、科研管理等各项工作的顺利开展，本着公平、公正、公开和以人为本的原则，科研处制定规范的、常态化的工作流程，并将其中主要的工作流程图置于校园网科研处的主页上，以便全校师生详细了解并予以监督。

这些工作流程可分为三大类：科研项目的申报、立项，科研项目的管理，其他科研工作的管理。

一、科研项目的申报、立项流程

（一）校外纵向科研课题（校外重要科研奖项）申报工作流程

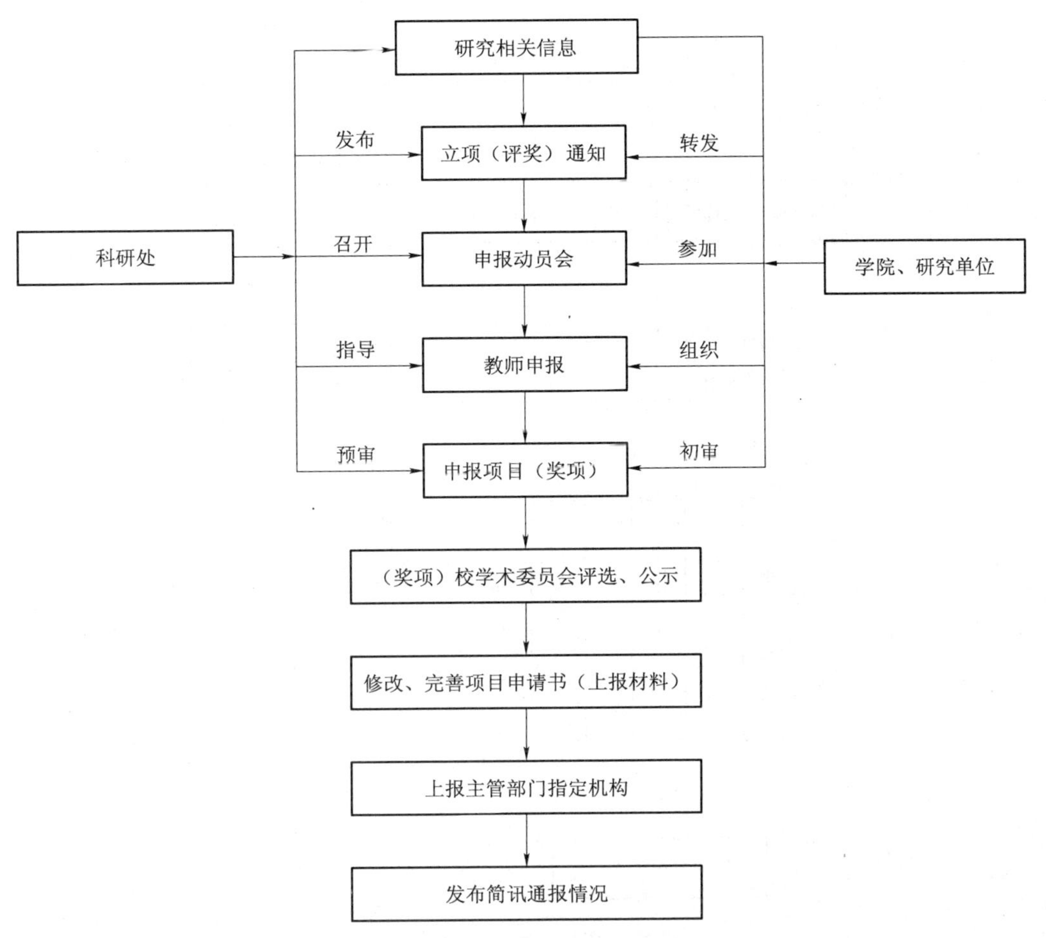

图 4.1.1　校外纵向科研课题（校外重要科研奖项申报）工作流程

（二）校级科研课题申报、立项流程

1. 重大课题、重大项目预研基金项目

该科研课题的申报于每年下半年进行，申报、立项的流程如图 4.1.2。

2. 创新团队项目、特色科研项目、一般课题、青年项目、新进青年教师科研启动项目

该项目的申报于每年下半年进行。创新团队项目、特色科研项目要经过科研处预审、校内外专家通讯评审和校内外专家答辩评审二轮评审；一般课题、青年项目的评审分为科研处预审、校内外专家通讯评审和相关专业校学术委员会委员会议评审三个环

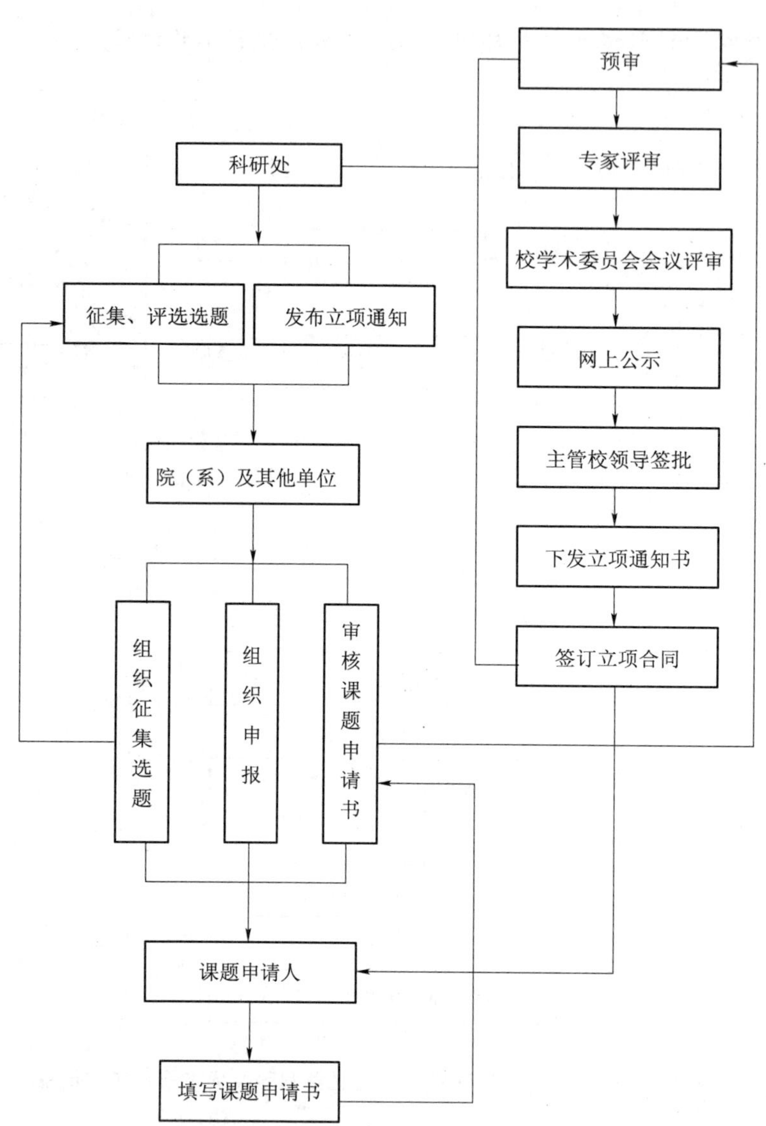

图 4.1.2　校级重大课题、重大项目预研基金项目申报、立项流程

节；新进青年教师科研启动项目经过科研处预审、相关专业校学术委员会委员会议评审。

该组科研立项的申报、立项的流程如图 4.1.3。

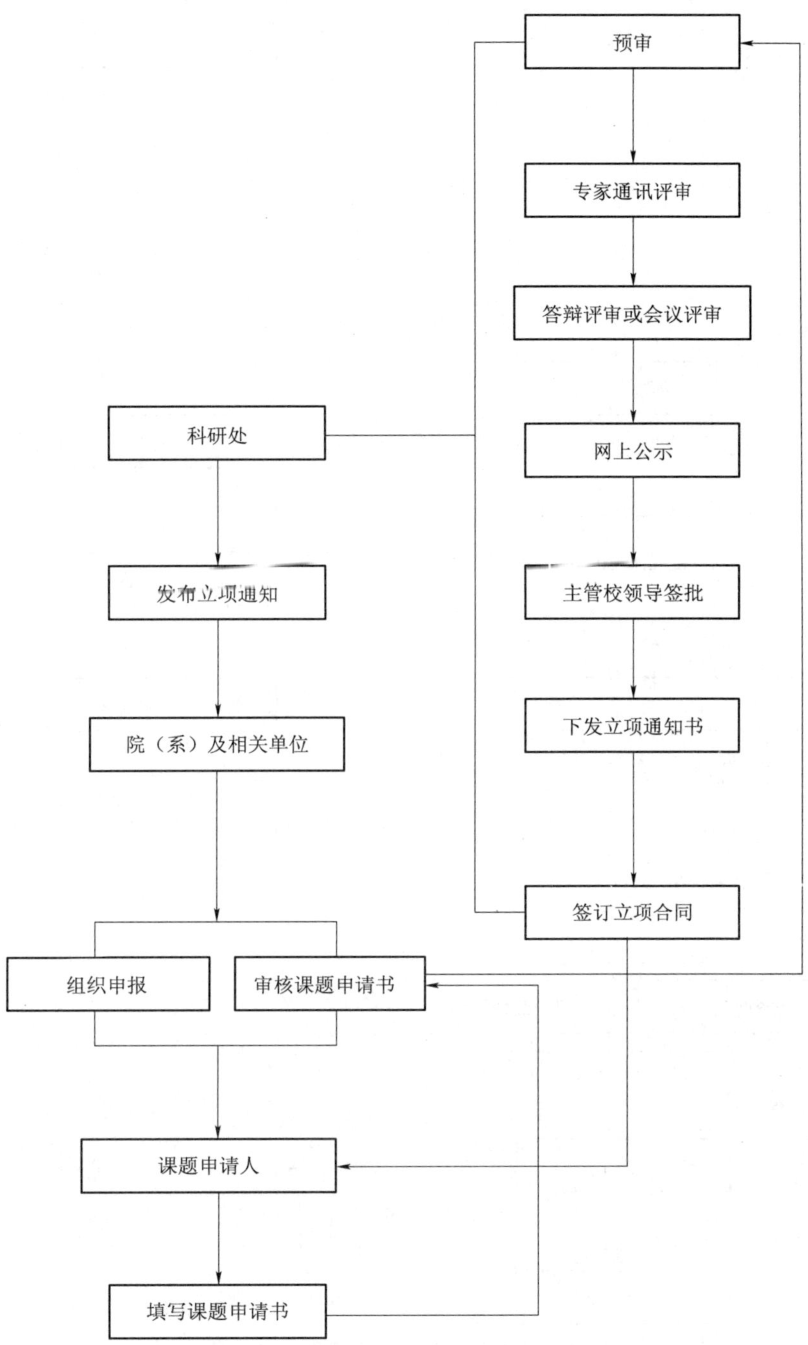

图 4.1.3　创新团队项目、特色科研项目、一般课题、青年项目、新进青年教师科研启动项日申报、立项流程

3. 学术专著出版资助工作流程

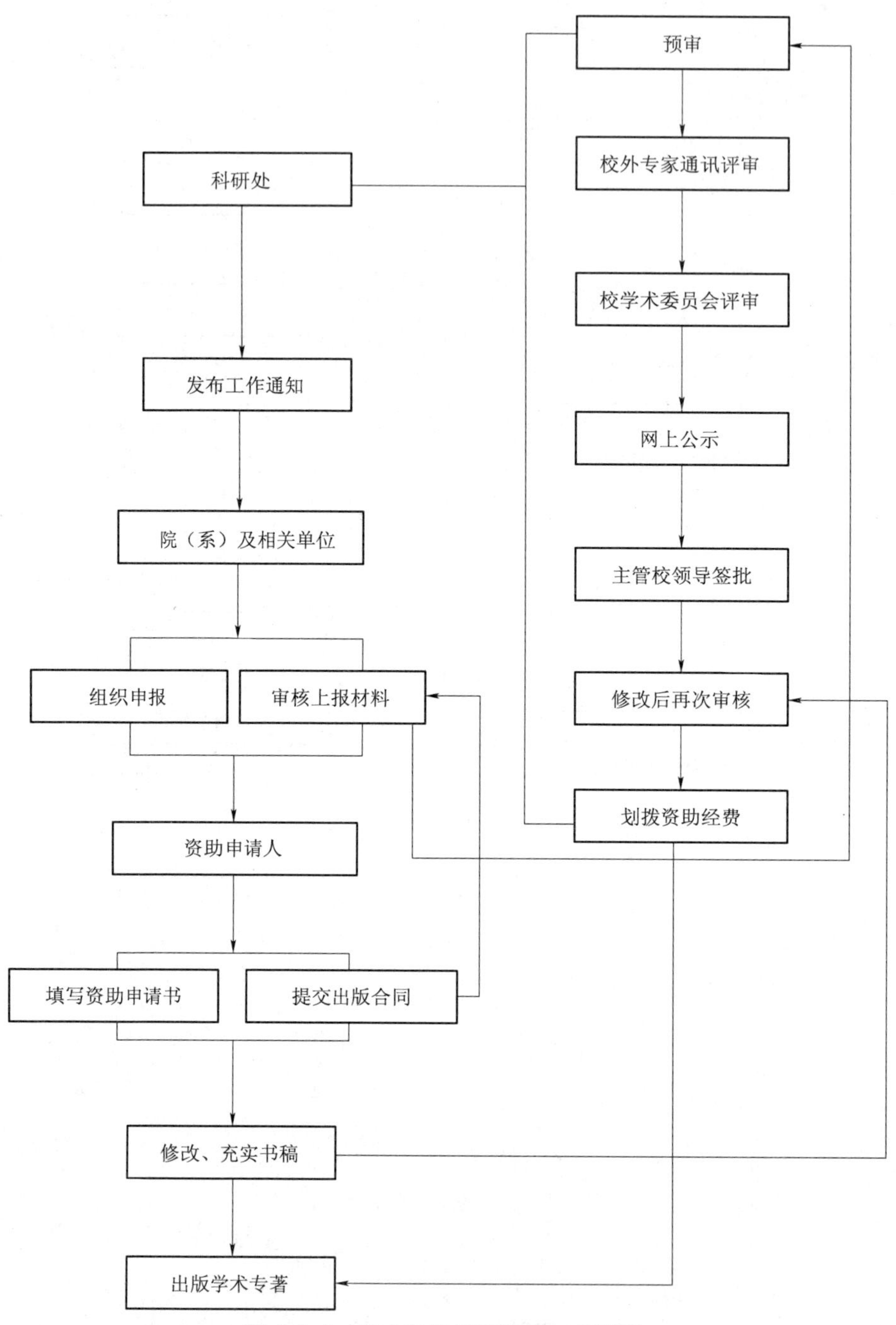

图 4.1.4 学术专著出版资助工作流程

二、各级各类科研课题管理工作流程

（一）科研课题管理工作流程

1. 校外纵向科研课题（国家自然科学基金项目、国家社会科学基金项目、教育部

人文社科规划项目、北京市社科规划项目等）管理工作流程

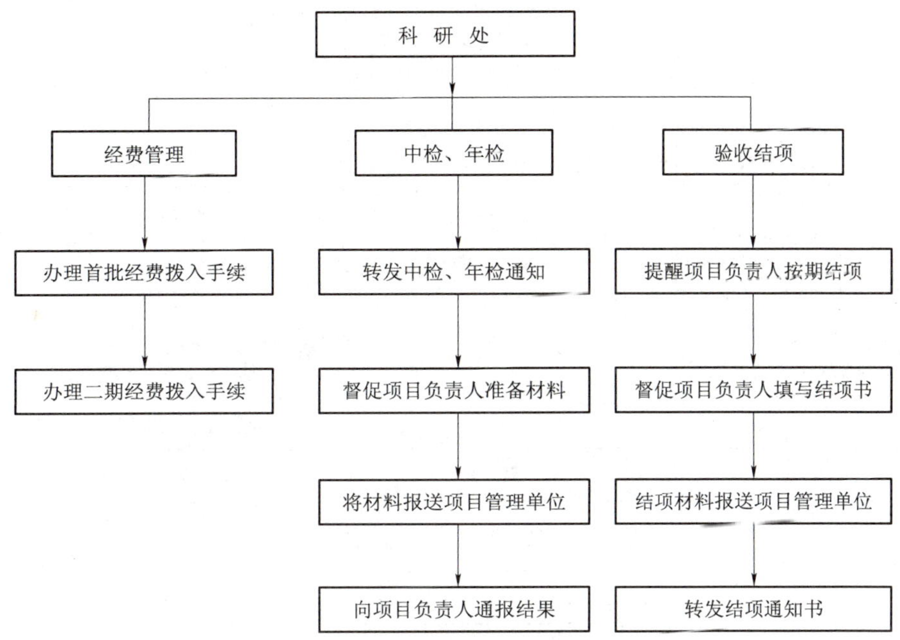

图 4.1.5　校外纵向科研课题管理工作流程

2. 校外横向科研课题管理工作流程

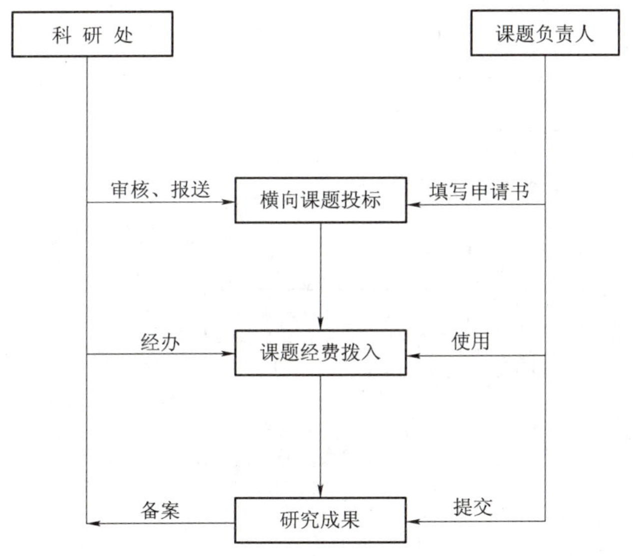

图 4.1.6　校外横向科研课题管理工作流程

（二）科研课题经费管理工作流程

科研处对科研课题经费的管理除有相应的制度外，也按照规范的流程进行。校级科研课题经费管理的流程如图 4.1.7。

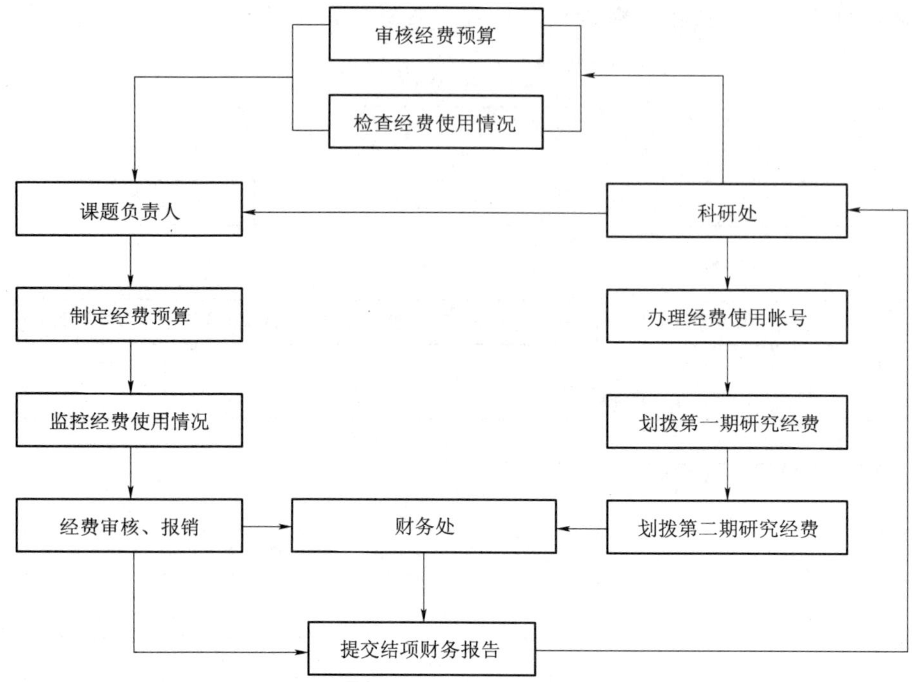

图 4.1.7　校级科研课题经费管理流程

（三）各级各类科研课题检查工作流程

1. 各级各类科研课题中期检查的流程

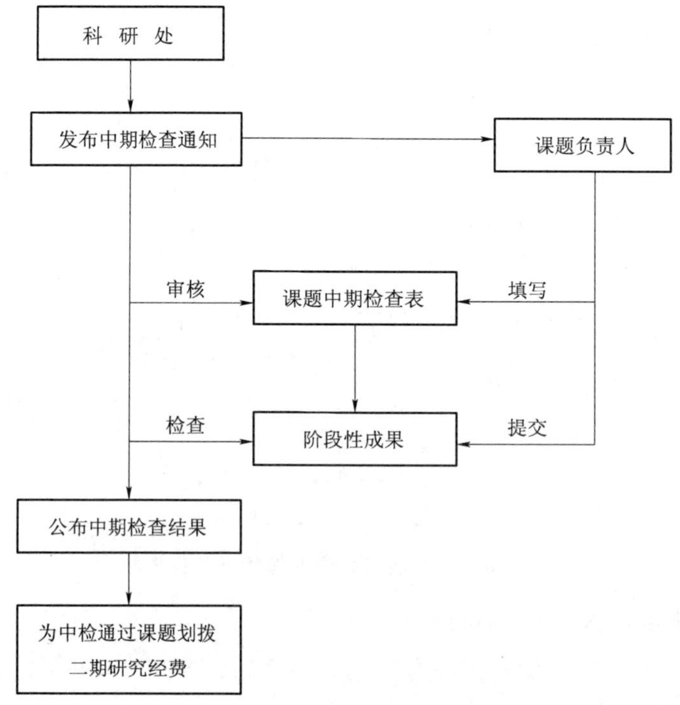

图 4.1.8　各级各类科研课题中期检查流程

2. 校级科研课题结项流程

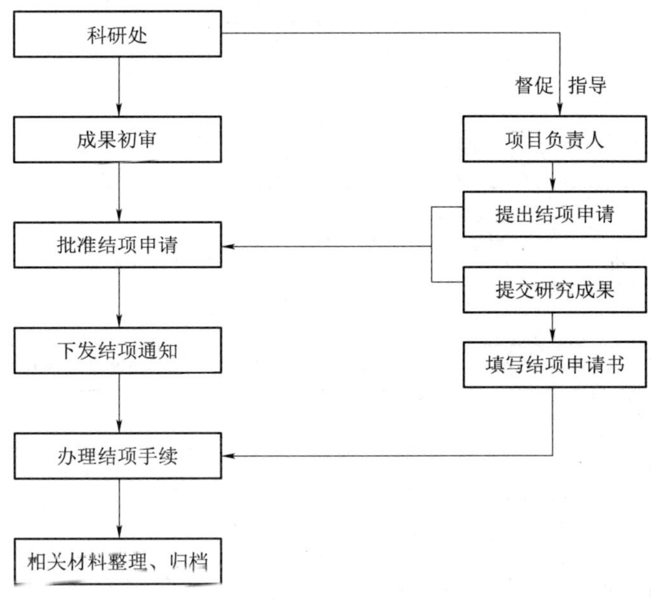

图 4.1.9 校级科研课题结项流程

(四) 科研工作量统计及考核工作流程

1. 教师科研工作量的统计及考核流程

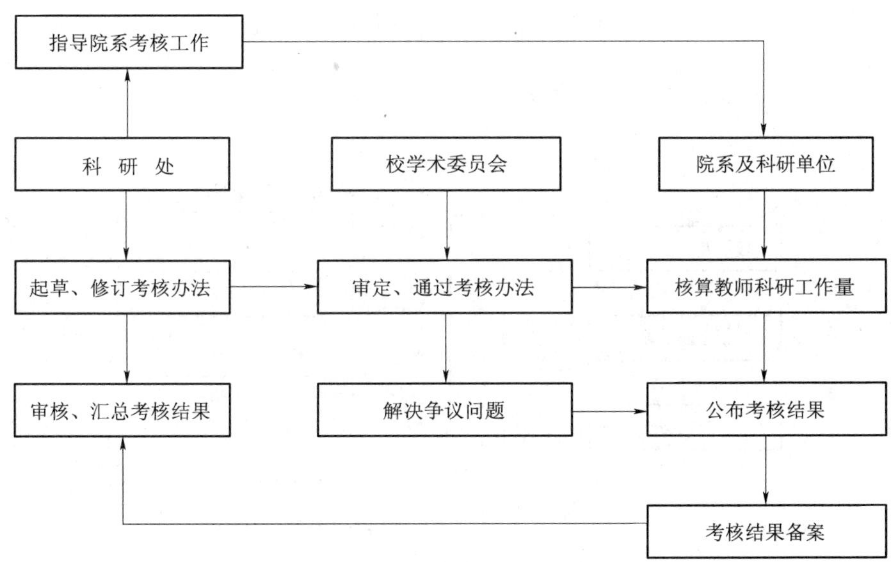

图 4.1.10 科研工作量统计及考核工作流程

2. 学生科研课题管理工作流程

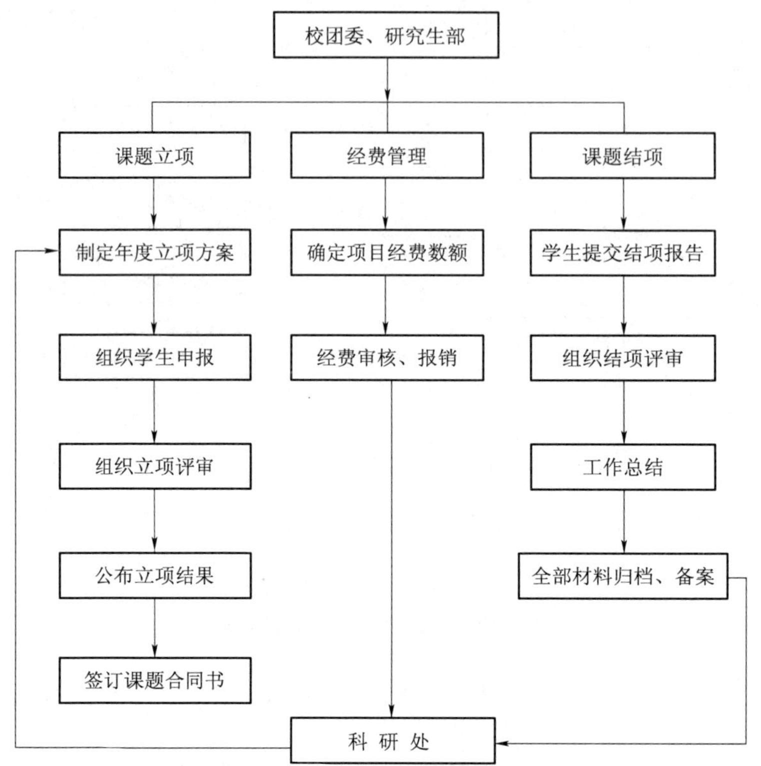

图 4.1.11　学生科研课题管理工作流程

（五）科研成果填报与认定工作流程

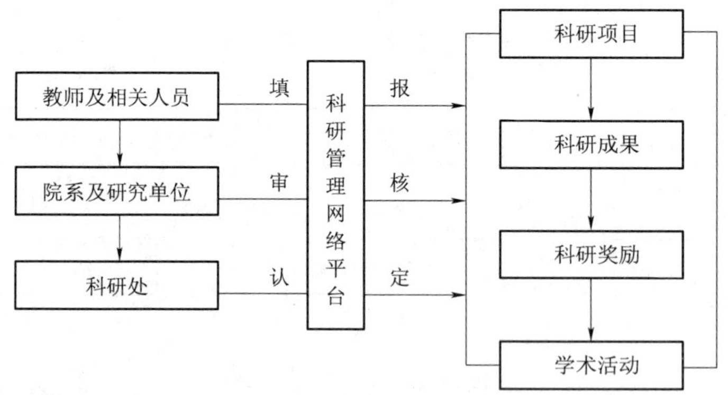

图 4.1.12　科研成果填报与认定工作流程

（六）学校优秀科研成果奖励工作流程

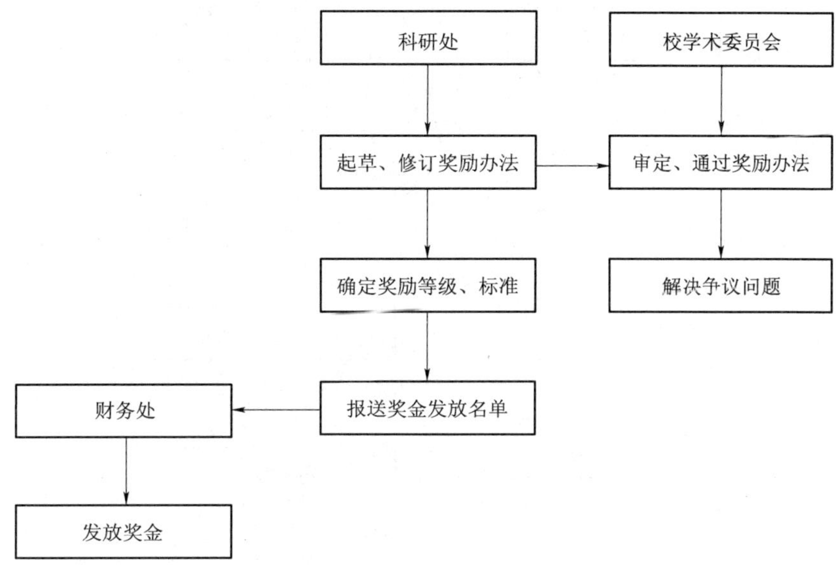

图 4.1.13　学校优秀科研成果奖励工作流程

三、其他科研管理工作流程

（一）研究基地管理工作流程

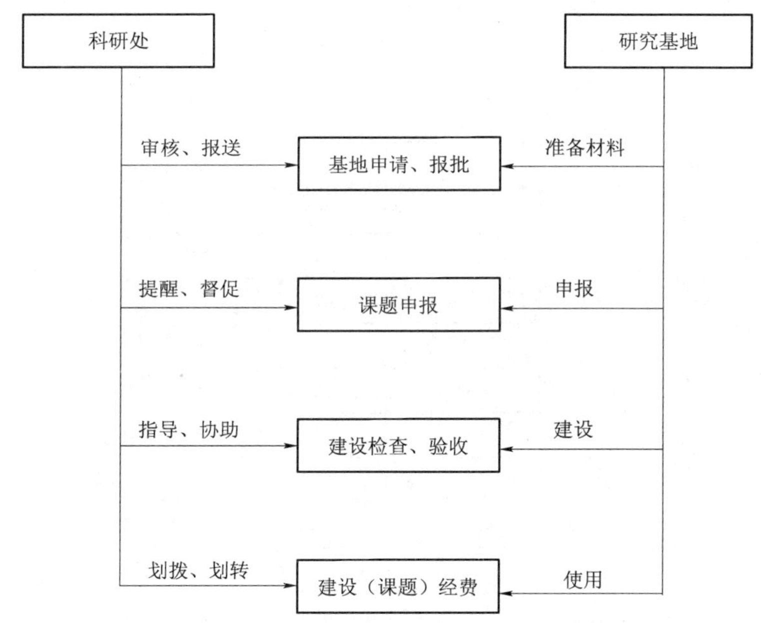

图 4.1.14　研究基地管理工作流程

（二）举办高层次学术会议工作流程

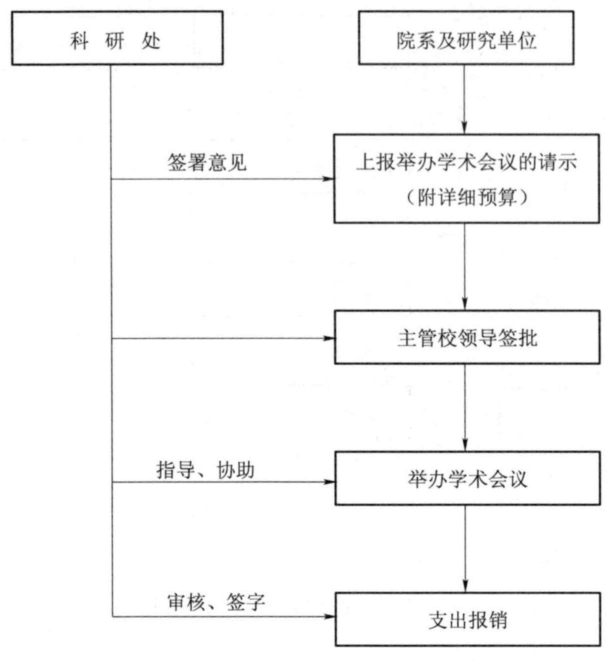

图 4.1.15　举办高层次学术会议工作流程

（三）“安子介国际贸易研究奖”秘书处工作流程

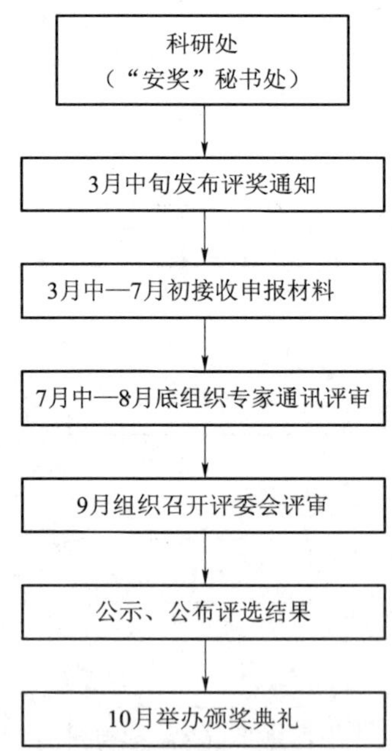

图 4.1.16　“安子介国际贸易研究奖”秘书处工作流程

从实际效果看，上述工作流程对学校师生参与各种科研活动起到了很好的作用，也体现出学校科研管理工作规范化、制度化建设的水平和实效。

第二章　学术研究

第一节　科研立项

一、纵向课题

学校认定的纵向课题包括向全社会公开招标，经招标立项后下达加盖相关主管部门公章的立项通知书的国家级项目和省部级项目。国家级项目是指国家自然科学基金项目、国家哲学社会科学基金项目等以国家名义下达的项目；省部级项目是指各省、部委级下达的纵向课题项目，如教育部人文社会科学规划研究项目、科技部国家软科学研究计划项目（通过教育部招标）、北京市哲学社会科学规划研究项目和霍英东青年教师基金资助项目等。

2000—2010年，随着学校对科研工作重视程度的提高，全校教师获得的各级各类科研立项的数量和经费数额不断增加，课题层次也有较大提升。2007年，获得1项国家社会科学基金重大项目，实现了学校在国家重大项目招标中零的突破；2008年，又获1项国家社会科学基金重大项目；2010年，获3项国家社会科学基金重点项目、1项教育部重大课题攻关项目。

2000—2010年，学校获纵向课题具体情况见下表：

表4.2.1　　对外经济贸易大学2000－2010年纵向课题立项统计表

年度	国家基金	教育部	北京市	小计	增长率
2000	3	4	/	7	/
2001	3	14	1	18	157%
2002	7	11	/	18	0%
2003	6	6	/	12	－33%
2004	6	1	5	12	0%
2005	9	14	1	24	100%
2006	14	10	8	32	33%
2007	15	13	4	32	0%
2008	17	15	12	44	38%
2009	17	22	9	48	9%
2010	30	47	8	85	77%
合计	127	157	48	332	年均38%

表 4.2.2 对外经济贸易大学 2000－2010 年纵向课题经费统计表 （单位：万元）

年度	国家级	省部级	合计	增长率
2000	18.00	44.00	62.00	/
2001	13.20	61.00	74.20	20%
2002	56.00	99.00	155.00	109%
2003	41.50	96.00	137.50	－11%
2004	57.00	41.13	98.13	－29%
2005	77.30	124.00	201.30	105%
2006	156.00	108.60	264.60	31%
2007	201.50	149.00	350.50	32%
2008	222.30	388.37	610.67	74%
2009	212.50	374.79	587.29	－4%
2010	482.50	524.20	1 006.70	71%
合计	1 537.80	2 010.09	3 547.89	年均 40%

二、横向课题

2000 年至 2010 年，广大教师积极从事科研活动的同时，为国家和地方经济社会发展服务的意识不断增强，学校承担横向课题的数量逐年增加，获得的经费金额大幅增长。尤其是“十一五”期间，这种趋势更加明显。

2000—2010 年，学校获横向课题具体情况见下表：

表 4.2.3 对外经济贸易大学 2000－2010 年横向课题立项统计表

年度	横向课题数	增长率	经费金额（万元）	增长率
2000	4	/	7.12	/
2001	11	175%	51.70	626%
2002	17	55%	128.32	148%
2003	22	29%	200.90	57%
2004	23	－5%	252.42	26%
2005	32	52%	527.92	109%
2006	34	6%	262.66	－50%
2007	41	21%	660.74	152%
2008	62	54%	868.83	31%
2009	68	8%	642.01	－26%
2010	100	47%	1 216.08	89%
合计	413	年均 44%	4 788.66	年均 116%

三、校级课题

2000年以来，学校校级课题分为重点项目、一般项目和青年项目三类。2000—2004年，每两年立项一次。2004年以后改为每年立项，2005年将重点项目改设为重大项目，2006年将青年项目改设为新进青年教师科研启动项目。每位当年入校参与科研项目申报的青年教师均可获得资助，2010年再次设立青年项目。学校自2004年起，设立学术专著出版资助项目，每年资助出版10部左右高水平的学术专著。

第二节　科研成果

2000年以来，学校教师的科研成果总量逐年增长，质量不断提高。教师在核心期刊上发表论文的数量与发表论文总量的比重从2002年的17%，上升到2005年的40%以上，2006年这一比重接近50%；2002—2010年，发表于SCI、SSCI、A&HCI等收录期刊的论文109篇。

表4.2.4　　对外经济贸易大学2000－2010年科研成果统计表

成果形式 时间（年）	论文	译文	研究报告	专著	译著	编著	教材	其他	合计
2000	317	15	26	20	30	21	22	19	470
2001	448	30	30	25	30	14	101	19	697
2002	540	30	43	46	48	14	153	20	894
2003	668	31	40	52	40	10	147	35	1 023
2004	675	33	17	42	43	47	71	15	943
2005	714	45	14	60	27	51	92	20	1 023
2006	804	11	14	49	23	61	74	0	1 036
2007	856	12	11	71	30	65	108	8	1 161
2008	859	1	27	60	18	65	72	45	1 147
2009	929	0	36	59	27	42	82	3	1 171
2010	1 108	5	46	70	33	44	80	1	1 376
总计	7 918	213	304	536	349	434	1 002	185	10 941

第三节　科研奖励

一、省部级及以上科研奖励

“十五”期间，学校共有35项科研成果获省部级奖励，比“九五”期间增长了26.7％；“十一五”期间，学校共有47项科研成果获省部级及以上奖励，比“十五”

期间增长了 34% 。此外，还有 3 篇学术论文在国外获奖。

表 4.2.5　学校 2000－2010 年省部级及以上科研获奖情况统计表

年　度	获奖数量（项）
2000	3
2001	7
2002	12
2003	9
2004	6
2005	1
2006	21
2007	1
2008	7
2009	9
2010	10
合计	86

表 4.2.6　学校 2000－2010 年省部级及以上科研获奖一览表

序号	获奖时间（年）	奖项名称	获奖等级	获奖者姓名	获奖成果名称	成果形式
1	2000	第二届全国外经贸研究成果奖	著作三等奖	桑百川	外商直接投资下的经济制度变迁	著作
2	2000	第二届全国外经贸研究成果奖	著作三等奖	杨长春	中西部地区的对外开放	著作
3	2000	北京市科学进步奖	二等奖	夏友富	发展对外贸易和环境策略研究	调查报告
4	2001	第三届全国外经贸研究成果奖	论文二等奖	国际经济研究所课题组	中国加入世贸组织后利用外资所面临的问题及其对策	论文
5	2001	第三届全国外经贸研究成果奖	著作二等奖	范黎波 李自杰	企业理论与公司治理	著作
6	2001	第九届安子介国际贸易研究奖	优秀著作二等奖	沈达明	法国商法引论	著作

续表

序号	获奖时间（年）	奖项名称	获奖等级	获奖者姓名	获奖成果名称	成果形式
7	2001	第九届安子介国际贸易研究奖	优秀著作三等奖	范黎波 李自杰	企业理论与公司治理	著作
8	2001	第九届安子介国际贸易研究奖	优秀论文三等奖	刘树林	Multiple Criteria Models for Evaluation of Competitive Bids	论文
9	2001	第九届安子介国际贸易研究奖	优秀论文三等奖	韩立华	中俄经贸关系中的商品结构问题	论文
10	2001	第九届安子介国际贸易研究奖	学术鼓励奖	屠新泉	入世与我国高等教育服务业的发展	论文
11	2002	北京市第七届哲学社会科学优秀成果奖	二等奖	张汉林	强国之路——经济全球化与中国的战略及政策选择	著作
12	2002	北京市第七届哲学社会科学优秀成果奖	二等奖	吴　军	现代俄语口语溶和结构	著作
13	2002	司法部法学优秀教材与法学优秀科研成果奖	二等奖	张汉林等	WTO与农产品贸易争端	著作
14	2002	第四届全国外经贸研究成果奖	论著二等奖	林汉川 田东生	WTO与中小企业发展	著作
15	2002	北京市第七届哲学社会科学优秀成果奖	三等奖	张新民	企业财务状况质量分析理论研究	著作
16	2002	第四届全国外经贸研究成果奖	论著三等奖	夏友富	2002年技术性贸易壁垒研究报告	研究报告
17	2002	第四届全国外经贸研究成果奖	论文三等奖	黄晓玲	外国直接投资与对外贸易的相互关系及其对工业化演进的影响	论文
18	2002	第十届安子介国际贸易研究奖	优秀著作二等奖	林汉川	WTO与中小企业转型升级	著作
19	2002	第十届安子介国际贸易研究奖	优秀著作三等奖	丁志杰	发展中国家金融开放——效应与政策研究	著作

续表

序号	获奖时间（年）	奖项名称	获奖等级	获奖者姓名	获奖成果名称	成果形式
20	2002	第十届安子介国际贸易研究奖	优秀论文三等奖	张建平	关于产品生命周期与企业盈亏转折点先行指标的研究	论文
21	2002	2002年度教育部提名国家科学技术奖	科技进步奖一等奖	刘　园 李志群	企业管理者激励机制分析	著作
22	2002	第13届中国图书奖	不分等级	卢进勇	入世与中国利用外资和海外投资	著作
23	2003	第五届全国外经贸研究成果奖	论文二等奖	华晓红	拓展均衡——我国出口市场多元化战略评价与调整	论文
24	2003	第五届全国外经贸研究成果奖	论著二等奖	王林生 范黎波	跨国经营理论与战略	专著
25	2003	第五届全国外经贸研究成果奖	论著优秀作品荣誉奖	黄　勇	国际竞争法研究——竞争法实施中的国际冲突与国际合作	专著
26	2003	第五届全国外经贸研究成果奖	论著优秀作品荣誉奖	陈卫东	WTO例外条款解读	专著
27	2003	第十一届安子介国际贸易研究奖	优秀论文一等奖	夏友富	我国大豆产业发展战略研究	论文
28	2003	第十一届安子介国际贸易研究奖	优秀论文三等奖	桑百川	跨国公司本土化与中国的选择	论文
29	2003	第十一届安子介国际贸易研究奖	优秀论文三等奖	林汉川	美日欧盟等中小企业最新界定标准比较及其启示	论文
30	2003	第三届中国高校人文社会科学优秀成果奖	二等奖	张汉林	经贸竞争新领域——服务贸易总协定与国际服务贸易	专著
31	2003	湖北省第三届社会科学优秀成果奖	二等奖	林汉川	中小企业界定与评价	论文
32	2004	第十二届安子介国际贸易研究奖	优秀论文二等奖	孙华妤 马　跃	资本账户和经常账户负面冲击与钉住汇率制度危机的理论分析	论文

续表

序号	获奖时间（年）	奖项名称	获奖等级	获奖者姓名	获奖成果名称	成果形式
33	2004	第十二届安子介国际贸易研究奖	优秀著作三等奖	史燕平	融资租赁及其宏观经济效应	专著
34	2004	第十二届安子介国际贸易研究奖	优秀论文三等奖	丁志杰	1999－2003年国际汇率体系变迁的统计分析	论文
35	2004	第十二届安子介国际贸易研究奖	优秀论文三等奖	石静霞	服务贸易领域的紧急保障措施探析	论文
36	2004	北京市第八届哲学社会科学优秀成果奖	一等奖	林汉川等	中小企业发展中所面临的问题——北京、辽宁、江苏、浙江、湖北、广东、云南问卷调查报告	论文
37	2004	北京市第八届哲学社会科学优秀成果奖	二等奖	贾保华	扩大出口与财政税收的关系	研究报告
38	2005	第十三届安子介国际贸易研究奖	优秀著作三等奖	林汉川等	北京企业国际化经营研究报告2005	专著
39	2006	第四届中国高校人文社会科学研究优秀成果奖	三等奖	王国军	房地产业对相关产业的带动效应研究	论文
40	2006	第四届中国高校人文社会科学研究优秀成果奖	三等奖	张新民	企业财务状况质量分析理论研究	著作
41	2006	第四届中国高校人文社会科学研究优秀成果奖	三等奖	石静霞	中国的跨界破产法：现状、问题及发展	论文
42	2006	北京市第九届哲学社会科学优秀成果奖	二等奖	庄　芮	FDI流入的贸易条件效应：发展中国家视角	专著
43	2006	北京市第九届哲学社会科学优秀成果奖	二等奖	郭　敏	多元化金融集团的组织经济学分析	专著

续表

序号	获奖时间（年）	奖项名称	获奖等级	获奖者姓名	获奖成果名称	成果形式
44	2006	北京市第九届哲学社会科学优秀成果奖	二等奖	郭　飞	生产要素按贡献参与分配原则新思考	论文
45	2006	北京市第九届哲学社会科学优秀成果奖	二等奖	马　俊	拍卖模型及其应用研究	专著
46	2006	北京市第九届哲学社会科学优秀成果奖	二等奖	伏　军	公司投票代理权法律制度研究	专著
47	2006	北京市第九届哲学社会科学优秀成果奖	二等奖	杨言洪	阿拉伯语汉语句法比较研究	专著
48	2006	全国商务发展研究成果奖	论著类三等奖	王炜瀚	知识观的多国企业理论——跨国公司与利用外资	专著
49	2006	全国商务发展研究成果奖	论著类三等奖	范黎波	跨国公司技术转移与中国企业学习战略	专著
50	2006	全国商务发展研究成果奖	论著类优秀奖	桑百川	外资控股并购国有企业问题研究	专著
51	2006	全国商务发展研究成果奖	论文类三等奖	蓝庆新	我国商贸物流配送体系存在的问题及建设思路	论文
52	2006	全国商务发展研究成果奖	报告类三等奖	华晓红	新时期进口战略与国家经济安全	研究报告
53	2006	第十四届安子介国际贸易研究奖	优秀著作三等奖	边永民	国际贸易规则与环境措施的法律研究	专著
54	2006	第十四届安子介国际贸易研究奖	优秀论文二等奖	林汉川等	Comparative study on the Evaluation of the competitiveness of SMEs in Different Industries in China	论文

续表

序号	获奖时间（年）	奖项名称	获奖等级	获奖者姓名	获奖成果名称	成果形式
55	2006	第十四届安子介国际贸易研究奖	优秀论文三等奖	郭　飞	外商直接投资对中国经济的双重影响与对策	论文
56	2006	第二届全国法学教材与科研成果奖	科研成果类优秀作品奖	黄　勇	国际竞争法研究——竞争法实施中的国际冲突与国际合作	编著
57	2006	第二届全国法学教材与科研成果奖	教材类三等奖	沈四宝	国际商法	教材
58	2006	第二届全国法学教材与科研成果奖	教材类三等奖	李卫刚	宪法学讨论教学教程	教材
59	2006	第八届全国统计科学研究优秀成果奖	一等奖	谭英平	国际竞争力统计模型及应用研究	专著
60	2007	第十二届孙冶方经济科学论文奖	不分等级	林汉川	中小企业发展中所面临的问题——北京、辽宁、江苏、浙江、湖北、广东、云南问卷调查报告	论文
61	2008	北京市第十届哲学社会科学优秀成果奖	一等奖	王国军	社会保障：从二元到三维——中国城乡社会保障制度的比较与统筹	著作
62	2008	北京市第十届哲学社会科学优秀成果奖	二等奖	桑百川	外商直接投资：中国的实践与论争	著作
63	2008	北京市第十届哲学社会科学优秀成果奖	二等奖	郭　飞	贸易自由化与投资自由化互动关系研究	著作

续表

序号	获奖时间（年）	奖项名称	获奖等级	获奖者姓名	获奖成果名称	成果形式
64	2008	北京市第十届哲学社会科学优秀成果奖	二等奖	郑俊田	中国海关通关实务	教材
65	2008	北京市第十届哲学社会科学优秀成果奖	二等奖	雷光勇	大股东控制、融资规模与盈余操纵程度	论文
66	2008	北京市第十届哲学社会科学优秀成果奖	二等奖	吴　军	现代语言学视角下的俄语成语学	著作
67	2008	第十五届安子介国际贸易研究奖	优秀论文一等奖	孙华好 许亦平	贸易差额的衡量：基于所有权还是所在地	论文
68	2009	教育部高等学校科学研究优秀成果奖	著作类三等奖	王永贵	顾客资源管理：资产、关系、价值和知识	著作
69	2009	教育部高等学校科学研究优秀成果奖	著作类三等奖	雷光勇	证券市场审计合谋：识别与规制	著作
70	2009	教育部高等学校科学研究优秀成果奖	著作类三等奖	卢进勇等	国际投资条约与协定新论	著作
71	2009	全国商务研究成果奖	论著类二等奖	桑百川	外商直接投资：中国的实践与论争	著作
72	2009	全国商务研究成果奖	论著类三等奖	卢进勇	国际投资条约与协定新论	著作
73	2009	全国商务研究成果奖	报告类三等奖	华晓红等	中国参与周边区域经济合作问题研究	研究报告
74	2009	全国商务研究成果奖	优秀奖	伏　军	WTO 外汇争端管辖安排：模糊性及其现实理性	论文
75	2009	全国商务研究成果奖	优秀奖	蓝庆新	基于循环经济的绿色物流系统发展研究	论文

续表

序号	获奖时间（年）	奖项名称	获奖等级	获奖者姓名	获奖成果名称	成果形式
76	2009	第三届全国法学教材与科研成果奖	优秀奖	李　玫	大湄公河次区域经济合作法律问题研究	著作
77	2010	北京市第十一届哲学社会科学优秀成果奖	一等奖	王永贵	Marketing Competences and Strategic Flexibility in China	著作
78	2010	北京市第十一届哲学社会科学优秀成果奖	二等奖	崔　凡	全球化时代的经贸政策协调	著作
79	2010	北京市第十一届哲学社会科学优秀成果奖	二等奖	雷光勇	上市公司会计行为异化研究	著作
80	2010	北京市第十一届哲学社会科学优秀成果奖	二等奖	徐海燕	区分所有建筑物管理的法律问题研究	著作
81	2010	北京市第十一届哲学社会科学优秀成果奖	二等奖	廉　思	关于北京市“蚁族”群体的调研报告	研究报告
82	2010	北京市第十一届哲学社会科学优秀成果奖	二等奖	郭　飞	深化中国所有制结构改革的若干思考	论文
83	2010	北京市第十一届哲学社会科学优秀成果奖	二等奖	金　冰	“维多利亚时代”的后现代重构	论文
84	2010	第十六届安子介国际贸易研究奖	优秀著作三等奖	张汉林	WTO 主要成员贸易政策体系与对策研究	著作
85	2010	第十六届安子介国际贸易研究奖	优秀论文三等奖	葛　赢	Globalization and Industry Agglomeration in China	论文
86	2010	第十届全国统计科学研究优秀成果奖	三等奖	魏巍贤	基于 CGE 模型的中国解除环境政策分析	论文

二、学校科研奖励

1. 优秀科研成果奖励

2002 年学校制定《对外经济贸易大学优秀科研成果奖励办法（试行）》，加大了对优秀科研成果和高层次科研课题的奖励力度。根据全国高校以及本校的科研事业发展状况以及学校的战略目标，2008 年对《对外经济贸易大学优秀科研成果奖励办法（试行）》进行修订。2002 年至 2010 年底，学校共奖励各类科研成果 1 570 多项，国家级和省部级课题 175 项，奖励金额 1 284 万多元。

2. 科研先进个人奖励

2009 年 9 月，学校首次对科研工作成绩突出的教师进行表彰。经过对全校 2005—2008 年科研成果发表的数量与质量、高层次科研课题立项、高层次科研奖励、为各级政府咨政献策等方面情况的综合考评，遴选出桑百川、丁志杰、黄勇、林汉川、夏友富、吴卫星、葛嬴、窦卫霖等 8 位教师为 2009 年度科研工作先进个人，予以表彰、奖励。

第四节 社会服务

学校一直重视发挥自身学科与学术研究的优势，积极为国家各级政府部门以及企事业单位服务，为其决策提供理论依据和智力支持。2000—2010 年，全校教师共承担各类横向课题 413 项，年均增长 44%；经费达 4 788 多万，年均增长 118%。

学校注意面向经济建设和社会发展的主战场，以服务平台建设、高水平人才培养、高层次决策咨询和先进文化孕育与传播为主要内容，围绕国家和地方经济社会发展的需要，发挥学科优势，为国家和地方经济建设及社会进步作贡献。

一、为政府制定政策提供咨询意见

以夏友富教授为主的研究团队完成的 10 多项研究报告，先后得到温家宝、朱镕基、李岚清、吴仪、回良玉等国家领导人的多次批示。如：夏友富教授的《防范国外利用 SARS 事件对我农产品出口设置技术性贸易壁垒——关于 5 月 12 日日本对我禽肉产品实施禁令的紧急对策》，回良玉副总理于 2003 年 5 月 14 日作出批示，农业部杜青林部长于 2003 年 5 月 20 日给予较高评价；李丽博士的《从 SA8000 看社会责任运动对我国经济的影响及对策研究》，载新华社《参考清样》2004 年 8 月 10 日；夏友富教授等的《制定中国纺织经济发展全球战略，构建由摩擦对抗走向合作共赢的平台》，于 2005 年 12 月 10 日报送胡锦涛总书记、温家宝总理、吴仪副总理、商务部薄熙来部长、农业部杜青林部长等；夏友富教授等的《扭转错误做法，科学指导禽流感防控工作，拯救家禽产业》，于 2005 年 12 月 10 日报送胡锦涛总书记、温家宝总理、回良玉副总理、商务部薄熙来部长、农业部杜青林部长等。

丁志杰教授 2007 年作为中国人民银行首次成立的汇率专家小组的五位成员之一，参加了与国际货币基金组织的第四条款磋商；2009—2010 年，他提出的人民币汇率改革重启方案等再次受到国务院和各部委的高度重视，温家宝总理亲自作出批示。

二、为我国中小企业的可持续发展献计献策

以林汉川教授为学术带头人的科研团队，对21世纪我国中小企业可持续发展中所面临的各种难点和热点问题展开研究。有7份研究报告被国家和省部级相关部门采用。

该研究团队有关中小企业界定的4份研究报告《中小企业界定与评价》、《美、日、欧盟等国中小企业最新界定标准比较及其成因分析》、《日本中小企业界定标准演变与启示》、《台湾中小企业界定标准的形成原因与启示》，已被国务院发展研究中心直接采用，作为制定国家相关法规的重要参考依据。

三、直接参与相关法律的制定，向国家立法机关提交重要研究报告

本校教师直接参与了相关的立法活动，如在对外贸易法、反垄断法、公司法、保险法、境外投资促进与保护法等法律的制定和修改工作中作出了贡献，产生了广泛的社会影响。2005年，欧盟建立“欧盟—中国贸易项目”，通过我国国务院法制办公室物色国内优秀的科研单位完成一项题为“WTO协议在中国的统一实施与司法审查”的研究，沈四宝教授被邀为该项目的首席法律专家。丁丁教授作为助理专家，主持国务院与欧盟的联合项目——“加入WTO后中国的法制改革与发展”，该项目由欧盟提供部分科研经费，同时还提供WTO协议在欧盟成员国统一实施的经验和世界贸易组织对欧盟成员的贸易政策进行司法审查的有关材料，课题组研究的最终报告送交国务院法制办公室、人大法工委、最高人民法院等机构。

沈四宝教授作为商务部的对外贸易法律专家，参与《中华人民共和国对外贸易法》的修订工作，受邀就对外贸易法修订中的指导思想和某些具体制度、条款发表意见，参加核心专家小组的讨论。沈四宝教授提出的一些建议被全国人大常务委员会采纳。

黄勇教授被聘任为国务院《反垄断法》立法核心专家顾问委员会委员，被邀参与我国《反垄断法》的立法制定的具体工作。

石静霞教授担任美国破产研究院特邀研究员和国际破产组织特邀中国委员，被吸收为全国人大财经委破产法起草小组成员。她所提出的有关跨境破产的建议条文已被《中华人民共和国企业破产与重整法》（草案）所采纳。

梅夏英教授作为专家建议稿的起草人之一，参与我国《物权法》的立法工作。

四、关注社会重大问题，受到中央领导的重视

2009年9月，学校教师廉思博士出版了由其主编的《蚁族——大学毕业生聚居村实录》。该书面世后引起巨大的社会反响，国内外几十家报刊以及上百家国内外媒体进行报道和专访，得到胡锦涛、温家宝、周永康、王兆国、刘延东等中央领导同志的亲笔批示和高度重视。

五、研究应对国际金融的对策，为政府提供政策建议

2009年，国际金融危机发生以来，学校共发表相关论文79篇，提交相关研究报告

8 篇。张汉林教授和屠新泉博士联合撰写的研究报告《积极应对美国轮胎特保案》通过《求是内参》（2009 年 10 月 28 日）报送中央领导参阅。

学校参与了商务部 2009 年重大研究课题——“后危机时代中国外贸发展战略研究”，卢进勇教授、桑百川教授和赖平耀博士分别主持重点项目“健全对外贸易调控与促进机制研究”、“我国新兴市场战略的拓展与深化”和“贸易强国的模式比较与经验借鉴”，并于当年完成；其中，卢进勇教授起草的建议报告《中国外贸促进机构重复设置，亟待整合》和《应尽快推出中国的“普惠制”》上报国务院副总理王岐山。

第五节　学术交流

2000 年至 2010 年以来，学校积极开展广泛的学术交流，尤其是“十一五”后期，随着经费投入的增加，学术交流活动的活跃度和层次也大幅提升。为进一步提高学校教师的学术水平和学校的学术地位，及时掌握国内外学术领域的最新动态，促进相关学科的教学与科研发展，增进我校与国内外学术界的联系，支持各教学和科研单位举办高水平的国内、国际学术会议以及高层次的学术讲座，支持专职教师和科研人员参加高层次的学术会议，2009 年学校制定《对外经济贸易大学学术交流管理办法》。“十五”期间，学校共举办高层次学术会议 40 多个，其中国际学术会议 14 个，共有 1 400 多人次教师参加各种学术会议。“十一五”期间，学校共举办各种学术研讨会 150 多个，其中国际学术会议 67 个、全国性学术会议 56 个，共有 2 700 多人次教师参加各种学术会议，比“十五”期间增长了近一倍。

2000 年以来，学校举办的重要学术会议有：

“全球贸易与经济发展国际研讨会”，这是学校国际经济贸易学院于 1997 年发起创立的，现已成功举办 9 届；其中包括 2003 年的曼谷会议、2004 年的墨西哥会议和 2005 年的汉城会议。

层次较高、影响较大的学术会议还有：2005 年 7 月的“反垄断法理论与实务研讨会”，2005 年 10 月的“反托拉斯法在美国医疗健康保险行业的适用”国际研讨会，2005 年 11 月的“跨国并购反垄断法”国际研讨会，2006 年 10 月的“第五届 WTO 与中国国际学术年会”，2008 年 11 月的“第二届中国与拉美国家经贸关系研讨会”，“2009 全球经济与中国研讨会”，2010 年 8 月的“JMS 中国营销科学学术年会”，2010 年 5 月的“第二届中国国际商务发展论坛”，2010 年 5 月的“国际经济和金融学会（中国）2010 国际学术会议”。

第三章　学术组织与研究机构

经过多年建设和发展，学校的学术组织和研究机构不断壮大，在学科交叉、联合攻关、社会服务、政策咨询等方面发挥了作用，产出了一批高层次科研成果，提高了学校的学术水平和社会影响力。目前，全校共有3个全国性的学术组织；78个研究院（所、中心），其中实体科研机构3个、非实体科研机构75个。有1个国家级重点研究基地：中国世界贸易组织研究院；1个教育部战略研究培育基地：中国开放经济与国际科技合作战略研究中心；1个北京市哲学社会科学研究基地：北京企业国际化经营研究基地；8个校级重点研究基地。

第一节　学术组织

2000年以来，学校成立的全国性学术组织主要有：中国法学会国际经济法学研究会、全国高校国际贸易学科协作组、国际经济与金融学会（中国）。

中国法学会国际经济法学研究会是经中国法学会党组决议、以对外经济贸易大学法学院为依托建立的学术团体。该研究会在中国法学会的领导下，开展国际经济法学领域的研究和学术交流活动。2005年7月6日，在本校举行成立大会，建立正式的组织机构，讨论并通过了章程。自成立以来，该学会每年召开一次年会。

2005年9月，学校主持召开“全国高校国际贸易学科协作组年会暨2005国际贸易学科发展论坛”。会议发起成立了新一届全国高校国际贸易学科协作组，讨论通过了全国高校国际贸易学科协作组的章程，最终以无记名投票方式选举成立新一届全国高校国际贸易学科协作组。会议选举对外经济贸易大学、南开大学、厦门大学、中国人民大学、南京大学、浙江大学、上海财经大学、复旦大学、中山大学、东北财经大学、云南大学、中南财经政法大学、辽宁大学、北京大学、西安交通大学等15所高校为常务理事单位，到会的51所高校成为新一届理事单位。对外经济贸易大学为首任秘书长单位，协作组秘书处常设于对外经济贸易大学。此后，协作组每年召开年会，对推动我国国际贸易学科和学术研究的发展发挥了作用。

国际经济和金融学会（中国）（简称IEFS China）成立于2008年。其宗旨是支持国内国际经济学领域（包括国际贸易和金融）的学术研究，促进中外学者科研交流，推进来自学术界、政界及实业界经济学家们的交流与合作。学校组织召开的国际经济和金融学会（中国）2009年国际学术会议，被教育部的中国学术会议在线收录为“学术精品会议”。

表 4.3.1　对外经济贸易大学主要学术组织一览表

序号	名　称	所在单位	负责人	成立时间（年）
1	全国高校国际贸易学科协作组 CSIT-Chinese Society OF International Trade	国际经济贸易学院	赵忠秀	2005
2	中国法学会国际经济法学研究会 Research Committee of The International Economic Law of Chinese Law Association	法学院	沈四宝 丁　丁	2005
3	国际经济与金融学会（中国） EFS-China	国际经济贸易学院	林桂军	2008

第二节　研究机构

一、国家级重点研究基地

1999 年，教育部在全国范围内颁布实施《普通高等学校人文社会科学重点研究基地建设计划》，开始遴选和建设重点研究基地。本校“对外经济贸易大学世界贸易组织研究中心”入选。该中心后更名为“世界贸易组织研究院”。这是学校实体性的研究机构，也是全国在该领域唯一的重点研究基地。2003 年至 2005 年期间，该所承担了贸易壁垒调查制度研究、新时期外经贸发展战略研究、技术性贸易壁垒动态、服务贸易争端解决机制研究、用 GTAP 模型分析未来 20 年中国对外经贸发展及政策选择及对策、中国参与 WTO 的未来战略、国际法与国内法关系研究等 36 项重要研究课题。2005 年，通过教育部的第一次评估。“十一五”期间，研究院承担各类科研项目共计 78 项，科研经费总计 915 多万元，其中 2007 年“互利共赢的开放战略研究”获得国家社科基金设立重大项目立项，实现了学校在此类课题立项方面的重大突破。“十一五”期间研究院共出版专著 28 部、译著 7 部、编著等 36 部，发表论文 293 篇，其中 CSSCI 收录论文 67 篇；获得省部级各类科研奖项共计 10 项；提交有关部门研究咨询报告 37 份，其中 8 份咨询报告得到温家宝总理，王岐山副总理、回良玉副总理、戴秉国国务委员、刘延东国务委员等中央领导的批示。2009 年在教育部对基地的第二次评估中，研究院在经济学学术片区位列第 13 位。

二、省部级重点研究基地

（一）北京市重点研究基地

2004 年 9 月，学校“北京企业国际化经营研究基地”被评为北京市重点研究基地。该基地是学校非实体性的研究机构，张新民教授任基地主任，林汉川教授担任首席专家。基地的研究工作，主要围绕北京企业国际化经营战略与实务研究、跨国公司在京发展战略、首都企业国际化经营的政策法规与支持体系、WTO 框架下首都国际化之路问题研究等四个方向进行，截至2010年底，共承担省部级以上课题126项，出版专著51部，在国内外学术期刊上发表论文198篇，其中SSCI、SCI收录论文21篇；获得北京市哲学社会科学优秀成果奖、孙冶方经济科学奖和安子介国际贸易研究奖等省部级科研奖励26项，在2007年底北京市教委和北京市社科规划办的第一期验收中排名第一。

（二）教育部战略研究基地

2010年4月，学校“中国开放经济与国际科技合作战略研究中心”被批准为教育部战略研究基地。校长施建军教授任基地学术委员会主任，副校长刘亚教授任中心主任，夏友富教授任执行主任兼首席专家。该中心主要的研究领域为“国际科技合作与中国开放经济发展战略”、“国际科技合作与中国可持续发展”、“国际科技合作与中国企业国际竞争力提升”、“国际科技合作与中国大学发展”等。2010年6月，学校成立“对外经济贸易大学中国开放经济与国际科技合作战略研究中心（培育）”，该中心为实体性研究机构。

三、学校内设研究机构

（一）国际经济研究院

国际经济研究院的前身是成立于1976年的国际贸易问题研究所，是学校设立时间最早的实体性的研究机构。

（二）校级重点研究基地

2009年，学校成立了“外国直接投资研究中心”、“国际财务与会计研究中心”、“技术性贸易措施研究中心”、“应用金融研究中心”、“竞争法研究中心”、“区域国别研究中心”、“商务英语与跨文化研究中心”、“现代服务业研究中心”8个校级重点研究基地。

根据《对外经济贸易大学重点研究基地管理办法》规定，这8个校级重点研究基地均为非实体性研究机构，实行校、院两级管理、基地主任负责制的管理模式。基地建设周期为4年，学校每年为每个基地投入8—10万元建设经费。

（三）各单位研究机构

目前，学校已有非实体研究机构75个（包括校级重点研究基地），其中依托学院、研究院和校院共管的73个。

表4.3.2　对外经济贸易大学非实体性研究机构一览表

序号	机构名称	依托单位	负责人	成立时间（年）
1	北京企业国际化经营研究基地 Beijing Enterprises’ Global Management Research Centre	科研处/国际商学院	林汉川	2004
2	技术管理中心 Management of Technology, UIBE	“211工程”办公室	李　华	2007
3	国际经济学研究中心 Research Center for International Economics, UIBE	“211工程”办公室/国际经济贸易学院	王家骁 殷晓鹏	2008

续表

序号	机构名称	依托单位	负责人	成立时间（年）
4	统计与决策研究所 Institute of Statistics and Decisions, UIBE	科研处	张　浩	2010
5	外国直接投资研究中心 Research Center for Foreign Direct Investment, UIBE	科研处/国际经济贸易学院	卢进勇	2009
6	国际财务与会计研究中心 Research Center for Accounting and Finance, UIBE	科研处/国际商学院	张新民	2009
7	技术性贸易措施研究中心 Research Center for Technical Barriers to Trade, UIBE	科研处/国际经济研究院	夏友富	2009
8	应用金融研究中心 Research Center of Applied Finance, UIBE	科研处/金融学院	吴卫星	2009
9	竞争法研究中心 Competition Law Research Center, UIBE	科研处/法学院	黄　勇	2009
10	区域国别研究中心 Center for Regional Studies, UIBE	科研处/外语学院	林桂军	2009
11	商务英语与跨文化研究中心 Center for Business English and Cross-cultural Studies, UIBE	科研处/英语学院	王立非	2009
12	现代服务业研究中心 Center for Modern Service, UIBE	科研处/信息学院	陈　进	2009
13	国际商务研究中心 Center for International Business Studies, UIBE	国际经济贸易学院	王　健 冷柏军	2002
14	供应链研究中心 Supply Chain Management Research Center, UIBE	国际经济贸易学院	王　强	2002
15	农产品国际贸易政策研究中心 Center for the Studies of Agricultural Trade Policies, UIBE	国际经济贸易学院	叶东亚	2002
16	特许连锁经营研究中心 Center for the Studies of Franchising, UIBE	国际经济贸易学院	朱明侠	1998
17	金融市场与投资研究中心 Centre for Financial Markets and Investment, UIBE	国际经济贸易学院	门　明	1999

续表

序号	机构名称	依托单位	负责人	成立时间（年）
18	租赁研究中心 Leasing Research Center at UIBE	国际经济贸易学院	史燕平	2001
19	大田物流研究中心 UIBE. DTW Logistics Research Center, UIBE	国际经济贸易学院	杨长春	2001
20	企业风险管理研究中心 Enterprise risk management research center, UIBE	国际经济贸易学院	黄敬阳	2006
21	行业税收政策与管理研究中心 Research Center for Taxation Policy and Administration, UIBE	国际经济贸易学院	赵忠秀	2006
22	祥祺奢侈品研究中心 CHEUNGKEI Research Center for Luxury Goods and Service, UIBE	国际经济贸易学院	朱明侠	2007
23	中国能源经济研究中心 Research Center of Energy Economics, UIBE	国际经济贸易学院	魏巍贤	2008
24	国际低碳经济研究所 Institute of Global Low – carbon Economy, UIBE	国际经济贸易学院	薛进军 赵忠秀	2010
25	中国国际货币研究中心 China Center for International Monetary Research, UIBE	国际经济贸易学院	孙华妤	2010
26	中国经济发展研究中心 Research Center for China's Economic Development, UIBE	国际经济贸易学院	郭　飞	2010
27	金融研究所 Institute of Banking and Finance, UIBE	金融学院	吴　军	2003
28	金融产品与投资研究中心 China Center for Financial Instruments & Investment Research, UIBE	金融学院	宋国良	2004
29	发展金融研究中心 China Center for Finance & Development Research, UIBE	金融学院	丁志杰	2004
30	国际金融战略研究中心 International Financial Strategy Research Center, UIBE	金融学院	王　稳	2004

续表

序号	机构名称	依托单位	负责人	成立时间（年）
31	公共政策研究所 Public Policy Research Center, UIBE	金融学院	丁建臣	2006
32	中小金融机构发展研究中心 Small and Medium Sized Financial Institution Development Research Center, UIBE	金融学院	粟　勤	2009
33	金融市场研究中心 Financial Market Institute, UIBE	金融学院	张海云	2009
34	正隆私人银行与 CRM 研究中心 Risingleader Private Banking & CRM Research Center, UIBE	金融学院	郭　敏	2010
35	中国汽车金融研究中心 China Automotive Finance Research Center, UIBE	金融学院	邱兆祥	2010
36	公司法与证券法研究中心 Company & Securities Law Centre, UIBE	法学院	沈四宝 丁　丁	2004
37	国际商法研究所 International Commercial Law Research Institute, UIBE	法学院	沈四宝	2006
38	WTO 法律研究中心 UIBE WTO Law Studies Centre, UIBE	法学院	盛建明	2003
39	比较法与欧盟法研究所 Institute of Comparative and European Law, UIBE	法学院	鲍　禄	2008
40	产品质量与安全法制研究中心 Product Quality and Safety Law Center of UIBE	法学院	李　俊	2010
41	中国—欧盟经济合作研究中心 Research Center For China-EU Economic Cooperation, UIBE	国际经济研究院	夏友富	2003
42	台港澳经济研究中心 The Research Center of Taiwan, Hong Kong, Macao Economic Studies, UIBE	国际经济研究院	华晓红	1992
43	中国—俄罗斯/独联体研究中心 Center For China & Russia-Commonwealth of Independent States, UIBE	国际经济研究院	韩立华	2003

续表

序号	机构名称	依托单位	负责人	成立时间（年）
44	开放型经济研究所 China Institute of Open Economy, UIBE	国际经济研究院	夏友富	2008
45	国际新能源战略研究中心 Research Center for International Strategy of New Energy, UIBE	国际经济研究院	夏占友	2008
46	中国资本运营研究中心 China Research Center for Capital Management, UIBE	国际经济研究院	冯鹏程	2008
47	国际农业合作与发展研究中心 Center for International Agricultural Cooperation and Development, UIBE	国际经济研究院	张海森	2010
48	中小企业研究中心 Research Center For Small and Medium Sized Enterprises, UIBE	国际商学院	林汉川	1994
49	全球营销研究中心 Center for Global Marketing, UIBE	国际商学院	傅慧芬 熊　伟	2003
50	国际人力资源与组织发展研究中心 Research Center for International Human Resources & Organizational, UIBE	国际商学院	牛雄鹰	2005
51	技术经济研究中心 Research Center for Technological Economics, UIBE	国际商学院	王玉荣 尹建华	2005
52	跨国公司研究中心 Center for Multi-National Corporation Studies, UIBE	国际商学院	范黎波	1987
53	中国企业国际化经营研究中心 The Research Centre for the Internationalization of Chinese Enterprises, UIBE	国际商学院	张新民 马春光	2008
54	全球企业可持续创新研究中心 Center for sustainable innovative global enterprise, UIBE	国际商学院	施建军	2010
55	商务统计研究中心 Research Center for Business Statistics, UIBE	国际商学院	王玉荣	2010

续表

序号	机构名称	依托单位	负责人	成立时间（年）
56	服务营销与管理国际研究中心 International Research Center for Service Marketing and Management, UIBE	国际商学院	王永贵	2010
57	管理会计研究中心 Management Accounting Study Center, UIBE	国际商学院	汤谷良 吴　革	2010
58	国际商务英语研究所 Institute of International Business English, UIBE	英语学院	王关富 沈素萍	2006
59	翻译研究所 Research Institute of Translation, UIBE	英语学院	俞利军 贾文浩	2006
60	英语国别文化研究所 Research Institute of English Culture, UIBE	英语学院	李　平 张立刚	2006
61	理论语言学研究所 Research Institute of Linguistics, UIBE	英语学院	陈香兰 石小军	2006
62	应用语言学研究所 Research Institute of Applied Linguistics, UIBE	英语学院	王立非	2006
63	英美文学研究所 Research Institute of English & American Literature, UIBE	英语学院	蒋显璟 金　冰	2006
64	亦禾关务研究中心 E. H. Customs Support Center, UIBE	公共管理学院	郑俊田 徐　伟	2006
65	行业协会研究中心 Research Center for Business Association, UIBE	公共管理学院	郑俊田	2007
66	社会稳定与危机管理研究中心 Center for Stability & Crisis Management, UIBE	公共管理学院	郑俊田 廉　思	2008
67	中国钢铁在线交易研究中心 China research center for online business of steel and iron products of UIBE	信息学院	陈　进	2010
68	电子商务研究所 Research Institute of E - Business, UIBE	信息学院	李安渝	2001
69	金融科技中心 The Center of Electronic Financial and Banking, UIBE	信息学院	陈　进	2001
70	保险法研究中心 Insurance law research centre, UIBE	保险学院	王国军	2002

续表

序号	机 构 名 称	依托单位	负责人	成立时间（年）
71	中国风险管理与保险（数据）研究中心 China Risk Management and Insurance Data Research Centre，UIBE	保险学院	王　稳	2008
72	区域国别研究所 Institute of Regional Studies，UIBE	外语学院	杨言洪	2001
73	商务汉语研究中心 Business Chinese Research Centre of UIBE	中文学院	董　瑾	2007
74	信息化研究中心 Informatization Research Center，UIBE	网络与教育技术中心	孙　强	2009
75	全球化与中国现代化问题研究所 Research Institute of Globalization and China's Modernization，UIBE	思想政治理论课教学科研部	王志民	2010

此外，2009 年学校还成立了语言学、文学、产业经济学和资本市场 4 个跨学院的虚拟研究平台，其经费和各项活动的开展由发展规划处负责；2010 年 1 月发展规划处撤并后，由科研处负责指导和管理。语言学和文学平台的主要成员为英语学院、外语学院和中国语言文学学院的教师；产业经济学平台的主要成员为国际经济贸易学院、国际商学院、国际经济研究院和信息学院的教师；资本市场平台的主要成员为金融学院、国际商学院和国际经济贸易学院的教师。平台负责人实行任期制，由相关学院推举的教师轮流担任，任期为一年。

（四）学校主要非实体研究机构简介

1. 对外经济贸易大学技术管理研究中心（Management of Technology，UIBE）

2007 年 10 月，对外经济贸易大学技术管理研究中心正式成立。中心主任为李华教授。该中心采取国际合作、外聘主任负责制的运行模式，是个完全开放型的研究机构。中心共聘请十余位国外知名学者为顾问委员会委员。协同中国技术管理协会和爱墨瑞得出版集团出版发行两种经由同行评审的期刊：Journal of Technology Management in China（《中国技术管理》）和 Journal of Chinese Economic and Foreign Trade Studies（《中国经济与贸易研究》）。

2. 对外经济贸易大学统计与决策研究所（Institute of Statistics and Decisions，UIBE）

对外经济贸易大学统计与决策研究所成立于 2010 年 7 月。该研究所是经我校党政联席会研究，为“千人计划”入选者张浩教授特别设立的研究机构。所长为张浩教授。研究所的主要研究方向为国际贸易模型的建立与应用、环境统计学与产业结构、金融统计。

3. 对外经济贸易大学外国直接投资研究中心（Research Center for Foreign Direct Investment，UIBE）

对外经济贸易大学外国直接投资研究中心成立于 2009 年 7 月，是非实体性的校级重点研究基地。中心主任为卢进勇教授。主要研究领域和方向是FDI与跨国公司理论创新研究、中国跨国公司成长与培育研究、国际能源与资源行业并购投资研究、全球经济危机对国际投资规模、格局和方式影响研究和中国利用外资与海外投资方式创新研究。

4. 对外经济贸易大学国际财务与会计研究中心（Research Center for Accounting and Finance, UIBE）

对外经济贸易大学国际财务与会计研究中心成立于2009年7月，是非实体性的校级重点研究基地。中心主任为张新民教授。该研究中心的主要研究方向包括财务会计研究、财务管理研究、审计研究和财务分析与公司价值研究。

5. 对外经济贸易大学技术性贸易措施研究中心（Research Center for Technical Barriers to Trade, UIBE）

对外经济贸易大学技术性贸易措施研究中心成立于2009年7月，是非实体性的校级重点研究基地。中心主任为夏友富教授。该中心主要研究方向为技术性贸易壁垒与国际贸易发展、国际经济伦理与企业社会责任、技术性贸易壁垒与产业健康发展、区域性贸易协定与技术性贸易壁垒和开放型经济与食品安全。

6. 对外经济贸易大学应用金融研究中心（Research Center of Applied Finance, UIBE）

对外经济贸易大学应用金融研究中心成立于2009年7月，是非实体性的校级重点研究基地。中心主任为吴卫星教授。该研究中心的主要研究领域为中国金融发展、金融风险管理、国际金融、资产定价和投资组合等。

7. 对外经济贸易大学竞争法研究中心（Competition Law Center, UIBE）

对外经济贸易大学竞争法研究中心成立于2009年7月，是非实体性的校级重点研究基地。中心主任为黄勇教授。中心的主要研究领域为我国竞争法律的实施、企业对于竞争法律的应对、社会竞争文化的培养等。

8. 对外经济贸易大学区域国别研究中心（Center for Regional Studies, UIBE）

对外经济贸易大学区域国别研究中心成立于2009年7月，是非实体性的校级重点研究基地。中心主任为林桂军教授。主要开展对中东、东亚、俄罗斯及中亚、欧洲、拉美、北美等地区各国的经济、政治及文化研究。

9. 对外经济贸易大学商务英语与跨文化研究中心（Center for Business English and Cross-cultural Studies, UIBE）

对外经济贸易大学商务英语与跨文化研究中心成立于2009年7月，是非实体性的校级重点研究基地，中心主任为王立非教授。主要围绕国际商务文化、商务语言、经贸翻译和商务英语人才培养四个方面的问题进行研究。

10. 对外经济贸易大学现代服务业研究中心（Research Center for Modern Services, UIBE）

对外经济贸易大学现代服务业研究中心成立于2009年7月，是非实体性的校级重点研究基地，中心主任为陈进教授。研究重点为：我国现代服务行业的发展战略和运营管理、社会经济信息分析、电子商务与电子货币发展的研究、应用与服务研究等。

第四章　安子介国际贸易研究奖

安子介先生（1912—2000）是杰出的社会活动家和学者、著名爱国人士、香港知名实业家、对外经济贸易大学名誉教授。曾任中国人民政治协商会议第九届全国委员会副主席，是我国开创国际贸易研究的先驱之一。1990年，安子介先生提出设立国际贸易研究方面奖励的设想，得到时任对外经济贸易部副部长、中国国际贸易学会会长周化民先生的积极支持。安先生于1991年决定出资设立“安子介国际贸易研究奖励金”（简称“安奖”）。1992年成功进行第一届“安奖”评审，1993年3月举行颁奖大会。1996年，安先生委托对外经济贸易大学负责该奖励金的管理和评奖的组织工作。奖励金委员会制定并通过“安子介国际贸易研究奖”章程。“安子介国际贸易研究奖”章程明确规定其宗旨是促进我国国际经贸领域的学术研究，鼓励国际经济贸易专业的学生奋发学习，以推动我国对外经贸事业的发展。评选范围涉及国际贸易理论与政策、国际贸易实务、国际投资、国际工商管理、国际经济贸易法规、世界市场分析与预测，以及其他与国际贸易相关的领域。“安奖”现设的奖项有：“安子介国际贸易优秀著作奖”、“安子介国际贸易优秀论文奖”和“安子介国际贸易学术鼓励奖”。

目前，在国际贸易研究领域中“安奖”已被视为中国国际经贸领域中的最高学术奖，教育部已将该奖确定为省部级奖。

“安奖”的评选过程，均采取匿名通讯评审和会议评审相结合的方式。从第十届开始，全程匿名评审，评委会评出初步结果后予以公示，保留一个月的异议期限。评委会以校外专家为主，每三年换届一次，每次换届评委会人数调整的比例不少于1/3。从第十四届以后，“安奖”由每年评选一次改为每两年评选一次。第十六届对“安奖”匿名评审方式的评审方式作了调整，秘书处建立了由海内外知名专家学者组成的评审专家库，动态选取通讯评审专家和会议评审专家，使“安奖”的评审工作更加公平、公正。

自1992年举办第一届评奖活动以来，“安奖”已举办十六届，评选出优秀著作90部，优秀论文185篇、学术鼓励奖223名；其中包括李岚清同志主编的《利用外资基础知识》、吴仪同志主编的《世界各国贸易和投资指南》、著名法学家沈达明教授的《美国银行业务法》、季崇威研究员的《论中国对外开放的战略政策》、滕维藻教授的《论地区经济一体化与公司一体化》、周茂荣教授的《美加自由贸易协议》、张汉林教授的《论出口退税》、华民教授的《中国经济的对外开放与通货膨胀》、陈伟教授的《创新管理》、刘光溪先生的《互补性竞争论——区域集团与多边贸易体制》、杨圣明研究员的《中国关税制度改变》和陈安教授的The Three Big Rounds of U. S. Unilateralism versus WTO Multilateralism during the Last Decade等优秀著作与论文。

2000至2010年，“安奖”评委会进行了9次评奖活动（自第8届到第16届），本校教师共获优秀著作奖8项，其中二等奖2项、三等奖6项；优秀论文奖13项，其中一等奖 2 项、二等奖 2 项、三等奖 9 项；20 名学生获得学术鼓励奖。

2000—2010 年历届“安奖”获奖名单如下：

第八届“安子介国际贸易研究奖”获奖名单

一、优秀著作奖（7 部）

一等奖（1 部）：

《农产品对外贸易政策研究》，牛宝俊，华南农业大学。

二等奖（1 部）：

《国际贸易的知识产权法》，张乃根，复旦大学。

三等奖（5 部）：

1. 《利用外商直接投资成本——效益研究》，刘恩专，天津财经学院。
2. 《国际所得税法研究》，刘剑文，北京大学。
3. 《欧元与国际货币竞争》，陈雨露等，中国人民大学。
4. 《倾销与反倾销的经济分析——一种竞争优势的观点》，沈瑶，浙江大学。
5. 《外国直接投资与发展中国家的出口促进》，戴金平，南开大学。

二、优秀论文奖（6 篇）

一等奖（空缺）

二等奖（2 篇）：

1. 《非充分就业条件下关税引致投资的福利分析》，李荣林，南开大学。
2. 《合意性、一致性与政策作用空间：外商投资高新技术企业的行为分析》，江小涓，中国社会科学院财贸经济研究所。

三等奖（4 篇）：

1. 《转向主动管理——我国现行货物原产地规则缺陷及完善》，张玉卿，外经贸部条法司。
2. 《外国跨国公司进入与我国民族企业的发展》，邱立成，南开大学。
3. 《中国对外贸易发展中的竞争政策选择》，谷克鉴，中南财经大学。
4. 《汇率变动对出口贸易的作用机制》，强永昌，复旦大学。

三、学术鼓励奖（16 名）

南京大学：丁杨

厦门大学：张超、王瑞锟、唐永红

复旦大学：堤帕翁

华东师范大学：陈左

上海财经大学：陈敏敏

天津财经学院：齐俊妍

北京大学：李骥

上海对外贸易学院：汪成、欧阳克海

中山大学：樊志英

中国人民大学：上官雨时

对外经济贸易大学：齐文清、陆耀、陈振福

第九届“安子介国际贸易研究奖”获奖名单

一、优秀著作奖（6部）

一等奖（空缺）

二等奖（2部）：

1.《法国商法引论》，沈达明，对外经济贸易大学。

2.《利用外资与中国经济增长》，赵晋平，国务院发展研究中心。

三等奖（4部）：

1.《跨国公司与中国市场》，薛求知，复旦大学。

2.《企业理论与公司治理》，范黎波、李自杰，对外经济贸易大学。

3.《中国对外直接投资的实证研究及国际比较》，刘红忠，复旦大学。

4.《动态国际贸易理论研究——均衡与非均衡分析》，李荣林，南开大学。

二、优秀论文奖（8篇）

一等奖（空缺）

二等奖（2篇）：

1.《加入WTO是中国现代化进程中又一个里程碑》，海闻，北京大学。

2.《政府声誉、投机性货币冲击与固定汇率的维持》，戴金平、万志宏，南开大学。

三等奖（6篇）：

1.《最佳货币区的内涵、实现条件及欧洲货币一体化》，李平、张瑾，南开大学。

2.《举足轻重之欧盟：中国与欧盟贸易战略定位》，冯雷，中国社会科学院财贸所。

3.《Multiple Criteria Models for Evaluation of Competitive Bids》，刘树林，对外经济贸易大学。

4.《反倾销对抗博弈——兼论我国少有对外反倾销申诉的成因分析》，杨仕辉、肖德，湖北大学。

5.《中国外经贸企业改革二十年回顾》，孟冬平，外经贸部国际司。

6.《中俄经贸关系中的商品结构问题》，韩立华，对外经济贸易大学。

三、学术鼓励奖（15名）

复旦大学：程大中、张劲松

对外经济贸易大学：屠新泉、梁海峰、洪洋、刘超然、黄中文

南开大学：张亚双

武汉大学：丁颖

西安交通大学：吕安洪

中山大学：胡庆华

上海对外贸易学院：杜智刚

南京大学：丁俊、丁亮

厦门大学：严兵

第十届“安子介国际贸易研究奖”获奖名单

一、优秀著作（6 部）

一等奖（空缺）

二等奖（2 部）：

1.《高技术产业国际化经营》，吴国蔚等，北京工业大学。

2.《WTO 与中小企业转型升级》，林汉川，对外经济贸易大学。

三等奖（4 部）：

1.《WTO 与环境保护》，那力、何志鹏，吉林大学。

2.《WTO 监督机制的法律与实践》，张军旗，上海财经大学。

3.《欧元续论——欧元基础、运作与效应分析》，陈亚温、林东海，厦门大学。

4.《发展中国家金融开放——效应与政策研究》，丁志杰，对外经济贸易大学。

二、优秀论文（9 篇）

一等奖（空缺）

二等奖（3 篇）：

1.《Currency Convertibility and Linkage Between Chinese Official and Swap Market Exchange Rates》，杨坚，美国 TEXAS 州 PRAIRIE VIEW A&M 大学。

2.《韩国半导体行业应用进口保护促进出口政策的经验分析》，胡昭玲，南开大学。

3.《人民币汇率的非均衡分析与汇率制度的宏观效率》，陈平、王曦，中山大学。

三等奖（6 篇）：

1.《入世后中国如何参与国际分工》，华民，复旦大学。

2.《反倾销动态博弈与效应分析》，杨仕辉、王红玲、舒颜颜，湖北大学。

3.《传统的国际贸易理论能否解释我国的经济现象》，丁剑平，上海财经大学。

4.《企业、政府融资决策不一致性：国际短期资本管理新视角》，田素华，复旦大学。

5.《论关贸总协定在欧共体法中的直接效力》，张智勇，北京大学。

6.《关于产品周期与企业盈亏转折点先行指标的研究》，张建平，对外经济贸易大学。

三、学术鼓励奖（12 名）

上海对外贸易学院：张宏乐、黄鹏

上海财经大学：鲍晓华

南京大学：孙兆斌、韩军

对外经济贸易大学：武艳辉、林丽霞、郭浑仪

复旦大学：邓旭

天津财经学院：陈晓健、王新华

北京工业大学：张蔚

第十一届“安子介国际贸易研究奖”获奖名单

一、优秀著作奖（5部）

一等奖（空缺）

二等奖（2部）：

1.《转基因农产品国际贸易及政府管理——战略选择、政策设计与规则构建》，马述忠，浙江大学，中国农业出版社，2003.6。

2.《中国对外贸易政策的政治经济分析》，盛斌，南开大学，上海三联书店，上海人民出版社，2002.11。

三等奖（3部）：

1.《多边贸易体制与我国经济制度变迁》，沈玉良，上海外贸学院，上海社会科学院出版社，2003.7。

2.《中国—东盟双边贸易、次区域经济合作问题研究》，郭晓合等著，广西大学，中国时代经济出版社，2002.8。

3.《国际投资保护的国际法制——若干重要法律问题研究》，刘笋，中南财经政法大学，法律出版社 2002.3。

二、优秀论文奖（11篇）

一等奖（1篇）：

《我国大豆产业发展战略研究》，夏友富，对外经济贸易大学，《管理世界》，2003.3。

二等奖（2篇）：

1.《跨国投资、市场结构与外商投资企业的竞争行为》，江小涓，中国社会科学院财贸研究所，《经济研究》，2002.9。

2.《论汇率与利率关系：1993－2000年泰国事例检验》，沈国兵，上海财经大学，《世界经济》，2002.5。

三等奖（8篇）：

1.《以劳动力寻找型为主——我国外国直接投资的性质分析》，宋泓、柴瑜，中国社会科学院，《国际贸易》，2002.10。

2.《Does comparative advantage explains export patterns in China》，岳昌君，北京大学，*China Economic Review*，2002.8。

3.《单一产业贸易的增加是否会减轻贸易自由化对国内劳动力造成的冲击——对平滑调整假设的研究》，苑涛，南开大学，《经济科学》，2002.6。

4.《中国离世界制造中心有多远》，马建堂、杨正位，国务院国有资产管理委员会、商务部政研室，《专家谈走新型工业化道路》（经济科学出版社），2003.4。

5.《跨国公司本土化与中国的选择》，桑百川，对外经济贸易大学，《中国经济评论》，2003.3。

6.《中国“入世”后海峡两岸经贸问题“政治化”之防治》，陈安，厦门大学，

《中国法学》，2002.2。

7.《美日欧盟等中小企业最新界定标准比较及其启示》，林汉川，对外经济贸易大学，《管理世界》，2002.1。

8.《中国企业拓展国际市场的模式与策略研究——以荷兰中资企业的实证分析为例》，许晖，南开大学，《南开管理评论》，2003.1。

三、学术鼓励奖（20名）

武汉大学：周念利

上海对外贸易学院：黄洁、李帅、王丹

北京工业大学：杜鹏、宋刚

清华大学：杨立岩、潘慧峰

北京大学：刘延锋

北京师范大学：杨丽花

湖南大学：包群、许和连、赖明勇

对外经济贸易大学：容冰

南京大学：卢授永、杨晓光

天津财经学院：王荣艳

华南师范大学：王廷惠

复旦大学：申朴

华东师范大学：胡峰

第十二届“安子介国际贸易研究奖”获奖名单

一、优秀著作奖（7部）

一等奖（空缺）

二等奖（2部）：

1.《产业集聚论》，梁琦，南京大学，商务印书馆，2004.4。

2.《世界贸易组织与我国国家经济安全》，王新奎，上海对外贸易学院，上海人民出版社，2003.10。

三等奖（5部）：

1.《国际收支结构研究：理论模式、国际比较及对中国现实的分析》，杨柳勇，浙江大学，中国金融出版社，2003.5。

2.《贸易自由化与有效环境保护》，畲群芝，中南财经政法大学，中国财政经济出版社，2003.12。

3.《结构转换期的中小企业金融研究——理论、实证与国际比较》，张捷，暨南大学经济学院，经济科学出版社，2003.7。

4.《融资租赁及其宏观经济效应》，史燕平，对外经济贸易大学，对外经济贸易出版社，2004.1。

5.《出口贸易与经济增长——理论、模型与实证》，赖明勇、许和连、包群，湖南大学，上海三联书店，2003.8。

二、优秀论文奖（12篇）

一等奖（1 篇）：

《The Three Big Rounds of U. S. Unilateralism versus WTO Multilateralism during the Last Decade》，陈安，厦门大学，*TEMPLE INTERNATIONAL & COMPARATIVE LAW JOURNAL*，2003. 12。

二等奖（3 篇）：

1.《中国的贸易流量与出口潜力：引力模型的研究》，盛斌、廖明中，南开大学，《世界经济》，2004. 2。

2.《资本账户和经常账户负面冲击与钉住汇率制度危机的理论分析》，孙华好、马跃，对外经济贸易大学、香港岭南大学，《世界经济》，2003. 10。

3.《关于“通缩出口”论的检验：中、日、美三国比较》，孙立坚，复旦大学，《管理世界》，2003. 10。

三等奖（8 篇）：

1.《温州民营企业国际化》，鲁桐、李朝明，中国社会科学院世界经济与政治研究所，《世界经济》，2003. 5。

2.《论技术性贸易壁垒对我国农产品出口贸易的双重影响》，张小蒂、李晓锺，浙江大学，《管理世界》，2004. 6。

3.《结构贸易政策是最优的吗?》，季铸，北京工商大学，《财贸经济》，2004. 3。

4.《服务贸易领域的紧急保障措施探析》，石静霞，对外经济贸易大学，《法学家》，2003. 10。

5.《Enforcement of WTO Agreement in China：Illusion or Reality》，孔庆江，浙江工商大学，*China and the World Trading System*，2003。

6.《1999—2003 年国际汇率体系变迁的统计分析》，丁志杰，对外经济贸易大学，《金融研究》，2004. 5。

7.《中国首次反倾销措施执行效果评估》，宾建成，江西财经大学，《世界经济》，2003. 9。

8.《东道国的贸易自由化对国际直接投资流入的影响》，李平、范跃进，山东理工大学，《世界经济》，2003. 12。

三、学术鼓励奖（17 名）

广东外语外贸大学：王海文

华东师范大学：殷德生

中南财经政法大学：陈兵

厦门大学：蔡从燕、张媛

对外经济贸易大学：薛源

中央财经大学：刘小平

华中农业大学：陈富桥

中国政法大学：董刚、张薇

湖北大学：逯小莹

上海对外贸易学院：田薇、李芙蓉

清华大学：朱峰

中山大学：陈玉罡

暨南大学：程晓宏

复旦大学：舒鹏

第十三届“安子介国际贸易研究奖”获奖名单

一、优秀著作奖（4 部）

一等奖（空缺）

二等奖（1 部）：

《国际资本形成与经济发展》，叶初升，武汉大学，人民出版社，2004. 1。

三等奖（3 部）：

1. 《贸易投资一体化与中国的战略》，张二震、马野青、方勇等著，南京大学，人民出版社，2004. 1。

2. 《贸易救济会计——理论与实务》，孙铮、刘浩、李琳，上海财经大学，经济科学出版社，2004. 9。

3. 《北京企业国际化经营研究报告 2005》，课题组，对外经济贸易大学，同心出版社，2005. 4。

二、优秀论文奖（12 篇）

一等奖（空缺）

二等奖（4 篇）：

1. 《中国对外贸易与 FDI 相互关系的研究》，梁琦、施晓苏，南京大学，《经济学（季刊）》，2004. 7。

2. 《对世界农产品贸易中的比较优势的检验》，刘拥军，中国农业大学，《经济学（季刊）》，2004. 4。

3. 《中国外商直接投资政策“渐进螺旋”模式：递推与转换》，殷华方、鲁明泓，南京财经大学，《管理世界》，2005. 2。

4. 《资本管制、外商投资与最优税差：对中国转型时期过渡性资本外逃的研究》，牛晓健、郑祖玄，复旦大学，《经济研究》，2005. 4。

三等奖（8 篇）：

1. 《出口产品反倾销预警的经济学研究》，方勇、张二震，南京大学，《经济研究》，2004. 1。

2. 《从经济学角度看世界贸易体系》，雷达，中国人民大学，《中国人民大学学报》，2005. 1。

3. 《贸易统计差异与中美贸易平衡问题》，沈国兵，上海财经大学，《经济研究》，2005. 6。

4. 《从人民币升值的“虚拟性”谈贸易发展战略和增长方式的调整与转变——兼论政策、体制和结构因素的影响》，刘光溪、徐凯：国家外汇管理局综合司，高洁：湖北经济学院，《国际商务研究》，2005. 3。

5.《外资政策、国民利益与经济发展》，于津平，南京大学，《经济研究》，2004. 5。

6.《重新审视进口在经济增长中的作用——基于中国的实证研究》，熊启泉、杨十二，华南农业大学，《国际贸易问题》，2005. 2。

7.《与竞争法有关的国际贸易冲突——从微观视角看竞争法国际协调之必要性》，吴韬，中央财经大学，《财经法律评论》，2004. 9。

8.《论中国应将对外贸易竞争优势作为贸易战略出发点》，苑涛，南开大学，《经济评论》，2005. 1。

三、学术鼓励奖（9 名）

中国政法大学：陈韬

西南政法大学：李彩霞

清华大学：付维国

华东师范大学：殷德生、胡浩

湖北大学：叶茂升

北京师范大学：张生玲

南京大学：魏浩

复旦大学：曹雪

第十四届“安子介国际贸易研究奖”获奖名单

一、优秀著作奖（6 部）

一等奖（空缺）

二等奖（2 部）：

1.《经济周期论》，刘崇仪，西南财经大学，人民出版社，2006. 6。

2.《经济全球化下中小企业集群的创新机制研究》，冯德连，安徽财经大学，经济科学出版社，2006. 1。

三等奖（4 部）

1.《转型期中国市场分割对国际竞争力的影响研究》，钟昌标，宁波大学，上海人民出版社，2005. 8。

2.《生产者服务论——兼论中国服务业发展与开放》，程大中，复旦大学，文汇出版社，2006. 3。

3.《跨国公司在华经营策略》，毛蕴诗，中山大学，中国财政经济出版社，2005. 10。

4.《国际贸易规则与环境措施的法律研究》，边永民，对外经济贸易大学，机械工业出版社，2005. 1。

二、优秀论文奖（15 篇）

一等奖（空缺）

二等奖（4 篇）：

1.《中国的贸易扩张及其对亚太地区贸易增长的贡献》，李坤望、宋立刚，南开大学，《经济学（季刊）》，2006. 1。

2.《The impact of Parallel Imports on Investments in Cost-Reducing Research and Development》，李长英、Keith E. Maskus，南开大学，*Journal of Internatioanl Economics*，2006. 3。

3.《外商直接投资、实际有效汇率与中国的贸易盈余》，谢建国，南京大学，《管理世界》，2005. 9。

4.《Comparative study on the Evaluation of the competitiveness of SMEs in Different Industries in China》，林汉川、管鸿禧，对外经济贸易大学，《中国社会科学（英文版）》，2006. 1。

三等奖（11 篇）：

1.《国际贸易、R&D 溢出和生产率增长》，李小平、朱钟棣，中南财经政法大学，《经济研究》，2006. 2。

2.《我国出口贸易影响经济增长的路径研究》，吴一丁、毛克贞，新疆大学，《国际贸易问题》，2006. 2。

3.《两岸农业贸易和投资协作之研究》，程漱兰、张慧东、梁希震、李彦敏、李冬梅，中国人民大学，《台湾研究集刊》，2005. 2。

4.《贸易一体化与生产非一体化——基于经济全球化两个重要假说的实证研究》，刘志彪、吴福象，南京大学，《中国社会科学》，2006. 2。

5.《贸易、发展与 WTO：多哈回合谈判的现状与前景》，盛斌，南开大学，《世界经济》，2006. 3。

6.《基于改进 H－O 模型的贸易投资一体化模型研究》，苏振东，大连理工大学，《数量经济技术经济研究》，2005. 5。

7.《FDI、人力资本积累与经济增长》，代谦，武汉大学，《经济研究》，2006. 4。

8.《税率、外商直接投资与经济增长——一个结构性政策理论模型》，李泳，北京师范大学，《财政研究》，2006. 5。

9.《外商直接投资对中国经济的双重影响与对策》，郭飞，对外经济贸易大学，《马克思主义研究》，2006. 5－6。

10.《基于共同利益的上海汽车工业跨文化管理模式》，陈晓云，复旦大学，《软科学》，2005. 5。

11.《〈合同法〉第四零二条对我国涉外商事仲裁制度的挑战》，陈治东，复旦大学，《法学》，2005. 4。

三、学术鼓励奖（9 名）

对外经济贸易大学：陈泰锋、刘畅

中国人民大学：王勇

北京师范大学：林永生

南京大学：魏浩

中国农业大学：刘靖

武汉大学：陈彬

北京工业大学：刘幸菡

浙江大学：陈龙江

第十五届“安子介国际贸易研究奖”获奖名单

一、优秀著作奖（9 部）

一等奖（空缺）

二等奖（2 部）：

1.《技术性贸易壁垒的经济效应和政策选择——基于发展中国家视角的分析》，鲍晓华，上海财经大学，上海财经大学出版社，2007.3。

2.《两岸经济一体化问题研究——区域一体化理论视角》，唐永红，厦门大学，鹭江出版社，2007.10。

三等奖（7 部）：

1.《经济全球化与当代国际贸易》，裴长洪，中国社会科学院，中国社会科学文献出版，2007.5。

2.《欧元经验与效应——欧元对国际货币体系的影响研究》，陈亚温，厦门大学，经济科学出版社，2006.9。

3.《开放条件下的新经济增长理论——跨国经济增长差异、跨国技术扩散与开放政策研究》，王劲松，吉林省社会科学院，人民出版社，2008.3。

4.《技术进步与国际贸易》，杨波，中南财经政法大学，经济科学出版社 2007.10。

5.《权利与经济增长——美国贸易政策的国际政治经济学》，张建新，复旦大学，上海人民出版社，2006.3。

6.《中国农产品国际竞争力研究》，乔娟、李秉龙，中国农业大学，中国人民大学出版社，2006.8。

7.《WTO 与中国外贸法的新领域》，曾华群，厦门大学，北京大学出版社，2006.1。

二、优秀论文奖（17 篇）

一等奖（1 篇）：

《贸易差额的衡量：基于所有权还是所在地》，孙华妤、许亦平，对外经济贸易大学，《国际贸易问题》，2006.5。

二等奖（5 篇）：

1.《中国商品外贸交易地位与比较效益变化实证研究》，徐强，商务部国际贸易经济合作研究院，《经济评论》，2006.4。

2.《人民币汇率变动对中国商品出口价格的传递效应研究》，毕玉江，上海市立信会计学院，《世界经济》，2007.5。

3.《利用加工贸易技术扩散优化出口商品结构研究》，赵晓晨，天津财经大学，《财贸经济》，2006.4。

4.《反倾销措施的贸易救济效果评估》，鲍晓华，上海财经大学，《经济研究》，2007.2。

5.《国际贸易的麦敕勒悖论及其验证》，余淼杰，北京大学，《经济学（季刊)》，2008.1。

三等奖（11篇）：

1.《国际石油价格与最优国内税率：基于“寡头”市场结构的分析》，孙泽生，浙江科技学院，《世界经济》，2008.1。

2.《外汇储备增加的通货膨胀效应和货币冲销政策的有效性》，方先明，南京大学，《经济科学》，2007.6。

3.《双边国际贸易引力模型中地区生产率的经验研究》，彭国华，暨南大学，《经济研究》，2007.8。

4.《论中国外贸增长方式的转变》，简新华，武汉大学，《中国工业经济》，2007.8。

5.《贸易结构、技术密度与经济增长：一个分析框架及基于中国数据的检验》，王永齐，浙江工商大学，《经济学（季刊)》，2006.10。

6.《人民币名义汇率与利率的互动关系研究》，王爱俭，天津财经大学，《经济研究》，2007.10。

7.《工业贸易结构变化对我国就业的影响》，周申，南开大学，《数量经济技术经济研究》，2006.7。

8.《出口贸易结构的形成机理：基于我国1980－2005年的经验研究》，隋月红，中国计量学院，《国际贸易问题》，2008.3。

9.《论经济全球化背景下竞争政策和竞争法的国际协调》，王先林，上海交通大学，《上海交通大学学报（哲学社会科学版)》，2006.6。

10.《Choice of Entry Modles in Sequential FDI in an Emerging Economy》，张毅，华中科技大学，Management Decision 2008.5。

11.《出口商品结构竞争力国际比较——基于传统差别化与替代弹性视角的实证研究》，周松兰，广东商学院，《数量经济技术经济研究》，2006.12。

三、学术鼓励奖（10名）

上海财经大学：江维

中国农业大学：王琦

厦门大学：蔡宏波

浙江大学：王义中

上海对外贸易学院：汪伟海

对外经济贸易大学：蔡春林、徐林

北京大学：黄韬

武汉大学：陈彬

中国人民大学：李杨

第十六届“安子介国际贸易研究奖”获奖名单

一、优秀著作奖（7部）

一等奖（空缺）

二等奖（3部）：

1.《全球化中中国东部外向型经济发展：理论分析和战略调整》，刘志彪、张杰等，南京大学，中国财政经济出版社，2009.12。

2.《分工、集聚与增长》，梁琦，中山大学，商务印书馆，2009.8。

3.《国际贸易的政治经济学分析：理论模型与计量实证》，余淼杰，北京大学，北京大学出版社，2009.1。

三等奖（4部）：

1.《国际贸易摩擦的成因及化解途径》，尹翔硕、李春顶等，复旦大学，复旦大学出版社，2009.8。

2.《论地理标志的国际法律保护——以TRIPS协议为视角》，冯寿波，南京信息工程大学，北京大学出版社，2008.12。

3.《WTO主要成员贸易政策体系与对策研究》，张汉林等，对外经济贸易大学，经济科学出版社，2009.9。

4.《广东外资企业盈亏研究——分析框架、数据、模型与案例》，龙朝晖，中山大学，广东教育出版社，2008.7。

二、优秀论文奖（13篇）

一等奖（1篇）：

《比较优势与落后国家的二元技术进步：以近代中国产业发展为例》，代谦、李唐，武汉大学，《经济研究》，2009.3。

二等奖（4篇）：

1.《有限赶超与经济增长》，杨汝岱、姚洋，湘潭大学，《经济研究》，2008.8。

2.《国际投资仲裁引发的若干危机及应对之策述评》，刘笋，中南财经政法大学，《法学研究》，2008.6。

3.《美国对华贸易政策的决策和形成因素——以PNTR议案投票结果为例的政治经济分析》，李坤望，南开大学，《经济学（季刊）》，2009.2。

4.《中国贸易量增长之谜的微观经济分析：1978－2007》，吴福象、刘志彪，南京大学，《中国社会科学》，2009.1。

三等奖（8篇）：

1.《贸易开放与经济增长：只是线性关系吗》，包群，南开大学，《世界经济》，2008.9。

2.《产业出口复杂度的测度及其动态演进机理分析——基于52个经济体1993－2006年金属制品出口的实证研究》，黄先海、陈晓华、刘慧，浙江大学，《管理世界》，2010.3。

3.《Foreign Direct Investment, Processing Trade, and the Sophistication of China's Exports》，许斌、路江涌，北京大学，China Economic Review，2009。

4.《Globalization and Industry Agglomeration in China》，葛赢，对外经济贸易大学，*World Development*，2009。

5.《外资特征对中国经济增长的影响》，郭熙保、罗知，武汉大学，《经济研究》，2009. 5。

6.《中投：主权财富基金的控股公司路径》，郭雳，北京大学，《中外法学》，2009. 4。

7.《企业间技术外溢的测度》，沈坤荣、李剑，南京大学，《经济研究》，2009. 4。

8.《贸易发展、劳动力市场扭曲与要素收入分配效应：基于特定要素的短期分析》，王云飞、朱钟棣，上海对外贸易学院，《世界经济》，2009. 1。

三、学术鼓励奖（9 名）

北京师范大学：马光明

对外经济贸易大学：储昭昉、顾宾、林发勤

南开大学：陈媛媛

上海财经大学：李真

西安交通大学：王铁山

北京大学：沈朝晖

香港城市大学：高鹏程

第五篇　图书、出版、网络与教育技术

第一章 图 书 馆

第一节 概 述

一、历史沿革

对外经济贸易大学图书馆，源于1951年成立的原中央人民政府贸易部高级商业干部学校图书馆。1954年9月，开始使用北京对外贸易学院图书馆的名称。1984年9月，北京对外贸易学院易名为对外经济贸易大学，图书馆遂以现名面世。现馆名承蒙中国著名书法家启功先生题写。图书馆属学校直管的处级行政机构。

二、基本情况

对外经济贸易大学图书馆原馆舍落成于1987年，建筑面积6 000平方米，采用闭架书库服务模式。2000年3月，原对外经济贸易大学图书馆与原中国金融学院图书馆合并。原中国金融学院图书馆2 300平方米的馆舍定名为“北馆”，原对外经济贸易大学图书馆的馆舍定名为“南馆”。两馆区面积合计为8 300平方米。

随着学校办学规模的不断扩大和图书馆自身发展的需要，学校于2006年4月18日举行图书馆新馆的开工奠基仪式。2008年8月新馆落成，9月1日正式向读者开放。新馆的建设获2009年度中国建设工程质量最高荣誉奖——“鲁班奖”。该馆的供暖和制冷完全采用水源热泵方式，可分楼层、分区域独立调节温度，是一座节能环保型的图书馆。

对外经济贸易大学图书馆是一个现代化的、全开架自助式多功能图书馆。馆舍面积25 000平方米，地下一层，地上八层，总藏书130余万册。目前拥有阅览座位2 338个，电子阅览厅和培训教室座位共295个，研讨室6间。每周开放时间96小时。每年接待到馆读者逾百万人次，出借书刊达30万册次以上。

图书馆下设办公室、采编部、电子阅览部、流通阅览部、信息咨询部和技术部。现有正式职工47人，其中具有副高职称以上及相应职称的5人，具有大专以上学历的42人。

三、网络建设与资源共享

图书馆于1999年引进图书馆自动化管理集成系统（ILAS II），2008年8月起改用金盘NET图书馆集成管理系统。图书、期刊的采访、编目、典藏、流通、公共查询等全部实现计算机管理，图书馆自动化网络系统24小时开放服务，用户可以通过校园网、科研网随时进行本馆书目、电子图书、数据库等电子资源的查询，还可通过网络查询个人的借阅情况，同时图书馆提供 INTERNET 网络的访问服务，初步形成文献信息资源共知、共建和共享。

2009 年 12 月 23 日，图书馆召开北京地区财经类高校图书馆资源共建、共知、共享合作研讨会，并开通“北京财经类院校资源共享平台”，平台的开通使读者只需登录一次就可以检索到各协议馆提供的数字资源，无需在各馆的各种数据库之间频繁跳转。目前，对外经济贸易大学图书馆与国家图书馆、清华大学图书馆、北京大学图书馆、北京化工大学图书馆、北京中医药大学图书馆、北京服装学院图书馆等三十余所图书馆建立了馆际互借关系，并与全国财经类院校图书馆和全国外语类院校联盟建立起联系制度。

第二节　馆舍与设备

一、设备情况

截至 2010 年，图书馆拥有各类微型计算机 532 台（含读者检索用机 42 台）、笔记本电脑 6 台、各类服务器 12 台、自助借还机 3 台、条码阅读器 10 台、各类打印机 18 台、扫描仪 2 台、投影仪 1 台、门禁系统 1 套、图书防盗仪 4 台、冲销磁仪 6 台以及若干小型辅助设备。

二、楼层布局

表 5.1.1　　对外经济贸易大学图书馆各楼层布局一览表

楼层	部室名称	房间	资源与业务	备　注
一层	馆办公室	102	各类行政事务	
	复印室	105		
	报刊阅览厅	大厅北侧	中外文报刊 1 900 余种，外文原版精装期刊 6 600 余册。	提供 76 张阅览桌，294 个阅览椅。
	书刊总出纳台	大厅	提供书刊的借、还、续、预约、咨询等服务。	北面 3 台自助借还机；南面 32 台书目检索机。
二层	流通阅览部办公室	202	E 卡开通，办理离校手续、馆际互借等业务。	
	国外版本图书阅览厅		外文原版图书，以经济、贸易、法律为主，共计 5.7 万余册。其中小语种 13 701 册（不外借）。	提供 72 张阅览桌，294 个阅览椅。提供柜式电子词典。研究生和教师可外借，本科生不外借。

续表

楼层	部室名称	房间	资源与业务	备　注
三至五层	国内版本图书第一、第二、第三阅览厅		陈列各类可供阅览外借的中文图书50万余册。	提供312张阅览桌，1 248个阅览椅。
六层	工具书与基藏图书阅览厅——含本校博硕论文		基藏图书（馆藏保存本）、中外文工具书和本校博硕论文。	提供118张阅览桌，472个阅览椅。提供柜式电子词典。仅供在本厅阅览，不外借。可复印2册。2小时内归还。
七层	法律文献资料室	701	原法学院资料室文献	归属法学院。
	海关文献阅览厅	716－718	民国海关图书馆遗存书刊	仅对教师开放，不可外借和复印。
八层	培训教室	802	新生培训、文献检索课教学、数字资源检索培训、文化讲座等。	提供69个机位。
	电子阅览厅	804	提供上机上网、打印、馆藏数字资源及因特网信息查询。	收费服务。 提供226个机位。

第三节　馆藏与图书经费

一、基本馆藏

截至2010年底，图书馆拥有纸质图书130余万册，电子图书45万余册，中外文数据库34个，中外文献期刊、报刊近2 000种。馆藏文献的重点类别是：政治和法律（D）、经济（F）、语言文学（H），这三大类文献占藏书总量的60%以上。

二、特色馆藏

（一）海关文献阅览厅藏书

海关文献阅览厅藏书是解放初期由海关图书馆转到学校图书馆收藏的一批极具收藏价值的图书，其中许多藏书在国内已是孤本。这批藏书由两部分组成：一部分为清末至民国期间有关海关情况的各种书籍，共11 099册；另一部分是清代出版的各种古籍，共6 390函。一百多年来，由于收藏条件的欠缺和多次搬运，这批藏书受到了不同程度的损坏。

图书馆现已对这批藏书进行系统化、专业化的修复，按中国图书馆分类法重新编目，并为之专门设置一个阅览厅（位于新馆7层），匹配有特制的保存古籍的书架和阅览桌椅。海关文献阅览厅藏书的价值得到充分的体现。

（二）国外版本图书阅览厅藏书

50 多年来，图书馆共收藏外文原版图书 57 444 册（其中英文图书 43 743 册，日语、法语、俄语、西班牙语、德语、阿拉伯语、意大利语、朝鲜语等图书共 13 701 册）。

三、文献类型及经费结构

随着阅读方式、存储方式以及网络的发展，在保证纸质文献常规入藏量的前提下，图书馆自 2003 年起逐步引进电子资源，逐步加大电子文献的采购比重。图书馆目前已拥有数据库 34 个，其中，中文数据库 11 个、西文数据库 16 个、电子图书库 7 个（46.4 万册）。目前数据库拥有：收入 7 000 多种学术期刊和 45 万多本博硕论文的同方知网数据库（CNKI），由世界领先的法律和商业资讯提供商所提供的 LexisNexis（律商联讯），还有以收录过期西文期刊为任务和目标（回溯年代最早至 1665 年的期刊）的 JSTOR 全文资料库等，它们涵盖经济学、法学、人文社科、语言文学、数学统计等多门学科。此外，还有各类试用数据库 13 个。

表 5.1.2　　2000－2010 年图书馆文献入藏量及经费情况一览表

年份	中文图书	外文图书	数据库	电子图书	年入藏量	馆藏总量	文献经费（万元）
2000	12 014	676			12 690	534 908	82
2001	24 701	285			24 986	739 894	120
2002	12 577	911			13 488	753 382	160
2003	20 827	1 102	10		21 929	775 311	260.5
2004	23 943	916	6		24 859	800 170	300
2005	54 364	833	10	46 000	55 197	855 367	400
2006	120 050	1 719	15	405 727	121 769	977 136	722
2007	57 842	1 235	15		59 077	1 036 213	400
2008	66 306	2 235	17	582	69 123	1 174 459	500
2009	87 419	1 414	34		88 833	1 263 292	700
2010	68 755	1 656	34	452 309	61 000	1 324 292	800

第四节　读者服务

一、开放时间延长

2000－2010 年，图书馆累计接待读者逾 300 万人次。2008 年 9 月新馆竣工后，为进一步满足读者来馆学习的需求，图书馆不断调整人力，优化组织结构，多次延长开放时间。

2000 年前，图书馆开放时间为 80.5 小时/周。自 2009 年 5 月 9 日起，周六、日的开放时间延长至22:00。至此，图书馆的开放时间延长到96小时/周，超过教育部规定的70小时/周的37%，是目前北京市所有高校图书馆中，有效以及全面开放时间较长的图书馆之一。同时，每逢因考试封闭教学楼和期末复习阶段，图书馆还根据等候开馆读者人数的多少，适时提前开放一小时。2009年全年接待读者量达117万余人次，是2007年旧馆全年接待读者人次（131 933）的近9倍。2010年全年接待读者量达1 376 679余人次。

二、借阅量持续稳定增长

2000－2010年，图书馆累计完成书刊借阅250余万册次。2009年全年借出书刊共计321 404册次，较2008年的189 554册次增长69.56%；2009年全年还回书刊共计317 389册次，较2008年的200 129册次增长58.59%。全年借还总量达638 793册次，是2008年的1.64倍。2010年全年外借图书308 866册次，还回书刊共计309 392册次。

三、多种途径提供检索服务

图书馆在保证纸质文献服务的基础上，还采取各种措施，帮助读者更加便捷地使用学校拥有的34个数据库和兄弟院校图书馆资源。2009年12月“北京财经类院校资源共享平台”开通运行以来，已取得良好效果。截至2010年1月10日，全校师生已发出372条原文传递请求，并全部得到响应。

四、规范文献编目规则

2006年，图书馆为规范文献的编目工作，先后起草和修订12个业务制度，它们是：《图书馆文献采购程序规定》、《图书馆文献采购方针》、《图书馆文献复本量规定》、《图书馆文献采购审批权限规定》、《图书馆文献采购各学科经费分配参考标准》、《图书馆非书资料采购与管理办法》、《图书馆图书分类规则》、《图书馆书目数据著录规则》、《图书馆著者号码选取规则》、《图书馆著者号码表》、《图书馆文献固定资产账目管理规定》和《图书馆图书加工规则》。特别是《图书馆著者号码表》是近30年来首次修订，增补汉字535个，不仅大大方便了编目人员的业务工作，更使编目质量得到有效的提高。

自2008年9月起，图书馆改用金盘图书馆管理系统对馆藏文献进行编目和管理。文献基本信息的采集遵循《中国文献编目规则》（第2版），书目信息的录入遵循《新版中国机读目录格式使用手册》，文献的分类遵循《中国图书馆图书分类法》（第4版）的有关规定执行。馆藏文献的排架依据“分类号＋著者号”的原则进行排序。

第五节　网络化建设

1992年图书馆启动了DOBIS系统，实现书目检索的数字化。由于DOBIS系统属于单机系统，其封闭性和缺乏网络功能的缺陷已无法满足网络时代用户对图书馆信息服务的需求。1998 年，图书馆购进 ILASII 系统，采用微机联网模式搭建了信息平台，1999 年 6 月，ILASII 系统正式向读者开放，初步满足用户的网络查询和图书馆自动化需求。随着网络的发展和图书馆数据量的不断增加，ILAS 系统的不稳定性和某些功能的缺乏使其无法更好满足图书馆的功能。2008 年 9 月，图书馆更换金盘图书管理系统，该系统运行两年来稳定可靠，各种功能达到预期的要求。

在网络硬件方面，1998 年，图书馆首次建成 10M 扁平模式的以太网络，2005 年后升级为 100M，仍为扁平模式。2008 年 8 月，建成支持三层交换的 1 000M 以太网络。该网络规划采取经典的三层架构：接入层、汇聚层及核心层。拓扑图如下：

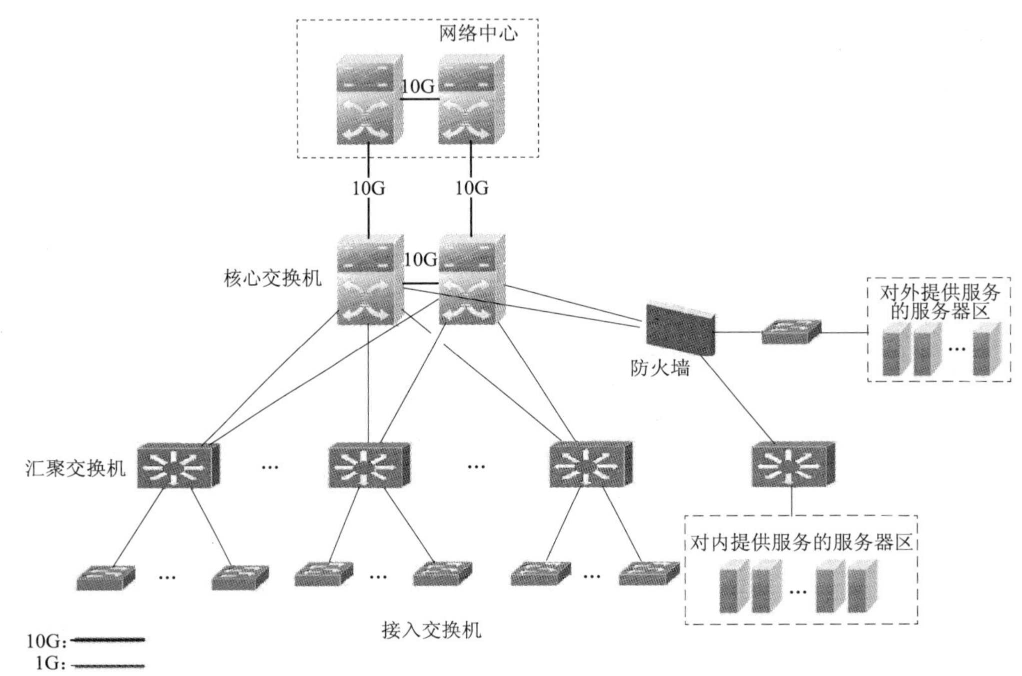

图 5.1.1　对外经济贸易大学图书馆网络拓扑图

图书馆根据业务功能以及网络安全的需要对网络进行子网划分，使网络病毒的攻击和传播得到有效隔离，为用户提供了快速、安全、稳定的网络环境。

表 5.1.3　　对外经济贸易大学图书馆子网划分情况一览表

序号	端口接入数量	功能范围	序号	端口接入数量	功能范围
1	48 * 2	服务器机房区	6	200	电子阅览室和听力室区
2	60	内部办公电脑区	7	64	无线区
3	50	公共检索机区 1	8	250	复印室区和部分公共区
4	30	公共检索机区 2	9	250	公共区
5	70	检索教室区	10	2	财务专区

图书馆在设计网络方案时不仅注重网络的安全性，还非常注意支持网络运行的各种设备的选配问题。

在小型机建设方面，1998 年采用 DEC alpha4000 小型机，一直沿用至 2008 年。2008 年 8 月，根据图书馆当前和未来 5 年的发展需求，图书馆采购了 HP rx8640 作为主机，主要用于运行图书馆的核心数据库系统。此主机系统同时支持硬件分区、硬件冗余、系统环境冗余以及虚拟机技术。

2005 年，图书馆采用单机磁盘柜作为存储系统，接口为 SCSI，容量总共为 4T。2008 年 8 月，图书馆新建集中式存储网络，系统采用混合存储架构，同时支持 FC - SAN 和 IP - SAN 两种架构。FC - SAN 为 4G 光纤存储网络，容量为 2T，主要用于核心数据库的存储，满足高速存取需求。IP - SAN 为 1G 以太存储网络，容量为 20T，主要用于电子资源存储备份，各种应用服务器存储空间，满足大容量存取和将来廉价扩展的需求。

PC 服务器自 2004 年起陆续使用，到 2005 年，图书馆共有 4 台 PC 服务器。2008 年 8 月，购入 6 台刀片式 PC 服务器，每个刀片服务器配置有 2 个 4 核 CPU，8G 内存。PC 服务器主要用于运行各种应用服务，如图书馆主页、联机查询前端系统、门禁系统、各种电子书数据库系统、一卡通系统以及各种网络服务支撑系统。

两年的运行证明图书馆网络及相关设备的建设是合理有效的，系统运行状态稳定，系统安全，信息传输速度满足了业务的需要。预计存储平台基本可以满足未来 5 年的发展需要。

第六节　院（部）资料室

全校各院系自属资料室共有 13 个，分布在法学院、外语学院、英语学院、金融学院、国际关系学院、中国语言文学学院、公共管理学院、信息学院、国际商学院、国际经济贸易学院、保险学院、国际经济研究院和世界贸易组织研究院。目前，各院系资料室总藏书量约为 10 万册，专兼职资料员 15 人。

各院系资料室在行政上隶属各学院或研究院，图书馆负责对各资料室的业务指导。为方便各院系和科研人员的教学和科研工作，各资料室均采取独立采购、单独分编和管理的服务模式。目前，法学院资料室的办公和馆藏地点设在图书馆楼内，其他院系和研究院的资料室均设在各自单位的办公区域。

各院系资料室向图书馆提出对电子文献的需求，图书馆根据学校经费和学科建设的需要统一采购，采购之后在图书馆主页上发布相关信息，并将电子文献提供给全校读者使用。

第二章　学术刊物部

学术刊物部组建于2002年，由原隶属科研处的《国际贸易问题》、《国际商务——对外经济贸易大学学报》和原隶属外语学院的《日语学习与研究》三本公开出版的学术期刊的编辑部整合而成。学校对三刊进行统一管理，建立了严格的匿名审稿制度、外审专家制度，以学术质量和学术水平选用稿件，维护学术期刊良好的学术环境。

学术刊物部现设：部办公室、编辑部、出版部、发行部、《日语学习与研究》杂志社办公室。在编人员14人，其中具有正高职称的1人，具有副高职称的5人。

第一节　《国际贸易问题》

一、沿革与发展

《国际贸易问题》是学校主办的国际经济贸易专业性学术期刊，由中华人民共和国教育部主管。1975年创刊，当时为季刊，内部发行。1980年公开发行。1983年改为双月刊，国内外公开发行。1988年改为月刊，并经工商管理部门批准开办广告业务。

2006年，在学校“211工程”项目资金的支持下，建立了《国际贸易问题》杂志网站，开始电子审稿和编稿，进行“数字化期刊—创办电子期刊”的探索。

截至2010年12月，《国际贸易问题》共出版336期，发表文章5 000余篇、共计4 000余万字。该刊发行的部分文章受到社会的广泛关注，被海内外报刊转载，有的文章提出的建议受到国家有关部门及领导人的重视或被采纳。1995年，在全国范围评出的20种国际贸易类核心期刊中，《国际贸易问题》名列第二。根据中国人民大学复印报刊资料F52外贸经济、国际贸易专题转载篇目排序表的统计，1997－2010年，《国际贸易问题》在100种左右的同类期刊中，文章的转载率连续多年位居榜首。

在北京大学图书馆、清华大学图书馆、中国社会科学院三大评价体系中，《国际贸易问题》在2004年、2008年名列贸易经济专业核心期刊第一名，贸易经济学科影响也排名第一，位于《经济研究》、《世界经济》等著名刊物之前。2010年在南京大学的中文社会科学引文索引（CSSCI）评价体系中，在经济类来源期刊中排名为25。

二、学术定位与学术活动

《国际贸易问题》的读者对象主要是对外经济贸易主管部门和业务部门的工作人员、工商企业的管理人员、科研机构的理论研究人员、高等院校师生以及各国驻华商务机构和跨国公司人士等。

为适应经济发展和改革开放的要求，期刊的栏目不断调整变化，曾经开设的栏目有经贸论坛、部长及省市长专访、省市外经贸委主任专稿、世贸组织与中国、国际商务研究、世界市场透视、国际投资与跨国经营、国际服务贸易、国际金融、国际经济法、企业家论坛、电子商务、台港澳经济等。各栏目选题密切结合国内外热点问题，如“世贸组织与中国”栏目主要结合中国即将入世的实际，探讨各行业如何迎接入世后面临的机遇和挑战，具有很强的实践意义，受到广大读者欢迎。随着国内外经贸发展的实践，该刊增加了一批新栏目，如东亚经济合作、地方经贸、贸易壁垒、贸易与环境、国际贸易史、学术前沿、对外开放30年、经济热点等。

目前，《国际贸易问题》较稳定的栏目有经济热点、经贸论坛、区域国别市场、东亚经济合作、地方经贸、服务贸易、贸易壁垒、贸易与环境、国际投资与跨国经营、国际金融、国际经济法、台港澳经济、国际贸易史、学术前沿等。该刊已经在中国国际经济与贸易研究领域占有重要学术地位。

《国际贸易问题》的作者有国内外著名的学者、专业研究人员、政府部门的负责人和企业家。这些作者来自全国各省、市、自治区以及美国、日本、英国、法国、韩国、新加坡、独联体国家和中国港澳地区。刊物的月收稿字数长期稳定在100万字左右，最多的月份达120万字以上。目前，《国际贸易问题》的发行遍及全国各大中城市，并已在美国、英国、日本、德国、法国、以及中国香港、澳门等10多个国家和地区发行。该刊积极与有关科研机构、高等院校进行学术交流。

2005年，《国际贸易问题》杂志社成功举办“中国对外经济发展战略学术研讨会暨纪念《国际贸易问题》创刊30周年”活动。2007年、2008年、2009年、2010年分别协办浙江树人大学、北京第二外国语大学举办的服务贸易学术研讨会；2008年、2009年、2010年分别协办中国国际贸易学会的学术年会；2010年10月协办中国计量学院“标准化与国际贸易”国际论坛；2010年11月协办南京财经大学“经济发展方式转变与产业结构升级研究”学术研讨会。该刊编辑部积极参与国际贸易学科组的学术活动。

三、编辑机构及出版情况

《国际贸易问题》设编辑部、出版部、发行部、网络技术部。2005年，建立编辑委员会，编委会由30位国内外经贸领域的知名学者担任。

表5.2.1　《国际贸易问题》历届负责人一览表

社　长	主　编	常务副主编	副主编
刘朝缙 （负责人）	王林生 （负责人）		
孙玉宗 （负责人）	王绍熙 （负责人）		陈毓琪 （1989.1－1991.12）
叶彩文 （负责人）	李康华 （1990.1－1994.9）		陈及时 （1989.1－1994.9）

续表

社　长	主　编	常务副主编	副主编
王林生（负责人）	秦宣仁（1995. 2 – 1995. 12）		尹政英（1992. 1 – 1994. 9）
王林生（1989. 1 – 1995. 1）	叶彩文（1996. 1 – 1999. 4）	蒋德恩（1996. 1 – 1999. 1）	徐兴元（1995. 5 – 1995. 12）
孙维炎（1995. 2 – 1999. 4）	徐子健（1999. 5 – 2005. 3）	冷柏军（1999. 5 – 1999. 9）	王汉民（1996. 1 – 2003. 4）
陈准民（1999. 5 – 2009. 8）	林桂军（2005. 4 – 今）	张汉林（1999. 10 – 2002. 7）	于友伟（2003. 4 – 今）
施建军（2009. 8 – 今）		郑宝银（2002. 8 – 今）	

表 5. 2. 2　　2000 – 2010 年《国际贸易问题》出版情况一览表

年份	2000	2001	2002	2003	2004	2005	2006	2007	2008	2009	2010
期数	12	12	12	12	12	12	12	12	12	12	12
文章篇数	182	185	175	203	258	280	255	264	237	215	212
页数	768	768	768	768	1 536	1 536	1 536	1 536	1 536	1 536	1 536
字数（万）	106. 8	106. 8	106. 8	106. 8	252	252	252	252	252	252	252

第二节　《日语学习与研究》

一、沿革与发展

1979 年 12 月，由经贸部审核，并报国家出版事业管理局批准，北京对外贸易学院开始编辑出版学术季刊《日语学习与研究》。当时从国内外聘请了 22 名专家、学者组成编辑委员会，主编为日语教研室陈涛教授。

1981 年下半年，宋文军教授担任主编。1982 年，杂志由季刊改为双月刊。1991 年起又改为季刊，由冷铁铮教授担任主编，并对杂志进行了多项改革，尤其是加强了编委会的作用，扩大了对外交流。

2001 年起，由李爱文教授担任主编，实行一系列改革措施。

2002 年，进行内部管理体制的全面改革，如编辑人员竞聘上岗，完善各项规章制度，逐步实行编辑与出版的电子化运作等。

2003年建立电子审稿系统，创建总稿件库、专家库、作者库，并开通《日语学习与研究》的专属网页。

2004年，实行专家匿名审稿制度，提高了选登稿件的质量，提高了文章的检索、转载率，巩固了该杂志在学界的权威地位。

2006年5月，举办《日语学习与研究》首届“杂志选题与学术规范研讨会”，会议共收到专家提案42份。会后经进一步论证，提案基本得到采纳，并逐步得以实施。

2007年，杂志在未增加学校经济负担的情况下，从季刊改为双月刊。

2009年，每期页数增加到128页，容量也由每期12万字增加到23万字，实现了稿件登录，稿件查询，专家、编辑审稿，稿件排版等环节的电子化运作和管理。

与此同时，该杂志开始实行与学界专家、学者共同选题策划。2007年，首先与浙江工商大学日本文化研究所王勇教授共同策划当年第五期（总一三二期）“日本文化研究”专刊，征集到包括国内外学术权威在内的知名专家、学者稿件近30篇。万方数据等统计结果表明，该期稿件的点击率、转载率都有大幅度提高。在此基础上，2008年出版“翻译研究专刊（第四期）”。2009年推出“日本战后大众文学研究”、“汉字文化圈中的日本古典研究”、“学术争鸣”等专题栏目。目前，该杂志的栏目已由原来的7个增加到16个，常设栏目有日语语言研究、日本文化研究、日本文学研究、中日比较研究、翻译论坛、日语教学研究等，对日语及日本学进行研究和探讨。

依据“中国学术期刊综合引证年度报告［2007］”的统计，《日语学习与研究》的总被引频次为76（同比上升21%），影响因子0.131（同比上升15%），Web即年下载率37.6（同比上升120%），他引总引比等相关数值均呈上升趋势。

杂志定期召开编委会议暨国际学术研讨会，就国内外最新学术动态以及杂志的发展等进行深入研讨。

二、编辑机构

《日语学习与研究》设编辑部、网络技术部。编辑委员会由30位国内外知名学者组成。聘用校内日语系教师7名、校外各研究领域专家若干名为审稿人。

表5.2.3　《日语学习与研究》历届负责人一览表

主　编	副主编
陈　涛（1979－1981）	冷铁铮（1979－1990）
宋文军（1981－1990）	姚浚源（1991－1993）
冷铁铮（1991－2000）	姚莉萍（1993－2000）
李爱文（2001－今）	姚莉萍　吴英杰（2001－今）

第三节 《国际商务——对外经济贸易大学学报》

一、沿革与发展

《国际商务——对外经济贸易大学学报》的前身是学校创刊于1958年的《对外贸易研究》。1987年5月，学校决定筹备创办《对外经济贸易大学学报》，当年11月出版创刊号。《对外经济贸易大学学报》是学校主办的以国际经济贸易为主要内容的综合性学术刊物，目前由中华人民共和国教育部主管。

经国家新闻出版署批准，《对外经济贸易大学学报》从1988年第3季度开始在国内外公开发行季刊。1989年改为双月刊。1994年，全国政协副主席安子介先生为《对外经济贸易大学学报》题名“国际商务”后，该刊更名为《国际商务——对外经济贸易大学学报》。截至2010年，已出版137期，发表文章2 000余篇，2 000余万字。该刊与10多个国家和地区的30多个学术机构和图书馆建立交流关系。1995年，《国际商务——对外经济贸易大学学报》被评为全国20种国际贸易类核心期刊之一。该刊在2005年重新定位后，所刊用的文章质量有了一定提高，期刊的影响因子提升较快，从2005年的0.111提高到2006年的0.130、2007年的0.387、2008年的0.687。2008年在中国学术期刊综合引证报告（清华大学图书馆）45本财经院校学报中排名第八位。该刊于2007年入选上海图书馆核心期刊。2004年、2008年被评选为北京市优秀学报。在2010－2011年中文社会科学引文索引（CSSCI）评选中，该刊入选CSSCI扩展版经济类来源期刊。全国21本经济类学术期刊入选CSSCI扩展版来源期刊中，学校《国际商务——对外经济贸易大学学报》排名第二位。

二、学术定位与学术活动

《国际商务——对外经济贸易大学学报》是以国际经济贸易为主要内容的综合经济类学术期刊，其内容包括：1. 介绍、探讨当代国际经济贸易理论；2. 宣传、探讨中国对外经济贸易的方针政策；3. 探讨中国对外经济贸易中的重大理论问题和实践问题，包括外贸体制改革、对外贸易、利用外资与引进技术、海外投资与跨国经营、国际商品市场调研与商品生产、企业管理、经贸法律建设、中国对外经贸合作关系等；4. 探讨世界经济形势与国际贸易的方式与做法，包括当代世界经济的发展趋势与变化、国际贸易法规与条例以及有关商品销售、合作生产、仓储运输、国际结算、海关、商检、保险、法律仲裁等内容；5. 探讨对外经贸教学管理中的有关问题。

目前常设栏目有：专稿、国际贸易、金融科学、经济学研究、环渤海研究、国际投资、管理学、法学研究。

2004－2008年间，《国际商务——对外经济贸易大学学报》为学校法学院和外语学院各出版专刊一期，为学校其他非经贸学科出版增刊两期。刊物积极宣传报道学校举办的有关学术科研活动，如国际商学院、法学院、国际经济贸易学院、原人文与社会科学学院举办的“中国国际商务发展论坛”、“国际汉语教学与资源开发基地教材编写立项会”等。

三、编辑机构

表 5.2.4　《国际商务——对外经济贸易大学学报》历届负责人一览表

<table>
<tr><th>社　长</th><th>主　编</th><th>常务副主编</th><th>副主编</th></tr>
<tr><td rowspan="3">孙维炎
(1989.1 - 1999.4)</td><td>王林生
(1987.1 - 1993.10)</td><td>宋宝祥
(1987.1 - 1988.12)</td><td>谭建业
(1987.1 - 1990.12)</td></tr>
<tr><td>秦宣仁
(1993.11 - 1995.9)</td><td></td><td>张锡嘏
(1991.1 - 1993.9)</td></tr>
<tr><td>叶彩文
(1995.10 - 1999.4)</td><td>蒋德恩
(1995.10 - 1998.12)</td><td>王汉民
(1995.10 - 2003.3)</td></tr>
<tr><td rowspan="3">陈准民
(1999.5 - 2009.7)</td><td rowspan="2">徐子健
(1999.5 - 2002.8)</td><td>冷柏军
(1999.1 - 1999.9)</td><td></td></tr>
<tr><td>张汉林
(1999.10 - 2002.7)</td><td></td></tr>
<tr><td>刘　亚
(2002.9 - 2009.6)</td><td>郑宝银
(2002.8 - 今)</td><td>于友伟
(2003.4 - 今)</td></tr>
<tr><td>施建军
(2009.8 - 今)</td><td>张新民
(2009.7 - 今)</td><td></td><td></td></tr>
</table>

表 5.2.5　2000 - 2010 年《国际商务——对外经济贸易大学学报》出版情况一览表

年份	2000	2001	2002	2003	2004	2005	2006	2007	2008	2009	2010
期数	6	6	6	6	6	6	6	6	6	6	6
文章篇数	93	92	84	147	136	122	113	107	100	89	100
页数	384	384	384	576	576	576	576	576	576	576	576
字数（万）	53.34	53.34	53.34	146	146	146	146	146	146	146	146

第三章　出　版　社

第一节　概　　述

一、历史沿革与归属

1980 年，原中华人民共和国对外贸易经济合作部的国际贸易研究所与原北京对外贸易学院联合成立对外贸易出版社，在原北京对外贸易学院设立第二发行组。对外贸易出版社第二发行组就是对外经济贸易大学出版社最早的前身。1983 年 6 月，经对外经济贸易部和国家出版局批准，成立对外贸易教育出版社，1984 年北京对外贸易学院更名为对外经济贸易大学后，对外贸易教育出版社于 1994 年更名为对外经济贸易大学出版社。

对外经济贸易大学出版社由对外经济贸易大学主办。2000 年前归属经贸部主管，2000 年后划归为教育部主管。

二、出版与经营范围

对外经济贸易大学出版社的图书许可范围为：对外经济贸易大学设置的学科、专业、课程所需教材、参考用书及教学工具书，与该校主要专业方向一致的学术专著、译著等。对外经济贸易大学出版社于 2005 年 12 月获得音像制品出版许可证，2007 年 12 月获得电子出版物许可证。自此，对外经济贸易大学出版社拥有图书、电子、音像出版权。自获得音像与电子出版物的出版权以来，对外经济贸易大学出版社出版音像制品和电子出版物的自主权和灵活度增强，为图书、教材提供音像电子配套服务的能力得到了提高。

对外经济贸易大学出版社自 1998 年 3 月 10 日在北京工商行政管理局朝阳分局注册为企业法人，其营业执照中的经营范围是：出版经国家新闻出版署许可的本版图书；出版教育类电子出版物；零售报纸、期刊、电子出版物。该经营范围延续至今。

三、办社理念和出版体制改革

（一）办社理念

在发展中，出版社形成了注重发展速度与图书结构、质量、效益的有机统一；注重选题增长点与选题开发方式创新；注重内部深化改革，充分调动广大员工的积极性；注重由教材出版商到教学资源服务商转型；注重企业化管理，建设“敬业、务实、开拓、发展”的企业文化的出版理念，使出版社在运行过程中坚持出版导向、社会效益和经济效益并举的观念，保证了国有资产的运行质量、保值增值以及企业的良性发展。

（二）出版社体制改革

2000年以来，出版社在学校的领导下，先后于2003年、2006年开展机构改革和内部深化改革。改革的基本取向是强化企业管理，取得的主要成果：一是在内部管理体制上，出版社实现了以社长负责制为基础，以社务会为决策中心的模式。二是完善人事制度，建立了基本适应出版社发展的人事管理模式。所有新进员工采用企业编制。薪酬制度在社内实现全体员工以岗定薪，按劳取酬，多劳多得，充分调动员工积极性。同时为每一位企业编制员工办理了社会保险手续，基本建立了员工的社会保障体系。三是强化企业化的经营机制。在经营方面基本依照企业管理要求进行预算管理、成本核算、目标管理、绩效考核，通过市场竞争机制建立并完善出版社的经营模式，自负盈亏，照章纳税，实现了整体良性循环。通过两次改革实现了强化企业管理的目的，使出版社转变为企业化经营的模式。

2008年，根据《中共中央、国务院关于深化文化体制改革的若干意见》以及《教育部、新闻出版总署关于高等学校出版体制改革工作实施方案》、《教育部、新闻出版总署关于高校出版社体制改革试点工作的若干意见》（教社科［2007］6号）和教育部、新闻出版总署在第二次高校出版社体制改革工作会议上的部署和要求，由学校组织推进学校出版社的体制改革工作。

2008年12月，学校成立出版社体制改革领导小组。领导小组由主管副校长任组长，成员由组织部、监察处、人事处、资产处、财务处、审计处及出版社主要领导组成。体制改革领导小组根据中央精神和有关文件的要求，结合学校及出版社实际，制定《对外经济贸易大学出版社体制改革方案》、《对外经济贸易大学出版社有限责任公司章程》（草案）、《对外经济贸易大学关于出版社转制后原事业编制员工安排的实施细则》三个文件。这三个文件获得出版社职工大会的通过和学校相关会议的审议后，上交教育部审批。2009年，新闻出版总署下发212号文，批准对外经济贸易大学出版社体制改革方案，出版社正式成为第二批高校出版社试点改革单位。同年，学校聘请北京中兴新世纪会计师事务所有限公司作为清产核资的中介机构，出版社按照体制改革方案进行了清产核资工作。2010年，学校聘请北京市中兴立资产评估公司对出版社进行了资产评估，并将资产评估结果向教育部进行备案。2010年6月，学校正式向教育部提交对外经济贸易大学出版社的改制申请。10月，教育部同意学校出版社改制，并予以批复；新闻出版总署同意学校出版社更名为北京对外经济贸易大学出版社有限责任公司。12月，正式成立北京对外经济贸易大学出版社有限责任公司。

第二节　图书出版

一、图书出版概况

2000年以来，出版社定位为以商务图书为特色的财经教育社，结合自身的历史、资源、渠道、人才方面的优势，走有自身特色的发展道路。目前，出版社已基本形成外语和对外经济贸易、工商管理、涉外法律等专业一套完整的大中专、成人教育教学用书系列，还出版了外语与外经贸类实用与通俗图书。2000－2010年，出版社共计出版新书

1 679 本。从 2000 年一年出版新书 69 种，增长到 2009 年的 297 种，增长率达 430%。

表 5.3.1　2000 - 2009 年新书出版统计表

年度	2000	2001	2002	2003	2004	2005	2006	2007	2008	2009
新书出版数量	69	88	119	92	105	190	210	242	267	297

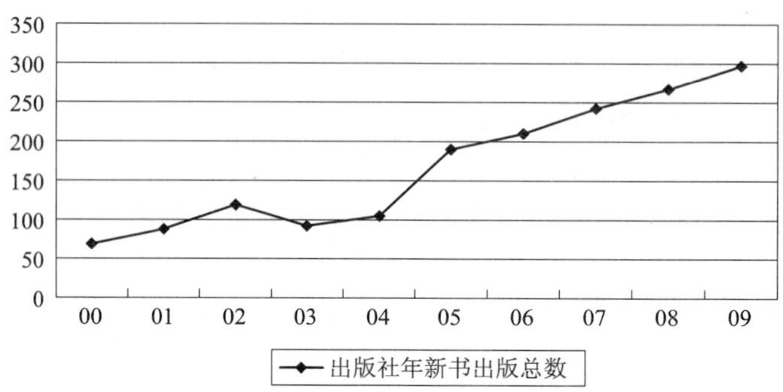

图 5.3.1　出版社新书出版增减图

2000 - 2010 年，对外经济贸易大学出版社先后出版《国际贸易基础知识》、《国际贸易实务》等中等职业教育国家规划教材；《国际企业管理》、《西方财务会计》等普通高等教育国家“十五”规划教材；《国际经济合作》、《德国文化史》、《世界贸易组织法教程》、《高级商务英语听说》、《商务英语》等北京市高等教育精品教材立项项目；《国际金融》、《国际贸易》等为普通高等教育“十一五”国家级规划教材高职高专国际贸易系列；《国际贸易》等为普通高等教育“十一五”国家级规划教材。

出版社还出版一大批自主策划的高等职业教育、普通高等教育系列教材。如工商管理 MBA 系列教材、国际经济贸易学院“211 工程”系列教材、金融学院教材系列、21 世纪新概念高职高专（财经类）教材、法律英语核心课程系列教材、国际经济与贸易专业本科名师系列教材、新世界商务英语系列教材、新基点全国高等院校商务英语专业本科系列规划教材、对外经济贸易大学远程教育系列教材、商务汉语系列教材等。

出版社也出版了一批学术文库和有影响的科研著作。如对外经济贸易大学学术文库系列、工商管理学院博士与教授文库系列、北京物资学院学术文库系列、当代法律科学文库、当代外国语言文学学术文库等。

二、获奖图书概况

自 2000 年以来，对外经济贸易大学出版社图书获各类奖项共计 37 项，其中，2002 年卢进勇著《入世与中国利用外资和海外投资》获中国图书奖。

表 5.3.2　2000 - 2009 年出版社获奖图书书目

序号	图书名称	著译者	获奖项目	获奖年度
1	中西部地区的对外开放	杨长春	外经贸部优秀成果著作三等奖	2000
2	外商直接投资体系下经济制度的变迁	桑百川		

续表

序号	图书名称	著译者	获奖项目	获奖年度
3	法国民商法	沈达明	安子介国际贸易研究奖	2001
4	企业理论与公司治理	范黎波	安子介国际贸易研究奖	
5	企业理论与公司治理	范黎波	外经贸优秀成果二等奖	
6	中国与世界贸易组织疑难问题解答	张汉林	全国高校出版社优秀畅销书一等奖	
7	入世与中国利用外资和海外投资	卢进勇	中国图书奖	2002
8	企业财务状况质量分析理论研究	张新民	北京市第七届哲学社会科学优秀成果奖二等奖 教育部第四届中国高校人文社会科学研究优秀成果奖三等奖	
9	强国之路——经济全球化与中国战略及政策选择	张汉林	北京市第七届哲学社会科学优秀成果奖二等奖	
10	国际贸易实务（第三版）	黎孝先	教育部优秀教材二等奖 全国高校出版社优秀畅销书一等奖	
11	折页式英语词汇对照记忆随身宝（大学四级）	龙　赞	全国高校出版社优秀畅销书二等奖	
12	公务员世界贸易组织知识读本	张锡嘏		
13	股票期权制度	刘　园	国家科技进步成果一等奖	
14	跨国经营理论与战略	范黎波 王林生	全国外经贸研究成果奖二等奖	2003
15	WTO 例外条款解读	陈卫东	全国外经贸研究成果奖优秀奖	
17	CHRP 注册人力资源管理师指定培训教材职业生涯规划	杜映梅 Bessie	人事部第四届人事科研成果三等奖	2004
18	CHRP 注册人力资源管理师指定培训教材员工任用（一）工作分析与员工招募	牛雄鹰 马成功		
19	CHRP 注册人力资源管理师指定培训教材员工任用（二）工作分析与员工招募	林　平 马成功		
20	CHRP 注册人力资源管理师指定培训教材员工培训管理	刘再烜 杨　清		

续表

序号	图书名称	著译者	获奖项目	获奖年度
21	CHRP 注册人力资源管理师指定培训教材绩效管理	杜映梅	人事部第四届人事科研成果三等奖	2004
22	CHRP 注册人力资源管理师指定培训教材人力资源战略	刘再烜 杨　清		
23	CHRP 注册人力资源管理师指定培训教材劳动关系管理	李剑锋		
24	CHRP 注册人力资源管理师指定培训教材薪酬福利管理	刘　昕		
25	国际贸易	林　康	北京市首届高校教学科研成果一等奖	
26	国际贸易基础知识	袁永友	全国高校出版社优秀畅销书一等奖	
27	进出口贸易实务	吕红军		
28	国际商法	沈四宝 王　军 焦津洪	司法部第二届全国法学教材与科研成果奖三等奖	2006
29	宪法学讨论教学教程	李卫刚		
30	世界贸易组织法教程	薛荣久	全国高校出版社优秀畅销书一等奖	
31	国际营销学教程（第二版）	张景智	全国高校出版社优秀畅销书二等奖	
32	新编外贸英语口语教程	廖　瑛	全国高校出版社优秀畅销书一等奖	2008
33	国际贸易	薛荣久	全国高校出版社优秀畅销书二等奖	
34	企业财务战略研究	张新民	全国高校出版社优秀著作一等奖	2009
35	国际贸易实务（第四版）	黎孝先	全国高校出版社优秀畅销书二等奖	
36	大学外贸英语（第二版）	陈庆柏		
37	国际贸易运输与保险	姚新超		

第三节　组织机构

1999 年，出版社实行内部管理体制改革以前，曾设有社办公室、总编办公室、财务室、第一编辑室、第二编辑室、第三编辑室、装帧设计室、排版室、印制科、校对室和发行科、储运部、读者服务部。从 2000 年起，出版社实行全员聘用制，社领导由学校公开竞聘，社内各岗竞聘上岗。组织机构设办公室、总编办公室、财务室、中文编辑室、外语编辑室、印制部（含校对室）和发行部、储运部、读者服务部。

2005 年，将原办公室、总编室合并为综合办公室，并进行编辑部门改革，将原来的中文编辑室、外语编辑室按学科改为经贸编辑部、管理和其他社科编辑部、法律编辑部、外语编辑部。2008 年，出版社又开展事业部的机构改革，将编辑部门改革为经管图书事业部、文法图书事业部、外语图书事业部、电子音像和版权编辑部、审读室。

此外，对外经济贸易大学出版社还设有相关的工作委员会，如选题委员会、质量管理委员会、营销工作委员会等。2007 年召开首届职工大会。

出版社组织结构如图 5. 3. 2 所示：

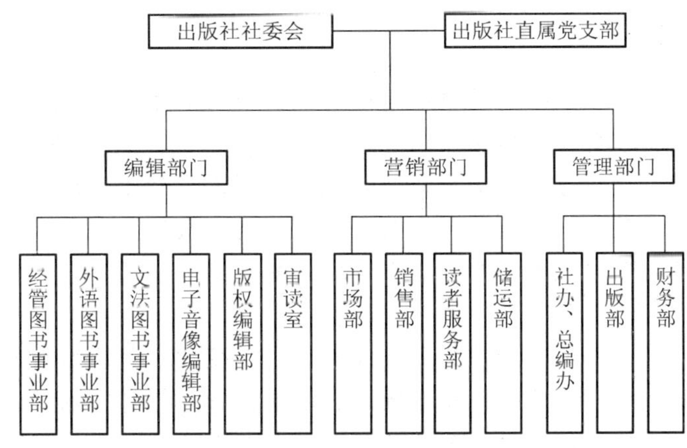

图 5. 3. 2　出版社组织结构图

从 2003 年起，出版社新引进人员全部采用合同制聘用。截至 2010 年 6 月，在岗职工共计 69 人。编制状况为：学校事业编制 22 人，企业编制 47 人（合同制工人）。职工中具有正高职称的 1 人，具有副高职称的 4 人，具有中级职称的 15 人。职工中具有硕士学位的 20 人，具有大学本科学历的 12 人。

第四章　网络与教育技术中心

第一节　概　　述

一、历史沿袭

网络与教育技术中心是由前教育技术中心与前网络与计算中心于2007年6月合并组成的，是学校开展教育技术与网络信息研究、开发、应用与管理、推广的专门机构。其主要任务是通过对学习过程、学习资源的设计、开发、利用、管理和评价，搭建良好的现代化教学平台，充分应用现代网络技术与教育技术及信息资源，优化教学和教育过程，提高教学质量与效率，不断促进教育、教学的改革，进而推进和实现教育的现代化与数字化校园建设。

网络与教育技术中心负责全校的多媒体教学、电视教学和网络教学及信息资源的管理任务，负责规划、管理学校教育技术设备、设施，参与教育技术设施的设计、安装调试、维护、管理等工作；负责对全校教师开展教育技术培训、咨询与服务；承担各类多媒体教材、音像教材的拍摄与制作任务；负责对外经济贸易大学校园网络（以下简称“校园网”）（UIBEnet）的规划及建设，科学管理校园网，充分利用网络资源，开展网络教学，实现校内外信息的服务和交流；负责全校有线电视系统、卫星地面站的规划、建设、维护和管理工作；负责学校电视台的新闻报道与专题节目的播出，全面负责全校网站信息资源及服务器的管理，直接参与校信息化建设工作，积极有效地推进校园数字化工程。

（一）教育技术中心

教育技术中心始建于20世纪60年代初，初期为电化教学室，为适应当时学校外语教学的需要，1964年购置第一批810式录音机，1974年电化教学研究室技术人员利用810式录音机改装了一个可容纳20名学生上课的语言教室，成为学校第一代语音教室。

1984年，电化教学室已经发展成为电化教育中心，简称“电教中心”，并于1986年安装第一座卫星地面站，同期由电教中心技术人员自行设计、施工的教学闭路电视系统正式建成。

1995年，电教中心与学校国际交流学院合并。

1999年，学校机构调整，电教中心更名为教育技术中心，直属学校。

2000年，对外经济贸易大学教育技术中心与原金融学院电教中心合并组建新的教育技术中心。

2002年，教育技术中心大楼进行全面整体装修改造。

2002年，教育技术中心开始参与学校精品课程建设，并逐渐成为精品课程录制的主要技术支持。

2003年，教育技术中心根据教学需要开始自主研发数字化多媒体教学资源库。

2004年，教育技术中心在全国高校行业交流中，被推选为中国教育技术协会外语专业委员会常务理事单位。同时，在学校教学成果评比活动中，教育技术中心自主研发的“数字化多媒体教学资源库”荣获学校本年度优秀教学成果一等奖。

2005年，引进5套数字化语言实验室，自主完成17套模拟语言实验室的多媒体网络化升级改造、3套视听教室的改造。提升了教育技术在教学实际的应用与服务水平。

2006年，被选为中国教育技术协会外语专业委员会副会长单位。参与制定中国教育技术协会外语教学资源建设中的《原数据著录标准》与《教学资源分类标准》。

2007年，进行演播室的数字化改造，使制作手段多样化，丰富了电视片，提高了教学课件的综合制作能力。

（二）网络与计算中心

网络与计算中心初期名为计算中心，是由国际企业管理系的一个计算机教研室发展而来，1985年正式成立计算中心。

1986年，4 000平米的计算机楼建成，并由世界银行贷款引进一台IBM4381 - MII中型机，于1987年正式装机、调试、运行。

1988年，计算中心设经济信息管理系，并招收第一批理科学生。

1997年，作为“211工程”子项目，对外经济贸易大学校园网络正式立项。

1998年，学校校园网正式开通，直接为全校师生提供网络服务。

2001年，计算中心与经济信息管理系分离，单独成立网络与计算中心，全面负责学校的网络建设及数字化校园的建设。

2001年，购置一台Cisco6509千兆交换机作为校园网的主交换机，原有的GIGAswitch/ATM交换机成为二级交换机，因原中国金融学院和原对外经济贸易大学合并，原中国金融学院的网络通过1G光纤并入对外经济贸易大学校园网。

2001年8月，四校（对外经济贸易大学、北京化工大学、北京中医药大学、北京服装学院）实现网络互联并共享100兆接入中国教育科研网。

2003年，校园网出口由100兆升级1 000兆，为师生提供国内上网免费、国际网按流量收费的服务。

2004年暑假，计算中心楼进行大型装修，按照数据中心规范对网络主机房进行改造，购置12个标准机柜，并对网络设备及服务器采用先进的机架式管理，以达到设备在电力、防火、温度、通讯线路的接入要求。同时配搭一台容量为20KVA并满足四小时延时供电的UPS，升级了可靠、稳定的中央后备电源系统。

2005年3月，增加一条接入中国电信网链路，宽带为10兆，实现办公、教学楼内免费国际上网服务。

2006年6月，“211”工程一期校园网子项目完成验收工作，该项目得到验收专家肯定。

2006 年，网络与计算中心已拥有各类服务器 30 余台，配备了业内先进的 SAN 架构的光纤网络存储设备。

2006 年 5 月，启动信息化校园一期建设。

（三）网络与教育技术中心

为了整合资源、优化管理，网络与计算中心与教育技术中心于 2007 年 6 月正式合并成立网络与教育技术中心。主要负责学校校园网的规划、建设、管理和维护及技术支持工作，规划学校数字化校园建设，管理全校公用教学机房、语音实验室，推广教育技术。中心定位为学校教学、科研的技术支撑机构，学校信息化建设的支持中心。为教学科研提供速度快捷、运行稳定、安全可靠、响应及时、资源共享、使用简便的技术平台和环境。其优势更加突出。

2007 年 11 月，信息化校园一期建设正式验收并投入使用，在本科教学评估中受到专家的一致好评。

2009 年 5 月，启动信息化校园二期建设，现已投入试运行，并于 2010 年 11 月进行验收。

2010 年 1 月 13 日，网络教与教育中心成功组织承办“2010 北京高校信息化高峰论坛”。

第二节　资源与设备

网络与教育技术中心（以下简称“中心”）现有教学机房实验室 5 间，拥有联想计算机 200 多台、开放式公共机房 1 间，拥有戴尔计算机 100 多台、网络主控机房有服务器 66 台，网络核心设备 7 台、各类语言实验室 22 间，其中新建数字化语言实验室 6 间、多功能教室 5 个。

中心拥有专业录音室、摄影棚 3 个，面积各为 80 平米、60 平米、40 平米，配备从数字信号到模拟信号、从广播级到专业级的数字和模拟各类摄录编设备 30 余台，为精品教学课件的制作提供了强有力的技术支持。

经过扩容改造的卫星地面站，已经全面数字化，使用新一代的数字解码器，使图象质量有了很大提升；安装在教育技术中心和诚信楼的卫星天线群，可以满足多星位、多语种、多频道同时接收视频信号，丰富了优质的外语节目资源。

中心数字化多媒体教学资料库现存有各类音视频资料 1.2T，具有 12 路实时多语种卫星节目，为教学资源提供了有效的支持。

中心还负责学校各大会场的管理，其中包括：诚信楼三层国际会议厅、宁远楼报告厅、新图书馆报告厅、视听中心等大型会议场所，为学校各学院及相关部门提供各类、各级别的会议技术上的服务。

第三节　信息资源与网络建设

一、教学资源库的建设

教学资源库中除包括有汉语、英语音像视频资源外，还收录德、俄、日、法、西、意、阿、韩、越等9国语言的音频视频资料，借助校园网建立的卫星节目直播系统，可以使教师方便地收看10个语种的16套卫星节目，及时了解收集最新资讯。在实现多种教学资源在线使用的同时，专业技术人员对接收的节目素材进行精心的编辑整理与制作后，上传至资源库，通过校园网平台再次反馈给全校师生，成为可下载和反复学习的优质多媒体资源。2007年、2008年，中心又对卫星电视系统中的网络直播系统进行升级改造，总体投入达60余万元，通过扩容改造后的卫星电视系统，给全校师生的外语教学和学习提供了大量的、实时的音视频资源。

卫星电视接收系统实现了外语卫星节目的实时广播，目前有10个语种的16套节目信号可以在网上收看，满足了校内英语以及其他语种的教学与科研的需要。

音像多媒体教学课件的模拟向数字转换、储存和网上点播，传统的以磁带记录的模拟音像教学资料转换成数字化的光盘、视频，存储量达上千小时，音频资料一万四千小时以上的磁盘阵列储存，通过视频点播，实现校园环境下的实时教学课件播出以及教学资料的文本格式、非书资料排序、智能模糊等多种方式的在线查询与浏览。

二、信息化校园建设情况

对外经济贸易大学校园网（UIBEnet）作为“211工程”子项目，始建于1997年。UIBEnet是一个庞大复杂的大型校园网络系统，计划投资4 000万，建设期长达五年以上，期间经历了建设、调整和完善的阶段，一期投入1 100万元，用于全校范围内办公、机房微机的购置。2001年，经过学校努力，进行了“211工程”二期立项，获得“211工程”校园网建设资金500万元，此后学校先后自筹资金400万元用于校园网建设。网络与教育技术中心先后构建WWW服务器、DNS服务器、Email服务器、FTP服务器、计费服务器，以及VPN服务器、教学资源平台、存储等，建立起OA办公化管理、BB教学、教务信息管理、人事信息管理、公共机房管理、财务管理、图书馆管理系统、信息平台、学生一体化等多种应用系统，并自行研发公文流转系统、办公用房系统、会议室预定系统等，实现了全校师生WEB浏览、Email收发、上机三合一的计费系统。

2006年5月开始，信息化校园一期工程开始投入建设，经过调研、设计、开发测试、实施、试运行等阶段。信息化校园一期建设的主要内容有：1. 信息标准的建设；2. 公共数据库平台的建设；3. 统一身份认证平台的建设；4. 统一信息门户系统的建设；5. 综合信息查询系统的建设；6. 现有业务管理系统的集成（包括邮件系统、公文流转系统、人事管理系统、财务管理系统、科研管理系统等）。2007年11月22日，学校正式通过信息化校园一期项目验收。

信息化校园二期于 2009 年 5 月开始建设，期间，紧密围绕着教学的六大职能主体域，分重点、分步骤地建设实施以学生、人事、科研、财务、资产和后勤等六类主体域的信息一体化系统。从而进一步减少学校的日常协作运营成本，提高教学、管理工作效率；通过构建对数据中心数据的进一步分析展现，为学校领导提供辅助决策的依据。建设内容主要包括：1. 在公共数据库平台的基础上构建综合分析系统，综合报表系统；2. 构建学生一体化系统。到目前为止，在学生一体化系统中，与学生在校周期相关的模块功能都已基本完成。2009 年 7 月学生毕业和 9 月新生报到都已使用该系统，该系统的使用受到多家新闻媒体的关注并对此进行相关报道。

此外，网络与教育技术中心在应用技术自主开发的基础上实现了学校 WEB 站点的多次改版，完全实现了动态更新、动态维护的 WWW 站点，其中包括各类院系、办公、学术研究、期刊杂志信息、BBS 论坛系统、校友录网站、各单位院系及个人主页服务。学校主页同时提供汉、英、日、韩四种语言版本，并基本实现每学期改版一次的时间周期。

2010 年 1 月 13 日，网络与教育技术中心成功组织承办“2010 北京高校信息化高峰论坛”。来自 50 多所高校负责信息化建设的专家学者 100 余人参加本次论坛。论坛期间，“对外经济贸易大学信息化研究中心” 成立并揭牌。中央电视台、中国教育电视台、《北京青年报》、《北京晚报》、搜狐教育频道等多家媒体对本次论坛进行报道。

三、信息化建设在本科教学中发挥的作用

（一）为教学、科研提供网络运行平台

到目前为止，学校在校园网上运行的各类系统 30 多个，精品课程、网络课程约 20 多门，实现了网上教务管理，并使用网上教学辅助平台开设虚拟课堂的课程 400 多门以及对 158 个多媒体教室进行集中控制和管理，广大师生还可通过校园网访问学校提供的国内外 15 个数据库，包括 Proquest、Westlaw 等以及电子图书 464. 4 万册。

（二）为教学机房、实验室的运行提供技术保障

中心利用校园网络，围绕教学和科研，充分发挥现有的技术优势，协助各个学院建立了多个重点学科专门实验室和基础教学实验室，如国际贸易及 EDI 实验室、国际金融实验室、数据库实验室、网络通讯实验室等，共为其配备 400 多台计算机及多台服务器，专业实验室的建成为学校的专业学科的教学及实验提供了良好和稳定的硬件及软件环境。

网络与计算机楼内现有 5 个教学机房 200 多台计算机，承担着全校所有计算机基础课程的教学任务以及部分计算机专业课程，为此，教学实验室根据各学院教师对机房上课需求，引进相关教学软件，搭建符合课程要求的系统环境，为学校的计算机相关教学提供了强有力的基础设施的支持和硬件平台，形成所有机房高、中、低三个等级的阶梯式的架构，这种结构既可以充分满足全校各类教学的需求，又能最合理地实现各类不同教学的需求安排。

语言实验室是运用现代教育技术成果、进行外语教学、提高外语教学质量的重要手

段之一，中心的语言实验室为提高学校外语教学水平，为学生更好地学习外语创造了良好的语言教学环境和实践机会。几年来，实验室不断更新语音设备，中心现有的数字语言实验室，可以充分利用网络系统，实现资源共享、信息准确传递，提高维护能力，同时，技术人员努力扩充现有设备的功能，如同声传译、交替传译、课程编译等，让语言室从单项教学功能逐渐演变成多功能的语言、计算机、多媒体课件的整合教室，从而大大提高了外语教学单位的整体教学水平。

（三）为师生提供相关的服务和技术支持

2001 年 8 月，根据东方大学城（对外经济贸易大学、北京化工大学、北京中医药大学、北京服装学院）网络发展规划，将自用的 10M 宽带升级为四校共享 100M，接入到 CERNET，以缓解日益增长的校内师生用户。2005 年初，网络与教育技术中心接入 10N 电信网络专线，并在校园网的电信出口配备一台百兆防火墙，用以解决校园网用户对国外网点的访问需求。

2004 年，对学校计费系统进行相应调整，实现了全校教职工免费使用学校邮箱，到目前为止，教师邮件用户数已经达到 1 645 个。

2006 年 4 月，对全校校园网主干进行万兆升级，由锐捷万兆交换机 S6806E 和 S6810E 组成校园网的主干和汇聚，使校园网内的资源访问更加通畅。2007 年 11 月，学校单独 1 000M 接入 CERNET。

为满足不断增加的校园网用户访问互联网的大量应用需求，2009 年 3 月，校园网电信出口升级到 300M，防火墙升级到千兆，并对校内的多个 WEB 应用系统进行校外访问提速。

2009 年，学校参加了教育部 CNGI 项目（教育科研基础设施 IPv6 技术升级和应用示范项目），中心于 2010 年上半年对全校的网络进行支持 IPv6 的全面升级，使学校校园网用户能够提前访问到 IPv6 的资源，全面参与到下一代互联网的发展和建设中。目前，学校网络节点数达到 24 000 多，校园网用户数达到 15 000 多户，现有网络设备 700 多台。

为了给广大教师提供一个交流展示的平台，网教中心不断对个人主页服务器进行升级，目前，教师可以通过个人主页空间与学生进行知识交流和学习。

对外经济贸易大学 VOD 视频点播系统自 2002 年 9 月开通以来，一直是校园网上最受欢迎的服务之一，平均每天约有 1 800 人次访问，点播节目 3 000 余次。

FTP 服务主要是为全校师生提供一个可以上传和下载文件的空间，提供了用户上传区，用户可以将资料直接上传到这里以实现资源的共享。2004 年 12 月，网络中心开发了基于 FTP 后台的下载中心页面，使下载简便易行，直接点击就可进入分类软件列表中。

（四）部分课程的网上教学及网上视频点播

将学校部分课程（如英语阅读、计算机课程）试运行网上教学系统，教师与学生在网上答疑、网上作业、网上讨论、网上测试。实现网上视频点播，为学生的课外学习创造良好的环境。以上系统的实现将为改进学校的教学方法和教学模式走出可喜的一步。

2007 年对 FTP 页面进行改版，改版后的页面新增评论功能，方便用户对软件进行评价，以供其他用户参考。

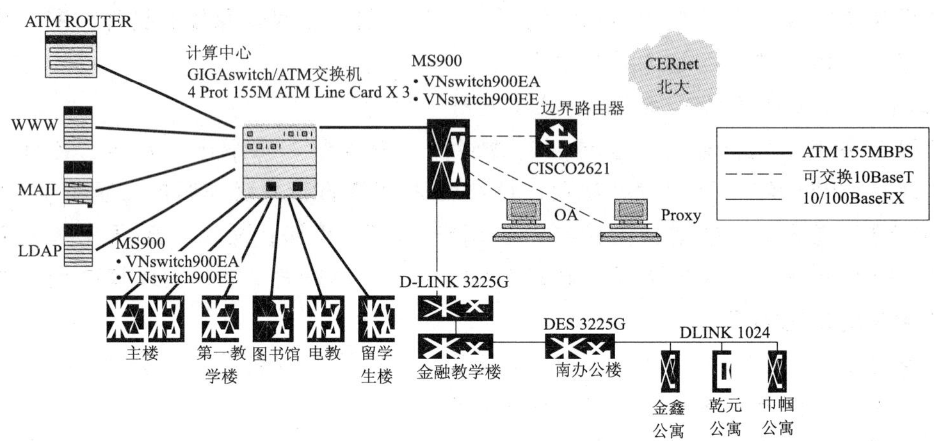

图 5.4.1　对外经济贸易大学校园网一期网络拓扑结构图

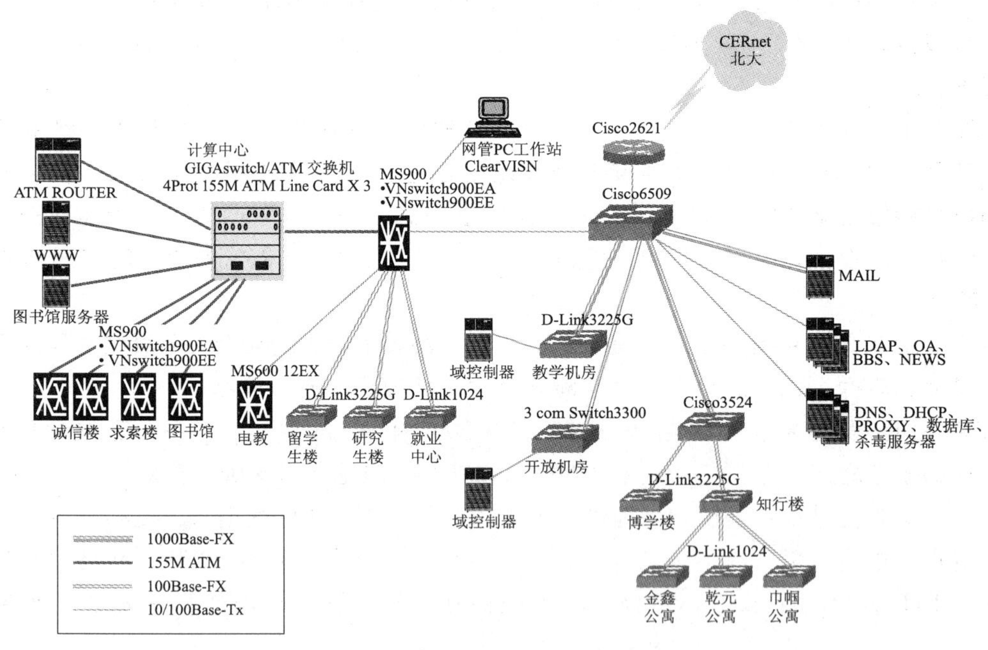

图 5.4.2　对外经济贸易大学校园网二期网络拓扑结构图

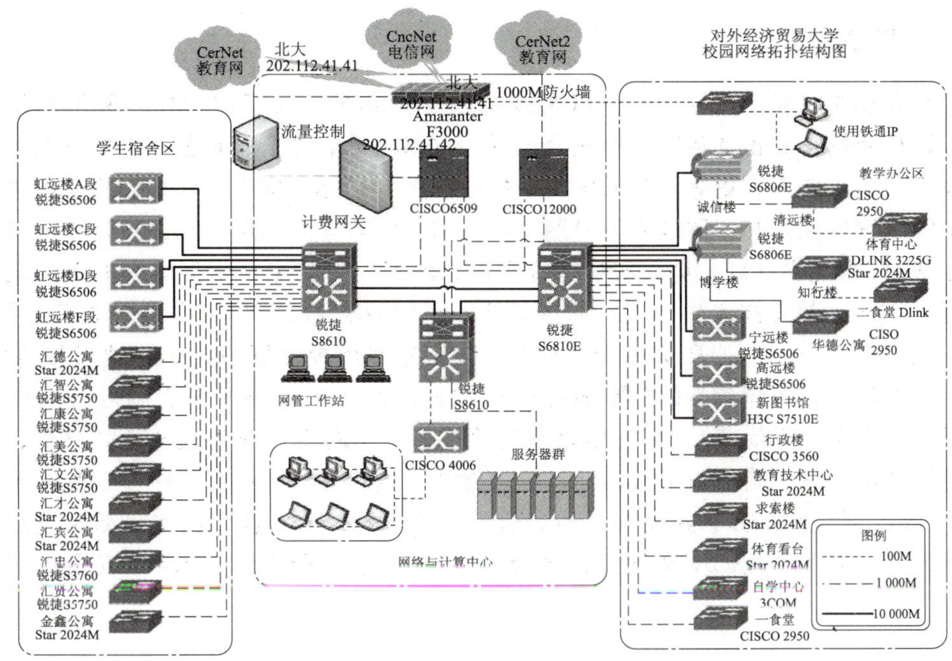

图 5.4.3　对外经济贸易大学校园 2010 年网络拓扑结构图

第四节　机构设置与规章制度

一、机构设置

网络与教育技术中心现有在编工作人员 38 人，其中，工程技术人员 19 人、副高级以上（含副高级）职称人数为 6 人、中级职称人数为 15 人、人员素质在不断提高。

中心下设办公室、网络运行室、信息研发室、信息资源室、数字传媒室、教学实验室、技术维护中心、会议管理中心，主要负责全校计算机公共基础课程的实践教学，计算机公共机房、语言实验室的建设、管理与维护工作；校园网络的规划、建设、管理、维护与服务工作；学校新闻的摄影、摄像、节目制作，公共多媒体教室、会议场馆的管理及相关设备的维修等工作。

二、中心人员结构

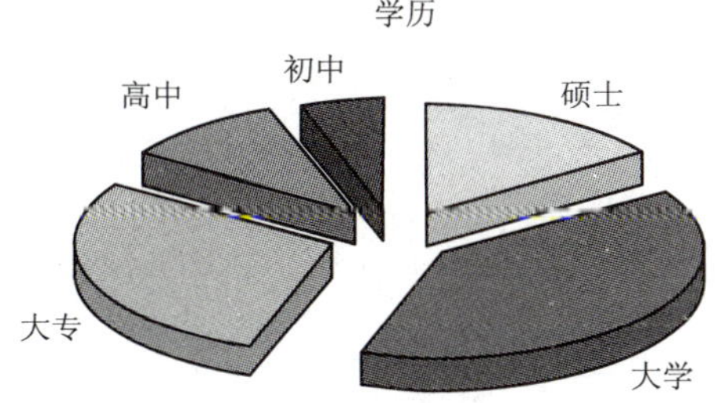

图 5.4.4　中心人员学历分布图

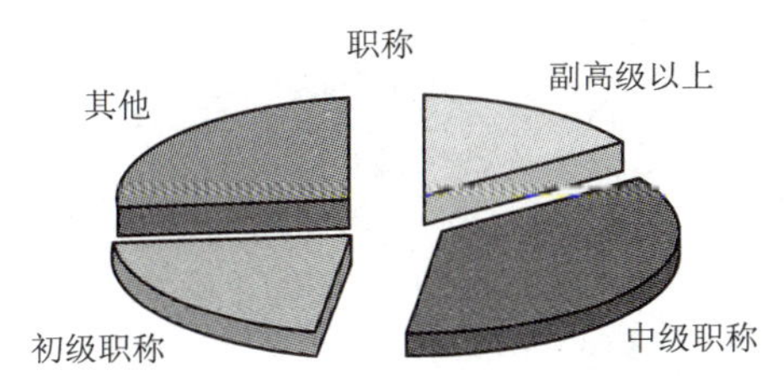

图 5.4.5　中心人员职称分布图

三、规章制度

中心自建立以来，建立健全了各种规章制度，其中，为了加强校园网络的统一管理，保证校园网络的正常运行，更充分地利用网络资源，更合理地使用网络信息，以提高校园网的使用效率，更好地为教学科研提供服务，依据国家有关法律法规、国家有关计算机网络管理规定和中国教育科研网（CERNET）的有关规定，中心制订《网络管理暂行办法》；为加强管理，提高安全防范意识，保障财产安全，依据学校有关规定，中心制订《网络与教育技术中心资产管理规定》、《网络与教育技术中心财务管理规定》和《网络与教育技术中心防火安全规定》；为充分利用校园资源，更好地发挥 Internet 和校园网的作用，保障教学的正常运行和提供良好的上机环境，中心制订《网络与教育技术中心机房管理规定》；多媒体教室是学校各个学院进行现代化教学的场所，为规范多媒体教室管理，确保正常教学活动不受影响，中心同时制订《网络与教育技术中心教学实验室管理规定》；在完善各种管理制度的同时，中心各个科室也都制定相应的职责和制度。完整的校园安全保障体系及制度的建立，保证了校园网络安全、稳定地运行。

第六篇　国际交流与合作

第一章　概　　述

目前，学校的国际合作与交流活动由国际合作交流处负责。该处配备了专职工作人员，由一位校领导分工负责。

1979年，北京对外贸易学院（对外经济贸易大学前身）在院办成立了外事组，有专职干部3人。1980年，由北京对外贸易学院教务处负责的对外交流工作并入院办外事组。1981年，北京对外贸易学院成立外事办公室，负责统筹管理、协调组织全院的国际合作交流活动。1985年，原对外经济贸易大学外事办公室更名为外事处，下设办公室、专家留学生科、学术交流科。2000年，对外经济贸易大学外事处更名为国际合作交流处。

第一节　发展历程

自建校以来，学校国际合作与交流活动始终紧密围绕办学目标和不同发展阶段的重点工作，为学科建设服务，为人才培养服务，为学术研究服务。

建校初期，学校国际合作和交流活动主要目标是进行专业建设，形式以引进国外教材、师资为主，主要合作对象是苏联及其他社会主义国家，对外交流规模不大，参与人员不多。

1973年复校以后，特别是20世纪70年代末到90年代末，随着改革开放日益深入，为了适应国家与欧美国家开展外经、外贸活动的需要，学校对外交流和合作的主要目标是学习和引进欧美国家特别是美国的教学内容和方法，重新构建学校的相关专业，从而培养适应新形势下经贸活动需要的人才。

2000年以来，随着中国国际影响力的提高和经济实力的增强，以及学校教学和研究水平的不断提高和特色项目的陆续开展，学校的国际声誉不断提升，国际合作和交流活动日趋频繁，形式和渠道更加多样，中外合作办学项目发展迅速，学生国际交流规模日益扩大，学术交流活动逐年增多。这一阶段，学校更加有目标、有步骤、分层次地发展校际合作关系，与海外高校和文化机构新签、续签合作协议和备忘录100余个，内容涉及教师和学生交流、合作办学、学术研究合作、信息和资料交流、共同进行汉语推广等广泛领域。2008年以后，伴随着中国越来越多地参与全球治理、更多中国企业成为国际性企业，学校的国际合作和交流工作增添了新的内容，逐步构建起中美、中俄、中国—拉美、中国—欧盟、中非等战略合作格局。2009—2010年，学校基本完成拉美合作网络的建设，与墨西哥、阿根廷、巴西等国家的国际知名高校建立学术合作关系。2010年，学校获得教育部批准加入“中非20+20”计划，与突尼斯大学签署全面合作协议，对非合作开始了新的篇章。

2010年，学校启动了国际化工程，国际合作与交流工作进入新的历史时期。

第二节　国际化指标体系和国际化工程

2008 年以后，为了集中资源更加有效地开展国际合作和交流工作，使之更好地促进学科建设和人才培养，学校开始对高等教育国际化办学进行深入研究，设计了《中国高等教育国际化相关因素及评估指标调查问卷》（以下简称《问卷》），选择与大学国际化相关的 77 项指标来衡量大学国际化程度，并将其分为投入和产出两个部分，同时区分科研投入、人才培养投入和管理行政投入，以及科研产出和人才培养产出。在两部分产出中，人才培养的质量通过学校对国外学生的吸引力、本国学生国际就业的竞争力和学生结构多元化来衡量，科研质量则通过国际上发表论文的数量及研究人员在国际上的知名度来衡量。为了进一步完善该指标体系，学校在 2008 年 12 月采用问卷形式进行校内调研，并于 12 月 19 日—20 日举办“高等教育国际化研究暨国际化指标体系研讨会”，邀请教育部国际司、北京市教育委员会的领导以及全国 38 所高校的代表参会，交流各自在国际化办学领域的研究成果，并填写“问卷”。在分析校内外“问卷”调研结果的基础上，最终确定学校的国际化投入产出指标可以归纳为具体的 29 项指标，即：学校国际化工程指标体系。

1. 人才培养国际化投入

① 在国外有（一个学期以上）进修、访学或博士后研究经历的教师；

② 以外语讲授专业课程的教师；

③ 学校提供的外语语种数量；

④ 国际合作预算在学校总预算中的比例；

⑤ 获得联合学位或双学位、多学位的毕业生；

⑥ 本校出国交流生人数及其占学生总数的比例。

2. 科研国际化投入

① 与国外合作设立的重点实验室或研究中心的数量及其占全部实验室或研究中心的比例；

② 每年在本校举办（含主办、承办、协办）的国际学术会议数；

③ 学校参与的国际学术组织数；

④ 互联网年流量（互联网作为支持系统国际化的一项指标，更多地是为科研国际化服务的）；

⑤ 每年国际资助的研究课题的数量及比例；

⑥ 合作进行的国际研究项目的数量及比例；

⑦ 国际发行学术期刊专业评审或合作主编人数。

3. 管理（支持系统）的国际化投入

① 以外语作为聘用先决条件的行政管理人员；

② 参加国际交流项目的行政人员；

③ 参加国际培训项目的行政管理人员（外语、跨文化、国际化培训）；

④ 跨文化教育的课程、国际培训课程的机会与学生总数之比；

⑤ 与国际合作交流（包括管理、咨询、指导和录取等）岗位数及其占行政岗位总数的比例；

⑥ 国际化是否是大学战略的一部分并有具体措施；

⑦ 大学校级管理层中是否有人专门负责国际化管理工作；

⑧ 大学院级管理层中是否有人专门负责国际化管理工作。

4. 高等教育国际化的产出（包括科研和人才培养）

① 每篇论文平均被引用的次数；

② 高频引用论文作者人数及其占全体教师的比例；

③ 人均论文数量；

④ 在国外就业的中国籍毕业生；

⑤ 非中国籍学生中“学位生”（包括本、硕、博）；

⑥ 人均 SCI、SSCI、EI、ISTP、A&HCI 等收录的文章数；

⑦ 在跨国公司及涉外机构就业的毕业生（包括所有国籍）；

⑧ 在国外（除其本国）就业的非中国籍毕业生。

2009 年，学校明确了“国际化是我校的立校之本，特色之源，发展之路”的指导思想，决定实施国际化工程。同年 11 月，有关部门组成工作小组，着手研究制定《国际化工程行动方案》（以下简称《方案》），经多方调研和会商，《方案》于 2010 年 1 月 4 日提交党政联席会审定。2010 年 1 月 8 日，学校召开国际化工程启动大会，颁布《方案》。3 月，各学院和研究中心分别研究制定本部门的《方案》实施细则。

《方案》中确定学校 2010—2013 年国际合作和交流的目标，即促进学科建设、促进人才培养。在促进学科建设方面，通过构筑国际化的学科高地、增加国际高水平学术论文的发表和国际合作项目的数量、举办国际学术研讨会、支持教师参与高水平国际研讨会等举措，提升学科的国际化程度，加快高水平学科建设的进程。在促进人才培养方面，以培养具有国际视野、通晓国际规则、在全球经贸活动中有领导力的高层次、创新型国际化人才为总体目标，实施学生海外学习促进计划，扩大学生海外学习规模，使在读学生中有海外学习、实习经历的比例在 4 年内达到 5%，调整派出结构和层次，形成多样的学生交流形式；利用国际资源提高人才培养质量，推进国际评估；引进国外优秀教师与课程；提高外语交流能力；培养学生创业、创新能力；稳步增加来华留学生数量，提高教育质量；积极开展汉语国际推广，拓展学校的国际合作；大力营造国际化校园氛围，加强国际文化交流平台建设，建立一支具有特色的管理服务队伍。

第二章　友好往来与校际合作

第一节　高端来访

学校对外交往频繁，除友好院校经常派代表来访、洽谈合作以外，国际组织和外国政府高级官员或驻华机构代表团往来不断。外籍人士来访特别是高端访问逐年增加，一方面说明学校的国际影响日益扩大，另一方面对拓展学校师生的国际视野、加深对其他国家和国际组织的了解、交流高等教育发展情况和经验起到了重要作用。

表 6.2.1　　2001－2010 年部分国际组织和外国政府高级官员来访一览表

来访时间	来宾姓名	国别或所在国际组织	职　　务	主要活动
2001 年 5 月 25 日	查维斯	委内瑞拉	总统	接受经济学名誉博士学位、演讲
2001 年 9 月 10 日	保罗·奥尼尔 (Paul O'Niell)	美国	财政部部长	发表题为“中国的对外开放”的演讲
2001 年 12 月 19 日	克列缅	乌克兰	教育科技部部长	洽谈合作
2002 年 3 月 20 日	苏珊·韦斯廷	美国	总审计局国际事务及贸易问题的常务董事	演讲
2002 年 10 月 24 日	德米特里琴科·尼费	乌克兰	教育科技部高教司司长	洽谈合作
2003 年 3 月 10 日	Jenny Shipley	新西兰	前任首相	演讲
2003 年 10 月 23 日	阮文龙	越南	经济合作国家委员会办公厅厅长	考察
2003 年 11 月 5 日	Alan P. Larson	美国	副国务卿	演讲
2005 年 2 月 24 日	Peter Mandelson	欧盟	贸易委员	发表题为“欧洲与中国：伙伴关系和在世界经济中的责任”的演讲

续表

来访时间	来宾姓名	国别或所在国际组织	职　务	主要活动
2005年6月	保罗·罗里安(Paul Rolian)	世界贸易组织	培训与技术合作部主任	讲座
2005年4月11日	威廉·拉希(Wiiliam H. Lash)	美国商务部	负责市场准入和履约的助理部长	发表题为“机会与挑战——包括公平贸易及知识产权等问题”的演讲
2005年4月12日	Anton F. Boerner	德国	批发与出口协会主席	作题为“加入WTO及欧盟扩展后的贸易发展和机遇及货币问题”的讲座
2005年9月6日	Benebitte	欧盟	口译司司长	就“口译的基本知识及其职业发展方向”作演讲
2006年3月22日	Jack McConne	英国苏格兰	行政院院长	发表演讲
2006年3月24日	雷文凯(Franklin L. Lavin)	美国贸易部	负责国际贸易事务的副部长	发表题为“中美贸易关系”的演讲
2006年9月21日	托马斯·巴尼特	美国司法部	主管反托拉斯事务的助理部长	与本校竞争法中心学者座谈
2007年3月21日	Allen Blewitt	ACCA	全球行政总裁	作题为“经济全球化对专业会计师的要求”的演讲
2007年5月14日	玛格丽特·梅丽斯·马娜尔	西班牙	教育部国际司副司长	为盛嘉迪颁发“西班牙年广告创意大赛”一等奖
2007年7月9日	Michael J. Ferrantino	美国	国际贸易委员会经济学家	就“中国对外贸易、外资以及金融政策”等问题交流
2007年9月5日	内莉·克鲁伊(Neelie Kroes)	欧洲委员会	竞争委员	发表题为“竞争政策的发展与展望：欧盟与中国”的演讲
2007年10月19日	菲格尔(Jan Figel)	欧洲委员会	教育、培训、文化与青年委员	考察欧盟青年经理人项目

续表

来访时间	来宾姓名	国别或所在国际组织	职　务	主要活动
2007年12月10日	鲍伯·霍克	澳大利亚	前总理	就“全球经济合作”发表演讲
2008年6月11日	梅格莱娜·库内娃（Meglena Kuneva）	欧洲委员会	消费者保护委员	发表题为“开放的市场与更安全的消费者——欧盟与中国携手发展全球治理”的演讲
2008年	Graeme A. Thomson	澳大利亚	国际发展署顾问	学术交流
2008年	James O'Connell	美国司法部	助理部长帮办（司局级）	就“反垄断法”进行交流
2008年10月7日	Mike Rann	澳大利亚	南澳大利亚州州长	参加《中国对外经济贸易大学与澳大利亚阿德莱德大学谅解备忘录》和《中国对外经济贸易大学与澳大利亚阿德莱德大学意向书》签字仪式
2008年10月18日	Arancha Gonazalez Laya	世界贸易组织	总干事拉米办公厅主任	作题为“全球化下的多边贸易体制”的讲座
2008年10月31日	达利娅·格里包斯凯特（Dalia Grybauskait）	欧洲委员会	财政和预算委员	就“欧洲委员会的财政和预算制度以及金融危机的影响”等发表演讲
2009年4月23日	阿卜杜拉·萨迪克、高级顾问努埃曼·贾拉勒	巴林王国研究中心	秘书长	就“国际金融危机、海湾经济一体化”等交换看法
2009年7月4日	田中伸男	国际能源署	署长	参加“中国能源环境高峰论坛”
2009年9月8日	James Bacchus	美国	世界贸易组织上诉机构的创始人、法学专家	在本校模拟法庭为法学院师生作题为“中国在世界贸易组织中领导地位的崛起”的演讲
2009年9月9日	Baroness Catherine Ashton	欧洲委员会	贸易委员	发表题为“中欧经贸关系向前迈进——建立信心”的演讲

续表

来访时间	来宾姓名	国别或所在国际组织	职　务	主要活动
2009 年 10 月 22 日	Wolfgang Heubisch	德国巴伐利亚州	教育科学研究艺术部教育部部长	与外语学院德语系师生座谈
2009 年 11 月 10 日	罗伯特·霍马茨（Robert D. Hormats）	美国	副国务卿（负责经济、能源和农业事务）	发表题为“新全球经济环境下的中美经济关系”的演讲
2009 年 11 月 12 日	卡里姆别托夫	哈萨克斯坦	国家福利基金理事会主席	受聘为荣誉教授并演讲
2009 年 12 月 9 日	科瓦西克（William E. Kovacic）	美国	联邦贸易委员会（FTC）委员	出席“反垄断法规制与知识产权：促进创新与竞争”研讨会
2009 年 12 月 9 日	瑞夫（Timothy M. Reif）	美国	贸易代表办公室总法律顾问	发表题为“建立在规则基础上的贸易——强大和可持续的贸易关系的基础和保护主义的最佳解药”的演讲
2010 年 3 月 10 日	Ulrich Pfeiffer	德国	住房部前部长	学术交流
2010 年 3 月 17 日	伊思哈特·侯赛因（Ishrat Husain）	巴基斯坦	中央银行前行长	学术交流
2010 年 5 月 24 日	Brian Shanahan	澳大利亚	墨尔本市副市长	洽谈合作
2010 年 6 月 10 日	Khalilur Rahman	联合国贸发会议	贸易分析局局长	学术交流
2010 年 7 月 12 日	克里斯蒂娜·费尔南德斯·德基什内尔	阿根廷	总统	接受法学名誉博士学位、演讲

第二节　学校代表团出访

为深入了解国际高等教育的发展情况，发现和引进海外优质教育资源，建立和发展校际交流关系，扩大学校的国际影响和教育市场，学校每年有计划、有重点地安排校领导率团出访。2008 年，为了进一步加强学校因公出国（境）管理，规范相关工作，提高出访效率，学校颁布《对外经济贸易大学关于加强领导干部因公出国（境）管理的规定（试行）》，对出国（境）事由、审批程序、管理机构、经费使用、境外管理、返校等作出详细规定，实施全程管理。代表团回国后，先后组织多场信息通报会，分享出访成果，推动落实出访期间达成的合作意向。

表 6.2.2　　2000－2010 年学校领导率团出访情况一览表

时间	出访领导	国别/地区	东道机构、出访目的
2000 年 9 月	陈准民	日本	访问一桥大学
2000 年 10 月	陈苏东	日本	访问东京经济大学
2000 年 11 月	陈苏东	英国	考察英语教学
2001 年 5 月	陈准民	韩国	访问韩南大学
2001 年 5 月	陈苏东	澳大利亚	随教育部团组考察
2001 年 7 月	刘　亚	日本	考察瑞穗银行
2001 年 11 月	贾怀勤	德国、奥地利	随经贸部团组考察
2001 年	陈苏东	法国	访问法国国家企业管理基金会
2002 年 1 月	贾怀勤	中国香港	随经贸部团组考察
2002 年 4 月	姚德骥	英国	访问曼彻斯特大学，评估“中国投资与培训”项目
2002 年 5 月	陈准民	瑞士	访问联合国人力资源发展署
2002 年 5 月	贾怀勤	俄罗斯	随教育部团组参加“21 世纪中国大学展”
2002 年 10 月	许其立	美国	访问西东大学
2002 年 11 月	王正富	德国、法国	随教育部团组考察
2002 年	陈苏东	美国	访问马里兰大学
2003 年 1 月	陈苏东	法国	访问友好院校
2003 年 9 月	徐子健	英国	随教育部团组考察
2003 年 11 月	陈准民	中国台湾	访问政治大学
2003 年 11 月	刘　亚	法国	参加“中国高等教育展”
2004 年 10 月	陈建香	美国	随教育部团组参加“高校领导赴海外培训项目”，赴旧金山美中交流协会考察美国高等教育体制
2004 年 12 月	胡福印	英国、德国	随教育部团组考察
2005 年 4 月	徐子健	韩国	参加江南大学中国学院成立庆典
2005 年 7 月	王正富	德国	访问德国爱尔兰根—纽伦堡大学
2005 年 8 月	刘　亚	日本	访问日本东京经济大学，参加两校交流纪念活动
2005 年 8 月	陈准民	俄罗斯	访问莫斯科国际关系学院，签署协议
2005 年 10 月	刘　亚	加拿大	访问多伦多大学

续表

时间	出访领导	国别/地区	东道机构、出访目的
2006年1月	刘　亚	中国香港	参加北京经华智业科技有限公司董事会
2006年3月	林桂军	法国	参加中法博士生学院成立大会
2006年4月	林桂军	日本	访问大分大学、福山大学
2006年4月	陈准民	沙特	访问沙特石油公司，洽谈合作项目
2006年6月	胡福印	韩国	访问新罗大学
2006年8月	杨逢华	澳大利亚	参加国务院学位办调研
2007年1月	林桂军	美国	参加美国经济学会举行的人才招聘会，顺访哈佛大学、华盛顿大学、蒙克莱尔大学
2007年3月	陈建香	巴西、阿根廷	访问里约热内卢大学、布宜诺斯艾利斯大学，随教育部团组参展
2007年3月	陈准民	美国	访问哈佛大学、波士顿大学、Monmouth 大学、西东大学、乔治敦大学、国际货币基金组织、华盛顿大学、加州大学洛杉矶分校
2007年6月	陈准民	中国香港	筹款，访问星岛新闻集团、永隆银行、中文大学、城市大学
2007年6月	王　玲	法国	访问高等外贸学院、兰斯管理学院、摩纳哥国际大学
2007年6月	王正富	德国	访问波茨坦大学、耶拿大学、纽伦堡大学
2007年8月	刘　亚	俄罗斯	访问国立人文大学，考察孔子学院揭牌仪式筹备情况
2007年9月	王　玲	俄罗斯	访问国立人文大学，参加孔子学院揭牌仪式，顺访莫斯科国际关系学院
2007年9月	林桂军	澳大利亚	参加教育部高校领导海外培训项目
2007年10月	王正富	加拿大	参加教育部高校领导海外培训项目
2008年3月	陈准民	美国	访问波士顿大学、哈佛大学、Monmouth 大学、加州大学洛杉矶分校、哥伦比亚大学地球所、华盛顿大学、西雅图城市大学、乔治敦大学、西东大学等
2008年3月	陈建香	澳大利亚	访问澳大利亚格里菲斯大学、莫纳什大学
2008年5月	林桂军	加拿大	访问达豪西大学、麦克马斯特大学、维多利亚大学、多伦多大学、皇后大学、卡尔顿大学、布鲁克大学等
2008年5月	徐子健	中国台湾	访问辅仁大学，参加两岸经贸法律研讨会
2008年9月	林桂军	俄罗斯	参加上海合作组织“教育无国界周”活动，顺访俄罗斯国立人文大学，考察孔子学院项目情况

续表

时间	出访领导	国别/地区	东道机构、出访目的
2009 年 1 月	林桂军	美国	参加美国经济学会招聘会，顺访加州大学伯克利、戴维斯、圣克鲁斯等分校
2009 年 2 月	王　玲	美国	访问乔治敦大学、南伊利诺伊大学卡本代尔分校、德州大学圣安东尼奥分校、奥斯汀分校
2009 年 3 月	胡福印	希腊	访问雅典经济商业大学，洽谈校际合作，考察孔子学院筹备工作
2009 年 5 月	杨逢华	美国	参加部高校领导海外培训项目，顺访宾夕法尼亚大学
2009 年 5 月	王正富	美国	参加美国国际教育工作者协会年会及展会
2009 年 7 月	施建军	西班牙	出席伊比利亚美洲孔子学院联系会议，顺访巴塞罗那自治大学
2009 年 8 月	王　玲	英国	访问伯明翰大学、华威大学、伦敦政治经济学院、肯特大学、剑桥大学
2009 年 8 月	王　玲	俄罗斯	出席国家汉办欧亚地区孔子学院 2009 年联席会议
2009 年 11 月	林桂军	韩国	参加亚洲达沃斯论坛，顺访崇实大学
2009 年 11 月	徐子健	日本	访问名古屋大学、立命馆大学、日本大学、东京经济大学，推进校际交流
2010 年 1 月	王　玲	美国	参加孔子学院揭牌仪式，顺访友好院校
2010 年 1 月	徐子健	美国	参加美国经济学会年会，招聘教师，顺访莫瑟尔大学、杜克大学、乔治华盛顿大学和普林斯顿大学。
2010 年 1 月	杨逢华	墨西哥、古巴	随教育部团组参加在墨西哥举办的“中墨大学校长论坛”及古巴“第七届国际高等教育大会”
2010 年 3 月	施建军	英国	访问华威大学、伯明翰大学、索尔福德大学、曼彻斯特大学，签协议
2010 年 3 月	胡福印	西班牙、葡萄牙	参加教育展，访问西班牙巴塞罗那自治大学签署 4 + 2 协议，访问葡萄牙里斯本大学签署备忘录
2010 年 4 月	林桂军	德国、瑞士	参加耶拿大学中国周活动，访问洪堡大学、柏林自由大学、波茨坦大学，访问联合国贸发会议
2010 年 5 月	刘　亚	美国	随中国教育国际交流协会团组参加 NAFSA 年会（密苏里州堪萨斯市），访问伙伴院校
2010 年 6 月	林桂军	印尼	参加印尼第八届留学中国教育展暨汉语教学资源展

续表

时间	出访领导	国别/地区	东道机构、出访目的
2010 年 8 月	施建军	阿根廷、墨西哥、美国	赴阿根廷访问二月三日大学，参加中国－拉美合作研讨会，并就科研合作进行磋商；访问蒙特雷高等科技大学；访问墨西哥学院、墨西哥国立自治大学；访问美国加州州立大学富乐敦分校
2010 年 8 月	赵忠秀	阿根廷、墨西哥、巴西	赴巴西与圣保罗大学洽谈葡语教学合作和师生交流协议
2010 年 9 月	林桂军	突尼斯	落实中非“20＋20”计划，访问突尼斯大学
2010 年 11 月	林桂军	韩国	出席“亚洲经济共同体论坛”，顺访崇实大学

第三节　友好院校

随着中国国际影响力的提高和经济实力的增强，以及学校教学、研究水平的不断提高和特色项目的陆续开展，学校的国际声誉不断提升，校际合作和交流日益活跃，有目标、有步骤、分层次发展校际合作关系，根据经、管、文、法四大领域的学科发展、学术研究重点和人才培养的需要主动进行全球战略布局。学校开展的校际合作内容包括教师和学生交流、教学和培训合作、学术研究合作、联合培养研究生、信息和资料交流、共同进行汉语推广等。

表 6.2.3　　2000－2010 年签署备忘录、协议一览表

国别/地区	院校名称	协议名称－内容	签字日期
美国	德州大学圣安东尼奥分校	备忘录及协议	2000 年 2 月 25 日
法国	巴黎高等贸易学院	谅解备忘录，学生交换协议	2000 年 12 月 18 日
澳大利亚	维多利亚大学	备忘录	2001 年 6 月 14 日
韩国	仁荷大学	建立姐妹学校和进行校际交流合作的协议书	2002 年 4 月 11 日
澳大利亚	维多利亚大学	合作教学意向书	2002 年 4 月 28 日
德国	波茨坦大学经济社会学系	关于“4＋2”项目的合作协议	2003 年 8 月 14 日
英国	爱丁堡龙比亚大学	本科层次和本科升研究生合作项目意向书	2003 年 10 月 28 日
英国	莱切斯特大学	备忘录	2003 年 12 月 23 日

续表

国别/地区	院校名称	协议名称－内容	签字日期
法国	兰斯管理学院	双学位合作培训协议	2004年1月10日
澳大利亚	格里菲斯大学	备忘录	2004年2月11日
法国	巴黎企业管理学院	全日制MBA项目协议书	2004年4月28日
德国	康斯坦茨应用科技大学	教育与科研合作的谅解备忘录	2004年4月28日
法国	兰斯管理学院	关于零售业管理硕士学位合作办学项目协议书	2004年5月31日
法国	高等外贸学院	高等外贸学院国际商业与管理学院项目执行细则	2004年7月6日
日本	立命馆大学、立命馆亚洲太平洋大学	合作协议书	2004年12月14日
日本	日本大学经济学部	学术合作协议	2005年2月28日
法国	南特管理学院	国际交流框架协议	2005年5月13日
加拿大	维多利亚大学	备忘录	2005年6月2日
澳大利亚	蒙纳士大学	蒙纳士大学商法硕士（MBL）与对外经贸大学法学双硕士项目	2005年7月30日
俄罗斯	莫斯科国立国际关系学院（大学）	学术合作协议	2005年8月30日
墨西哥	蒙特雷高等科技大学	与墨西哥蒙特雷高等科技大学合作备忘录	2005年9月8日
奥地利	奥地利应用科技大学	合作协议	2005年9月12日
意大利	比萨大学	学生交换、教师交换	2005年10月23日
澳大利亚	麦克里大学	交流协议	2005年11月15日
德国	科隆大学	学术合作备忘录（教师、学生交流）	2005年11月22日
日本	立命馆大学	短期交换教师	2006年1月11日
德国	德国维藤－海德克大学	关于校际交流合作的框架协议	2006年2月16日
美国	马里兰大学罗伯特史密斯商学院	MBA项目	2006年3月8日
韩国	江南大学	中国学生参加江南大学学士学位	2006年3月27日
泰国	农业大学	交换学生、教师，共同科研、交换资料	2006年4月18日
日本	大分大学	学术交流、学生交流、其他教育方面的交流	2006年4月21日

续表

国别/地区	院校名称	协议名称－内容	签字日期
西班牙	阿尔卡拉大学	学生交换、教师交换、资料交换、其他交流	2006 年 7 月 7 日
韩国	新罗大学	“2＋2”合作办学	2006 年 7 月 11 日
韩国	祥明大学	教学研究合作	2006 年 9 月 26 日
英国	佩斯利大学	合作培养协议书	2006 年 12 月 1 日
白俄罗斯	国立白俄罗斯经济大学	合作研究、研讨会、教师学生交流	2006 年 12 月 12 日
美国	圣何塞州立大学	合作意向书	2006 年 12 月 26 日
日本	福山大学	教育交流协议、教育交流协议细则	2007 年 2 月 1 日
英国	伯明翰大学	“1＋1”硕士项目，“2＋2”本科生项目	2007 年 3 月 5 日
东京	东京经济大学	学术交流交流协议、交互教育交流（互派学生）实施细则	2007 年 4 月 1 日
德国	明斯特大学企业管理和经济学院	教师、学生、学术资料交换	2007 年 4 月 4 日
意大利	卡利亚里大学	学生交换	2007 年 4 月 24 日
英国	诺森比亚大学	公共管理硕士培养项目	2007 年 5 月 22 日
澳大利亚	西悉尼大学	学术合作协议	2007 年 5 月 22 日
西班牙	巴塞罗那自治大学	学生交换、教师交换、资料交换、其他交流	2007 年 6 月 7 日
德国	耶拿大学	教师、学生、学术资料交换	2007 年 6 月 28 日
西班牙	马德里考米拉天主教大学	学生交换	2007 年 7 月 20 日
俄罗斯	国立人文大学	校际交流协议书	2007 年 10 月 18 日
西班牙	巴塞罗那自治大学	互换学生合作协议书	2007 年 10 月 22 日
新西兰	惠灵顿维多利亚大学	成立新西兰当代中国研究中心	2007 年 11 月 7 日
日本	立命馆大学	管理学领域双学位项目协议书	2007 年 11 月 12 日
德国	爱尔兰根－纽伦堡大学	关于“4＋2”合作项目的协议	2007 年 12 月 6 日
美国	海外学习基金会	海外学习基金会与对外经济贸易大学之合作备忘录	2008 年 1 月 21 日
日本	阪南大学	交流基本协定	2008 年 2 月 4 日
韩国	庆熙大学	校际交流意向书	2008 年 2 月 11 日
美国	旧金山州立大学	备忘录	2008 年 2 月 26 日

续表

国别/地区	院校名称	协议名称－内容	签字日期
美国	西雅图城市大学	美国西雅图城市大学与对外经济贸易大学中国教育项目协议	2008 年 3 月 19 日
美国	西东大学	对外经济贸易大学与美国西东大学师生交换合作协议	2008 年 3 月 19 日
美国	乔治敦大学	对外经济贸易大学与乔治敦大学合作意向书	2008 年 3 月 20 日
美国	堪萨斯大学	对外经济贸易大学和美国堪萨斯大学文化、教育及科研合作协议	2008 年 4 月 11 日
俄罗斯	俄罗斯国立人文大学	合作建设孔子学院的协议	2008 年 5 月 26 日
加拿大	布鲁克大学	对外经济贸易大学国际商学院与布鲁克大学商学院关于交换学生与教师的协议	2008 年 5 月 30 日
加拿大	布鲁克大学	布鲁克大学商学院与对外经贸大学国际商学院关于双学位本科项目的协议	2008 年 5 月 30 日
加拿大	达豪西大学	对外经济贸易大学和达豪西大学学生交换协议	2008 年 6 月 2 日
德国	科隆科技应用大学	合作备忘录（教师－学生交换）	2008 年 6 月 26 日
美国	德克萨斯农工国际大学	谅解备忘录：本科生和研究生的交换、师资交换、研究人员交换、技术支持和培训、交换学术科研材料、联合研究	2008 年 7 月 11 日
墨西哥	墨西哥学院	合作研究、教师学生交流、交换科研信息、学术会议	2008 年 9 月 18 日
澳大利亚	纽卡索大学	“1＋1”硕士项目交流协议	2008 年 9 月 24 日
澳大利亚	阿德莱德大学	谅解备忘录：学术人员的交换、合作研究、博士生－博士后联合培养、共同确保质量和设定标准	2008 年 10 月 7 日
澳大利亚	阿德莱德大学	合作意向书：合作研究、交流访问学者技术人员和博士生	2008 年 10 月 7 日
英国	英国西苏格兰大学	合作备忘录：学生互派、教师交流互访、科研合作、教学方案联合开发联合培养学生实施细则协议	2008 年 10 月 16 日
美国	南伊利诺伊大学卡本代尔分校	关于建立亲密关系的谅解备忘录	2008 年 10 月 27 日

续表

国别/地区	院校名称	协议名称－内容	签字日期
英国	卡迪夫大学商学院	学生交流协议："2＋2"本科学位项目，"1＋1"硕士学位项目	2008年12月29日
美国	南伊利诺伊大学	建立UIBE协调办公室、关于学生交流项目的补充协议	2009年2月3日
美国	德克萨斯大学圣安东尼奥分校	合作备忘录	2009年2月4日
希腊	雅典经济商业大学	学术合作备忘录（教师－学生交流）	2009年3月12日
哈萨克斯坦	特·雷斯库洛夫经济大学	学生及教师交流	2009年4月1日
英国	安格利亚鲁斯金大学	合作协议书："1＋1"研究生项目	2009年4月3日
德国	波茨坦大学	"4＋2"项目	2009年4月9日
英国	肯特大学	谅解备忘录、精算学学士入学预备协议	2009年4月28日
德国	吉森大学	学生交流、教师交换	2009年5月6日
加拿大	维多利亚大学	学术联系协议（UVIC商学院作为联系单位）	2009年5月19日
韩国	亚洲大学	学生教师交流、科研合作等	2009年6月10日
加拿大	达豪西大学	本科生、研究生交换	2009年6月10日
韩国	亚洲大学	学术交流协议	2009年6月10日
美国	代顿大学	学术合作协议	2009年7月7日
韩国	崇实大学	备忘录：学生教师交流、合作研究、合办教学	2009年7月14日
俄罗斯	贝加尔国立经济法律大学	校际交流框架协议书	2009年7月15日
俄罗斯	贝加尔国立经济法律大学	互换学生协议书	2009年7月15日
俄罗斯	莫斯科国际关系学院	2009年7月2日签署的合作协议之第一号补充协议	2009年7月15日
美国	堪萨斯大学	学生交换协议	2009年9月3日
英国	开放大学	英国开放大学与对外经贸大学合作协议书：提供远程教育学院在线课程	2009年11月15日
葡萄牙	里斯本大学	谅解备忘录	2010年1月1日

续表

国别/地区	院校名称	协议名称－内容	签字日期
希腊	雅典经济商业大学	学术合作协议	2010年1月13日
法国	巴黎第三大学	校际交流协议：学生交换、教师交流等	2010年3月12日
美国	蒙特爱达学院	合作谅解备忘录	2010年3月23日
英国	肯特大学	学费协议	2010年4月10日
澳大利亚	纽卡索大学	本科衔接课程项目协议	2010年4月12日
加拿大	温莎大学	合作协议书	2010年5月31日
美国	代顿大学	学生和教师互访协议	2010年6月6日
中国台湾	辅仁大学	学术交流合作协议书	2010年7月21日
西班牙	马德里卡洛斯三世大学	谅解备忘录：学生交换、教师交流、合作研究等	2010年8月31日
俄罗斯	俄罗斯国立人文大学	合作建设俄罗斯语言文化中心的协议	2010年9月16日
突尼斯	突尼斯大学	学术交流协议：学生互换、教师互访、合作研究、举办学术研讨会。	2010年9月20日
美国	加利福尼亚大学河滨分校国际教育处	合作备忘录	2010年11月1日
沙特	沙特卡西姆大学	服务合同	2010年11月4日
墨西哥	国立自治大学	学术交流协议：学生互换、教师互访、合作研究、举办学术研讨会。	2010年11月17日

第四节　中外合作办学

2000年开始，随着中国加入世界贸易组织，高等教育市场逐步对外开放。各种层次、各种类型的中外合作办学项目不断涌现。学校先后举办了卓越国际学院等合作办学机构和项目。

为了规范中外合作办学活动，提高中外合作办学领域的工作效率，促进学校国际化办学的健康发展，学校依据中外合作办学条例、中外合作办学条例实施办法等法律、法规和上级有关部门的相关规定，于2006年制订和发布《关于我校中外合作办学的指导性意见》，进一步明确合作办学的概念、宗旨、适用法律、法规和部门规章，确定办学的主体，规定项目的设立、管理以及其他有关问题。

根据该意见，学校对已经设立的合作办学项目进行复核，按照有关规定进行项目的年审，并进行相应学历、学位认证的备案工作。

截至2010年12月，学校中外合作办学项目如下：

表6.2.4　中外合作办学情况一览表

机构/项目名称	合作办学者	办学层次和类别	开设专业或课程	颁发证书	批准书编号
对外经济贸易大学与法国巴黎第一大学、法国国家企业管理教育基金会合作举办企业管理硕士学位教育项目	法国国家企业管理教育基金会、巴黎一大	外国硕士学位教育	企业管理	巴黎一大企业管理硕士学位证书	MOE11FR1A20030425O
对外经济贸易大学与美国马里兰大学合作举办工商管理硕士学位教育项目	美国马里兰大学	外国硕士学位教育	工商管理硕士（MBA）	中方：写实性证书 外方：MBA学位证书	MOE11US1A200104230
兰斯零售管理硕士项目	法国兰斯管理学院	境外硕士学位教育	零售管理	法国兰斯高等工商管理学院零售管理硕士学位证书	MOE11FR1A20060140N
卓越国际学院	美国富特海斯州立大学	高等学历教育、外国学士学位教育	工商管理、国际金融、信息管理与信息系统、商务英语、国际经济法等	美国堪萨斯富特海斯州立大学学士学位证书	MOE11USA02DFR20010150O
对外经济贸易大学与美国西雅图城市大学合作举办工商管理硕士学位教育项目	美国西雅图城市大学	外国硕士学位教育	工商管理硕士学位	工商管理硕士学位证书	MOE11US1A20101111N

第三章　国际学术交流

第一节　举办国际学术会议

随着学术研究的不断深入和教师国际交流的发展，学校积极举办国际会议，会议规模稳步扩大，层次逐渐提高，影响日益广泛。2007 年，为进一步鼓励和推动国际会议的举办，规范会议申报和管理工作，提高国际会议的质量，促进会议成果的分享，学校颁布《对外经济贸易大学举办国际会议管理办法（试行）》，取得了良好效果。国际会议的举办对推动学校的学术研究、促进学术成果在国际间的交流、活跃校园学术生活、提升学校的学术地位起到了重要作用。

表 6.3.1　　2001－2010 年学校举办的主要国际会议情况表

举办时间	国际会议名称
2001 年 11 月	全国韩国语教学学术研讨会
2002 年 3 月	中国国际贸易理论与政策学术研讨会
2002 年 10 月	第一届国际反倾销论坛
2002 年 11 月	第十四届意大利语文学研讨会
2003 年 2 月	中欧法律工作者世贸组织研讨会
2003 年 3 月	入世后的中国与日本国际研讨会
2003 年 10 月	第二届国际反倾销论坛
2003 年 11 月	中俄能源合作与中俄战略伙伴关系研讨会
2005 年 9 月	纪念中日交流 20 周年研讨会
2005 年 10 月	瑞穗基金讲座
2006 年 4 月	中国—新西兰建立自由贸易区问题学术交流会
2006 年 6 月	WTO　中国与亚洲经济 IV—经济一体化与经济发展国际学术会议
2006 年 7 月	第二届国际商务与亚太经济发展国际研讨会
2006 年 7 月	提升香港与内地生产性服务业合作水平研讨会
2006 年 8 月	日语教学研讨会
2006 年 9 月	第四届全国英语写作教学与研究国际研讨会
2006 年 10 月	全国高校国际贸易学科协作组 2006 年会暨 2006 国际贸易学科发展论坛
2006 年 10 月	中国—拉美经济合作国际研讨会

续表

举办时间	国际会议名称
2006 年 10 月	2006 北京博弈论大会
2006 年 10 月	第六届口译国际研讨会
2007 年 3 月	RTA & FTA 法律制度暨其与中国对外贸易发展首届学术研讨会
2007 年 5 月	中欧经济论坛
2007 年 5 月	2007 中国会计学会国际研讨会
2007 年 6 月	法国大选后的内外政策和中法关系国际研讨会
2007 年 7 月	国际高等教育协会第 25 届大会
2007 年 8 月	中日学生会议
2007 年 8 月	中日教学研讨会
2007 年 9 月	经贸学院和日本大分大学经济学部学术研讨会
2007 年 10 月	中国农村发展与挑战国际研讨会
2007 年 10 月	意大利文学研讨会
2007 年 10 月	中国－欧盟信息社会项目在线仲裁研究成果展示会
2007 年 11 月	2007 企业国际/全球营销学术研讨会
2008 年 3 月	第二届瑞穗金融论坛会议
2008 年 4 月	竞争与伙伴关系：中国与欧盟经济贸易关系热点问题国际学术研讨会
2008 年 4 月	2008 中国奢侈品发展趋势研讨会
2008 年 4 月	保险法国际研讨会
2008 年 5 月	2008 中欧经贸合作国际论坛
2008 年 9 月	国际经济学研究中心（RCIE）第一次学术会议
2008 年 9 月	反垄断法实施与经济分析研讨会
2008 年 10 月	中日环境合作国际研讨会
2008 年 10 月	开放与责任国际研讨会
2008 年 10 月	中国技术管理和创新——21 世纪的挑战和机遇国际研讨会
2008 年 10 月	2008 中日韩学术交流会——东北亚经济合作及环渤海经济圈的发展
2008 年 10 月	第五届中国金融学年会
2008 年 11 月	气候变化国际研讨会
2008 年 11 月	中国国际贸易学会 2008 年会暨国际贸易发展论坛
2008 年 11 月	对外经济贸易大学－华盛顿大学国际经济学研究中心成立大会暨研讨会
2008 年 11 月	中国与拉美国家经贸关系学术研讨会
2008 年 11 月	第三届中日关系研讨会

续表

举办时间	国际会议名称
2008 年 12 月	环境与制造业发展国际研讨会
2009 年 2 月	抑制贸易保护主义，提振经济增长信心全球经济与中国研讨会
2009 年 3 月	WTO 法律制度与金融海啸背景下全球化治理研讨会
2009 年 4 月	高校国际商务谈判教学与研究国际研讨会
2009 年 4 月	学术论坛——超主权货币能走多远
2009 年 5 月	中欧经贸研讨会
2009 年 5 月	国际经济与金融学会中国分会第一届年会
2009 年 5 月	经济理论大师坎普学术贡献研讨会
2009 年 5 月	对外经济贸易大学促进分享型增长 2009 国际发展论坛
2009 年 5 月	学术论坛——研讨经济复苏与中国作用
2009 年 5 月	2009 国际发展论坛
2009 年 6 月	商务定性研究方法与国际发表研讨会
2009 年 6 月	中国与全球经济研讨会：经济一体化和保护主义
2009 年 6 月	中俄经贸关系研讨会
2009 年 9 月	21 世纪中日经济学术研讨会
2009 年 9 月	海峡两岸经贸法律论坛
2009 年 9 月	低碳经济——行动与国际合作
2009 年 10 月	国际营销研究学会—对外经济贸易大学国际营销联合研讨会
2009 年 10 月	增长Ⅱ——第二届国际空间环境可再生能源发展大会
2009 年 10 月	首相行动计划国际研讨会
2009 年 10 月	环里海国家能源合作研讨会
2009 年 11 月	中日行政改革与发展研讨会
2009 年 11 月	首届中国国际社会企业与创业研究会议
2009 年 11 月	第二届国际校长论坛
2009 年 12 月	反垄断规制与知识产权：促进创新与竞争研讨会
2009 年 12 月	中国开放型经济发展国际研讨会
2009 年 12 月	中日现代服务业发展战略研讨会
2009 年 12 月	第八届中国实证会计国际研讨会
2009 年 12 月	第三次国际贸易前沿理论国际研讨会
2009 年 12 月	中俄经贸合作信息服务研讨会

续表

举办时间	国际会议名称
2010 年 1 月	金融创新与发展国际研讨会
2010 年 3 月	国际低碳经济研究所揭牌仪式暨低碳经济国际研讨会
2010 年 5 月	利玛窦中欧文化交流及应用伦理研讨会
2010 年 5 月	第二届中国国际商务论坛
2010 年 5 月	全国首届跨文化商务交际国际研讨会
2010 年 5 月	第三届“瑞穗基金会金融论坛”
2010 年 5 月	国际经济和金融学会（中国）2010 国际学术会议
2010 年 6 月	第六届管理会计与控制国际研讨会
2010 年 6 月	美国华盛顿大学和对外经济贸易大学国际经济学研究中心 2010 学术年会
2010 年 6 月	实证国际贸易研讨会——经济改革与企业：中国和印度的比较
2010 年 6 月	反垄断和规制经济学国际研讨会
2010 年 6 月	2010 中国瑞士竞争法研讨会
2010 年 6 月	全球金融危机中中韩两国贸易、投资与物流合作
2010 年 7 月	价格卡特尔的反垄断法规制研讨会
2010 年 8 月	第 29 届中日学生会议第 18 次北京会议
2010 年 8 月	2010 年 JMS 中国营销科学学术年会
2010 年 8 月	亚洲法与经济学协会第六届年度会议
2010 年 8 月	首届中国博弈论与实验经济学学会年会
2010 年 10 月	第三届中韩行政管理国际学术研讨会
2010 年 11 月	发展中国家债务问题研讨会（突尼斯大学）
2010 年 12 月	亚洲自由贸易协定前景展望国际研讨会
2010 年 12 月	第二届南南合作与发展国际会议
2010 年 12 月	亚洲区域一体化研讨会

第二节　外籍学者、跨国企业高级管理人员来访与交流

近年来，学校加大力度邀请专家、学者、跨国企业高级管理人员短期来访交流，开拓了广大师生的视野，增长了他们的知识，提供了与国际一流学者和行业精英建立直接联系的机会，促进了学术交流和校企合作。

表 6.3.2　　2001－2010 年部分知名学者、跨国企业高级管理人员来访

来访时间	来访人员			主要活动
	姓　名	国别/组织	所在机构职务	
2001 年 12 月 27 日	小泉信三	日本	东芝集团（中国）有限公司副总裁	演讲
2002 年 3 月 27 日	罗伯特·蒙代尔（Robert A. Mundell）	美国	哥伦比亚大学教授	演讲
	Michael P. Williams Ⅱ	美国	卢斯基金会学者、哥伦比亚大学法学博士	演讲
2005 年 6 月 1 日	弗农·史密斯（Vernon Smith）	美国	美国乔治－梅森大学教授	参加“2005 诺贝尔奖获得者北京论坛”，作题为“知识”的演讲
2005 年 6 月 1 日	克里夫·格兰杰（Clive Granger）	美国	美国加利福尼亚大学教授	参加“2005 诺贝尔奖获得者北京论坛”，作题为“经济预测”的演讲
2005 年 7 月 13 日	理查德·库珀（Richard N. Cooper）	美国	哈佛大学经济系教授	就“国际贸易理论与政策、汇率理论和货币制度以及环境与能源理论与政策”与学校学者座谈
2005 年 7 月 8 日	William Alford	美国	哈佛大学法学院副院长、东亚法律研究中心主任	座谈
2006 年 3 月 3 日－6 日	约翰·杰克逊（John H. Jackson）	美国	乔治敦大学法学教授	作专题报告并参加“香港会议后 WTO 法律制度的发展和多哈回合贸易谈判路线图”高层论坛
2006 年 11 月 2 日	Michel Crozier	法国	法国科学院院士	作“组织革新与变革”讲座
2006 年 4 月 6 日	布拉德·史密斯（Bradford L. Smith）	美国	微软公司全球高级副总裁兼总法律顾问	参加“竞争法及产业政策论坛”并演讲
2006 年 10 月 26 日	罗纳德·麦金农	美国	斯坦福大学经济系教授	出席《麦金农经济学文集》首发式并发表题为“Currency Appreciation in Japan and China: A Historical Perspective”的演讲
2007 年 3 月 14 日	欧文斯	美国	卡特彼勒公司董事长兼 CEO	就“中美贸易问题”发表演讲

续表

来访时间	来访人员			主要活动
	姓　名	国别/组织	所在机构职务	
2007年5月15日	Alvin Klevorick	美国	耶鲁大学教授	与我校法学院学者座谈
2007年4月27日	Jacob Machiel Pipping	荷兰	飞利浦公司采购部副总裁	演讲
2007年5月23日	孟吉瑞	美国	全美中国研究协会会长	讲座："变化中的美国对华态度"
2007年7月9日	Michael J. Ferrantino	美国	国际贸易委员会经济学家	就"中国对外贸易、外资以及金融政策等问题"与学校学者座谈
2007年3月17日	Paul Wilmott	英国	牛津大学教授	参加全球数量金融学术报告会，发表题为"金融工具的日益复杂性"的演讲
2007年3月21日	Allen Blewitt		ACCA全球行政总裁	作题为"经济全球化对专业会计师的要求"的主题演讲
2007年3月29日	朱马赫	沙特	沙特石油公司总裁	洽谈合作
2008年	Robert K. Laird	美国	波音公司中国和东亚区销售高级副总裁	洽谈培训合作
2008年9月22日	Carl Shapiro	美国	加州大学伯克利分校哈斯商学院教授	指导青年教师
2008年	Andreas Kellerhals	瑞士	苏黎士大学欧洲研究所所长	讲座
2008年11月10日	罗纳德·麦金农	美国	斯坦福大学教授，经济学家	作题为"中国汇率困境和财政扩张"的学术报告。
2008年11月2日	米歇尔·克罗齐埃（Michel Crozier）	法国	当代法国四大社会学流派之一的代表人物	作题为"组织革新与变革"的演讲
2010年5月6日	Ben J. Sopranzetti	美国	罗格斯大学商学院教授	新企业的定价与融资
2010年1月27日	里奇·阿波斯多利克（Richard postolik）	全球风险管理专业人士协会	总裁兼首席执行官	学术交流

续表

来访时间	来访人员			主要活动
	姓　名	国别/组织	所在机构职务	
2010 年 1 月 27 日	威廉姆 · 马丁（William W. Martin	全球风险管理专业人士协会	董事会主席	学术交流
2010 年 3 月 21 日	BRUCE D. MONUS	加拿大	加拿大证券学会国际学院院长	参加“金融危机后的资本市场与财富管理”研讨会
2010 年 4 月 10 日	蔡绪锋	泰国	正大集团副董事长	参加荣誉教授聘用仪式，并作“时间的艺术”讲座
2010 年 3 月 24 日	Cynthia Estlund	美国	美国纽约大学法学院教授	作以美国劳动法律制度为主题的讲座
2010 年 3 月 26	Jeffrey Smart	澳大利亚	斯威本国立科技大学副校长	洽谈合作
2010 年 3 月 18 日	连大祥教授	美国	德州大学圣安东尼奥分校东亚学院院长	洽谈合作

第三节　学术国际合作项目

学校与海外多个机构开展合作研究和合作教学项目，其中包括：

一、对外经济贸易大学全球企业可持续创新研究中心与联合国开发计划署南南特设局南南全球技术产权交易所工作站

2010 年 7 月 4 日，“对外经济贸易大学全球企业可持续创新研究中心”暨“联合国开发计划署南南特设局南南全球技术产权交易所工作站”挂牌。该中心是我国第一所致力于将应对和解决环境问题、贫困问题同时纳入企业商业模式创新中的研究机构。

中心由施建军校长任主任，特聘原商务部副部长、中国国际经济交流中心秘书长魏建国，联合国开发计划署南南特设局高级顾问、南南全球技术产权交易所总裁林健先生和非洲 Songhai 组织创始人、主任 Godfrey Nzamujo 先生为顾问。

中心致力于研究和探索可持续的、绿色的、普惠的、创新的企业发展理论。通过企业的技术创新、商业模式创新和系统创新，不仅将低收入者视为消费者，而且将其作为生产者、企业家、雇员纳入企业价值链中，增强他们的经济权力，提高他们的生活质量，并为他们创造选择体面的有尊严的生活的机会，同时确保企业整个商业活动的各个环节都是有益于环境保护和环境改善的。中心还致力于通过与同样致力于可持续发展的

国内外企业、国内外组织机构等各方力量的共同努力和合作，将绿色普惠理论转化为商业模式的实践，以此协同改善世界贫困问题、保护多元的文化和保持地球生态的完整性，维护人类世世代代的共同利益。

二、联合国贸发会议虚拟学院

2005 年 4 月 4 日，联合国贸发会议宣布学校国际经济贸易学院正式成为联合国贸发会议虚拟学院的成员。

联合国贸发会议虚拟学院全称为 UNCTAD Virtual Institute Network of Academic Institutions，简称 UNCTAD VI，于 2004 年 6 月在巴西圣保罗召开的第十一届联合国贸发会议的大会上正式成立。学院的宗旨在于通过与联合国贸发会议的更紧密的合作，发展和促进涉及贸易、发展及相关事物的学术机构间的联系与合作。目前，在全球有包括本校在内的 9 所大学为其成员。虚拟学院依托联合国贸发会议的资讯和专家优势，向世界各学术机构提供查阅并使用联合国研究及分析报告的权力，建立相关教学手段，帮助加强研究及教学能力，并建立成员间的网络以促进知识共享与交流。国际经济贸易学院代表学校加入联合国贸发会议虚拟学院，可以享受各成员单位相互提供的教学、科研资源，利用联合国贸发会议以及设在日内瓦的联合国其他机构的资源，同时也有义务向虚拟学院的各成员方提供该院的教学、科研资料和成果。应邀参加与日内瓦大学合作为期两年的研究计划，学院的 20 多位教师成为虚拟学院的教师，李洋博士被指定为代表学校的项目协调人。

三、联合国亚太经社理事会亚太贸易研究和培训网络（ARTNeT）

2009 年 8 月，学校国际经济贸易学院正式加入联合国亚太经社理事会亚太贸易研究和培训网络（ARTNeT），成为该组织一员。2008 年 6 月，国际经济贸易学院薛书武副教授赴金边参加培训；2009 年 6 月，樊瑛赴曼谷参加由联合国和世界贸易组织联合举办的国际贸易政策培训。

ARTNeT 是联合国亚洲及太平洋经济社会理事会（ESCAP）秘书处为满足本地区对日益复杂的贸易和投资政策进行缜密分析的需要而建立的研究协调机构，以改进相关贸易政策研究的数量和质量；通过开展区域团队项目、建立研究成果传播机制、加强政策制订者与研究人员之间的互动，举办具体的能力建设培训，充分利用现有的研究力量以实现其目标。ARTNeT 已成为一个有效的协作平台，在促进非政府机构、贸易研究人员、政策制订者以及重要国际组织之间的沟通和交流，发挥着积极的作用。

四、哥伦比亚大学地球所“可持续发展综合技能”全球课堂

2008 年 9 月 2 日，学校国际经济贸易学院与来自 12 个国家的 17 所高校同时上线，正式开启由哥伦比亚大学地球研究所发起的“可持续发展综合技能”全球课堂 2008 年秋季课程，学校 5 个学院的 22 名研究生和来自 5 个国家的 23 名留学生修读了该课程。

五、对外经济贸易大学—华盛顿大学国际经济研究中心

2008 年 9 月 18 日，学校与美国华盛顿大学合作成立的国际经济学研究中心启动。2008 年 11 月 22 日，中心正式挂牌。中心旨在鼓励并支持国际经济领域的研究人员和专家从事研究活动。中心的主要活动包括组织会议、促进领先世界的学术研究及出版物、制定博士生项目以培养高素质的博士生、在国际经济领域为政府提供有价值的服务等。中心每年召开大型国际研讨会、多场工作会议和学术报告会。

中心聘请西雅图华盛顿大学国际经济研究中心主任王家骁教授担任主任。

六、技术管理研究中心和“首相项目”

2007 年 10 月 26 日，中心成立暨中国经济和国际贸易研究期刊对外经济贸易大学编辑部揭牌仪式举行。中心的目标是提高学校技术管理、战略管理、知识管理、技术转让、技术贸易、国际承包工程等相关学科的科研学术能力和水平，积极开展科研的国际合作和研究成果的国际出版，使学校的科研工作走向世界。

揭牌仪式后，中心举行第一次学术活动，特邀嘉宾爱墨瑞得出版集团（Emerald Group Publishing Limited）出版主任 Rebecca Marsh 和中国地区编辑主管 Claire Jackson 作题为“How to get Published in International Journals”的讲座，李华博士作题为“Benchmarking China Firm Competitiveness”的讲座。

中心聘请李华教授担任主任，任期为 2007 年 - 2010 年 7 月 31 日；聘请剑桥大学商学院院长 Arnoud De Meyer 为客座研究员，聘期为 3 年，自 2007 年 10 月 26 日开始。

2008 年 10 月 21 日，中心与中国科技管理学会、人民网等单位共同组织主办“中国技术管理和创新国际研讨会”。来自对外经济贸易大学、英国剑桥大学、美国弗吉尼亚理工学院、联合国以及国务院发展研究中心、浙江大学等国内外著名大学、研究机构和国际组织的 120 余名专家学者参加研讨。会议的主题是“中国技术管理和创新：21 世纪的机遇和挑战（Technology Management and innovation in China：Challenges and Opportunities in the 21st Century）”。

2009 年 10 月 26 日至 27 日，学校与英国索尔福德大学（University of Salford）签署《中英高校就业和创业合作项目伙伴协议》，加入“中英高校就业和创业合作项目”即首相行动计划第 2 轮，并举行“首相行动计划”Prime Minister's Initiative 2（PMI2）国际研讨会。索尔福德大学代表团、哈尔滨理工大学、武汉大学、郑州大学等高校代表参加。

七、中国 - 欧盟经理人交流培训项目

本项目是中国和欧盟在国际贸易领域开展的政府间合作项目，2006 年 7 月启动，执行期为 4 年。项目旨在通过支持人力资源开发，加强双方商贸人才力量。

学校自 2007 年 9 月开始承办此项目项下的欧洲经理人在华培训工作，至 2011 年已经连续承办 5 期，培训内容包括学校商务汉语 7 个月、公司实习 3 个月。商务汉语课程每周 22 - 26 课时，分为初级班、中级班和高级班三个水平。

八、中欧高级译员培训项目

本项目是学校与欧盟口译总司合作举办的高级议员培训项目，于2001年开始培训国际会议译员，2004年开始招收口译方向硕士研究生。项目旨在为我国各级政府机构、各类涉外企业和团体、在华外资公司、外国政府及国际组织驻华使团培养合格的国际会议与谈判译员，培养有志于从事口译工作的人士，为进入世贸组织和申奥成功后的中国提供专业服务。

第四章　师资队伍国际化

第一节　本校教师国际化培养

随着“211 工程”建设的不断推进，学校加大对本校教师的国际化培养。一方面，加大选拔和资助力度，支持更多教师赴国外研修和交流；另一方面，开展“‘211 工程’三期骨干教师及学科带头人国际交流国内培训项目”，邀请国外知名学者来校为特殊人才、学术带头人和学术骨干举办培训，就学术研究及教学方面技能等专题进行交流。

表 6.4.1　　**2000－2010 年教师出国出境情况一览表**　　（单位：人）

年份	研修	讲学	参加会议	访问交流	合计
2000	26	17	15	7	65
2001	28	7	18	12	65
2002	23	2	19	28	72
2003	16	4	28	41	89
2004	26	4	18	21	69
2005	23	10	26	43	102
2006	22	8	41	52	123
2007	27	9	19	47	102
2008	21	5	65	21	112
2009	103	8	88	28	227
2010	58	6	105	107	276
合计	373	80	442	107	1 002

表 6.4.2　　**“211 工程”三期骨干教师及学科带头人国际交流国内培训项目完成情况一览表**

培训时间	培训主题	主讲人	主讲人背景
2009 年 4 月 20 日	澳大利亚科研质量评价体系	Christopher Findlay	阿德雷德大学经济学院院长
2009 年 5 月 18 日	社会科学研究方法	王家骁	本校首位长江学者——美国西雅图华盛顿大学经济学教授

续表

培训时间	培训主题	主讲人	主讲人背景
2009 年 5 月 20 日	人文科学研究方法	David Graham	加拿大坎考迪亚大学副校长
2009 年 5 月 25 日	美国经济学博士的培养	John Siegfried	美国范德比尔特大学教授
2009 年 5 月 27 日	澳大利亚大学教学评估体系	Geoffrey Crisp	澳大利亚阿德雷德大学教授
2009 年 12 月 9 日	国际发表	连大祥	美国德克萨斯州大学圣安东尼奥分校

第二节　外国教师和专家

一、概况

学校外国教师工作始终围绕“管理”和“服务”两方面进行：即进一步加强外事宏观管理职能，充分调动和发挥聘用外国教师各院系的主动性和积极性，广开延聘渠道，贯彻落实“优化专业结构，提高聘请质量，突出重点，保证急需，加强管理，注重效益”的指导方针。

学校严格执行有关外国专家政策法规，制定和完善学校的关于外国教师聘请与管理的规章制度，严格聘请手续，加强合同管理。1997 年 4 月 9 日，下发《对外经济贸易大学聘请外国专家和外籍教师的规定》，后又编制《外国专家聘用和管理工作程序》。

学校按照学科发展的需要，突出目标管理，合理安排聘用外国教师名额，同时不断开辟新的聘请渠道，一方面通过校际关系和国外有关文化教育机构聘请短期教师，另一方面充分发挥校园网的作用，开辟网上招聘专栏。2000－2010 年聘用外籍专家、教师情况见下表：

表 6.4.3　　2000－2010 年外籍专家、教师统计（按当年在任人数统计）

年　　份	长期专家（一学期以上）（人）	短期专家（人）
2000	11	未统计
2001	15	3
2002	19	33
2003	27	9
2004	31	34
2005	35	27

续表

年　份	长期专家（一学期以上）（人）	短期专家（人）
2006	23	56
2007	26	64
2008	30	70
2009	35	80
2010	38	78
合计	290	454

二、长江学者、千人计划、海外名师

2008 年，学校聘请首位长江学者美国华盛顿大学经济学教授王家骁；2009 年，聘请第二位长江学者 Peter Burkey。2010 年，聘请首位千人计划张浩博士。2010 年，聘请首位教育部资助的海外名师项目专家 John Wally。

三、名誉教授和客座教授

聘请名誉教授和客座教授是学校加强与国际知名学者、知名人士的联系，通过他们引进国外优秀智力资源，吸收先进理念、学术成果和宝贵经验，加强与海外机构的联系，提高学校的学术水平，扩大学校国际影响力的重要手段。自 2001 年至 2010 年夏，学校共聘请名誉教授和客座教授 32 人次，分布在经济学、金融、管理、文学、法学等主要学科，其中包括诺贝尔奖获得者 Vernon Smith（弗农·史密斯）、Clive Granger（克里夫·梅兰杰）、James Mirrlees（莫里斯）等。

表 6.4.4　2001－2010 年名誉教授和客座教授情况一览表

姓名	职称/职务	工作单位	聘任时间	聘任单位	聘职	聘期
桥本彻	董事长	富士银行	2001.5	国际处	名誉教授	终身
Stephen E Lucas	教授	威斯康星大学	2001.10	英语学院	客座教授	4 年
Chrles Irish	主任	威斯康星大学法学院/东亚法学研究中心	2002.5	法学院	教授	4 年
Karl Kluegel	教授		2002.6	国际经济贸易学院	客座教授	4 年
李　华	副教授	索尔福德大学	2002.8	国际经济贸易学院	兼职教授	4 年
George Stonehouse	副院长	纽卡索商学院	2002.8	国际经济贸易学院	兼职教授	4 年

续表

姓名	职称/职务	工作单位	聘任时间	聘任单位	聘职	聘期
李桂鑫	行长	汇丰银行	2002.9	金融学院	客座教授	4年
Wolfgang Furniss	执行董事	国际公司	2003.3	中德学院	高级客座	4年
Kenneth Davies	教授	威斯康星大学法学院	2003	法学院	法学	
Helefer	教授	巴黎第一大学	2003.8	中法学院	高级客座教授	4年
Donal Kimball	教授	中央财经大学	2003.10	英语学院	兼职教授	1年
Klaus J. Hopt	教授	马普所主任/马普协会副主席	2005	法学院		
Francis G. Snyder	教授	伦敦经济学院法学系	2005	法学院		
Vernon Smith	教授	乔治－梅森大学	2005.5	国际处	名誉教授	终身
Clive Granger	教授	加利福尼亚大学	2005.5	国际处	名誉教授	终身
Ronald I. Mckinnon	教授	斯坦福大学经济系	2006.10	金融学院	名誉教授	终身
David Jeffery	教授	得克萨斯州贝勒大学	2006.10	英语学院	名誉教授	终身
David Grant Dickinson	教授	伯明翰大学经济系	2007.4	金融学院	客座教授	3年
Peter Roots	博士		2007.9	英语学院	客座教授	
Arnoud De Meyer	教授院长	剑桥大学 Judge 商学院	2007.11	国际交流处	客座教授	4年
阿瑟·沃尔夫	资深合伙人	Baier Boehm 国际律师事务所	2008.2	法学院	兼职教授	3年
Karl-Dieter Grueske	校长	艾尔兰根·纽伦堡大学	2008.6	外语学院	名誉教授	终身
Edward C Prescott	教授	亚利桑那大学	2009.5	国际经济贸易学院	名誉教授	终身
James Mirrlees	教授	剑桥大学	2009.5	国际经济贸易学院	荣誉教授	终身
kairat kelimbetov	理事会主席	哈萨克斯坦主权财富基金	2009.9	金融学院	荣誉教授	终身

续表

姓名	职称/职务	工作单位	聘任时间	聘任单位	聘职	聘期
Salih Tamer Cavusgil	教授	乔治亚州立大学 J·麦克·鲁滨逊商学院	2009. 10	国际商学院	荣誉教授	
P. Rajan Varadarajan	教授	德州 A&M 大学梅斯商学院	2009. 10	国际商学院	荣誉教授	
Daniel C. Bello	教授	乔治亚州立大学 J·麦克·鲁滨逊商学院	2009. 10	国际商学院	荣誉教授	
Micheal von Wuntsch	教授	柏林科技大学	2009. 11	国际经济贸易学院	经济学	3 年
Gerald Mcbeath	教授	加州大学伯克利分校	2010. 5	国际关系学院	客座教授	4 年
蔡绪锋	副董事长	正大集团	2010. 4	国际经济贸易学院	客座教授	3 年

四、福布赖特项目专家、德意志学术交流中心专家等

中美福布赖特项目是中国和美国政府为加强中美之间文化交流而设立的，由美国福布赖特基金会赞助，每年双方互派访问学者到对方高校任教。该项目先后派遣 5 名美国教授来学校讲学，分别为：Ronald Schramm、Donglas Young、Michael Lamaence、Farmer Susam Beth、吴鹰。此外，学校连续 10 年接纳由德意志学术交流中心（DAAD）资助的专家，连续 6 年接纳由韩国财团资助的专家。

第五章　人才培养国际化

进入21世纪，学校与时俱进，将人才培养目标调整为培养具有国际视野、通晓国际经济规则、能够参与国际经济事务的国际化人才，把通过国际交流与合作促进人才培养作为国际化办学的重要目标之一，积极推动学生国际交流和国际化校园建设，学生出国、出境规模不断扩大，形式日益增加，层次不断提高；开展了大使论坛、国际文化节、海外名人讲坛等一系列特色活动，稳步扩大来华留学生规模，创造国际化的校园氛围，推动中外学生交流。

第一节　学生出国出境

一、规模和形式

学校学生出国出境的渠道和形式丰富多样，其中既有国家奖学金项目、校际交流短期学习、双学位项目、研究生联合培养项目、推荐本校毕业生赴海外攻读高一级学位项目，也有寒暑期班以及游学考察项目，还有海外实习和汉语志愿者项目。近年来，还推出了付费学习的访问学生项目，并通过认可学生自费留学等形式多渠道支持学生海外学习、实习、交流。学生出国出境规模不断扩大，层次稳步上升，形式日益多样。2000－2010年学生出国出境情况见下表。

表6.5.1　　学生出国出境情况一览表　　（单位：人）

年份	校际交流	国家公派	双学位	攻读海外学位	实习/实践	短训/访学	其他	总数
2000	3	4	0	0	2	0	11	20
2001	4	14	27	0	8	0	8	61
2002	30	26	11	53	10	0	12	142
2003	14	28	14	11	6	0	8	81
2004	10	3	7	2	20	1	10	53
2005	27	5	3	4	21	27	22	109
2006	72	3	30	15	37	33	22	212
2007	46	17	15	15	126	25	9	253
2008	69	45	26	7	68	36	2	253
2009	89	55	24	20	76	46	52	362
2010	111	41	21	18	77	118	59	445

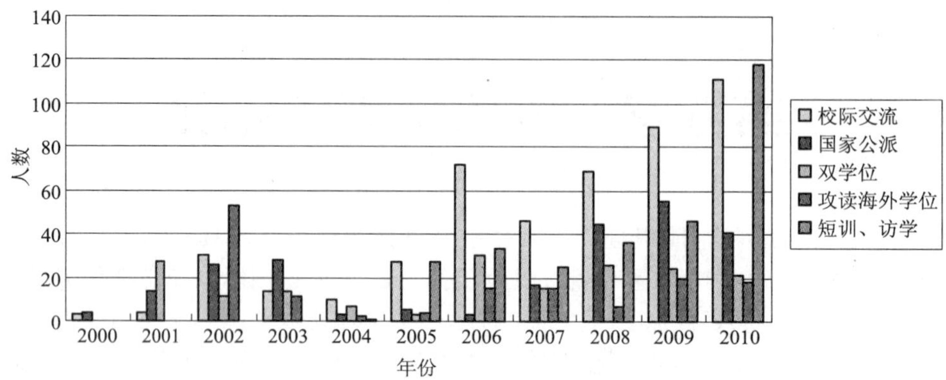

图 6.5.1　2000－2010 年学生出国出境学习情况示意图

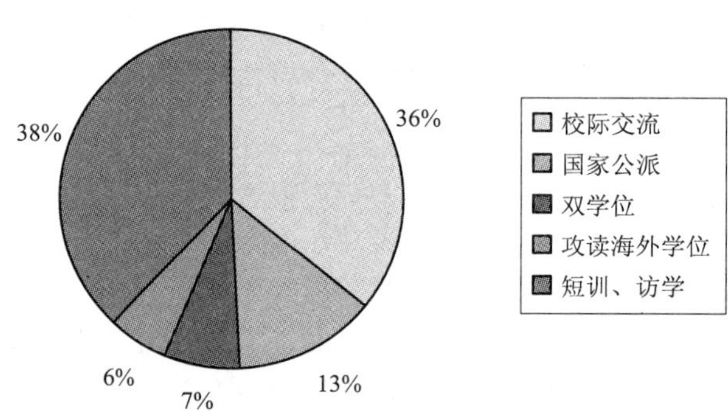

图 6.5.2　2010 年学生出国出境学习项目类别示意图

二、研究生教育的国际化

研究生教育的国际化是学校研究生教育改革和发展的一项重要内容，是提升学校研究生教育竞争力和国际影响力的重要支撑。近年来，学校通过开展国内外联合培养研究生工作，大力支持研究生开展国际化学习，学校出国学习的研究生人数迅速增加。

（一）开展国内外联合培养研究生项目

在北京市教委的支持下，2007 年 10 月，学校正式启动首期国内外联合培养研究生项目。国内外联合培养研究生项目旨在资助学校在读研究生赴国外知名大学交流学习、参加国际学术交流活动、在国际学术期刊和国际学术会议上发表论文，以拓宽研究生的学术视野，提高研究生的学术水平。该项目重点资助国家级和市级重点学科，是学校学科建设的有力支撑。

1. 资助优秀研究生进行国外学习交流

2008 年 10 月，学校成功申请成为北京市国内外联合培养研究生基地。截至 2010 年 8 月，研究生部已选派 82 名优秀硕士、博士研究生赴国外知名大学交流学习（详见表 6.5.2），国外合作大学主要包括美国、澳大利亚、英国、日本等一些知名高校。

国内外联合培养研究生在派出之前确定调研项目主题或学习内容，通过在国外的交流学习，不仅可以深刻了解国际学术界的最新发展和前沿问题，提高自身的学术水平和研究能力，还可以通过具体研究项目提高专业知识的实际应用能力。联合培养研究生在国外期间定期向国内导师和研究生部汇报学习、研究情况。联合培养研究生学成归国后，按学校规定提交学习调研成果，包括学术论文、调研报告、学习总结等。学术论文围绕具体课题展开，达到公开出版水平，有的已经被国际会议采用、发表于国际期刊上。这样的国际交流机会大大提高了研究生的学术水平，使他们接触到国际学术界的前沿问题，最终形成的学术成果均围绕经济发展中的具体问题展开，对北京市经济发展有一定的借鉴意义，也对学校学科建设起到了极大的促进作用。

表 6.5.2　　2008－2010 年中外联合培养研究生项目派出情况一览表

年度	姓名	学院	培养层次	国外合作单位
2008	林其敏	法学院	博士	美国威斯康星－麦迪逊大学法学院
	张　艳	国际经贸学院	博士	澳大利亚阿德雷德大学
	黄　卉	国际经贸学院	博士	美国堪萨斯大学
	戴　臻	国际经贸学院	博士	伦敦大学皇家霍洛威学院
	张淑君	国际商学院	博士	德国科隆大学
	李　楠	法学院	硕士	美国威斯康星－麦迪逊大学法学院
	李姣妍	法学院	硕士	美国威斯康星大学法学院东亚法律研究中心
	张小琳	国际经贸学院	硕士	摩纳哥国际大学
	周晋竹	经济研究院	硕士	新西兰惠灵顿维多利亚大学
	于晴初	外语学院	硕士	大阪府立大学
	李蓓蓓	外语学院	硕士	日本早稻田大学
	王黎黎	外语学院	硕士	德国波茨坦大学
	黄丽莉	英语学院	硕士	英国伯明翰大学英语高级研究中心
	唐　山	英语学院	硕士	英国华威大学
2009	徐　凡	WTO 研究院	博士	美国哈佛大学
	付亦重	WTO 研究院	博士	哥伦比亚大学
	潘方方	法学院	博士	美国威斯康星大学法学院
	赵　栋	法学院	博士	美国康涅狄格大学法学院
	孙靓莹	国际经贸学院	博士	美国堪萨斯大学
	赵晓旭	国际经贸学院	博士	美国康涅狄格大学法学院
	于　涛	国际经贸学院	博士	美国康涅狄格大学法学院
	吴西顺	国际经贸学院	博士	韩国全北大学
	高　宇	国际经贸学院	博士	戴尔豪西大学
	陈萍萍	法学院	硕士	美国南伊利诺伊州大学

续表

年度	姓名	学院	培养层次	国外合作单位
2009	刘凤英	法学院	硕士	美国南伊利诺伊州大学
	路　遥	国际商学院	硕士	美国西东大学
	魏文婷	国际商学院	硕士	德国明斯特大学
	唐　昊	国际商学院	硕士	加拿大布鲁克大学
	钟　雯	国际商学院	硕士	德国科隆大学
	黄伊涵	金融学院	硕士	英国布兰迪斯大学
	张　崇	国际经贸学院	硕士	澳大利亚西澳大学
	颜明煌	国际经贸学院	硕士	英国布兰迪斯大学
	丘　鑫	国际经贸学院	硕士	法国高等对外贸易学院（ESCE）
	贺译萱	国际经贸学院	硕士	英国皇家霍洛威大学
	洪寅雪	国际经贸学院	硕士	英国布兰迪斯大学
	王青青	外语学院	硕士	韩国庆熙大学
	张　珺	外语学院	硕士	韩国庆熙大学
	华　菲	外语学院	硕士	韩国庆熙大学
	刘　婷	外语学院	硕士	西班牙马德里康普顿斯大学
	范淑燕	外语学院	硕士	意大利米兰大学
	刘　婕	外语学院	硕士	韩国首尔国立大学
	李嫣然	外语学院	硕士	韩国首尔国立大学
	吕　丹	外语学院	硕士	法国巴黎三大
	全　智	英语学院	硕士	英国伯明翰大学
	姜贻娴	英语学院	硕士	伯明翰大学
	于　佳	英语学院	硕士	澳大利亚西澳大学
	孟　蒙	英语学院	硕士	美国南伊利诺伊州大学
	童　惟	英语学院	硕士	美国南伊利诺伊州大学
	梁　菲	英语学院	硕士	美国南伊利诺伊州大学
	李　笑	英语学院	硕士	美国南伊利诺伊州大学
	郑　楠	英语学院	硕士	美国圣托马斯大学

续表

年度	姓名	学院	培养层次	国外合作单位
2010	仲莹祎	公共管理学院	硕士	美国南伊利诺伊州立大学
	胡　洋	英语学院	硕士	美国纽约城市大学巴鲁克学院
	黄湜尹	英语学院	硕士	美国纽约城市大学巴鲁克学院
	郑玩娜	英语学院	硕士	美国纽约城市大学巴鲁克学院
	倪　蓉	英语学院	硕士	美国南伊利诺伊州立大学
	彭　景	法学院	博士	美国威斯康星大学
	闫　丽	英语学院	硕士	美国南伊利诺伊州立大学
	杨　然	英语学院	硕士	美国南伊利诺伊大学
	张丽娜	英语学院	硕士	美国南伊利诺伊大学
	刘　聪	英语学院	硕士	美国南伊利诺伊大学
	蔡秀英	英语学院	硕士	美国南伊利诺伊大学
	田天洋	外语学院	硕士	西班牙缪尔西亚大学
	赵灵双	外语学院	硕士	西班牙缪尔西亚大学
	张　萌	金融学院	博士	英国伦敦商学院
	卢皓宇	外语学院	硕士	韩国首尔大学
	范　洋	国际经贸学院	硕士	美国南伊利诺伊州立大学
	袁　方	金融学院	硕士	美国布兰迪斯大学
	李　倩	商学院	硕士	美国布兰迪斯大学
	罗文萍	外语学院	硕士	韩国亚洲大学
	潘天琴	外语学院	硕士	韩国亚洲大学
	许　蓓	法学院	硕士	美国康涅狄格大学
	于　森	外语学院	硕士	俄罗斯国立普希金俄语学院
	郑丽娟	商学院	硕士	德国科隆大学
	李　洁	商学院	硕士	德国科隆大学
	于海娇	商学院	硕士	法国南特管理学院
	王　淼	商学院	硕士	法国南特管理学院
	周晓瑜	外语学院	硕士	德国曼海姆大学
	周　珊	商学院	硕士	美国布兰迪斯大学
	许荻迪	国际经贸学院	博士	英国牛津大学
	李　芸	国际经贸学院	博士	美国天普大学
	郑莉莉	国际经贸学院	博士	美国天普大学

2. 资助在校研究生在国际学术会议和国际学术期刊上发表论文

随着国内外联合培养工作的开展，研究生参与国际学术交流的机会日益增多，学校鼓励研究生参与国际学术会议，资助研究生在国外学术期刊和国际学术会议上发表论文，以使研究生更深入地了解和把握国际学术界的最新发展和前沿问题，将学术知识和国内经济具体情况相结合，提高其学术水平和应用能力。

2008 年 6 月，法国克莱蒙费朗第一大学（奥佛涅大学）CERDI 举办第二届中国经济夏季学术研讨会，学校 2005 级国际贸易学博士研究生吕智的工作论文“*Trade, technology adoption and wage inequality based on new-new trade theory: Evidence from China's auto parts industry*”被会议举办方接受，应邀宣讲论文。论文主要探讨在中国加入 WTO 之后，贸易自由化与工资不平等之间的关系，采用新新贸易理论模型作为分析框架。本论文报告受到与会专家的好评，经过修改后发表在 http://cerdi.org/Colloque/CHINE2008/default.asp 网站上。

2009 年 4 月，2005 级国际贸易学博士张艳的论文“*Offshoring, Trade and Services Liberalization*”受邀在香港浸会大学举办的第二届国际贸易交流会（*International Trade Workshop*）上宣读，获得与会者一致好评。

2009 年 9 月，2008 级国际法学专业硕士袁仁辉的论文“从历史视角看美国法律输出”受邀在国际美国研究学会第四届世界大会上宣读。

（二）参加国家公派研究生奖学金项目

2008 年，学校首次获得国家留学基金委国家公派专项研究生奖学金项目的申报资格。国家公派专项研究生奖学金项目选派类别为攻读博士学位研究生和联合培养博士研究生，主要通过教育部、留学基金委现有与国外大学/科研机构合作项目渠道派出，也可利用各校现有校际交流/科研合作渠道派出。三年来，学校共选拔推荐了 11 名研究生参加国家公派研究生项目，且均获得国家留学基金委全额资助赴海外知名大学攻读博士学位。

表 6.5.3　　2008 – 2010 年国家公派研究生项目派出情况一览表

年度	姓名	培养层次	学院	项目名称/合作院校
2008	符大海	博士	国际经济贸易学院	西澳大利亚大学博士生项目
	刘　杰	硕士	英语学院	荷兰莱顿大学博士生项目
	闫　涵	硕士	外语学院	德国阿登纳基金会博士生项目
2009	林发勤	博士	国际经济贸易学院	澳大利亚阿得雷德大学博士生项目
	江　山	博士	法学院	中美富布赖特联合培养博士生项目
	宋　琛	硕士	金融学院	美国乔治华盛顿大学博士生项目
2010	王振楠	硕士	英语学院	加拿大滑铁卢大学
	王　菲	博士	国际经济贸易学院	英国诺森比亚大学
	郎一罡	博士	国际商学院	美国密苏里大学
	唐若韬	博士	国际经济贸易学院	加拿大阿尔伯特大学
	李侨敏	博士	国际经济贸易学院	新西兰奥克兰大学

（三）各学院积极开展研究生国际化工作

学校研究生进行国内外联合培养的主要途径有二：一是学校包括各学院建立的长期的固定的合作关系；二是博士生导师与国外建立的合作关系。学生可以通过学校、导师与国外高校取得联系，师从国外知名教授进行调研学习。目前，学校国际经济贸易学院与澳大利亚阿德雷德大学、美国华盛顿大学、美国加州大学等保持良好的交流合作关系。学校国际商学院与美国布兰迪斯大学、德国科隆大学等建立学生交流关系。学校法学院与美国威斯康星大学建立了良好的长期交流合作关系。学校英语学院与美国乔治敦大学等达成了合作意向，并与英国伯明翰大学保持长期交流合作关系。全校各学院的这些长期交流渠道为研究生出国提供帮助，使研究生能够比较顺利地出国学习调研。

此外，作为国家重点学科“211 工程”三期创新人才培养项目的重要组成部分，2009 年 11 月，学校国际经济贸易学院开展了经济学博士项目外部评估。博士项目外部评估，旨在通过海外专家的外部评估找出本校博士生培养与国际先进水平的差距，推进学校高端人才培养和科研水平的提高。在评估反馈中，专家组对学校经济学博士项目的师资力量、课程设计、培养环节等给予充分肯定，也同时指出生源多样性、专用办公室等方面的问题，建议进一步讨论和明确博士培养的主要目标，加大优秀生源的奖励力度等。经济学博士项目外部评估为学校进一步与国外一流大学合作进行研究生指导，进而探索开展双博士项目打下良好基础。目前，学校正在与澳大利亚阿德雷德大学就双博士项目的方案进行磋商。

三、学生海外实习、实践

学校鼓励学生赴海外实习、实践，在国际商务和交流的实战中了解世界、锻炼和提高自己。学生海外实习、实践活动从自发走向自觉，从偶发走向有计划、有组织、有保障。学校学生海外实习、实践的主要渠道有：国家公派项目（留学基金委、北京市团委、团中央等）、校际合作项目（迪斯尼项目等）、学生组织（国际事务协会等）、校外中介机构（北京市教育国际交流中心等）。同时，学校积极探索新的渠道建立海外实习基地，开拓文化交流渠道。2009 年开始，汉语志愿者和艺术团随着汉语热走向全球传

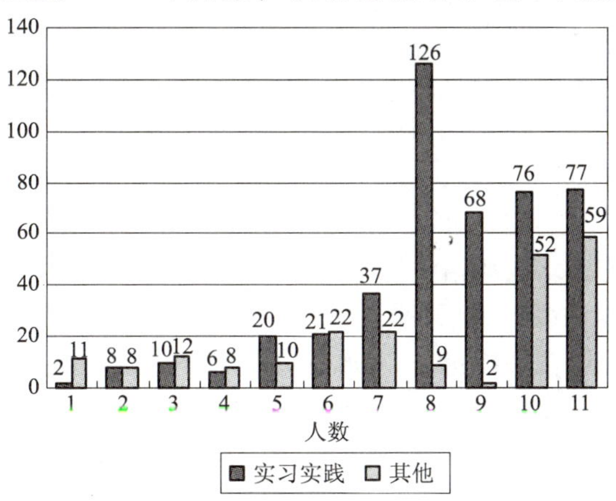

图 6.5.3　2000－2010 年学生海外实践、交流情况一览表

播中国文化，学校举办了多场海外巡演和交流活动。2010 年暑期，多个学生团组赴海外开展主题鲜明的调研和实践活动。2010 年，学校与泰国正大集团达成建设正大集团实习基地的协议。

第二节　校园国际化建设

在推进学生出国出境工作的同时，学校稳步发展来华留学生教育，大力吸引短期访问学生，促进中外学生的相互交流与融合，同时开展活跃的校园跨文化交流文化活动，建成国际文化节、大使论坛、海外名人讲坛等特色项目，使学生在校内感受多元文化氛围，开拓国际视野，了解国际动态。

一、文化节

国际文化节

对外经济贸易大学国际文化节前身是外语文化节，创办于 2003 年。外语文化节是对外经济贸易大学一年一度的大型传统学生活动之一，旨在展现世界文化，促进中外文化交流，帮助学生开阔视野，加深对外国文化的了解。

2010 年，“对外经济贸易大学外语文化节” 正式更名为 “对外经济贸易大学国际文化节”。此届文化节的主题是：“我们的世界 · 世界的我们”，在继承发扬外语文化节优良传统和汲取丰富经验的基础上，结合开放发展的时代主题，多元化地展示新时期对外经济贸易大学的风采。文化节举办了开幕式、美食节、讲座、戏剧大赛、商务英语模拟谈判大赛、中外学生（均来自本校）广场联欢、世界优秀电影展播等多项活动。

北京地区大学生韩国文化节

北京地区大学生韩国文化节开始于 2006 年，每年举办一届，由北京地区开设韩语专业的各大学轮流主办。其宗旨是通过定期举办韩国文化系列活动，加强北京地区韩语专业师生的联系和交流，促进韩语教育事业的发展。学校于 2007 年 10 月 19 日 – 24 日举办北京地区第三届大学生韩国文化节，邀请韩国驻华大使参加 10 月 17 日上午的开幕式，并作题为 “韩中关系的现状与未来” 的演讲。北京地区韩语专业师生约 500 人次参加了韩国知识竞赛、韩国语辩论大赛、中韩诗歌朗诵会、韩国歌曲大奖赛、友谊体育比赛、韩国优秀电影展播、教师代表座谈会等活动。

二、大使论坛

学校长期举办大使论坛，邀请国际组织驻华代表和外国驻华使节来校演讲，为广大师生打开了一扇 “世界之窗”。经常来访的国际组织和外国驻华使馆有美国、英国、德国、澳大利亚、日本、韩国、欧盟、阿盟及其成员国、法国等。2010 年，学校先后邀请新西兰驻华大使、印度驻华大使、巴勒斯坦驻华公使等为学生们介绍各自国家社会、经济和文化情况以及与中国的关系。

三、学生团体交流

学校欢迎海外学生来访，2000－2010年年均接待学生团组约200个，来访学生1 000余人。2006年7月6日，美国耶鲁大学YALE WHIFFENPOOFS合唱团来校访问，学校举办“耶鲁大学男生合唱团—对外经济贸易大学艺术团友谊之夜”，两校艺术团共同献上一台精彩演出。2007年10月19日，西班牙阿尔卡拉大学合唱团来访，与学校西班牙语师生和合唱团成员联欢。2010年，学校接待来自希腊和美国的“汉语体验营”学生以及澳大利亚学生团。

在广迎四海宾朋的同时，学校学生艺术团走出国门，向全世界展示中国大学生的风采。2009年，在国家汉办的支持下，学校艺术团赴欧洲六国、美国巡演，取得巨大成功，获得中国国家汉办和当地高校的好评，受到当地民众的热烈欢迎，被中外媒体争相报道，为学校赢得了广泛赞誉。2010年9月，学校艺术团在沙特石油公司的资助下赴沙特巡演，将中国文化带到阿拉伯世界。

四、主题展览和文化活动

除在国际文化节期间集中举办各国文化展览外，学校长期与各国驻华使馆合作，不定期地举办主题展览，先后举办过以色列风情展、葡萄牙风情展、阿根廷摄影家个人作品摄影展、外国电影展等文化活动，将异域文化展示于广大师生。

第六章　港澳台工作

港澳台工作是学校对外合作和交流的重要部分。学校设有港澳台办公室，统筹协调和管理全校的港澳台工作。

第一节　学术合作与交流

一、签署协议和互访

香港中文大学

1980 年 5 月，美国美中贸易咨询委员会香港分会主席庄重文来京访问时，表示愿意协助学校和香港中文大学建立关系。1981 年春季，学校派出第一个代表团访问该校。

1985 年 5 月，香港中文大学校长马临博士率团来学校访问并正式签署两校学术交流协议。

1995 年 10 月，香港中文大学高锟校长应邀来学校访问并续签两校交流协议。协议主要内容为进行两校教员交流及开展图书资料交流等。

台湾辅仁大学

1993 年 8 月，辅仁大学杨敦和博士（时任法学院院长）访问本校。

1994 年 6 月 21 日，台湾辅仁大学李振英校长率代表团访问本校，联合举办法学研讨会，并和本校正式签署两校学术交流协议。协议的主要内容为交换资料、召开学术会议、编纂教材、进行共同研究、教员互访等。

时任本校校长的孙维炎教授和本校法律系主任冯大同教授分别随大陆法学代表团在访台时顺访辅仁大学。

1994 年 9 月，时任辅仁大学副校长的张家珍教授和法学院院长杨敦和教授代表辅仁大学到本校参加校庆。

2010 年，本校与台湾辅仁大学就两校相互交换数据，双方互派学者进行短期学术考察、访问和讲学，鼓励学生之间的短期交流等签署学术交流合作协议书。

台湾淡江大学

1996 年 6 月，本校与台湾淡江大学签署学术交流备忘录，开展两校学术交流。此后，双方学者往来不断，多次共同举办学术研讨活动。

香港城市大学

2005 年 10 月 27 至 28 日，学校国际经济贸易学院赵忠秀副院长和王强博士一行二人访问香港城市大学，与商学院经济及金融系和管理科学系达成建设学术交流平台，共享学术资源、教师交流、学生交流、研究生项目合作的意向。

2005 年 12 月，学校与香港城市大学法学院签署合作协议，拟于在校教师交流、科研和学生互派学习等方面实现合作。

台湾东吴大学

2005 年 11 月 20 日，学校法学院沈四宝院长代表法学院与台湾东吴大学签署合作协议。

2006 年 7 月，学校与台湾东吴大学签署交流与合作协议书。

二、学术交流

1993 年，时任校长孙维炎教授及法学院冯大同教授分别赴台湾东吴大学出席海峡两岸法学研讨会。在本校法学院和东吴大学法学院院长程家瑞的共同促进下，1998 年 3 月底，在本校召开海峡两岸经贸法学研讨会，使两校的交流关系进一步加强。自此，本校法学院与东吴大学法学院多次轮流举行法学研讨会。

2005 年 4 月，本校与东吴大学合作举办“两岸法学高等教育研讨会”。

2005 年 9 月 23 日 –24 日，黄勇教授、石静霞教授赴台湾政治大学参加法学学术研讨会，即“财经法新趋势研讨会暨两岸财经法学术观摩研讨会”。

2005 年 10 月 20 日 –11 月 3 日，徐海燕老师在香港城市大学讲学。

2005 年 10 月 20 日 –12 月 3 日，林敏老师作为访问学者访问香港城市大学。

2005 年 11 月 –12 月，丁丁教授与香港律师界、学术界和实务界人士就新《合同法》的实施进行交流。

2006 年 3 月 2 日 –8 日，苏号朋老师赴台湾淡江大学进行学术交流和授课。

2006 年 4 月 30 日 –5 月 7 日，梅夏英教授赴台湾东吴大学参加“2006 年第四届海峡两岸民法典学术研讨会”。

2006 年 7 月 21 日，学校举办“提升香港内生产性服务合作水平研讨会”。

2006 年 12 月 10 日 –12 日，法学院沈四宝院长和王军教授参加澳门特别行政区政府法务局举办的“中国内地、香港、澳门商品房预售比较研究”讨论。

2007 年 6 月 4 日 –6 月 7 日，时任校长陈准民教授赴香港会见何柱国先生，访问星岛新闻集团、永隆银行、香港中文大学、香港城市大学。

2008 年 5 月 28 日 –5 月 31 日，徐子健副校长率团访问台湾辅仁大学，参加两岸经贸法律研讨会。

2009 年 9 月 1 日，本校法学院与台湾辅仁大学法学院合作举办“海峡两岸经贸法律论坛”。

2009 年 10 月 15 日，香港理工大学会计与金融学院 Steven Wei 教授访问本校国际经济贸易学院，在金融研讨会上作精彩的学术报告，并与本校研究生部杨长春主任商谈开展两校在研究生项目上的进一步合作。

2010 年 7 月 7 日下午，香港大学周贤明副教授来本校作学术讲座。

第二节　港澳台学生

学校自 2002 年开始招收港澳台研究生，主要录取专业为法学和外语专业。2004 年 7 月 2 日至 7 日，北京市教委在香港举行首届北京教育展。学校胡东旭、周波参展。

2005 年，学校开始招收本科生层次的港澳和华侨学生。截至 2010 年，学校招收的港澳台学生总计 95 人。

表 6.6.1　　2002－2010 年录取港澳台和华侨学生一览表

届别	博士研究生人数			硕士研究生人数			本科生人数				合计
	香港	澳门	台湾	香港	澳门	台湾	香港	澳门	台湾	华侨	
2002 级	0	0	1	0	0	0	0	0	0	0	1
2003 级	0	0	2	1	0	1	0	0	0	0	4
2004 级	0	0	2	0	0	2	0	0	0	0	0
2005 级	2	0	4	0	0	0	0	7	0	3	16
2006 级	0	0	6	0	0	0	0	5	1	1	13
2007 级	0	0	3	0	0	0	1	6	0	1	11
2008 级	0	0	6	0	0	0	4	5	1	0	16
2009 级	1	0	6	0	1	0	5	6	0	0	19
2010 级	0	0	0	0	0	3	1	3	4	0	11
合计	3	0	30	1	1	6	11	32	6	5	95

第三节　捐　　赠

港台人士和企业积极捐资助学，其中：

一、何柱国先生

1996 年 9 月 10 日，香港烟草公司董事长何英杰，香港烟草公司总经理、香港泛华科技集团有限公司主席何柱国先生捐资，在学校设立“何英杰、何柱国教育发展基金”，第一期赠款 3 000 万元，用于学校“211 工程”建设，何柱国先生被聘为学校校董和客座教授。学校推荐何柱国先生为全国政协委员候选人。

2000 年 11 月 19 日，学校与泛华科技集团有限公司签署《对外经济贸易大学与泛华科技集团有限公司合作意向书》，合作成立经华智业有限责任公司，开展教育合作。

何氏家族热爱祖国，常年捐助内地的教育和文化事业。何先生不但自己捐资支持学校办学，还积极引荐香港企业家向学校捐资。在他的介绍下，刘銮雄先生捐款 3 000 万元，资助学校新图书馆建设。

二、龚如心女士

1995 年，香港华懋集团主席龚如心女士捐款 300 万元，其中捐助给商务部人教司 100 万元，捐助给本校 200 万元，全部用于商务部人教司 1995 年开始举办的哈佛大学高级干部研讨班。

三、刘希咏先生

1995 年，刘希咏先生捐款 300 万元，其中捐助给商务部人教司 100 万元，捐助给本校200万元，全部用于商务部人教司1995年开始举办的哈佛大学高级干部研讨班。

四、张永珍女士

香港永兴企业集团主席张永珍女士长期资助本校教师赴香港中文大学研修。

五、王俊雄先生

2008年初，在学校2001届国际贸易专业硕士研究生校友李金枝女士（王俊雄先生夫人）的介绍下，王俊雄先生在本校设立“匡济助学金”，签字仪式于2008年1月18日举行，教育部副部长章新胜出席签字仪式。自2008年起，王先生将在其有生之年每年为本校提供50万港元，用于资助家庭经济困难的学生，学校每年将有76名学生受到资助。2009年，学校聘请王俊雄先生为学校校董。

六、刘銮雄先生、刘铭伟先生

2009年，经何柱国先生引荐，香港华人置业集团公司主席刘銮雄先生捐款3 000万元，支持我校新图书馆建设。学校聘请刘銮雄先生之子、华人置业集团公司董事经理刘铭伟先生为校董。

七、香港企业设立奖学金、奖教金

除以个人或家族名义捐资以外，一些香港企业也积极捐资助学，设立奖学金、奖教金，详情见下表。

表6.6.2　　香港企业设立奖学金、奖教金情况一览表

<table>
<tr><th>项目分类</th><th>项目名称</th><th>设立单位/个人</th><th>设立时间</th><th>设奖期限</th><th>奖励人数/年</th><th>奖励金额/年</th></tr>
<tr><td rowspan="6">奖学金</td><td rowspan="4">新旭奖学金</td><td rowspan="4">香港Newtimes集团（即新旭集团公司）</td><td rowspan="4">2002年</td><td rowspan="4">8年</td><td>特等奖3人</td><td>6 000元</td></tr>
<tr><td>一等奖8人</td><td>4 000元</td></tr>
<tr><td>二等奖15人</td><td>3 000元</td></tr>
<tr><td>三等奖25人</td><td>2 000元</td></tr>
<tr><td>恒生银行奖学金</td><td>香港恒生银行</td><td>2003年</td><td>长期</td><td>5人</td><td>3 000元</td></tr>
<tr><td>金宝奖学金</td><td>香港金宝洋行总裁谢王寿鸽捐资委托中国妇女发展基金会设立</td><td></td><td>长期</td><td>5人</td><td>3 000元</td></tr>
<tr><td rowspan="3">奖教金</td><td rowspan="3">建联兴业奖教金</td><td rowspan="3">香港Newtimes集团（即新旭集团公司）</td><td rowspan="3">2002年</td><td rowspan="3">8年</td><td>一等奖3人</td><td>2 000元</td></tr>
<tr><td>二等奖7人</td><td>1 600元</td></tr>
<tr><td>三等奖15人</td><td>1 200元</td></tr>
</table>

第七章 国际商务汉语教学与资源开发基地

第一节 概　　述

根据国家汉办《关于建立国际商务汉语教学与资源开发基地（北京）的函》（【2009】847号）和对外经济贸易大学《关于成立国际商务汉语教学与资源开发基地（北京）的决定》（外经贸人字【2010】092号），学校国际商务汉语教学与资源开发基地、商务汉语国际推广中心成立。基地于2010年5月19日揭牌，对外经济贸易大学校务委员会主席王玲书记兼任基地主任，基地执行主任为韩红教授。

基地下设办公室、国际商务汉语能力评价标准制定中心、国际商务汉语水平考试中心、国际商务汉语教材编写中心、商务汉语教师培训中心、市场推广与开发中心、网络智能学习与网站建设中心、孔子学院事务办公室。

第二节 基地机构建设

一、基地功能

1. 制定商务汉语考试标准；
2. 进行巡讲、巡展、巡演的“三巡”活动；
3. 孔子学院及商务孔子学院事务；
4. 培训商务汉语师资；
5. 多方位促进国际商务汉语的推广。

二、理事会建设

2010年5月19日，基地理事会成立。基地理事会在理事长的领导下积极参与基地建设，开展日常工作，监督指导基地各项目进展情况。

理事会成员：

理事长：王玲

顾问：施建军

秘书长：韩红

成员：赵忠秀、王立非、张汉林、曹红月、汤谷良、孙强、胡东旭

三、专家库建设

1. 校内专家名单

赵忠秀、王立非、张汉林、曹红月、夏海泉、孙强、杨言洪、门明、曾钢、桑百川、王明辉、屠新泉、王永贵、王铁栋、叶成刚、王健、刘宝成、戚依南、邓如冰、窦卫霖、吴晓峰

2. 校外专家名单

钱一呈、王登峰、郑登文、刘援、陈晓光、杨恒达、刘珣、关立勋、陶红印

表 6.7.1　基地专家委员会国际专家名录

序号	姓　　名	国　　籍	编　　号
1	Peter Franklin	德国	2010001
2	Michael B. Goodman	美国	2010002
3	Dr. Malcolm McDonald	英国	2010003
4	Helen Spencer-Oatey	英国	2010004
5	Gregory P. Prastacos	希腊	2010006
6	连大祥	美国	2010007
7	易福成	俄罗斯	2010008
8	Anil Puri, Ph. D	美国	2010009
9	Ms. Helen Boyle	英国	2010010
10	Roberto M. Ribeiro	巴西	2010011
11	大久保　勲	日本	2010012
12	Buckley	英国	2010013
13	Yacoub Aldossary	沙特阿拉伯	2010014

注：截至 2010 年 8 月 20 日

表 6.7.2　基地多语种人才专家库

序号	名字	学位	单　　位	研究领域	语种
1	王立非	博士	英语学院	英语语言文学	英语
2	李　琳	硕士	英语学院	应用语言学	英语
3	郭德玉	硕士	外语学院	日语语言学	日语
4	姚丽萍	硕士	外语学院	日本语言文学	日语
5	赵　敬	博士	外语学院	国际政治	日语
6	于　丽	博士	外语学院	比较文学	日语
7	丁　隆	博士	外语学院	国际关系	阿语
8	张　宓	学士	外语学院	意大利语	意语
9	刘晓丽	硕士	外语学院	外国语言学与应用语言学	意语

续表

序号	名字	学位	单　位	研究领域	语种
10	徐　映	硕士	外语学院	对外贸易	意语
11	张　晶	学士	外语学院	法语	法语
12	周晓幸	硕士	外语学院	法语	法语
13	孙　芳	博士	外语学院	俄罗斯社会与文化	俄语
14	宋艳梅	博士	外语学院	俄语语言与文学	俄语
15	周玉波	博士	外语学院	韩国语教育	韩语
16	崔玉山	博士	外语学院	韩国语言文学	韩语
17	申　泉	博士	外语学院	语言学及应用语言学	韩语
18	赵雪梅	硕士	外语学院	国际政治经济学	西语
19	郑皓瑜	博士	外语学院	政治学	西语
20	徐颖丰	硕士	外语学院	西班牙语言文学	西语
21	石　磊	硕士	外语学院	西班牙语言文学	西语
22	冯晓虎	硕士	外语学院	语言学	德语
23	聂　斌	硕士	外语学院	亚非语言文学	越语
24	李　劼	硕士	外语学院	越南语言文学	越语

表 6.7.3　“商务中国”巡讲团专家库

序号	名字	学位	单位	研究领域	巡讲题目
1	殷国鹏	管理学博士	信息学院	IT/IS 相关的管理与行为问题、新兴电子商务参与者行为规律、服务外包与国际化成长、电子商务与现代服务业等领域	中国服务：新兴离岸外包市场
2	白树强	经济学博士	国际经济贸易学院	国际贸易理论与政策、世界贸易组织法、国际竞争政策	中国当前外经贸形势及展望
3	蒋显璟	哲学博士	英语学院	英国文学、美国文学、中国文学	中国贸易：文化影响
4	王　健	经济学博士	国际经济贸易学院	国际商务领域内的应用与决策研究，主要涉及网络与电子商务应用、国际贸易实务与法律、商务谈判行为、无纸贸易发展模式与政府策略、国际电子商务、实践教学、中小企业企业国际化决策研究等。	中国电子商务环境与应用
5	洪俊杰	经济学博士	国际经济贸易学院	运输物流、区域经济学、国际贸易与商务	中国物流产业：现状与未来
6	孔淑红	经济学博士	国际经济贸易学院	财政税收理论与实践、国际直接投资、奢侈品产业分析等	中国奢侈品消费

续表

序号	名字	学位	单位	研究领域	巡讲题目
7	门　明	金融学博士	远程教育学院	金融工程、金融衍生市场、高级投资分析、高级公司金融政策、国际商务与金融、	中国金融市场的发展——挑战与改革
8	浦　军	经济学博士	国际商学院	国际化经营、财务管理与控制以及绩效评价等。在校面向 MBA、硕士及本科生讲授公司理财、国际财务管理、投资学等重点课程	发展中的中国资本市场
9	邹亚生	经济学博士	金融学院	产业组织、金融企业营销；金融企业战略管理、组织变革	中国银行业
10	丁　丁	法学博士	法学院	公司法、证券法、公司治理、外商投资企业法、中国－东盟自由贸易区等	中国的外资并购与反垄断法
11	傅慧芬	教授	国际商学院	国际营销、跨国沟通	中国的有效市场沟通
12	江　春	副教授	英语学院	商务英语、跨文化交际理论与实践、中国文化对商务的影响	从人文的角度对中国文化的介绍
13	曾立新	副教授	保险学院	国际贸易保险、跨国公司风险管理	经济全球化视角下中国保险业的发展与未来展望
14	熊　伟	副教授	国际商学院	营销调研、企业技术创新（研发管理）、网络营销	中国的消费者行为
15	刘士敏	副教授	国际商学院	组织学习与知识管理、国际人力资源管理、组织变革管理、跨国领导力	中国企业全球化——跨文化挑战
16	王秉乾	讲师	法学院	国际建设工程、英美法、国际贸易法、WTO 法	中国法律与争议解决
17	李　洋	讲师	国际经济贸易学院	国际贸易	中国对外贸易及对外投资政策
18	陈剑玲	讲师	法学院	知识产权、国际争议解决	商事争端在中国的解决
19	续　芹	讲师	国际商学院	公司治理、环境会计、上市公司信息披露	由会议准则变化看中国企业文化发展
20	冯乃祥	副教授	英语学院	跨文化交际	中国：不同形式的共同文化
21	王　波	副教授	国际关系学院	国际气候变化和能源政策、技术转让政策	国际气候变化谈判中的低碳技术转让问题及中国的利益与选择

二、基地执行项目

基地包含如下八个执行项目：

（一）核心价值：创建国际商务汉语能力评价标准体系

通过针对国际商务汉语语言能力等级标准的调研，开发新的国际商务汉语评价体系。该体系需要有较多的等级，能够满足不同阶层人士的个性化学习的需要。

（二）价值实现：开发国际商务汉语水平考试（IBCC）系统

在国际商务汉语能力评价标准体系的基础上，开发国际商务汉语水平考试（IBCC）系统，包括考试系统软件的开发、网站建设以及考试题库建设。

（三）教材支撑：开发国际商务汉语水平考试（IBCC）教材体系。

以多种形式开发各个级别的国际商务汉语水平考试教材体系。

表 6.7.4　　基地首期成果—五套商务汉语教材

序号	书名	作者	出版社	语　种	册数
1	《商务汉语一本通》（10 语种对照版）	王立非	高等教育出版社	汉英、汉俄、汉德、汉法、汉意、汉西、汉韩、汉日、汉阿、汉越	10
2	《北京商务汉语》	董　瑾	对外经济贸易大学出版社	汉英	1
3	《商务汉语实用口语》（汉俄双语版）	刘金兰 杨春宇	对外经济贸易大学出版社	汉俄	1
4	《通用商务汉语》	季　瑾	对外经济贸易大学出版社	汉英	3
5	《成功商务汉语》	李　琳	高等教育出版社	汉英	1

（四）师资支撑：培训国际商务汉语师资

科学规范教师培训体系并建议执行国际商务汉语教师资格证书制度；培养和输送国际商务汉语教师到世界各地孔子学院开展商务汉语教学课程，推广各类国际商务汉语教材和推行国际商务汉语水平考试，协助世界各地孔子学院将优秀学生送到中国高校深造。目前，学校共有俄罗斯国立人文大学孔子学院、希腊雅典经济商业大学商务孔子学院、美国德克萨斯大学圣安东尼奥分校孔子学院、加拿大大不列颠哥伦比亚理工学院孔子学院、日本福山大学孔子学院、墨西哥新莱昂自治大学孔子学院六个孔子学院。

表 6.7.5　　对外经济贸易大学孔子学院外派院长及教师

序号	姓名	派往孔院及职位	任　期
1	杨秀琴	希腊雅典经商大学孔子学院中方院长	2009 年 9 月 –2011 年 9 月
2	刘贵友	俄罗斯国立人文大学孔子学院中方院长	2009 年 6 月 –2010 年 6 月

续表

序号	姓名	派往孔院及职位	任 期
3	王 雷	俄罗斯国立人文大学孔子学院教师	2009 年 7 月 －2011 年 6 月
4	陈红英	俄罗斯国立人文大学孔子学院教师	2009 年 7 月 －2011 年 6 月
5	廖成红	美国德克萨斯大学圣安东尼奥分校孔子学院中方院长	2010 年 2 月 －2012 年 2 月
6	韩立华	俄罗斯国立人文大学孔子学院中方院长	2010 年 6 月 －2012 年 6 月
7	韩沛玲	希腊雅典经济商业大学商务孔子学院教师	2010 年 2 月 －2011 年 2 月
8	金淑玉	美国德克萨斯大学圣安东尼奥分校孔子学院教师	2010 年 4 月 －2012 年 4 月
9	白栗薇	美国德克萨斯大学圣安东尼奥分校孔子学院教师	2010 年 2 月 －2012 年 2 月
10	范 悦	加拿大不列颠哥伦比亚理工学院孔子学院教师	2010 年 1 月 －2012 年 1 月
11	吴英杰	日本福山大学孔子学院中方院长	2009 年 3 月 －2011 年 3 月
12	田明鑫	墨西哥新莱昂自治大学孔子学院教师	2011 年 3 月 －2013 年 3 月

（五）市场支撑：推广国际商务汉语水平考试（IBCC）

在目标市场国家或地区推广国际商务汉语水平考试，塑造国际商务汉语的国际品牌。

（六）学科支撑：建设国际商务汉语专业，创新跨文化交流人士培养模式

培养学历（学士与硕士）培养模式和非学历培养模式。

（七）组织支撑：筹建国际商务汉语推广联盟

筹建国际商务汉语推广联盟，旨在为国际商务汉语推广工作提供基本的组织、协调、服务机制等保障体系。

（八）技术支撑：建设国际商务汉语网站，推行国际商务汉语网络教育

基地于 2010 年 3 月召开了网站项目论证会，2010 年 5 月学校网络中心开始着手网站建设，进一步完善网络资源。构建让中外优秀师生、商务汉语国际推广教育研究者可以积极参与的信息化整合研发中心。

第三节 基 地 活 动

一、重要活动

（一）国内重要活动

2009 年 11 月，学校参加国家汉办召开的汉语国际推广基地工作会议，校务委员会主席、基地主任王玲书记介绍的基地项目实施方案受到国家汉办领导和专家的一致肯定。12 月，商务汉语基地与出版社联合参加了第四届孔子学院大会及孔子学院资源展和多国语言展；王玲书记在第四届孔子学院大会“校长论坛”上代表中国高校发表主

题演讲。

2010 年 7 月，施建军校长出席国家汉办中长期发展规划研讨会。同月，中美（希）商务汉语体验营开营仪式成功举行，来自美国与希腊的 30 位大学生与本校学生联谊交流。8 月，基地成功承办“孔子学院外方项目经理研修班”项目，来自 23 个国家的 74 位项目官员在本校学习汉语并体验中国文化。同月，基地先后参加在沈阳召开的第十届国际汉语教学研讨会与教学资源站、在杭州召开的汉语作为第二语言研究 2010 国际研讨会。10 月，基地成功承办泰国教育部官员与校长研修班项目，40 多位泰国教育部官员与中小学校长参加了活动。11 月，希腊教育部校长团来基地参加研修班。12 月，新加坡通商中国冬令营在基地举行。

（二）出国文艺巡演及“商务中国”巡讲团

2009 年 10 月，基地成功组织学校大学生艺术团赴希腊、匈牙利、捷克、奥地利、意大利、德国孔子学院巡演；2010 年 1－2 月，赴美孔子学院举行中国文艺巡演；9 月，艺术团应邀赴沙特阿拉伯演出，中国驻沙特大使称赞此次巡演是中沙两国文化史上的“破冰之旅”。

2010 年 9 月，施建军校长带队率“商务中国”巡讲团赴俄罗斯巡讲；2010 年 10－11 月，基地“商务中国”巡讲团赴美国巡讲，受到美国当地专家学者好评；11－12 月，王玲书记率巡讲团赴日本巡讲，日本听众称通过巡讲“了解到了一个真实的中国”。

二、国际交流

2009 年 3 月，胡福印副校长率团赴希腊雅典经济商业大学考察访问。6 月，雅典经济商业大学校长普拉斯塔克斯教授、美国德州圣安东尼奥分校（UTSA）连大祥教授来访。7 月，施建军校长出席国家汉办在西班牙瓦伦西亚举行的“首届伊比利亚美洲孔子学院联席会议”。8 月，王玲书记出席国家汉办在俄罗斯符拉迪沃斯托克召开的“欧亚地区孔子学院 2009 年联席会议”并代表中国高校在大会上作专题报告。12 月，俄罗斯国立人文大学校长波沃瓦尔、日本福山大学吉原龙介副校长先后来访。

2010 年 3 月，刘延东国务委员访问俄罗斯国立人文大学孔子学院。5 月，澳大利亚墨尔本市副市长 Brian Shanahan 及夫人、比利时鲁汶工程联合大学校长 Johan DeGraeve 博士和外事处长白伟恩处长（孔子学院院长）一行先后来访。6 月，美国德州大学圣安东尼奥分校（UTSA）孔子学院院长连大祥教授、俄罗斯国立人文大学孔子学院外方院长易福成教授、加州州立大学富勒顿分校（CSUF）米哈罗商学院院长 Anil Puri 博士一行、MCF（Migrant Children's Foundation）创始人 Helen Boyle 女士、TBC（The Beijing Center－中国学中心）主任利培德教授先后来访。7 月，基地参加国家汉办在俄罗斯新西伯利亚召开的“第二届欧亚地区孔子学院联席会议”。同月，雅典经济商业大学校长普拉斯塔克斯教授、中国驻希腊大使罗林泉先生及夫人、韩国亚洲大学副校长宋永均教授一行先后来访。8 月，日本福山大学孔子学院外方院长大久保勳来访。10 月，在中国和希腊两国总理的见证下，中希双方共签署了 11 项协议，其中第十个协议是中兴通讯公司赠送给雅典商务孔子学院远程教育视频设备，价值 20 万欧元。

2010 年 8 月，来自全球 23 个国家的 74 位孔子学院外方项目经理来到商务汉语基地参加研修班。9 月，泰国教育部校长团在基地参加研修班。11 月，希腊教育部校长团在基地参加研修项目。12 月，新加坡“通商中国”夏令营在基地举办开营仪式。

第四节　孔 子 学 院

一、俄罗斯国立人文大学孔子学院

2006 年底，俄罗斯国立人文大学与孔子学院总部签署合作建设孔子学院协议，俄罗斯国立人文大学孔子学院由俄罗斯国立人文大学与中国对外经济贸易大学按照《孔子学院章程》共同建设。

2007 年 9 月 4 日正式揭牌，基地主任王玲书记发表讲话。时任国务委员陈至立女士与俄罗斯联邦教育署署长巴雷欣为孔子学院揭牌。2009 年，中共中央政治局委员、国务委员刘延东视察俄罗斯国立人文大学孔子学院，对孔子学院发展提出了建议。

目前，孔子学院已开办汉语初级班 6 个、汉语中级班 3 个、汉语高级班 1 个、少儿汉语初级班 2 个，并定期举办关于中国文化、中国经济的系列讲座活动。

二、美国德克萨斯大学圣安东尼奥分校孔子学院

2009 年 11 月，德州大学圣安东尼奥分校与孔子学院总部签署合作建设孔子学院的协议，德州大学圣安东尼奥分校孔子学院由美国德州大学圣安东尼奥分校与中国对外经济贸易大学按照《孔子学院章程》共同建设。

2010 年 2 月 10 日基地主任王玲书记为孔子学院揭牌，并发表讲话。2010 年，为国际商务汉语的推广，做了许多开拓性的工作，如全美商务汉语教材及教师培训研讨会、举办中国文化摄影展等准备工作。

三、墨西哥新莱昂自治大学孔子学院

2006 年 10 月 16 日，新莱昂自治大学与孔子学院总部签署合作建设孔子学院的协议，新莱昂州自治大学孔子学院由墨西哥新莱昂州自治大学和中国对外经济贸易大学按照《孔子学院章程》共同建设。

2006 年 11 月 24 日，国家汉办许琳主任访墨期间出席揭牌仪式。

目前，已开办汉语初级班、汉语中级班、汉语口语班、商务汉语短期培训班、HSK 考级班，并定期举办关于中国文化、中国经济的系列讲座活动。

四、日本福山大学孔子学院

2007 年 11 月 16 日，日本福山大学与孔子学院总部签署合作建设孔子学院协议，福山大学孔子学院由中国对外经济贸易大学、上海师范大学和日本福山大学按照《孔子学院章程》共同建设。

2008 年 4 月 4 日正式揭牌。国家汉办许琳主任发来贺信，中国驻大阪总领事罗田

广、福山市长羽田皓、福山商会会长菅田泰介及当地有关团体、企业共计 200 多位来宾出席了揭牌仪式。2010 年 12 月 3 日，福山孔院在日本召开第三届理事会，基地主任、基地理事会理事长王玲书记参会签署了三方协议并发表讲话。期间，“商务中国”巡讲团在福山孔子学院发表专题讲座，介绍中国经济情况。

目前，福山孔子学院已开办初级汉语班 2 个、中级汉语班 2 个、汉语听力班 1 个、商务汉语班和 HSK 考级班，并定期举办中国文化及现代中国讲座活动。

五、希腊雅典经济商业大学商务孔子学院

2008 年 6 月，雅典经济商业大学与孔子学院总部签署合作建设商务孔子学院的协议，雅典经济商业大学商务孔子学院由希腊雅典经济商业大学与中国对外经济贸易大学按照《孔子学院章程》共同建设。

2009 年 10 月 8 日正式揭牌。希腊总统卡罗洛斯·帕普利亚斯、中国驻希腊大使罗林泉、国家汉办副主任马箭飞等中外领导人和希腊政界、商界、教育界和文艺界社会名流约 400 人出席揭牌仪式，雅典经济商业大学校长普拉斯塔科斯和国家汉办副主任马箭飞为孔子学院揭牌，基地主任王玲书记在揭牌仪式上发表讲话。

第七篇　中国共产党、民主党派和群众团体

第一章 中国共产党

第一节 党 代 会

一、中国共产党对外经济贸易大学第十次代表大会

中共对外经济贸易大学第十次代表大会于2005年7月10日至11日在学校召开。党委书记王玲作题为《以人为本，特色立校，为对外经济贸易大学的跨越式发展而奋斗》的工作报告。报告总结了自第九次党员代表大会以来学校党建及其他工作取得的成绩，分析学校面临的挑战和机遇，提出学校2005－2010年工作的战略方针：领导和团结全校师生员工，以科学发展观为指导，以学科建设为龙头，抓住重点，整合资源，凝聚力量，大力提高学科水平，不断提高人才培养质量，实现学校的跨越式发展，把学校建设成为一所特色鲜明、品质精良、具有国际竞争力和可持续发展能力的高水平大学。报告强调指出，学科建设是学校事业发展的关键，加强学科建设是国际国内经济社会发展趋势的需要，是高等教育发展和高校竞争态势的需要，是贯彻“三个代表”重要思想、满足师生员工共同利益需求、构建和谐校园的需要。今后五年的学科建设目标，是学校事业发展的主要目标，是全校师生员工事业发展的共同目标。报告指出，贯彻报告确立的战略方针，实现报告确定的战略目标和任务，关键在于坚持、加强和改善党的领导。学校各级党组织和全体共产党员，要紧紧围绕学校工作中心和战略重点，按照全面加强党的思想、组织、作风和制度建设的要求，在学校事业发展中发挥应有作用，作出更大贡献。党委副书记兼纪委书记贾怀勤代表上一届纪律检查委员会向大会作题为《监督保障，惩防并举，开创我校党风廉政建设和反腐败工作新局面》的工作报告。经审议，大会通过了关于党委工作报告的决议、关于纪委工作报告的决议，选举产生了21名委员组成的中共对外经济贸易大学第十届委员会、9名委员组成的中共对外经济贸易大学纪律检查委员会。会议提出的以科学发展观为指导，以学科建设为龙头的战略思路，为学校2005—2010年的跨越式发展勾画了清晰的路径，为全校教职员工团结一心，聚力发展，奠定了坚实的思想基础和组织保障。

（一）中国共产党对外经济贸易大学第十届委员会第一次全体会议

会议于2005年7月11日召开。大会选举产生党委常委、党委书记、党委副书记；校纪律检查委员会第一次全体会议召开，选举产生纪委书记、纪委副书记。

（二）中国共产党对外经济贸易大学第十届委员会第二次全体会议

会议于2006年2月9日召开。全体党委委员参加会议、全体纪委委员、工会常务副主席、团委书记列席会议。党委书记王玲代表党委常委会向大会作题为《凝练办学指导思想，提高学科建设水平，完成本科评建任务，为建设高水平研究教学型大学而奋

斗》的主题报告。会议回顾 2005 年校党委的工作，分析学校工作面临的形势，研究 2006 年学校重点工作，提出党建和思想政治工作的具体措施，明确回答了关于学校办学指导思想的基本问题和学校的发展目标定位、人才培养目标定位、学科特色定位等关键问题。党委常委、副校长林桂军，党委常委、副校长刘亚分别作关于学科建设、本科评建工作专题发言。会议审议通过《中共对外经济贸易大学第十届委员会第二次全体会议决议》及《党内情况通报会制度》、《关于发挥党员党内监督作用的暂行办法》、《党委常委会向全委会报告工作并接受监督的规定》、《重大事项决策听证暂行办法》、《纪律检查机关控告申诉工作办法》、《对外经济贸易大学校内重要信息通报会暂行规定》六个文件。

（三）中国共产党对外经济贸易大学第十届委员会第三次全体（扩大）会议

会议于 2006 年 8 月 15 日召开。校党委委员、纪委委员、各中层单位党政一把手出席会议。会议主题是：常委会向党委会报告工作，分析目前学校发展面临的形势，进一步理清加强学科建设、实现学校跨越式发展的思路，确定推进学科建设和本科评建的战略主攻方向和工作重点。党委书记王玲代表党委常委会向大会作主题报告。党委常委、副校长刘亚就推进本科评建冲刺阶段工作做专题发言。党委常委、副校长林桂军汇报了学校“十五”“211 工程”建设项目整体验收工作。会议审议通过《中共对外经济贸易大学第十届委员会第三次全体（扩大）会议决议》。

（四）中国共产党对外经济贸易大学第十届委员会第四次全体（扩大）会议

会议于 2007 年 3 月 4 日召开。校党委委员、纪委委员、各中层单位党政一把手出席会议。会议的主题是：以科学发展观和构建社会主义和谐社会的重大战略思想为指导，深入贯彻落实校党委确定的跨越式发展战略，大力推进和谐校园建设，进一步提高领导水平和管理工作质量，全力推进学校事业发展。会议传达了中共中央总书记胡锦涛同志关于加强领导干部作风建设的重要讲话精神，第十五次全国高校党建工作会议精神、教育部直属高校工作咨询委员会 2007 年会议精神，通报了教育部关于学科建设等重要文件精神。党委书记王玲代表党委常委会向大会作了主题报告。会议审议通过了《中共对外经济贸易大学第十届委员会第四次全体（扩大）会议决议》。

（五）中国共产党对外经济贸易大学第十届委员会第五次全体（扩大）会议

会议于 2008 年 3 月 15 日召开。校党委委员、纪委委员、各中层单位党政一把手出席会议。会议的主题是：深入学习贯彻党的十七大精神，分析学校面临的形势和任务，抓住优势学科创新平台申报立项的重要机遇，在发展战略上深化认识，在重点工作上破解难题，在管理制度上改革创新，在人才队伍上凝聚力量，切实推进学科建设，全面提升核心竞争力，实现我校的跨越式发展。党委书记王玲代表党委常委会向大会作题为《抓住机遇，构筑创新平台，建设优势学科，全面提升核心竞争力》的主题报告。会议审议通过《中共对外经济贸易大学第十届委员会第五次全体（扩大）会议决议》。

（六）中国共产党对外经济贸易大学第十届委员会第六次全体（扩大）会议

会议于 2009 年 3 月 10 日召开。校党委委员、纪委委员、各中层单位党政一把手出席会议。会议决议通过学校深入学习实践科学发展观活动实施方案，要求全校各级党组织和共产党员进一步增强使命感、责任感，严格按照中央关于开展学习实践活动的总体要求，在教育部党组深入学习实践科学发展观活动领导小组的领导下，把扎扎实实抓好学习实践活动作为当前首要的政治任务和工作重点，高度重视，加强领导，精心组织，周密部署，明确责任，狠抓落实，确保学习实践活动取得实效，加快建设高水平特色型大学步伐。

（七）中国共产党对外经济贸易大学第十届委员会第七次全体会议

会议于2009年11月5日召开。党委书记王玲代表党委常委会作2009年1月以来党委工作汇报。党委常委、校长施建军作关于筹备召开学校第十一次党代会的决议草案说明。会议审议通过关于筹备召开学校第十一次党代会的决议。

（八）中国共产党对外经济贸易大学第十届委员会第八次全体（扩大）会议

会议于2010年6月29日召开。校党委委员、纪委委员出席会议。会议讨论审议《中共对外经济贸易大学第十届委员会工作报告（征求意见稿）》《中共对外经济贸易大学纪律检查委员会工作报告（征求意见稿）》。

二、中国共产党对外经济贸易大学第十一次代表大会

中共对外经济贸易大学第十一次代表大会于2010年7月17至18日召开。会议主题是：高举中国特色社会主义伟大旗帜，以邓小平理论和“三个代表”重要思想为指导，深入贯彻落实科学发展观，坚持改革创新，强化质量特色，推进民主开放，实现科学发展，促进校园和谐，为建设国际知名有特色高水平大学而努力奋斗。党委书记王玲作题为《改革创新，科学发展，为建设国际知名有特色高水平大学而努力奋斗》的工作报告。报告回顾学校自第十次党代会以来的工作，分析学校面临的形势与机遇，阐明学校今后五年的指导思想、奋斗目标和主要任务，指明进一步提升党建和思想政治工作科学化水平的要求和措施。大会提出，把学校发展同国家、区域经济社会发展紧密联系起来，按照“立足首都，面向全国，走向世界”的思路，坚持以科学发展为统领，注重内涵发展、特色发展、现代化发展，到2015年，把学校建成整体办学实力和主要指标居于同类大学前列、国际化水平领先的国内知名大学；到2020年，力争把学校建成国际竞争力和影响力显著增强的国际知名有特色高水平大学。大会强调，要进一步加强和改进党建和思想政治工作，以党的十七大和十七届四中全会精神为指导，紧紧围绕学校科学发展这个中心，以执政能力建设和先进性建设为主线，以思想理论建设为先导，以领导班子和干部队伍建设为重点，以基层组织建设为基础，以作风建设和反腐倡廉建设为保障，稳步推进党内民主，调动一切积极因素，形成推动科学发展的整体合力，不断提高党建工作科学化水平，为建设有特色高水平大学提供坚强的思想和政治保证。党委副书记兼纪委书记杨逢华代表第十届纪委作了题为《坚持惩防并举，强化制度建设，扎实推进我校党风廉政建设和反腐败工作》工作报告。经审议，大会通过了关于党委工作报告的决议、关于纪委工作报告的决议，选举产生了23名委员组成的中共对外经济贸易大学第十一届委员会、9名委员组成的中共对外经济贸易大学纪律检查委员会。

中国共产党对外经济贸易大学第十一届委员会第一次全体会议

会议于2010年7月18日召开。选举产生党委常委、党委书记、党委副书记；校纪律检查委员会第一次全体会议召开，选举产生纪委书记、纪委副书记。

本次大会进一步完善党内民主决策机制，充分发挥党委全委会对学校重大事务的决策作用，完善落实常委会向全委会报告工作并接受监督的制度，推行重要干部任免全委

会票决制度。落实和完善党代表任期制，制订实施了《对外经济贸易大学党代表大会代表任期制实施办法》，进一步推行党代表提案和提议制度，建立健全党代表参与重大决策、参加重要干部推荐和民主评议、列席党委有关会议、联系党员群众等制度和办法；加强党委决策咨询工作，拓宽党内民主渠道，推进党务公开，提高党员对党内事务的参与度，注重发挥党员教授、专家学者在学校重大决策中的作用。坚持以扩大党内民主带动学校民主，以增进党内和谐，促进校园和谐。

表 7.1.1　　　　第十届、第十一届学校党委会任职表

历次党代会	党委书记	任职时间	党委副书记	任职时间	党委常委	党委委员
第十届党委会	王　玲	2005.7—2010.7	杨逢华 陈建香	2005.—2010.7 2005.—2010.7	王　玲（女） 王正富　刘　亚 杨逢华 陈建香（女） 陈准民　林桂军 胡福印　徐子健	王　玲（女）　王　强 王正富　仇鸿伟　叶文楼 史　薇（女）　刘　亚 李景瑜　杨言洪　杨逢华 吴　军　张　楠（女） 张新民　陈建香（女） 陈准民　林桂军　赵忠秀 胡福印　袁利新　贾怀勤 徐子健
第十一届党委会	王　玲	2010.7—	杨逢华 陈建香	2010.7—2015.7 2010.7—	王　玲（女） 刘　亚　杨逢华 张新民 陈建香（女） 林桂军　胡福印 施建军　徐子健	丁志杰　王　玲（女） 王　强　王　稳　王云海 王丽娟（女）　仇鸿伟 刘　亚　杨长春　杨言洪 杨逢华　余兴发（土家族） 张　楠（女）　张新民 陈建香（女）　范黎波 林桂军　赵忠秀　胡福印 施建军　徐子健　桑百川 黄　捷

第二节　党建重大活动

自 2001 年以来，党委围绕党建工作开展的重大活动有：

一、"讲学习、讲政治、讲正气"教育活动

2000 年 10 月 17 日—2001 年 1 月中旬，学校党委按照党中央的部署，开展了以"讲学习、讲政治、讲正气"为内容的党性党风教育活动。学校处级以上领导班子和领导干部按照党中央和中共北京市委的要求，在中共北京市委巡视组的指导下，经过思想发动、学习提高，自我剖析、听取意见，交流思想、开展批评，认真整改、巩固成果等四个阶段，完成了此次教育活动。

2001 年 11 月 1 日至 12 月 3 日，学校党委在全校范围内开展了"三讲"教育"回头

看”活动。此次活动召开了四个座谈会，参会人数共77人。党委就“三讲”教育整改落实情况征求意见并进行满意度调查。调查的满意率为96.1%，共提出意见和建议103条。

二、学习“三个代表”重要思想

2002—2003年，在全校范围内开展学习“三个代表”重要思想活动。2002年5月，校党委组织部与党委宣传部联合向全校发出《做“三个代表”重要思想的实践者主题党日活动的通知》，在基层党组织和党员中开展“做三个代表实践者”主题党日活动。学校19个党总支（直属支部）、72个支部、675名党员和部分入党积极分子参加了活动。2003年，面临“非典”疫情爆发的形势，党委将学习“三个代表”活动与抗击“非典”相结合，2003年5月，党委下发《关于在抗击“非典”斗争中开展“学习实践‘三个代表’保持先进性”主题教育活动的实施意见》，主题教育活动时间从2003年5月29日—8月1日，分为学习提高、回顾总结、评优表彰三个阶段。

三、保持共产党员先进性教育活动

2005年9月—12月，党委响应党中央号召，开展了“保持共产党员先进性教育活动”，组织全校各级党组织和师生党员认真学习中共中央文件，开展分析评议、制定整改方案等活动。全校制订了五大类28项校级整改任务；各基层组织制定了整改方案20个，整改措施190余条。学校党政明确了学校的总体发展目标、办学定位、人才培养目标、学科专业布局、师资建设方针、管理基本手段等一系列战略原则，全校上下对今后一个时期学校发展目标定位、人才培养目标定位、学科和专业建设定位等重大问题统一了认识、形成了共识；校领导班子建设得到了改进；党建和思想政治工作得到了加强；一批涉及广大师生员工切身利益的实际问题得到了解决。经过整改提高和巩固扩大整改成果两个阶段的努力，全校98.9%的问题得到了妥善解决，达到了先进性教育活动的预期目的，群众反映良好，全校共有19个党总支（直属党支部）、140个党支部、2787名党员参加了先进性教育活动。基层党组织先进性学习教育活动覆盖率达到100%，通过各种方式参加学习培训、分析、评议的党员覆盖率达到100%，群众满意度测评的满意率为99.02%。

四、学习实践科学发展观活动

2009年3月—9月，学校党委按党中央部署，在全校范围内开展了学习落实科学发展观的活动。党委制定了活动落实的实施方案；成立了学习实践活动领导小组办公室、综合协调组、文秘组、教工组等工作机构；举办了青年教师沙龙、教授论坛、院长论坛等学习交流活动；广泛深入地开展了解放思想大讨论；开通“书记在线”等。全校共有22个党总支（直属党支部）、134个党支部、3 141名党员参加学习实践活动，群众满意度测评的满意率为99.38%。

根据中央的部署，按照“党员干部受教育、科学发展上水平、人民群众得实惠”的总体要求，以“科学发展，破解难题，强化特色，创建一流”为实践载体，通过全校党员、干部和广大师生员工的不懈努力，学校学习实践活动取得了显著成效：进一步提高了思想认识，理清了学校科学发展的思路；党员干部尤其是各级领导班子和领导干部的理论水平和工作水平进一步提高，党建工作进一步加强；学校师资队伍建设、人才培养和科技工作取得显著成效；发挥学科和人才优势，积极服务首都经济建设；组织有力、责任落实，毕业生就业工作屡创佳绩；实施民生工程，在提高后勤服务水平、解决教职工安居困难、提高教职工收入、完善学生宿舍设施、整顿校园交通秩序等方面见到实效。

五、党建评估

2006年12月—2007年9月，学校党委按照上级要求，将《北京普通高等学校党建和思想政治工作基本标准》的10项一级指标、34项二级指标、67项测评要素细化分解成618个任务点；完成了党建评估预评估方案、正式评估方案的拟定及组织实施；完成了两个一级指标专项工作及文档检查组工作；完成2002—2006年度“主题党日”活动获奖项目集锦《党旗高高飘扬》的出版工作；完成了党建评估总结报告的撰写、整套资料集结成册工作；完成了党建评估整改方案的拟定及情况总结等。

六、配合教育部巡视组完成巡视工作

2007年5月9日—5月23日，由重庆大学原党委书记祝家麟同志为组长的教育部巡视组进驻我校开展巡视工作。巡视工作的主要内容包含学校贯彻落实科学发展观，推进学校改革发展稳定的情况；学校领导班子贯彻执行民主集中制和党委领导下的校长负责制的情况；选拔任用干部的情况；学校建立健全管理规章制度及落实情况；巩固和保持共产党员先进性教育活动成果的情况；学校领导班子及其成员党风廉政建设的情况等。校党委积极组织召开各类座谈会，安排个人访谈，提供学校发展相关资料，邀请巡视组参加学校各类重大会议等。

根据《教育部赴对外经济贸易大学巡视组关于巡视工和的反馈意见》提出的我校在发展和管理方面所存在的问题，学校党委高度重视，及时分析原因，专门制定《对外经济贸易大学关于落实教育部巡视组反馈意见的整改方案》，着力提高领导班子工作水平，促进学校健康发展。

七、创先争优活动

学校党委在上级领导的统一部署下，自2010年5月4日启动这一活动。从2010年5月开始，到党的十八大召开前，分三个阶段开展创先争优活动。第一阶段是从2010年5月开始至2010年底，以党员作风建设年活动为专题；第二阶段是从2011年1月开始至7月以迎接建党90周年为专题；第三阶段是从2011年7月开始至党的十八大召开前，以迎接党的十八大召开为专题。截至2010年底，开展了“育人标兵”、“成才表率”的评选活动，评选出20名教师优秀共产党员、30名学生优秀共产党员，在全校范围内予以表彰，形成创先争优的氛围。

八、第二届高水平特色型大学发展论坛年会

2008 年 12 月 27 日，以“特色型大学与创新型国家建设”为主题的第二届高水平特色型大学发展论坛年会在对外经济贸易大学召开，来自全国的 26 所高水平特色型大学的主要领导及专家参加了年会。论坛年会的主要内容是：贯彻胡锦涛总书记关于学习实践科学发展观的重要讲话精神，结合当前特色型大学发展共同面临的主要矛盾与挑战，重点围绕发展战略、投入机制、发展模式等问题，分析原因，提出对策和解决办法，为教育部制定《国家中长期教育改革和发展纲要》，加强特色型大学建设提供决策依据。主要议题是：新形势下特色型大学在行业、地区创新型经济建设中面临的机遇、挑战与战略发展趋势；新形势下如何建立特色型大学与行业及区域经济发展互利互惠、相互合作的长效机制；新形势下如何建立适合特色型大学的评估体系及拨款体系。时任教育部党组副书记、副部长陈希，时任北京市教委副主任郭广生出席会议并讲话。教育部直属高校工作司司长陈维嘉，教育部高等教育司司长张尧学，国务院学位委员会办公室副主任、教育部学位管理与研究生教育司副司长郭新立，教育部直属高校工作司副司级巡视员牛燕冰等出席会议。

九、人才强校工作会议

2004 年 11 月 25 日，学校召开人才强校工作会议。党委书记王玲作了题为《以师资建设为龙头，坚定不移地实施人才强校战略（讨论稿）》的主题报告。与会者围绕主题报告和《我校 2005—2010 年师资队伍建设规划（讨论稿）》，就学校总体发展战略和学科建设目标、学科和组织结构的合理布局、高水平师资队伍建设、进一步加强师德建设、通过人才强校提高学校科研竞争力、学校党政职能部门如何更好地为人才强校服务等问题进行讨论，提出意见和建设。校党委常委、校学术委员会委员、正职中层干部、教授及研究员、各学系主任及特邀代表参加会议。

2008 年 7 月 10 日，学校召开第二次人才强校工作会议。会议的主题是：深入学习贯彻党的十七大精神，以科学发展观为指导，坚持党管人才原则，围绕学科建设目标，以能力建设为核心，以高层次人才队伍和优势学科创新团队建设为重点，立足于人才资源开发、整合和使用，充分调动各类人才的积极性与创造性，努力打造具有创新竞争力的一流师资队伍；塑造具有高效执行力的高素质党政管理干部队伍和具有优质服务水平的服务支撑队伍，为学校事业发展建设强大的人才资源。党委书记王玲代表校党委常委向大会作题为《围绕学科建设目标，以能力建设为核心，全面推进人才强校战略》的工作报告。校党委常委、校学术委员会委员、教授和研究员、全体中层正职、教学科研单位副院长、特邀教师代表等参加会议。

十、青年教师发展论坛

2010 年 4 月 28 日，对外经济贸易大学第一届青年教师发展论坛举行。全校 35 岁以下青年教师和青年管理干部、中层干部代表团 130 余人与会。本论坛是在王玲书记、施建军校长的共同倡议下举行的，主题定为“共话青年发展　共促青年成才”，旨在搭建

交流平台，分享成功经验，激励青年教师开拓奋进。4 名优秀教师代表分别发言，交流经验和感想；教育部徐维凡司长等特邀嘉宾高度肯定了学校举办首届青年教师发展论坛的重大意义；王玲书记和施建军校长分别对青年教师的成长发展作出指导和建议。第一届青年教师发展论坛在广大青年教师中产生了积极而深远的影响。

2011 年 5 月 5 日，对外经济贸易大学第二届青年教师发展论坛举行。5 位优秀青年教师代表先后作论坛主题发言，与 100 余位青年教师代表和管理人员代表分享他们在贸大几年来的工作经验与心路历程。此次论坛还开设了青年教师和辅导员分论坛。分论坛围绕“如何贯彻落实教育规划纲要，在推动学校科学发展中发挥生力军作用”，“如何做好科学研究，提升学校竞争力”，“如何加强教学模式改革创新，提升感染力”，“如何发挥主体作用，帮助学生全面发展”等方面组织青年教师展开讨论。与会青年教师除了就科研、教学、学生工作等各方面议题进行了热烈的讨论，还就酝酿成立青年教师发展联谊会和青年教师发展宣言等问题分别进行了讨论和审议，共同推举国际经贸学院洪俊杰教授担任第一届青年教师联谊会秘书长。第二届青年教师发展论坛在形式和内容上都有所提升，形成了《青年教师发展宣言》和青年教师发展联谊会两项成果。成为学校了解青年教师发展需求，增进青年教师相互交流，凝聚智慧，促进发展的一个重要平台。

第三节　组 织 工 作

党委组织部是对外经济贸易大学负责组织工作的部门，受校党委直接领导。

一、组织部概述

（一）机构

2000 年 6 月，对外经济贸易大学与中国金融学院合并，成立新的对外经济贸易大学。原对外经济贸易大学党委组织部与原中国金融学院组织部经过一段过渡期，于 2001 年 3 月合并。组织部现有专职工作人员 6 名。

对外经济贸易大学党校与党委组织部合署办公。

（二）职责

组织部是校党委领导下负责全校党的组织建设、干部队伍建设和人才队伍建设的职能部门，为实现党的基本路线提供可靠的思想保证、政治保证和组织保证。主要职责有：

1. 抓好学校基层党组织建设，指导基层党支部工作和党员的组织生活，做好基层党支部委员的培训工作。

2. 做好积极分子培养和党员发展、教育、管理工作。

3. 制定并落实干部队伍建设规划，协助党委抓好各院（系）、部处、直属单位领导班子建设；负责各院（系）、部处、直属单位领导干部的考察、选拔、任用、管理、考核工作。

4. 负责党员组织关系转接，党费收缴、管理和使用，党内统计等工作。

5. 加强自身建设，制定和完善组织工作各项规章制度，不断推进组织工作的科学化、制度化和规范化建设。

二、主要组织工作

（一）干部工作

1. 干部换届工作

2001 年 3 月，新的对外经济贸易大学党委对全校 49 个单位、118 名处级干部进行任命。

截至 2010 年底，学校党委对学校中层（处级）领导干部共进行了三次整体换届工作。

第一次换届工作根据 2002 年 2 月 26 日印发的《关于公开选拔聘任处级干部的实施意见》，于 2002 年 2 月 27 召开动员大会，学校除工会、共青团换届选举在下半年进行外，换届工作于 4 月 26 日结束，历时两个月。此次换届工作涉及机构 47 个、干部职数 122 名。其中党群机构 8 个、干部职数 15.5 名；行政机构 15 个、干部职数 32.5 名；教学科研机构 17 个、教学辅助机构 3 个、其他机构 4 个、干部职数共 74 名。

2002 年处级干部竞聘上岗，是两校合并后的首轮干部竞聘。此次换届工作后，45 岁以下的中青年干部占干部总数的 39%；硕士研究生以上学历的占干部总数的 48%，大专（含）以下学历的干部占干部总数的 20%。

第二次换届工作根据《对外经济贸易大学关于公开选拔任用处级干部的实施意见》，于 2005 年 3 月 24 召开动员大会，4 月 29 结束，历时 35 天。此次换届工作除工会、共青团换届待定外，涉及学校各类机构 46 个、干部职数 129 名。其中党群机构 10 个、干部职数 22 名；行政机构 18 个、干部职数 35 名；教学科研机构 18 个、干部职数 43 名；党总支（直属党支部）机构 19 个、干部职数 31 名（2 名为其他干部兼任，不占干部职数）。

截至 2005 年底，在任 121 名处级干部平均年龄 43.6 岁，其中 45 岁以上的占干部总数的 55.38%，35—45 岁的占干部总数的 32.24%，35 岁以下的占干部总数的 12.4%。硕士研究生以上学历的占干部总数的 51.24%，本科学历的占干部总数的 32.24%，本科学历以下的占干部总数的 16.53%。具有副高以上职称的占干部总数的 62.81%，女干部占干部总数的 28.1%，党外干部占干部总数的 6.61%。

第三次换届工作根据 2009 年 11 月 5 日印发的《对外经济贸易大学 2009 年中层领导班子换届工作方案》，于 2009 年 11 月 5 召开动员大会，11 月 6 日—16 日，为公开报名阶段；11 月 17 日—12 月中旬，为资格审查、民主测评、公开竞聘阶段。此次换届工作涉及学校 31 个机构、59 名干部。其中党群机构 7 个、干部职数 12 名；行政机构 11 个、干部职数 22 名；教辅及其他单位 2 个、干部职数 4 名；教学科研单位 11 个、干部职数 21 名。

截至 2010 年 7 月 19 日，学校处级干部 150 名，其中实职干部 139 名、调研员（纪检员）11 名。在 139 名实职干部中，正处级干部 59 名、副处级干部 80 名；男同志 99 名、女同志 40 名；党员干部 128 名、民主党派 8 名、群众 3 名；教学科研类干部 75 名、管理服务类干部 64 名。平均年龄 43.5 岁，最年轻干部 30 岁；35 岁（含）以下干部 25 名，35—45 岁（含）干部 57 名，45—55 岁（含）干部 49 名，55 岁以上干部 8

名。具有本科以上学历者 133 名，其中硕士研究生（含）以上学历的有 79 名。

2. 干部考核工作

2001 年 9 月 29 日，党委下发《对外经济贸易大学处级干部考核暂行办法》，这是两校合并后制定的有关处级干部考核的第一个文件。文件规定考核内容从德、能、勤、绩四个方面分解量化为若干个要素进行，采取群众测评、组织考察与领导评定相结合、定量分析与定性分析相结合的方法。

2003 年，学校党委先后出台对试用期干部、干部届中、处级班子考核的文件：《对外经济贸易大学处级干部任职试用期考核暂行办法》、《对外经济贸易大学处级领导班子及处级领导干部届中考核实施细则》、《对外经济贸易大学处级领导班子及处级干部届中考核暂行办法》。

2003 年 11 月 13 日至 12 月 30 日，学校进行首次处级领导班子及处级领导干部届中考核工作。2004 年至 2007 年，处级领导年度考核、届中考核以及处级领导班子考核均依据以上文件进行，采用填写纸质选票的方法。2005 年上半年、2005 年底、2006 年底和 2007 年 7 月，先后进行了一次届满考核、两次年度考核和一次届中考核。

2008 年，根据学校党委《关于处级领导班子和领导干部 2007 - 2008 学年度及届满考核工作的通知》，学校处级领导班子和领导干部考核采用网上测评的方式进行，即由测评者在网上直接填写民主测评意见表的方式完成民主测评，并增加了关联关系测评，扩大了测评范围。

2009 年 6 月，学校举行了 2008 - 2009 学年度处级班子和处级干部考核工作。2010 年 12 月，进行了对学校中层领导班子及中层领导干部的考核工作，考核工作均采用网上考核方式进行。

（二）党建工作

1. 基层党组织及党员队伍情况

2000 年 6 月，两校合并后，学校党委对基层党组织设置进行了调整，根据上级文件精神以及各基层党组织党员人数，按照以学系、部门、年级为基本单位建立教师、教工、学生党支部，结合实际情况设置党总支和直属党支部。

2002 年，学校党委颁布实施《党的总支部委员会、直属党支部委员会工作细则》，2007 年修订并出台《中共对外经济贸易大学委员会党总支（直属党支部）工作细则》、《中共对外经济贸易大学委员会党支部工作细则》等一系列文件，以规范基层党组织的工作机制。截至 2010 年底，校党委下设 11 个分党委、7 个党总支、157 个党支部（含 5 个直属党支部）。共有党员 3 784 名，其中教职工党员 870 名、学生党员 2 351 名、离退休人员 441 名、其他外聘及流动党员 122 名。

2. 以“主题党日”活动为载体开展基层党组织活动

自 2002 年起，校党委以“主题党日”作为基层党组织活动的抓手，在活动主题、内容、形式、经费保障等方面进行完善。学校党委出台《关于主题党日活动立项经费使用办法》。截至 2010 年，学校的“主题党日”活动立项有 287 个，直接参与活动的党员达 6 500 余人次，共有 143 个优秀项目受到表彰，项目经费及奖励资金累计 94 万元。学校申报的《发挥学校英语专业优势、构建大学生志愿者工作新机制》获得 2006 - 2007 年北京高校党的建设和思想政治工作优秀成果三等奖。

（1）“做‘三个代表’重要思想的实践者主题党日活动”

2002 年 5 月，党委组织部、宣传部联合向全校发出“做‘三个代表’重要思想的实践者主题党日活动”的通知。全校有 20 个项目获得立项申请，72 个基层党支部、675 名党员和部分入党积极分子参加了项目活动。整个活动共召开研讨会 51 场，参观爱国教育基地、开发区等 24 个，建立党建知识网站 3 个，为扶贫教育等捐款 9 852 元、捐赠图书 1 976 册和教学仪器、衣物若干。在结项评优中，信息学院学生党支部获得一等奖；英语学院商务英语党支部、高等职业教育学院党总支获二等奖；外语、中德学院（联合）党总支学生支部，留学生部直属党支部，经贸学院政治经济学系党支部获三等奖。继续教育学院党总支、金融学院党总支、教辅党总支等 17 个单位分获优秀组织奖、特别奖和优秀奖。

（2）“我为党旗增辉主题党日活动”

2003 年，全校共 19 个项目申请立项，7 个项目获准立项。结项评优中，金融学院党总支获得一等奖；国际工商管理学院党总支、机关党总支宣传部支部获得二等奖；英语学院党总支学生党支部、信息学院党总支学生党支部获得三等奖。

（3）“我为本科评建做贡献主题党日活动”

2004 年，全校共 30 个项目申请立项，23 个项目获准立项。结项评优中，国际工商管理学院党总支获得一等奖；金融学院党总支、离退休人员工作处党总支芍药居党支部获得二等奖；外语、中德学院（联合）党支部、国际经济贸易学院党总支、继续教育学院党总支远程教育学院党支部获得三等奖。

（4）“我是共产党员主题党日活动”

2005 年，校党委就“主题党日”活动提出“提高立项条件、扩大项目规模、规范评优标准、增设评优奖项”的新要求，主题党日活动的申请立项及评优获奖数均有提升。全校共 31 个项目申请立项，25 个项目获准立项，9 个优秀项目受到表彰。金融学院党总支获得综合优秀一等奖；原联勤党总支和国际经济贸易学院党总支学生党支部获得综合优秀二等奖；国际商学院党总支、原外语、中德学院（联合）党总支和法学院党总支学生第三党支部获得综合优秀三等奖。继续教育学院党总支获得优秀创意奖，研究生部党总支法学党支部与离退休党总支第二党支部获得优秀组织奖。

（5）“我与学校共荣辱主题党日活动”

2006 年度“主题党日”活动确定了“区分情况，分类立项，同类评比；重心下移，注重支部的主体性，强化总支的指导性；扩大评委规模，合理划分权重，倡导客观公平”的指导原则，主题党日活动项目分为教学科研、管理、学生、离退休四大类。全校共 50 个项目获准立项，其中教学科研单位立项 19 个、管理服务单位立项 14 个、学生支部立项 13 个、离退休支部立项 4 个。48 个项目结项，27 个优秀项目受到表彰。

（6）“建和谐校园，展党员风采主题党日活动”

2007 年度“主题党日”活动按照教学科研、管理服务、学生、离退休人员四类分类立项、结项及评优。全校共 51 个项目获准立项，其中教学科研单位立项 21 个、管理服务单位立项 11 个、学生支部立项 15 个、离退休支部立项 4 个。48 个项目结项，27 个优秀项目受到表彰。

（7）“促科学发展，做时代先锋主题党日活动”

2008 年度“主题党日”活动分为教学科研、管理服务、学生、离退休、红色“1 + 1”、“精品项目”6 个系列，各系列分类立项、结项及评优。增设的红色“1 + 1”系列是由各学院联系“村官”毕业生，结合学生党支部条件，与京郊农村党支部结对开展活动。“精品项目”是坚持 3 年以上、活动效果较好、具有一定影响力和推广价值的实践活动项目。全校共 60 个项目获准立项，其中教学科研单位 21 个、管理服务单位 18 个、学生支部 13 个、离退休支部 4 个、红色“1 + 1”项目 3 个、“精品项目”1 个，55 个项目结项，25 个优秀项目受到表彰，2 个单位获得“党总支单项奖”。

（8）“扎实整改求成效，创建一流做先锋主题党日活动”

2009 年度“主题党日”活动分为 6 个系列，全校共 58 个项目获准立项，其中教学科研单位立项 18 个、管理服务单位立项 18 个、学生支部立项 14 个，离退休支部立项 5 个、红色“1 + 1”项目立项 1 个、“精品项目”立项 2 个。53 个项目结项，19 个优秀项目受到表彰。

（9）“加强基层党组织建设，全面开展创先争优活动主题党日活动”

2010 年，“主题党日”活动注重党建理论研究。项目分为重点项目和一般项目两类，重点项目立项 10 个，结项时要求在 CSSCI 期刊发表一篇（含）以上党建类学术论文；一般项目 10 个，要求在报刊杂志公开发表一篇（含）以上党建类论文。项目以分党委（党总支、直属党支部）、党支部为单位申报，鼓励不同单位的基层党组织联合申报。

3. 协助党委完成重大活动的组织工作

在教育部和中共北京市委的领导下，组织部协助学校党委策划、组织、协调了学校开展的“讲学习、讲政治、讲正气”教育活动，学习“三个代表”重要思想活动，保持共产党员先进性教育活动，《北京普通高等学校党建和思想政治工作基本标准》自查自评以及迎接达标检查验收，学习实践科学发展观，开展创先争优活动等重大活动。

（三）党校培训工作

自 2000 年 6 月至 2010 年 12 月，党校一直承担对干部、党员、入党积极分子等多个主体的培训工作。

1. 中层领导干部的培训工作

举办各类处级干部培训 70 余次，培训干部 2 500 余人次。举行处级后备干部培训 5 次，共培训 500 余人次。

学校对中层领导干部的培训采用常规培训与专题培训、境内考察与境外培训、传统培训与在线培训、校本培训与校外培训相结合的模式进行。2005 年共举办了 2 期中层干部培训班，共 300 人次。2007 年共举办处级干部培训班 2 期，共 300 人次；举办新提任处级干部培训班 2 期 24 人次，举办总支（直属党支部）书记培训班 2 期，共 44 人次。2008 年共组织处级干部培训三批 12 次，共 694 人次；新提任处级干部培训 2 期 3 次，共 33 人次；总支（直属党支部）书记培训 2 期 4 次，共 112 人次。2009 年举办处级干部培训 4 期，共 295 人次，其中处级干部（海外）培训 1 次，共 20 余人次；党总支（直属党支部）书记培训 3 期，共 150 人次。2010 年，党校举办处级干部培训（海外）1 期，共 20 人次；党校共举行分党委（党总支、直属党支部）书记培训、中层干部培训、中心组理论学习等 10 余次，共 550 人次。

协助校党委制定《2007—2008 年处级干部党政一把手高校考察方案》，自 2007 年 12 月至 2008 年 4 月由校领导带队分三批赴复旦大学、上海财经大学，南京大学、东南大学、江南大学，浙江大学等 6 所国内知名高校进行考察学习。举办院长论坛、书记论坛。校党委 2009 年组织 20 名中层领导干部赴英国参加培训，访问考察伯明翰大学、华威大学、肯特大学、伦敦政经学院、剑桥大学以及伦敦金融城等地；2010 年组织 20 名处级领导干部赴美国进行为期 18 天的“高等教育管理”培训。

2. 党支部书记培训、后备干部培训、青年教师培训、党代表培训

2005 年，举办党支部书记培训班 2 期，共 400 余人次。2007 年举办党支部书记培训班 2 期，共 200 余人次；2007 年 10 月，对研究生学生党支部书记 70 余人进行了培训。2008 年举办教师党支部书记培训 1 次，共 20 人次。

2008 年，举办后备干部培训 3 次，共 355 人次；2009 年处级后备干部培训 2 次，共 100 人次。

举办“学科建设与学校发展”青年教师沙龙、“学科建设与学校发展”教授论坛 2 次，共 230 余人次参加。2010 年，举办青年教师发展论坛和书记论坛 2 次，共 200 余人次参加。

依据《对外经济贸易大学党代表大会代表任期制实施办法》，2010 年对外经济贸易大学党校将党代表培训纳入培训体制。

3. 党员培训工作

举行新生党员培训，共计 2 000 余人次参加。

2005 年 11 月，举办新生党员培训班 1 期，共计 131 人次参加。2007 年举办新生党员培训班 1 期，共计 136 人次参加。2008 年 11 月，对 150 余名本科生和 540 名研究生新生党员进行培训。2009 年，举办新生党员培训班 1 期，共计 168 人次参加。2010 年 5 月，学校对研究生实行二级管理，出台《中共对外经济贸易大学委员会关于加强和改进研究生党组织建设和思想政治教育工作的意见（试行）》。党校召开 3—5 次研究生党员座谈会和培训会，征求研究生党支部书记意见和建议。2010 年，举办本科生、研究生新生党员培训 2 期，共计 700 余人次参加。学校坚持对毕业生党员进行培训，组织部通过现场讲解、《给毕业生党员的一封信》等形式，对毕业生党员进行教育。

4. 入党积极分子培训

2000 年至 2007 年间，党校以举办培训班的形式对入党积极分子进行培训。2007 年 11 月启动“先锋在线”网站培训入党积极分子，至 2010 年底，累计访问次数达 270 407 人次，网上党校组织入党积极分子培训，共计 3 560 人次。

2005 年举办入党积极分子培训班 2 期，共 1 099 人。2007 年举办入党积极分子培训班 2 期 1 144 人。2008 年组织积极分子培训 5 批，共 1 196 人，其中学生入党积极分子培训班 3 期 1 152 人；2008 年起，举办青年教师骨干积极分子培训一期 2 次，共 44 人。2009 年组织积极分子培训 2 批，共 900 余人。2010 年共举行 3 期入党积极分子培训，注册人数 1 933 人，参加结业考试 813 人，及格率 98.4%。

三、制度建设

自 2000 年至 2010 年，根据上级党组织和学校党委要求，党委组织部结合工作实际

需要，制定、修订和完善了组织工作制度、办法、条例和方案。主要分为学校党委重要文件、党的基层组织建设制度、处级领导班子和处级领导干部工作制度、党员发展教育管理服务制度、党校工作制度等。

（一）学校党委重要文件

2003年以来，党委制定、出台的这方面的文件主要有：

《关于校、院（处级）领导干部联系群众暂行办法》；

《对外经济贸易大学关于校级党政领导班子落实“三重一大”制度的暂行办法》；

《中共对外经济贸易大学委员会党内情况通报会制度》；

《中共对外经济贸易大学委员会关于进一步做好党员联系和服务群众工作的实施办法》；

《中共对外经济贸易大学委员会常务委员会议事规则》。

（二）党的基层组织建设制度

有关党的基层组织建设的制度，学校党委自2001年以来制定、出台的共有21项。

（三）处级领导班子管理

自2002年以来，党委制定、出台的有关处级干部管理制度方面的文件有11个。

自2001年以来，党委制定、出台的有关处级干部考核评价机制的文件有6个。

2002年以来，党委制定、出台了5个有关处级后备干部队伍建设的文件。

（四）党员发展、教育、管理与服务制度

2002年以来，党委制定、出台了16个有关党员发展、教育、管理与服务制度的文件。

（五）党校工作制度

2001年以来，党委制定、出台的有关党校工作制度的文件有15个。

表7.1.2　对外经济贸易大学各学院、处级单位（分党委、党总支、直属党支部）正副书记任职时间一览表

机构名称		正职		副职	
		姓名	任职年月	姓名	任职年月
国际经济贸易学院分党委	国际经济贸易学院党总支	满文泰 赵忠秀 胡东旭 冷柏军	2001.3 - 2005.3 2005.4 - 2006.1 2006.1 - 2007.7 2007.7 - 2009.10	胡东旭 赵鸿韬	2001.3 - 2006.1 2006.9 - 2009.10
	国际经济贸易学院分党委	冷柏军	2009.10—今	赵鸿韬	2009.10—今
法学院分党委	法学院党总支	王淑霞 王晓川	1996.3 - 2007.4 2007.4 - 2009.10	张建华 曹亚红	2001.3 - 2005.4 2005.4 - 2009.10
	法学院分党委	王晓川	2009.10 - 今	阎丽鸿	2010.2 - 今
金融学院分党委	金融学院、保险系联合党总支	唐春梅	2001.3—2002.4	白　艳 姜以波 赵　瑾	2001.3—2002.4 2001.3—2001.7 2001.7—2002.4
	金融学院党总支	唐春梅 郭　敏	2002.4—2009.7 2009.7—2009.10	白　艳	2002.4—2009.10
	金融学院分党委	郭　敏	2009.10—今	白　艳 滕　云	2009.10—2010.4 2010.2—今

续表

机构名称		正职		副职	
		姓名	任职年月	姓名	任职年月
国际商学院分党委	国际工商管理学院党总支	张新民（兼） 王丽娟	1999.6—2001.3 2001.3—2005.4	张卫滨	1998.4—2005.4
	国际商学院党总支	王丽娟	2005.4—2009.10	张卫滨	2005.4—2009.10
	国际商学院分党委	王丽娟 范黎波	2009.10—2010.3 2010.3—今	张卫滨 孟大惟	2009.10—2010.1 2010.3—今
英语学院分党委	英语学院党总支	杨逢华（兼） 李　平（兼） 范新荣 张翠萍	2001.7—2002.4 2002.4—2004.3 2004.3—2005.8 2007.3—2009.10	孙宪萍 张翠萍 王云海 徐文兵	2001.3—2002.4 2002.4—2004.3 2004.3—2006.9 2006.9—2009.10
	英语学院分党委	张翠萍	2009.10—今	徐文兵	2009.10—今
外语学院分党委	外语学院、中德学院联合党总支	曹红月 刘金兰	2001.3—2002.4 2002.4—2006.6	刘金兰 杨春宇 田文泉	2001.3—2002.4 2002.4—2005.4 2005.4—2006.6
	外语学院党总支	刘金兰	2006.6—2009.10	田文泉	2006.6—2009.10
	外语学院分党委	刘金兰	2009.10—今	田文泉	2009.10—今
信息学院党总支		冯国友 巩喜云	2001.3—2005.4 2006.3—今	许　平 巩喜云 张志娟	2001.3—2002.4 2002.4—2006.3 2006.9—今
人文与行政学院党总支		车洪波 王伟利	2001.3—2004.3 2004.3—2005.4	魏辛德 徐凯峰	2001.3—2002.4 2002.4—2006.1
人文与社会科学学院党总支		徐凯峰	2007.1—2010.2		
公共管理学院分党委	公共管理学院党总支	李柱国	2007.1－2009.10	崔鑫生 廉　思	2007.1－2009.5 2009.5－2009.10
	公共管理学院分党委	李柱国	2009.10－今	廉　思	2009.5－今

续表

机构名称		正职		副职	
		姓名	任职年月	姓名	任职年月
保险学院党总支	保险系直属党支部	赵　瑾	2002.4—2006.2		
	保险学院直属党支部	白建军 于海纯	2006.2—2008.12 2009.3—2009.10		
	保险学院党总支	于海纯	2009.10—今	李　峰	2010.2—今
中国语言文学学院党总支	中国语言文学系直属党支部	董　瑾 阎　静	2007.1—2009.2 2009.2—2009.10		
	中国语言文学学院党总支	阎　静	2009.10—今		
研究生部党总支		杨逢华（兼） 杨长春	2001.3—2006.3 2006.3—2010.6	杨长春	2001.3—2006.3
继续教育学院党总支		谢毅斌（兼） 李保元	2001.3—2009.8 2009.8—今	段桂良 王　新	2001.3—2009.2 2009.2—今
高职学院党总支		王伟利 刘秀英	2001.3—2004.3 2004.3—2005.4	刘秀英	2001.3—2004.3
体育部直属党支部		綦明德 白建军	2002.4—2004.3 2008.12—今		
国际关系学院直属党支部		马健姝	2010.1—今		
国际经济研究院直属党支部	国际贸易问题研究所直属党支部	华晓红	2001.3—2002.1		
	国际经济研究所直属党支部	华晓红（兼） 夏占友	2002.1—2002.4 2002.4—2003.11		
	国际经济研究院直属党支部	夏占友 寇文煜	2003.11—2010.5 2010.5—今		
国际学院直属党支部	留学生部直属党支部	贺向民（兼） 曹亚红	2001.3—2002.4 2002.4—2003.1		
	国际学院直属党支部	曹亚红 贺向民 袁利新	2003.1—2005.4 2005.4—2009.3 2009.3—今		

续表

<table>
<tr><th colspan="2" rowspan="2">机构名称</th><th colspan="2">正　　职</th><th colspan="2">副　　职</th></tr>
<tr><th>姓名</th><th>任职年月</th><th>姓名</th><th>任职年月</th></tr>
<tr><td colspan="2">思想政治理论课教学科研部直属党支部</td><td>梁凯音</td><td>2010.2—今</td><td></td><td></td></tr>
<tr><td colspan="2">卓越国际学院直属党支部</td><td>羡锡彪</td><td>2005.4—2008.7</td><td></td><td></td></tr>
<tr><td colspan="2">远程学院直属党支部</td><td></td><td></td><td></td><td></td></tr>
<tr><td rowspan="2">校直机关分党委</td><td>校直机关党总支</td><td>蔡少英（兼）
周永逸
袁利新（兼）
王　强（代理）</td><td>2001.3—2002.4
2002.4—2005.4
2005.4—2009.3
2009.3—2009.10</td><td>安　林（兼）</td><td>2001.3—2002.4</td></tr>
<tr><td>校直机关分党委</td><td>王　强（代理）
张　楠（兼）</td><td>2009.10—2010.3
2010.6—今</td><td></td><td></td></tr>
<tr><td rowspan="2">教辅党总支</td><td>教辅党总支</td><td>程东信
张建华</td><td>2001.3—2004.3
2008.12—今</td><td>王海涛</td><td>2008.12—2010.1</td></tr>
<tr><td>教辅、体育部联合党总支</td><td>程东信
张建华</td><td>2004.3—2005.4
2005.4—2008.12</td><td>綦明德
王海涛</td><td>2004.3—2005.4
2005.4—2008.12</td></tr>
<tr><td rowspan="2">离退休工作处分党委</td><td>离退休工作处党总支</td><td>王家祥
刘新敏
吴兴旺</td><td>1999.7—2001.3
2001.3—2005.4
2005.4—2009.10</td><td></td><td></td></tr>
<tr><td>离退休工作处分党委</td><td>吴兴旺
郭岩海</td><td>2009.10—2010.6
2010.6—今</td><td></td><td></td></tr>
<tr><td></td><td>总务处直属党支部</td><td>王子新（兼）</td><td>2001.3—2001.7</td><td></td><td></td></tr>
<tr><td></td><td>基建、保卫直属党支部</td><td>王子新</td><td>2003.1—2004.3</td><td></td><td></td></tr>
<tr><td></td><td>基建资产保卫联合党总支</td><td>王子新
祁雪冻
李占海</td><td>2004.3—2005.4
2006.3—2009.8
2009.8—今</td><td></td><td></td></tr>
<tr><td></td><td>资产管理处党总支</td><td>褚秋生</td><td>2001.3—2004.3</td><td></td><td></td></tr>
</table>

续表

机构名称		正职		副职	
		姓名	任职年月	姓名	任职年月
	后勤管理处党总支	孙宪萍 崔玉良（兼） 王子新 吴兴旺 梁尔华 屈满学 祁雪冻	1999.7—2001.3 2001.3—2001.7 2001.7—2002.4 2003.1—2005.4 2006.3—2007.9 2007.9—2009.8 2009.8—今	徐高林（兼）	2006.3—2009.11
	基建、后勤、保卫联合党总支	王子新	2002.4—2003.1		
	后勤集团党总支	吴兴旺	2002.7—2003.1		
	联勤党总支	梁尔华	2005.4—2006.3	徐高林（兼）	2005.4—2006.3
	出版社直属党支部	刘军（兼） 刘　红	1993.3—2001.3 2001.3—今		

第四节　宣传思想工作

对外经济贸易大学宣传工作由党委宣传部（以下简称宣传部）负责。宣传部在中共对外经济贸易大学党委领导下开展工作。

一、宣传部概述

（一）机构

2000年6月，对外经济贸易大学与中国金融学院合并，2001年3月，两校宣传部合并。

2000年，宣传部下设办公室、理论研究室、摄影美术室，工作人员共7人。2005年，宣传部下设办公室、理论研究室、校报编辑室和新闻办公室、美术摄影和文化研究室、校广播站、文档资料室，工作人员共8人。

（二）职责

宣传部的主要职责是：宣传党的路线、方针、政策，贯彻校党委对宣传工作的总体要求；开展理论学习和研究，开展思想政治宣传教育，建设宣传阵地，引导舆论，建设校园文化；通过对外宣传，树立学校形象。

（三）主要工作

宣传部承担的主要工作有：落实学校思想政治教育工作，制定党委中心组学习计划，制定理论学习制度，安排政治理论学习。掌握师生员工思想状况，做好舆情分析，探索新形势下加强和改进思想政治工作新方法和新途径。

管理学校新闻媒体，如校报、新闻网、校报网、广播站、楼宇电视、展板、宣传橱窗、电子屏等宣传阵地；宣传学校教学改革、科研创新、人才培养、服务社会和精神文明建设成果。在学校重要活动中负责学校政治文化环境的布置与建设，统一宣传口径。

负责学校思想政治宣传工作队伍（包括专职宣传干部和专业人员队伍、校园通讯员队伍和学生记者队伍）的建设，对他们进行政治素质教育和业务培训。

负责学校对外宣传工作，联络、接洽社会重要新闻单位采访、对外报道和新闻发布、宣传学校取得的成就等。

二、宣传工作

宣传部在学校党委的领导下，把握正确导向，围绕学校中心任务开展宣传工作，创新宣传形式。

（一）制度建设

自2002年始，围绕宣传工作，宣传部先后制定了20个相关文件，将学校的宣传工作纳入制度化、规范化管理。

（二）召开宣传思想工作会议

2000年6月，学校召开宣传思想工作会议第一次全体会议。时任校党委副书记贾怀勤作主题报告：《把握形势，突出重点，整体推进我校宣传思想工作》。会议的基本任务是深入学习党中央和江泽民同志关于宣传思想工作的重要指示精神，研讨学校宣传工作面临的形式和主要问题，明确当前和今后一个时期内学校宣传思想工作的主要任务和基本思路，讨论通过加强和改进学校宣传思想工作若干措施，统一思想，振奋精神，动员宣传思想工作人员，为整体推进学校宣传思想政治工作贡献力量。

2006年3月，学校召开全校宣传思想工作会议，校党委书记王玲作主题报告：《凝炼办学指导思想，提高学科建设水平，完成本科评建任务，为建设高水平研究教学型大学而奋斗》。会议部署了全校宣传思想工作的要点，并下发《中共对外经济贸易大学第十届委员会第二次全体会议决议》、《对外经济贸易大学2006年宣传思想工作大纲》、《关于落实〈对外经济贸易大学2006年宣传思想工作纲要〉的几点意见》等文件。

2010年1月，学校召开全校宣传思想工作会议，校党委副书记杨逢华作主题报告：《构建大宣传格局，形成立体化传播，为我校事业发展营造良好的思想舆论文化环境》，报告明确了今后两年宣传思想工作的任务。会议下发了《五年回眸·人物》、《五年回眸·成就》、《重要文件资料选编》等资料。

（三）宣传阵地

经过建设，目前学校宣传阵地的形式越来越多，宣传的内容越来越丰富。

1. 校报

对外经济贸易大学校报全称为“对外经济贸易大学”，是校党委机关报，由校党委校报编辑委员会领导，宣传部直接管理。宣传部下设校报编辑部，负责校报采编印发业务和校报网工作。编辑部设校报总编辑、副总编辑、编辑、记者、摄影、设计等岗位，组建学生记者团。《对外经济贸易大学》为旬报，每月10日、20日、30日出版，8开四版，另有专刊、特刊和副刊。旬报彩色印刷，有纸质版和网络版两种形式。

2004年，校报加入中国高校校报协会和北京市高校校报协会，并于同年开始参加全国高校和北京市高校好新闻的评选。

2009年10月，对外经济贸易大学校报网（校报网是电子校报网络依托形式）开始运行，通过校报网，校报可进入全国和北京市高校校报网络系统，在网上，校内外读者可阅读校报。校报网实现了专家网上评报，网上参加好新闻评选等功能。

2. 新闻网

对外经济贸易大学新闻网是宣传部领导下的新闻网站，成立于2005年。

新闻网主要的栏目有：惠园快讯、教学科研、国际交流、党建工作、后勤服务、校园建设。新闻网的专题报道涉及：党员先进性教育、人才强校、校党代会和党建评估、争先创优、学习贯彻“十七大”精神、贯彻落实全教会精神、本科评建、迎新和军训、新闻头条等内容。校园生活版块栏目有：求学就业、奥运进行时、心灵牧场、摄影原创等。

3. 广播站

对外经济贸易大学广播站是宣传部领导下的广播平台。广播站稿件的采写、选编均由学生记者和编辑完成。

4. 楼宇电视、电子屏

对外经济贸易大学楼宇电视主要用于播放校学生会和学生社团活动视频。视频素材的拍摄和制作均由学生完成。校园电子屏幕滚动播放学校新闻。

5. 展板橱窗

展板橱窗不定期出版，展板设在学校诚信楼和博学楼大厅内，内容为学校新闻。橱窗内容为学校要闻、社会热点图片选摘、学生热点活动等。自2010年开始，改为每月定期出版，并始设多期连续编号。

（四）专项报道

2000年至2010年以来，宣传工作围绕校党政中心工作进行了多次专项报道，主要有：“三讲”教育、校庆50周年、抗击“非典”、本科教学评估、党员先进性教育、党建评估、人才强校、第十次党代会和第十一次党代会、党的建设、学习与落实科学发展观、学科建设、人才培养、政治民主建设、校园文化建设、2008年北京奥运会、残奥会、国庆六十周年、校园建设、创先争优、校庆60周年筹备等。

（五）新闻通讯员队伍

2010年6月，学校正式组建全校新闻通讯员队伍，各单位通讯员共53名。

三、党委中心组理论学习

按照《中共对外经济贸易大学委员会关于理论学习中心组的工作规定》的要求，

根据中央和上级部署，开展党委中心组学习。

2003 年，党委中心组学习的主题是深入学习贯彻“三个代表”重要思想，遵循科学发展观；集中研讨的专题有：学校文化建设的基本问题、树立科学发展观、学习《党内监督条例》和《纪律处分条例》的体会等。

2004 年，党委中心组学习主题是贯彻落实党中央关于树立科学发展观、提高党的执政能力与水平的精神，遵循解放思想、实事求是的思想路线，贯彻理论联系实际的原则，针对学校工作现状，深化对学校重大战略问题的认识，在宏观发展战略上形成原则方案。集中研讨专题有：加强党的执政能力建设，提高学校管理人员的战略执行能力，落实人才强校战略，加强教师队伍和干部队伍建设，加强学校党风廉政建设，健全和完善纪律检查和行政监察机制等。

2005 年，党委中心组学习主题是遵循科学发展观的要求，全面落实人才强校战略，着力提高校党委的治校能力，大力营造学校和谐环境，研究和讨论学校改革、发展、稳定的重大问题。集中研讨专题有：落实人才强校战略，搞好中层干部的选拔任用、培训和考评，正确处理改革、发展、稳定之间的关系，建设和谐惠园，贯彻《建立健全教育、制度、监督并重的惩治和预防腐败体系实施纲要》，进一步加强学校党风廉政建设等。

2006 年，学校开展保持共产党员先进性教育活动，党委中心组将学习计划纳入先进性教育活动总体计划，集中研讨的专题有：实践“三个代表”重要思想，提高领导班子和领导干部决策水平和宏观驾驭能力，党的先进性的内涵，对党员领导干部先进性的具体要求，贯彻党委领导下的校长负责制，党员领导干部是学校发展的关键等。围绕“学科建设与事业发展”、“人才队伍与事业发展”、“ 教学创新与事业发展”等问题展开研讨。

2007 年，党委中心组学习的主题是以提高校党委宏观战略筹划为目的，紧紧围绕学校重点工作，特别是学科建设和本科评估工作，理论联系实际，在关系学校事业发展的重大问题上深化认识，统一思想，达成共识。以科学发展观和构建社会主义和谐社会的重大战略思想为指导，贯彻校党委十届各次会议精神，以推进学校发展、构建和谐校园为主题，以提高领导班子和领导干部的管理水平为重点，坚持用科学理论武装头脑、研究问题、指导工作，深化对学校事业发展的重大问题的认识，提高把握方向、总揽全局、协调各方的战略思维水平和决策能力。

2008 年，党委中心组召开了“学习贯彻党的‘十七大’精神”研讨会，围绕如何贯彻党的“十七大”精神，就推进学校学科建设进行研讨。10 月，为深入学习贯彻中纪委、教育部、监察部《关于加强高等学校反腐倡廉建设的意见》和教育部加强高校反腐倡廉建设工作会议的精神，党委中心组举办专题报告会，特邀中纪委驻教育部纪检组副组长李胜利同志来校作主题报告。

2009 年，党委中心组专题学习的主题是：深入学习中共中央政治局常委、中央深入学习实践科学发展观活动领导小组组长习近平同志在高校学习实践活动座谈会上的重要讲话精神，结合学校实际，研讨如何推进学校学科发展上水平、明确办学定位和学科布局、实施人才强校战略。

2010 年，党委中心组举办了 5 场专题报告会：邀请中央教育科学研究所所长袁振国教授解读《国家中长期教育改革和发展规划纲要》，北京市金融工作局党组书记、北京市金融服务工作领导小组副组长兼办公室主任霍学文作“从首都金融业发展的角度分析金融创新人才培养”的报告，国务院研究室党组副书记、副主任江小涓教授解读十七届五中全会精神，国家发展和改革委员会对外经济研究所所长、研究员张燕生教授解析“危机时代的中国经济与世界经济”，中共北京市委教育纪律检查工作委员会书记周燕专题辅导高校党风廉政建设等。进行了两次专题学习：《国家中长期人才发展规划纲要（2010 - 2020 年）》的学习和贯彻第四次全国教育工作会议精神，推进学校事业科学发展的学习。

四、思想政治教育

围绕这方面的工作，宣传部主要进行了：

（一）形势政策教育

这方面的教育以关注党和国家重大决策和重大事件，宣传党的路线、方针、政策为主。

2004 年，重点开展了“两会”精神教育专题、纪念建国 55 周年宣传活动、纪念邓小平同志诞辰一百周年、贯彻教育部教育振兴行动和北京市教育大会精神等主题形势政策教育活动，充分利用宣传思想工作的主渠道和各种阵地，开展思想舆论的引导工作，在思想政治上与党中央保持一致。

2005 年，重点组织了以“两会”精神学习教育专题，人才强国战略专题，加强和改进高校党建和思想工作专题，建立健全教育、制度、监督并重的惩治和预防腐败体系专题，纪念抗日战争和反法西斯战争胜利 60 周年等为主题形式的政策教育活动。

2006 年，重点组织了国家“十一五”发展规划和教育事业“十一五”发展规划的学习，教育创新和高水平大学建设专题学习，治理商业贿赂专题宣传报道，以及奥运精神宣传、安全宣传、预防疾病宣传等专题宣传活动。

2007 年，重点组织了党的“十七大”精神、金融危机形势政策教育的专题学习。

2008 年，重点组织了 2008 年北京奥运会奥运志愿者服务、服务奥运、平安奥运、国际国内形势教育专题宣传。

2009 年，重点组织了认真学习全面贯彻第十七次全国高校党建工作会议精神、庆祝国庆 60 周年活动专题宣传。

2010 年，重点组织了国家中长期教育改革和发展规划纲要、国家中长期人才发展规划纲要、全国第十八次高校党建工作会议、高校党风廉政建设、危机时代中国经济与世界经济发展等专题学习。

（二）坚持正确舆论导向

这方面的工作主要是为学校中心工作营造良好的舆论氛围，做好舆情分析，以人为本，化解矛盾，理顺情绪，凝心聚力。

2000 年 6 月，新的对外经济贸易大学成立，当年重点组织了“热烈庆祝新对外经济贸易大学成立”、“树立一校意识，促进实质性合并”、“校长信箱、校长热线现场办公受到学生普遍欢迎”、“急学生之所急 做学生之所需” 等新闻报道。

2001 年，围绕党风建设，重点组织了 “我校召开两校合并后第一次教职工代表大会和工会代表大会”、“搞好合并，确保稳定，更新观念，大胆试验，以点带面，推动改革，准备跨越”、“兼职党风廉政建设监督员畅谈廉政建设”、“后勤改革后浪推前浪” 等新闻报道。

2002 年，重点组织了 “我校召开中层干部和管理干部竞聘上岗动员大会”、“我校召开校务公开情况通报会”、“我校后勤管理体制改革又迈出新步伐”、“关注和支持学校 2002 年校园改造工程”、“网上选课常见问题解答”、“图书馆制定新服务公约” 等新闻报道。

2003 年，重点组织了 “全校行动起来 搞好本科评建”、“本科评建一把手是关键”、“学校发展基建先行”、“后勤改革进一步深化”、“我校积极申报博士硕士学科点”、“制度建设规范干部管理” 等新闻报道。

2004 年，重点组织了 “教代会主席团召开扩大会议讨论教师聘任方案”、“新教师：人才强校的重要生力军”、“收费工作透明高效，绿色通道确保畅通”、“落实国家政策认真做好我校助学贷款工作”、“加强思想政治工作为大学生成才服务” 等新闻报道。

2005 年，重点组织了 “努力创造‘人和’的良好工作环境”、“新一轮人员竞聘和人事分配制度改革将推开”、“校党委向中层干部、教职工、民主党派反馈校级领导班子考核及整改措施”、“全校公开选拔任用中层干部”、“把握评建形势，创造和谐环境” 等新闻报道。

2006 年，重点组织了 “党委十届三次全体（扩大）会议召开”、“党政一把手要着力抓工作落实”、“进一步统一思想，全面推进本科建设工作”、“人才强校：学校需要认真思考的重要问题”、“以学生为本，做好就业服务” 等新闻报道。

2007 年，重点组织了 “推进事业发展构建和谐校园”、“党建和思想政治工作评估责任书签字仪式举行”、“学科建设如何有效推进”、“破解难题，落实好‘十一五’学科师资建设规划”、“塑造校之魂，培育校之韵——学校文化建设系列谈” 等新闻报道。

2008 年，重点组织了 “聚集发展，关注民生”、“学科建设亟待突破，思想解放才能跨越”、“优势学科创新平台建设是今年工作的重中之重”、“以改革创新精神状态做好校园安全稳定工作” 等新闻报道。

2009 年，重点组织了 “落实全国就业工作会议精神校党委常委五招促就业”、“我校设立二千万人才安居基金”、“我校召开 2009 年党风廉政建设专题工作会”、“解析国际金融形势，勉励学子立志成才”、“我校重点学科建设瞄准国际标杆”、“我校学习实践活动群众评议暨分析检查总结整改落实阶段动员大会召开”、“后勤处、基建处、保卫处、网络教育技术中心等单位的主要负责人就师生广为关注的重要问题答记者问” 等新闻报道。

2010 年，重点组织了 “中国共产党对外经济贸易大学第十一次代表大会隆重开幕”、“议国是，凝心力，谋发展”、“努力构建人才辈出、人尽其才的环境”、“博士培养工作会议反响强烈” 等新闻报道。

（三）弘扬社会主义核心价值观

弘扬社会主义核心价值观是思想政治工作的重心之一。在这方面的宣传报道中宣传部扬善抑恶，及时宣传学校师生员工优良的精神风貌，为学校事业发展营造健康的思想文化环境。

1. 开展职业道德规范、履行本职岗位职责教育活动。宣传我校各工作系统的先进工作者、先进工作事迹，宣传学科带头人、学术骨干和优秀教师事迹，加大对校内存在的违背职业道德规范、违反岗位职责不良言行的曝光和批评的力度，加大师德建设的宣传力度。

2. 开展对学校文化建设的研究和讨论，提高对学校文化建设重要性的认识。承办大型校史图片陈列展览，在精神、形象、制度等层面力求工作实效。

3. 以学校重点工作和重大事件为契机，集中力量进行优良学风、教风、校风的宣传教育。

4. 开展网络思想政治工作，组织协调网上思想教育活动。贯彻加强校园网络信息管理要求，加强对学校 BBS 管理，在重要敏感时期全面监控网上信息，及时处理相关事件，保证舆论环境的正常和优化。根据上级部署进行网上不良信息专项检查整治、敏感时期网上信息监控、重大事件网上舆论引导，进行 BBS 实名制改造等专项工作。

5. 丰富多彩的思想政治教育活动

宣传部组织各类座谈会，如：2000 年举行学习江泽民《关于教育问题的谈话》的座谈会。2010 年 3 月，召开各学院和职能部门负责人、人大代表、教授、青年学者代表学习“两会”精神的座谈会。5 月，召开学习胡锦涛总书记函复中国农业大学师生、温家宝总理“五四”视察北京大学讲话精神的师生座谈会等。

开展征文、展览等各项活动。如 2007 年，组织学习“十七大”精神有奖征文活动；2010 年 9 月 11 日，组织师生代表到中国人民革命军事博物馆参观玉树抗震救灾主题展览，9 月组织读书节活动等；10 月组织了“我与对外经济贸易大学”校庆 60 周年征文活动；12 月举办了青年学者廉思《蚁族 2——谁的时代》新闻发布会；组织中层干部参加《全国教育规划纲要》远程学习；同时启动了全校十大新闻事件网络评选活动等。

五、对外宣传

宣传部主动联络社会媒体，对学校工作进行报道。据不完全统计，2000 - 2010 年，在中央电视台、《人民日报》、《中国教育报》、《光明日报》、新华网、搜狐网、人民网、中国新闻网、中新网等主流媒体推出反映学校教学、科研、社会服务、办学特色等方面的报道 1 500 余篇。

第五节 纪检、监察工作

学校纪律检查委员会（以下简称“纪委”）是党在高校的纪律检查部门，在学校党委和上级纪检部门的双重领导下工作，纪委的日常办公机构是纪委办公室；监察处是根据学校实际工作需要并参照《中华人民共和国行政监察条例》设置的职能机构，负责学校的行政监察工作。

一、概述

（一）机构变化

2000 年 6 月，原对外经济贸易大学与原中国金融学院合并成立新的对外经济贸易大学，两校纪委、监察审计处合并，共有 6 名工作人员，纪委办公室与监察审计处合署办公。2006 年 11 月，监察审计处更名为监察处，纪委办公室与监察处合署办公。现有专职工作人员 3 人。

（二）工作职责

1. 纪委工作职责

（1）维护党的章程和其他党内法规，对党员进行遵纪守法教育、廉政教育，作出关于维护党纪的决定。

（2）检查和监督党组织和党员贯彻执行党的路线、方针、政策和决议的情况。

（3）协助党的委员会加强学校党风廉政建设和组织协调反腐败工作，推进廉洁教育和廉政文化建设。

（4）检查、处理党的组织和党员违反党的章程和其他党内法规的案件，按照有关规定决定或取消对这些案件中党员的处分。

（5）受理对党组织和党员违反党纪的检举和控告，受理党组织和党员对党纪处分不服的申诉，保障党的章程规定的党员权利不受侵犯。

（6）定期向党员代表大会和学校党委报告工作，接受学校党委对纪检工作的领导和检查。

2. 监察处职责

（1）监督检查监察对象贯彻执行国家法律、法规、政策、决定和命令的情况，贯彻执行学校决议、决定和规章制度的情况，进行定期或不定期执法和效能监察或专项检查。依法保护其行使职权。

（2）调查处理监察对象违反国家法律、法规、政策和学校行政纪律的行为。

（3）受理对监察对象违反国家法律、法规和违反政纪行为的检举、控告。

（4）受理对监察对象不服政纪处分的申诉。

（5）法律、行政法规规定由监察部门履行的其他职责。学校领导布置的其他工作。

二、工作机制

组织保障是开展党风廉政建设的前提。学校成立党风廉政建设和反腐败工作领导小组，负责全校党风廉政建设和反腐败工作。工作中不断完善“党委统一领导，党政齐抓共管，纪委组织协调，部门各负其责，依靠群众支持和参与”的领导体制和工作机制。学校党委负有全面领导反腐倡廉建设的政治责任，逐级落实各级领导班子和领导干部的党风廉政建设责任。纪委协助党委研究部署反腐倡廉工作，结合学校内设部门职能范围，分解惩防体系建设工作任务，履行组织协调、监督检查的工作职责。

2004 年 3 月，学校党委决定成立以党委书记许其立任组长，校长陈准民、党委副书记兼纪委书记贾怀勤、党委副书记陈建香任副组长的党风廉政建设领导小组，成员 10 人。办公室设在纪检监察审计处。

2005 年 5 月，由党委书记和校长分别与二级单位主要负责人签订“党风廉政建设承诺书”和“经济责任书”，按承诺内容进行党风廉政建设工作的检查和考核，经济责任书的内容作为经济责任审计的依据和评价业绩的标准，落实责任分工、责任考核和责任追究工作。

2007 年 4 月，经党委常委会讨论通过，“党风廉政建设和反腐败工作领导小组”由王玲书记任组长，陈准民校长、杨逢华副书记、陈建香副书记任副组长，成员 9 人。办公室设在纪委办/监察处。

2009 年 6 月，“党风廉政建设工作领导小组”由王玲书记任组长，施建军校长、杨逢华副书记、陈建香副书记任副组长，成员 9 人。办公室设在纪委办/监察处。

三、主要工作

（一）宣传教育

反腐倡廉宣传教育是弘扬廉洁文化、强化拒腐防变能力的基础工作。学校党委不断发挥纪检监察、宣传、组织、人事、学工等部门共同参与的大宣教优势，倡导风清气正的校园文化。

2000 年宣传教育主题为：讲学习，讲政治，讲正气。主要活动有：组织党员干部收看成克杰、胡长清重大典型案件视频；组织全校党员观看电影《生死抉择》；组织中层干部参观“北京市打击和预防经济犯罪展览”；配合“三讲”教育进行党风廉政建设知识测试；举行校级领导班子廉洁自律生活会。

2001 年宣传教育主题为：落实党风廉政建设责任制。主要活动有：5 月，邀请中纪委培训部主任为全校中层干部作反腐败形势报告；6 月 –7 月，全校召开廉洁自律民主生活会，主要检查党风廉政建设责任制的制度情况和干部规范从政情况；7 月，将北京市对党政领导要求的“五个亲自、三个抓好、三个必须、两个确保”编印下发各单位贯彻执行；另外还召开兼职党风廉政监督员座谈会听取意见和建议。

2002 年宣传教育主题为：预防职务犯罪。主要活动有：5 月，为中层干部发放党风廉政建设和反腐败工作文件选编；购买中纪委《党政干部纪律手册》发给校级、处级领导；党委副书记兼纪委书记给中层干部上党课，对新任中层干部进行价值观、权力观、利益观教育和廉政从政教育；6 月，自编党纪政纪校规测试题 100 道，129 名中层干部参加答题测试；6 月，展览最高人民检察院制作的预防职务犯罪的挂图；展览朝阳区检察院反贪局预防职务犯罪的 60 余块展板；展览高小栋案件专题展板“总结教训，探索途径”；宣传本校廉政、勤政干部的先进事迹。

2003 年宣传教育主题为：领导干部廉洁自律。配合组织部干部培训，编辑廉政教育教材；9 月，纪委组织党员领导干部开展廉洁从政知识测试活动，党员领导干部 135 人参与。12 月，中纪委驻教育部纪检组组长田淑兰同志一行三人来校视察工作。

2004 年宣传教育主题为：廉政文化建设。主要活动有：4 月，利用展板宣传“两规条例”，为期两周；5月－6月，开展“求真务实，勤政为民”廉政教育宣传月活动，开通纪检监察审计处网页，组织一期廉政建设宣传展板，并组织中层干部参加两个条例的培训讲座；购买《中国共产党党内监督条例》、《中国共产党纪律处分条例》1 000余本，发全体党员学习；6月，与组织部共同开展党纪条规知识测试活动，发出试卷739份，收回试卷679份；9月，召开兼职党风廉政监督员座谈会，会议传达了教育部部长周济在高校党风廉政建设视频会议上的讲话精神和学校贯彻会议精神的要求，同时组织院系处级领导干部参加《北京市高校领导干部企业兼职问题问卷调查》活动，137人参与；10月，组织专职纪检监察干部开展纪检监察专业知识测试活动，同时受党委书记王玲委托，党委副书记兼纪委书记贾怀勤向校领导班子成员颁发《领导干部党风廉政基本要求》警示铭，并向全校二级单位领导干部赠送廉政警示牌；12月，召开“建设学校廉政文化”研讨会，同时和宣传部共同制作廉政教育台历300本，分发处级、科级干部。

2005年宣传教育主题为：贯彻落实《建立健全教育、制度、监督并重的惩治和预防腐败体系实施纲要》。主要活动有：5月，对新任中层干部进行权力观、利益观教育和廉洁从政教育，发放《时评反腐败》等廉政教育书籍；8月，组织全校党员参加中央纪律检查委员会举办的《建立健全教育、制度、监督并重的惩治和预防腐败体系实施纲要》知识竞答活动，约800人参加；9月，由纪检/监察审计处供稿，将学校党建与思想政治研究工作会刊《学习与思考》、特刊《毕玉玺沉浮警示录》发至全校领导干部；10月，纪委将中共北京市委副书记、纪委书记阳安江同志的《立党为公勤廉为民永葆共产党员先进性》讲话内容整理成学习册，交由党建与思想政治工作研究会作为《学习与思考》刊物的特刊向全校党员领导干部印发；12月，纪委与宣传部联合制作“惠风和畅”廉政台历，发给全校每位中层干部和相关重要部门，并送到教育部各司局。

2006年宣传教育主题为：治理商业贿赂的法律与制度。主要活动有：3月，校党委中心组召开专题研讨会，学习胡锦涛总书记在中纪委六次全会上重要讲话精神；6月，在全校开展学《党章》知识竞答活动；7月，学校党委组织收看教育部“规范学校财务管理，治理商业贿赂工作”视频会议；11月，编印《党风廉政建设专题学习资料汇编》，下发全校；12月，学校召开党风廉政建设和治理商业贿赂专题会。

2007年宣传教育主题为：教育系统预防职务犯罪案例。主要活动有：3月，学校党委召开领导干部作风建设专题民主生活会；5月，举办“治理商业贿赂专项工作宣传教育展”；6月，由学校党委书记、党委副书记兼纪委书记带队，组织中层干部赴北京工业大学参观“北京市教育系统预防职务犯罪警示教育图片展”；8月，学校党委组织收看“加强高校管理，进一步治理商业贿赂”视频会议；9月，在全校开展“坚决清理教育乱收费”专题教育；11月，学校纪委召开纪委委员、党风廉政监督员和纪检监察工作人员参加的专题工作会议，学习贯彻党的十七大精神。

2008年宣传教育主题为：深入推进二级单位“三重一大”制度和党政联席会议制度。主要活动有：2月，编印《对外经济贸易大学惩防体系建设制度选编》，分发给各级领导干部；6月，校党委召开案件专题通报会，向全体党委委员、纪委委员、中层单位党政一把手通报学校食堂三层承包案有关情况；10 月，学校党委中心组举办“加强高校反腐倡廉建设”专题报告会，特邀中纪委驻教育部纪检组副组长李胜利同志来校作主题报告；11 月，召开“讲党性、重品行、作表率”学习动员会，组织全校党员收看《警示与反思》专题教育片。

2009 年宣传教育主题为：扬正气、促和谐。主要活动有：3 月，召开党风廉政建设专题工作会议，深入学习贯彻党的十七届中央纪委三次全会精神、2009 年全国教育纪检监察工作会议精神；7 月，召开学校领导班子党性党风党纪建设专题会议，学习胡锦涛总书记在党的十七届中央纪委三次全会上的重要讲话，中央纪委、教育部、监察部《关于加强高等学校反腐倡廉建设的意见》精神；11 月，学校纪委召开廉政风险防范管理推进工作专题会。

2010 年宣传教育主题为：深入推进廉政风险防范管理。主要活动有：5 月，举办由朝阳区人民检察院和辖区内高校纪检监察部门联合进行的“预防职务犯罪教育展览”；为领导干部和重要岗位人员发放《中国共产党员领导干部廉洁从政若干准则》、《教育系统职务犯罪案例辨析》、朝阳区检察院编发的警示案例；校党委组织召开学习“教育部直属高校贯彻落实三部委《关于加强高等学校反腐倡廉建设的意见》座谈会”精神的专题会议。6 月，向所有二级单位发放“三重一大”记录本；对新任/调整的中层干部进行集体廉政谈话；举办深入推进廉政风险防范管理工作的“学院负责人培训会”和“职能部门负责人培训会”。9 月，学校中层干部代表、基建处、资产处、后勤处、财务处等单位重要岗位工作人员近 50 人赴北京体育大学参观“预防职务犯罪法制教育展览”。9 月、12 月纪委两次组织对纪委委员和二级党组织纪检委员的业务培训。12 月，学校党委理论中心组学习，邀请北京市教育纪工委书记周燕同志作党风廉政建设专题报告。

（二）制度建设

自 2000 年至 2010 年，学校党委不断完善惩防体系制度建设，校领导根据分工抓好职责范围内的制度建设，各职能部门按照职责内容和工作实际及时制定、修订管理制度，纪委认真发挥组织协调作用，加强对制度建设和执行情况的监督检查。10 年来，学校制定或修订的与反腐倡廉有关的主要制度有：

1. 监督主体的配套制度：《关于聘任兼职党风廉政监督员的暂行办法》，《党风廉政建设责任制》，《干部谈话制度的暂行办法》；《党风廉政建设责任制实施细则》，《关于党政领导班子落实“三重一大”制度的暂行办法》，《纪检监察部门案件档案保管办法》，《合同管理和法律服务规定》，《纪律检查机关控告申诉工作办法》，《关于发挥党员党内监督作用的实施办法（试行）》，《党委常委会向全委会报告工作并接受监督的规定（试行）》，《校务公开实施细则》。

2. 监督重点部门的相关制度：《基建、修缮工程审计暂行规定》（外经贸学纪检字［2001］056 号）；《招投标暂行规定》（2003 年制定，2008 年修订），《领导干部经济责任审计暂行规定》，《招生监察工作暂行办法》，《大项维修工程管理办法》，《治理商业贿赂专项工作实施方案》，《教材和图书采购管理实施办法》，《关于坚决清理和制止“小金库”的决定》，《关于开展“小金库”专项治理工作的实施办法》，《开展工程建设领域突出问题专项治理工作实施方案》，《基建工程设计变更及洽商管理办法》。

3. 部署工作的相关制度：《党风廉政建设和反腐败斗争主要任务分工》，《关于党风廉政建设和反腐败工作的主要任务分工》，《关于贯彻落实〈建立健全教育、制度、监督并重的惩治和预防腐败体系实施纲要〉的具体办法》，《关于贯彻落实教育部党组加强高校反腐倡廉建设工作会议精神的工作方案》，《关于贯彻落实〈建立健全惩治和预防腐败体系 2008－2012 年工作规划〉的实施细则》，《关于推进廉政风险防范管理工作的实施方案》，《2010 年深入推进廉政风险防范管理工作实施办法》。

4. 纪委和纪委办公室、监察审计处工作制度：《纪检办/监察审计处礼品管理规定》(2000 年)；《监察处审计室党风廉政建设责任制实施细则》，《纪检监察工作条例（试行)》，《监察处审计室工作人员职业道德规范和工作纪律》，《中共纪律检查委员会工作制度》。

在建立健全校级廉政制度之后，纪委把廉政制度建设延伸到管理、教学一线，指导、督促二级单位结合本单位实际情况制定相关制度。二级单位都基本制定“三重一大”、“院（处、部）务公开”等制度，多数单位陆续制定的各项管理制度和工作程序中体现了廉政建设内容。通过有针对性地制定配套制度和措施，逐步构建起“用制度管人、管事、管权”的长效机制，切实加大源头治理、预防腐败工作力度。

（三）监督与惩处

1. 组织专项检查，加强民主监督

纪委协同审计、财务、工会等部门，监督校院两级领导班子“三重一大”制度、干部选拔任用制度、财务“收支两条线”规定、招生“阳光工程”、采购和招投标管理办法等有关决策和管理制度的落实，加强对运行程序和管理效能的监察，促进审计结果的落实。组织的专项检查有治理教育乱收费，治理商业贿赂，治理“小金库”，治理工程建设领域突出问题等。

作为校务公开监督委员会办公室，纪委办/监察处担负着对“学校重点工作、师生员工普遍关注的热点问题在一定范围内公开”制度执行情况进行检查的日常工作。

2. 做好行政监察，完善监督程序

参与各类行政监察工作，具体包括：(1) 组织人事监察，包括中层干部竞聘过程、考察谈话等环节、新任处级干部试用期考核、配合人事处对主管干部进行跨年度考核等。(2) 招生监察，包括本科生、研究生招生重点环节监察。(3) 经济监察，包括招投标、大宗物资采购、大项维修工程、验收工程等。

行政监察的目的在于敦促各部门建立内控制度，发挥各司其职、自我约束作用。工作重点是容易发生腐败问题的重点部位和关键环节，如干部人事、招生、基建、财务、学科建设资金、科研经费、物资设备采购、后勤服务、合作办学等人财物权力集中领域。通过行政监察，发现管理中存在的问题，完善管理程序，健全管理制度，堵塞管理漏洞。

3. 受理来信来访，检查落实投诉意见

纪委在处理群众信访工作中，对群众反映的问题，根据线索初查，分类处理，及时反馈。重要信访由学校领导亲自批示；对初步显露的问题或一般性错误，进行诫勉谈话，对错误做法提出纠正意见，使当事人警醒；对反映失实的问题及时澄清，维护相关人员的合法利益。纪委坚持调查与剖析并重的原则，认真组织调查、核实证据，深入剖析根源、严格督促整改。

表 7.1.3　　来信举报统计表（2000－2010 年）

年度	来信件数	年度	来信件数
2000	15	2006	19
2001	16	2007	15
2002	27	2008	12
2003	20	2009	9
2004	39	2010	11
2005	21		

备注：表中统计的举报信件数含上级转办信件，重复信件记为 1 件。

4. 严肃查办违纪违法案件，严格责任追究

十年来，全校有 8 名正处级干部被“免职”，5 名正处级干部受到党内严重警告处分，2 名副处级干部受到党内通报批评，1 名正处级干部被司法机关判刑。

主要违纪事件有：高职学院“小金库”问题，食堂三层承包案，卓越国际学院合作办学项目财务问题等。重大案件有：高小栋在担任基建处处长以及下属的北京龙宇建设工程公司总经理期间，利用职务之便，截留工程款 97 万余元，擅自挪用公款 100 万元，并分别向某建设工程公司项目经理及龙宇分公司经理索要贿赂款 50 余万元。2001 年 8 月，北京市第二中级人民法院以贪污罪、受贿罪、挪用公款罪判处高小栋无期徒刑，剥夺政治权利终身。

四、受到上级部门表扬的工作

1. 由于查办高小栋案件中的出色表现，2003 年，学校纪委获北京市办案集体一等功，孙淑玉同志获个人一等功。

2. 2005 年 12 月，驻教育部纪检组、监察局和学校联合制作 2006 年廉政台历，发给全国各省（直辖市、自治区）教育行政部门和直属高校领导，提升了学校在全国教育系统中的知名度。

3. 2008 年、2009 年，纪委分别作为主要执笔单位全程参加驻教育部纪检组、监察局组织的“十六大以来高校党风廉政建设情况问卷调查”和“高校领导干部作风建设问卷调查”，负责问卷设计、调查和调研报告撰写，其中第一个报告被教育部党组“加强高等学校反腐倡廉建设工作会议”作为交流材料。

4. 2009 年，驻教育部纪检组王立英组长来校调研时评价学校“高度重视党风廉政建设，在建立完善体制机制、加强监督检查，开展不同形式宣传教育等方面都做得很好”；教育部第一考评组对学校反腐倡廉建设情况的量化考核结果为 97 分。

5. 2010 年，以北京市教育纪工委书记周燕为组长的检查组来校进行落实党风廉政责任制的工作检查，认为本校“切实做到领导重视、制度完善、监督到位，学校管理

规范，反腐倡廉建设各项工作取得明显成效”。本校开展廉政风险防范管理推进惩防体系建设自评得分为98分。

第六节　大学生思想政治工作

一、领导体制与工作机构

2010年，学校大学生思想政治教育已形成“党委统一领导、多部门分工协作、基层学生工作单位具体实施、学生全员参与”的格局。

2004年，学校成立了加强和改进大学生思想政治教育工作领导小组，党委书记任组长。2005年，根据教育部《普通高等学校学生管理规定》，学校进一步完善了学生管理制度。2006年5月，学校成立了独立建制的就业指导中心。2006年9月，成立了学生资助管理中心。2008年7月，成立了专门收集学生思想动态的大学生舆情调研中心。在校团委的机构设置中新增了项目部、社团部、志愿服务中心、大学生理论学术中心。2010年10月，学校成立大学生思想政治教育中心、大学生艺术教育中心、大学生创业中心、心理健康教育中心等8个学生素质教育中心。

二、学生工作队伍建设

（一）队伍情况

2000－2010年期间，学校不断加强学生工作队伍建设。自2005年始，学校先后引进辅导员25名，辅导员与学生比达到1∶193。学校加强了对学生工作队伍的境内外培训，2005年以来共有18人次出国（境）参加学习或培训。学生工作队伍中获得心理咨询师、职业指导师、创业指导师执业资格证书的辅导员已超过总人数的40%。辅导员队伍中具有研究生学历的占总人数的74%，有中级以上职称的人员占总人数的51%。学工队伍的平均年龄为32岁，30岁以下年龄的人员占总人数的63%。

（二）制度保证

2000年以来，学校先后出台了《学生辅导员工作条例》、《辅导员挂职锻炼管理办法》、《辅导员岗位补贴发放办法》、《大学生思想政治教育深度辅导工作方案》、《学生工作队伍科研管理办法》等40余项制度文件。

学校学生工作部门、保卫部门在实践中形成了应对学生突发事件的有效机制。学生思想政治工作队伍加强对重点时段、重点人和重点事的排查，力求早发现、早做工作、早化解问题。学校制定了《突发事件处理办法》、《学生重要信息沟通协调制度》等文件，使重要信息得到及时沟通，突发事件得到妥善处理。

（三）提升队伍素质

1. 多种途径

学校采取多项措施、培养、提升学生工作队伍的素质。如：与香港城市大学等高校合作，加强辅导员之间的交流；强化辅导员参加专业化学习培训，获取职业资格证书；2009年首次推选辅导员参加北京市组织的挂职锻炼；实施书记、校长为学生工作队伍作深度辅导报告制度等。

2. 提高待遇

2002 年起学校投入 45 万元设立专门奖教金，2007 年投入 20 万元作为辅导员培训和进行科研的经费，2009 年投入 10 万元作为辅导员的通讯补助。

从 2009 年始，学校下发北京市划拨的辅导员岗位津贴，每人每月 500 元。

三、大学生日常思想政治教育的主要形式与途径

2000 年以来，在学校党委的领导下，大学生思想政治教育的形式和途径得到了拓展。主要有：

（一）坚持党委书记、校长为学生作形势报告的制度；

（二）通过举办重大纪念日歌咏比赛、“校园十佳歌手”大赛、学生风采大赛、教育引导优秀学子应征入伍等措施，丰富大学生思想政治教育的途径；

（三）通过飞信、QQ 群、手机报、视频广播、网络电台等学生喜欢的新方式，加强与学生的沟通，创新大学生思想政治教育的方式与手段，以适应电脑、网络、手机等新兴传媒的发展形势；

（四）通过召开少数民族学生座谈会、举办少数民族重大节日庆祝活动、调整少数民族学生学籍管理办法、举办日常性的少数民族文艺活动等加强少数民族学生的思想教育，尝试为少数民族配备专职辅导员；

（五）2010 年，学校启动了以“青春使命，勇于担当”为主题的思想政治教育活动。

四、培养学生的全面素质

（一）科研意识的培养

2000－2010 年期间，学校党委重视对学生科研意识的培养，鼓励在校学生根据专业知识开展课题研究、社会调查等。学校制定了《学生工作科研课题管理办法》，形成课题申报工作流程。2004 年以来，共有 572 个课题获准立项。2009 年学校下拨的学生科研专项经费达 30 万元。

学校推动学生国（境）外学习、实习、游学。支持学生海外发展，成立了学生国际游学基金，下拨专项资金 50 万。学校举办了两届海外学习项目说明会，500 多名应届本科、硕士毕业生和三年级本科生到会。学校把增加学生海外学习和实践经历作为增强学生竞争力的重要组成部分，实现了海外学习实践信息的共享。

（二）丰富多彩的文化活动

自 2000 年以来，学校每年举行“惠园名师讲堂”、“经济观察周”、“华商名人堂”论坛、“GS 学术文化节”等规模较大的学术活动。2005 年来，学校共举办各类学术讲座 500 余场次，参与人数超过 5 万人次。

2000－2010 年期间，学校每年都有计划、有针对性地举办多场“高雅艺术进校园”活动。学校各社团举办以话剧、舞蹈、合唱、军乐、皮影等专场演出为代表的系列文艺活动。2005 年来，学校共举办各种形式的文化、艺术、体育等第二课堂活动千余场，学

生参与人数达 12 万人次。2010 年，学校举办了首届国际文化节。

（三）大学生就业思想政治教育

学校重视对毕业生的思想政治工作，出台了相应的激励办法，引导和鼓励毕业生面向基层，面向西部和祖国需要的地方建功立业。2009 年，有近 40 名毕业生选择到基层就业。

（四）社会实践教育

2002 年来，学校组织了近 800 余支社会实践团队奔赴祖国各地开展实践活动，其中包括北京 2008 年奥运志愿服务和 2009 首都国庆 60 周年系列庆祝活动等重大活动。学校通过完善社会实践管理制度，形成了一整套从前期宣传到组织团队申报并进行审核，再到团队奔赴全国各地开展实践，完成预期实践目标并进行后期成果整理工作的实施方案。

（五）志愿服务活动

学校开展的志愿服务活动形式多样。除日常志愿服务活动外，积极开拓其他志愿服务领域。如：贸大志愿者先后为中国国际汽车零部件博览会、“中国对外开放 30 周年回顾展”驻华使节专场、第十届亚洲银行家峰会、“共和国成立 60 周年”成就展、第五届亚洲安全社区会议等各类大型活动提供志愿服务。

（六）重大活动

2005 年来，学生参与的重大活动有：2008 年抗震救灾、奥运志愿服务、国庆 60 周年游行联欢等一系列重大任务，20 国财长和央行行长年会志愿服务、首都大学生军训 20 周年阅兵、大学生艺术团欧洲 6 国巡演等重大活动。

五、成果

2005 年来，学校学工部、研究生部、金融学院等单位先后获得“北京高校德育工作先进集体”荣誉称号 4 次。先后有 10 人次获得“北京高校优秀德育工作者”荣誉称号。2005 年 3 月，学校荣获“北京市学生军训工作先进学校”称号。先后有 34 人次的辅导员获得“北京高校优秀辅导员”或“校级优秀辅导员”等荣誉称号，还有 20 余人次的辅导员获得“首都教育系统奥运工作先进个人”、“北京高校暑期社会实践先进个人”等市级以上荣誉称号。2009 年 10 月，学校荣获“首都国庆 60 周年群众游行优秀组织单位”。

第七节　统 战 工 作

2001 年 3 月，学校设专职统战干部开展统战工作，与校党委组织部合署办公。2002 年 10 月，根据中共北京市委教育工委对“211 工程”学校的要求，学校独立设置党委统战部，各学院党总支部和直属党支部下设负责统战工作的统战委员。学校一名党委副书记分管统战工作，校党委书记、校长等主要领导每年参加统战活动。

一、统战对象

（一）民主党派

截至2010年底，学校民主党派成员共有114人，九三学社、中国民主同盟、中国农工民主党在学校有基层组织。其中九三学社支社36人，民盟支部29人，农工党支部21人，民革成员10人，民建成员8人，民进成员8人，致公党成员2人。民主党派成员中，有副高以上专业技术职务者84人，有中级专业职务者28人。

（二）党外知识分子及党外人士任职情况

截至2010年底，全校在职党外高级知识分子共178人，占全校在职高级知识分子的32.8%；在学校教学、科研、教辅单位中，有11位党外人士担任学校副处级以上领导职务，有5位优秀的党外人士经推荐任职于市区两级人大或政协，有3位党外教授在所在党派中央、市委任职。详见表7.1.4。

表7.1.4　党外人士任职情况一览表（市以上）

姓名	任职名称	时间
刘耀威	北京市第十届政协委员（新任）	2003
王　健	北京市第十二届人大代表（继任）	2003
黄　勇	北京市第十三届人大代表（新任）、民建北京市委常委	2008
王　健	北京市第十三届人大代表（继任）	2008
苏号朋	北京市第十一届政协委员（新任）、民革中央社会和法制委员会委员	2008
黄　勇	民建中央法制委员会副主任	2008
孙　洁	民建中央妇女委员会副主任	2008
黄　勇	国家质检总局法律顾问	2010
苏号朋	民革北京市委委员	2010

（三）侨联及民族宗教工作

学校侨联组织于2000年9月与原经贸部侨联脱离，成立对外经济贸易大学侨联小组，郑育森任组长，杨潮光、徐云裳任副组长。截至2010年7月，学校归侨侨眷、港澳台眷属共54人，其中归侨17人。徐云裳于2004年被北京市归国华侨联合会评为“首都侨界优秀个人”；学校侨联2007年被北京市归国华侨联合会评为“北京市侨联工作先进集体”。

学校设有“民族宗教工作领导小组”。截至2010年底，学校少数民族教职工70余人，少数民族学生1 269人。

二、统战工作

学校党委认真贯彻落实党的统战工作方针政策，每学期至少召开两次由民主党派组织负责人、党外干部、无党派代表人士、各级人大代表、政协委员参加的通报会和座谈会。学校举行有关重要会议和大型活动时，邀请民主党派组织负责人、各级人大代表、政协委员等党外代表人士参加或列席。学校重大改革、重要问题都广泛征求党外代表人士的意见和建议。

在十年的发展过程中，学校党委统战部逐步建立健全各项工作制度。2001 年，学校党委制定《关于加强和完善校领导与党外人士交朋友工作的意见》，每位校领导联系 2－3 位党外代表人士，确保制度的落实。2002 年，制定《关于加强学校统一战线工作的意见》，对全校统战工作的开展作出明确规定。2006 年，制定《学校统一战线工作制度》和《党外代表人士后备队伍建设规划》，促进了统战工作规范化、制度化。2007 年，制定了《新世纪新阶段进一步加强统战工作的意见》和《关于调整学校“民族宗教工作领导小组”的决定》。2008 年，制定《无党派人士政治交接主题教育活动实施方案》，2010 年制定《对外经济贸易大学党外代表人士队伍建设工作规划（2010－2013)》。这些制度完善了统战工作机制，促进了学校统战工作的正规有序开展，也确保了党和国家统战工作方针政策的有效落实。

近年来，学校统战系统各基层组织及个人获得多项表彰。获奖情况见表 7.1.5。

表 7.1.5　　2000－2010 学校统战系统获奖信息一览表

获奖者	荣　誉　称　号	年度
刘耀威	九三学社全国先进个人、中共朝阳区委统战部信息工作特等奖	2004
徐云裳	首都侨界先进个人	2004
刘耀威	九三学社朝阳区信息工作先进个人、北京市政协优秀提案奖	2005
黄　勇	民建全国优秀会员	2006
刘耀威	北京市政协优秀提案奖、2005 年度北京市政协系统优秀信息工作者 九三学社北京市委员会优秀社务干部 突出贡献奖	2006
孙玉琴 王　强	九三学社北京市委员会优秀社员	2006
九三学社支社	九三学社北京市先进集体二等奖	2006
李相志 牛秀清 齐凤山	农工党北京市委先进个人	2006
李　群 窦卫霖 于　洋	民盟北京市先进盟务工作者	2006
侨　联	北京市侨联工作先进集体	2007
刘耀威	第十届市政协优秀论文奖	2007
农工党支部	农工党朝阳区先进支部	2007
牛秀清	农工党朝阳区优秀信息员	2007

续表

获奖者	荣　誉　称　号	年度
张淑艳 吴丹红	农工党朝阳区优秀党员	2007
周丽娟 张旭光	北京统一战线参与奥运、服务奥运先进个人	2008
牛秀清 齐凤山	农工党市级宣传工作优秀党员	2008
尹凤仙 牛秀清	农工党北京市委 2007－2008 年度先进党员	2008
苗莉青	第六届首都民族团结进步先进个人	2008
苏号朋	北京市政协优秀提案	2009
刘耀威	九三学社北京市调研工作贡献奖	2009
牛秀清	2008 年度朝阳区统战系统先进个人	2009
民盟支部	民盟朝阳区先进基层组织	2010
乔　红 武旭阳	民盟朝阳区优秀盟员	2010
周丽娟	民盟朝阳区优秀老盟员	2010
赵旭梅	农工党北京市委 2009－2010 年度先进党员	2010
曹殿花	农工党北京市委 2009－2010 年度先进党员	2010
九三学社支社	九三学社朝阳区先进集体	2010
刘耀威	九三学社朝阳区优秀社员	2010
韩维春	九三学社朝阳区优秀社员	2010

（一）党外代表人士工作

统战部每隔两年调整充实党外代表人士后备队伍，将基层单位推荐的政治坚定、工作成绩突出的优秀人才确定为重点培养对象，安排参加学校情况通报会、座谈会及统战部的各项活动，组织他们学习了解党的有关方针政策和学校改革发展等方面的大事要事。每年举办党外代表人士培训班，提高党外代表人士的政治把握能力、参政议政能力和合作共事能力。

学校注重党外代表人士的培养和推荐，积极选送党外代表人士及培养对象参加中共中央统战部、中共北京市委统战部、社会主义学院举办的学习报告会和各种学习培训班，扩大他们的社会影响力；配合上级统战部门和民主党派市委、区委工作，积极推荐学校九三学社、民盟、农工党、民革等党派的代表人士，为党外代表人士在社会工作中发挥作用创造条件。2000 年至今，学校共有 7 位党外人士担任各级人大代表、政协委员，5 位民主党派成员在党派上级组织担任职务，2 位民主党派教授在民主党派中央专业委员会担任职务。

重视通过统战工作渠道，为优秀学科带头人、教学科研骨干拓宽事业发展平台。几年来推荐多位在专业领域有影响的党外教授参加中共中央统战部“华夏英才基金”申报工作，无党派人士史燕平教授和王国军教授获得“华夏英才基金”资助出版学术专著，并入选中共中央统战部“华夏英才库”。

2000年以来，学校5位党外代表人士获得省部级以上表彰，如“北京市青年师德先进个人”、“北京市优秀教师”、“最佳园丁耕耘奖”、“北京市优秀教学成果一等奖”、“国家优秀教学成果奖二等奖”。北京市政协委员刘耀威教授积极参政议政，多个提案和信息受到北京市政协的重视，其提出的《关于尽快制定我市房产证办理规划的建议》和《关于废止对小排量轿车限行规定的建议》分别获得2005年、2006年“北京市政协优秀提案奖”，他本人还获得“2005年度北京市政协系统优秀信息工作者”等荣誉。2010年，北京市政协委员苏号朋教授提交的《关于建议尽快修改〈北京市公共场所禁止吸烟的规定〉，加强禁烟管理的提案》被评为北京市政协优秀提案。

（二）民主党派工作

1. 协助民主党派搞好领导班子建设。加强与九三支社、农工党支部、民盟支部等民主党派基层组织的联系，定期沟通思想和工作情况。各民主党派组织换届前，学校党委统战部深入调查了解情况，认真做好换届中的思想政治工作，协助各民主党派组织完成班子换届。2000年至2010年，九三支社、农工党支部、民盟支部分别顺利完成历届换届工作，选举了新的委员并合理分工，民主党派工作平稳开展。民主党派基层组织换届情况详见表7.1.6。

表7.1.6　　2000－2010年学校民主党派基层组织换届情况

九三学社支社		农工党支部		民盟支部	
换届时间	支社主委	换届时间	支部主委	换届时间	支部主委
2000	刘耀威	2001	牛秀清	2000	李群
2005	刘耀威	2005	牛秀清	2006	乔红
2010	王　强	2010	牛秀清		

2. 加强对民主党派的政治领导。学校党委统战部以“两会”召开、建党80周年、国庆55周年、邓小平诞辰100周年、纪念红军长征胜利70周年、国庆60周年、多党合作制度建立60周年等党和国家重大节日、重大活动为契机，组织多种形式的主题活动，加强对学校民主党派的政治引导，协助学校民主党派加强思想建设，深化其成员对中国共产党领导的多党合作和政治协商制度的理解和认同。

3. 加强学校民主党派骨干的教育培训。每年组织民主党派学习培训活动，提高负责人和骨干的思想政治素质和参政议政、合作共事的能力。选送民主党派负责人参加中共北京市委统战部、教工委、社会主义学院和各党派举办的研修班，组织学校各民主党派成员进行参观考察，深化民主党派骨干对国家经济社会建设情况的认识。

4. 引导学校各民主党派围绕学校重要工作发挥作用。在本科教学评估、党建评估、共产党员先进性教育、学习实践科学发展观、学校党代会等重大工作中发挥其特殊作用，各民主党派配合支持学校顺利完成相关工作。

几年来，学校民主党派成员受到各民主党派中央、市委的表彰，如九三学社市委先进集体，民建中央、九三学社中央先进个人等。

（三）无党派人士工作

学校将无党派人士的主题教育与学校人才强校战略的实施有效结合在一起，定期开展政治教育和理论学习，定期邀请重点无党派人士参加学校相关重大活动，拓宽无党派人士发挥作用的平台。

2003 年底，学校作为 19 所高校之一，被中共中央统战部吸纳为在京党外知识分子工作联系单位。2006 年，中共北京市委统战部吸纳无党派人士王健教授为北京党外高级知识分子联谊会理事。学校不定期选派无党派人士参加中共中央统战部、中共北京市委统战部举办的“无党派知识分子培训班”和“第 97 期香港工业研讨班”等学习培训、考察调研，并提供充足经费。

2008 年 5 月至 2009 年 1 月期间，学校党委统战部按照中共北京市委统战部和市委教育工委关于在全市无党派人士中开展政治交接主题教育活动的统一部署，在全校无党派人士中组织开展了以“自觉接受中国共产党的领导，坚持走中国特色社会主义道路”为主题的政治交接主题教育活动工作，通过集中理论学习、选派代表参加北京市无党派人士培训、教育部高层次报告会和参观考察等多种形式，提高无党派人士的政治把握和建言献策等能力。

2010 年，学校党委统战部推荐国际经济贸易学院无党派人士王晓东参加中共中央统战部无党派人士“现代服务业发展”考察团，参与调研报告撰写工作。他提出的意见和建议，受到中共中央统战部的肯定。

（四）民族宗教工作

1. 加强对民族宗教工作的组织领导。学校党委专门成立学校“民族宗教工作领导小组”，明确各有关单位工作职责，加强部门之间的协调配合，形成合力。每年召开民族宗教领导小组会议，学习新时期民族宗教工作的文件，传达上级会议精神，对学校民族宗教工作进行研究部署。

2. 积极宣传党的民族宗教政策。先后多次组织学校教职工参加民族知识竞赛活动，普及民族知识，增强教职工对国家民族宗教政策的理解。2010 年，学校党委统战部为基层院系配发《宗教知识问答》手册，为基层党组织更好地开展民族宗教工作提供参考。

3. 认真贯彻落实党的民族政策，关心少数民族学生的学习和生活。学校党委统战部协同教务、学工等部门，积极协调解决少数民族学生在学习上遇到的困难。遇有开斋节、古尔邦节等少数民族传统重要节日，学校拨专款为学生提供节日用餐，校领导和相关部门领导与少数民族学生一起参加节日活动，了解少数民族师生的学习、工作、生活情况，听取他们的意见和建议。藏历年间为藏族学生发放节日补助，开展走访慰问或庆祝活动。定期组织学校少数民族学生外出参观考察、观看文艺演出，以开阔眼界，增加社会阅历。

4. 按照中共北京市委和北京市教工委的要求，发挥民族宗教领导小组作用，做好民族宗教相关工作。2008 年，学校 1 名少数民族教师获得“第六届首都民族团结进步先进个人”，受到中共北京市委、北京市人民政府的表彰。

（五）侨联和海外统战工作

1. 学校党委认真落实侨务政策，坚持“为侨服务，凝聚侨心”，重视帮助归侨及侨眷解决实际生活问题。每逢节日，校领导、统战部和侨联负责人都去看望归侨侨眷重点人士和独身老归侨。几年来积极做好归侨子女升学身份、归侨和侨眷身份认证工作，并通过座谈联谊、节日慰问等多种方式，组织归侨侨眷开展活动，送去学校党委的关怀。

2. 学校党委统战部、侨联多次联合组织参观考察活动，如：“游览昆玉河，参观中华世纪坛”活动，参观北京市经济技术开发区和科技博览会，参观中央电视塔，参观纪念邓小平诞辰 100 周年展览和“复兴之路”、“西藏今昔”等大型主题展览，帮助归侨侨眷了解国家建设发展情况。

3. 多次配合北京市政府侨务办公室、中共北京市委统战部及海外联谊会、市归国华侨联合会主办各类大型活动。2005 年，协助中共北京市委统战部举办“炎黄杰青，相约北京——北京海联华裔青少年主题日夏令营”活动。2009 年，协助北京市侨办在本校举办北京高校侨胞学生中秋慰问活动，来自北京大学、清华大学等 10 余所高校的 20 多位侨胞学生代表参加活动。2004 年，学校 1 名归侨被评为北京市侨界先进个人。2006 年，学校党委统战部、侨联联合参加第五届全国部分高校侨务工作研讨会，论文《为侨服务，凝聚侨心》被《第五届全国部分高校侨务工作研讨会文集》收录。2007 年，学校侨联被市侨联评选为北京市侨联工作先进集体。

（六）其他工作

1. 积极支援抗震救灾工作。2008 年，四川汶川地震发生后，学校党外人士积极响应校党委向全校师生发出的《关于开展向四川地震灾区捐助活动的倡议书》。九三学社支社、民盟支部、农工党支部及时组织成员参加捐款活动，除了通过学校工会捐款外，还通过各民主党派区委、区红十字会等途径多次捐款。北京市政协委员、民革成员苏号朋教授在第一时间给学校党委统战部发短信表达关注援助灾区的迫切心情，并主动到工会捐款；94 岁高龄的民革重点人士张素我教授委托学校党委统战部通过工会向地震灾区捐款 1 000 元；无党派人士刘欢副教授捐款 50 万元，并积极参与国内抗震救灾捐助活动。

2. 开展迎奥运、为奥运服务工作。2008 年，响应中共北京市委统战部、教工委在全市统战系统开展“迎讲树”活动的号召，支持全校统战人士宣传奥运精神和文明理念，为奥运服务。学校农工党支部举办“健康奥运，健康贸大”主题活动；九三学社支社积极组织社员参加九三学社北京市委举办的“民科杯”羽毛球团体赛；民盟支部提出“关于在奥运期间加强计算机网络信息管理，确保网络安全”的建议和相应对策。

3. 参加学习实践科学发展观活动。2009 年，学校党委统战部积极配合学校的统一部署，通过召开统战人士通报会、征求意见座谈会、交流会等形式，先后组织各类活动 10 余次，参加人数百余人次。

4. 开展“庆祝新中国成立60周年暨多党合作制度确立60周年”系列活动。2009年，学校党委组织民主党派和无党派人士开展了统战座谈联谊，学校党委统战部还组织学校统战人士代表参加了“首都统一战线迎国庆讲文明树新风有奖知识竞答”等活动。

5. 开展社会主义核心价值体系教育活动。2010年，按照中共北京市委的要求和学校党委的部署，统战部按自学读书、撰写读书笔记和学习交流三个阶段，组织民主党派和无党派人士开展社会主义核心价值体系学习教育活动，引导党外人士自觉将社会主义核心价值体系内化为人生态度、价值取向和行为准则。

第八节　政保工作

一、机构

2002年，学校党委常委会通过决议，重申保卫部为党委的职能部门，保卫处处长兼任保卫部部长，保卫部在校党委的领导下，承担学校的政治保卫职能。保卫部增设一名政保岗位编制，其岗位的主要职责是负责安全稳定、政审、国家安全教育和国家安全以及社团的管理等工作。

学校的稳定工作实行三级责任制，书记、校长对学校稳定工作负总责，各分管领导对其分管工作负责；部门领导对部门具体工作负责。2002年学校成立了学校预防、处理突发事件的领导小组。2005年组建了维护安全稳定领导小组，主要工作是制定学校突发事件预案和政治稳定工作预案，排查学校各类不稳定因素并予以解决；对学校发生的突发事件做到及时发现、及时汇报、及时控制和妥善处理。2007年4月17日，学校党委组建和调整了《国家安全领导小组》、《处理“法轮功”及其他邪教领导小组》、《维护安全稳定工作领导小组》、《保密委员会》等机构。2009年，学校对校内各专门委员会/领导小组人员进行了调整。具体情况如表7.1.7和表7.1.8。

表7.1.7　2005－2010年学校维护安全稳定领导小组负责人名单

时　间	组长	副组长	组员人数
2005－2007	王　玲	陈建香　王正富	27人
2007－2009	王　玲	杨逢华　陈建香　王正富	34人
2009至今	王　玲	杨逢华　陈建香　张新民	40人

表7.1.8　2007－2010年学校处理“法轮功”及其他邪教领导小组成员名单

时　间	组长	副组长	组员人数
2007－2009	王　玲	杨逢华　陈建香	14人
2009至今	王　玲	杨逢华　陈建香	16人

二、政保工作

（一）重大事件

2001 年，学校对“法轮功”习练者进行了摸排，对重点人采取措施进行监控、教育转化和巩固工作。

2002 年，学校发生突发性事件 2 起：2002 年 5 月，学校继续教育学院一学生在芍药居北里 215JHJ 楼地下二层其租赁的房内被害身亡。7 月 27 日，学校电工在食堂内对电灯进行检修时从 6 米高的脚手架平台上跌落，头部摔伤致死。

2003 年，学校非正常死亡 5 人。对此，学校均启动了突发事件预案，成立了处理事件领导小组，对家属和在校学生的稳定工作进行了部署。

2004 年，学校处理校园内影响稳定的突发事件 4 起：卓越学院家长上访、卓越学院学生来校反映问题、个别职工来校反映问题和原校印刷厂职工上访事件等。

2005 年，学校处理校园内影响稳定的突发事件 2 起：个别职工来校反映问题、学生反日游行。

2006 年，涉及学校稳定的事件有：农转工住房补贴问题、6 月 5 日虹远楼因工作人员停止供电引起楼内部分人员情绪失控的问题。

2007 年，学校发生因一食堂三楼承包案引发的社会人员多次来校讨债的问题。

2008 年，学校解决了卓越学院联合办学的问题、农转工住房补贴的问题、印刷厂工人改制的问题、由学校一食堂三楼承包案引发的社会人员多次来校无理取闹以及一食堂临时工因劳动合同到期被学校解除劳动关系等影响安全稳定的问题。

此外，2008 年，学校的政保工作还承担了负责奥运期间的校园安全及奥运志愿者的安全教育、培训和管理。3 月，西藏发生特大暴力犯罪事件后，保卫处加强了对藏族学生的关注，以防止学生被“藏独”分子利用，确保校园的安全。

2009 年，学校政保工作的重点之一是校园的国庆安保。7 月 5 日新疆事件后，保卫处加强了对维族和新疆籍师生的关注，做好敏感期的校园安全工作。

2010 年，学校共有 4 人非正常死亡，其中 3 名学生、1 名教师家属。学校均启动了应急预案，予以妥善处置。

（二）相关预案

为维护学校的安全稳定，避免和及时处置发生在校园内的突发性、群体性事件，2002 年，学校根据上级关于认真做好 2002 年高校稳定工作的要求，制定了《对外经济贸易大学 2002 年做好政治思想工作和稳定工作的实施方案》。2008 年，由保卫处起草，学校党委制定《对外经济贸易大学 2008 年安全稳定工作实施方案》，包括《对外经济贸易大学处理突发事件维护安全稳定工作实施方案》、《对外经济贸易大学政治性突发事件处理预案》、《对外经济贸易大学治安事件处理预案》、《校园网络与信息安全工作处理预案》、《对外经济贸易大学预防火灾和自然灾害事件处理预案》、《对外经济贸易大学交通安全应急处理预案》等。

2008 年，第 29 届奥运会前夕，根据中共北京市教工委《2008 年北京奥运会、残奥会期间首都高校“多维综合防控体系”建设方案》要求，结合学校实际情况，学校制定了《对外经济贸易大学奥运“多维综合防控体系”方案》，并将方案作为一个长效机制固化下来，作为大型活动防控的实施方案。

三、保密工作

1954 年，学校成立保密工作领导小组，由党委副书记任组长。该机构主要向全体师生员工进行党内机要文件管理、外事纪律和国内外敌情教育，并在学生中开设保密知识课。“文革”期间该机构解散。1973 年复校后，重组学院（原北京对外贸易学院）保密工作领导小组，由院党委直接领导。1984 年成立保密工作委员会。1954—1999 年，学院（校）保密委员会（小组）名单见于 2001 年出版的《对外经济贸易大学校志》。2001 年至 2010 年，学校保密委员会负责人名单如下表：

表 7.1.9　　2001 – 2010 年学校保密委员会负责人名单

时　间	组长	副组长	委员人数
2001 – 2004	许其立	刘　园　任明鹤	10
2004 – 2007	王　玲	陈准民　王正富	14
2007 – 2009	王　玲	陈准民　王正富	15
2009 – 今	王　玲	施建军　张新民	14

四、国家安全

（一）组织机构

1993 年 3 月，学校成立“校国家安全领导小组”，办公室设在保卫部，负责日常工作。1993 年—1999 年，学院（校）国家安全领导小组名单见于 2001 年出版的《对外经济贸易大学校志》。2001 年至 2010 年，学校国家安全领导小组名单如下表：

表 7.1.10　　2001 – 2010 年学校国家安全领导小组名单

时　间	组长	副组长	委员人数
2001 – 2004	许其立	王正富	13
2004 – 2009	王　玲	王正富	13
2009 – 今	王　玲	张新民	13

（二）保密教育

学校除了派人参加上级有关部门组织的保密知识讲座、培训班外，还邀请北京市安全局的领导每年为学校新生作国家安全知识讲座，提高新生对国家安全意识的理解。学校每年向新生发放《大学生安全知识必读》一书，书中有涉及国家安全知识的内容。

学校对来华留学生、外籍教师以及少数民族师生的信息进行收集，负责他们的安全保卫工作。

五、获得的市级以上表彰

2001 至 2010 年，学校政保工作获得的市级以上奖励见下表：

表 7.1.11　　2001－2010 年学校政保工作集体和个人获北京市、部级以上表彰或奖励一览表

获奖时间（年）	奖项名称	获奖者	授奖单位	备注
2001	首都国家安全工作先进集体	校国家安全小组	北京市国家安全局	集体
	高校国家安全工作先进个人	李保元	北京市国家安全局	
2002	首都国家安全工作先进集体	校国家安全小组	北京市国家安全局	集体
	高校国家安全工作先进个人	李保元	北京市国家安全局	
	北京市同“法轮功”邪教组织斗争先进个人	李保元	中共北京市委处理“法轮功”问题领导小组	
2003	高校国家安全工作先进个人	李保元	北京市国家安全局	
2004	首都国家安全工作先进集体	校国家安全小组	北京市国家安全局	集体
	高校国家安全工作先进个人	李保元	北京市国家安全局	
2005	高校国家安全工作先进个人	李保元	北京市国家安全局	
2006	高校国家安全工作先进个人	李保元	北京市国家安全局	
2007	高校国家安全工作先进个人	李保元	北京市国家安全局	
2008	首都国家安全工作先进集体	校国家安全小组	北京市国家安全局	集体
	首都教育系统奥运工作先进集体	保卫处	中共北京市委教育工作委员会 北京市教育委员会 共青团北京市委员会 北京市学生联合会	集体
	高校国家安全工作先进个人	李保元	北京市国家安全局	
	首都教育系统奥运工作先进个人	李保元	中共北京市委教育工作委员会 北京市教育委员会 共青团北京市委员会 北京市学生联合会	
2009	首都国家安全工作先进集体	校国家安全小组	北京市国家安全工作领导小组办公室	集体
	高校国家安全工作先进个人	梁尔华　刘　洁	北京市国家安全工作领导小组办公室	
2010	首都国家安全工作先进集体	校国家安全小组	北京市国家安全工作领导小组办公室	集体
	高校国家安全工作先进个人	梁尔华　刘　洁	北京市国家安全工作领导小组办公室	

第九节　表彰与奖励

2001 至 2010 年，学校党务工作以及党务工作者获得的北京市与省部级以上奖励见下表。

表 7.1.12　2001 至 2010 年学校党务工作获得的北京市与省部级以上奖励一览表

获奖时间（年）	奖项名称	获奖者	颁奖单位	备注
2001	首都国家安全工作先进集体	国家安全领导小组	北京市国家安全局	集体
	第 21 届世界大学生运动会筹备组织工作先进集体	对外经济贸易大学	第 21 届世界大学生运动会组委会	集体
	全国大学生艺术歌曲演唱比赛优秀学校组织奖	对外经济贸易大学	中宣部、教育部、文化部、国家广电总局、团中央	集体
	第 21 届世界大学生运动会彩虹之友	陈建香	第 21 届世界大学生运动会组委会	个人
	高校国家安全工作先进个人	李保元	北京市国家安全局	个人
2002	首都国家安全工作先进集体	校国家安全领导小组	北京市国家安全局	集体
	北京市教育工会优秀教职工之友	陈建香	北京市教育工会	个人
	北京市同“法轮功”邪教组织斗争先进个人	李保元	中共北京市委处理“法轮功”问题领导小组	个人
	高校国家安全工作先进个人	李保元	北京市国家安全局	个人
	《总结教训，探索途径》论文获北京教育纪检监察系统 1999 - 2001 年度优秀论文	贾怀勤 蔡少英 范新荣 孙淑玉	北京教育纪检监察工作研究会	个人
	首都高校暑期社会实践先进工作者	赵鸿韬	中共北京市委宣传部、中共北京市委教育工作委员会、共青团北京市委员会、北京市教育委员会、北京市学生联合会	个人

续表

获奖时间（年）	奖项名称	获奖者	颁奖单位	备注
2003	首都高校社会实践先进单位	对外经济贸易大学	中共北京市委宣传部、中共北京市委教育工作委员会、北京市学生联合会	集体
	办案集体一等功	对外经济贸易大学纪委“4.07”案办案组	中共北京市纪委	集体
	北京市教育创新优秀集体	继续教育学院分工会	北京市教育工会	集体
	办案个人一等功	孙淑玉	中共北京市纪委	个人
	高校国家安全工作先进个人	李保元	北京市国家安全局	个人
	北京市优秀团干部	赵鸿韬	共青团北京市委员会、北京市人事局	个人
	北京市教育创新标兵	邓可模	北京市教育工会	个人
	北京市教育工会抗击“非典”先进个人	陶建初	北京市教育工会	个人
2004	首都国家安全工作先进集体	校国家安全小组	北京市国家安全局	集体
	军训工作先进学校	对外经济贸易大学	北京市教育委员会、北京卫戍区司令部	集体
	北京市共青团“达标创优”竞赛活动五四红旗团委	对外经济贸易大学团委	共青团北京市委员会	集体
	首都高校社会实践工作先进单位	对外经济贸易大学	中共北京市委宣传部、中共北京市委教育工作委员会、共青团北京市委员会、北京市教育委员会、北京市学生联合会	集体
	2004年北京高校领导干部理论学习体会文章一等奖	王　玲	中共北京市委教育工作委员会	个人
	北京高校校报优秀总编	张　楠	北京市高校校报研究会	个人
	首都侨界先进个人	徐云裳	北京市归国华侨联合会	个人

续表

获奖时间（年）	奖项名称	获奖者	颁奖单位	备注
2004	高校国家安全工作先进个人	李保元	北京市国家安全局	个人
	北京市优秀团干部	余兴发	共青团北京市委员会、北京市人事局	个人
	北京高校校报优秀编辑	匡卫平	北京市高校校报研究会	个人
	首都高校暑期社会实践先进工作者	赵鸿韬	中共北京市委宣传部、中共北京市委教育工作委员会、共青团北京市委员会、北京市教育委员会、北京市学生联合会	个人
2005	北京市高校党的建设和思想政治工作单项进步奖	对外经济贸易大学	北京市高校校报研究会	集体
	北京高校党内统计全优报表单位	对外经济贸易大学党委组织部	中共北京市委教育工作委员会	集体
	首都学生军训工作先进单位	对外经济贸易大学	北京市教育委员会、北京卫戍区司令部、北京卫戍区政治部	集体
	北京高校好新闻一等奖	党委宣传部	北京新闻奖评选委员会、北京市高校校报研究会	集体
	首都高校社会实践工作先进单位	对外经济贸易大学	中共北京市委宣传部、中共北京市委教育工作委员会、共青团北京市委员会、北京市教育委员会、北京市学生联合会	集体
	首届北京大学生艺术展演优秀组织奖	对外经济贸易大学	北京市教育委员会	集体
	北京高校德育工作先进集体	学生工作部、研究生部党总支	中共北京市委教育工作委员会	集体
	北京高校先进基层党组织	金融学院党总支	中共北京市委教育工作委员会	集体

续表

获奖时间（年）	奖项名称	获奖者	颁奖单位	备注
2005	2005 年度北京市局级领导干部优秀理论文章一等奖	王　玲	中共北京市委宣传部	个人
	2005 年度北京高校领导干部理论学习体会文章二等奖	王　玲	中共北京市委教育工作委员会	个人
	高校国家安全工作先进个人	李保元	北京市国家安全局	个人
	北京高校优秀德育工作者	王　强　张　楠　胡东旭　巩喜云　廉　思	中共北京市委教育工作委员会	个人
	北京高校优秀共产党员	谢毅斌	中共北京市委教育工作委员会	个人
	北京高校德育工作先进个人	王　强	中共北京市委教育工作委员会	个人
	首都学生军训 20 周年大阅兵先进个人	王　强	北京市卫戍区学生军训办公室	个人
	北京高校好新闻一等奖	李　悦	北京新闻奖评选委员会、北京市高校校报研究会	个人
	北京市先进工作者	苏号朋	北京市教育工会	个人
	北京市教育创新标兵	王　稳	北京市教育工会	个人
	《关于纪检监察工作若干关系的思考》论文获 2002—2004 年度北京教育纪检监察工作研究会优秀论文评选优秀奖	贾怀勤　蔡少英	北京教育纪检监察工作研究会	个人
	首届北京大学生艺术展演优秀指导教师	杨克玲	北京市教育委员会	个人
2006	第二届首都高校学生记者基本功擂台赛优秀组织奖	对外经济贸易大学	北京高校校报研究会	集体
	北京市五四红旗团委	对外经济贸易大学	共青团北京市委员会	集体
	首都高校社会实践先进单位	对外经济贸易大学	中共北京市委宣传部、中共北京市委教育工作委员会、共青团北京市委员会、北京市教育委员会、北京市学生联合会	集体

续表

获奖时间（年）	奖项名称	获奖者	颁奖单位	备注
2006	北京高校好新闻一等奖	党委宣传部	北京新闻奖评选委员会、北京市高等学校校报研究会	集体
	北京市学习型班组	国际经济贸易学院国际贸易学系	北京市教育工会	集体
	2006年度北京高校领导干部理论文章二等奖	王　玲	中共北京市委教育工作委员会	个人
	高校国家安全工作先进个人	李保元	北京市国家安全局	个人
	北京市师德先进个人	马春光　郭　敏	北京市教育工会	个人
	北京高校优秀辅导员	樊泽民　鲁　萍　李　峰　孟大惟　庄红岩	中共北京市委教育工作委员会	个人
	北京市教育创新标兵	吴　革	北京市教育工会	个人
	首都高校暑期社会实践先进工作者	陈怡琴	中共北京市委宣传部、中共北京市委教育工作委员会、共青团北京市委员会、首都精神文明建设委员会办公室、北京市教育委员会、北京市学生联合会	个人
2007	首都国家安全工作先进集体	校国家安全小组	北京市国家安全局	集体
	北京高校党建研究会2005－2007年度学会工作先进单位	对外经济贸易大学	北京高校党建研究会	集体
	第二届北京大学生艺术展演优秀组织奖	对外经济贸易大学	北京市教育委员会	集体
	首都高校社会实践工作先进单位	对外经济贸易大学	中共北京市委宣传部、中共北京市委教育工作委员会、共青团北京市委员会、首都精神文明建设委员会办公室、北京市教育委员会、北京市学生联合会	集体

续表

获奖时间（年）	奖项名称	获奖者	颁奖单位	备注
2007	北京市“三八”红旗集体	外语学院西班牙学系	北京市教育工会	集体
	北京高校奥运会、残奥会筹办工作先进单位	对外经济贸易大学	中共北京市委教育工作委员会 北京市教育委员会	集体
	北京高校德育工作先进集体	学生工作部	中共北京市委教育工作委员会	集体
	第二届北京大学生艺术展演优秀组织奖	对外经济贸易大学	北京市教育委员会	集体
	北京市侨联工作先进集体	对外经济贸易大学侨联	北京市归国华侨联合会	集体
	2007年度北京高校领导干部理论文章二等奖	王　玲	中共北京市委教育工作委员会	个人
	2007年度北京市局级干部优秀理论文章二等奖	王　玲	中共北京市委宣传部	个人
	高校国家安全工作先进个人	李保元	北京市国家安全局	个人
	北京高校优秀德育工作者	唐春梅　乐　平 樊泽民　张晶娟 阎丽鸿	中共北京市委教育工作委员会	个人
	北京高校德育先进个人	樊泽民	中共北京市委教育工作委员会	个人
	北京市教育创新标兵	黄　勇　王　健	北京市教育工会	个人
	首都文明职工	张旭光　田文泉 孟大惟　陈人康	北京市教育工会	个人
	北京高校奥运会、残奥会筹办工作先进个人	徐　松　缪　琦	中共北京市教育工作委员会、北京市教育委员会	个人
	北京市优秀团干部	陈怡琴	共青团北京市委员会、北京市人事局	个人
	北京市团务工作先进个人	陈彩优	共青团北京市委员会	个人
	第二届北京大学生艺术展演优秀指导教师	杨克玲	北京市教育委员会	个人

续表

获奖时间（年）	奖项名称	获奖者	颁奖单位	备注
2008	党内统计报表优秀单位	对外经济贸易大学党委	中共北京市委教育工作委员会	集体
	首都国家安全工作先进集体	校国家安全小组	北京市国家安全局	集体
	北京高校党的建设和思想政治工作优秀成果三等奖	对外经济贸易大学党委	中共北京市委教育工作委员会	集体
	北京奥运培训工作先进单位	对外经济贸易大学	北京奥组委	集体
	北京奥运会、残奥会“优秀表演奖”	对外经济贸易大学	北京奥组委	集体
	首都教育系统奥运工作先进集体	对外经济贸易大学	中共北京市委教育工作委员会、北京市教育委员会、共青团北京市委员会、北京市学生联合会	集体
	北京奥运会、残奥会志愿者工作优秀组织单位	对外经济贸易大学	共青团北京市委员会	集体
	北京奥运会、残奥会志愿者工作优秀组织奖	对外经济贸易大学	共青团北京市委员会、北京奥运会志愿者工作协调小组办公室、北京市奥组委志愿者部	集体
	北京奥运会、残奥会文明观众、啦啦队工作优秀组织单位	对外经济贸易大学	北京奥组委、北京奥运会志愿者工作协调小组办公室	集体
	北京奥运会志愿者优秀工作团队	对外经济贸易大学	北京奥运会志愿者工作协调小组办公室	集体
	北京奥运会、残奥会先进集体	对外经济贸易大学	中共北京市委、北京市人民政府、北京奥组委	集体
	全国“三下乡”社会实践活动先进单位	对外经济贸易大学	中宣部、中央文明办、教育部、共青团中央、全国学联	集体

续表

获奖时间（年）	奖项名称	获奖者	颁奖单位	备注
2008	首都高校社会实践工作先进单位	对外经济贸易大学	中共北京市委宣传部、中共北京市委教育工作委员会、共青团北京市委员会、首都精神文明建设委员会办公室、北京市教育委员会、北京市学生联合会	集体
	首都教育系统奥运工作先进集体	保卫处	中共北京市委教育工作委员会、北京市教育委员会、共青团北京市委员会、北京市学生联合会	集体
	首都高校学生社团工作先进单位	对外经济贸易大学	共青团北京市委员会、北京市学生联合会	集体
	北京高校先进基层党组织	金融学院党总支 国际经济贸易学院党总支	中共北京市委教育工作委员会	集体
	北京高校好新闻一等奖	党委宣传部	北京新闻奖评选委员会 北京市高等学校校报研究会	集体
	“纪念改革开放30周年暨北京高校党建研究会成立20周年”征文活动二等奖	王　玲	北京高校党建研究会	个人
	2008年度北京市局级领导干部优秀理论文章一等奖	王　玲	中共北京市委教育工作委员会	个人
	2008年度北京市局级领导干部优秀理论文章二等奖	陈建香	中共北京市委教育工作委员会	个人
	高校国家安全工作先进个人	李保元	北京市国家安全局	个人

续表

获奖时间（年）	奖项名称	获奖者	颁奖单位	备注
2008	首都教育系统奥运工作先进工作者	李景瑜　李保元	中共北京市委教育工作委员会、北京市教育委员会、共青团北京市委员会、北京市学生联合会	个人
	北京高校好新闻一等奖	李景瑜 张小锋 匡卫平	北京新闻奖评选委员会、北京市高等学校校报研究会	个人
	第六届首都民族团结进步先进个人	苗莉青	中共北京市委员会、北京市人民政府	个人
	北京统一战线参与奥运、服务奥运先进个人	周丽娟　张旭光	中共北京市委统战部	个人
	北京高校优秀共产党员	林汉川　刘立新	中共北京市委教育工作委员会	个人
	北京高校优秀党务工作者	唐春梅　曹亚红	中共北京市委教育工作委员会	个人
	北京高校优秀辅导员	曹亚红　滕　云 申爱华　苗冬青 赵凤琴	中共北京市委教育工作委员会	个人
	首都劳动奖章获得者	林汉川	北京市教育工会	个人
	北京市师德标兵	唐宜红	北京市教育工会	个人
	北京市师德先进个人	王秀丽	北京市教育工会	个人
	北京市教育创新标兵	高志伟	北京市教育工会	个人
	首都高校社会实践先进工作者	徐　松　陈彩优	中共北京市委宣传部、中共北京市委教育工作委员会、共青团北京市委员会、首都精神文明建设委员会办公室、北京市教育委员会、北京市学生联合会	个人
	北京奥运会、残奥会先进个人	陈建香	中共北京市委、北京市人民政府、北京奥组委	个人

续表

获奖时间（年）	奖项名称	获奖者	颁奖单位	备注
2008	首都高校奥运工作优秀学生组织指导教师	徐　松　陈彩优	共青团北京市委员会、北京市学生联合会	个人
	北京局级领导干部优秀理论文章二等奖	陈建香	中共北京市委宣传部	个人
	北京奥运会、残奥会志愿者先进个人	徐　松　陈彩优	北京市奥组委志愿者部	个人
	“首都教育先锋”先进个人	徐　松	北京市教育工会	个人
	北京奥运会、残奥会优秀志愿者	徐　松	北京市奥组委志愿者部	个人
2009	首都国家安全工作先进集体	校国家安全小组	北京市国家安全工作领导小组办公室	集体
	国庆六十周年先进单位	学生工作部	中共北京市朝阳区委员会、北京市朝阳区人民政府、北京市朝阳区国庆筹备工作领导小组	集体
	首都国庆六十周年群众游行优秀组织单位	学生工作部	首度国庆60周年群众游行指挥部	集体
	首都大学生思想政治教育工作实效奖三等奖	学生工作部	中共北京市委教育工作委员会	集体
	首都“迎国庆讲文明树新风”活动先进单位	学生工作部	首度精神文明建设委员会	集体
	北京市五四红旗团委	对外经济贸易大学	共青团北京市委员会	集体
	首都高校社会实践工作先进单位	对外经济贸易大学	中共北京市委宣传部、中共北京市委教育工作委员会、共青团北京市委员会、首都精神文明建设委员会办公室、北京市教育委员会、北京市学生联合会	集体

续表

获奖时间（年）	奖项名称	获奖者	颁奖单位	备注
2009	首都国庆六十周年联欢晚会突出贡献奖	对外经济贸易大学	首都国庆60周年北京市筹备委员会联欢晚会指挥部	集体
	第五届“挑战杯”首都高校大学生课外学术科技作品竞赛优秀组织奖	对外经济贸易大学	共青团北京市委员会、北京市教育委员会、北京科学技术委员会	集体
	首都教育先锋先进集体	英语学院通用英语系大学英语教学部、国际商学院会计系	北京市教育工会	集体
	北京市优秀职工之友	王　玲	北京市总工会	个人
	高校国家安全工作先进个人	梁尔华　刘　洁	北京市国家安全工作领导小组办公室	个人
	首都国庆60周年群众游行优秀工作者	陈建香　王云海 徐　松　樊泽民 孟大惟　缪　琦 王　瑛　袁　祥 赵广银　蔡英辉 陈玉平　黄　飞 雷　亮　刘仕博 滕　云　王依然 阎丽鸿　杨　熙 叶潇舟　于泓斌 赵凤琴　刘　莹 陈彩优　梁　伟 杨克玲　曹亚红 白　艳　徐文兵 张志娟　赵鸿韬 孙　静　王　斐 刘志宏　张小锋 仲　谋　苗冬青 梁尔华　王　强 田文泉　朱向峰 李凤桥　张杉杉 阎　静　张玉君 宋远征　刘　捷 聂祖同　温敏敏 邹建国　王建中	首度国庆60周年群众游行指挥部	个人

续表

获奖时间（年）	奖项名称	获奖者	颁奖单位	备注
2009	首都教育先锋科技创新个人	吴卫星　汤谷良	北京市教育工会	个人
	北京市优秀教育工作者	王　稳	北京市教育工会	个人
	北京高校优秀辅导员	白　艳　张志娟 廉　思　裴秋蕊 杨　熙　王祖瑞	中共北京市委教育工作委员会	个人
	北京高校好新闻一等奖	张小锋	北京新闻奖评选委员会　北京市高等学校校报研究会	个人
	首都教育先锋教学创新个人	丁志杰　张　杰	北京市教育工会	个人
	首都教育先锋管理创新标兵	徐宇航	北京市教育工会	个人
	首都教育先锋技术创新能手	李风民	北京市教育工会	个人
	“新长城5·12灾区学生新春关爱行动”先进个人	周　蓓	中国扶贫基金委员会	个人
2010	2010年首度国家安全工作先进集体	对外经济贸易大学国家安全小组	北京市国家安全工作领导小组办公室	集体
	北京市五四红旗团委	对外经济贸易大学	共青团北京市委员会	集体
	团中央2010“青苹果计划”——大学生暑期社会实践活动优秀组织奖	对外经济贸易大学	共青团中央学校部	集体
	首都高校社会实践先进单位	对外经济贸易大学	共青团北京市委员会、北京市学生联合会	集体
	第三届北京大学生艺术展演优秀组织奖	对外经济贸易大学	北京市教育委员会	集体
	2010年全国高等学校学生资助先进工作单位	对外经济贸易大学	全国学生资助管理中心	集体
	北京市敬老爱老为老服务先进单位	对外经济贸易大学	北京市人民政府	集体
	北京市模范工会主席	陈建香	北京市教育工会	个人
	2010年度高校国家安全工作先进个人	梁尔华　刘　洁	北京市国家安全工作领导小组办公室	个人
	爱心包裹项目2009年度先进个人	周　蓓	中国扶贫基金会	个人
	第三届北京大学生艺术展演优秀指导教师	杨克玲	北京市教育委员会	个人

续表

获奖时间（年）	奖项名称	获奖者	颁奖单位	备注
2010	北京市优秀团干部	陈彩优	共青团北京市委员会、北京市人事局	个人
	北京市先进工作者	赵忠秀　廉　思	北京市教育工会	个人
	北京市师德先进个人	张翠萍　丁志杰	北京市教育工会	个人
	北京教育年鉴先进工作者	高　媛	北京教育志编纂委员会	个人
	北京高校好新闻一等奖	张小锋　李　悦　张玉君		个人

第二章　民主党派

第一节　九三学社支社

九三学社对外经济贸易大学支社是九三学社的基层组织。在九三学社北京市、朝阳区委和学校党委的直接领导下，九三学社对外经贸大学支社成员不断增加。至 2010 年 12 月，支社在册社员有 39 人，其中具有高级职称者 32 人（正高职称 14 人），4 人为现任院处级领导。支社成员积极参与学校教学、科研、行政管理等各项工作。

支社社员参政议政，建言献策，反映社情民意，多次获得上级组织的表彰。如：2004 年获中共朝阳区委统战部信息工作特等奖，两项提案（2005 年、2006 年）获市政协优秀提案奖。2005 年，刘耀威教授被九三学社中央评选为全国优秀社员。2006 年，支社被九三学社北京市委评选为优秀基层组织，刘耀威被评选为优秀社务干部，授予突出贡献奖。2010 年，支社被九三学社北京朝阳区委评为先进集体，刘耀威和韩维春被评为优秀社员。

2000 年 5 月支社进行换届，成立第三届支委会，刘耀威任主委，李大丰、王建中任支委委员。2003 年，刘耀威任北京市第十届政协委员，孙玉琴任北京市朝阳区政协委员。

2005 年 5 月支社进行换届，成立第四届支委会，刘耀威任主委，王建中、韩维春、孙玉琴任支委委员。2006 年，韩维春任北京市朝阳区政协委员。

2010 年 10 月支社进行换届，成立第五届支委会，王强教授任主委，韩维春任副主委，王建中、孙玉琴、王楠任支委委员。

2000 年，九三学社朝阳区委成立，刘耀威任第一届、第二届区委委员，第一届、第二届、第三届区委组织部部长。韩维春现任第三届区委委员，区委宣传部副部长。

第二节　民盟支部

民盟对外经济贸易大学支部是中国民主同盟的基层组织。2000 年 6 月，原民盟对外经济贸易大学支部与原民盟中国金融学院支部合并，组成现在的民盟对外经济贸易大学支部。李群任支部主委，羊凌方、于洋任委员。2006 年 12 月支部进行换届，乔红任支部主委，窦卫霖任副主委，张艳芬、何淑寅任委员。2009 年增补武旭阳为委员。民盟对外经济贸易大学支部现有 33 人，在职 17 人。其中副高级以上职称 25 人，博士学位 7 人。1 人现任朝阳区政协委员，1 人为朝阳区政府特约工作人员。多人次被评为市级、区级先进盟员。2010 年 9 月，在民盟朝阳区委成立十周年庆祝及表彰大会上，民盟对外经济贸易大学支部被评为先进基层组织，3 位盟员被评为优秀盟员。

2000 年以来，民盟对外经济贸易大学支部在民盟朝阳区委、学校党委的直接领导下，参政议政，认真履行参政党职能，为学校的发展和建设建言献策。近年来，支部向民盟朝阳区委上报多个提案和数十条社情民意信息，其中近十条信息被中共北京市委统战部、朝阳区委统战部采纳。

在学校的教学科研工作中，民盟盟员也发挥了作用。多位盟员主持重要科研项目，如国家社会科学基金项目、教育部人文社会科学研究项目、北京市发改委立项课题、教育部精品课程等。

在参政议政的同时，盟员还为服务社会作贡献。如积极为地震灾区捐款献爱心，在北京奥运会、残奥会期间作为志愿者为两会服务，义务为社区居民讲授英语等。

第三节　农工党支部

农工党对外经济贸易大学支部是中国农工民主党的基层组织。2001 年 9 月，农工党对外经济贸易大学支部由市委直属改归属农工朝阳区委领导。2001 年 7 月支部进行换届，牛秀清任支部主委，齐凤山任副主委，张泓任委员。2005 年 12 月支部进行换届，牛秀清任支部主委，张泓任副主委，赵秀芝任委员。2010 年 12 月支部进行换届，牛秀清任支部主委，赵秀芝、齐晓航任副主委，李琳任委员。农工党对外经济贸易大学支部现有党员 24 人，其中在职 14 人，副高以上职称 13 人。目前，支部最年长的党员是 90 岁的田光涛，现任农工党中央名誉副主席。

在农工党北京市、朝阳区委和学校党委的直接领导下，农工党支部为学校和朝阳区的发展建言献策，提出的一些建议得到采纳。例如：2006 年牛秀清曾建议学校在校园网主页上开设“招标公告栏”使招标工作更公开、透明。

2007 年，农工党对外经济贸易大学支部撰写了《经贸大学教职工健康状况实例分析及健康管理对策研究》调研报告；2008 年，举办了“健康奥运、健康贸大”活动，现场为师生测量学压、健康咨询、发放宣传材料，宣传奥运精神和文明健康理念；2008 年，支部提出了《抓住奥运契机，促朝阳又好又快发展——提高市民素质的教育方式与重点》的议题。支部党员关注社会，关注民生，热心公益事业。在汶川地震发生后，支部党员踊跃捐款。

第三章　工　　会

学校工会委员会的基本职责是：发挥引导、服务、组织、维护四项职能，以促进人的全面发展为核心，围绕学校改革、发展大局，紧紧依靠全校教职员工，积极推进学校民主建设，努力营造文明、和谐的校园氛围。

第一节　组织机构

学校各级工会组织按照校级和院、部、处级分别设立校工会委员会（以下简称“校工会”）和部门工会委员会（以下简称“分工会”）。为便于开展活动，部分分工会（如校直机关一分工会、校直机关二分工会、后勤处分工会）按会员人数或会员所在部门分布情况设立若干工会小组。

1. 第十一届工会委员会（2000 年 6 月 – 2002 年 12 月）在下列院系、机构设立分工会，共计 27 个：国际经济贸易学院、金融学院、工商管理学院、英语学院、外语学院、中德学院、法学院、信息学院、人文学院、体育部、保险系、留学生部、研究生部、继教远程学院、高职学院、国贸研究所、图书馆、网络中心、教技中心、出版社、财务处、教务/科研/师资处、后勤处、基建处、资产处、后勤集团、校直机关。

拥有各类文体协会 13 个，包括：教职工合唱团、摄影协会、羽毛球协会、羽毛球俱乐部、乒乓球协会、钓鱼协会、书画协会、桥牌协会、集邮协会、男女篮球队、足球队、排球队、游泳队。

2. 第十二届工会委员会（2003 年 1 月 – 2005 年 12 月）在下列院系、机构设立分工会，共计 26 个：国际经济贸易学院、金融学院、工商管理学院、英语学院、外语学院、中德学院、法学院、信息学院、人文与行政学院、体育部、保险系、留学生/研究生部、继教远程学院、高职学院、国贸研究所、图书馆、网络中心、教技中心、出版社、财务处、教务/科研/师资处、后勤处、基建处、资产处、后勤集团、校直机关。

拥有各类文体协会 12 个，包括：教职工合唱团、摄影协会、乒乓球协会、钓鱼协会、书画协会、桥牌协会、集邮协会、羽毛球俱乐部、男女篮球队、足球队、排球队、游泳队。

第十二届工会委员会共有委员 21 人，其中常委 9 人。下设经费审查委员会、组织宣传教育部、民主管理与维权保障部、生活福利部、文体部、财务部、女工部等。

3. 第十三届工会委员会（2006 年 1 月 – 2010 年 7 月）在下列院系、机构设立分工会，共计 29 个：国际经济贸易学院、金融学院、国际商学院、英语学院、外语学院、法学院、信息学院、体育部、保险学院、继教学院、经研院/研究生部、图书馆、出版社、网络教技中心、校直机关一、校直机关二、财务处、后勤处、基建处、资产处、国际学院、公共管理学院、教务/科研处、卓越学院（2005 年 12 月 – 2008 年 11 日）、中德学院（2006 年 1 月 – 2006 年 6 月）、人文与社会科学学院（2006 年 1 月 – 2010 年 1 月）、中文学院（2008 年 2 月 – ）、思想政治部（2010 年 1 月 – ）、国际关系学院（2010 年 1 月 – ）。

拥有各类文体协会 12 个，包括：教职工合唱团、摄影协会、乒乓球协会、钓鱼协会、桥牌协会、集邮协会、羽毛球协会、篮球队、足球队、游泳队、舞蹈队、体育舞蹈健身协会。

第十三届工会委员会共有委员 21 人，其中常委 9 人。下设经费审查委员会、女工委员会、福利委员会、劳动人事争议调解工作委员会（2009 年 9 月成立）、计划生育工作委员会（2009 年 9 月成立）。

第二节　工 会 建 设

自 2000 年以来，学校工会组织一直处于“北京市合格教职工之家”建设水平。

2004 年 11 月，校工会常委扩大会讨论通过学校《分工会开展“建家升级”活动实施办法》，2007 年 3 月，校工会重新予以修订并正式公布，全面开展建家升级活动。2007 年 4 月，校工会下发《工会“教职工之家”验收工作实施方案》，制定教职工之家的具体考核条件和评分标准，对各教职工之家进行合格验收。2008 年 11 月，校工会以实地考察、集中答辩的形式，开展教职工之家复验升级工作，对 21 个教职工之家进行验收，评定出先进教职工之家 15 个，合格教职工之家 6 个，后又验收通过 3 个教职工之家。截至 2010 年 11 月，全校 26 个分工会中，有 24 个分工会建起教职工之家。

2009 年 5 月，工会通过先进教职工之家验收，成为“北京市先进教职工之家”。

一、建立健全工会建设的有关规章制度

为规范工会内部工作制度，十年间工会先后制定学校《工会职责》、《校务公开办公室工作职责》、《工会“三重一大”工作制度》、《工会财务支款、报销规定》、《工会（处）务公开党风廉政建设实施办法》；为规范换届选举工作，制定学校《基层工会换届选举暂行办法》；为规范相关委员会工作，先后制定学校《工会常务委员会议事规则（试行）》、《女教职工委员会工作制度》；为服务教职工生活，先后制定学校《关于教职工申请困难补助的暂行办法》、《关于发放独生子女一次性奖励的办法》、《教职工医疗互助会管理办法（试行）》；为规范评优学先工作，制定学校《工会系统先进集体暨先进个人评选及奖励办法》；为规范分工会工作考核，制定学校《部门工会工作量化考核管理办法》；为开展教职工之家建设工作，制定学校《分工会开展建家升级活动实施办法》和《“教职工之家”验收工作实施方案》。

二、工会组织的主要交流与培训

2002 年 11 月，第十二届分工会干部进行第一次培训，主要内容是介绍“双代会”工作性质与内容、“双代会”工作程序、“双代会”筹备进展情况、分配代表名额并作说明、提案征集程序等。

2005 年 3 月，邀请北京化工大学、北京中医药大学工会干部来学校交流研讨。4 月，组织教职工一行 18 人到河南红旗渠、开封参观学习。11 月，组织第十三届分工会主席培训会。

2007 年 4 月，召开学校 2006 年度工会工作表彰大会，隆重表彰获得市级、校级工会系统的先进集体和个人。6 月，工会干部分批参加北京市教育工会组织的工会主席、工会干部培训班。11 月，召开第十三届分工会主席“学习贯彻十七大精神，共建共享和谐校园”主题培训会，会议就二级教代会、教职工之家建设情况等进行了交流。会后，全体参会人员到天津、塘沽参观学习。12 月，召开女工委员培训会，总结本年度工作，特邀北京体育大学奥林匹克研究中心主任黄亚玲教授作《2008 北京奥运会》专题报告。

2008 年 3 月，召开分工会主席会，传达学校党代会十届五次会议精神，并部署当学期工作。5 月，组织各分工会文体委员及参加第一届教师艺术节合唱比赛的合唱团员，到北京郊区青龙湖公园开展“定向越野”活动。7 月，组织召开分工会主席“建先进教工之家　促和谐校园建设”主题培训会，会上总结了 2007 年度工会系统工作情况。12 月，校工会承办北京市教育工会大讲堂，组织分工会主席、委员和“双代会”代表参加讲堂，学习中国工会第十五次代表大会精神。同时组织召开“学习工会十五大精神　推进工会教代会进程”专题培训会，学校工会全体干部、分工会主席及部分分工会委员、“双代会”代表参加培训。会议除学习、培训外，还为获得先进教职工之家和青年教师教学基本功比赛优秀组织奖的分工会颁发了奖牌和证书。

2009 年 1 月，2008 年工会征文活动结束，共收到征文 41 篇，评出一等奖 2 名、二等奖 2 名、三等奖 6 名、优秀奖 31 名，后结集出版学校《工会工作理论与实践》论文集。7 月，召开“学习实践科学发展观，创建‘学习型、服务型、创新型’工会”年度工会工作总结暨工会工作研讨会。10 月，组织分工会干部秋游。12 月，举行北京市先进教职工之家建设表彰会暨工会工作研讨会，会上表彰了积极投身教职工之家建设的先进集体和个人，包括 16 名工会之友、12 名优秀分工会主席、16 名工会积极分子、8 个优秀分工会、6 个先进工会小组、4 个先进社团。

2010 年，校工会先后组织召开分工会主席会、工会委员会、女工委员会、教代会代表培训会，传达北京市工会第十二次代表大会和北京市教育工会第九次代表大会精神，学习《国家中长期教育改革和发展规划纲要（2010—2020 年）》和全国教育工作会议精神。2010 年 7 月，组织召开第六届教代会暨第十三届工代会第五次会议，贯彻落实学校第十一次党代会精神，加强和改进工会教代会工作，强化教代会制度化、规范化和程序化建设。

第三节　主 要 工 作

一、发挥自身职能，维护教职工权益

依法、科学维护教职工的合法权益，是校工会的重要职责。工会在教职工中积极开展学习宣传《工会法》、《劳动合同法》、《高教法》、《教师法》等相关法规活动。

2002 年，根据中国工会第十四次代表大会要求，学校第十二届工代会新设立民主管理与维权保障部，负责教代会、校务公开及民主建设、维权工作，参与协调劳动关系和调解劳动争议，代表教职工参加学校民主管理和民主监督的有关程序，参与协商解决涉及职工切身利益的问题，对学校出台的重大改革举措提出意见和建议。该部由第十二届工会委员与工会专职干部组成，常设机构在校工会。2003 年 12 月到 2005 年 12 月期间，校工会刘鸿良、陶建初先后取得劳动争议调解员资格证书。2006 年，学校按照北京市教育工会的要求，建立学校劳动、人事争议调解委员会，制定学校《劳动、人事争议调解工作暂行办法》，定期召开会议，参会部门主要是人事处、后勤处、校办、党办、监察处、校法律事务室等，就校内当前存在的纠纷状况和下一阶段的工作进行集中探讨交流。

2003 年 4 月 11 日，校工会制定并实施《关于教职工申请困难补助的暂行办法》，校工会福利委员会建立困难教职工档案，慰问帮助生活困难或父母去世的教职工，发放困难补助，每年大约 70 人左右。自 2008 年起，在不突破上限的前提下，普遍提高了补助额度。2010 年 1 月，工会报请学校批准，自 2010 年起提高教职工父母去世补助标准；建立教职工配偶、子女去世补助制度，建立教职工医疗互助会管理制度。

2004 年，民主管理与维权保障部对青年教师住房情况进行深入调查，并将调查意见及时反馈给学校有关部门。2005 年 12 月，第十二届工代会成立青年教师委员会，负责研究并协助解决青年教师生活、发展有关问题。2006 年 4 月，学校推出《关于发放住房补贴和提前支取住房补贴的实施细则》等有关政策；2008 年 4 月，工会举办青年教师住房问题专题沙龙，邀请主管校领导和资产处等相关职能部门负责人到会，实地了解青年教职工居住现状，集中探讨改善教职工住宿条件措施。2008 年 4 月，学校落实北京市有关文件精神，组织青年教职工购买“两限房”。2008 年 11 月，学校推出《人才安居基金管理暂行办法》。

工会每年协助教职工联系子女入学、入托，通过加强与望京陈经纶中学、171 中学、望京花园学校、和平里四小及惠新里幼儿园等的联系，10 年来解决职工子女入学、入托近 400 人。

工会每年协助组织全校教职工体检。2004 年，工会为全校教职工印制发放《健康手册》2 000 册。2007 年 2 月，工会网页开通健康专栏，为教职工提供在线健康咨询。2010 年 5 月，配合校医院等有关部门以公开招标形式重新选定“爱康国宾”为体检单位，增加体检项目，并由教职工自行选择体检地点，对选择到校外定点医院体检的教职工安排专车接送。工会每年为全校女教职工投保特殊疾病互助合作保险。每年“三八”节前，组织邀请专家名医来学校为女教职工进行诊断和咨询。

2008 年 1 月，“双代会”审议通过校长工作报告，增加节假日补贴额度。2010 年 1 月，经教代会讨论通过，再次提高节假日补贴额度，并将离退休人员纳入同步、同标准调增过节费。2010 年底，经工会委员会与人事处、财务处沟通，报学校批准，再次提高职工节假日补贴额度。

2008 年 9 月，经教代会讨论通过，学校自 2009 年 1 月起，每年为教职工增加岗位津贴 10% 。同月，经分工会主席会讨论、教代会主席团通过，学校取消班车，改为向教职工发放交通补助。

2009 年 10 月，工会配合后勤处等部门开展相关工作，学校建起教工食堂，并为教职工发放午餐补助。

2010 年起，工会通过教代会、问卷调查、召开座谈等形式了解教职工各方面需求，配合学校每学期为教职工办十件实事，并与相关职能部门协调沟通，及时向教职工通报进展情况。

二、工会取得的荣誉

自 2000 年以来，校工会及其分工会以及个人在历次重大活动中取得各种奖励和荣誉，见表 7.3.1 所示。

表 7.3.1　　工会取得的荣誉一览表

序号	获奖者	荣　誉　称　号	获奖年度
1	李占海	北京市优秀工会积极分子	2000
2	李占海	北京市优秀工会积极分子	2001
3	陶建初	北京市教育工会抗击“非典”先进个人	2003
2	继续教育学院工会	北京市教育创新优秀集体	2003
3	计生办	北京市朝阳区人口与计划生育工作先进集体	2004
4	韩　静	北京市朝阳区人口与计划生育工作先进个人	2004
5	徐凯峰　康永慧 白建军　林建成	北京市教育工会优秀工会积极分子	2006
6	任秀玲	北京市教育工会优秀工会工作者	2006
7	校工会	北京市工会干部教育培训工作先进集体	2006
8	校工会	北京市高校教代会提案工作先进单位	2006
9	继续教育学院分工会	北京市教育工会先进工会集体	2006
10	女教职工委员会	北京市教育工会先进女教职工委员会	2007
11	陶建初	北京市教育工会优秀女教职工工作者	2007
12	计划生育办公室	北京市朝阳区人口与计划生育工作先进集体	2007
13	孟大惟　陈人康 张旭光　田文泉	首都文明职工	2007
14	校工会	北京奥运会、残奥会文明观众、啦啦队工作优秀组织单位	2008
15	外语学院西班牙语系	北京市“三八”红旗集体	2008
16	对外经济贸易大学 驾驶员志愿者服务团队	首都教育系统奥运工作先进集体	2008
17	胡东旭	北京奥运会、残奥会志愿者先进个人	2008
18	校工会	北京市教育工会工作先进单位	2009

续表

序号	获奖者	荣　誉　称　号	获奖年度
19	校工会	北京市2009年度工作综合先进单位	2009
20	王　玲	北京市优秀职工之友	2009
21	陈建香	北京市教育工会模范工会主席	2010
22	校工会	“温暖玉树，北京市职工在行动”募捐活动优秀组织单位	2010
23	校工会	北京市教育工会先进单位	2010
24	校工会	北京市总工会重点工作考核先进单位	2010

第四节　重大活动

一、师德师风建设活动

（一）青年教师教学基本功大赛

2006年6月，举办学校首届青年教师教学基本功比赛。国际商学院吴革老师获得专业组一等奖。2007年5月，学校推荐吴革老师参加第五届“北京高校青年教师教学基本功比赛”，获文史类A组二等奖。

2008年，举办学校第二届青年教师教学基本功比赛。商学院蒲军老师获得一等奖。2009年，学校推荐蒲军老师参加第六届“北京高校青年教师教学基本功比赛”，获二等奖，并荣获“最受学生欢迎教师奖”。

2010年，举办学校第三届青年教师教学基本功比赛。

（二）青年教师拜师会活动

2009年9月，校工会举办“传承高尚师德，共谱育人新篇——慰问劳模教师暨青年教师拜师会”，24对新老教师结为对子。

2010年9月，校工会举办“弘扬高尚师德，携手共创佳绩——第二届青年教师拜师会”，35对新老教师结为对子。

此外，校工会围绕服务教师、服务教学、服务科研做了大量工作。例如，2005年8月，由校工会、人事处联合组织青年教师22人到井冈山、南昌等地进行“踏红色之旅，育师德新风”社会实践活动。2005年9月，校工会主席张德义带领30人参加由北京市委教育工委、北京市教委、北京市教育工会在人民大会堂组织的先进师德报告会。2010年9月，承办由北京市教育工会主办的北京市教育系统劳模协会成立大会暨“劳模与学子牵手行动”启动仪式。校工会每年组织举办教师节庆祝表彰大会，表彰优秀教师，表彰30年教龄职工。

（三）评优学先活动

10年来，校工会坚持举办一系列“评优学先”活动，学校几十名教师获得市级以上荣誉。

表 7.3.2　获得市级以上荣誉称号的教师名单

序号	获奖者	荣誉称号	获奖年度
1	林桂军	北京市先进工作者（北京市劳动模范）	2000
2	邓可模	北京市教育创新标兵	2003
3	杨长春	北京市教育创新标兵	2004
4	苏号朋	北京市师德先进个人	2004
5	桑百川	首都劳动奖章	2004
6	苏号朋	北京市先进工作者（北京市劳动模范）	2005
7	王　稳	北京市教育创新标兵	2005
8	吴　革	北京市教育创新标兵	2006
9	郭　敏　马春光	北京市师德先进个人	2006
10	黄　勇　王　健	北京市教育创新标兵	2007
11	唐宜红	北京市师德先进标兵	2008
12	王秀丽	北京市师德先进个人	2008
13	林汉川	首都劳动奖章	2008
14	高志伟	北京市教育创新标兵	2008
15	吴卫星	首都教育先锋先进个人	2008
16	汤谷良　吴卫星	首都教育先锋科技创新先进个人	2009
17	张　杰　丁志杰	首都教育先锋教学创新先进个人	2009
18	李凤民	首都教育先锋技术创新先进个人	2009
19	徐宇航	首都教育先锋管理创新先进个人	2009
20	英语学院通用英语系 大学英语教学部	首都教育先锋号先进集体	2009
21	国际商学院会计系	首都教育先锋号先进集体	2009
22	赵忠秀　廉　思	北京市先进工作者（北京市劳动模范）	2010
23	丁志杰　张翠萍	北京市师德先进个人	2010

二、文体活动

2000－2010 年，校工会发挥自身优势，组织各种丰富多彩的校园文化活动，如教职工体育运动会、羽毛球赛、乒乓球赛、篮球赛、摄影展、书画展、冬季长跑、新春文艺汇演等，成为学校教职工的品牌活动。各种文体社团与协会在教职工日常休闲、健身生活当中发挥了重要作用。

2007 年，学校荣获首都教师第一届合唱团合唱比赛铜奖，校工会荣获优秀组织奖。

2009 年，学校男生小合唱荣获首都教职工第三届艺术节文艺节目二等奖，外语学院西班牙语工会获评最佳工会小组。

三、其他重大活动

（一）举办奥运会志愿者系列活动

2006 年 5 月，制订和发布学校《在教职工中招募奥运会驾驶员志愿者工作方案》，正式启动学校奥运志愿者活动。自启动以来，2006－2008 年期间，校工会组织学校 25 位驾驶员志愿者接受一系列技术培训和测试。

2008 年 5 月，举行学校奥运驾驶员志愿者承诺书签字仪式。6 月，学校承办“北京高校奥运驾驶员志愿者工作会议”。7 月，组织召开“弘扬奥林匹克精神　展教工志愿者风采”奥运驾驶员志愿者誓师动员大会，会上向全体教职工志愿者宣读《致全校教职工的倡议书》和《教职工参与奥运服务奖励实施细则》。8 月 8 日－28 日，组织教职工担任奥运文明观众到赛场观赛；组织对教职工奥运志愿者进行培训；慰问奥运期间坚守工作岗位的教职工。

（二）举办社会捐助活动

校工会每年组织捐助活动“博爱在惠园”、“爱心工程一元捐”等，用于社会公益事业。

2005 年 1 月，根据中华全国总工会紧急通知精神，组织开展向印度洋海啸灾区国家和地区捐款 36 731.08 元，上交北京市红十字会。

2006 年 12 月，与国际经济贸易学院联合举办为患白血病在校学生吴凡、吴凯姐弟捐款活动，共筹款 23 万余元，基本解决手术费用。

2008 年 5 月，组织学校教职工向四川汶川地震灾区捐款 422 110.01 元，通过北京市教育工会、中国教育发展基金会、中国扶贫基金会将款项捐往灾区。所捐善款主要用于灾区损毁校舍重建。

2010 年 4 月，组织学校教职工参加北京市总工会、北京市温暖基金会、北京交通台、劳动午报社联合举办的“温暖玉树，北京市职工在行动”募捐活动，捐赠共计 129 165 元。

（三）举办学校迎接本科教学、党建评估系列活动

2004 年，第十二届工代会通过《增强信心，振奋精神，为迎接 2006 年本科教学评估再付百倍努力倡议书》。

2006 年 5 月，举办“评建答卷”活动。

2007 年 9 月，为配合党建评估工作，举办“精彩瞬间”教职工摄影展，评估专家给予高度评价。

2007 年 9 月，党建评估专家组进校，抽查工会相关工作文件和资料，并实地考察教职工活动中心。

第四章　共　青　团

第一节　组织发展

中国共产主义青年团对外经济贸易大学委员会（简称“学校团委”），在学校党委的领导和上级团组织的指导下开展工作。

目前团委下设的职能部门有：组织部、宣传部、项目部、实践部和办公室。下设国际经济贸易学院、金融学院、国际商学院、外语学院、法学院、英语学院、信息学院、保险学院、公共管理学院、中国语言文学学院、国际关系学院等 11 个学院分团委，387 个团支部，全校团员总数为 8 317 人。其中少数民族团员 843 人，保留团籍的党员 1 316 人，青年教师团员 15 人。校团委指导校级学生组织开展活动，如学生会、社团联合会、志愿服务中心、大学生理论学术中心、大学生创业中心、团情调研室、艺术教研室等。

第二节　团　代　会

一、第十一次团代会

中国共产主义青年团对外经济贸易大学第十一次代表大会于 2002 年 10 月召开。共青团北京市委副书记戴维出席开幕式，共青团中央学校部史学林宣读团中央学校部贺信，北京大学团委书记沈千帆、中国人民大学团委书记高祥阳等 58 所兄弟高校团委领导到会祝贺。大会代表 362 人。大会审议并通过《实践“三个代表”重要思想，抓住机遇，开拓创新，为我校建设面向世界、国际知名的一流大学贡献力量》的工作报告，选举产生第十一次团代会委员、常委，常委会选举余兴发为团委书记。

二、第十二次团代会

中国共产主义青年团对外经济贸易大学第十二次代表大会于 2007 年 6 月召开。共青团中央学校部部长周长奎、共青团北京市委副书记李先忠、共青团北京市委大学部部长胡九龙以及北京大学等 38 个兄弟院校的团委代表应邀出席本次大会。大会代表 256 人。大会审议并通过《全面贯彻落实科学发展观，为培养具有跨文化交流能力和国际竞争力的青年骨干人才而奋斗》的工作报告，选举产生第十二次团代会委员、常委，常委会选举徐松为团委书记。

第三节 重大活动

一、社会实践

自2002年学校开展大学生实践活动以来，全校共有800余支团队、12 000余人（包括奥运志愿服务、国庆志愿服务等）参与学校社会实践活动，实践地域涵盖全国除台湾以外的所有省份，以及英、美、日本、非洲等海外国家。实践主题包含社会主义建设新成就、首都建设、灾区重建、金融风险、经贸发展、新农村建设、两岸关系、校友寻访、绿色环保、志愿服务、人才发展、基层党建等。2004年，《中共中央、国务院关于进一步加强和改进大学生思想政治教育的意见》颁布后，学校加大经费支持和提供多重保障，全校大学生实践活动得到快速发展。

2010年5月，启动"砥砺成才报国品质，担当科学发展先锋"的暑期社会实践活动，持续到2010年10月末。共有476支团队、2 900余人参与。主要围绕首都建设、校友寻访、绿色环保、经济发展、志愿服务、新农村建设、人才发展、海外调研、基层党建等九个主题展开调研，足迹遍及全国除台湾以外的各省、自治区、直辖市、特别行政区及美国、德国、澳大利亚、印度、尼日利亚等十余个国家。形成以本科生为骨干，硕士生、博士生和来华留学生共同参与的多元化、多层次的社会实践活动体系。其中，有3支团队入选团中央"2010青苹果计划"全国五十强，有10支团队被评为北京市级重点团队。

表7.4.1 学校获北京市级以上奖励情况

表彰奖项	数量
2008年全国"三下乡"社会实践活动先进单位	1
2010年团中央"2010青苹果计划"全国50强	3
首都高校社会实践先进单位	6
首都高校社会实践先进工作者	15
首都高校社会实践优秀团员	35
首都高校社会实践优秀团队	14
首都高校社会实践优秀成果	7

二、学生科研立项

对外经济贸易大学本科生科研立项是面向全校本科生的专项工作。学生科研立项每学年进行一次，科研过程跨度为一年。该立项的日常工作由学校学生科研创新活动管理委员会办公室负责。

2004年，学校正式启动本科生科研立项工作，迄今共申报1 162个校级学生科研课题，获准立项 572 个课题，参与的指导教师和学生总数达 3 000 余人，支持经费 50 余万元。

学校本科生科研创新工作有以下几个特点：

1. 校领导高度重视，各部门全力配合。学校于 2009 年修订出台《对外经济贸易大学学生科研活动管理办法》，明确学生科研在学校工作中的重要性，并细化学生科研的实施和奖励条例。2009 年，学校为在省部级以上级别的学术竞赛中获奖的师生发放 7 万余元奖金。

2. 同学们参与度不断提高。由 2004 年第 1 届 80 余人申报 19 个项目，发展到 2009 年共有 1 997 人申报 344 个项目，参与人数达 657 人。

3. 研究领域有所拓展。立项选题从最初主要涉及宏观经济、金融发展、学生社团、语言类等领域，拓展到社会生活、商业运作、法律民生和文学艺术等方面。

4. 学科竞赛和科研立项相互促进。

5. 科研创新活动成效显著。自 2005 年以来，学校学生在国际性比赛中获奖 30 余次，如：2005 年、2009 年获得"欧莱雅全球在线商业策略竞赛"全球总冠军；在"挑战杯"系列赛事中共获 32 个奖项，其中，国家二等奖 2 项。

表 7.4.2　　学校历年本科生科研立项数据

年份	申报项目数	立项数	投入经费（元）	立项通过率
2004	19	17	13 800	89.47%
2005	19	17	11 900	89.47%
2006	32	29	25 805	90.63%
2007	146	114	88 900	78.08%
2008	195	126	106 969	64.62%
2009	407	149	130 772	36.61%
2010	344	120		

三、志愿服务

（一）奥运会、残奥会志愿服务

奥运会期间，学校有 2 345 名志愿者和近 1 200 名志愿者分别参与奥运会、残奥会志愿服务工作，占在校学生总数的近一半。在奥运会和残奥会期间，学校的志愿者组成赛会志愿者团队、中心区志愿者团队、奥运村住宿服务团队、城市志愿者团队、社会志愿者团队、鸟巢轮滑表演团队、教工驾驶员团队等七个志愿者工作团队，在 40 多个场馆、70 多个赛会服务点，承担从 6 月 25 日至 9 月 20 日的志愿服务工作，总服务时长达 150 余万小时，并实现了零事故、零失误、零投诉的承诺。学校共收到奥组委志愿者部、中共北京市委教工委、国际体育官员、体育场馆服务对象的感谢信、表扬信 40 封，新华网、人民网、中央电视台等新闻媒体对学校志愿者的活动予以宣传报道。

（二）国际化志愿服务

学校学生志愿服务领域涵盖各种进出口商品交易会、国际博览会、运动会、商务交流会等大型国际会议和商务活动，承担翻译和会务等项工作。学校先后组织千余名优秀志愿者参加 G20 国财长会议、APEC 未来之声、亚洲银行家峰会、第五届亚洲安全社区、第十届亚洲银行家峰会和世界水大会等高端外事的志愿服务工作。

（三）中国青年志愿者扶贫计划研究生支教团

中国青年志愿者扶贫计划研究生支教团是由团中央、教育部联合组织实施的青年志愿服务贫困接力计划全国示范项目。它以公开招募的方式，每年在全国部分重点高校中招募一定数量具备保送研究生资格、具有奉献精神、身心健康、能够胜任支教扶贫工作的应届本科毕业生，以志愿服务的方式到国家中西部贫困地区中学开展为期一年的支教工作，同时开展力所能及的扶贫志愿服务。

学校自 1999 年参加该项目以来，先后向支教服务地青海省化隆县、甘肃榆中县输送 11 批共 65 名优秀志愿者。他们不仅在艰苦的环境和有限的条件下坚持一线教学工作，且多方努力，广泛发动社会力量进行捐款捐物。截至 2010 年，共计募捐 83 000 余元、文具 9 100 余元、衣物 40 余大包总计 5 000 余件、电脑 10 台、图书室 1 座、捐赠图书 2 800 余本及 11 000 余元等。此外，学校志愿者创建了榆中县历史上第一个系统的网站——榆中团县委网站“榆中青年网”。

（四）西部计划

为引导高校毕业生到西部、到基层，到祖国最需要的地方去。从 2003 年开始，团中央、教育部、财政部、人事部组织实施大学生志愿服务西部计划。自 2003 年至 2010 年间，学校共有 7 名学生参加到大学生志愿服务西部计划当中，他们的服务地为内蒙古地方学校、检察院及政府机关以及四川地震受灾区等。

四、国际文化节

国际文化节的前身是学校外语学院的外语文化节，国际文化节是在 2001 年开始举办的外语文化节的基础上发展而来的。

2010 年 4 月 22 日，对外经济贸易大学第一届国际文化节开幕式举行。来自 37 个国家的 70 多位驻华使节莅临学校，感受学校学生的风采和中外文化交融的魅力。施建军校长致辞，学校党委书记王玲、教育部国际司副司长生建学、北京市教委郑登文委员与中外学生代表共同发布国际文化节会徽。

第一届国际文化节包括 12 类 22 项活动，主要有国际舞台剧大赛、北京高校魅力之星大赛、商务英语模拟谈判大赛、模拟峰会大赛、大使论坛、英国 TNT 剧团演出、国际美食节、欢乐世博游、世界电影展播、留学生书画展、葡萄牙图片展示活动、文化节开幕式等。

五、和谐校园文化

校团委在这方面的具体工作有：

（一）举办高端学术讲座，倡导优良学风

学校每年举行“惠园名师讲堂”、“经济观察周”、“华商名人堂”论坛、“GS 学术文化节”等规模较大的学术活动。教育界、法学界、经济界、世贸组织官员以及诺贝尔奖获得者等专家学者、知名人士来校为学生作各类讲座和报告。自 2005 年以来，学校共举办各类学术讲座 500 余场次，参加人数超过 5 万人次。

（二）提倡高雅文化，陶冶学生情操

自 2005 年以来，学校共举办各种形式的文化、艺术、体育等第二课堂活动千余场。每年都举办“毕业骊歌”、元旦晚会、“感动惠园”等校园大型活动。学生会、研究生会以及院系各具特色的文化节、模拟庭审、电子商务大赛、体育嘉年华、拍卖节、“戏剧大赛”、北京高校主持人大赛、校园歌手大赛、女生节、“异国风情作品展”、“情系惠园”等活动构成学校校园文化的活动内容。

第四节　学生组织

一、学生联合会

对外经济贸易大学学生联合会（以下简称“校学生会”）成立于 1956 年。2001 年以来，校学生会开展的主要工作有：

（一）制度建设

重新修订各种规章制度，完善绩效考核制度、财务制度及活动审批制度，使学生工作有章可循。

（二）整合组织机构

完成对主席团、办公室、体育、文艺、女生、宣传、学术、权益、公关所有部门的重新定位，使之在运作中更协调高效。

（三）培养学生干部

培养了一批综合素质较高的学生干部，发挥其在学生会工作中的示范带头作用。

（四）完善后勤工作

把校学生会办成学生温暖的大家庭。

（五）维护学生权益

制作了维护同学权益的权益简报，为同学们的日常生活分忧解难。

（六）推广校园文化

推出惠园名师大讲堂、精英面对面、名聚惠园、走进企业、分享 ING、读书月活动等学术类品牌活动；举办“她时代”女生节、女性讲坛、“原创唱响贸大——青春燃遍惠园”校园原创音乐大赛、“欢歌颂盛年——惠园庆新年”元旦晚会以及“声生不息”（包括校园歌手大赛、新生足球赛、小鬼当家篮球赛、篮球联赛、足球联赛、排球联赛、乒乓球联赛等）等品牌活动。

二、学生社团联合会

对外经济贸易大学学生社团联合会（以下简称“社团联合会”）成立于 2002 年 10

月，其前身为校学生会社团部。社团联合会于 2004 年正式从校学生会分离，成为独立的学生组织，其现有的结构是：以主席团为核心，下设办公室、策宣部、采编部、外联部四个部门。社团联合会完善与修订了社团管理章程，组织开展了体现社团风貌的学生活动。开展了以下日常工作：社团联合招新、新社团成立、社团文化节、活动评议与报道、《青春社团》杂志编辑、引导社团充分发挥第二课堂作用以及活动资源审批等。

目前，学校登记注册的学生社团有 6 大类别，共计 63 个。国贸学社、新闻网记者团、校报记者团等 10 个学生社团获得 2009－1010 学年度学校十佳社团荣誉。

三、志愿服务中心

对外经济贸易大学志愿服务中心（以下简称“中心”）成立于 2006 年 9 月，是在学校党委和团委领导下，向全校学生提供志愿服务平台的校级志愿服务组织。中心目前设主席团、主席团助理、办公室、实践部、策宣部和外联部。

中心自成立以来，先后组织学校本科生、研究生、留学生近 19 500 余人次服务于各级各类活动。

北京奥运会筹备期间，中心成功组织 2 500 余名学生加入奥运志愿服务的团队。

2008 年 12 月，学校与周边 5 个街道、50 余个社区合作建立社区志愿服务基地，其中亚运村助残项目是北京市“十佳”助残基地。2009 年，中心与中国国家图书馆、中国国家大剧院协议建立长期合作关系。2009 年，中心组织了高年级同学暑期赴签约企业实习的活动。

四、大学生艺术活动中心

对外经济贸易大学生艺术活动中心成立于 2007 年，是在校大学生组成的群众性业余文艺团体。艺术中心下设办公室、宣传部、外联部，领导舞蹈、合唱、军乐、民乐、提琴、话剧、吉他等七大艺术社团开展工作。艺术中心弘扬中华民族传统文化，丰富校园文化生活，在艺术实践活动中进行美育教育和爱国主义教育，提高学生的艺术鉴赏力和欣赏水平，承担学校和社会各种文艺演出和其他艺术活动。艺术中心成立以来，协助举办了八大艺术社团专场演出以及学校迎新晚会、元旦晚会和毕业生晚会；组织学生参加第二届北京大学生艺术展演，获得一等奖 3 项、二等奖 2 项和 3 项三等奖以及优秀组织奖，其中合唱团首次入选全国大学生艺术展演预选赛；在第三次北京大学生艺术展演中获得一等奖 2 项、二等奖 5 项和三等奖 1 项以及优秀组织奖；组织舞蹈团参加北京高校“花样年华”歌舞大赛，获得第三名；整合艺术资源参与北京市大学生滑雪节开幕式；将英国 TNT 皇家剧院引入学校进行演出并组织三次出国巡演。

五、大学生理论学术中心

大学生理论学术中心（以下简称“中心”）成立于 2008 年 9 月，是隶属于校团委的学生组织。其核心机构为秘书处，下设导生组、理论部、学术部、策宣部、编辑部，致力于通过组织各类活动推动全校学生的理论学习。2008－2009 学年，举办了三场“缅怀、砥砺、青春、前行”纪念五四运动 90 周年的系列讲座，改革开放三十周年主题征文比赛及贸大首届文献综述写作竞赛。此外，还发行了两本刊物：《政经拾穗》和《青年之声》。

在2009－2010学年度，参与校团委主办的“惠园读书月”大型系列活动，编撰相关书单，推广文献综述的写作竞赛，组织“两会”学习活动和经验交流项目。中心各部门积极开展小课题、讨论会、拓展训练。年末，中心成立导生组，统筹中心内部的学习活动。

六、大学生创业活动中心

对外经济贸易大学大学生创业活动中心（以下简称“中心”）于2009年12月成立。中心目前设有秘书处、办公室、人力资源部、市场开发部、项目实践部、企划宣传部。

中心举办了创业计划书大赛、创业大讲堂系列活动、创业沙龙、创业园区考察等活动，并创办《创业直通车》、《创业八分钟》等刊物。中心与14家企事业单位签订协议，建立了青年就业创业见习基地，联合朝阳区开展暑期“街乡青少年事务见习助理”、“朝阳区优秀大学生干部挂职锻炼”等项目。目前，学校已有多家见习单位被北京团市委授予市级见习基地。同时，中心与朝阳区团委建立起见习基地信息共享和人员交流机制。

七、团情调研室

校团委团情调研室成立于2009年11月。主要负责调研全校各级团组织和共青团员的最新情况，为校团委以及各级团组织开展工作提供有效的信息参考。其工作内容包括内部学习建设，如研讨会、校内外热点“每日分享”、专题培训讲座；团情调研活动，如校园热点综合整理、“教育改革之我见”校园讨论、学校团日活动调研、国际化调研活动。

第五章　校友会、基金会

第一节　校　友　会

一、概述

对外经济贸易大学校友总会成立于 1995 年 3 月 29 日。是经由对外经济贸易部同意、国家教委审核批准、民政部登记注册的国家一级社团组织，具有法人代表资格。时任对外经济贸易大学校长孙维炎任第一届会长。随着校友总会的成立，各地也相继成立校友会，如：厦门校友联谊会、新疆校友会、广东校友会、香港校友会、深圳校友会、海南校友会、北美校友会、天津校友会、山东校友会、云南校友会、珠海校友会、上海校友会、江苏校友会、重庆校友会、四川校友会、贵州校友会。

1996 年，校友总会创办了内部交流刊物《校友通讯》。

1999 年 3 月，原对外经济贸易大学校领导班子调整后，原对外经济贸易大学党委副书记贾怀勤兼任校友总会会长，原校办主任刘园兼任秘书长。

2009 年 6 月 12 日，根据学校党政联席会的决定，党委副书记兼纪委书记杨逢华分管校友会和基金会（筹）。校友总会会长由校长施建军兼任，校友总会常务副会长由校党委副书记杨逢华担任，贾怀勤担任副会长。

校友总会常设办公机构为秘书处。2009 年 8 月 7 日，学校正式颁发文件，确认对外经济贸易大学基金会为正处级单位，该机构与校友会、校董会为三块牌子一套班子。9 月 3 日，学校聘叶文楼为校友总会（校董会、基金会）秘书长、苏隆中为校友总会（校董会、基金会）副秘书长。

二、工作开展

校友总会开展的工作主要有：

（一）促进各届、各地、各学院校友会建设

自 2000 年以来，校友总会每年促进毕业逢五逢十年的各届校友开展纪念活动，促进各地校友会的建立并举行活动；校领导或校友总会秘书处负责人先后参加了广州、深圳、珠海、西安、长沙、厦门、福州、杭州、宁波、银川、青岛、烟台、大连、重庆、汕头、天津、石家庄、南京、美国、英国、加拿大、澳大利亚等地校友会的聚会，并于 2006 年在北京举行各地校友会工作者聚会。2010 年召开全国校友工作大会。这些校友活动促进了校友与母校的感情，推动了海内外校友之间的联谊，初步形成海内外校友网络。

2009 年 9 月，学校校友总会重新组建以来，积极推动各地校友会的组织建设和注册登记。2010 年 5 月，在上海校友的精心筹划和细致准备下，上海校友会（筹）取得了上级归口管理单位——上海市教育委员会的批复，并由上海市教委推荐正式向上海市民政局和上海市社会团体管理局提出筹备申请。7 月 26 日，上海校友会（筹）获得了由上海市民政局和上海市社会团体管理局签发的《准予筹备社会团体决定书》，准予筹备对外经济贸易大学上海校友会，并要求“自准予筹备之日起 6 个月内召开成立大会，通过章程，产生执行机构、负责人和法定代表人，并向登记管理机关申请成立登记”。2010 年 12 月 18 日，上海校友会召开成立大会，先后通过了《对外经济贸易大学上海校友会章程》、《上海校友会会费缴纳办法》等，并通过无记名投票方式选举了 33 位历届校友组成第一届理事会。理事会旋即召开会议，选出了 11 名常务理事及正、副会长和秘书长，并向上海市民政局和上海市社会团体管理局提出申请成立登记。2011 年 1 月 28 日，上海市民政局和上海市社会团体管理局发文“准予社会团体登记决定书”，准予登记并发给《社会团体法人登记证书》。至此，对外经济贸易大学上海校友会正式获得注册。

根据学校部署，校内以学院为单位，纷纷组建成立各学院校友会。目前，国际经济贸易学院、国际商学院、金融学院、信息学院、英语学院、外语学院、中国语言文学学院、公共管理学院、远程教育学院等均已建立学院校友会，其他学院校友会筹备工作亦在进行中。

（二）搭建沟通平台，促进相互交流

1996 年，校友总会创办了《校友通讯》，2001 年又创建了“校友之家”网站。十多年来，校友总会通过这两个窗口，向校友们传递母校的发展历程，追踪报道了近 400 位优秀校友，已成为校友与母校之间、校友与校友之间的重要沟通桥梁和感情纽带。

（1）完善校友网站建设。经学校批准，秘书处先后于 2006 年和 2009 年两次对“校友之家”网站进行了改版，增设了多个栏目，使得母校与校友、校友与校友之间联系的桥梁更加顺畅。

（2）《校友通讯》自创办以来，截至 2009 年底共出刊 14 期。从 2010 年起，每年出刊 3－4 期。

（3）出版了反映众校友求学和事业历程的书籍——《他们从这里走向世界》，该书集中向师生、校友和社会宣传了对外经济贸易大学毕业生的成长之路。

（4）以多种活动的形式促进校友心向母校。2006 年，校友总会组织拍摄了杰出校友电视访谈，采访了 50 余名校友。校友总会推出校友歌曲和诗朗诵——《向日葵》，在学校新年晚会和校友活动中由校友进行演出。

（三）发动校友捐资助学

校友会全方位关注校友，促成校友在母校设立奖学金等捐助项目。截至 2010 年底，校友总会共促成大额奖（助）学金、奖教金项目达 900 余万元。其中较大额的有毛建华校友的“建华奖学金”400 多万元人民币，一位不愿留下姓名校友的“求索助学金”111 万元人民币及资助学校“国际化经营研究中心”100 万元人民币，谢岷校友的“王林生奖学金、奖教金”100 万元人民币，陈红天校友设立的“祥祺奢侈品研究中心”100 万元人民币，张景智校友的“银子弹奖学金”50 万元人民币，李金枝校友夫妇的

"匡济助学金"" 50万元港币等。

（四）探索校友回报母校的多种形式

除了联系发动校友为母校捐资助学外，还广泛邀请杰出校友返校作学术报告和励志讲座，与在校学生共同开办第二课堂各种活动，为学生提供实习机会和工作岗位等。

[第七篇第五章附录]

附件7.1.1：对外经济贸易大学校友总会章程

第一章　总　　则

第一条　本会定名为对外经济贸易大学校友总会（University of International Business and Economics Alumni Association）。

第二条　本会是由对外经济贸易大学的各届校友自愿组成的联合性非营利性社会组织。

第三条　本会的宗旨是：加强国内外历届校友之间的联系，增进友谊与团结，发扬母校光荣传统和优良学风，动员校友关心支持并积极参与母校的改革和建设，密切联系，互通信息，交流和总结经验，促进母校的改革与发展，不断提高教育质量与科研水平，为我国的对外经济贸易事业作出更大的贡献。

第四条　本会接受业务主管单位——中华人民共和国教育部、社会登记管理机关——中华人民共和国民政部的业务指导和监督管理。

第五条　本会的住所：对外经济贸易大学内。

第二章　业务范围

第六条　本会的业务范围主要包括：

（一）编印校友通讯录，定期进行联系；

（二）印发校友通讯或会刊，报导校友动态，交流信息；

（三）组织校友进行工作、业务、学术交流；

（四）及时向校友提供信息，推广工作经验和科研成果，促进母校教育事业的发展；

（五）组织调查研究，征集校友意见和建议，为母校的建设和发展服务；

（六）征集校史资料，协助创建校史展；

（七）组织校友返校日活动；

（八）加强和国内外校友的联系，共同探索引进人才、技术和资金。

第三章　会　　员

第七条　本会的会员分为单位会员和个人会员。

第八条　入会条件：

（一）拥护本会的章程；

（二）有加入本会的意愿；

（三）在对外贸易部高级商业干部学校、北京对外贸易专科学校、北京对外贸易学院（包括分校、预科、外语专科、中专部、干训班）、对外贸易干部学校、对外贸易部北京中等专业学校、对外贸易部中等专业学校、国际经济管理学院和对外经济贸易大学（包括各种干部培训班和函授、夜大学）、原中国金融学院及其前身北京银行学校学习和工作过的校友。

第九条　会员入会的程序是：

（一）填写入会登记表，经校友总会或所在地方校友会同意后为本会会员；

（二）由校友总会理事会或地方校友理事会发给会员证书。

第十条　会员享有以下权利：

（一）本会的选举权、被选举权和表决权；

（二）参加本会的活动；

（三）获得本会服务的优先权；

（四）对本会工作的批评建议权和监督权；

（五）入会自愿、退会自由。

第十一条　会员履行下列义务：

（一）执行本会的决议；

（二）维护本会合法权益；

（三）完成本会交办的工作；

（四）按规定交纳会费；

（五）为改进母校工作，促进母校建设作贡献。

第十二条　会员如有严重违反本章程的行为，经理事会或常务理事会表决通过，予以除名。

第四章　组织机构和负责人产生、罢免

第十三条　本会的最高权力机构是会员代表大会，会员代表大会的职权是：

（一）制定和修改章程；

（二）选举和罢免理事；

（三）审议理事会的工作报告和财务报告；

（四）决定终止事宜；

（五）决定其他重大事宜。

第十四条　理事会是会员代表大会的执行机构，在闭会期间领导本会开展日常工作，对会员代表大会负责。

第十五条　理事会的职权是：

（一）执行会员代表大会的决议；

（二）选举和罢免会长、副会长、秘书长；

（三）筹备召开会员代表大会；

（四）向会员代表大会报告工作和财务状况；

（五）决定设立办事机构、分支机构、代表机构和实体机构；

（六）决定副秘书长、各机构主要负责人的聘任；

（七）领导本会开展工作；

（八）制定内部管理制度；

（九）决定其他重大事项。

第十六条 理事会须有2/3以上理事出席方能召开，其决议须经到会理事2/3以上表决通过方能生效。

第十七条 理事会每年召开一次会议。

第十八条 本会设立常务理事会。常务理事会由理事会选举产生，在理事会闭会期间行使第十五条第一、三、五、六、七、八项的职权，对理事会负责（常务理事不超过理事人数的1/3）。

第十九条 常务理事会须有2/3以上的常务理事出席方能召开，其决议须经到会常务理事2/3以上表决通过方能生效。

第二十条 常务理事会半年召开一次，情况特殊时也可采用通讯形式召开。

第二十一条 本会的会长、副会长、秘书长必须具备下列条件：

（一）坚持党的路线、方针、政策，政治素质好；

（二）在本会业务领域内有较大影响；

（三）会长、副会长、秘书长最高任职年龄不超过70周岁，秘书长为专职；

（四）身体健康，能坚持正常工作；

（五）未受到剥夺政治权利的刑事处罚的；

（六）具有完全民事行为能力。

第二十二条 本会会长、副会长、秘书长如超过最高任职年龄的，须经理事会表决通过，报业务主管单位审查并社团登记管理机关批准同意后，方可任职。

第二十三条 本会会长为本会法定代表人。

第二十四条 本会会长行使下列职权：

（一）召集和主持理事会；

（二）检查会员代表大会、理事会决议的落实情况；

（三）代表本会签署有关重要文件。

第二十五条 本会秘书长行使下列职权：

（一）主持办事机构开展日常工作，组织实施年度工作计划；

（二）协调各分支机构、代表机构、实体机构开展工作；

（三）提名副秘书长以及各办事机构、分支机构、代表机构和实体机构主要负责人，交理事会决定；

（四）决定办事机构、代表机构、实体机构专职工作人员的聘用；

（五）处理其他日常事务。

第五章 资产管理、使用原则

第二十六条 本团体经费来源：

（一）会费；

（二）捐赠；

（三）学校适当补贴；

（四）在核准的业务范围内开展活动或服务的收入；

（五）利息；

（六）其他合法收入。

第二十七条　本会按照国家有关规定收取会员会费。

第二十八条　本会经费必须用于本章程规定的业务范围和事业的发展，不得在会员中分配。

第二十九条　本会建立严格的财务管理制度，保证会计资料合法、真实、准确、完整。

第三十条　本会配备具有专业资格的会计人员，会计不得兼任出纳。会计人员必须进行会计核算，实行会计监督。会计人员调动工作或离职时，必须与接管人员办清交接手续。

第三十一条　本会的资产管理必须执行国家规定的财务管理制度，接受会员代表大会和财政部门的监督。资产来源属于国家拨款或者社会捐赠、资助的，必须接受审计机关的监督。

第三十二条　本会换届或更换法定代表人之前必须接受社团登记管理机关和业务主管单位组织的财务审计。

第三十三条　本会的资产，任何单位、个人不得侵占、私分和挪用。

第三十四条　本会专职工作人员的工资和保险、福利待遇，参照国家对事业单位的有关规定执行。

第六章　章程的修改程序

第三十五条　对本会章程的修改，须经理事会表决通过后报会员代表大会审议。

第三十六条　本会修改章程，须在会员代表大会通过后15日内，经业务主管单位审查同意，并报社团登记管理机关核准后生效。

第七章　终止程序及终止后的财产处理

第三十七条　本会自行解散或由于分立、合并等原因需要注销的，由理事会提出终止动议。

第三十八条　本会终止动议须经会员代表大会表决通过，并报业务主管单位审查同意。

第三十九条　本会终止前，须在业务主管单位及有关机关指导下成立清算组织，清理债权债务，处理善后事宜。清算期间，不开展清算以外的活动。

第四十条　本会经社团登记管理机关办理注销登记手续后即为终止。

第八章 附 则

第四十一条 本章程经 1995 年 3 月校友总会第一次理事会表决通过。

第四十二条 本章程的解释权属本会的理事会。

第四十三条 本章程自社团登记管理机关核准之日起生效。

对外经济贸易大学校友总会

2000 年 1 月 20 日

附件 7.1.2：对外经济贸易大学第一届校友总会正副会长、正副秘书长及理事单位名单

会长：孙维炎 对外经济贸易大学党委书记兼校长

副会长：（以姓氏笔画为序）

方茂田 对外经济贸易大学党委副书记兼副校长

张学武 中国五金矿产进出口总公司副总裁

罗开富 中国对外贸易运输总公司董事长

周明臣 中国粮油食品进出口总公司总裁

郑敦训 中国化工进出口总公司总裁

秘书长：方茂田（兼） 对外经济贸易大学党委副书记兼副校长

副秘书长：徐秉仁 对外经济贸易大学副校长

徐子健 对外经济贸易大学教务处处长

王全火 对外经济贸易大学党委办公室副主任

周德昌（常务） 对外经济贸易大学副处长

理事：千若音 中国海外贸易总公司副总裁

方茂田 对外经济贸易大学党委副书记兼副校长

王世春 对外贸易经济合作部国际经济关系司副司长

王承明 香港校友会会长、华润集团有限公司董事长

王惠恒 中国技术进出口总公司副总裁

王全火 对外经济贸易大学党委办公室副主任

王瑞林 中国医药保健品进出口总公司副总裁

石畏三 对外贸易经济合作部西亚非洲司司长

孙维炎 对外经济贸易大学党委书记兼校长

老连锐 海南校友会会长、海南省免税商品企业公司总经理

邢国华 厦门校友联会会长、厦门特区大达进出口公司总经理

陈亦庆 中国丝绸进出口总公司副总裁

李宝森 中国成套设备进出口（集团）总公司总裁办公室主任

李 斌 中国机械进出口总公司副总经理

张长久 天津校友会会长、天津市国际信托投资公司总经理

张朴炼　北美校友会会长、纽约中国贸易中心总裁
张学武　中国五金矿产进出口总公司副总裁
宋廷如　中国包装进出口总公司总裁办公室主任
狄锁洪　中国纺织品进出口总公司副总裁
罗开富　中国对外贸易运输总公司董事长
周明臣　中国粮油食品进出口总公司总裁
周德昌　对外经济贸易大学副处长
岳振平　中国对外经济贸易咨询公司副总经理
郑敦训　中国化工进出口总公司总裁
胡文生　新疆校友会会长、新疆外经贸委副主任
胡衍菲　国际商报记者
施用海　国际贸易经济合作研究院院长
钟　敏　中国国际贸易促进委员会秘书长
徐子健　对外经济贸易大学教务处处长
徐秉仁　对外经济贸易大学副校长
徐雪华　中国华润总公司副总经理
唐忠良　中国国际广告公司副总裁
高　禧　中国仪器进出口总公司副总裁
夏攀英　中国土畜产进出口总公司副总裁
郭进宝　深圳校友会会长、驻深圳特派员
梁顺沛　北京市经贸委副主任
董松根　中国南光进出口总公司副总经理
韩　麟　中国出国人员服务总公司总裁
靳荣娟　中国工艺品进出口总公司总裁
熊耀华　中国轻工业品进出口总公司总裁
薛　钊　中国出口商品基地建设总公司总裁

附件7.1.3：对外经济贸易大学校友总会秘书处领导人员更迭表

任职时间	秘书长	副秘书长
1995－1999	方茂田（兼）	徐秉仁（兼）　徐子健（兼） 王全火（兼）　周德昌（常务）
1999－2005	刘　园（兼）	丁激中
2005－2009.9	夏占友（兼）	丁激中
2009.9－今	叶文楼	苏隆中

第二节　基　金　会

2009 年 6 月，根据党委常委会 2009 年第 14 号会议纪要，决定成立对外经济贸易大学基金会筹（与校友会、校董会三块牌子一套人马）。

2009 年 11 月 23 日，学校正式获得北京市民政局颁发的《基金会法人登记证书》（登记证号：京民基证字第 0020074 号）。名称为：北京对外经济贸易大学教育基金会。法定代表人：王玲，原始基金数额：500 万元。主管单位：北京市教育委员会。业务范围：筹集资金、接受捐赠，奖教助学，支持与教育相关的建设项目及公益活动。

在北京市民政局的指导下，我校上报的教育基金会理事共 7 人：王玲、杨逢华、胡福印、余兴发、黄潮发、叶文楼、苏隆中。

2009 年 12 月 30 日，学校教育基金会召开成立大会，并举行第一届理事会第一次会议。教育部办公厅社团办公室、北京市教育委员会人事处、北京市社会团体管理办公室基金会管理处等相关职能部门的负责人出席会议，共同为对外经济贸易大学教育基金会揭牌。会议宣读了北京市民政局于 2009 年 11 月 23 日颁发的《行政许可决定书》，准予设立北京对外经济贸易大学教育基金会。

北京市教育委员会人事处负责人代表业务主管单位，宣布对外经济贸易大学教育基金会第一届监事会组成人员名单并任命了监事长。监事会由对外经济贸易大学副校长张新民、监察处长王涛、审计处长李常州 3 人组成，监事长由张新民兼任。

会议选举校党委书记王玲任教育基金会理事长，校党委副书记杨逢华、副校长胡福印任副理事长。叶文楼、苏隆中分别任教育基金会正、副秘书长。经表决，理事会全体理事一致通过《对外经济贸易大学教育基金会章程》。

基金会成立后，根据国务院《基金会管理条例》和《对外经济贸易大学教育基金会章程》，积极开展捐资助学活动，推动学校教育事业的发展。截至 2010 年 12 月底，教育基金会共接受各类捐资近 1 400 万元。捐赠者中既有校友，也有社会各界人士；既有学校党政领导干部，也有普通教职员工；既有在职工作人员，也有离退休老干部。

附件 7.1.4：北京对外经济贸易大学教育基金会章程

第一章　总　　则

第一条　本基金会的名称是北京对外经济贸易大学教育基金会。

第二条　本基金会属于非公募基金会。

第三条　本基金会的宗旨：通过接受捐赠进行奖教助学，推动教育事业发展。

第四条　本基金会的原始基金数额为人民币 500 万元，来源于国内外企业和个人的自愿捐赠。

第五条　本基金会的登记管理机关是北京市民政局，业务主管单位是北京市教育委员会。

第六条　本基金会的住所是北京市朝阳区惠新东街十号对外经济贸易大学诚信楼

707室。

第二章　业务范围

第七条　本基金会公益活动的业务范围：筹集资金、接受捐赠，奖教助学，支持与教育相关的建设项目及公益活动。

第三章　组织机构、负责人

第八条　本基金会由7名理事组成理事会。

本基金会理事每届任期为五年，任期届满，连选可以连任。

第九条　理事的资格：

（一）认同本基金会的宗旨，热心社会公益事业；

（二）为本会捐款50万元人民币（含50万元）以上或在本基金会业务（行业、学科）领域内具有一定影响，并愿为本基金会工作的；

（三）尽职尽责，廉洁自律；

（四）具有完全民事行为能力。

第十条　理事的产生和罢免：

（一）第一届理事由业务主管单位、主要捐赠人、发起人分别提名并共同协商确定；

（二）理事会换届改选时，由业务主管单位、理事会、主要捐赠人共同提名候选人并组织换届领导小组，组织全部候选人共同选举产生新一届理事；

（三）罢免、增补理事或因工作需要调整理事，应经理事会表决通过，报业务主管单位审查同意；

（四）理事的选举和罢免结果报登记管理机关备案；

（五）具有近亲属关系的不得同时在理事会任职。

第十一条　理事的权利和义务：

（一）享有本基金会的选举权、被选举权和表决权；

（二）享有对本基金会工作的监督权和指导权；

（三）执行理事会决议；

（四）履行职责，切实维护本基金会的合法权益；

（五）保证捐赠资金的合法使用和基金的保值增值。

第十二条　本基金会的决策机构是理事会。理事会行使下列职权：

（一）制定、修改章程；

（二）选举、罢免理事长、副理事长、秘书长；

（三）决定重大业务活动计划，包括资金的募集、管理和使用计划；

（四）年度收支预算及决算审定；

（五）制定内部管理制度；

（六）决定设立办事机构、分支机构、代表机构；

（七）决定由秘书长提名的副秘书长和各机构主要负责人的聘任；

（八）听取、审议秘书长的工作报告，检查秘书长的工作；

（九）决定基金会的分立、合并或终止；

（十）决定其他重大事项。

第十三条 理事会每年召开2次会议。理事会会议由理事长负责召集和主持。

有1/3理事提议，必须召开理事会会议。如理事长不能召集，提议理事可推选召集人。

召开理事会会议，理事长或召集人需提前5日通知全体理事、监事。

第十四条 理事会会议须有2/3以上理事出席方能召开；理事会决议须经出席理事过半数通过方为有效。

下列重要事项的决议，须经出席理事表决，2/3以上通过方为有效：

（一）章程的修改；

（二）选举或者罢免理事长、副理事长、秘书长；

（三）章程规定的重大募捐、投资活动；

（四）基金会的分立、合并；

（五）决定基金会登记事项的变更。

第十五条 理事会会议应当制作会议记录。形成决议的，应当当场制作会议纪要，并由出席理事审阅、签名。理事会决议违反法律、法规或章程规定，致使基金会遭受损失的，参与决议的理事应当承担责任。但经证明在表决时反对并记载于会议记录的，该理事可免除责任。

第十六条 本基金会设监事3名。监事任期与理事任期相同，期满可以连任。

第十七条 理事、理事的近亲属和基金会财会人员不得任监事。

第十八条 监事的产生和罢免：

（一）监事由主要捐赠人、业务主管单位分别选派；

（二）登记管理机关根据工作需要选派；

（三）监事的变更依照其产生程序。

第十九条 监事的权利和义务：

监事依照章程规定的程序检查基金会财务和会计资料，监督理事会遵守法律和章程的情况。

监事列席理事会会议，有权向理事会提出质询和建议，并应当向登记管理机关、业务主管单位以及税务、会计主管部门反映情况。

监事应当遵守有关法律法规和基金会章程，忠实履行职责。

第二十条 在本基金会领取报酬的理事不得超过理事总人数的1/3。监事和未在基金会担任专职工作的理事不得从基金会获取报酬。

第二十一条 本基金会理事遇有个人利益与基金会利益关联时，不得参与相关事宜的决策；基金会理事、监事及其近亲属不得与基金会有任何交易行为。

第二十二条 理事会设理事长、副理事长和秘书长，从理事中选举产生。

第二十三条 本基金会理事长、副理事长、秘书长必须符合以下条件：

（一）在本基金会业务领域内有较大影响；

（二）理事长、副理事长、秘书长最高任职年龄不超过70周岁，秘书长为专职；

（三）身体健康，能坚持正常工作；

（四）具有完全民事行为能力。

第二十四条　有下列情形之一的人员，不能担任本基金会的理事长、副理事长、秘书长：

（一）属于现职国家工作人员的；

（二）因犯罪被判处管制、拘役或者有期徒刑，刑期执行完毕之日起未逾5年的；

（三）因犯罪被判处剥夺政治权利正在执行期间或者曾经被判处剥夺政治权利的；

（四）曾在因违法被撤销登记的基金会担任理事长、副理事长或者秘书长，且对该基金会的违法行为负有个人责任，自该基金会被撤销之日起未逾5年的。

第二十五条　担任本基金会副理事长或者秘书长的香港居民、澳门居民、台湾居民以及外国人，每年在中国内地居留时间不得少于3个月。理事长不得由非内地人士担任。

第二十六条　本基金会的理事长、副理事长、秘书长每届任期五年，连任不超过两届。因特殊情况需超届连任的，须经理事会特殊程序表决通过，报业务主管单位审查并经登记管理机关批准同意后，方可任职。

第二十七条　本基金会理事长为基金会法定代表人。本基金会法定代表人不兼任其他组织的法定代表人。

本基金会法定代表人应当由中国内地居民担任。

本基金会法定代表人在任期间，基金会发生违反《基金会管理条例》和本章程的行为，法定代表人应当承担相关责任。因法定代表人失职，导致基金会发生违法行为或基金会财产损失的，法定代表人应当承担个人责任。

第二十八条　本基金会理事长行使下列职权：

（一）召集和主持理事会会议；

（二）检查理事会决议的落实情况；

（三）代表基金会签署重要文件。

本基金会副理事长、秘书长在理事长领导下开展工作，秘书长行使下列职权：

（一）主持开展日常工作，组织实施理事会决议；

（二）组织实施基金会年度公益活动计划；

（三）拟订资金的筹集、管理和使用计划；

（四）向理事会提出聘任或解聘副秘书长以及各办事机构、分支机构、代表机构和实体机构的主要负责人；

（五）协调各分支机构、代表机构、实体机构开展工作；

（六）决定各办事机构、分支机构、代表机构和实体机构专职工作人员的聘用；

（七）章程和理事会赋予的其他职权。

第四章　财产的管理和使用

第二十九条　本基金会为非公募基金会，本基金会的收入来源于：

（一）自然人、法人或其他组织自愿捐赠；

（二）政府资助；

（三）核准的业务范围内开展活动或提供服务的收入；

（四）投资收益；

（五）其他合法收入等。

第三十条 本基金会接受捐赠，应当遵守法律法规，符合章程规定的宗旨和公益活动的业务范围。

第三十一条 本基金会组织募捐时，应当向社会公布募得资金后拟开展的公益活动和资金的详细使用计划。重大募捐活动应当报业务主管单位和登记管理机关备案。

第三十二条 本基金会的财产及其他收入受法律保护，任何单位、个人不得侵占、私分、挪用。

第三十三条 本基金会根据章程规定的宗旨和公益活动的业务范围使用财产；捐赠协议明确了具体使用方式的捐赠，根据捐赠协议的约定使用。

接受捐赠的物资无法用于符合本基金会宗旨的用途时，基金会可以依法拍卖或者变卖，所得收入用于捐赠目的。

第三十四条 本基金会财产主要用于：

（一）根据理事会决议，用于各类公益资助的款项；

（二）维持基金会正常运行的必要开支和相应的筹款经费；

（三）其他符合基金会章程的款项。

第三十五条 本基金会的投资活动是指：

为使基金会资金保值增值，在金融等领域进行的单笔投资超过 50 万元人民币的各项投资行为。

第三十六条 本基金会按照合法、安全、有效的原则实现基金的保值、增值。

第三十七条 本基金会每年用于从事章程规定的公益事业支出，不得低于上一年基金余额的 8%。

本基金会工作人员工资福利和行政办公支出不超过当年总支出的 10%。

第三十八条 本基金会开展公益资助项目，应当向社会公开所开展的公益资助项目种类以及申请、评审程序。

第三十九条 捐赠人有权向本基金会查询捐赠财产的使用、管理情况，并提出意见和建议。对于捐赠人的查询，基金会应当及时如实答复。

本基金会违反捐赠协议使用捐赠财产的，捐赠人有权要求基金会遵守捐赠协议或者向人民法院申请撤销捐赠行为、解除捐赠协议。

第四十条 本基金会可以与受助人签订协议，约定资助方式、资助数额以及资金用途和使用方式。

本基金会有权对资助的使用情况进行监督。受助人未按协议约定使用资助或者有其他违反协议情形的，本基金会有权解除资助协议。

第四十一条 本基金会应当执行国家统一的会计制度，依法进行会计核算、建立健全内部会计监督制度，保证会计资料合法、真实、准确、完整。

本基金会接受税务、会计主管部门依法实施的税务监督和会计监督。

第四十二条　本基金会配备具有专业资格的会计人员。会计不得兼出纳。会计人员调动工作或离职时，必须与接管人员办清交接手续。

第四十三条　本基金会每年1月1日至12月31日为业务及会计年度，每年3月31日前，理事会对下列事项进行审定：

（一）上年度业务报告及经费收支决算；

（二）本年度业务计划及经费收支预算；

（三）财产清册。

第四十四条　本基金会进行年检、换届、更换法定代表人以及清算，应当进行财务审计。

第四十五条　本基金会按照《基金会管理条例》规定接受登记管理机关组织的年度检查。

第四十六条　本基金会通过登记管理机关的年度检查后，将年度工作报告在登记管理机关指定的媒体上公布，接受社会公众的查询、监督。

第五章　终止和剩余财产处理

第四十七条　本基金会有以下情形之一，应当终止：

（一）完成章程规定的宗旨的；

（二）无法按照章程规定的宗旨继续从事公益活动的；

（三）基金会发生分立、合并的。

第四十八条　本基金会终止，应在理事会表决通过后15日内，报业务主管单位审查同意。经业务主管单位审查同意后15日内，向登记管理机关申请注销登记。

第四十九条　本基金会办理注销登记前，应当在登记管理机关、业务主管单位的指导下成立清算组织，完成清算工作。

本基金会应当自清算结束之日起15日内向登记管理机关办理注销登记；在清算期间不开展清算以外的活动。

第五十条　本基金会注销后的剩余财产，应当在业务主管单位和登记管理机关的监督下，通过以下方式用于公益目的：

（一）对指定捐赠用途的剩余财产，经与捐赠人（或其受益人）协商，用于捐赠人指定的其他公益目的；

（二）基金会的剩余财产，通过公开拍卖取得货币资金后，无偿赠与社会公益组织。

无法按照上述方式处理的，由登记管理机关组织捐赠给与本基金会性质、宗旨相同的社会公益组织，并向社会公告。

第六章　章程修改

第五十一条　本章程的修改，须经理事会表决通过后15日内，报业务主管单位审查同意。经业务主管单位审查同意后，报登记管理机关核准。

第七章　附　　则

第五十二条　本章程经2009年12月30日理事会表决通过。

第五十三条　本章程的解释权属于理事会。

第五十四条　本章程自登记管理机关核准之日起生效。

表 7.5.1　　对外经济贸易大学教育基金会接受捐赠情况统计表

（截至2010年12月，排名不分先后）

捐赠单位（个人）	捐赠金额（单位：人民币元）	备注
格尔木藏格钾肥有限公司	5 000 000.00	
陈伯江	2 000 000.00	
陈红天	1 000 000.00	
AJT Group Holding Ltd.	US $ 151 000.00	美元
纪文泓	1 000 000.00	
王冬梅	1 000 000.00	
山西汇丰兴业焦煤集团有限公司	600 000.00	
光华教育基金会	500 000.00	
北京华信怡和投资集团有限公司（陈小平）	500 000.00	
求索助学金	158 267.50	
华夏人寿保险股份有限公司	110 000.00	
摩森康胜啤酒饮料（苏州）有限公司	100 000.00	
世纪二千网络咨询公司	100 000.00	
超顺工业资源有限公司（林镇中）	HK $ 100 000.00	港币
正建（香港）国际有限公司	20 000.00	
杨逢华	1 000.00	
胡福印	1 000.00	
张新民	1 000.00	
赵忠秀	1 000.00	
王强（后勤处）	1 000.00	
刘志平	1 000.00	
叶文楼	1 000.00	
杨长春	1 000.00	

续表

捐赠单位（个人）	捐赠金额（单位：人民币元）	备注
黄　捷	1 000.00	
梁尔华	1 000.00	
王海涛	1 000.00	
巩喜云	1 000.00	
任明鹤	1 000.00	
李占海	1 000.00	
张小锋	1 000.00	
胡东旭	1 000.00	
韩　亮	1 000.00	
余兴发	1 000.00	
郭　敏	1 000.00	
刘　军	1 000.00	
杨巨库	1 000.00	
丁志杰	1 000.00	
李保元	1 000.00	
夏海泉	1 000.00	
曹红月	1 000.00	
袁利新	1 000.00	
程振川	1 000.00	
李英海	1 000.00	
高　伟	1 000.00	
王　强（科研处）	800.00	
张　瑞	600.00	
李凤民	500.00	

第六章　侨　　联

2000 年前，对外经济贸易大学侨联组织隶属对外经济贸易合作部侨联。

2000 年 9 月，对外经济贸易大学与对外经济贸易合作部脱钩后，对外经济贸易大学侨联组织也随之与对外经济贸易合作部侨联脱离，成立对外经济贸易大学侨联小组。郑育森任组长，杨潮光、徐云裳任副组长。

截至 2010 年底，学校归侨侨眷、港澳台眷属共 54 人，其中归侨 19 人。英语学院教师汪海现任北京市侨联第十三届委员会委员。

学校侨联在学校党委统战部的支持下，通过多种形式和活动为侨办实事，为侨服务，凝聚侨心。

2004 年，徐云裳被北京市归国华侨联合会评为“首都侨界优秀个人”；2007 年，学校侨联被北京市归国华侨联合会评为“北京市侨联工作先进集体”。

第七章　关心下一代工作委员会

一、机构沿革

原对外经济贸易大学关心下一代工作委员会（以下简称“关工委”）始建于1991年6月11日。第一任名誉会长为原对外经济贸易大学70年代末至80年代初的老校长、全国政协常委、中国农工民主党副主席、国家教委关工委副会长田光涛；会长为原对外经济贸易大学党委副书记崔哲，副会长为原对外经济贸易大学党委副书记初志农。组成人员包括原对外经济贸易大学的老教师、老专家、老干部和党办、校办、宣传部、学生工作部、老干部处、校工会、校团委、后勤处、财务处、人事处、组织部和家委会等有关职能部门的负责人，共计30余人。2003年陈苏东任主任、陈建香任常务副主任；2005年陈建香任主任；1991－1993年初志农任副主任；1993－1999年方茂田任副主任（见附件）。原对外经济贸易大学“关工委”下设秘书处，挂靠在原对外经济贸易大学老干部处，并由原对外经济贸易大学老干部处处长朱忠田任秘书长。

2008年，学校组建新一届“关工委”，校党委书记王玲、校长陈准民和张素我教授为顾问，党委副书记陈建香为名誉主任，原对外经济贸易大学校长兼党委书记孙维炎教授为主任、原中国金融学院党委副书记高裕民和原对外经济贸易大学副校长徐延春为副主任。关工委挂靠在离退休人员工作处，时任离退休人员工作处总支书记吴兴旺担任秘书长。

2009年6月，校长施建军任“关工委”顾问。2010年11月，离退休人员工作处处长李洁担任“关工委”秘书长。

二、主要工作

学校“关工委”在学校党政领导下，根据青少年成长、成才的特点和需要，发挥“关工委”自身优势开展了多项工作。

（一）针对青少年的活动

1. 开展革命传统教育

传统教育是帮助青少年确立“爱党爱国，立志成才”人生观的重要教育形式。“关工委”组织学生干部参观革命遗址，接受革命传统教育。如组织学生参观北京香山、双清别墅毛主席故居、天津周恩来总理邓颖超革命事迹纪念会馆、中国人民抗日战争纪念馆、宛平古城和焦庄户地道、北京市政府举办的中国国情展览和航空博物馆等。邀请孙毅将军等革命前辈给大学生作革命传统报告。每年为班团干部作如何“继承优良传统，当好学生干部”的专题报告，对学生干部进行学校优良传统教育。并根据青少年的兴趣与特点，成立小记者协会，举办有奖采访征文活动。设立“敬梅爱心基金”，用老教授对家庭贫困学生的关爱行动，引导和激发学生刻苦学习、奋发向上的热忱。

2. 参与学校党团工作

“关工委”组织离退休老党员为学生讲党课，离退休人员党支部与学生党支部开展共建活动，共同组织参观升国旗仪式，一起观看红色电影，召开学习座谈会等活动。“关工委”成员应邀积极参与学生的社团活动，如有的老同志被学校团委聘为大学生学术理论中心的学术顾问、学校大学生创业中心的顾问以及学生社会实践、本科学生科研课题小组的指导教师等。

3. 帮助同学拓展视野

2009 年 4 月，“关工委”与离退休工作处联合承办了由中国老教授协会与对外经济贸易大学联合举办的“金融危机发展趋势与对策”专家论坛，帮助学生正确理解和分析国际金融危机的背景和影响。

4. 组织兴趣班、辅导班

学校“关工委”策划、组建了多种兴趣班、辅导班，如书法班、歌咏班、绘画班、手工班、棋艺班等。使得一些中小学生可以根据自己的特长、喜受，利用课余时间参加不同的兴趣班，有的关工委成员还对他们进行学业指导。

5. 成立“星星小分队”和“绿色小卫士”组织

孩子们在离退休老同志的带领下，分别担任家属区院内执勤巡逻，维护环境卫生和护理花草树木等任务。

6. 举办文艺演出和有奖游园活动

遇有重大节日，“关工委”或家委会组织学属区内的小朋友参加文艺演出或有奖游园活动，丰富他们的课余文化生活。

7. 参与新生入学教育

自 2008 年开始，每年新生入学后，学生工作部均邀请“关工委”的领导同志为新生做关于校史与校园文化的专题报告。

（二）关心青年教师和青年干部

一大批老教授、老干部尽心尽力地关心和帮助青年干部和青年教师，毫无保留地向他们传授教学经验和工作方法，提高青年教师的教学水平和业务素质。

（三）发挥余热

1. 参与教学科研管理工作

离退休老同志是“关工委”的主力军。据不完全统计，目前，学校有百余人在退休后返聘从事教学科研及管理服务工作，为学校和社会再作贡献。

2. 向社会奉献爱心

“关工委”在社区范围内开展向“希望工程”献爱心活动。据不完全统计，仅 1994 年，校内家属区就先后有 96 名离退休老同志为“希望工程”捐款 8 851.22 元，供养失学儿童上学直至中学毕业。通过捐款和“1 + 1”结对活动，学校家属区共资助贫困地区 34 名失学儿童重返学校。

3. 参与本科、研究生教学督导工作

学校教务处、研究生部成立的教学督导组中有多名离退休教师和干部。教学督导组中有两名教授是学校“关工委”成员。

三、获奖情况

（一）1995年、2004年学校“关工委”两次被评为北京教育系统关心下一代工作先进集体。

（二）1999年、2003年学校“关工委”两次被评为全国教育系统关心下一代工作先进集体。

（三）2004年10月，孙维炎、吕庄被北京市政工委评为“为下一代健康成长献计献策”优秀奖。

第八篇　教职工与学生

第一章　教　　师

第一节　教师组成结构

自2000年12月至2010年12月，教师总数从642人发展到837人（不包括人才交流中心待岗的13名教师），增长了30%；教师人数占全校教职工的比例从40%上升到54%。师资队伍的职称结构、学位结构、年龄结构、学缘结构进一步改善，构成了以学科带头人为核心，以学术骨干力量为中坚的学术梯队。

表8.1.1　　　　2000年—2010年教师队伍年龄结构一览表

年龄段 / 时间（年）	大于60岁	51—60岁	41—50岁	31—40岁	30岁及以下
2000	29	83	171	258	101
2001	4	62	201	301	74
2002	11	88	180	268	79
2003	10	99	191	253	70
2004	7	113	208	251	61
2005	6	135	222	241	42
2006	10	159	240	228	73
2007	5	151	247	243	87
2008	4	153	252	271	90
2009	6	158	250	296	66
2010	4	148	255	328	102

表8.1.2　　　　2000年—2010年教师队伍学位结构一览表

学位 / 时间（年）	博　　士		硕　　士		学士及以下	
	人数	比例（%）	人数	比例（%）	人数	比例（%）
2000	40	6.2	326	50.8	276	43.0
2001	94	14.6	329	51.3	219	34.1
2002	68	10.9	330	52.7	228	36.4
2003	88	14.1	329	52.8	206	33.1
2004	123	19.2	320	50.0	197	30.8

续表

学位 / 时间（年）	博士		硕士		学士及以下	
	人数	比例（%）	人数	比例（%）	人数	比例（%）
2005	142	22.0	302	46.7	202	31.3
2006	208	29.5	307	43.6	189	26.8
2007	260	35.5	304	41.5	169	23.1
2008	311	40.4	302	39.2	157	20.4
2009	386	49.7	272	35.1	118	15.2
2010	406	54.7	258	32.0	114	13.3

表 8.1.3　　2000 年至 2010 年教师队伍专业技术职务结构一览表　　（单位：人）

专业技术职务级别 / 时间（年）	正高级	副高级	中级	初级及未定
2000	99	239	237	67
2001	112	271	237	22
2002	103	287	203	33
2003	107	291	198	27
2004	104	300	189	47
2005	120	289	192	45
2006	134	297	200	79
2007	144	297	221	71
2008	141	297	254	78
2009	152	303	259	62
2010	158	309	256	109

第二节　教授名录

表 8.1.4　　2010 年 12 月 31 日在职具有教授、研究员专业技术职务人员名录（含专职科研人员）

序号	单　位	姓名	性别	教授专业技术职务取得时间
1	校领导	施建军	男	1992 年 10 月
2	校领导	徐子健	男	1995 年 12 月
3	校领导	刘　亚	男	1996 年 11 月
4	校领导	林桂军	男	1996 年 12 月
5	校领导	杨逢华	男	1996 年 12 月

续表

序号	单 位	姓名	性别	教授专业技术职务取得时间
6	校领导	张新民	男	1999 年 12 月
7	校长办公室	陈准民	男	1994 年 12 月
8	校长办公室	陈苏东	女	1997 年 12 月
9	保险学院	孙 健	男	1997 年 12 月
10	保险学院	王国军	男	2005 年 12 月
11	保险学院	荆 涛	女	2008 年 12 月
12	出版社	刘 军	男	1999 年 12 月
13	法学院	沈四宝	男	1993 年 11 月
14	法学院	王 军	男	1996 年 12 月
15	法学院	李 玫	女	1999 年 9 月
16	法学院	孙 利	女	2001 年 6 月
17	法学院	黄 勇	男	2002 年 12 月
18	法学院	王晓川	男	2003 年 12 月
19	法学院	鲍 禄	男	2004 年 12 月
20	法学院	丁 丁	女	2004 年 12 月
21	法学院	冀宗儒	女	2005 年 12 月
22	法学院	石静霞	女	2005 年 12 月
23	法学院	梅夏英	男	2006 年 12 月
24	法学院	苏号朋	男	2006 年 12 月
25	法学院	边永民	女	2008 年 12 月
26	法学院	盛建明	男	2008 年 12 月
27	法学院	李 俊	男	2009 年 12 月
28	公共管理学院	郑俊田	男	1999 年 12 月
29	公共管理学院	王福明	男	2002 年 12 月
30	公共管理学院	张 红	女	2005 年 12 月
31	公共管理学院	崔鑫生	男	2009 年 12 月
32	国际关系学院	戴长征	男	2004 年 12 月
33	国际经济贸易学院	郭 飞	男	1995 年 11 月
34	国际经济贸易学院	姚新超	男	1997 年 11 月
35	国际经济贸易学院	陈 欣	男	1997 年 12 月
36	国际经济贸易学院	白树强	男	1998 年 12 月

续表

序号	单　　位	姓名	性别	教授专业技术职务取得时间
37	国际经济贸易学院	朱明侠	女	1998 年 12 月
38	国际经济贸易学院	韩　琪	女	1999 年 12 月
39	国际经济贸易学院	王　健	男	1999 年 12 月
40	国际经济贸易学院	门　明	男	2001 年 6 月
41	国际经济贸易学院	史燕平	女	2001 年 6 月
42	国际经济贸易学院	刘　园	女	2001 年 6 月
43	国际经济贸易学院	卢进勇	男	2001 年 6 月
44	国际经济贸易学院	李　青	女	2001 年 6 月
45	国际经济贸易学院	章昌裕	男	2001 年 6 月
46	国际经济贸易学院	杜奇华	男	2001 年 12 月
47	国际经济贸易学院	张　玮	女	2001 年 12 月
48	国际经济贸易学院	黄晓玲	女	2002 年 12 月
49	国际经济贸易学院	孔淑红	女	2002 年 12 月
50	国际经济贸易学院	梁　蓓	女	2003 年 12 月
51	国际经济贸易学院	刘树林	男	2003 年 12 月
52	国际经济贸易学院	唐宜红	女	2003 年 12 月
53	国际经济贸易学院	赵忠秀	男	2003 年 12 月
54	国际经济贸易学院	蒋先玲	女	2004 年 12 月
55	国际经济贸易学院	孙华妤	女	2004 年 12 月
56	国际经济贸易学院	于　瑾	女	2004 年 12 月
57	国际经济贸易学院	冷柏军	男	2005 年 12 月
58	国际经济贸易学院	刘东升	男	2005 年 12 月
59	国际经济贸易学院	孙玉琴	女	2005 年 12 月
60	国际经济贸易学院	黄敬阳	女	2005 年 12 月
61	国际经济贸易学院	奉立城	男	2006 年 12 月
62	国际经济贸易学院	葛　嬴	男	2006 年 12 月
63	国际经济贸易学院	吴　青	女	2008 年 12 月
64	国际经济贸易学院	洪俊杰	男	2009 年 12 月
65	国际经济研究院	夏友富	男	1995 年 12 月
66	国际经济研究院	桑百川	男	2001 年 12 月
67	国际商学院	贾怀勤	男	1993 年 11 月

续表

序号	单　位	姓名	性别	教授专业技术职务取得时间
68	国际商学院	马春光	男	1993 年 11 月
69	国际商学院	林汉川	男	1994 年 10 月
70	国际商学院	汤谷良	男	1995 年 11 月
71	国际商学院	余恕莲	女	1996 年 12 月
72	国际商学院	傅慧芬	女	1998 年 12 月
73	国际商学院	张建平	男	1999 年 12 月
74	国际商学院	叶陈刚	男	2000 年 5 月
75	国际商学院	蒋　屏	女	2001 年 6 月
76	国际商学院	张　杰	男	2001 年 6 月
77	国际商学院	赵　军	男	2001 年 6 月
78	国际商学院	郝旭光	男	2001 年 6 月
79	国际商学院	于秀丽	女	2003 年 12 月
80	国际商学院	肖泽忠	男	2004 年 9 月
81	国际商学院	范黎波	男	2004 年 12 月
82	国际商学院	王玉荣	女	2004 年 12 月
83	国际商学院	王永贵	男	2005 年 3 月
84	国际商学院	吴　革	男	2005 年 12 月
85	国际商学院	张学谦	男	2006 年 12 月
86	国际商学院	雷光勇	男	2006 年 12 月
87	国际商学院	王素荣	女	2006 年 12 月
88	国际商学院	吕文栋	男	2006 年 12 月
89	国际商学院	郑建明	男	2008 年 12 月
90	国际商学院	钱爱民	女	2009 年 12 月
91	国际商学院	马　俊	女	2009 年 12 月
92	国际学院	王正富	男	1993 年 11 月
93	基金会（校友会、校董会）	叶文楼	男	2001 年 12 月
94	金融学院	邱兆祥	男	1995 年 11 月
95	金融学院	吴　军	男	1998 年 9 月
96	金融学院	丁建臣	男	1999 年 9 月
97	金融学院	粟　勤	女	2004 年 12 月
98	金融学院	丁志杰	男	2005 年 12 月

续表

序号	单　　位	姓名	性别	教授专业技术职务取得时间
99	金融学院	郭红玉	女	2005 年 12 月
100	金融学院	郭　敏	女	2005 年 12 月
101	金融学院	齐天翔	男	2006 年 12 月
102	金融学院	刘立新	男	2006 年 12 月
103	金融学院	吴卫星	男	2008 年 12 月
104	科研处	王　强	男	2006 年 12 月
105	人事处	史　薇	女	1999 年 9 月
106	世界贸易组织研究院	张汉林	男	1999 年 12 月
107	思想政治理论课教学科研部	荣　真	男	1998 年 12 月
108	思想政治理论课教学科研部	王志民	男	2005 年 12 月
109	外语学院	杨言洪	男	1995 年 12 月
110	外语学院	陈健平	女	1996 年 12 月
111	外语学院	李伯杰	男	1996 年 12 月
112	外语学院	金秉运	男	1997 年 12 月
113	外语学院	张　密	女	1997 年 12 月
114	外语学院	葛铁鹰	男	1998 年 12 月
115	外语学院	李爱文	男	1998 年 12 月
116	外语学院	姚莉萍	女	1998 年 12 月
117	外语学院	郭铭华	女	1999 年 7 月
118	外语学院	徐永彬	男	1999 年 12 月
119	外语学院	张　晶	女	1999 年 12 月
120	外语学院	李二敏	女	2003 年 12 月
121	外语学院	冯晓虎	男	2004 年 12 月
122	外语学院	史世伟	男	2004 年 12 月
123	外语学院	马　骏	男	2004 年 12 月
124	外语学院	赵雪梅	女	2004 年 12 月
125	外语学院	杜景林	男	2005 年 12 月
126	外语学院	吴　军	女	2006 年 12 月
127	外语学院	杨建荣	男	2006 年 12 月
128	外语学院	郑文彬	男	2006 年 12 月
129	外语学院	卢　谌	女	2008 年 12 月

续表

序号	单　　位	姓名	性别	教授专业技术职务取得时间
130	外语学院	潘亚玲	女	2009 年 12 月
131	信息学院	陈　进	男	1999 年 9 月
132	信息学院	曹淑艳	女	2005 年 12 月
133	学术刊物编辑部	郑宝银	男	1998 年 12 月
134	研究生部	杨长春	男	2001 年 6 月
135	英语学院	贾文浩	男	1997 年 12 月
136	英语学院	李　平	女	1998 年 12 月
137	英语学院	王关富	男	1998 年 12 月
138	英语学院	蒋显璟	男	1999 年 12 月
139	英语学院	王恩冕	男	2001 年 6 月
140	英语学院	王立非	男	2001 年 12 月
141	英语学院	常玉田	男	2002 年 12 月
142	英语学院	朱晓姝	女	2004 年 1 月
143	英语学院	俞利军	男	2004 年 12 月
144	英语学院	沈素萍	女	2005 年 12 月
145	英语学院	许德金	男	2007 年 1 月
146	英语学院	窦卫霖	女	2008 年 12 月
147	英语学院	张佐成	男	2008 年 12 月
148	中国语言文学学院	董　瑾	女	2008 年 12 月
149	中国语言文学学院	杨立群	女	2008 年 12 月
150	组织部	王　稳	男	2006 年 12 月
151	国际经济贸易学院	魏巍贤	男	2000 年 12 月
152	国际经济研究院	韩立华	女	2009 年 12 月
153	国际经济研究院	华晓红	女	2001 年 6 月
154	国际经济研究院	贾保华	男	2003 年 12 月
155	国际经济研究院	夏占友	男	2002 年 12 月
156	国际经济研究院	赵京霞	女	2001 年 6 月
157	世界贸易组织研究院	杨荣珍	女	2004 年 12 月
158	国际学院	曹红月	男	2001 年 12 月

2010 年新评教授名单：

教授（13）人 田秀娟 孙 洁 孔宁宁 李自杰 徐海燕 吕维霞
崔金红 金 冰 邹兰芳 徐 珺（转系列）陶 庆
吕云生 梁凯音

表 8.1.5 2000 年 1 月至 2010 年 12 月离退休具有教授研究员专业技术职务人员名录

姓 名	性 别	职 称
陈庆柏	男	教授
王新民	男	教授
张锡嘏	男	教授
李唯中	男	教授
肖天佑	男	教授
郑育森	男	教授
丁衡祁	男	教授
林 康	男	教授
师玉兴	男	教授
史天陆	男	教授
孙建秋	女	教授
王绍熙	男	教授
王玉清	男	教授
严思忆	女	教授
叶彩文	男	教授
于俊年	男	教授
张范嘉	男	教授
黄为之	女	教授
刘金鸿	女	教授
黄美波	女	教授
罗 兴	男	教授
吴顺昌	男	教授
孙维炎	男	教授
杨仲林	男	教授
闫善明	男	教授
张天冲	男	研究员
黄震华	男	教授
孙秀峰	男	研究员

续表

姓　　名	性　　别	职　　称
李正中	男	教授
姚德骥	男	教授
程海波	男	教授
黄华明	男	教授
李　肖	女	教授
张福德	男	教授
朱忠明	男	教授
张素我	女	教授
李　诗	女	教授
吴　芬	女	教授
陆　勇	男	教授
王天清	男	教授
石玉川	男	教授
王林生	男	教授
薛荣久	男	教授
常　力	女	教授
朱　凯	女	教授
赵秀臣	男	教授
刘耀威	男	教授
刘文丽	女	教授
雷慧萃	女	教授
车洪波	女	教授
陈恭和	男	教授
许施智	男	教授
冯　彬	男	教授
刘子安	男	教授
张学谦	男	教授

表 8.1.6　　2000 年 1 月至 2010 年 12 月已故具有教授、研究员专业技术职务人员名录

姓　名	性　别	职　称
汪大捷	男	教授
张定令	男	教授
刘炽光	女	教授
冷铁铮	男	教授
陈及时	男	教授
张冰姿	女	教授
王桂修	女	研究馆员
何曾楣	男	教授
邱年祝	男	教授
岳久安	男	教授
姜信道	男	教授
施明义	男	教授
费修梅	男	教授
李　薇	女	教授
廖雅章	男	教授
李志伟	男	教授
陈宇杰	男	教授
孙玉宗	男	教授
方　信	男	教授
唐肇文	男	教授
林拾华	女	教授
席宁华	男	教授
汪廷弼	男	教授
李作书	男	教授

表 8.1.7　　2010 年 12 月 31 日在职具有其他正高级专业技术职务人员名录

序号	单位	姓名	性别	专业技术职务	专业技术职务取得时间
1	国际合作交流处	贺向民	男	研究员	1998 年 12 月
2	继续教育学院	谢毅斌	男	研究员	2005 年 12 月
3	学科建设办公室	仇鸿伟	男	研究员	2006 年 12 月
4	研究生部	李卫群	男	研究员	2006 年 12 月
5	英语学院	徐　珺	女	研究员	2001 年 9 月
6	国际学院	谭晓燕	女	编审	2003 年 12 月
7	远程教育学院	彭秀军	女	编审	2002 年 1 月
8	后勤管理处	魏　敏	女	主任医师	2003 年 12 月

第三节　2000—2010 年教师获省部级以上奖励情况

引进“千人计划”入选者（1 人）：

2009 年　美国普渡大学　张浩教授

引进长江学者讲座教授（2 人）：

2007 年　美国华盛顿大学　王家骁教授

2009 年　英国利兹大学　Peter J Buckley 教授

百千万人才工程第一、二层次入选者（3 人）：

徐子健　焦津洪（调出）　张汉林

新世纪百千万人才工程国家级人选（1 人）：

2009 年　范黎波

表 8.1.8　享受政府特殊津贴人员情况一览表

序号	姓　名	性　别	人员类别	批准时间
1	冯大同	男	去世	1991
2	沈达明	男	去世	1991
3	吴永珣	男	去世	1991
4	李德滋	男	去世	1992
5	刘炽光	女	去世	1992
6	施建军	男	在职	1992
7	王林生	男	退休	1992
8	张冰姿	女	去世	1992
9	张伯纯	男	去世	1992
10	张雄武	男	退休	1992
11	张祖尧	男	去世	1992
12	高国沛	男	退休	1993
13	葛光前	男	离休	1993
14	胡鹤年	男	退休	1993
15	雷荣迪	男	退休	1993
16	冷铁铮	男	去世	1993
17	李志伟	男	去世	1993
18	廖雅章	男	去世	1993
19	刘舒年	男	退休	1993

续表

序号	姓　　名	性　　别	人员类别	批准时间
20	吕　庄	女	退休	1993
21	彭玉书	男	退休	1993
22	邱年祝	男	去世	1993
23	邱兆祥	男	在职	1993
24	任映国	男	退休	1993
25	孙维炎	男	退休	1993
26	孙玉宗	男	去世	1993
27	汪廷弼	男	去世	1993
28	王国乡	男	退休	1993
29	王绍熙	男	退休	1993
30	王新民	男	退休	1993
31	姚德骥	男	退休	1993
32	俞天一	男	退休	1993
33	张素我	女	退休	1993
34	张荫余	男	退休	1993
35	赵　润	男	退休	1993
36	诸葛霖	男	退休	1993
37	曹泽兰	女	退休	1994
38	陈宇杰	男	去世	1994
39	黄震华	男	退休	1994
40	姜信道	男	去世	1994
41	李平沤	男	退休	1994
42	施士宇	男	退休	1994
43	谭建业	男	退休	1994
44	薛荣久	男	退休	1994
45	严启明	男	退休	1994
46	叶彩文	男	退休	1994
47	张培基	男	退休	1994
48	朱国兴	男	退休	1994
49	罗　兴	男	退休	1995
50	许静梅	女	去世	1995

续表

序号	姓　　名	性　　别	人员类别	批准时间
51	蔡渭洲	男	去世	1996
52	蒋永和	男	退休	1996
53	杨乃均	男	退休	1996
54	郭　飞	男	在职	1997
55	何曾楣	男	去世	1997
56	贾怀勤	男	在职	1997
57	马春光	男	在职	1997
58	沈四宝	男	在职	1997
59	吴顺昌	男	退休	1997
60	郗藩封	男	退休	1997
61	肖天佑	男	退休	1997
62	师玉兴	男	退休	1998
63	童书兴	男	离休	1998
64	于俊年	男	退休	1998
65	张才良	男	退休	1998
66	张应驹	男	退休	1998
67	丁衡祁	男	退休	1999
68	林　康	男	退休	1999
69	王玉清	男	退休	1999
70	余恕莲	女	在职	1999
71	张范嘉	男	退休	1999
72	朱　凯	女	退休	1999
73	黄美波	女	退休	2000
74	黎孝先	男	离休	2000
75	李　诗	女	退休	2000
76	林桂军	男	在职	2000
77	林汉川	男	在职	2000
78	刘　亚	男	在职	2000
79	石玉川	男	退休	2000
80	王寿椿	男	退休	2000

续表

序号	姓　　名	性　　别	人员类别	批准时间
81	王正富	男	在职	2000
82	徐子健	男	在职	2000
83	杨潮光	男	退休	2000
84	赵秀臣	男	退休	2000
85	车洪波	女	退休	2001
86	陈　欣	男	在职	2001
87	陈准民	男	在职	2001
88	孙建秋	女	退休	2001
89	吴　军	男	在职	2001
90	席宁华	男	去世	2001
91	杨言洪	男	在职	2001
92	吴　芬	女	退休	2002
93	许施智	男	退休	2002
94	杨逢华	男	在职	2002
95	陈　进	男	在职	2004
96	陈苏东	女	在职	2004
97	李伯杰	男	在职	2005
98	桑百川	男	在职	2005
99	张新民	男	在职	2005
100	卢进勇	男	在职	2006
101	史　薇	女	在职	2006
102	叶文楼	男	在职	2006
103	汤谷良	男	在职	2008
104	夏友富	男	在职	2008
105	张汉林	男	在职	2008
106	赵忠秀	男	在职	2008
107	丁志杰	男	在职	2010
108	王　军	男	在职	2010

表 8.1.9　新世纪优秀人才支持计划入选者情况一览表

序号	单　位	姓名	入选年份
1	校领导	张新民	2005 年
2	法学院	黄　勇	2005 年
3	国际经济贸易学院	刘树林	2005 年
4	国际经济贸易学院	葛　赢	2006 年
5	国际商学院	雷光勇	2006 年
6	法学院	梅夏英	2006 年
7	国际商学院	范黎波	2007 年
8	国际经济研究院	桑百川	2007 年
9	国际经济贸易学院	魏巍贤	2007 年
10	国际经济贸易学院	孙华好	2008 年
11	金融学院	丁志杰	2008 年
12	国际经济贸易学院	赵忠秀	2009 年
13	科研处	王　强	2009 年
14	国际商学院	王永贵	2009 年

表 8.1.10　国家级/北京市级教学名师奖获得者情况一览表

序号	单　位	姓名	荣誉称号	获得年份
1	国际经济贸易学院	薛荣久	北京市教学名师	2003
2	法学院	沈四宝	国家级教学名师 （同时为北京市教学名师）	2006
3	国际商学院	张新民	北京市教学名师	2006
4	国际经济贸易学院	赵忠秀	北京市教学名师	2007
5	国际经济贸易学院	葛　赢	北京市教学名师	2008
6	外语学院	杨言洪	北京市教学名师	2009
7	信息学院	陈　进	北京市教学名师	2010

表 8.1.11　北京市优秀教师、优秀教育工作者获得者情况一览表

序号	单　位	姓名	荣誉称号	获得年份
1	金融学院	刘立新	北京市优秀教师	2006
2	外语学院	杨言洪	北京市优秀教师	2006
3	国际经济贸易学院	施　丹	北京市优秀教师	2006

续表

序号	单　　位	姓名	荣誉称号	获得年份
4	学科建设办公室	仇鸿伟	北京市优秀教育工作者	2006
5	国际商学院	汤谷良	北京市优秀教师	2009
6	金融学院	吴卫星	北京市优秀教师	2009
7	组织部	王　稳	北京市优秀教育工作者	2009

表 8.1.12　北京市社科理论人才百人工程入选者情况一览表

荣誉称号	姓名	入选年份
北京社科理论人才百人工程	丁志杰	2007

第二章　职　　工

从2000年到2010年这10年间，学校职工的人数和结构发生很大变化。到2010年，党政教辅人员总数为527；工勤人员随着后勤社会化改革的逐步推进，在编人数从2001年的318人减为2010年的180人，减少了43%。

表8.2.1　　2001—2010年职工队伍人数一览表

年份	行政人员	教辅人员	工勤人员	校办企业人数	其他附设机构人数	总计
2001	350	130	318	5		803
2002	362	141	309	5		817
2003	351	110	291	4	64	820
2004	357	119	274	7	65	822
2005	363	110	264	5	59	801
2006	372	108	256	5	57	798
2007	391	126	238	3		758
2008	400	134	209	3		746
2009	402	128	199			729
2010	407	120	180			707

就党政教辅人员的年龄结构来看，30岁以下人员2000年占党政教辅人员总数的4.05%，2010年占党政教辅人员总数的10.44%；就学历结构来看，研究生（含）以上学历人员2005年占党政教辅人员总数的7.86%，2010年占党政教辅人员总数的27.67%。

第三章　学　　生

2001 年以来，学校经过发展已经形成了完备的人才培养体系，培养学士、硕士、博士以及工商管理、法律、商务英语专业学位等不同层次、不同类型人才。学生来自全国 31 个省（市、自治区）和华侨、港澳台地区及欧洲、美洲等国家。学校教育包含本科生教育、研究生教育、留学生教育和继续教育。为了适应社会需求，各个教育类型的招生规模逐年递增。

表 8.3.1　　2001—2010 年各教育类型招生人数一览表

类别	年份	2001	2002	2003	2004	2005	2006	2007	2008	2009	2010
研究生	博士	42	49	51	75	73	74	80	93	96	109
	硕士	624	576	827	972	997	1 144	1 129	1 202	1 442	1 586
	总计	666	625	878	1 047	1 070	1 218	1 209	1 295	1 538	1 695
普通本科、专科	本科	1 132	1 586	1 456	1 529	1 682	1 886	1 999	2 023	2 016	2 098
	专科	533	400	400	120	80	62				
	总计	1 753	2 082	2 029	1 838	1 852	2 079	1 999	2 023	2 016	2 098
成人本科、专科	本科	183	2 367	1 160	1 330	814	529	112	298	149	658
	专科	3 341	2 430	1 200	1 230	586	399	72	251	136	470
	总计	3 524	4 797	5 012	4 799	4 193	4 119	521	900	556	1 128
网络本科、专科	本科				9 544	4 374	4 863	4 021	2 591	2 786	2 537
	专科				4 527	4 374	4 863	4 015	2 591	2 786	3 064
	总计				14 071	8 200	9 073	9 338	4 844	5 410	5 601
来华留学生	总计			492	1 180	1 060	754	323	333	357	580

表 8.3.2　　2001—2010 年各教育类型在校生人数一览表

年份＼类别	总计	博士生	硕士生	普通本科、专科生	函授部、夜大学、成人脱产班	成人本科、专科生	网络本科、专科生	来华留学生
2001	17 026	114	1 444	5 784	9 684			
2002	21 393	152	1 438	6 587		13 216		882

续表

年份＼类别	总计	博士生	硕士生	普通本科、专科生	函授部、夜大学、成人脱产班	成人本科、专科生	网络本科、专科生	来华留学生
2003	25 792	192	1 955	6 993		13 812	2 840	1 794
2004	34 075	251	2 474	6 680		8 380	16 290	1 251
2005	41 937	289	2 841	7 021		9 078	22 708	1 528
2006	42 285	328	2 385	6 959		11 40	21 205	1 284
2007	36 010	326	2 476	7 370		4 052	21 786	810
2008	25 678	309	2 564	7 726		2 814	12 265	890
2009	23 434	343	2 927	7 933		2 285	9 946	947
2010	23 100	395	3 347	8 084		2 438	8 836	1 135

表 8.3.3　　2001—2010 年在校生其他情况一览表

年份＼类别	共产党员	共青团员	民主党派	华侨	港澳台	少数民族
2001						
2002	960	8 819	48	36	1	1 528
2003	657	3 670	1		1	704
2004	2 869	5 814	10		6	765
2005	2 643	8 783	5		21	1 485
2006	1 174	3 319	5		23	1 150
2007	2 355	8 204	52		43	2 435
2008	2 069	7 193	54		48	7 792
2009	3 121	14 128	61		58	2 612
2010	3 853	13 989	6		49	2 884

表 8.3.4　　2004—2009 年在校生来源情况一览表

年份	2004	2005	2006	2007	2008	2009
总计	34 075	41 937	42 285	36 010	25 678	23 434
北京	8 240	10 705	15 332	9 672	8 224	7 353
天津	1 783	1 826	944	785	710	406
河北	1 011	825	982	1 135	709	719
陕西	3 132	2 903	2 325	1 961	1 519	1 298
内蒙古	794	979	654	383	273	276

续表

年份	2004	2005	2006	2007	2008	2009
辽宁	429	493	943	690	572	575
吉林	226	256	245	264	258	277
黑龙江	321	389	321	333	303	306
上海	147	221	121	161	145	163
江苏	376	454	641	1 051	1 017	778
浙江	3 696	5 015	4 523	3 581	2 320	1 911
安徽	328	449	387	397	335	344
福建	669	745	257	401	268	294
江西	767	957	707	784	517	541
山东	1 075	1 380	1 678	1 483	950	1 111
河南	958	1 084	618	652	558	561
湖北	423	515	355	381	375	420
湖南	720	834	377	402	484	453
广东	4 312	5 504	4 136	4 840	2 056	1 803
广西	997	1288	504	569	435	425
海南	211	242	171	152	158	117
重庆	610	912	1 249	795	344	343
四川	752	872	444	624	414	424
贵州	149	186	125	163	150	172
云南	613	1 156	2 265	2 284	1 040	792
西藏	21	16	40	57	65	54
陕西	184	219	185	219	238	255
甘肃	442	650	676	558	380	336
青海	107	132	114	118	114	121
宁夏	116	135	126	129	137	180
新疆	460	574	817	943	562	568
港澳台	6	21	23	43	48	58

表 8.3.5　2001—2010 年本专科生招生性别比例结构

年份	本专科人数招生数	其中	
		女生人数	比例%
2001	1 132	783	69.17
2002	1 577	1 067	67.66
2003	1 628	1 093	67.14
2004	1 688	1 152	68.25
2005	1 772	1 151	64.95
2006	2 017	1 338	66.34
2007	1 999	1 360	68.03
2008	2 023	1 406	69.50
2009	2 016	1 433	71.08
2010	2 098	1 471	70.11

注：本节所有表格中的数字均来自《高等教育基层统计报表》。

第九篇　行 政 管 理

第一章　人事管理工作

第一节　概　　述

人事处的主要职能为人事管理，包括：负责拟定全校机构设置和各类人员的编制；拟定学校人力资源规划，经学校批准后，负责该规划的实施和监督工作，协助、监督各单位做好教职工引进工作；定期分析教职员工队伍状况，提交评估报告，提出改善队伍结构和提高队伍素质的建议；全校教职工的劳资和档案管理；拟定教职工岗位竞聘方案，经学校批准后，协助各单位实施该方案；拟定教职工绩效考核标准与方法，协助各单位做好员工绩效考核工作；拟定教职工奖惩制度和劳动纪律方面的其他规定，并确保其实施；拟定教职工培训计划，并做好培训组织工作；专业技术职务评定的组织和管理工作等。

2000 年 6 月，对外经济贸易大学与中国金融学院合并，成立新的对外经济贸易大学。当时学校设置人事处与师资处，共同承担学校的人事管理职能。2005 年 5 月，师资管理工作并入人事处，师资处撤销。

2001 年后，为适应学校各项工作发展的需要，学校的机构设置发生了一系列的变化。

第二节　人事管理规章制度

制度建设是人事管理规范化的基础。2001 年至 2010 年，学校制定、修订了各类人事管理方面的规章制度，主要有：

一、人事制度改革

人事制度改革的基本思路是：科学设置教师岗位及职责，实行岗位聘任，形成能上能下、能进能出、合理流动的用人机制；深化岗位酬金制度改革，岗位酬金与所聘岗位挂钩，形成优劳优酬、分配重点向优秀人才和关键岗位倾斜的人才激励机制。按照这一思路，学校在 2002 年、2005 年进行了两轮教师岗位聘任。

2002 年，为进一步深化管理体制改革，合理设置各类人员的岗位与职责，实行岗位聘任，在全校范围内引进竞争上岗、合约管理的用人机制。以岗定薪，实行校内岗位津贴制度，形成优劳优酬、业绩为主、兼顾公平的分配格局，逐步实现各类队伍从身份管理向岗位管理的转变，学校下发了《对外经济贸易大学人员聘任和岗位津贴改革总体意见》，启动了校内第一轮人事分配制度改革。这次改革将岗位划分为专职教学科研岗位、非专职教学科研系列专业技术岗位、管理岗位、后勤服务岗位四类。文件包括九个附件：《对外经济贸易大学处级机构设置》、《对外经济贸易大学处级机构工作职责》、《对外经济贸易大学专职教师/科研人员岗位设置与聘任改革方案》、《关于公开选拔处级干部的实施意见》、《对外经济贸易大学处级机构普通管理人员岗位设置和聘任规定》、《对外经济贸易大学非专职教学科研系列专业技术岗位设置和聘任规定》、《对外经济贸易大学普通管理人员岗位分布》、《对外经济贸易大学普通管理人员考核暂行办法》、《对外经济贸易大学校内岗位津贴发放规定》。2005 年，在总结第一轮人员聘任与岗位津贴改革经验的基础上，学校下发《对外经济贸易大学第二轮人员聘任和岗位津贴改革总体意见》。

2004 年，为健全教师与科研人员岗位聘任与考核制度，鼓励优秀人才脱颖而出，学校下发《对外经济贸易大学专职教师/科研人员岗位设置与聘任方案》，教学单位设教授一级岗位、教授二级岗位、副教授一级岗位、副教授二级岗位、讲师一级岗位、讲师二级岗位、助教岗位；研究机构设研究员一级岗位、研究员二级岗位、副研究员一级岗位、副研究员二级岗位、助理研究员一级岗位、助理研究员二级岗位、研究实习员岗位。文件包括四个附件：《对外经济贸易大学教师教学工作量考核暂行办法》、《对外经济贸易大学教师科研工作量考核暂行办法》、《对外经济贸易大学专职教师/科研人员聘任考核实施细则》、《对外经济贸易大学专职教师/科研人员年度考核暂行办法》。

2007 年，为贯彻落实《事业单位岗位设置管理试行办法》、《关于高校岗位设置管理的指导意见》、《教育部直属高等学校岗位设置管理试行办法》等文件精神，学校下发《对外经济贸易大学岗位设置方案》，将全校所有岗位划分为管理岗位、专业技术岗位、工勤岗位三类。管理岗位分为三至十共 8 个等级，专业技术岗位分为 13 个等级，工勤岗位分为技术工岗位与普通工岗位，其中技术工岗位分为 5 个等级。

2008 年，学校下发《对外经济贸易大学管理岗位首次聘用实施细则》、《对外经济贸易大学专业技术职务岗位首次聘用实施细则》、《对外经济贸易大学工勤岗位首次聘用实施细则》。

二、退休制度

2001 年，学校下发《关于规范我校教职工退休年龄的通知》，对教职工退休年龄作了详细规定：干部，男年满 60 周岁、女年满 55 周岁；工人，男年满 60 周岁、女年满 50 周岁；教师和专职科研人员具有正高职称者，经批准，可延长一年；女性教师和专职科研人员具有副高以上职称者，可延长至 60 周岁；博士生导师的退休年龄可延长至 65 周岁。2010 年，学校下发《对外经济贸易大学关于教职工退休年龄的规定》，规定：党政管理人员、非专职教师系列的专业技术人员退休年龄为男年满 60 周岁、女年满 55 周岁；工勤人员退休年龄为男年满 60 周岁、女年满 50 周岁；具有正高级专业技术职务的教师一般为 60 周岁，经本人申请，所在单位同意，人事处批准，可延长一年；博士生导师经本人申请，所在单位同意，人事处批准，可延长至 65 周岁。20 世纪 90 年代中期之前经国务院学位委员会办公室批准的博士生导师，可延长至 70 周岁；对学科建设有重大贡献的学科带头人，达到上述延长后的年龄时，经本人申请，所在单位提出报告，学校党政联席会批准，可适当推迟，但一般不得超过 70 周岁；具有副高级专业技术职务的女性教师一般为55周岁。经本人申请，所在单位同意，人事处批准，可延迟退休，但不得超过60周岁。

三、专业技术职务晋升制度

2002年，学校下发《对外经济贸易大学教师专业技术职务晋升条例》。首次采用北京大学核心期刊标准，要求教师在专业技术职务晋升时，不仅要完成教学工作量，还必须在学术刊物上发表一定数量的论文，其中发表在核心期刊上的论文数量不得少于额定数量。2006年，学校下发新的《对外经济贸易大学专业技术职务晋升条例》。同上述条例相比，该条例的变化主要体现在两方面，一是对论文数量与质量的要求更为严格；二是首次采用SSCI、SCI标准。2008年，为适应形势发展的需要，使晋升制度更好地为学科建设服务，学校再次下发新的《对外经济贸易大学专业技术职务晋升条例》。该条例的变化主要体现在：一是对论文的要求由北京大学核心期刊标准更改为南京大学CSSCI标准；二是提高了对论文质量的要求；三是要求专业技术职务晋升者所承担的课题与获得的奖项，由专业技术职务晋升的参考条件，改为专业技术职务晋升的必备条件。

四、教师学术休假制度

2007年，根据《对外经济贸易大学关于建立教师学术休假制度的暂行办法》，学校建立教师学术休假制度。学术休假的对象是专职教师。学术休假以5年为一个周期，休假期限为6个月。在学术休假期间，其待遇等同于其他教师。

五、建立教授委员会制度

2008年，学校下发《对外经济贸易大学教授委员会章程（试行）》，在二级学院建立教授委员会制度。教授委员会是学院学科建设与学术管理等学术事务的决策机构。教授委员会由5－13人组成，职责是：审议、确定学院学科建设和教师队伍建设规划，审议、确定学院教学与科研组织形式，审议、确定学院开展国际学术交流与合作等事宜，审议、确定学院在学科建设方面和其他学术相关的资源配置原则，审议、确定学院教师工作考核、成果评价的原则与标准等。

第三节　人事分配制度改革

一、第一轮人员聘任和岗位津贴改革

2002年7月，学校开始实施第一轮人员聘任和岗位津贴改革。这次改革是为贯彻执行中组部、人事部、教育部《关于深化高等学校人事制度改革的实施意见》和教育部《关于当前深化人事分配制度改革的若干意见》等文件精神，进一步深化学校内部管理体制改革，合理设置专职教学科研队伍、教辅队伍、管理队伍和后勤服务队伍（单独安排）的职责和岗位，实行岗位聘任，引进竞争上岗、合约管理的用

人机制。

（一）改革的目标

这次改革的目标是要在学校形成：科学定编，合理设岗，竞争上岗，全员聘任，以岗定薪，合约管理的人事管理与分配制度。

（二）改革的原则

人事分配制度改革的原则有：分类管理；立足现在，着眼未来，按需设岗；实行公开竞聘，择优上岗，全员聘任、合约管理；淡化身份，强化岗位；以岗定薪，优劳优酬、业绩为主、兼顾公平。

（三）机构设置、定编设岗和人员聘任

1. 机构设置。校内的机构分为：专职教学科研机构、教学辅助机构、党群行政机构、其他机构四种。

2. 定编原则。本次定编学校学生规模按照8 500名全日制标准生计算。根据教育部有关文件精神，全校生员比掌握在7∶1左右，生师比掌握在14∶1左右，学校内部专职教学科研人员、教学辅助人员、党政管理人员和后勤服务人员的比例掌握在5∶1、5∶1、5∶2左右。

3. 岗位分类。根据分类管理的原则，将全校的岗位分为四大类：专职教学科研岗位、非专职教学科研系列专业技术岗位、管理岗位、后勤服务岗位。

4. 岗位设置的原则。科学合理核定各单位的人员编制，以编制作为岗位设置的基数；合理确定各类层次岗位的比例，形成合理的各级各类队伍结构；以学科和任务为依据，采用学科和任务相结合的设岗办法；优先保证教学科研，在教学科研岗位中，优先保证重点学科，扶持新兴学科和有市场发展前景的学科，同时兼顾学科间的平衡。

5. 人员聘任的原则。全员聘任；满工作量聘任；公开岗位职数、岗位职责、任职条件、任职期限和岗位津贴，竞争上岗；择优聘任，签约上岗。

（四）分配制度的改革

根据分类管理原则，校内岗位津贴设置为：

1. 专职教师/科研人员岗位津贴；

2. 非专职教学科研系列专业技术岗位津贴；

3. 管理人员岗位津贴；

4. 后勤服务人员的岗位津贴（其由后勤服务总公司确定）。

（五）组织实施

1. 学校成立改革领导小组；

2. 各处级机构成立由党政一把手、领导班子成员及相关人员组成，行政一把手为组长的本单位改革工作小组和相应机构，负责相关人员的聘任；

3. 中层干部的聘任由党委组织部负责，专职教师/科研人员由师资处提出聘任意见，普通工作人员由各单位提出初步聘任意见，学校批准后，最终由人事处公布聘任结果；

4. 学校成立由工会、纪检、监察审计处、人事处等组成的争议与仲裁工作小组，负责受理改革过程中的争议和纠纷。

第一轮人员聘任和岗位津贴制度实施后，行政管理岗位月人均岗位津贴为 1 582 元，专职教师岗位月人均岗位津贴为 2 058 元。

二、第二轮人员聘任和岗位津贴改革

在认真总结学校第一轮人员聘任和岗位津贴改革经验的基础上，学校于 2005 年 7 月进行了第二轮人员聘任和岗位津贴改革。

（一）目标

改革的目标为：通过改革与制度创新，对优秀人才和关键岗位给予政策上的倾斜，以利于吸引、培养一批具有国内领先水平的学科带头人和具有创新能力及发展潜力的青年学术骨干，带动学校教师队伍整体素质的提高；科学设置各类队伍的职责和岗位，实行岗位聘任，形成人员能进能出、能上能下、合理流动的用人机制；深化岗位酬金制度改革，岗位酬金和所聘岗位挂钩，形成按劳分配、优劳优酬、分配重点向优秀人才和关键岗位倾斜的人才激励机制，进一步淡化身份，强化岗位，实现学校管理体制和分配体制改革的制度创新。

（二）原则

1. 分类管理原则。对专职教学科研人员、教辅人员、党政管理人员和后勤服务人员实行分类管理。

2. 按需设岗原则。立足现在，着眼未来，根据学科建设、教学科研和管理工作的任务和布局，按需设岗，适应学校参与竞争和长远发展的需要。

3. 公开竞聘原则。实行公开竞聘，择优上岗，全员聘任，合约管理。

4. 岗位管理原则。进一步优化和完善薪酬制度，岗位酬金和所聘岗位挂钩，能高能低。

5. 公平原则。在适当拉开收入差距的同时，兼顾学校不同类别人员间收入的大体平衡。

6. 绩效考核原则。继续加强聘后考核，实行学年考核，充分发挥考核在人员配置、收入分配中的纽带作用。

7. 适度分流原则。畅通人员分流渠道，继续执行提前退休、内退、待岗等人员分流政策，确保改革平稳推进。

（三）机构设置、定编设岗和人员聘任

1. 以精简高效为原则，科学设置专职教学科研机构、教学辅助机构、党群行政机构、后勤服务机构和其他机构，对部分机构实行合署办公或合并、撤消。

2. 根据学校学生规模及生师比情况，通过科学核定编制，向教学、科研一线倾斜，逐步提高专任教师在基本教育规模中所占的编制比例，并严格控制校部党政管理人员编制，改革后的校部党政管理人员不得超过改革前的规模和比例。

3. 设置专职教学科研岗位、非专职教学科研系列高级专业技术岗位、党政管理岗位、后勤服务岗位，以编制作为岗位设置的基数，合理确定各层次岗位的比例，形成合理的各级各类队伍结构。

4. 实行全员聘任和满工作量聘任，进一步严格聘任条件，公开岗位职数、岗位职责、任职条件、任职期限和岗位津贴，公开竞聘，择优聘任，签约上岗。

（四）收入分配制度的改革

坚持按劳分配、优劳优酬、效率优先、力求公平的分配原则，根据学校财力，适当提高酬金水平，优化酬金结构，建立岗位津贴、学术责任津贴、技术责任津贴、领导责任津贴、岗位绩效津贴相结合的岗位酬金制度，适当拉开岗位酬金的档差，重点激励重点岗位和重点人才，建立重岗位实绩、重贡献大小的校内分配制度。经过调整完善岗位津贴制度，月人均岗位津贴增加 816 元。

三、建国以来第四次收入分配制度改革

2006 年，建国以来第四次收入分配制度改革启动。学校按照上级的部署，顺利完成了工资套改、岗位设置工作，为绩效改革奠定了基础。

（一）改革内容、目标

1. 改革的内容

本次收入分配制度改革内容包括五个方面：一是由身份管理向岗位管理转变，建立岗位绩效工资制度；二是适应分类改革的要求，根据单位的不同类型，实行新的工资分类管理办法；三是完善工资正常调整机制使事业单位工作人员收入与经济社会发展水平相适应；四是完善高层次人才和事业单位主要领导的分配激励约束机制；五是健全收入分配宏观调控机制，完善财务管理、经费使用、工作人员兼职兼薪等方面的政策，建立工资专户，加强工资支付管理，将事业单位发给职工的收入全部纳入调控范围。此外，在改革收入分配制度的同时，相应调整事业单位离退休人员的待遇。

2. 改革的目标

改革的目标是实现符合学校特点的岗位绩效工资制度。岗位绩效工资由岗位工资、薪级工资、绩效工资组成。

岗位工资主要体现教职工所聘岗位的职责和要求。根据国家规定，学校岗位分为专业技术岗位、管理岗位和工勤技能岗位三类。专业技术岗位设置 13 个等级，管理岗位设置 8 个等级，工勤技能岗位分为技术工岗位和普通工岗位，技术工岗位设置 5 个等级，普通工岗位不分等级。不同等级的岗位对应不同的工资标准。教职工按所聘岗位执行相应的岗位工资标准。

薪级工资主要体现教职工的工作表现和资历。按照国家规定对专业技术人员和管理人员设置 65 个薪级，对工人设置 40 个薪级，每个薪级对应一个工资标准。对不同岗位规定不同的起点薪级。教职工根据工作表现、资历和所聘岗位等因素确定薪级，执行相应的薪级工资标准。

绩效工资主要体现教职工的实绩和贡献。国家对绩效工资分配进行总量调控和政策指导。学校在上级主管部门核定的绩效工资总量范围内，按照规范的分配程序和要求，自主分配。

根据国家规定，实行绩效工资后，取消现行年终一次性奖金（第 13 个月工资），在年度考核基础上将一个月基本工资的额度纳入绩效工资。

（二）岗位绩效工资的实施

1. 岗位工资的实施

（1）专业技术人员

专业技术人员按本人现聘用的专业技术岗位，执行相应的岗位工资标准。具体办法是：聘用在正高级专业技术岗位人员，执行一至四级岗位工资标准，其中执行一级岗位工资标准的人员，需经人事部批准；聘用在副高级专业技术岗位的人员，执行五至七级岗位工资标准；聘用在中级专业技术岗位的人员，执行八至十级岗位工资标准；聘用在初级专业技术岗位的人员，执行十一至十二级岗位工资标准；聘用在初级以下专业技术岗位的人员，执行十三级岗位工资标准。

（2）管理人员

管理人员按本人现聘用岗位（任命的职务）执行相应的岗位工资标准。具体办法是：聘用在正局级岗位的人员，执行三级职员岗位工资标准；聘用在副局级岗位的人员，执行四级职员岗位工资标准；聘用在正处级岗位的人员，执行五级职员岗位工资标准；聘用在副处级岗位的人员，执行六级职员岗位工资标准；聘用在正科级岗位的人员，执行七级职员岗位工资标准；聘用在副科级岗位的人员，执行八级职员岗位工资标准；聘用在科员岗位的人员，执行九级职员岗位工资标准；聘用在办事员岗位的人员，执行十级职员岗位工资标准（以上均以档案工资标准为准）。

（3）工人

工人按本人现聘用的岗位（技术等级或职务）执行相应的岗位工资标准。具体办法是：聘用在高级技师岗位的人员，执行技术工一级岗位工资标准；聘用在技师岗位的人员，执行技术工二级岗位工资标准；聘用在高级工岗位的人员，执行技术工三级岗位工资标准；聘用在中级工岗位的人员，执行技术工四级岗位工资标准；聘用在初级工岗位的人员，执行技术工五级岗位工资标准；聘用在普通工岗位的人员，执行普通工岗位工资标准。

2. 薪级工资的实施

教职工按照本人套改年限、任职年限和所聘岗位，结合工作表现，套改相应的薪级工资。教职工按套改办法确定的薪级工资，低于相同学历新参加工作人员转正定级薪级工资的，执行相同学历新参加工作人员转正定级薪级工资标准。

3. 绩效工资的实施

依据国家和上级主管部门关于绩效工资分配的意见，在核定的绩效工资总量内，结合学校实际情况，制定绩效工资分配实施办法。具体办法待教育部下文后另行制定。

四、共享改革成果

为进一步提高学校广大教职工的收入水平，在第二轮人员聘任和岗位酬金改革的基础上，学校于2008年1月和2009年1月分别按照10%的比例增加了在职人员的岗位酬金。同时，比照在职人员的平均增加额，以生活补贴的形式，发放给离退休人员和人才中心内退人员，使其与在职人员共享改革成果。

2008年1月，按照第二轮岗位津贴改革中岗位津贴10%的比例增加岗位酬金，专职教师岗位实际年增加总额为 1 976 100 元，专职科研人员岗位实际年增加总额为 119 000 元，党政管理人员岗位实际年增加总额为 1 042 650 元，非专职教学科研系列高级专业技术人员岗位实际年增加总额为 21 000 元，四类人员合计岗位酬金年增加总额为 3 158 750 元。

2009 年 1 月开始按照 2008 年岗位酬金标准 10% 的比例增加岗位酬金，专职教师岗位 598 人，实际年增加总额为 2 152 600 元；专职科研人员岗位 42 人，实际年增加总额为 159 500 元；党政管理人员岗位 521 人，实际年增加总额为 1 191 900 元；非专职教学科研系列高级专业技术人员岗位 8 人，实际年增加总额为 18 700 元；四类人员合计 1 169人，岗位酬金年增加总额为 3 522 700 元。

第四节　师资队伍建设

学校“十五”事业发展规划指出：为落实学校建设“国内一流、国际知名、特色鲜明”的一流大学的目标，必须进行教师资源的优化配置，进一步优化教师队伍结构，提高教师整体素质，加大优秀人才引进和培养工作的力度，从而为学科建设提供有力的支持和保障。学校“十一五”事业发展规划提出：师资队伍建设要坚持以改革与发展为主题，以结构调整为主线，以能力建设为核心，加大机制创新的力度，采取切实有效的措施，进一步加大师资引进、培训、奖励、结构调整和管理体制改革的力度，塑造一支整体素质高、结构合理、适应学校学科建设和教学需要的师资队伍。

学校“十五”、“十一五”事业发展规划提出的师资队伍建设目标是遵循开放、创新、高效的原则，使教师队伍的年龄结构、学历结构、学缘结构、职称结构和专业结构进一步优化，建立起按需设岗、面向国内外选拔人才和效率优先、兼顾公平的用人机制，进一步提高广大教师的工作积极性，建立起一套有利于学校事业发展和学科建设、有利于鼓励优秀人才脱颖而出、有利于吸引和稳定人才队伍、有利于改进教师工作条件、生活条件和待遇水平的师资队伍建设的支持与保障体系。学校的师资队伍建设主要围绕“引进”和“培养”两部分展开。

一、引进

（一）职责分工

学校教师招聘工作由主管人事工作的副校长分管，各院系由行政一把手或其他分管人事工作的领导负责，职能管理部门为人事处。

人事处负责制定全校教师需求计划；负责向上级主管部门申请每年的用人指标；负责发布教师招聘信息、相关宣传工作和参与校外招聘工作；负责遴选和转发应聘材料并会同各部门对应聘者进行面试考核；负责跟踪各部门招聘进展情况；负责对拟招聘人员的外调和政审工作；负责根据学校有关规定与聘任者签署录用协议；负责协调落实录用者的工资、住房、岗位津贴等待遇。

各院系负责制定本部门师资队伍发展规划并报人事处备案；负责向人事处报送各类人员的年度需求计划；负责接收、处理应聘材料并组织应聘者面试和试讲；负责向应聘者本人反馈招聘意向、解答有关问题；负责向人事处报送应聘材料的接收和处理情况。

（二）招聘的原则与条件

1. 招聘的原则

教师招聘计划依据学校学科建设、教学科研等工作需要及教育部当年指标制定；录用工作按照优化学缘结构和队伍结构、公开招聘、全面考核、择优聘用的原则进行。

2. 招聘的条件

招聘的专职教师/科研人员必须满足下列条件：

（1）热爱教育事业，学业优良，品行端正，有较强的语言表达能力，能够胜任本科（含本科）以上教学工作，具有较强的科研能力。

（2）须具有教育部认可的博士或本专业国内最高学位；特殊情况报校长办公会讨论决定。

3. 一般情况下，不录用本校毕业生。特殊情况报校长办公会讨论决定。

4. 不招聘本校在职员工的直系亲属。

（三）招聘程序

1. 报送年度需求计划。各单位根据自身情况制定本部门用人计划并报人事处。

2. 审定招聘计划。人事处汇总用人计划并提交校长办公会；校长办公会根据用人指标和发展需要，审定年度招聘计划。

3. 发布招聘信息。由人事处统一对外发布各类人员的需求信息。

4. 接收和处理求职材料。各用人单位会同人事处定期汇总收到的求职材料，进行初步筛选，并及时向应聘者反馈招聘意向。

5. 安排面试、试讲和招聘考试。对通过初步筛选的专职教师/科研人员应聘者要进行面试和试讲或其他形式的测试。面试小组应由院系主管领导、专业课教师代表或校外专家及职能部门委派的人员组成。

6. 报批拟录用专职教师/科研人员的有关材料。对通过面试、试讲的专职教师/科研人员应聘者由用人单位组织其填写“专职教师招聘审批表”，并签署拟录用单位意见，由学校公文流转系统报人事处、学校审批。

7. 签约。经主管校领导批准录用的专职教师/科研人员，面试后确定录用的辅导员、党政/教辅人员，由人事处组织对其进行外调、政审和体检，确认合格后，与之签署录用协议，并办理相关手续，协调落实各项待遇。

（四）引进结果

2000 年 1 月 1 日至 2010 年 12 月 31 日，学校共引进专职教师/科研人员 339 名，其中，294 人具有博士学位，59 人毕业于海外/境外知名高校。截至 2010 年 12 月 31 日，学校引进的上述 339 名专职教师/科研人员中，24 名取得正高级专业技术职务，102 人取得副高级专业技术职务。

二、培养

师资队伍培养主要包括岗前培训、学历提升、境外研修等内容。为规范教职工攻读学位、培训及进修的管理工作，学校自 2002 年出台了《对外经济贸易大学关于教职工攻读学位、培训及进修的暂行规定》以来，两次修订文件：《对外经济贸易大学关于教职工攻读学位、培训及进修的规定》和《对外经济贸易大学关于教职工攻读学位、培训及进修的规定》(2009 年 10 月修订)。

（一）教师岗前培训

教师岗前培训是教师上岗的必经环节，所有引进教师必须参加岗前培训。培训的主要内容包括学校教学、科研、人事等方面的规章制度及管理，国家级课题的选题及申报等方面的内容。

（二）攻读学位

为进一步提高学校师资队伍的整体素质，改善专职教师和科研人员的学历结构，提高教学科研和管理水平，适应学校不断发展与创新的需要，学校支持教职工在职攻读学位，在教职工毕业并取得相应的学位后按照相关文件规定承担部分学费。

（三）境外研修

1. 利用国家项目出国研修

学校鼓励和引导教师积极申报国家留学基金全额资助项目和其他可利用的项目，如国家公派高级研究学者项目、国家公派访问学者（含博士后研究）项目、与有关国家互换奖学金项目等。此外，学校作为中美富布赖特项目的项目院校近年来派出多名富布赖特访问学者赴美国研修。2007 年 12 月，学校与国家留学基金委签订了《合作开展“青年骨干教师出国研修项目”协议书》，根据协议，自 2008 年起的未来三年内，基金委将以资金配套的方式资助学校 30 名青年骨干教师出国研修，研修类别包括访问学者、博士后研究。

2. 利用学校项目出国研修

学校教师利用的学校项目主要有“211 三期”师资队伍建设项目中特殊人才、学术带头人和学术骨干培养项目和学校与国外院校的交流项目等，学校相关部门通过各种途径建立与海外院校的联系，已经与美国、英国、加拿大、澳大利亚、日本和墨西哥等国家的十余所著名大学签订了校际交流协议。

第二章　学生管理工作

第一节　概　　述

学生工作部（处）的主要职责是负责全校本科学生的思想政治教育，学生资助，心理健康教育与咨询，辅导员队伍建设，本科生和第二学士学位的招生、学籍注册和档案管理，军训等工作。

1999 年 7 月，学校进行机关机构改革，学生处、团委、武装部合署办公，组成学生工作实体，统称学生工作部（处）（以下简称“学工部”）。

2000 年 6 月，对外经济贸易大学和中国金融学院合并成立新的对外经济贸易大学，同时建立新的学生工作部（处）。

2006 年 5 月，根据党委常委会纪要（2006 年第 13 号）精神，学校设立独立建制的就业指导中心。同年 9 月，根据《教育部关于进一步加强高等学校学生资助工作机构建设的通知》的要求，学校成立学生资助管理中心，行政关系挂靠在学工部。

2010 年 10 月，学校成立 9 个素质教育中心：思想政治教育中心、心理健康教育中心、学生国际发展中心、勤工助学中心、艺术教育中心、志愿服务中心、就业创业教育中心、体育教育中心和学业指导中心。

学校学生工作的领导体制、工作机制和组织机构分别见下列图示。

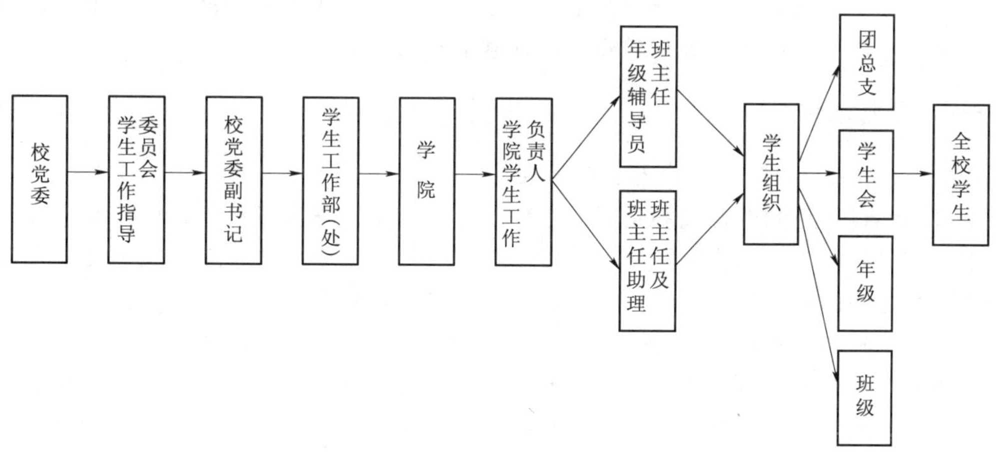

图 9.2.1　学校学生工作领导体制和工作机制图

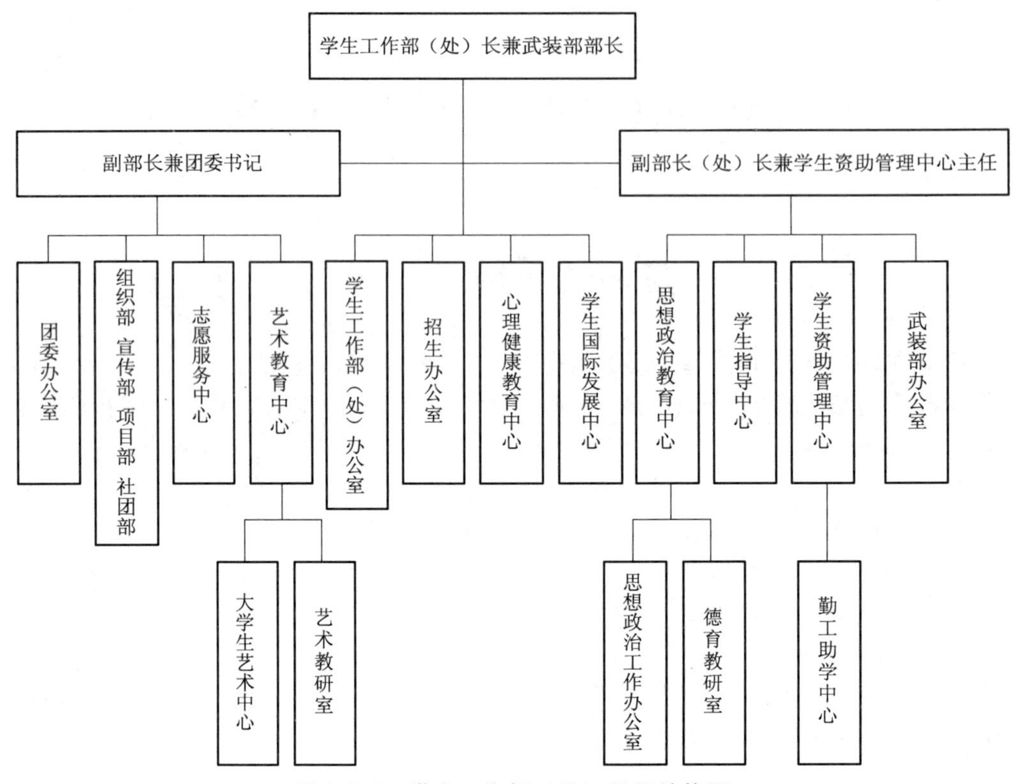

图 9.2.2　学生工作部（处）组织结构图

第二节　招　　生

学校本科招生工作由招生办公室负责。招生办公室隶属于学工部，负责学校高考招生、保送生招生、自主招生，以及艺术特长生、二学位、华侨、港澳台、少数民族预科班、内地西藏班、内地新疆班和新疆协作计划的招生工作。

一、招生举措

（一）以学校鲜明的专业特色吸引学生

学校的学科特色和专业优势是吸引考生的一大因素。学校学科建设的战略主攻方向在于强化国际贸易学科优势。招生中，以学校经济学、法学、管理学、语言文学学科以及相关学科之间的相互交叉、相互融合、相互支撑的特色学科群吸引学生。

（二）实施“阳光工程”，强化监督机制，为考生提供公平的竞争机会

学校在招生工作中做到“三个坚持，三个一切”：坚持依法治招，一切按制度办事；坚持以人为本，一切为考生着想；坚持公开透明，一切接受社会监督。

在招生工作中落实“阳光工程”，所有招生计划在网上公布，家长、考生可以随时在网上查询。开通高考录取查询系统，公布录取结果。纪检部门向社会公布热线电话，考生在录取过程中可以随时直接向学校纪检部门反映问题。

（三）利用各种媒介，全方位、多角度、多途径地做好招生宣传工作

招生办公室加强招生宣传与咨询工作的力度，广泛、深入、有序地开展学校招生宣传，做到适时、适度宣传。在宣传过程中，将传统的“面对面”、电话咨询与媒体宣传、广播电视宣传和各类网络咨询相结合，最大可能地满足各省、直辖市、自治区高考学生和家长的咨询要求。

（四）提供人性化服务

在电话咨询和当面咨询过程中，招生办公室认真总结分析考生的各种类型和心态，对一些重点考生进行重点宣传，消除他们的顾虑和紧张情绪。专门设计了去外地咨询使用的招生宣传材料，并将学校招生办公室的联系方式设计成名片，发放给前来咨询的考生和家长。

招生办公室积极与网络教育中心联系，单独为招生办设立服务器，改善招生网的链接速度。同时，对招生网进行改版，新版招生网功能更强大、信息更翔实，页面漂亮，得到了考生和校内员工的一致好评。

在二学位、艺术特长生、小语种、保送生和高考招生中，及时将录取名单在网上公示，既体现出招生过程中的公开、公平、公正，又让广大考生和家长在第一时间得到是否录取的信息，减少其精神压力。

二、2000－2010 年招生工作情况

2001 年，两校合并后第一次统一招生。招生办对招生专业、招生计划、招生政策实行统一管理。其中有 20 个省份实现了远程网上录取，其余省份选派录取人员参加现场局域网录取。

2002 年，首次试行按照专业类别招生。首次实行本硕联读模式，原中德学院试行和德国艾尔兰根·纽伦堡大学联合设计的“4＋2”本硕联读模式。卓越国际学院首次招生；新增汉语言文学专业（跨文化交流方向）招生；首次录取非第一志愿考生；首次招收保送生和著名优秀运动员面试入学学生。

2003 年，学校首次招收艺术特长生以及内地西藏班学生；新增金融工程专业招生；首次进行俄语和阿拉伯语的提前招生；首次对全国各省份全部学生实现全面远程计算机录取；高职首次招收“专升本”学生。

2004 年，为支持西藏地区的经济发展，学校首次在西藏招收普通的高考学生。首次进行日语、朝鲜语、越南语提前招生，使提前招生语种达到5 个，提前招生的人数达到88人。首次招收“民考生”（注：是指我国高考中的一项针对使用本民族语言文字的少数民族考生的特殊政策，符合条件的少数民族考生在高考时使用本民族语言的试卷）的新疆协作计划学生，这些来自新疆少数民族聚居区的学生将在预科两年后转入学校。

2005 年，学校首次招收华侨、港澳台学生，这使学校的招生来源覆盖全国所有地区。在小语种提前招生中，首次将西班牙语和意大利语列入提招范围。

2006 年，学校首次在北京招收中法兰斯工商管理“2＋3”双学位学生。

2007 年，提前批次小语种除了在北京地区继续招生外，开始在天津、河北、辽宁、吉林、黑龙江、江西、山东、湖北、广西、云南等 10 省市招生。学校新增的投资学、

商务英语、国际政治、公共事业管理 4 个专业开始招生。

2008 年，学校新增翻译专业和对外汉语专业，同年共有 28 个专业供考生在高考中选择。

2009 年，小语种提前批次录取中首次按男女比例进行录取。新增 4 个招生专业和专业方向：物流管理（国际运输与物流方向）、葡萄牙语、劳动与社会保障专业、保险（精算与风险管理）。

2010 年，学校工商管理（中法兰斯“2 + 3”项目）首次在天津和上海招生。

表 9.2.1　　2000 – 2010 年招生人数统计表

年份	合计	本科	专科	其　　他
2000	1 264	1 044	220	0
2001	1 753	1 132	533	二学位 88
2002	2 082	1 586	400	二学位 96
2003	2 029	1 456	400	预科 39、二学位 100、高职升本 34
2004	1 838	1 529	120	预科 37、二学位 110、高职升本 42
2005	1 852	1 682	80	预科 20、二学位 48、高职升本 22
2006	2 079	1 886	62	预科 30、二学位 58、高职升本 43
2007	1 999	1 939	0	预科 29、二学位 31 、
2008	2 023	1 962	0	预科 31、二学位 30
2009	2 016	1 966	0	预科 30、二学位 20
2010	2 098	2 098	0	预科 33、二学位 33

学校每年在全国录取人数基本与招生计划相符，详见下表。

表 9.2.2　　2000 – 2010 年在全国招生计划与实际录取情况表

年份	计划招生人数			实际录取人数		
	合计	本科	专科	合计	本科	专科
2000	1 200	1 000	200	1 264	1 044	220
2001	1 700	1 200	500	1 753	1 220	533
2002	2 100	1 700	400	2 082	1 682	400
2003	2 000	1 600	400	2 029	1 629	400
2004	1 820	1 700	120	1 838	1 718	120
2005	1 880	1 800	80	1 852	1 772	80
2006	2 080	2 020	60	2 079	2 017	62
2007	2 000	2 000	0	1 999	1 999	0
2008	2 023	2 023	0	2 023	2 023	0
2009	2 020	2 020	0	2 016	2 016	0
2010	2 100	2 100	0	2 098	2 098	0

表 9.2.3　2000－2010 年本科高考招生来源国家计划　（单位：人）

地区	2000	2001	2002	2003	2004	2005	2006	2007	2008	2009	2010	总计
北京	378	210	252	212	220	220	238	240	240	230	220	2 282
天津	17	32	42	38	38	44	48	46	46	44	53	431
河北	22	36	62	36	40	52	68	68	70	72	77	581
山西	4	22	30	28	28	40	40	40	40	38	40	346
内蒙古	0	20	30	28	30	38	38	38	40	37	32	331
辽宁	23	38	54	40	44	54	70	70	70	72	72	584
吉林	14	38	48	40	40	40	40	40	40	41	46	413
黑龙江	13	34	46	40	36	40	40	40	40	39	50	405
上海	20	18	30	26	24	30	36	32	34	35	28	293
江苏	35	40	48	40	40	54	64	68	70	72	72	568
浙江	32	40	54	42	40	54	68	70	70	72	72	582
安徽	9	28	36	28	30	38	38	38	38	39	45	358
福建	32	36	44	40	40	52	56	58	58	60	60	504
江西	10	34	42	40	38	48	60	56	56	58	58	490
山东	21	38	48	46	44	54	70	70	70	70	80	590
河南	11	34	44	40	40	48	54	70	70	60	83	543
湖北	15	38	54	42	42	50	60	60	60	55	66	527
湖南	13	34	48	42	44	50	60	60	60	62	62	522
广东	36	40	50	42	44	54	70	62	64	59	65	550
广西	9	30	40	40	42	48	50	44	44	45	49	432
海南	0	34	44	40	38	46	30	22	22	23	22	321
重庆	0	38	54	43	40	50	58	56	56	53	53	501
四川	22	38	52	40	38	52	58	58	60	62	62	520
贵州	4	22	30	28	26	36	36	36	36	37	37	324
云南	5	20	30	28	28	36	36	36	36	37	42	329
陕西	7	28	38	28	28	36	38	38	40	37	38	349
甘肃	0	18	30	28	28	36	36	38	40	37	38	329
青海	4	18	30	28	28	36	36	30	30	24	24	284
宁夏	0	20	30	28	28	36	36	36	36	37	37	324
新疆	6	24	40	30	32	46	54	56	60	55	60	457
西藏	0	0	0	9	2	2	4	4	4	4	4	33

注：此表不包含保送生、艺术特长生、二学位、自主招生等特殊类型招生计划。

2000 年以来学校共录取 5 名高考状元。

表 9.2.4　　历年本科高考统招状元一览表

年份	2000	2001	2002	2003	2003
姓名	黄　璀	唐　莹	王　珊	范曦文	黄　悦
省份	广西	广西	陕西	云南	山西
科类	外语类	外语类	外语类	外语类	理科

目前，学校学生来自全国 31 个省（市、自治区）和华侨、港澳台以及欧洲、美洲等国家。教育类型包括本科生教育、研究生教育、来华留学生教育和继续教育。

表 9.2.5　　2001－2010 年各教育类型招生人数一览表

年份		2001	2002	2003	2004	2005	2006	2007	2008	2009	2010
研究生	博士	42	49	51	75	73	74	80	93	96	109
	硕士	624	576	827	972	997	1 144	1 129	1 202	1 442	1 586
	总计	666	625	878	1 047	1 070	1 218	1 209	1 295	1 538	1 695
普通本科、专科	本科	1 132	1 586	1 456	1 529	1 682	1 886	1 999	2 023	2 016	2 098
	专科	533	400	400	120	80	62	0	0	0	0
	总计	1 753	2 082	2 029	1 838	1 852	2 079	1 999	2 023	2 016	2 098
成人本科、专科	本科	183	2 367	1 160	1 330	814	529	112	298	149	658
	专科	3 341	2 430	1 200	1 230	586	399	72	251	136	470
	总计	3 524	4 797	5 012	4 799	4 193	4 119	521	900	556	1 128
网络本科、专科	本科	0	0	0	9 544	4 374	4 863	4 021	2 591	2 786	2 537
	专科	0	0	0	4 527	4 374	4 863	4 015	2 591	2 786	3 064
	总计	0	0	0	14 071	8 200	9 073	9 338	4 844	5 410	5 601
来华留学生	总计	0	0	492	1 180	1 060	754	323	333	357	580

表 9.2.6　　2001－2010 年各教育类型在校生人数一览表

	总计	博士生	硕士生	普通本科、专科生	函授部、夜大学、成人脱产班	成人本科、专科生	网络本科、专科生	来华留学生
2001	17 026	114	1 444	5 784	9 684			
2002	21 393	152	1 438	6 587		13 216		882
2003	25 792	192	1 955	6 993		13 812	2 840	1 794
2004	34 075	251	2 474	6 680		8 380	16 290	1 251

续表

	总计	博士生	硕士生	普通本科、专科生	函授部、夜大学、成人脱产班	成人本科、专科生	网络本科、专科生	来华留学生
2005	41 937	289	2 841	7 021		9 078	22 708	1 528
2006	42 285	328	2 385	6 959		11 408	21 205	1 284
2007	36 010	326	2 476	7 370		4 052	21 786	810
2008	25 678	309	2 564	7 726		2 814	12 265	890
2009	23 434	343	2 927	7 933		2 285	9 946	947
2010	23 100	395	3 347	8 084		2 438	8 836	1 135

表 9.2.7　　2001－2010 年在校生其他情况一览表

	共产党员	共青团员	民主党派	华侨	港澳台	少数民族
2001						
2002	960	8 819	48	36	1	1 528
2003	657	3 670	1		1	704
2004	2 869	5 814	10		6	765
2005	2 643	8 783	5		21	1 485
2006	1 174	3 319	5		23	1 150
2007	2 355	8 204	52		43	2 435
2008	2 069	7 193	54		48	7 792
2009	3 121	14 128	61		58	2 612
2010	3 853	13 989	6		49	2 884

表 9.2.8　　2004－2009 年在校生来源情况一览表

	2004	2005	2006	2007	2008	2009
总计	34 075	41 937	42 285	36 010	25 678	23 434
北京	8 240	10 705	15 332	9 672	8 224	7 353
天津	1 783	1 826	944	785	710	406
河北	1 011	825	982	1 135	709	719
陕西	3 132	2 903	2 325	1 961	1 519	1 298
内蒙古	794	979	654	383	273	276
辽宁	429	493	943	690	572	575
吉林	226	256	245	264	258	277

续表

	2004	2005	2006	2007	2008	2009
黑龙江	321	389	321	333	303	306
上海	147	221	121	161	145	163
江苏	376	454	641	1 051	1 017	778
浙江	3 696	5 015	4 523	3 581	2 320	1 911
安徽	328	449	387	397	335	344
福建	669	745	257	401	268	294
江西	767	957	707	784	517	541
山东	1 075	1 380	1 678	1 483	950	1 111
河南	958	1 084	618	652	558	561
湖北	423	515	355	381	375	420
湖南	720	834	377	402	484	453
广东	4 312	5 504	4 136	4 840	2 056	1 803
广西	997	1 288	504	569	435	425
海南	211	242	171	152	158	117
重庆	610	912	1 249	795	344	343
四川	752	872	444	624	414	424
贵州	149	186	125	163	150	172
云南	613	1 156	2 265	2 284	1 040	792
西藏	21	16	40	57	65	54
陕西	184	219	185	219	238	255
甘肃	442	650	676	558	380	336
青海	107	132	114	118	114	121
宁夏	116	135	126	129	137	180
新疆	460	574	817	943	562	568
港澳台	6	21	23	43	48	58

表 9.2.9　　2001 – 2010 年本专科生招生性别比例结构

年份	本专科生招生数	其　　中	
		女生人数	比例%
2001	1 132	783	69.17
2002	1 577	1 067	67.66
2003	1 628	1 093	67.14
2004	1 688	1 152	68.25

续表

年份	本专科生招生数	其　中	
		女生人数	比例%
2005	1 772	1 151	64.95
2006	2 017	1 338	66.34
2007	1 999	1 360	68.03
2008	2 023	1 406	69.50
2009	2 016	1 433	71.08
2010	2 098	1 471	70.11

注：本节所有表格中的数字均来自《高等教育基层统计报表》。

第三节　学生思想政治教育

2004 年，学校成立了加强和改进大学生思想政治教育工作领导小组，由校党委书记任组长。学校思想政治教育工作现已形成“党委统一领导、多部门分工协作、基层学生工作单位具体实施、学生全员参与”的格局。

一、推进学生工作队伍的专业化和职业化建设

1997 年，校党委印发《学生政工干部条例》。2006 年 7 月，学校出台《学生辅导员工作条例》等一系列制度文件，并建立起书记、校长为学生工作队伍作深度辅导报告的制度。学校加大了对辅导员奖教金、培训经费、科研经费、通讯补助等的投入，为辅导员的培训、交流、挂职锻炼等创造条件，使辅导员队伍师生比例结构、年龄结构、学历结构和知识结构得到较大改善。

2002 年 10 月，学工部制定《关于选拔优秀毕业生做兼职辅导员的暂行办法》，该办法规定在学校大四学生中选拔德才兼备的优秀学生担任本科生兼职辅导员，并给予免试攻读硕士研究生的资格。

自 2006 年 11 月起，在辅导员中建立了学习交流的长效机制。2007 年 4 月，学工部举办学生辅导员系列专题“高端名师引领工程”的培训。

2009 年，学校出台《辅导员岗位补贴发放办法》和《辅导员挂职锻炼管理办法》，以提高辅导员待遇和规范辅导员的交流机制；出台《大学生思想政治教育深度辅导工作实施方案》，推进学生工作队伍的专业化和职业化。学工部首先在部门内部启动兼职班主任工作，又通过举办深度辅导案例交流会等措施，落实深度辅导的各项工作。

2010 年 3 月，学校接受中共北京市委教育工作委员会关于辅导员工作检查并顺利通过验收。10 月，学校制订《本科生班主任工作条例（试行）》，聘请 79 名本科生班主任，为所有的 2010 级新生配备了班主任。

二、拓展思想政治教育途径

学校通过建立党委书记、校长为学生作形势报告等制度，举办歌咏比赛、“校园十佳歌手”大赛、学生风采大赛等活动，通过飞信、QQ 群、手机报、视频广播、网络电台等新方式，推动学生日常思想政治教育工作的开展。

2001 年，学工部根据教育部精神，组织各学院开展“抵制邪教、崇尚科学”校园活动。发放《校园拒绝邪教》宣传片，组织学生学习共青团中央关于“校园拒绝‘法轮功’”的文件，组织声讨法轮功的种种恶行，认真学习科学文化知识，保持校园稳定。

2001 年 11 月，学校党校举办第 26 期入党积极分子培训班和第 1 期本科新生党校培训班，共培训 240 余人。2002 年 3 月，学校颁布《学生共产党员若干行为规范（试行）》，从理论学习、理想信念、组织观念、业务学习等七个方面对学生党员的行为进行明确的规范。2005 年 9 月，学校举办学生党员保持共产党员先进性教育活动的专题党课学习活动。

2006 年 10 月，学工部发出《关于认真组织广大学生开展学习十六届六中全会精神活动的通知》，要求各院系认真组织学生学习十六届六中全会精神。

2007 年 1 月—2008 年 11 月，学工部针对高校学生思想工作，举办多场专题报告。教育部思政司副司长冯刚、中央党校党史教研部副主任谢春涛教授等应邀来校作报告。

2008 年，学校成立大学生舆情调研中心。2010 年，学校建立思想政治教育中心等 9 个素质教育中心，全面拓展思想政治教育途径。

三、推进校园文化建设

从 2005 年开始，学校每年举办“惠园名师讲堂”、“经济观察周”、“华商名人堂”等论坛、“GS 学术文化节”等较大规模的学术活动，举办各类学术讲座 500 余场次，参加人数超过 5 万人次；举办多场“高雅艺术进校园”活动；组织近 200 支社会实践团队奔赴祖国各地开展实践活动；承担 2005 年 20 国财长和央行行长年会志愿者工作；组织学生参加北京 2008 年奥运志愿服务和 2009 年首都国庆 60 周年的系列庆祝活动。2009 年，学校拨出学生科研专项经费 60 万元，鼓励在校学生根据专业知识开展课题研究、社会调查等。2010 年，举办首届国际文化节。

四、信息交流与科研

2004 年 11 月，北京市高校学生工作学会（东北组）工作研讨会在本校举行，会议围绕高校学生工作的法律适应性问题和学生工作队伍建设问题进行深入交流。12 月，学工部成立《高教信息参考》编辑部，为学校学生工作者搭建信息交流和工作借鉴的平台。

2005 年 3 月，学工部设立“大学生思想政治教育资料库”，向全校学工系统及其他部门开放。11 月，以“构建和谐社会与高校学生工作创新”为主题的全国外语外贸院校学生工作协作会第九届年会在本校召开。

2008 年 4 月，由中共北京市委教育工作委员会、北京市教育委员会、首都大学生思想政治教育研究中心组所编的《党的十七大精神与大学生思想政治教育》一书收录了学校的三篇论文。2009 年，学校学工系统教师共发表论文 10 多篇，其中 3 篇工作手记入选《北京教育（德育）》刊物。2010 年，学校获得首都大学生思想政治教育课题 3 项。

第四节　学生心理健康教育

学校于 1988 年设立心理咨询室，隶属于学工部，并聘请校医院的一名大夫为心理咨询教师。2002 年，引进一名专职心理教师负责学校的心理健康教育，全面开展心理健康教育工作。学校在加大心理健康教育宣传力度的同时，对心理健康教育的规章制度、工作条例进行规范。2007 年 5 月，学校制定《大学生心理健康教育工作实施细则》，对心理健康教育工作提出明确的要求。同时将心理咨询室更名为心理健康教育中心，隶属学工部。目前该中心有专职教师 2 人、校内兼职教师 6 人、校外聘请教师 5 人。

一、心理健康教育中心工作职责

心理健康教育中心下设心理教研室、心理咨询室、危机干预中心、学生心理协会等机构。其具体职责有：

（一）负责制定本校大学生心理健康教育与心理辅导工作计划，并组织实施学生心理健康教育活动。

（二）负责组织开设心理健康教育系列课程。

（三）负责对大学生心理健康状况进行调查，建立和完善学生心理档案，并撰写分析报告。

（四）负责预约接待来访咨询学生，并开展个体心理咨询以及团体心理辅导活动。

（五）负责心理健康知识的宣传和普及工作，组织开展“5.25”（即“我爱我”）心理健康节、心理健康宣传周以及心理健康教育专题讲座等活动。

（六）负责开展心理咨询工作的研讨和交流，组织、参加各种形式的学术、业务交流活动。

（七）负责对有严重心理问题的学生进行心理危机干预。

（八）对学生心理健康教育方面的问题进行科学研究。

（九）负责组织、安排该中心专、兼职工作人员的学习和培训工作。

（十）负责指导、协调各学院心理健康教育辅导小组及辅导员的工作。

（十一）负责对心理社团的指导工作，开展学生心理健康自助活动。

（十二）负责建立和维护心理健康教育网站的工作。

（十三）负责开展各种心理测试工作。

（十四）负责心理健康宣传刊物《心语心愿》的编辑、发放工作。

二、心理健康教育工作方式

（一）教育与自我教育相结合。既要开展面向全体大学生的心理健康教育，更要根据不同情况，开展个性化心理辅导和咨询工作。

（二）重点辅导与及时诊治相结合。

1. 每学期聘请心理学专家针对大学生的心理困惑开设专题讲座。

2. 每学期举办 1－2 期大学生心理素质团体训练班，每个班招收 30 名学生，通过系统的培训，提高参与者的心理健康水平和心理适应能力。

3. 综合心理测量、心理调查结果，总结出大学生中常见的心理障碍，确定相关专题讲座。

4. 培训一批学生骨干，以及时发现学生中出现的问题，向学生所在院（部）的教师反映，再择情向学校的心理健康教育机构反映。

5. 组建由专职教师、院（部）辅导员和学生骨干组成的救治小组，对重点对象进行跟踪辅导。

6. 在全面建立心理档案的基础上，对发现的学生心理问题采取重点辅导、专人管理与及时医治相结合的教育方法。

（三）心理咨询与心理测量相结合。

（四）目标管理与工作创新相结合。对大学生不同层次的心理问题进行目标管理，并及时发现新问题，探索新的工作形式。

三、心理健康教育工作情况

2002 年 9 月至 11 月，学校制定《心理咨询中心章程》和《心理咨询中心聘请咨询员协议书》。2002 年 11 月，学校心理健康教育刊物《心语心愿》创刊。

2003 年 9 月，心理咨询中心开展心理测评服务。大学生心理健康系列讲座同时开始。

2004 年，根据《中共中央国务院关于进一步加强和改进大学生思想政治教育的意见》，学校于 2004 年 4 月举行心理影片赏析活动。10 月，新生辅导员进行新生心理普查培训。

2005 年，根据教育部、卫生部、团中央联合下发《关于进一步加强和改进大学生心理健康教育的意见》的精神，学校于 3 月在全校范围内选拔兼职心理咨询教师。4 月，由校党委副书记陈建香任组长的心理健康教育工作领导小组正式成立。9 月，大学生心理健康课程成为全校选修课。12 月，举办大学生心理健康教育大型宣传展。

2006 年 5 月，大学生心理健康文化节举行。同时《心理健康教育工作纪实手册》印发完成。11 月，举办“阳光心态”心理讲座。

2007 年 5 月，学校颁布《大学生心理健康教育工作实施细则》。11 月，学校大学生心理健康教育网站建成并投入使用，同时首次对班级心理委员进行培训。

2009 年 5 月，学校举办“大学生全面成长与心理健康”专题讲座。11 月，对学校的心理咨询预约员进行专业培训。

2010 年 3 月，心理咨询预约热线正式开通。11 月，通过北京市教工委专家组对学校心理素质教育工作的督导评估。

第五节　学生资助管理

学校把经济资助作为学生资助的基本功能，目前学生应助尽助覆盖面达 100%，学生受助充足率为 100%，受助学生满意度为 100%，受助困难学生就业率基本达到 100%。

1999 年，学校成立勤工助学中心，隶属于学生处。学校还成立专门的勤学奖贷办公室，管理全校的勤工助学、贷款、困难资助和奖学金等工作。

2006 年 9 月，对外经济贸易大学学生资助管理中心正式成立，统一管理全校的国家助学贷款、奖学金、勤工助学、特殊困难补助、学费减免等资助家庭经济困难学生等工作，统一协调各项资助政策和项目的关系，多渠道、多方位吸引社会力量助学。

目前，学生资助管理中心基本做到：让每一位家庭经济困难的学生及其家庭都能正确了解国家和学校的助学政策，每一位家庭经济困难学生在校期间都能获得不同程度的帮助，在遭遇突发事件或临时困难时能感受到温暖。对学生的资助工作实现了领导保障、人员保障、机制保障、制度保障、经费保障与场地保障。

除了给予家庭经济困难的学生以经济上的资助外，学工部还注重对学生进行思想政治教育、诚信教育和感恩教育。

一、学生资助工作方式

（一）学生自主申请与学院评议相结合。学生根据自身情况和资助项目的要求，自主申请；各学院则通过对家庭经济困难学生的认定和评议，对符合条件的学生进行资助项目的推荐。

（二）重点资助与及时帮扶相结合。在对某些家庭经济特别困难的学生进行重点资助的同时，对因自然灾害或突发事件造成家庭经济困难的学生进行及时帮扶。

（三）经济资助与感恩教育相结合。

（四）传统助困与资助创新相结合。在实践中不断探索新的资助方式。

二、学生资助工作情况

1. 国家助学贷款

1999 年，学校被教育部列为国家助学贷款试点院校，学工部制定《关于落实国家助学贷款几点措施》。同年，在 1999 级新生中全面实行国家助学贷款；对 97 级、98 级学生中要求减免学杂费的学生实行国家助学贷款。后因教育部国家贷款中心暂停执行特困生贷款的条款，学校的国家助学贷款工作暂缓。

2000 年，学校开始与中国工商银行北京市望京支行合作，为家庭经济困难学生办理国家助学贷款。

2002 年，学校制定《关于特困生国家助学贷款的几点规定（暂行）》。

2004 年，国家开始实行国家助学贷款新机制，学校与中国银行北京商务区支行合作，为家庭经济困难学生办理国家助学贷款。

2. 国家奖助学金

2003年8月，学校修订《学生手册》中《综合评估和奖学金及各类奖项评定条例》，区分荣誉称号和奖学金，将“三好学生”的称号改为“优秀学生”，将“人民奖学金”并入“综合奖学金”，此举增加了3%的获奖面，也适当提高了补贴金额，扩大了减免学费的范围。

2005年，国家设立“国家助学奖学金”，学校根据教育部、财政部关于《国家助学奖学金管理办法》，出台《国家助学金实施办法》和《〈国家奖学金管理办法〉实施细则》，以奖励和资助家庭经济困难学生。

2006年8月，学校对原有的《奖学金及综合素质评估条例》进行调整，确定某些奖学金的不可兼得性和各类奖学金的评审时间、奖学金参评学生的范围等。

2007年9月，根据国家资助政策体系的变化，学校制定一系列新的文件：《国家助学金实施办法》、《国家奖学金管理实施办法》、《国家励志奖学金管理实施办法》、《关于家庭经济困难学生认定工作的办法》、《学生勤工助学管理办法》。

2009年8月，再次修订《奖学金及综合素质评估条例》，对个别奖学金的名称和内容进行了修改。

3. 社会（个人）捐资助学

2005年，学校与校友、江苏美迪洋集团董事长毛建华先生签订合作协议，由毛建华校友在学校设立“建华奖学金”，连续四年，每年奖励50名品学兼优的家庭经济困难新生，为他们提供每年的学费直至其大学毕业。

2006年6月，学校与80年代毕业的校友签订合作协议，设立“求索助学金”。此协议决定连续七年，共出资111万元以帮助学校家庭经济困难学生完成学业，累计将有396名家庭经济困难学生获得帮助。

2008年1月，学校与校友李金芝、王俊雄夫妇签订合作协议，设立“匡济助学金”。连续五年，每年出资50万港币，以帮助学校家庭经济困难学生完成学业，预计将有640名家庭经济困难学生获得帮助。

4. 校级资助工作

2003年，学校制订《校内勤工助学报酬实施办法》。

从2006级新生开始，学校通过“绿色通道”，为家庭经济非常困难的新生发放包含生活用品和学习用品的“爱心大礼包”。

2008年8月，学生资助管理中心开始资助品学兼优的家庭经济困难学生赴香港参加实习和实践活动。

2009年4月，学校启动家庭经济困难、就业困难的双困毕业生补助机制。11月，启动首届学生“自强之星”的评选活动。

2010年1月，学校学生资助管理中心获中国扶贫基金会表彰。3月，学校启用“学生资助·爱心联系卡”，以方便家庭经济困难学生咨询相关信息。4月，学工部、学生资助管理中心编写了“建华爱心奖学金”、“新旭奖学金”两个大型学生奖学金项目发展报告和“匡济助学金”、“姜达敖助学金”两个大型学生助学金项目发展报告。同时，学工部举行了主题为“深化资助育人机制建设推进创新型人才培养”的“对外经济贸易大学学生资助科学化工程启动仪式”，并公布《对外经济贸易大学学生资助科学化工程实施方案（征求意见稿）》。

2010 年 10 月，学校修订《本科生评奖评优实施办法》和《本科生综合评估办法》。

2010 年 12 月，学校被评为“全国高校学生资助工作先进单位”。

表 9.2.10　学生综合素质评估表

德育（10 分）					课程成绩	综合加分
政治态度 2 分	遵纪守法 2 分	文明行为 2 分	学习态度 2 分	集体活动 2 分	80 分	10 分

表 9.2.11　学生所获荣誉称号一览表

名称	内　容
集体类	先进集体、学术组织奖、十佳学生社团、优秀科研创新团队、社会实践先进团体、优秀团支部、优秀志愿服务团队、其他集体类荣誉称号
个人类	优秀学生、优秀学生干部、社会活动积极分子、优秀团员、优秀志愿者、优秀社会实践先进个人、优秀军训学员、自强之星、惠园之星、大学生年度人物、优秀毕业生、其他个人类荣誉称号

表 9.2.12　国家、学校设立各类奖学金一览表

名　称	等级（种类）	比例（%）或人数	金额（元）/人	备注
国家奖学金		77	8 000	
国家励志奖学金		222	5 000	
新生奖学金			2 000	
综合奖学金	一等	5%	1 500	
	二等	10%	1 000	
	三等	20%	600	
学生进步奖学金		50	400	
学术研究奖学金	一等、二等、三等	不定	2 000、1 000、500	
竞赛优胜奖学金	个人、团体、一等、二等、三等	不定	2 000、4 000；1 500、3 000；1 000、2 000	
特殊贡献奖学金	不定	不定	不定	
新生奖学金		根据当年高考实际情况而定	2 000	

表 9.2.13 现有社会（或个人）资助的奖学金一览表

奖学金名称	资助单位或个人	设立年份	金额（元）/年	人数/年	备注
日宝来福奖学金	深圳日宝来福磁性健康品有限公司	1996	19 500	20	
住友商事奖学金	日本住友商事株式会社	1996	7 400 美金	20	
新旭奖学金	新旭集团	2002	145 000	51	
恒生银行奖学金	香港恒生银行有限公司	2003	24 000	6	
金宝奖学金	香港金宝洋行总裁谢王寿鸰捐资委托中国妇女发展基金会设立	2004	16		
建华奖学金	江苏美迪洋集团（校友）	2005	250 000	50	
王林生奖学金	谢岷校友	2008	40 000	4	
费孝通奖学金	中国高校校友海外联谊会	2009	20 000	4	
新华都奖学金	新华都慈善基金会	2009	60 000	20	
光华奖学金	台湾光华教育基金会	2010	100 000	25	

表 9.2.14 现有社会（或个人）资助的助学金一览表

助学金名称	资助单位或个人	设立年份	金额（元）/人/年	人数/年	备注
新长城助学金	中国扶贫基金会		约 2 000	50	
新疆少数民族学生特殊困难补助	新疆教育厅		视具体情况而定	视具体情况而定	限定资助新疆籍少数民族贫困学生
姜达敖助学金	社会人士	2000	2 000	6	
敬梅爱心助学金	本校职工	2006	2 000	10	
求索助学金	校友	2006	一等：3 000 二等：2 000	65	
国家助学金（新）	教育部、财政部	2007	国家下拨计划	国家下拨计划	
匡济助学金	校友	2008	3 000	140	
商学院 EMBA 励志助学基金	本校商学院 EMBA 学员	2009	6 000	50	
博时关爱助学金	博时慈善基金会	2010	共 50 000	不定	

表 9.2.15 学院层面社会（或个人）资助的奖助学金一览表

<table>
<tr><th>奖助学金名称</th><th>资助单位或个人</th><th>设立时间</th><th>金额（元）/人/年</th><th>人数/年</th><th>所在学院</th></tr>
<tr><td>王恩韶特困生助学金</td><td>王恩韶</td><td>1997 年</td><td>视情况而定</td><td>视情况而定</td><td>保险学院</td></tr>
<tr><td>众达奖学金</td><td>众达律师事务所</td><td>2001 年</td><td>15 000</td><td>视申请情况定</td><td>法学院</td></tr>
<tr><td>金育助学金</td><td>中国金融教育发展基金会</td><td>2002 年</td><td>每年变化</td><td>名额分配</td><td>金融学院</td></tr>
<tr><td>教保奖学金</td><td>中国保险学会和韩国教保生命教育文化财团</td><td>2005 年</td><td>本科生：6 000
研究生：10 000</td><td>视申请情况定</td><td>保险学院</td></tr>
<tr><td>美迈斯</td><td>美迈斯律师事务所</td><td>2005 年</td><td>特等奖：15 000
优秀奖：7 500</td><td>2－3 人</td><td>法学院</td></tr>
<tr><td>三菱商事国际奖学金</td><td>日本三菱商事株式会社</td><td>2005 年 11 月</td><td>本科生：2 000
研究生：3 000</td><td>8 名本科生、4 名研究生</td><td>外语学院</td></tr>
<tr><td>沈四宝奖学金</td><td>沈四宝奖学金基金（奖给贫困学生）</td><td>2006 年</td><td>优秀学生奖：6 000
勤奋学生奖：4 000</td><td>按项目资助，每项一般不超过 4 人</td><td>法学院</td></tr>
<tr><td>泰康奖助金</td><td>泰康人寿保险股份有限公司</td><td>2006 年</td><td>1 500</td><td>视申请情况定</td><td>保险学院</td></tr>
<tr><td>保险爱心基金</td><td>白建军</td><td>2007 年</td><td>视情况而定</td><td>视情况而定</td><td>保险学院</td></tr>
<tr><td>岳成奖教学金</td><td>岳成律师事务所</td><td>2008 年</td><td>2 000</td><td>8 人（优秀学生奖 4 人，勤奋学生奖 4 人——面向成绩较好的贫困生）</td><td>法学院</td></tr>
<tr><td>安理奖学金</td><td>安理国际律师事务所</td><td>2008 年</td><td>5 000/项目</td><td>0－1 人</td><td>法学院</td></tr>
<tr><td rowspan="3">“银子弹啤酒”奖学金</td><td rowspan="3">校友张景智</td><td rowspan="3">2008 年 6 月</td><td>5 000</td><td>3</td><td rowspan="3">商学院</td></tr>
<tr><td>3 000</td><td>10</td></tr>
<tr><td>1 000</td><td>35</td></tr>
<tr><td>院长特别奖励基金</td><td>王稳院长</td><td>2008 年 9 月</td><td>视申请项目等级而定</td><td>视申请情况定</td><td>保险学院</td></tr>
<tr><td>金融励志奖学金</td><td>中国金融教育发展基金会</td><td>2010 年</td><td>2 000</td><td>20</td><td>金融学院</td></tr>
</table>

第六节　学生军训工作

一、军训情况

2000 年以来，学校学生军训工作更加制度化、规范化。在军训组织实施的过程中，党办、校办、宣传部、保卫处、财务处、学工部、武装部、后勤处、教育技术中心、各学院都积极协同参与。

2000－2010 年，除 2002 级学生军训在北京延庆的八达岭军训基地开展和 2008 级、2009 级学生的军训在北京八一学生军训基地开展外，其他年份学校的学生军训工作都在学校军训工作的共建单位——中国人民解放军 66391 部队营区内驻训。每年学生参训率接近 100%，军训优秀学员获评率达到 30%。从 2004 年开始，学校学生军训一直保持“零事故”记录。2003 年军训期间，学校《军训每日播报》创刊。自此，每年军训期间，军训指挥部都组编《军训每日播报》、《军训党建简报》，对军训工作及军训期间临时党组织建设工作进行宣传报道。

2000 年以来，学校每年都获评北京市朝阳区军训工作先进单位，王同元多次获得“朝阳区先进专武干部”荣誉称号。2004 年 3 月，学校通过北京卫戍区学生军训办公室的军训工作达标验收，获得“首都学生军训先进校”荣誉称号，王强、王同元获得“首都学生军训先进个人”荣誉称号。2005 年 10 月，学校组织 165 名 2005 级男生参加首都学生军训 20 周年阅兵，并被评为“首都学生军训 25 周年阅兵先进组织单位”。

二、征兵工作情况

2002 年，经北京市教委、北京市公安局、北京市民政局、北京市卫戍区司令部、北京市卫戍区政治部〔2002〕卫联字 1 号文件确认，学校为全日制高等学校在校学生中征集新兵试点院校。同年底，学校有 3 名学生应征入伍。2003－2009 年，学校共有 4 名学生应征入伍。

2009 年，根据教育部办公厅（〔2009〕9 号）文件，开展征集高校毕业生入伍工作，同年底，学校国际商学院 2005 级学生英文婷于新疆伊宁地区入伍。2010 年，信息学院 2006 级学生范方明和英语学院 2006 级学生赵晓飞两名毕业生应征入伍。

三、军事理论课教学

2001 年以来，学校军事理论课教学一直外聘国防大学军事教员来校授课。该课教学每年 10 个专题、20 个学时。学生军事理论课考试的及格率为 100%。

第七节　学生就业工作

一、概述

2001 年前，学校设置“毕业生分配办公室”，主管毕业生分配工作。2001 年 4 月，学校设置副处级就业指导中心，隶属于学生工作部。2006 年 5 月，学校组建独立建制的就业指导中心。2009 年 12 月，学校将就业指导中心由原副处级单位升格为正处级单位。其工作的范围包括全校本科生、硕士研究生及博士研究生的就业及相关事宜。

就业指导中心工作人员按照在校学生人数 1∶500 配比。截至 2011 年 6 月，在岗工作人员共计 6 人，具有硕士学位的 3 人，具有大学本科学历的 3 人。毕业生就业专项经费按超过毕业生学费的 1% 划拨。

就业指导中心的职责主要包括：制定、组织和实施学校毕业生就业工作发展规划和计划；组织、开展与毕业生就业相关的调查研究工作；组织、开展毕业生就业工作的对外宣传，规范和拓宽就业市场；组织、实施毕业生就业的招聘活动，为毕业生提供就业指导和服务；组织、开展与毕业生就业相关的培训工作。

2008 年，就业指导中心获北京市教委“北京地区高校示范性就业中心”称号；2010 年，获教育部“2009 年度全国毕业生就业典型经验校”称号。

二、就业指导

（一）毕业生情况

截至 2011 年 6 月，学校毕业生一次就业率连续四年保持在 95% 以上。

表 9.2.16　　毕业生情况统计表　　（单位：人）

年度	本科生	研究生	高职
2004	1 579	无数据	415
2005	1 159	无数据	219
2006	1 579	无数据	395
2007	1 480	886	104
2008	1 599	994	82
2009	1 735	958	62
2010	1 925	974	0

表 9.2.17　　毕业生一次就业率统计表

年度	本科生	研究生
2003	85.50%	无数据
2004	96.78%	无数据
2005	97.28%	无数据
2006	92.34%	无数据
2007	90.00%	89.62%
2008	92.18%	90.34%
2009	98.90%	99.06%
2010	98.49%	98.77%

注：本节所有表格中的数字均来自《高等教育基层统计报表》。

（二）就业指导

学校落实教育部《大学生职业发展与就业指导课程教学要求》和《关于加强学生就业工作的意见》的精神，2008 年 9 月，学校就业指导中心开设“职业生涯规划与就业指导”选修课，总课时 38 个学时。2011 年 3 月，学校国际商学院、教务处、就业指导中心协同开设“创业理论与设计”选修课，面向全体在校生选课，以创业为主题，将专业教育、素质教育与创新创业教育有机统一，培养学生的创业意识和企业家能力。

第三章　校园建设工作

第一节　概　　述

一、校园土地状况

学校校园占地总面积为516亩，由四部分组成：原对外经济贸易大学校园占地总面积409.43亩，原中国金融学院校园占地总面积76.2亩（2000年两校合并），原北京市外贸学校校园占地总面积27.43亩（2006年土地划拨本校），原太阳宫乡土地2.8亩（由2010年转入）。

二、校园建筑物情况

原对外经济贸易大学与原中国金融学院两校合并后，总建筑面积214 158平方米，其中教学及附属设施80 879平方米。“十五”期间对校内一部分基础设施进行了改造，“十一五”期间新建了教学楼、学生公寓、图书馆，至2010年底，校舍建筑总面积约37.9万平方米（含其他生活辅助用房），其中教学及行政用房13万平方米，学生食堂及生活福利附属用房6.3万平方米，学生宿舍12.5万平方米，其他用房6.1万平方米。详细情况见表9.3.1。

表9.3.1　　全校建筑物及建筑面积汇总表（按照单体建筑分类统计）（截至2010年7月）

类　别	建筑物名称	建筑面积（m^2）	建成年代
一、教学用房	1. 求索楼	8 748.00	1975
	2. 诚信楼	26 857.00	1992
	3. 博学楼	24 575.00	1995
	4. 宁远楼	32 568.50	2005
	5. 高远楼	7 127.65	1987
二、学生宿舍	1. 汇德公寓	8 517.00	2000
	2. 汇智公寓	7 541.00	1979
	3. 汇康公寓	5 687.00	1986
	4. 汇美公寓	5 687.00	1983
	5. 汇文公寓	7 500.00	1987
	6. 汇才公寓	8 431.00	1990
	7. 汇宾公寓	9 834.00	1998
	8. 虹远楼	93 858.00	2005

续表

类　　别	建筑物名称	建筑面积（m^2）	建成年代
三、图书馆	图书馆	24 935.54	2008
四、实验室实习场所及附属用房	1. 计算机中心	2 952.00	1986
	2. 知行楼	8 350.00	1984
五、行政办公、生活及实验场所等附属用房	1. 清远楼及锅炉房	3 236.00	1997
	2. 供暖中心	4 906.00	1997
	3. 行政楼（原东小二楼）	4 534.56	老北影建筑，约建成于50年代
	4. 出版社办公楼	1 700.00	1987
	5. 校区1#配电室	588.00	1986
	6. 南收发室、传达室	54.00	1975
	7. 文印中心	226.00	1975
	8. 新南门传达室	56.00	2009
	9. 东门传达室	32.51	2005
	10. 西门传达室	65.00	2009
	11. 电话总机楼	927.70	1985
	12. 小车房	145.00	1985
	13. 交通科	196.00	1989
	14. 热交换站	430.00	2000
	15. 商贸中心	197.00	1999
	16. 小百合洗像部	75.00	1989
	17. 华德公寓	7 814.00	1990
	18. 中水站	273.00	2004
	19. 东南门传达室	48.7.00	原外贸学校校舍，建成年代不详
	20. 原外贸学校配电室	52.70	
	21. 高远楼北平房	527.43	
	22. 原外贸学校小二楼	673.40	
	23. 教育技术中心楼	6 350.00	1982
	24. 求真楼（旧图书馆）	5 998.00	1987
	25. 体育看台办公室	2 700.00	2004
	26. 总配电室（体育中心）	4 500.00	2002

续表

<table>
<tr><th>类　别</th><th>建筑物名称</th><th>建筑面积（m^2）</th><th>建成年代</th></tr>
<tr><td rowspan="3">六、学生食堂</td><td>1. 第一学生食堂</td><td>11 357.00</td><td>2000</td></tr>
<tr><td>2. 第二学生食堂</td><td>2 009.00</td><td>1983</td></tr>
<tr><td>3. 外贸学校食堂及锅炉房</td><td>1 503.10</td><td>原外贸学校校舍，建成年代不详</td></tr>
<tr><td rowspan="6">七、教工宿舍</td><td>1. 汇新楼</td><td>18 085.00</td><td>2002</td></tr>
<tr><td>2. 汇忠公寓</td><td>3 456.00</td><td>1985</td></tr>
<tr><td>3. 汇贤公寓</td><td>3 456.00</td><td>1983</td></tr>
<tr><td>4. 1#宿舍楼</td><td>4 631.77</td><td rowspan="2">原外贸学校校舍，建成年代不详</td></tr>
<tr><td>5. 2#宿舍楼</td><td>4 037.43</td></tr>
<tr><td>6. 金鑫公寓</td><td>693.00</td><td>1985</td></tr>
<tr><td>总计</td><td></td><td>378 703</td><td></td></tr>
</table>

第二节　基本建设管理

一、校园建设工作的主要职能

基建处是学校基本建设工作的常规管理部门，下设处办公室和工程科。基建处的主要职责是：负责学校总体建设规划和基本建设计划的制定和实施，负责学校大项维修项目计划的制定和实施。具体如下：

（一）按照学校建设总体规划和基本建设计划，对学校的建设项目进行科学论证和可行性研究，上报教育部和国家发改委立项；在立项的基础上进行勘察、设计、报批、招标及“七通一平”等一系列前期工作；申报并领取建设项目的规划许可证和开工许可证；组织招投标和施工队伍考察，签订施工合同，保证工程按期开工；工程开工后，加强对施工队伍和监理队伍管理，并与各方包括跟踪审计方协作共同控制工程的安全、质量、工期和投资，确保按期保质完成施工任务；竣工后负责组织验收、结算及工程的移交和保修工作。

（二）根据各部门提出的大项维修项目计划，对维修内容及维修方案进行科学论证，编制可行性研究报告，协助汇总上报；按照批复投资组织项目招投标及实施。

二、基建运行机制及规章制度建设

2000年以来，在校领导和有关部门的共同努力下，基建工作运行机制已经初步建立。2003－2006年，又先后制定《对外经济贸易大学基建项目施工管理暂行办法》、《对外经济贸易大学基建经济合同管理暂行办法》、《对外经济贸易大学基建工程投资控制与签证办法（试行）》、《对外经济贸易大学建设工程招投标管理办法》等17项基建管理制度，从而形成了较为规范的管理制度、监控体制、招投标体制及投资管理体制。2009年以后又对基建规章制度进行全面梳理，修改完善了“三重一大”制度和处务公开制度，重新修订了基建工程项目移交、保修管理办法，制定《对外经济贸易大学基建工程设计变更及洽商管理办法》。基建工作做到有法可依，有章可循。

在基建项目建设和大型修缮工作中，学校探索将技术管理、资金管理、行政管理、检查监督相结合的工程管理体制：基建处作为甲方进行工程项目实施管理；财务处负责基建项目的资金筹措、资金使用、按规定支付拨款；审计处负责项目审计，并委托社会审计事务所进行项目的全过程跟踪审计；纪检监察处监督项目实施的程序是否合规，是否按照法律法规和学校规章制度实施。

第三节　2000 –2010 年校园建设总体情况

2000 –2010 年，为了适应发展的需要，学校加大对基本建设的投入力度，学校基本建设进入高速发展阶段。

一、大型基建项目建设

（一）体育看台

2003 年9月开工建设体育看台，2004 年9月投入使用。体育看台建筑面积2 700平方米，项目实际总投资为1 035 万元。

体育看台位于运动场西侧中间地带，紧邻体育馆西路，路西为学生公寓。该建筑为三层框架结构，面向运动场为看台，半地下为设备用房、体操训练房及浴室，看台1 –2层是体育部办公区，主席台后方及四层为贵宾休息室和会议室。作为运动场配套设施，体育看台正在发挥着应有的功能。

（二）新建教学楼（宁远楼）

2003 年9月开工建设新建教学楼（宁远楼），2005 年8月28日投入使用。宁远楼建筑面积32 568 平方米，项目实际总投资为9 506 万元。

宁远楼位于校园东南角，与诚信楼遥相呼应，相距约120米，处于总体规划教学区内，其东侧和南侧邻近校围墙，西侧为南大门广场及道路（旧址原为北京电影制片厂遗留3层危房——玻璃楼5 123 平方米）。该楼平面呈“山”字形，地下1层，为人防、地下车库及设备用房；地上8层，为教学办公用房。该项目荣获北京市结构长城杯奖。宁远楼设有多媒体教室106间，满足了现代多功能教学的要求，可同时容纳7 600 人上课，彻底改变了学校教室严重不足的局面。宁远楼的建成对于提高教学水平、扩大对外影响、学校“211工程”建设顺利进行，起到了积极、重要的作用。

（三）大学生公寓（虹远楼）

2004 年4月28日开工建设大学生公寓（虹远楼），2005 年11月11日正式投入使用。虹远楼建筑面积93 858 平方米，项目实际总投资为21 032 万元。虹远楼四周的楼座围合呈 P 字型，在中部形成一个约 2 900 平方米的中心绿化广场，地下局部两层是人防掩蔽所及设备管理用房，地上 10 层，共有学生宿舍 1 990 间。该项目荣获结构长城杯奖、竣工长城杯奖及朝阳杯奖等奖项。虹远楼的建成使学校学生宿舍面积达到 12.5 万平方米，彻底改善了学生的住宿条件，基本上达到教育部要求的“4.2.1”住宿标准。

（四）图书信息中心（刘鎏雄楼）

2006 年 5 月 12 日开工建设图书信息中心（刘鎏雄楼），2008 年 9 月正式投入使用。图书信息中心建筑面积 24 935.54 平方米，项目实际总投资为 11 972 万元。该楼地下 1 层，地上 8 层，藏书达 200 万册，可同时容纳 12 000 人，集借、阅、藏、学术交流、办公于一体。楼内设置消防系统、安防系统、门禁系统、综合布线及楼宇自控系统、有线电视系统、多媒体投影及扩声系统、大屏幕显示等专业系统，真正实现了全开架借阅管理方式。图书馆采用节能环保的水源热泵技术作为建筑物的冷热源，实现夏季制冷、冬天供暖，为师生创造舒适的读书环境。该项目荣获结构长城杯银质奖、北京市结构朝阳杯金质奖、北京市文明安全工地奖，并荣获国家质量最高奖——鲁班奖。该楼成为学校的标志性建筑。

（五）科研楼

2010 年 4 月 26 日开工建设科研楼，计划 2011 年 9 月正式投入使用。科研楼建筑面积 22 470 平方米，项目计划总投资为 10 898 万元。

在建的科研楼位于对外经济贸易大学校园内东大门南侧，东临校外育慧南路，西侧及北侧为校园集中景观绿地，南临行政楼，西南侧为学校主楼——诚信楼。项目占地 5 428 平方米，总建筑面积 22 470 平方米，地上 11 层，地下 1 层。建筑主体分为两部分，南侧为 11 层，北侧为 5 层，中间以门厅和连廊连接。具体布局为：南侧 1—6 层为 MBA 教室和研讨室；7—11 层为教学办公用房和教授研究用房，其中 MBA 教室 16 间，硕博教室和案例讨论室 18 间，教授研究室 136 间，活动室 16 间。北侧局部 5 层，设置校史馆、档案馆及校友会办公等用房。科研楼建成后将极大地改善教授用房及科研用房的条件。

二、校园总体规划调整

“十一五”期间，按照学校制定的事业发展规划，在原有校园总体规划的基础上，于 2007 年完成校园总体规划的调整，在保持原有校园绿地不变的情况下，校园容积率由原来的 1.02 调整为 1.33；校园建筑限高由原来的 30 米调整为 45 米；校内可建总建筑面积调整为 46.6 万平方米。

三、基础设施改造情况

2000 年－2002 年投资 4 000 余万元，完成道路改造 12 557 平方米（含人行步道），供水管线改造 1 853 米，雨水管线改造 1 299 米，污水管线改造 1 755 米；供暖面积新增 97 762 平方米，供暖管线改造 6 826 米，围墙透绿 1 200 米。

表 9.3.2　**校园基础设施改造情况汇总表**　（截至 2009 年 12 月）

序号	项目名称	投资（万元）	实施时间（年）
1	全校道路改造工程	822	2002
2	给排水管道改造工程	177	2002
3	供电线路改造工程	307	2002
4	供暖管线改造工程	856.7	2002
5	天然气改线工程	18.1	2002
6	围墙透绿工程	30.8	2002 - 2003
7	西门人行道	2.2	2002 - 2003
8	室外热力管道安装	83.8	2002 - 2003
9	第二、三高压配电室改造	10.5	2002 - 2003
10	锅炉房热交换站改造	89.7	2002 - 2003
11	煤库出渣池改造	84.1	2003
12	热水交换站安装改造	156.3	2003
13	东线基础设施改造	430	2004
14	中水外线工程	418	2005 - 2006
15	南线基础设施改造	161.7	2004
16	宁远楼外线工程	392	2005
17	虹远楼外线工程	550	2005
18	南围墙改造	54	2008
19	原外贸学校校园基础设施改造	661	2007 - 2008
20	图书信息中心周边基础设施改造	284	2008
21	南大门及周边道路等改造	200	2009 - 2010
22	西门改造	60	2010
23	虹远楼消防逃生设备购置及安装	182.59	2010
24	西南围墙圈建工程	24.5	2010
25	南围墙沿线景观工程	55	2010
26	南围墙沿线景观增照明	13.56	2010
27	书香广场改造工程	28.5	2010
28	行政楼排水管道改造	1.5	2010
	小　　计	6 154.55	

四、大项维修改造情况

自2000年以来相继建设改造“静园”庭院、摄影棚广场喷泉、虹远楼中心庭院、学员广场舞台等休闲和读书的场所；改造金融足球运动场和轮滑场，进一步扩大学生的运动场所；解决了影响学校发展的电增容工程，学校供电容量增加到16 310千伏安；完成校园道路的路名标牌、指引标牌和交通指示标牌的设计安装；先后完成网络中心（计算机教室）改造、高远楼改造、行政楼改造、旧图书馆（求真楼）改造、第一食堂一期改造等近50项改造工程。完成运动场改造面积1.1万平方米，改造建筑面积近5万平方米。这些项目的完成有效地利用了学校现有资源，改善了校园环境，为全校师生提供了更为舒适的生活、学习空间。

表9.3.3　　大项维修改造情况汇总表　　（截至2009年12月）

序号	项目名称	投资（万元）	面积（m^2）	实施时间（年）
1	操场改造工程	791	8 138	2001
2	危旧楼装修改造工程	68.9	全校15项	2002
3	食堂地下一层改造	86.9	2 800m^2	2002
4	外墙粉刷工程	194.5	校内外8项	2002
5	煤库改造（体育中心）	589.9	2 731m^2	2002
6	危电改造工程	296.5	全校21项	2002
7	小石桥锅炉煤改油工程	172.5	1台锅炉	2002
8	锅炉购置及安装改造	179.1	1台锅炉	2002
9	青年公寓装修	330	8 431	2002
10	计算机房改造	34.5	928	2002
11	诚信楼四层装修	88.9	1 918	2002
12	博学楼门头改造	14.1	1项	2003
13	新建车库工程	15.2	145	2003
14	电教、宿舍楼改造等	246.2	2项	2002
15	网络中心	170.5	780	2004
16	天然气切改线工程	99.3	1项	2004
17	东大门门楼、传达室、保卫处、办公用房改造	65.8	300	2004
18	静园庭院	73.71	1项	2004
19	摄影棚广场及喷泉	80	2项	2005
20	计算机房装修改造	164.7	4 000	2004－2005
21	学生宿舍室外钢梯	14.5	2项	2004－2005

续表

序号	项目名称	投资（万元）	面积（m^2）	实施时间（年）
22	校医院传染病房接诊室	12.5	360	2005
23	诚信、博学楼地下室防水堵漏及装修等	109.3	2 项	2005
24	0JHJ、5JHJ 学生公寓装修	458.2	9 531	2005 - 2006
25	2JHJ、3JHJ 学生公寓换铝窗	57	11 400	2006
26	行政楼装修改造	4 535	700	2006
27	高远楼改造	1 000	7 206	2006
28	金融运动场改造	121.1	11 000	2006
29	虹远楼中心庭院	52	1 项	2006
30	学员广场及舞台	70	1 项	2006
31	电增容及总配电室移位改造	1 224.15	1 项	2006
32	博学楼地下室防水堵漏及装修	104	1 项	2007
33	食堂三层粉刷恢复	10	1 项	2007
34	汇忠公寓装修改造	200	3 456	2008
35	南大门改造	200	1 项	2008
36	西门改造	60	1 项	2009
37	财务报销大厅	30	1 项	2009
38	学生宿舍门禁系统改造	14	1 项	2009
39	食堂一期装修改造	1 040	3 700	2009
40	旧图书馆装修改造	650	5 060	2009
41	食堂二期装修改造	941	7 666	2010
42	第一食堂四层加建包间	80	270	2010
43	第一食堂屋面防水翻修	85	3 500	2010
44	视听中心改造	143	600	2010
45	求索楼、博学楼屋面防水等	120	3 项	2010
46	小　　计	15 092.96		

五、绿色低碳校园建设

学校高度重视节能减排、建设绿色校园、低碳校园工作。在节能减排、绿色校园、低碳校园建设过程中，坚持以邓小平理论和“三个代表”重要思想为指导，认真贯彻党的十七大会议精神，全面落实科学发展观，坚持全面协调可持续发展的原则，紧紧围绕节能减排、绿色校园、低碳校园建设这一主题，以节约使用资源和提高资源利用效率为核心，以节电、节水、节气、节能、减排等工程项目为重点，积极探索绿色校园、低碳校园建设的新思路、新举措，努力开展节能减排降耗工作，努力建设绿色校园、低碳校园，为学校可持续发展以及为国家节约型社会建设作出了积极努力。

自2004年以来，在教育部的大力支持下，学校先后实施了中水处理回收、供暖管水平衡节能、太阳能热水洗浴、水源热泵供热空调、平改坡及雨水回收利用、配电节电等22个节能减排、绿色校园、低碳校园建设项目。这些项目投入使用以来收到很好的成效，取得了很好的经济效益。2007年9月，在国家发改委、中宣部等14个部委联合开展“节能减排全民行动大型主题宣传活动”中，学校被教育部确定为全国首批先进试点高校之一。2009年4月，被北京市确定为2008年“节约型学校”建设优秀高校。

（一）充分利用再生水，努力节约水资源

1. 建设中水处理站，回收利用污水

2004年，学校启动中水处理项目，建设了日处理能力为1 000立方米的中水处理站。中水站主要是收集学生公共浴室的洗澡水，以及部分宿舍楼盥洗室的废水和管网污水进行处理，中水主要用于近30万平方米建筑物的冲厕，同时，部分校园绿地作为“试验田”，使用中水进行喷浇，由于中水中含氮肥，所以利用中水浇灌的树木和草地根深茂盛，绿草茵茵，效果很好。

2. 铺设中水管线、进行屋顶平改坡改造、修建地下水窖，回收利用雨水。学校对办公楼、教学楼和学生宿舍全部铺设了中水管线，并完善修建了8个地下水窖，每年夏天共可收集雨水约50 000吨。所收集的雨水通过中水站处理后，可用于冲厕、绿地浇灌。目前，学校70%的建筑使用上了中水冲厕，全校绿地面积30%（约30 000平方米）日常的浇灌，以及广场喷泉、人工湖、水池等校园景观等也全部使用上了中水。

3. 安装膜处理设备，对化粪池清液进行处理使其成为中水。该项设备已经安装完成，即将投入使用。膜处理设备处理过的中水可作为冲厕和浇灌绿地用水，既补充了冲厕和浇灌绿地用水的不足，又可减少污水对校外的排放。

4. 全面采取节水措施、建设校内“立体化”节水系统

通过中水站建设、用水设施的改造、雨水回收、利用旧有废弃地下设施以及修建雨水收集水窖、草种改造、利用节水型设备进行绿化浇灌、浴室和开水房使用IC卡、全面修复管线，加强对节水工作日常管理等措施，学校建成了以中水站为龙头的“立体化”节水系统。

（二）科学管理、技术革新，大量节约使用天然气

1. 改造供暖管网水平衡调控系统

通过计算机管理系统，利用教学办公区和宿舍生活区之间的取暖需求时间差对供暖进行控制，也可以对每个楼供暖进行定时控制。具体做法是：白天保证教学办公楼正常供暖，适当降低学生宿舍温度；夜晚保证学生宿舍正常供暖，适当降低教学办公楼温度；阴冷天气保证正常供暖，暖和天气适当减少供暖，改变了传统供暖不管天气好坏、教学楼或宿舍楼有人无人，都用统一温度供暖的做法，有效实现了节能减排。

2. 浴室洗浴用水由天然气改为太阳能加热

学校先后进行了三期太阳能热水加热系统改造。现在，全校采用太阳能加热系统制备热水每日 383.2 吨，总集热面积 4 990m²，太阳能加热系统可将水加热用于洗浴，大量节约了天然气的使用。

3. 利用太阳能加热烧饮用开水。通过设施和技术改造后，将水利用太阳能加热后再烧成开水，不仅大量节约了天然气的使用，也大幅度降低了烧开水的成本。学校使用天然气加热烧开水时期，每天烧开水的成本为 3 500 元，改为太阳能加热后再烧开水，每天成本为 510 元。每年按 300 天计算，每年就可节约开支 90 万元。此外，学校部分生活热水、食堂洗碗水也实现了用太阳能加热的办法。

4. 回收锅炉烟气余热，减少使用天然气

学校将原来的燃气锅炉改造为冷凝余热回收锅炉，通过热管式冷凝器设备，将锅炉排烟中高达 150 度的余热进行回收再利用。此种做法，直接减少了天然气的使用量。对比结果表明，学校每个月天然气消耗量减少 9 ~ 10 万立方米。按每年供暖季节供暖 4 个月计算，回收的锅炉余热相当于每年减少 35 万立方米天然气的使用。对锅炉余热进行回收，既减少了热量的消耗和损失，又降低了二氧化碳的排放量，达到节能减排和废热回收利用的目的。

（三）全面开展科学用电及节约用电，建设节能减排校园

在完成节水、节气项目的同时，学校还开展了科学用电并安装节电设备工作，先后完成五项节电工程。

1. 在建筑物公共区域采用先进的人体感应控制照明设备，实现人走灯熄、人来灯亮。

2. 学生公寓、教学楼安装智能电表，设施分户计量改造，实现一户一表、一室一表，既促使师生节约用电，又为学校用电管理创造了条件。

3. 将全校范围的室内照明灯由 T8 型灯具更换为更节能的 T5 型灯具，实现了用电的进一步节约。

4. 将学校现有的油式变压器更换为节能型干式变压器，减少设备自生的电消耗，实现了设备的节电。

5. 在配电室照明回路安装节电设备，从输电源头进行节电控制，有效实现了节电的目标。

（四）开拓创新，努力打造绿色低碳校园

1. 校园路灯改为太阳能路灯

学校近 420 盏路灯（840 只灯管）全部更换为太阳能路灯，在校区风景适合的区域增设了 11 套风力发电路灯。太阳能路灯和风力发电路灯全年可节约用电 40 000 度，可以减少碳排放 38.14 吨。

2. 建筑物外墙保温改造，提高建筑物节能效果

学校现有建筑物大部分建于 20 世纪 80 和 90 年代，这些建筑物在设计时均未考虑外墙的隔热保温问题，建筑物隔热保温性能不能满足现行的设计规范要求，外窗也不是隔热保温窗，造成能耗加大，冬冷夏热，造成能源浪费。学校 2009 年对主教学楼（诚

信楼）进行了节能改造，将原钢窗更换为隔热保温铝合金保温窗，外墙进行了外保温改造。改造后建筑物内保温效果明显，按照理论计算，改造后可节能54%。

3. 采用先进的水源、地源热泵技术，实现再生资源的利用

学校在新图书馆（建筑面积为25 000平方米）项目中引进水源热泵空调系统。该系统不需使用天然气供热，也不需安装空调系统，只需用设备将地下水的热源和冷源提取用于冬天采暖、夏季制冷。新图书馆冬暖夏凉，感觉舒适，节能环保，实现了再生资源的有效利用。

在2010年开工建设的科研楼（建筑面积22 470平方米）项目中，学校采用地源热泵加毛细管网末端的生态空调系统提供冷热源，这种与传统供热制冷完全不同的供暖制冷模式，既能解决室内的冬天供暖，又能解决夏季的制冷问题。该项目投入使用后，将不再需要锅炉提供热量，既可以节约天然气的使用，又可以减少排放，是学校继新图书馆水源热泵技术应用后的又一重大节能降耗举措。

（五）节能减排的经济效益

1. 在学校"立体化"节水系统中，由于建设了集中式中水处理站，所以新建的教学楼、学生公寓、新图书馆和即将竣工的科研楼等单体建筑都不必在建筑物内再设置中水处理设备，只将管道接入校内已有的中水干管道即可，既节约了设备投资，又节省出地下室设备用房的空间。仅这几项新建筑就可节约中水设备投资300多万元。在学校建筑面积、绿化面积和师生人数不断增加的情况下，用水量仅有少量增加。2004年，学校在校生为9 405人，建筑面积22.6万平方米，全年用水量为57.89万吨，2010年，学校各类在校学生数比2004年增加了52%，建筑面积增加了67%，绿化面积增加6 000平方米的情况下，用水量仅为63.6万吨。如按2004年学校在校生人均用水量标准测算，2010年，学校应用水88.01万吨，同时，学校还增加建筑面积15.2万平方米，按应该增加15.2万吨水计算（根据北京市节水办公室标准，每新建1平方米建筑可增加用水指标1吨），两项相加应该用水103.21万吨，而实际用水63.61万吨，年节约用水39.60万吨。按当年自来水价格5.4元/吨计算，年节约水费支出213.84万元。

2. 太阳能热水加热系统改造共三期，总投资约685万元。经初步测算，学校采用太阳能制备热水系统后，每年可减少使用天然气115～120万立方米，不仅可以大大减少碳排放，而且每年至少可节费用约220万元左右，三年即可收回成本。

3. 供暖改造成供暖管网水平衡调控系统后，当年就节约69万立方米天然气，节约经费支出124万元，一年半就收回了工程投资。

4. 锅炉余热回收利用总投资为94万元，新系统投入使用后，回水利用系统回收的烟气热量，温度可升到45度左右，再度进入给水系统，极大地减少了天然气损耗。每年可节约燃气费近70万元。

5. 平改坡实行雨水回收和地下水窖建成后，每年可收集雨水约50 000吨。两年时间就回收雨水约10万吨，每年可节约水费近50万元。

6. 太阳能路灯项目投资160万元，项目完成后全年可节约40 000度电，可以减少碳排放38.14吨。

7. 图书馆水源热泵供暖比电锅炉加热节电三分之二，比燃气锅炉节省能源三分

之一。

8. 学校节电项目改造后，每年平均节电率可达20%。

2009年4月，北京诚信能环科技有限公司对学校进行了建筑能源审计，当时学校完成的节能减排项目只有10个，该公司对学校的10个项目进行了审计，并提出“建筑能源审计报告”，其“建筑能源审计报告”评价说，学校节能技术改造工程得到了显著效果，年直接节约累计资金约1 180万元，直接节水41万吨，直接节气518万立方米。节能工作已经形成了良好的循环体系，收到的社会效益和教育效益也是巨大的。

2009年4月以后，学校又实施完成12个节能减排项目，节能减排项目达到22个。这22个项目所取得的经济效益和社会效益将会更加明显。目前，学校正在安排进行再次的能源审计工作。

表 9.3.4　　节能减排改造情况汇总表　　（截至2010年12月）

序号	项目名称	投资（万元）	实施时间（年）
1	中水处理站工程	251	2004 - 2005
2	校园中水循环系统外管网安装工程	309	2005 - 2006
3	电节能改造	224	2006 - 2007
4	水源热泵系统	1 076	2007 - 2008
5	平改坡及雨水收集	522	2007
6	电平衡改造	319	2008
7	太阳能浴室改造（一期）	329	2008
8	太阳能浴室改造（二期）	206	2008 - 2009
9	太阳能浴室改造（三期）	173	2008 - 2009
10	供暖管网水平衡	163	2006
11	锅炉余热利用	130	2007
12	校园加装智能电表改造	420	2009 - 2010
13	公共区域改装人体感应开关工程	200	2009 - 2010
14	校园雨水收集利用工程	87	2009
15	诚信楼外墙保温节能改造	1 423	2009
16	校园更换节能灯具、加装智能电表措施改造工程	1 000	2009 - 2011
17	校园太阳能路灯照明系统改造工程	180	2009 - 2010
18	校园配电室电节能改造工程	380	2009 - 2010
19	第一配电室高低压柜更新改造工程	548	2009 - 2010
20	更换节能变压器改造工程	304	2009 - 2010
21	中水三期膜处理装置购置安装工程	435	2009 - 2010
22	地源热泵系统工程	1 390	2010（在施）
23	小　计	9 156	

第四章　后勤保障工作

第一节　概　　述

后勤工作是学校教学、科研和师生员工学习生活的重要保障。“服务教学、服务科研、服务师生员工和管理育人、服务育人、环境育人”是后勤工作的指导方针。建校以来，后勤管理处一直承担着伙食、房屋、校园行政、绿化卫生、交通、供暖、通讯、医疗保健、幼儿保教、商业、家属委员会等后勤管理和服务工作，保证了学校正常的教学和生活秩序。

一、机构设置沿革

2000 年 6 月两校合并后，原对外经济贸易大学后勤管理处与原中国金融学院总务处合并为新的对外经济贸易大学后勤管理处，下设办公室、巡查办公室、餐饮中心、学生公寓管理服务中心、教学楼管理服务中心、交通运输服务中心、校园行政绿化中心、通讯服务中心、维修服务中心、商贸中心、水电节能中心、校医院、家属委员会、幼儿园。

2002 年 3 月 1 日，成立后勤服务集团，原各中心变成各分公司，后勤管理处作为甲方代表行使监督职能。

2003 年 2 月，撤销幼儿园。

2003 年 3 月 1 日，后勤服务集团撤销。原后勤服务集团的各分公司均划归后勤管理处，变更为服务中心，后勤管理处的职能由代表甲方监管变为管理部门，实行“小机关、多中心”的管理模式。

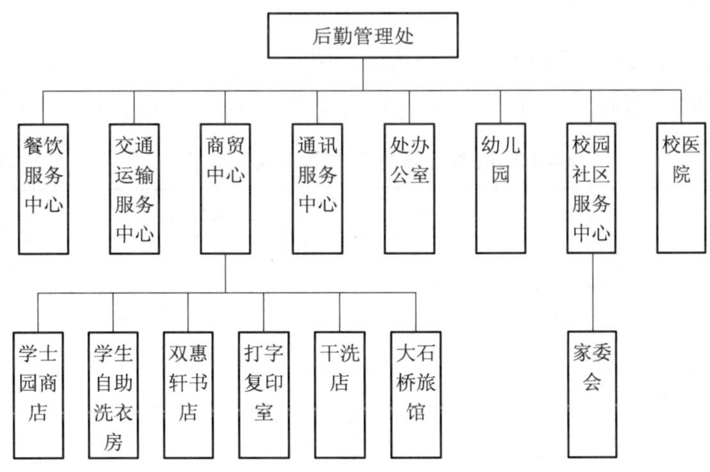

图 9.4.1　2000 年后勤管理处机构设置图

2009 年 4 月，撤销商贸中心。

从 2009 年 7 月起，学校开始酝酿新一轮后勤改革。2010 年 1 月，餐饮中心、校医院作为后勤改革的试点单位先行改革。

2010 年 7 月，成立后勤服务集团，转变现行管理体制和运行机制，实行后勤服务集团下的企业化管理，学校经费实行“拨改付”。集团设集团办公室，下设餐饮中心、物业中心、修缮中心、商贸中心、接待中心、校医院等六个中心。

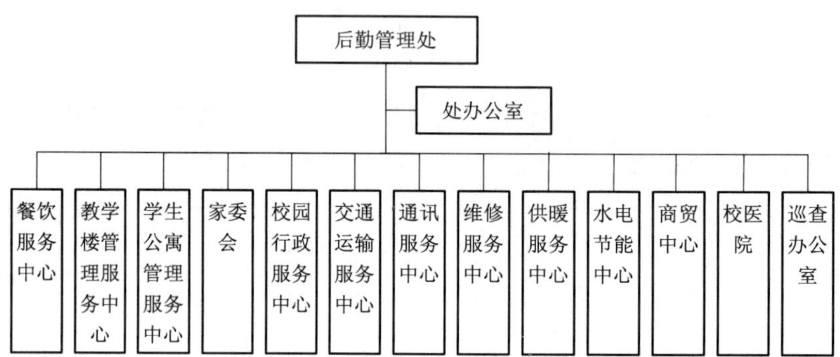

图 9.4.2　2009 年后勤管理处机构设置图

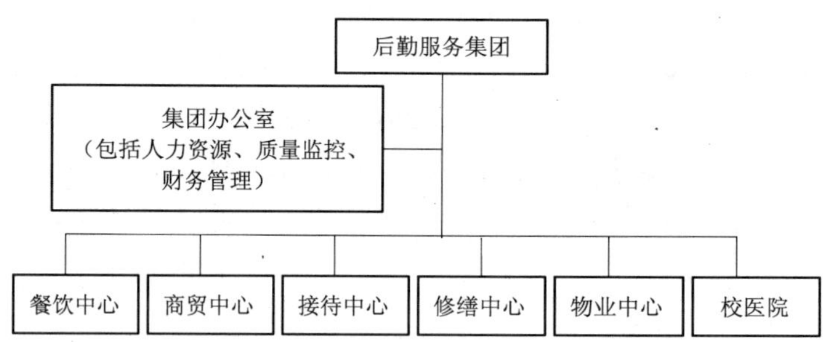

图 9.4.3　2010 年后勤服务集团机构设置图

二、人员状况

2000 年 6 月，后勤管理处共有正式职工 107 人，临时工 120 人。截至 2010 年 12 月，后勤服务集团共有正式职工 141 人，临时工 523 人。详见下表：

表 9.4.1　　2000 年后勤管理处正式职工状况一览表　　（截至 2000 年 6 月）

类别 \ 数量 \ 项目			平均年龄	职称（技术等级）			政治面貌				文化程度		
				高级	中级	初级	中共党员	共青团员	民主党派	群众	大学及以上	高中	初中及以下
干部	人数	34	44	3	14	8	36	0	4	67	19	32	56
	比例	31.8%		8.83%	41.2%	23.5%							
工人	人数	73	42	41	9	5							
	比例	68.2%		56.2%	12.3%	6.9%							
合计	人数	107	43	44	23	13	36	0	4	67	19	32	56

表 9.4.2 **2010 年后勤管理处正式职工状况一览表**（截至 2010 年 12 月 31 日）

类别 \ 数量 \ 项目			平均年龄	职称（技术等级）			政治面貌				文化程度		
				高级	中级	初级	中共党员	共青团员	民主党派	群众	大专及以上	高中	初中及以下
干部	人数	26	48	3	6	6	20	0	1	6	17	9	0
	比例	18.4%		11.5%	23.1%	23.1%	76.9%	0%	0%	23.1%	65.4%	34.6%	0%
工人	人数	115	49	83	15	2	29	0	0	86	13	41	61
	比例	81.6%		72.2%	13.0%	1.7%	25.2%	0%	0%	74.8%	11.3%	35.7%	53.0%
合计	人数	141	49	86	21	8	49	0	1	92	30	50	61

表 9.4.3 **2000－2010 年后勤获省（市）级先进集体称号一览表**

时间（年）	获奖单位	获奖名称
2005	学校（校园行政服务中心）	首都绿化美化先进单位
2009	学生公寓管理服务中心（虹远楼学生公寓）	北京市高校标准化公寓

表 9.4.4 **2000—2010 年后勤获省（市）级先进个人称号一览表**

时间（年）	获奖个人	获奖名称
2004	李凤民	北京高校后勤研究会第九届理事会先进个人
2006	陈大军	北京市高校后勤学生公寓先进个人
2007	李凤民	北京高校后勤研究会第十届理事会先进个人
2008	李凤民	北京高校后勤思想政治和物业工作先进个人
2008	李凤民	北京高校后勤物业管理工作先进个人
2008	袁　朔	首都绿化美化积极分子
2008	王宝成	北京市奥运志愿服务工作先进个人
2008	王宝成	北京市驻地院校服务奥运先进工作者
2008	张忠喜	北京市奥运服务优秀志愿者
2008	李　芳	北京高校后勤思想政治工作先进个人
2008	高志伟	北京高校后勤物业管理先进个人
2008	高志伟	北京市教育创新标兵
2008	李凤民	中共北京市委统战部《中国的政党制度知识有奖竞答》活动一等奖
2009	李　芳	北京市先进教职工之家建设中被评为“工会积极分子”
2009	杨海燕	北京市高校后勤学生公寓先进个人
2009	李凤民	首都教育先锋技术创新能手
2009	赵广和	北京市伙食工作先进个人
2010	尚中华	首都绿化美化积极分子

第二节　后勤保障工作规章制度

2000－2010 年，后勤管理处及所属各中心根据不同的服务业务不断完善建章立制工作，逐渐形成目前的管理制度体系。截至 2010 年 12 月，修改完善各类规章制度、管理办法合计 172 项，大体上可以分为综合管理制度、业务制度、岗位制度和工作流程四类。其中，餐饮中心制定《餐饮中心采购制度》、《饮食卫生工作守则》等 30 项规章制度，物业中心制定《学生公寓住宿管理规定》、《日常维修管理规定》等 20 项规章制度，修缮中心制定《基础设施使用管理办法》、《计量管理制度》等 51 项规章制度，校医院制定《医院医德规范》、《传染病防治工作及突发公共卫生事件应急处理预案》等 59 项规章制度，接待中心制定《车场与车库管理规定》、《通讯中心办公行为规范》等 9 项规章制度，后勤管理处制定《后勤服务集团关于领导班子“三重一大”制度的暂行办法》、《后勤服务集团人事薪酬管理办法》、《后勤服务集团固定资产管理制度》、《后勤服务集团（后勤管理处）安全稳定工作领导机构及管理制度》等 12 项规章制度。

第三节　后 勤 改 革

2000－2010 年，是学校不断探索后勤社会化改革的重要时期。

2001 年 4 月，学校参与组建北京东方大学城后勤服务有限公司。

2004 年 9 月，学校与北京化工大学烛光超市有限公司签署《合作经营超市协议书》，在学校校内体育场西侧看台一层合作经营教育超市，共合作经营近 6 年时间。

2005 年 11 月，学校与浙江大学新宇物业发展有限公司签订《学生公寓合作管理协议书》，共同对学校学生公寓进行管理，合同 2010 年 7 月到期。

2006 年 3 月，学校引进北大监管机制，与北京师生缘餐饮管理有限公司签订《委托监管合同》，按行业标准加强对食堂的监管，实际监管时间为一年。

2006 年 5 月，学校与浙江大学新宇物业发展有限公司签署补充协议，在虹远楼地下一层开设虹远楼学生便利服务社，由新宇公司自主经营。同年 1 月，新宇公司在宁远楼一层开设“你我”茶吧。

2010 年 7 月，学校与北京化工大学烛光超市、浙江大学新宇物业发展有限公司合同到期，经学校研究决定不再与之续签合同，由学校后勤管理处自主经营。

2010 年 7 月，成立新的后勤服务集团。“一流的大学，需要一流的后勤服务保障”。根据教育部关于“市场提供服务，学校自主选择，政府宏观调控，行业自律管理，职能部门监管”的后勤社会化改革目标要求，学校将后勤服务经营人员和相应资源按业务类型优化组合，组建对外经济贸易大学后勤服务集团，在行政上同时保留后勤管理处，实行一班人马、两块牌子。后勤管理处履行学校要求的行政管理职能，后勤服务集团则履行行政单位模式下的企业管理职能。在财务管理方面，学校对后勤服务集团由行政拨款方式改为核算机制，学校付费，集团收费，体现有偿服务原则。

第四节 各中心概况及重点工作

一、餐饮中心

（一）基本职责

餐饮中心承担全校 15 000 多人日常就餐的服务和管理工作。

中心下设办公室、财务室、一食堂、二食堂、清真食堂、教工餐厅、惠园餐厅、食品总库。经过多年的发展，餐饮中心形成了突出学生伙食、坚持特色经营、多档次、多方式的格局，保证以大锅菜和小炒为主体的基本伙食，又有调剂口味的各种风味，也有适应现代生活节奏需要的快餐厅，还有满足会议等多种活动需求的高档典雅的宴会厅。由于伙食品种丰富、质量上乘、卫生可靠、口味适宜、营养丰富，得到校内师生的普遍认可。

（二）机构沿革

2000 年 6 月，两校合并后暂保留原来两个食堂建制。一食堂隶属于原对外经济贸易大学后勤管理处，二食堂隶属于原中国金融学院总务处。

2002 年 3 月，后勤服务集团成立，仍然是两个食堂，隶属于后勤服务集团。

2003 年 3 月，后勤服务集团撤销，两个食堂划归后勤管理处。

2003 年 5 月，两个食堂合并成立餐饮中心，但两个食堂独立核算。

2010 年 7 月，新的后勤服务集团成立，两个食堂财务统一管理。

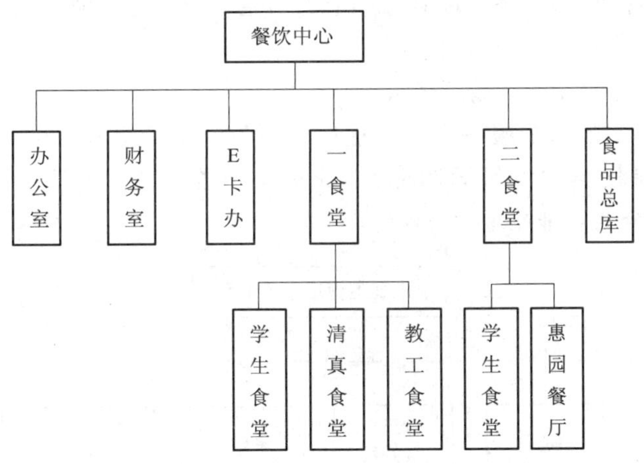

图 9.4.4 餐饮中心 2010 年机构设置图

（三）重点工作

2003 年“非典”期间，餐饮中心较好地完成了全校师生员工的就餐服务工作。

2008 年奥运期间，餐饮中心严格按照卫生主管部门的要求，狠抓餐饮卫生安全，踏踏实实地完成了 2 200 余名奥运志愿者的就餐工作。

2009 年暑期，一食堂进行一期改造。

2009 年 10 月，教工食堂开业，为全校教职员工就餐提供方便。

2010 年暑期，一食堂进行二期改造。

2010 年 8 月，引进米饭粗加工生产线设备，增设单独的主食窗口。

二、物业中心

（一）基本职责

物业中心管理学校教学楼、学生宿舍楼、相关家属楼的物业及校园的绿化保洁业务。自 2010 年 7 月后勤服务集团（后勤管理处）宣布成立物业中心以来，该中心进一步加强内部管理，打破原来四个中心（教学楼管理服务中心、校园行政服务中心、家委会、学生宿舍管理服务中心）的管理模式，按照 ISO9000 质量管理模式进行各项工作。

（二）机构沿革

1998 – 2002 年，教学楼管理服务中心划归资产管理处管理。

2000 年 4 月，学生宿舍管理科更名为学生公寓管理服务中心。

2002 年后勤服务集团成立后，学生公寓管理服务中心更名为学生公寓管理服务公司；教学楼管理服务中心更名为大楼管理服务公司，由后勤服务集团管理；校园社区服务中心更名为绿化保洁公司；后勤服务集团物业公司成立。

2003 年 3 月，后勤服务集团撤销，绿化保洁公司更名为校园行政服务中心；家委会由后勤管理处接管，更名为物业中心。

2003 年，原对外经济贸易大学与原中国金融学院的学生公寓中心合并更名为学生公寓管理服务中心；两校大楼管理服务中心合并后更名为教学楼管理服务中心，归后勤管理处管理。

2007 年，物业中心更名为家委会。

2010 年 7 月，新的后勤服务集团成立后，原教学楼管理服务中心（全职能）、校园行政服务中心（绿化与垃圾清运职能）、家委会（全职能）、学生宿舍管理服务中心（全职能）共同整合为物业中心。

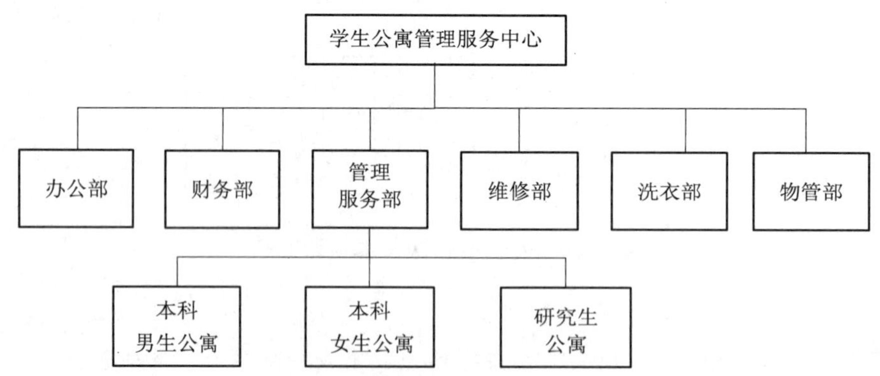

图 9.4.5　学生公寓管理服务中心 2000 – 2005 年机构设置图

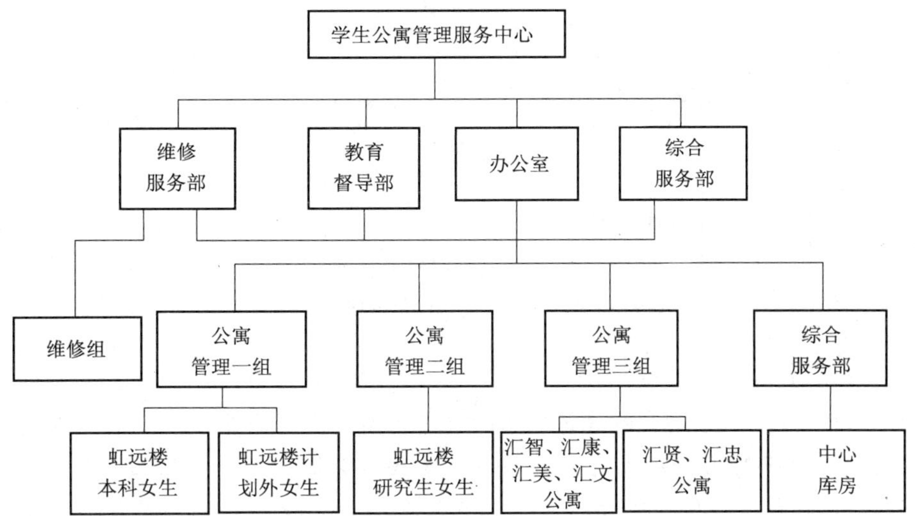

图 9.4.6　学生公寓管理服务中心 2005－2009 年机构设置图

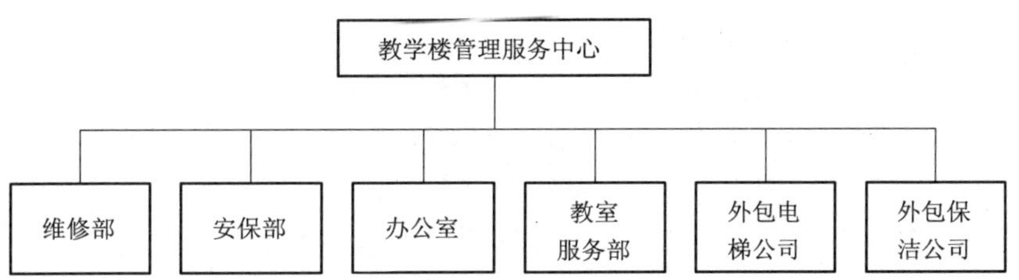

图 9.4.7　教学楼管理服务中心 2009 年组织机构设置图

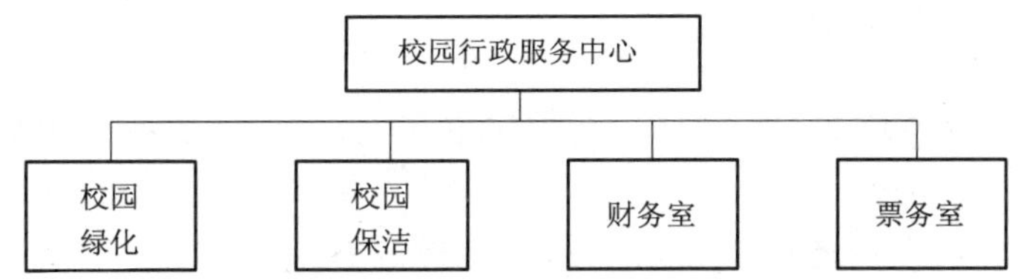

图 9.4.8　校园行政中心 2009 年机构设置图

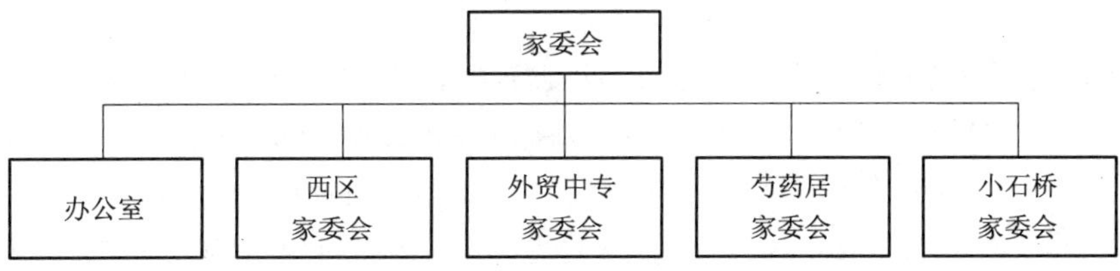

图 9.4.9　家委会 2009 年机构设置图

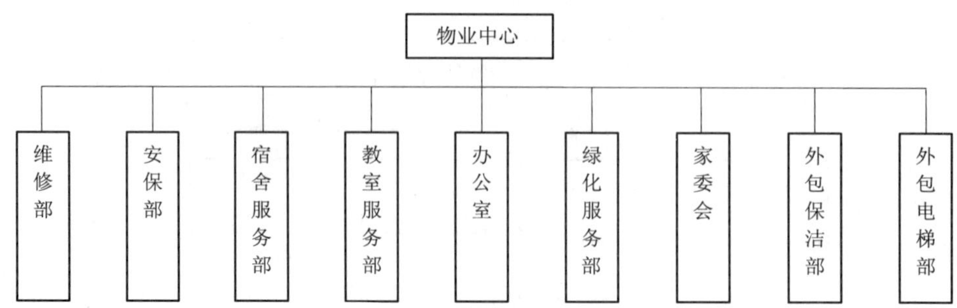

图 9.4.10　物业中心 2010 年机构设置图

（三）重点工作

2000—2010 年，学生宿舍的建筑面积由过去的 4 万多平方米、1 500 多间宿舍、住宿 8 000 多人，增加到 2010 年的 13 万多平方米、3 100 多间宿舍，住宿人数 12 000 多人。

2003 年“非典”期间，学生公寓管理服务中心为学校设立 6 个隔离区，采购 60 套卧具、2 132 支温度计，坚持每天完成 4 万多平方米的消毒任务；教学楼管理服务中心每天对公共区域及教室进行消毒，确保师生在校期间的安全；家委会按照北京市统一要求，将居民楼垃圾道全部封闭，确保居民卫生安全。

2004 年，学生公寓管理服务中心开始进行 ISO9000 质量管理体系认证工作，共完成 4 万多字的《质量手册》编写工作，其中制定和设计 57 种表格、修编公寓《规章制度》2 万多字，并把“规范公寓管理，求实创新，共创美好家园”定位为本中心的发展方向。同年，校园行政服务中心完成汇新楼周边、锅炉房周边、学生公寓周边、诚信楼北、图书馆北、博学楼北、求索楼、校医院、原幼儿园等处的绿化工程，种植乔木 40 余棵、花冠木 600 余棵、月季 2 300 棵，种植金叶女贞 6 000 棵，种草 11 527 平方米；完成校西门草坪“校名缩写金叶女贞组字”和看台五环造型；完成东门内道路改造后的绿化工程。

2005 年，校园行政服务中心新植草坪 6 000 平方米，改造草坪 4 000 平方米，新植绿篱 1 200 延米，新种月季 700 余株，新种树木 50 余棵，新植各类植物种球近 100 个，新植大型女贞造型 3 个。

2006 年，校园行政服务中心完成求索楼北侧新建绿化、校东门墙内绿化，校东门校标造型、出版社南路口书本造型、食堂东三环造型，计算机中心、视听中心北草坪改造，国际学院北侧、锅炉房东侧草坪栽种工程。共栽种各种苗木 15 638 棵，栽种草坪 4 250 平方米。

2007 年，校园行政服务中心完成汇新楼与虹远楼之间大草坪、诚信楼南大草坪、汇新楼停车场、虹远楼周边等地绿化工程。种植乔木 100 余棵、花冠木 600 余棵、月季 5 000 余棵、黄杨 3 000 余棵，种植金叶女贞 1 000 棵，栽种草坪 18 000 平方米。

2008 年奥运期间，学生公寓管理服务中心根据北京市高校奥运驻地要求以及学校的指示，积极落实学校“奥运多维综合防控体系”和“平安奥运”系列工作，确保了学生公寓、奥运驻地安全和住宿服务质量，圆满完成奥运中心区团队、奥运司机以及残奥会志愿者住宿接待服务工作。教学楼管理服务中心根据学校要求对教学楼、行政楼采取严格的封楼管理，对进出人员实行严格查证、登记制度，未发生任何事件，也未与师生发生任何争议，确保了各楼安全。校园行政服务中心完成新图书馆周边、求索楼周边、汇智公寓、汇康公寓、汇美公寓、汇文公寓、体育场南侧、外贸中专南侧等绿化工程。共种植树木 9 棵，移植树木 10 棵，种植月季花 4 355 棵，铺草坪 8 441 平方米。家委会组建了一支 80 多人的志愿者队伍，积极配合社区、办事处和派出所加大治安防范力度，确保奥运期间的安全。

2009 年“甲型 H1N1 流感”防控期间，学生公寓管理服务中心加强了学生公寓人员进出和会客管理，大力宣传关于甲型 H1N1 流感有关知识，员工实行每日岗前晨检制度；同时启用学生公寓“甲型 H1N1 流感”医学观察隔离区，积极做好隔离学生的住宿服务工作；学生公寓各楼公共区域每日消毒、通风，垃圾及时清理出公寓，组织保洁人员清洗学生宿舍纱窗，并在虹远楼设点免费为住宿同学提供防流感草药汤。校园行政服务中心完成学校新南门绿化、新图书馆后期绿化、小石桥家属区及其他绿化工程。共种植树木 31 棵，移植树木 21 棵，种植月季花 500 棵、大叶黄杨 700 棵，移植月季花 1 000 棵，铺草坪 4 285 平方米。

2010 年，校园行政服务中心完成行政楼南侧、西侧、西门大草坪、新南门附近、学校东北围墙、宁远楼南墙下等多处绿化工程。共种植乔木 86 棵、花灌木及其他花卉等近万棵（株）。

截至 2010 年 12 月，学校校园总绿化面积为 99 064 平方米，栽植 81 个植物品种，各种乔木 1 584 棵，花冠木 2 550 棵，攀缘宿根花卉 294 141 株。

三、修缮中心

（一）基本职责

修缮中心负责学校动力供应和相应维修业务，包括水、电、暖气的供应及相应费用的收取与计量、参与基础设施大项维修和节约型校园建设等。

（二）机构沿革

1998 年 4 月，供暖中心成立，下设锅炉班、维修班、水化组及上煤组。

1999 年 12 月，维修服务中心成立，设有校内维修班、电工班、生活区维修班、库房。同月，成立水电节能管理中心，设有中心办公室、水电管理组、财务兼售电组，另下辖高压变电室和生活区供水泵房两个班组。中心组成人员有原来的维修科办公室部分成员和原节能办公室人员等。

2002 年，后勤服务集团成立，供暖中心、维修服务中心、水电节能中心变为各分公司。水电节能中心下设的高压变电室和生活区供水泵房两个班组划归维修分公司。

2003 年，后勤服务集团撤销，各分公司更名为服务中心。2002 年划归给维修分公司的生活区供水泵房又划归到水电节能中心，高压变电室仍归属维修服务中心。

2005 年，中水处理站成立，归属于维修服务中心。

2007 年，维修服务中心拆除库房，生活区维修划归物业中心，生活区维修班撤回学校。

2010 年 7 月，新的后勤服务集团成立后，原供暖服务中心、维修服务中心、水电节能中心整合为修缮中心。

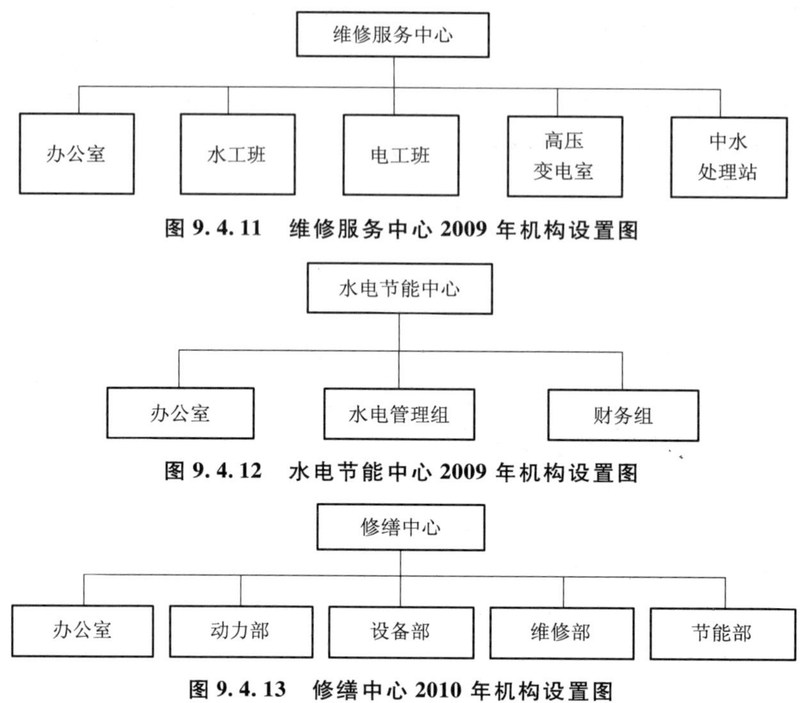

图 9.4.11　维修服务中心 2009 年机构设置图

图 9.4.12　水电节能中心 2009 年机构设置图

图 9.4.13　修缮中心 2010 年机构设置图

（三）重点工作

从 2000 年开始，水电节能中心全面负责学校的第一、二、三变电室的更新改造与生活区和芍药居供水泵房的全部设备改造工作。

2002 年，供暖服务中心配合改造单位进行除锅炉本体及燃气系统外的所有煤改气工作，自己动手制作冷凝水箱和软水箱，完成电子系统的安装和调试工作。

2003 年“非典”时期，维修服务中心为学校建“非典”隔离区；供暖服务中心组织人员自己动手安装浴水系统，每个浴水罐重达 3 吨左右，每罐蓄水 6 立方米；水电节能中心获得浴室 IC 卡洗浴系统 5 万元的技术改造补助款。

2004 年，维修服务中心参与学校、也是北京市高校第一座日产 1 000 吨的中水处理站建设工程，年底完工投入使用，2005 年正式运行；供暖服务中心完成“供暖水平衡”节能系统改造工程，并在 2005 年供暖中正式投入使用；水电节能中心获得中水站建设 80 万元的补助款。

从 2002 年开始，水电节能中心多次向学校和基建处提议建设中水处理设施和改造浴室的洗浴系统，在上级部门批准后，于 2003 年和 2005 年分别得到中水站建设 80 万元和浴室 IC 卡洗浴系统 5 万元的技改补助款；2006 年又向北京市水务局申领技术改造补助款 70 万元建造学校中水二期工程。这两项工程每年可为学校节水近 20 万立方米。

2002 - 2005 年，水电节能中心向北京市自来水公司和供电局提出水电费按居民价格比例收取的变革方案，经多次协商后获得批准，加大了学校水电费按居民价格的收取比例，每年可为学校节约水电费支出约 150 万元左右。

2006 年，供暖服务中心与外单位合作改造了冷暖余热回收锅炉的热管冷暖器（简称省煤器），为学校结余大量资金；同时该中心还对西校区开水房进行电加热开水的技术改造，即在原金融开水房二层加装两个容积为 8 吨的电水箱，由蒸汽改为电加热烧开水，取得了很好的节能效果。

2009 年维修服务中心对原雨水收集池进行深化技术改造，在雨水池中增加沉淀过滤，使雨水收集工作更加细化。

2009 年 10 月，维修服务中心配合基建部门，对所有学生公寓加装电开水器，实现“开水进宿舍”，切实解决了学生喝水的问题。

四、接待中心

（一）基本职责

接待中心负责各项接待、会务承办、票务、电话查询及车辆调度等工作。

（二）机构沿革

2000 年，原对外经济贸易大学与原中国金融学院合并后，交通科挂牌为交通运输服务中心，独立经营、自负盈亏，由学校拨经费改为运输服务收费制，车队人员 20 人，班车增加到 13 路。

2010 年 7 月，新的后勤服务集团成立后，原校园行政服务中心（票务与行李托运职能）、交通运输服务中心和通讯服务中心整合，成立接待中心。

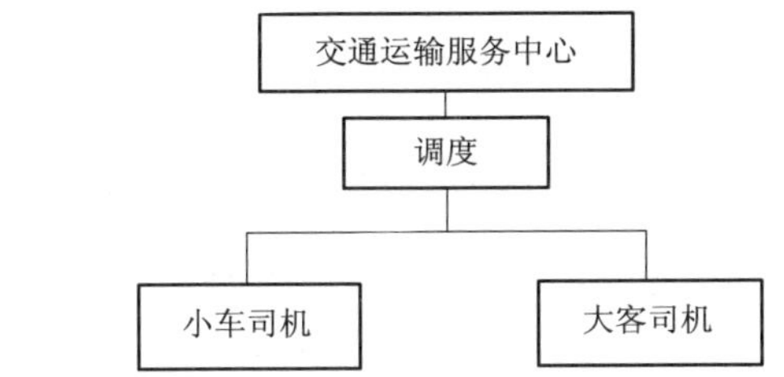

图 9.4.14　交通运输服务中心 2009 年机构设置图

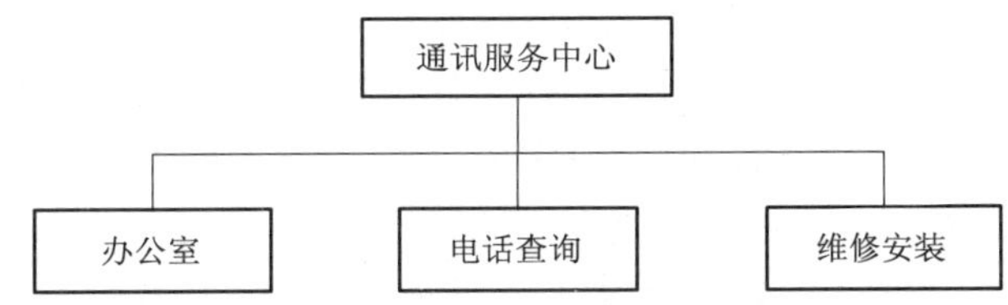

图 9.4.15　通讯服务中心 2009 年机构设置图

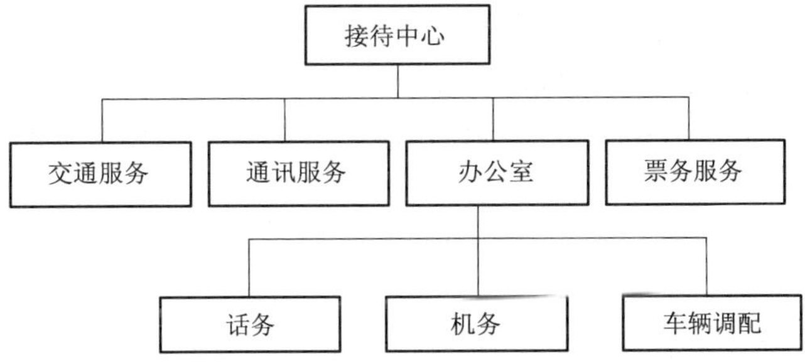

图 9.4.16　接待中心 2010 年机构设置图

表 9.4.5　　　　校班车一览表（截至 2008 年 9 月）

序号	线路名称	沿线各站
1	方庄班车	方庄—方庄路口—肿瘤医院—劲松—双井—白家庄—学校
2	经贸部班车	东便门—台基厂—东华门—宽街—安定门—学校
3	麦子店班车	麦子店—学校
4	西二环班车	国华商场—月坛—官园—西直门—学校
5	木樨地班车	木樨地—复兴门—阜成门—德胜门—小石桥—学校
6	二里沟班车	二里沟—首都体育馆—双安商场—北太平庄—学校
7	西三环班车	公主坟—花园村—北京外国语大学—双安商场—学校
8	六道口班车	万泉河—北京大学—六道口—健翔桥—学校
9	西三旗班车	西三旗—天通苑—学校
10	望京班车	望京—学校

（三）重点工作

2002 年，通讯服务中心为锅炉房铺设电话电缆、为青年公寓综合布线、进行西二楼通信电缆架设工程、改造出版社楼内电话线路、为继续教育学院东区宿舍电缆增容、改造原中国金融学院校区的网络、广播线路。同年，继续教育学院赞助交通运输服务中心沈飞大客车一部。

2003 年，学校账号变更后，通讯服务中心变更长途、市话划拨手续；铺设及改造体育中心电话线路、高职学院网络线路、求索楼 4 – 5 层配线线路；为东二楼配线电缆、诚信楼配线电缆、学生宿舍交接箱、交接间主干电缆增容；完成 6449 局线路的普查。同年，出版社赞助交通运输服务中心金龙大客车一部。

2004 年，通讯服务中心陆续完成清远楼一层保卫处办公室通讯、网络工程，华德公寓和继续教育学院办公室通讯、网络工程，计算机中心通讯、网络、电视工程，餐饮中心地下餐厅手机信号覆盖工程，铺设博学楼至华德公寓光纤。

2005 年，完成华德公寓东侧平房光纤网络工程、对宁远楼外线电缆进行施工；铺设虹远楼楼内电话通信线路，为宁远楼、虹远楼交接间设备进行安装，模块局增容 2 000 门，新增办公及宿舍电话 2 100 部。

2006 年学校本科评建过程中，交通运输服务中心负责每日接送评估专家，并制订多套应急堵车行车方案，24 小时为专家提供服务。通讯服务中心完成体育中心、行政楼电缆的更新改造，原外贸中专校区电话布线、电话交接间及电缆安装工作；关闭电话信息台 10 个，有效地控制了长途电话费、信息费的支出，并追缴各信息台乱收取的信息费；根据学校本科评建的整体部属与规划，配合学校办公室调整，完成学校整体电话移机工作，共计装移机 751 部。

2007 年，通讯服务中心完成高远楼通信电缆的更新和改造；与电话局签订《长途业务服务协议》，极大地降低了长途收费标准，减少长途话费支出；关闭电话信息台 6

个，有效地控制了信息费的不必要支出，并追回各信息台乱收取的信息费。

2008年奥运会期间，交通运输服务中心保障了奥运会志愿者的用车。通讯服务中心完成西南校区及新建图书信息中心通讯管道施工和新图书馆及西二楼的电缆线铺设及安装工作，并安装新图书馆内部集团交换机一台。9月22日，学校研究决定正式取消班车，改为发放交通补助。10月，交通运输服务中心与伊美依格国际服装（北京）有限公司签订外租班车协议。

2009年6月，交通运输服务中心与嘉安汽车驾驶学校签订建立培训及招生基地合作协议，方便师生报名学车。

2009年国庆60周年，交通运输服务中心为接送彩排和表演团队作出了积极贡献。同年，通讯服务中心完成新南门光缆线路改造8 000余米、拔除废旧电缆杆和求真楼通讯电缆增容工作。

2009年8月至2010年1月，学校国际商务汉语教学与资源开发基地赞助交通运输服务中心奥迪轿车两部、依维柯面包车一部、公务舱一部。

2010年，通讯服务中心完成科研楼工地通讯管道移改施工、科研楼工地弱电线路移改和求真楼四层线路及干线改造更换干线电缆工程。

在重大活动的医务保障中，交通运输服务中心为校医院专门改造了一台医疗救护车。

2005年以来，交通运输服务中心出车近万次，行驶几十万公里，安全行驶无事故，连续五年被评为安全工作先进单位。

五、校医院

（一）基本职责

校医院负责全校教职员工、学生、离退休人员的医疗保健卫生服务，负责公共卫生检疫防疫工作，发挥医疗、急救、健康教育、预防保健等定点医疗机构的各项职能。

对外经济贸易大学医院是北京市卫生局评定的一级综合医院（2004年首次通过北京市卫生局医院评审为合格一级医院），北京市劳动与社会保障局评定的北京市医保定点医疗机构，首都精神文明建设委员会评定的规范化服务达标单位。

（二）机构设置

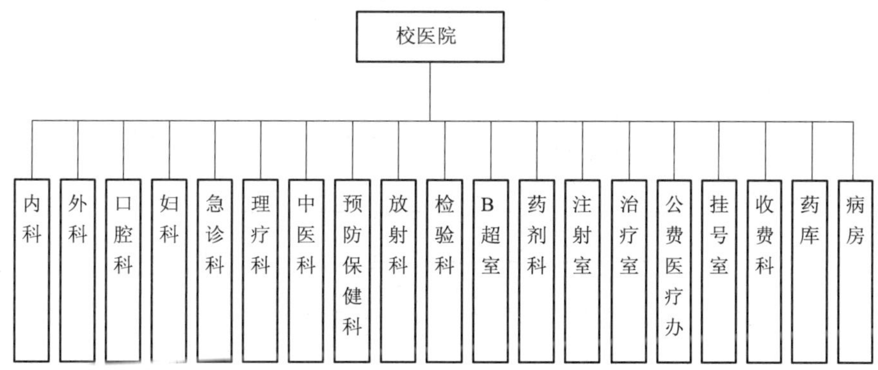

图9.4.17　校医院2010年机构设置图

（三）重点工作

2003 年“非典”期间，校医院开设发热门诊和隔离病房，医生、护士严格执行消毒隔离制度，接诊发热病人，为隔离区消毒。每日将学校的发病情况定时向朝阳区卫生局报告。同时，向全校师生发放预防“非典”的中草药。

2008 年奥运会期间，根据朝阳区卫生局的要求，校医院全面做好奥运志愿者的医疗保健工作。

2009 年“甲型 H1N1 流感”防控期间，校医院专设发热门诊和发热病房，并为全校师生发放预防甲流的中草药，有效地控制了发热病人。由于措施到位，全校未出现一例甲流病人。

2009 年国庆 60 周年，校医院每天派出医生和护士到现场为国庆方阵师生测量体温，做好医疗保健工作，保证了游行队伍的正常训练。

2010 年 5 月，校医院创新教职工体检模式，为教职工体检提供多种选择和人性化服务。9 月，为了解决离退休人员报销难问题，后勤管理处与相关部门研讨后，开始增设离退休老干部报销周。

六、商贸中心

（一）基本职责

商贸中心是后勤服务集团（后勤管理处）唯一的经济实体，是经工商管理局注册的法人单位，实行自主经营，独立核算。该中心统一负责全校所有商业网点的经营和业务管理，为师生员工提供日用百货、食品饮料等各种商品。商贸中心以服务师生为前提，力争为师生员工提供更好的商品服务。

（二）机构沿革

2002 年，商贸中心由后勤管理处移交给后勤服务集团管理。

2003 年，后勤服务集团撤销后，又回归到后勤管理处。

2009 年 4 月，学校撤销商贸中心。

2010 年 7 月，新的后勤服务集团成立，恢复商贸中心建制。

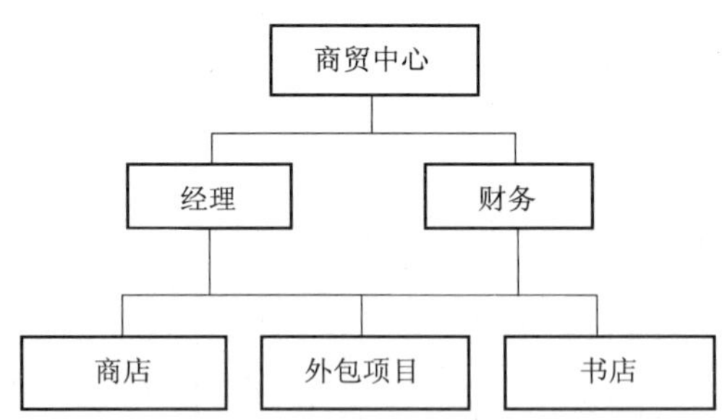

图 9.4.18　商贸中心 2008 年机构设置图

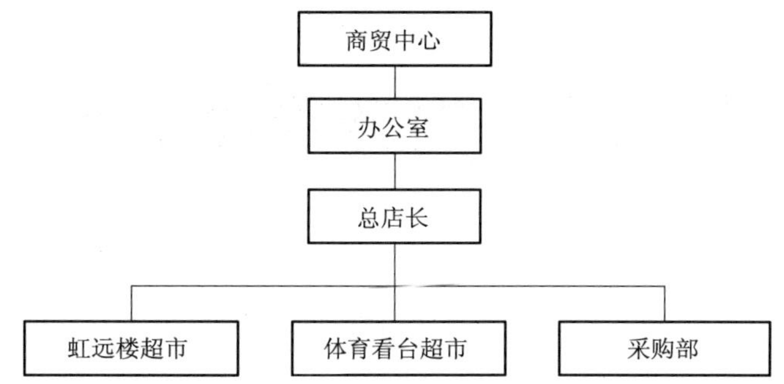

图 9.4.19　商贸中心 2010 年机构设置图

（三）主要工作

商贸中心除为师生提供各种日常商品服务外，还为新生入学、学生军训和学校的各种大型活动提供各种专项服务。

建立商品供应链，为师生学习、生活提供一条龙服务。

定期征询师生需求，提供针对性服务。

加强员工业务培训，不断提高员工的业务水平和服务水平。

把为师生服务和维护学校的安全稳定作为工作的基本出发点。

加强规范化管理，与工商、税务等部门建立良好的业务关系。

第五章　财务管理工作

第一节　概　　述

一、历史沿革

两校合并后，新的对外经济贸易大学财政（财务）关系隶属教育部，原对外经济贸易大学、原中国金融学院与原主管部门对外贸易经济合作部、中国人民银行的财政（财务）关系终止。学校2000年度财政（财务）预算编报与批复以及上半年的财务预算执行管理，分别由原两校的上级主管部门对外贸易经济合作部、中国人民银行负责；学校2000年度财政（财务）决算编报与批复以及下半年的财务预算执行管理，由教育部为主负责，原两校的上级主管部门辅助协同。学校2000年度财务决算编报，依据上级主管部门的有关要求，由原对外经济贸易大学、原中国金融学院分别单独编报各自的财务决算报表，新的对外经济贸易大学在原两校各自编报决算报表基础上，汇总编报2000年度财务决算（合并）报表。

2001年1月1日，原两校财务处合署办公，新的对外经济贸易大学财务预算与会计核算体系开始正式运行。原两校财务预算与会计核算体系，在圆满完成账务清理与结转后结束运行。原两校财务于正式合并时点（2000年12月31日）的财务状况见：原对外经济贸易大学2000年12月31日资产负债表（表9.5.1）、原中国金融学院2000年12月31日资产负债表（表9.5.2）；2000年12月31日（两校合并）资产负债表（表9.5.3）。原两校财务体系结束运行后，依规定程序陆续完成了注销事业法人税务登记等撤销原两校建制的相关手续。同时，对原两校的银行账户进行调整合并、清理注销，以及合并重组其他财务相关事项。

2001年3月，新的对外经济贸易大学财务处正式组建。财务处设处长1人，副处长2人，内设5个科级机构：预算管理科、财会科、收费管理科、人员经费管理科和处办公室。随着财务处的业务发展变化与管理思路的调整变化，财务处内设科级机构相应作了调整：2002年，撤销人员经费管理科，其业务并入预算管理科；收费管理科新增校园E卡通管理业务，名称调整为收费及E卡通管理科。2003年10月增设招投标办公室。2005年9月，收费及E卡通管理科业务拆分，分设为收费管理科、E卡通管理科。2008年9月，恢复设置人员经费管理科。截至2009年末，财务处内设7个科级机构，包括预算管理科、财会科、收费管理科、人员经费管理科、E卡通管理科，招投标办公室和处办公室。

表 9.5.1　原对外经济贸易大学 2000 年 12 月 31 日资产负债表　单位：元

行次	项　目	金　额	行次	项　目	金　额
1	一、资产类		21	二、负债类	
2	现金	78 967. 42	22	借入款项	6 000 000. 00
3	银行存款	146 464 611. 77	23	应付票据	
4	应收票据		24	应付及暂存款	4 369 285. 45
5	应收及暂存款	9 190 908. 81	25	应存财政专户	2 570 832. 02
6	借出款	1 900 000. 00	26	应交税金	284 855. 63
7	材料	100 340. 79	27	其他应交款	
	对校办产业投资	25 485 743. 83	28	代管款项	9 792 058. 36
8	其他对外投资	1 472 000. 00	29	负债合计	23 017 031. 46
9	固定资产	134 014 731. 29	30	三、净资产	
10	无形资产	0. 00	31	事业基金	89 212 188. 09
11	资产类合计	318 707 303. 91	32	其中：一般基金	53 254 444. 26
12	五、支出类（略）		33	投资基金	35 957 743. 83
13			34	固定基金	134 014 731. 29
14			35	专用基金	58 362 674. 21
15			36	净资产合计	281 589 593. 59
16			37	四、收入类（略）	
17			38		
18			39		
19			40		
20	总计	318 707 303. 91		总计	318 707 303. 91
备注	在职教职工 1 197 人，离退休教职工 454 人。				

表 9.5.2　原中国金融学院 2000 年 12 月 31 日资产负债表　单位：元

行次	项　目	金　额	行次	项　目	金　额
1	一、资产类		21	二、负债类	
2	现金	176 575. 10	22	借入款项	9 000 000. 00
3	银行存款	27 063 403. 91	23	应付票据	
4	应收票据		24	应付及暂存款	776 714. 75
5	应收及暂存款	3 380 492. 38	25	应存财政专户	
6	借出款		26	应交税金	159 203. 47
7	材料	127 762. 31	27	其他应交款	
	对校办产业投资	7 200 000. 00	28	代管款项	671 974. 84
8	其他对外投资	16 144 424. 00	29	负责合计	10 607 893. 06
9	固定资产	123 164 494. 19	30	三、净资产	
10	无形资产	9 966 000. 00	31	事业基金	30 287 928. 25
11	资产类合计	187 223 151. 89	32	其中：一般基金	15 943 504. 25
12	五、支出类（略）		33	投资基金	14 344 424. 00
13			34	固定基金	123 164 494. 19
14			35	专用基金	23 162 836. 39
15			36	净资产合计	176 615 258. 83
16			37	四、收入类（略）	
17			38		
18			39		
19			40		
20	总计	187 223 151. 89		总计	187 223 151. 89
备注	1. 在职教职工 383 人，离退休教职工 85 人。 2. 借入款 900 万元为华博财务公司提供的委托投资基金。 3. 净资产不包括仍在基建财务账户，待结转学院财务账户的已交付使用固定资产 4 049. 9 万元（包括西三旗、六道口教职工宿舍 211. 2 万元，望京花园教职工宿舍 3 523. 4 万元，热交换站 315. 5 万元），青年教师住房专项资金 150 万元，计 4 199. 9 万元。				

表 9.5.3　对外经济贸易大学（两校合并）2000 年 12 月 31 日资产负债表　单位：元

行次	项　目	金　额	行次	项　目	金　额
1	一、资产类		21	二、负债类	
2	现金	255 542. 52	22	借入款项	15 000 000. 00
3	银行存款	173 528 015. 68	23	应付票据	
4	应收票据		24	应付及暂存款	5 146 000. 20
5	应收及暂存款	12 571 401. 19	25	应存财政专户	2 570 832. 02
6	借出款	1 900 000. 00	26	应交税金	444 059. 10
7	材料	228 103. 10	27	其他应交款	
	对校办产业投资	32 685 743. 83	28	代管款项	10 464 033. 20
8	其他对外投资	17 616 424. 00	29	负债合计	33 624 924. 52
9	固定资产	257 179 225. 48	30	三、净资产	
10	无形资产	9 966 000. 00	31	事业基金	119 500 116. 34
11	资产类合计	505 930 455. 80	32	其中：一般基金	69 197 948. 51
12	五、支出类（略）		33	投资基金	50 302 167. 83
13			34	固定基金	257 179 225. 48
14			35	专用基金	81 525 510. 60
15			36	其他净资产	141 100 678. 86
16			37	净资产合计	472 305 531. 2
17			38	四、收入类（略）	
18			39		
19			40		
20	总计	505 930 455. 80	41	总计	505 930 455. 80
备注	在职教职工 1 580 人，离退休教职工 539 人。				

二、财务管理体制与机制

对外经济贸易大学作为教育部直属高等学校，属于国家财政全额拨款事业单位，具有独立事业法人地位。

学校财务与会计管理，依据《中华人民共和国会计法》、《会计基础工作规范》、《事业单位财务规则》、《事业单位会计制度》、《高等学校财务制度》和《高等学校会计制度》等法规、制度或规定。

学校实行“统一领导、分级管理”的财务管理体制，财务工作实行校长（法人）负责制，设立学校财务处及内设科室；校内各学院和部门财务工作实行院长或部门首长负责制，校内各学院和部门原则上不设专门财务机构，可设专职或兼职财务会计人员。

学校实行“财务收支统一核算，财务资金集中调配”的会计核算与资金管理机制，学校财务处设置统一规范的会计核算体系，学院和部门可以在学校统一规范的会计核算体系下，根据实际管理需要设置明细辅助账或备查账。

学校财务支出审批，由学校、学院和部门财务负责人（或项目负责人）执行“一支笔”审核签批制度。特殊情况，依规定程序经核准后，允许作授权审核签批（必须书面授权，并到财务处报备）的特殊处理。

三、预算管理机制与分配模式

学校预算管理，依据《中华人民共和国预算法》、《中央部门预算管理工作规程》、《中央本级基本支出预算管理办法》、《中央本级项目支出预算管理办法》、《高等学校财务制度》和“财务收支两条线”等法规、制度或规定。

学校各项教育事业收入与支出，全部纳入学校财务预算管理，收取的学杂费定期全部上缴财政专户，由教育部定期汇总集中上缴财政部，随后全额返拨学校。国家财政预算拨付学校的教育事业经费，实行“国库集中支付”，包括“直接支付”和“授权支付”。

学校年度财务预算由收入预算与支出预算组成。学校年度财务预算包括基本支出预算和项目支出预算两部分内容。学校财务预算按照预算管理工作规程，经过学校、教育部、财政部的“二上”与“二下”申报与审核程序后，由教育部正式向学校行文批复，学校依据教育部批复，组织实施预算执行。

学校财务预算分配模式，经近几年的持续探索与改革，逐步形成“财权与事权相结合”，“效率与公平相兼顾”的预算分配原则与政策；学校的一次（一级）分配与业务主管部门的二次（二级）分配相结合，“基数法”与“零基法”相结合的预算分配模式。

学校一次分配，对各学院和教务处、研究生部等单位，实行“零基法”，执行“参数与定额标准加专项经费”的分配模式；对教辅单位和党政部门等，实行“基数法”，执行“基数与变动因素加专项经费”的分配模式。

业务主管部门二次分配，以适应加强业务管理需要为前提，学校将业务经费预算支出额度下达给有关业务主管部门归口管理，由其根据有关学院承担的业务工作状况，或下达预算支出额度，或直接核销列支，实现学校财务预算的再分配。

预算管理与分配机制改革，促进了预算管理效能的提高，实现了财务政策与标准的有效应用，提高了财务预算分配过程的简化、规范与透明，提高了工作效率，更为有效地实现了财权与事权的结合，促进了学校各项事业的发展。

四、财务与会计管理工作信息化

学校应用现代信息技术于会计核算与会计报表，起步于原中国金融学院 1996 年初引进应用“上财”会计核算系统和原对外经济贸易大学 1998 年初引进应用“天财”会计核算系统。

财务处充分认知财务会计工作将逐步实现信息化、自动化、网络化的发展趋势，深刻认识这一发展趋势对于持续提升财务工作效率、质量，服务和管理水平，以及提高财务信息的公开透明度，及有关方获得财务信息的便捷性与时效性均具有重大意义，本着“积极有序、方便适用、持续渐进”的原则，积极推进。

2001 年初，原两校财务与会计信息系统整合重组过程中，确定以“天财”软件系列为主，逐步扩大财务会计业务应用范围，加强与软件开发商合作力度，采用其最新研发成果或升级版本，跟踪和及时反馈实际应用效果，持续提出改进意见和新的应用需求，不断提升信息化实际应用程度与水平。

经过近十年的持续推进，财务处的各项财务与会计业务已基本实现了信息化、自动化、网络化处理，例如：教职工和学生经过授权和认证许可，可以随时随地上网查询与自身有关的各类财务信息；财务处当天业务结束后的实时数据，于晚间 24 时后即可上网查询，并可下载或打印。

五、校园“E 卡通”系统

学校与中国建设银行北京分行合作建设应用校园“E 卡通”系统始于 2002 年 9 月，在教育部与中国建设银行“推进校园信息化建设长沙会议”推动下，学校（建设应用方）、银行（投资与业务合作方）、湖南开远信息技术有限公司（系统集成商）三方签订协议并联合组织实施，是中国这一领域的先行探索者之一。

2003 年 4 月 18 日，校园“E 卡通”系统初步建成，制发出第一批“E 卡通”试用卡，并进行系统试运行。但因受“非典”传染病流行影响，“E 卡通”系统的全面建成与正式投入运行，则延至 2003 年 9 月新学年开始。随着学校新的服务功能需求（主要是洗浴室和开水房、学生体能测试等需求）的提出，以及新优信息技术与设备的出现，2005 年 9 月对“E 卡通”系统进行全面升级改造，2009 年对圈存机进行更新换代。

学校“E 卡通”系统主要的服务与管理功能包括：

（一）经济交易支付与清算

1. 校园内的用餐、购物、就医、洗浴、洗衣、超限用电与取用开水、档案服务费和考试费、上机上网与文娱和体育等消费的支付与清算。

2. 有关资金收付或划转的自助圈存、自助缴费和领取补助等的支付与清算。

（二）公共事务管理与服务

1. 学校人员身份识别认证（卡内标识与卡面标识）。

2. 图书借阅管理（图书馆馆藏图书借出与归还过程，以借阅人自助自主式完成，极大地减轻了图书管理人员工作量并方便了借阅者）。

3. 门禁管理（学生宿舍楼、图书馆楼、办公楼）。

4. 浴室管理（全程自动化，实现高效率与大量节约人力和水电气资源）。

5. 机房管理、会议签到管理、学生体能测试管理等。

同时，为制作 E 卡而采集的照片等资料实现资源共享，可以用于办理居民身份证、学校工作证以及学生英语四、六级考试等各种考试，实现了“一次采集，多方应用”。

学校“E 卡通”系统的建成和应用，极大地方便了广大师生的学习、工作和生活，有效地规范与维护了学校内部的经济交易行为与经济秩序，提高了工作质量、服务水平和管理效率，增强了学校的经济效益与社会效益，实际应用效果非常好。

六、现代金融综合服务保障

学校与多家金融机构有良好的互利合作，除保障学校获得通常的金融服务外，这些机构更为学校提供了特殊定制的专项金融服务：

1. 学校与建行合作发行“E 卡通”配套的龙卡储蓄卡和银校联名龙卡信用卡，除获其免收办卡工本费等费用优惠及获该银行卡的基准服务外，更以“E 卡通”配套的储蓄卡，通过授权银行作学杂费扣缴和工资津贴、奖助学金支付等批量代收与代付，以及教职工个人可通过校内的建行 ATM 机查询其住房公积金等专项服务。

2. 财务处柜台结算资金收付，应用建行 pos 机转账，应收付款项实时清算。

3. 学校与中国银联、北京银行和北京经华智业公司合作，以“银联支付结算平台”为重要关键“联结点”，集成“招生报名、学费收缴、注册入学、教学考试和学籍管理”等业务一体化管理系统，先行在远程教育学院应用，随后逐步扩大应用范围。

4. 校内设置了建设银行、工商银行、交通银行、北京银行的自助设备设施 6 处，可以提供 24 小时存、取款等金融服务，特别是建设银行为学校“E 卡通”系统提供重点配套服务，除在校园内部署两处自助银行设施外，还专门在学校西门口设立了建行惠新支行。

七、基础财力与发展基础

2000 年至 2009 年期间，学校财务事业发展态势良好，收入增长超过支出增长，资产和净资产数量持续增加，质量与结构持续优化，基础财力不断夯实。截至 2009 年末，学校资产 21.39 亿元，比 2000 年的 5.06 亿元，增加 16.33 亿元，增长 322.73%；负债 2.23 亿元（其中银行贷款 1.01 亿元），比 2000 年 0.34 亿元，增加了 1.89 亿元，增长 555.88%；净资产 19.16 亿元，比 2000 年的 4.72 亿元，增加 14.44 亿元，增长 305.93%。

学校基础财力中最为关键的是事业基金与货币资金的拥有量状况。截至 2009 年末，学校事业基金 6.12 亿元，与净资产的占比为 31.94%，较 2000 年末增加 4.63 亿元，增长 310.74%；货币资金（资产）总额为 7.47 亿元（扣除未还银行贷款 1.01 亿元后余额仍达 6.46 亿元），与总资产和净资产的占比，分别为 34.92% 和 38.98%，较 2000 年末增加 5.73 亿元，增长 329.31%。

目前，学校预备财力较为充实，拥有较为充裕的、高流动性的货币资金，具备了较强的实际支付能力和抵御财务风险能力。

2000 年至 2009 年期间，学校各年度期末财务基础状况，见表 9.5.4

表 9.5.4　　2000－2009 年学校期末财务基本状况表　　单位：亿元

项　　目	2000 年	2001 年	2002 年	2003 年	2004 年	2005 年	2006 年	2007 年	2008 年	2009 年	2000－2009 年合计	2000－2009 年年均	年均增长率
年末资产合计	5.06	7.29	10.14	10.73	12.17	13.85	14.47	15.47	18.85	21.39	129.42	12.942	155.77%
其中：银行存款及现金	1.74	2.25	2.79	3.94	4.59	4.04	3.94	5.12	6.18	7.47	42.06	4.206	141.72%
对校办产业投资	0.33	0.38	0.39	0.39	0.39	0.33	0.26	0.26	0.26	0.26	3.25	0.33	－1.52%
其他对外投资	0.18	0.28	0.29	0.19	0.20	0.19	0.15	0.15	0.15	0.15	1.93	0.193	7.22%
固定资产	2.57	4.18	5.72	5.17	5.27	5.58	6.6	6.79	10.27	11.55	63.70	6.37	147.86%
年末负债合计	0.34	0.54	0.67	0.75	1.85	2.54	2.41	2.21	2.89	2.23	16.43	1.643	383.24%
其中：借入款项（银行贷款）	0.00	0.00	0.00	0.00	0.80	1.51	1.71	1.39	1.07	1.01	7.49	0.749	—
应付及暂存款	0.20	0.29	0.41	0.53	0.54	0.37	0.19	0.31	0.41	0.50	3.75	0.375	87.50%
年末净资产合计	4.72	6.75	9.48	9.98	10.33	11.31	12.06	13.26	15.96	19.16	113.01	11.301	139.43%
其中：事业基金一般基金	0.69	0.75	1.80	2.71	3.20	3.77	3.53	4.22	4.09	5.81	30.57	3.057	343.04%
事业基金投资基金	0.50	0.57	0.68	0.50	0.50	0.43	0.31	0.31	0.31	0.31	4.42	0.442	－11.60%
固定基金	2.57	4.18	5.72	5.17	5.27	5.58	6.6	6.79	10.27	11.55	63.70	6.37	147.86%
专用基金	0.82	1.13	1.22	1.40	1.17	1.19	1.22	1.53	0.65	1.10	11.43	1.143	39.39%

第二节　财务管理规章制度

财务管理规章制度是实施财务管理工作的重要基础。财务处高度重视财务管理规章制度建设，依据国家和上级有关主管部门下发的法规制度要求以及学校实际管理工作需要，研究制定财务管理规章、制度、办法，并适时归集成册，方便学习和贯彻执行。同时，关注财务管理规章、制度、办法的实际执行落实状况，并注意适应客观形势与环境发展变化情况，适时对财务管理规章、制度、办法进行清理，及时作增订、修订或注销，保证其适用性和时效性，逐渐健全与完善财务管理规章制度体系。

2000－2009 年，财务处制定修订的、现仍在执行的财务管理规章、制度、办法等共计 36 项（见表 9.5.5），其中：财务综合管理类制度 17 项（1－17），会计核算类制度 9 项（18－26），收费管理类制度 10 项（27－36）。伴随着财务管理规章制度体系的逐步健全与完善，学校财务管理工作的制度基础不断夯实，有效地规范了各种经济行为和财务管理行为，财务管理水平不断提升。

表 9.5.5　　2000－2009 年制度修订财务管理规章制度

序号	文件名称	发文号
1	《对外经济贸易大学经济责任制》	外经贸学财字（2001）52 号
2	《对外经济贸易大学教职工子女统筹医疗费及其他子女补贴费的暂行规定》	外经贸学财字（2001）58 号
3	《创收分成比例调整方案》	外经贸学财字（2002）096 号
4	关于印发《对外经济贸易大学内部机构标准代码》的通知	外经贸学财字（2003）33 号
5	《后勤服务经营中心会计制度》	外经贸学财字（2003）37 号
6	《人员经费开支项目和标准通知》	
7	《关于成立学校招投标办公室的决定》	外经贸学财字（2003）103 号
8	《对外经济贸易大学招投标管理暂行办法》	外经贸学财字（2003）184 号
9	《招投标管理暂行办法附则》	外经贸学财字（2004）57 号
10	《“创收分成比例调整方案”补充规定》	外经贸学财字（2004）146 号
11	《对外经济贸易大学龙卡基金管理办法》（试行）	外经贸学财字［2007］007 号
12	《对外经济贸易大学校园 e 卡通章程》	外经贸学财字［2006］059 号
13	《科研经费财务管理试行办法》	外经贸学财字（2005）060 号
14	《对外经济贸易大学学生“电子注册“管理规定》（暂行）	外经贸学财字［2006］068 号
15	《对外经济贸易大学来华留学生教育学费分成规定》	外经贸学财字［2006］094 号

续表

序号	文件名称	发文号
16	《对外经济贸易大学招投标管理暂行办法》	外经贸学财字［2008］187号
17	《对外经济贸易大学校园e卡通章程》（于2006年6月制定，2008年8月修订）	外经贸学财字［2008］118号
18	《对外经济贸易大学人才安居基金管理暂行办法》	外经贸学财字［2008］193号
19	《对外经贸大学固定资产——房屋建筑报增、报减的执行办法》（暂行）	外经贸学财字（2000）082号
20	《关于外聘教师、临时工作人员经费发放形式的通知》	
21	《如何使用经常性外汇账户》	
22	《对外经济贸易大学研究生教学项目经费报销的若干规定》（试行）	
23	《对外经济贸易大学材料出入库管理规定》	外经贸学财字（2003）158号
24	《关于学生代购教材费的规定》	外经贸学财字（2003）160号
25	关于执行《中央国家机关和事业单位差旅费管理办法》的通知	外经贸学财字［2007］068号
26	《关于银行汇入款和领用与收受银行支票管理规定》	外经贸学财字［2007］111号
27	《对外经济贸易大学外汇使用管理办法》（试行）	外经贸学财字［2007］171号
28	《关于严格执行立项收费的规定》	
29	《关于学生休学、退学等学费管理办法》	外经贸学财字（2002）001号
30	《关于在校学生出国实习、留学期间学杂费交费的规定》	外经贸学财字（2002）171号
31	《对外经济贸易大学票据管理及使用规定》	外经贸学财字（2002）001号
32	《对外经济贸易大学收费项目及标准》	
33	《关于各种办班减免学费的规定》	外经贸学财字（2004）144号
34	《关于再次重申校内收费的管理规定》	外经贸学财字（2005）058
35	《关于校内住宿费收费管理规定》	外经贸学财字［2008］045号
36	《关于进一步规范收费及票据使用管理的通知》	外经贸学财字［2008］152号

第三节 经费来源与使用

一、财务收入及构成

学校属于国家财政全额拨款事业单位。随着中国市场经济体制改革和教育管理体制与投入体制改革的深化发展，在保持国家财政全额拨款事业单位基本属性的同时，学校办学经费来源逐步发展为以国家财政投入为主，学校多渠道筹集办学资金的多元化的经费投入保障体制。我校经费来源主要包括：财政教育经费拨款、财政其他事项拨款、教育事业收入、科研事业收入、经营收入、其他收入（投资收益、捐赠收入、利息收入等）。

学校拥有充裕的办学经费与稳定可持续的现金流，是学校实现事业持续发展的重要的基础性保障之一。根据学校办学经费投入保障体制的发展变化，学校积极争取财政主渠道增加教育经费拨款，高度重视开展多渠道筹集办学资金，努力培育财务创收新增长点，科学合理运用财务政策杆杠作用，把“收入”这块蛋糕做大。

2000 年至 2009 年期间，学校各年度财务收入总额逐年增加，由 2000 年度的 17 446.87 万元，增至 2009 年度的 67 561.55 万元。2009 年与 2000 年相比，增加值为 50 114.68 万元，增长率为 287.24%。2000 年至 2009 年期间，收入年增长率为 16.66%。

学校 2000 年至 2009 年期间，各年度财务收入及构成见表 9.5.6。

二、财务支出及结构

学校具有充足和结构合理的办学经费支出预算，是学校实现“保人员工资、保教学科研、保事业发展、保稳健运行”的重要基础。

学校坚持“以人为本、统筹兼顾，保证重点，协调发展与可持续”的基本原则，按照办学目标、发展战略与实施路径，依据学校编制的中长期事业发展规划与年度工作计划要点，认真编制财务预算方案，科学合理安排支出预算。

学校财务支出依功能划分为：教育支出、科学支出、经营支出和结转基建自筹。教育支出再细分为：教学支出、科研支出、业务辅助支出、行政管理支出、后勤支出、学生事务支出、离退休人员保障支出、其他支出。

学校重视支出预算的功能作用，随着事业发展状况与客观环境的变化，适时调整支出预算的保障重点，持续优化支出预算的结构比重。自 2007 年始，财务支出预算安排，保持总量增长与有保有压，逐步持续向民生领域倾斜，优先保障人员工资和各项津补贴、奖助学金、退休金等支出；重点保障教学科研、特别是学科建设支出；加大支持建设节约型校园支出；适度保障依规划实施的基本建设支出；合理保障日常运行与维持稳定支出，适度控制行政管理费用支出，适当兼顾其他方面的合理需求。

2000 年至 2009 年期间，学校各年度财务支出总额逐年增加，由 2000 年度的 43 811 万元，增至 2009 年度的 60 846.87 万元。2009 年与 2000 年相比，增加值为 17 035.87 万元，增长率为 38.89%。2000 年至 2009 年期间，支出的年均长率为 7.71%。

2000 年至 2009 年期间，学校各年度财务支出及构成见表 9.5.7。

2000 年至 2009 年期间，学校基本建设项目财务支出见表 9.5.8。

2000 年至 2009 年期间，学校建设节约型校园项目财务支出见表 9.5.9。

表 9.5.6　　**2000－2009 年学校总收入及其构成表**　　单位：万元

项　目	2000 年（基年）		2001 年		2002 年		2003 年		2004		2005 年	
	收入	结构	收入	结构	收入	结构	收入	结构	收入	结构	收入	结构
1. 财政拨款	6 559.04	37.59%	8 905.25	38.32%	9 329.43	30.82%	10 413.61	28.73%	12 457.72	32.13%	11 935.49	25.42%
中央教育经费拨款	5 612.50	32.17%	6 780.85	29.18%	7 391.43	24.42%	8 421.05	23.23%	9 893.57	25.51%	10 352.28	22.05%
其中：修购专项	300.00	1.72%	1 800.00	7.75%	2 000.00	6.61%	2 200.00	6.07%	1 500.00	3.87%	2 000.00	4.26%
科研经费拨款	50.75	0.29%	28.00	0.12%	15.20	0.05%	29.50	0.08%	0.00	0.00%	80.70	0.17%
中央其他经费拨款	358.93	2.06%	1 614.58	6.95%	1 453.74	4.80%	1 491.09	4.11%	1 872.84	4.83%	594.68	1.27%
地方财政拨款	419.72	2.41%	331.82	1.43%	469.06	1.55%	471.97	1.30%	688.31	1.78%	901.83	1.92%
上级补助收入	117.14	0.67%	150.00	0.65%	0.00	0.00%	0.00	0.00%	3.00	0.01%	6.00	0.01%
2. 自筹收入	10 887.83	62.41%	14 333.35	61.68%	20 940.39	69.18%	25 829.59	71.27%	26 319.70	67.87%	35 022.87	74.58%
教育事业收入	9 596.65	55.00%	12 676.42	54.55%	17 978.82	59.40%	24 134.00	66.59%	24 197.00	62.40%	32 323.00	68.83%
科研事业收入	42.48	0.24%	122.89	0.53%	179.98	0.59%	215.80	0.60%	277.93	0.72%	382.91	0.82%
附属单位缴款	29.55	0.17%	34.91	0.15%	301.69	1.00%	10.11	0.03%	0.00	0.00%	252.00	0.54%
经营收入	36.23	0.21%	176.64	0.76%	697.13	2.30%	200.53	0.55%	281.33	0.73%	502.24	1.07%
其他收入	1 182.92	6.78%	1 322.49	5.69%	1 782.77	5.89%	1 269.15	3.50%	1 563.44	4.03%	1 562.72	3.33%
收入合计	17 446.87	100.00%	23 238.60	100.00%	30 269.82	100.00%	36 243.20	100.00%	38 777.42	100.00%	46 958.36	100.00%

续表

项目	2006年		2007年		2008年		2009年		2000年－2009年合计			
	收入	结构	收入	结构	收入	结构	收入	结构	收入	年均	结构	年均增长率
1. 财政拨款	13 970. 44	25. 88%	17 944. 80	29. 32%	21 947. 83	32. 81%	21 157. 68	31. 32%	134 621. 29	13 462. 13	30. 42%	105. 25%
教育经费拨款	12 298. 94	22. 79%	14 298. 39	23. 36%	17 433. 41	26. 06%	17 941. 20	26. 56%	110 423. 62	11 042. 36	24. 95%	96. 75%
其中：修购专项	3 500. 00	6. 48%	3 000. 00	4. 90%	3 500. 00	5. 23%	3 000. 00	4. 44%	22 800. 00	2 280. 00	5. 15%	660. 00%
科研经费拨款	37. 00	0. 07%	39. 30	0. 06%	0. 00	0. 00%	0. 00	0. 00%	280. 45	28. 05	0. 06%	－44. 74%
中央其他经费拨款	526. 00	0. 97%	1 578. 31	2. 58%	2 390. 00	3. 57%	1 284. 24	1. 90%	13 164. 41	1 316. 44	2. 97%	266. 77%
地方财政拨款	1 103. 91	2. 05%	2 011. 45	3. 29%	2 112. 49	3. 16%	1 919. 74	2. 84%	10 430. 30	1 043. 03	2. 36%	148. 51%
上级补助收入	4. 59	0. 01%	17. 35	0. 03%	11. 93	0. 02%	12. 50	0. 02%	322. 51	32. 25	0. 07%	－72. 47%
2. 自筹收入	40 004. 17	74. 12%	43 267. 93	70. 68%	44 943. 24	67. 19%	46 403. 87	68. 68%	307 952. 94	30 795. 29	69. 58%	182. 84%
教育事业收入	36 613. 00	67. 83%	36 351. 00	59. 38%	40 281. 00	60. 22%	40 100. 00	59. 35%	274 250. 89	27 425. 09	61. 97%	185. 78%
科研事业收入	595. 32	1. 10%	803. 00	1. 31%	962. 66	1. 44%	961. 64	1. 42%	4 544. 61	454. 46	1. 03%	969. 82%
附属单位缴款	41. 23	0. 08%	0. 00	0. 00%	0. 00	0. 00%	0. 00	0. 00%	669. 49	66. 95	0. 15%	126. 56%
经营收入	418. 82	0. 78%	940. 45	1. 54%	943. 23	1. 41%	1 151. 47	1. 70%	5 348. 07	534. 81	1. 21%	1 376. 14%
其他收入	2 335. 80	4. 33%	5 173. 48	8. 45%	2 756. 35	4. 12%	4 190. 76	6. 20%	23 139. 88	2 313. 99	5. 23%	95. 62%
收入合计	53 974. 61	100. 00%	61 212. 73	100. 00%	66 891. 07	100%	67 561. 55	100%	442 574. 23	44 257. 42	100. 00%	16. 66%

表 9.5.7　　2000－2009 年度财务总支出及结构

单位：万元

项目	2000 年		2001 年		2002 年		2003 年		2004 年		2005 年	
	支出合计	结构	支出	结构	支出	结构	支出	结构	支出	结构	支出	结构
一、按用途分析												
教学支出	5 475.67	12.50%	8 335.29	35.65%	11 161.78	36.66%	14 102.62	44.55%	16 785.90	33.54%	21 566.76	42.34%
科研支出	85.38	0.19%	177.74	0.76%	555.04	1.82%	759.55	2.40%	897.33	1.79%	995.62	1.95%
业务辅助支出	1 008.16	2.30%	736.48	3.15%	1 095.91	3.60%	1 578.44	4.99%	1 639.00	3.28%	1 511.28	2.97%
行政管理支出	3 860.90	8.81%	2 636.11	11.28%	3 262.52	10.72%	2 716.82	8.58%	3 070.02	6.13%	2 760.44	5.42%
后勤支出	2 434.69	5.56%	4 986.23	21.33%	3 838.63	12.61%	2 917.50	9.22%	3 752.72	7.50%	4 513.02	8.86%
学生事务支出	1 148.25	2.62%	949.94	4.06%	1 451.29	4.77%	1 618.26	5.11%	2 067.25	4.13%	3 037.89	5.96%
离退休人员保障支出	1 176.55	2.69%	1 435.78	6.14%	1 972.03	6.48%	1 892.15	5.98%	2 289.24	4.57%	2 687.67	5.28%
其他支出	154.56	0.35%	71.90	0.31%	58.76	0.19%	240.83	0.76%	1 357.41	2.71%	1 840.43	3.61%
经营支出	6.16	0.01%	176.64	0.76%	697.13	2.29%	200.53	0.63%	281.33	0.56%	502.24	0.99%
对附属单位补助支出	13.68	0.03%	0.00	0.00%	65.68	0.22%	147.08	0.46%	0.00	0.00%	0	0.00%
结转自筹基建	1 244.00	2.84%	3 071.65	13.14%	3 804.17	12.49%	1 355.72	4.28%	4 134.78	8.26%	1 102.22	2.16%
基本建设支出	27 203.00	62.09%	800.00	3.42%	2 485.00	8.16%	4 125.00	13.03%	13 765.90	27.51%	10 424.87	20.46%
合计	43 811.00	100.00%	23 377.76	100.00%	30 447.94	100.00%	31 654.50	100.00%	50 041.88	100.00%	50 942.44	100.00%
二、按内容分析												
工资福利支出	6 350.43	14.50%	7 612.36	32.56%	6 121.41	20.10%	7 534.17	23.80%	7 590.12	15.17%	8 976.24	17.62%
对个人和家庭补助支出	2 217.05	5.06%	2 693.73	11.52%	4 833.93	15.88%	4 396.05	15.47%	6 311.96	12.61%	6 267.88	12.30%
公用支出	6 796.52	15.51%	9 200.02	39.35%	13 203.43	43.36%	13 743.56	43.42%	18 238.12	36.45%	24 171.23	47.45%
基本建设支出	28 447.00	64.93%	3 871.65	16.56%	6 289.17	20.66%	5 480.72	17.31%	17 901.68	35.77%	11 527.09	22.63%
合计	43 811.00	100.00%	23 377.76	100.00%	30 447.94	100.00%	31 554.50	100.00%	50 041.88	100.00%	50 942.44	100.00%

续表

项　目	2006 年		2007 年		2008 年		2009 年		2000 年－2009 年合计			
	支出	结构	支出	结构	支出	结构	支出	结构	支出	年均	结构	年均增长率
一、按用途分析												
教学支出	22 238.66	37.03%	23 620.62	44.67%	27 013.95	42.38%	27 240.68	44.77%	177 541.93	17 754.19	37.95%	224.24%
科研支出	1 241.75	2.07%	1 529.09	2.89%	1 874.45	2.94%	3 197.73	5.26%	11 313.68	1 131.37	2.42%	1 225.10%
业务辅助支出	2 169.86	3.61%	2 348.20	4.44%	2 919.37	4.58%	3 357.34	5.52%	18 364.04	1 836.40	3.93%	82.15%
行政管理支出	3 207.01	5.34%	3 701.67	7.00%	4 239.68	6.65%	4 313.93	7.09%	33 769.10	3 376.91	7.22%	－12.54%
后勤支出	5 745.89	9.57%	5 934.72	11.22%	5 827.98	9.14%	10 867.69	17.86%	50 819.07	5 081.91	10.86%	108.73%
学生事务支出	2 616.69	4.36%	2 587.99	4.89%	2 996.73	4.70%	3 547.36	5.83%	22 021.65	2 202.17	4.71%	91.78%
离退休人员保障支出	2 810.87	4.68%	3 467.41	6.56%	3 946.48	6.19%	4 350.31	7.15%	26 028.49	2 602.85	5.56%	121.23%
其他支出	9 217.42	15.35%	2 929.49	5.54%	2 378.56	3.73%	2 335.36	3.84%	20 584.72	2 058.47	4.40%	1 231.83%
经营支出	418.82	0.70%	940.45	1.78%	943.23	1.48%	1 151.47	1.89%	5 318.00	531.80	1.14%	8 533.12%
对附属单位补助支出	6.65	0.01%	0.00	0.00%	0.00	0.00%	0.00	0.00%	233.09	23.31	0.05%	70.39%
结转自筹基建	8 172.00	13.61%	3 200.00	6.05%	8 700.00	13.65%	0.00	0.00%	34 784.54	3 478.45	7.44%	179.62%
基本建设支出	2 215.00	3.69%	2 617.00	4.95%	2 898.00	4.55%	485.00	0.80%	67 019.77	6 701.98	14.33%	－75.36%
合计	60 060.62	100%	52 876.64	100%	63 738.43	100%	60 846.87	100%	467 798.08	46 779.81	100.00%	7.71%
二、按内容分析												
工资福利支出	10 842.53	18.05%	12 237.18	23.14%	13 459.10	21.12%	15 455.67	25.40%	96 179.21	9 617.92	20.56%	51.45%
对个人和家庭补助支出	6 121.77	10.19%	8 214.67	15.54%	12 081.86	18.96%	11 037.18	18.14%	64 676.08	6 467.61	13.83%	191.72%
公用支出	32 709.32	54.46%	26 607.79	50.32%	26 599.47	41.73%	33 869.02	55.66%	205 138.48	20 513.85	43.85%	201.83%
基本建设支出	10 387.00	17.29%	5 817.00	11.00%	11 598.00	18.20%	485.00	0.80%	101 804.31	10 180.43	21.76%	－64.21%
合计	60 060.62	100%	52 876.64	100%	63 738.43	100%	60 846.87	100%	467 798.08	46 779.81	100.00%	7.71%

表 9.5.8 **2000－2010 年财务基建项目支出表** 单位：万元

序号	项 目 名 称	建设周期	项目投资		建筑面积 m²		交付使用
			计划投资	决算金额	原计划	竣工	
1	学生食堂	1997－2000 年	3 250	3 513	9 894.2	9 894.2	2000 年
2	汇德公寓	1999－2000 年	1 341	1 396	8 139.6	8 139.6	2000 年
3	基础设施改造	2000 年	2 000	2 031			2000 年
4	经济适用住房（汇新楼）	1999－2001 年	3 730	3 596	17 500	17 500	2001 年
5	校园供暖锅炉煤改气	2000－2001 年	750	806			2001 年
6	篮球场田径场改造	2001 年	800	1 077	28 500	28 500	2001 年
7	教学楼（宁远楼）	2002－2006 年	8 65[illegible]	9 510	30 000	31 400	2006 年
8	大学生公寓（虹远楼）	2003－2006 年	23 364	23 875	93 858	93 858	2006 年
9	体育场看台	2003－2006 年	675	1 035	2 762	2 762	2006 年
10	北京外贸学校土地划转补偿	2005－2006 年	16 200	16 200	20 441	10 007.66	2006 年
11	图书信息中心	2005－2007 年	11 972		24 935.54	24 935.54	2009 年
12	IPV6 网络改造	2008－2009 年	250	250			2009 年
13	科研楼	2010－2012 年	10 898	10 898	22 470	22 470	在建
	合 计		80 631	70 674	248 606.14	239 572.8	

注：北京外贸学校土地划转补偿金 16 200 万元，使用面积 18 284.47 平米，其中：房屋建筑物 6 103 万元，面积 10 007.66 平方米，搬迁安置补偿款 10 097 万元。

表 9.5.9 **节约型校园项目财务支出表** 单位：万元

	项目名称	建设周期	预算	决算			交付使用
				财政拨款	学校配套	合计	
节电项目	水源热泵系统	2006－2007 年	1 156.25	925	124.75	1 049.75	2007 年
	电节能改造	2006－2009 年	280.00	224	0.00	224.00	2009 年
	太阳能浴室改造	2006－2008 年	377.50	302	26.55	328.55	2008 年
	校园配电室电平衡改造工程	2007－2009 年	392.50	314	4.33	318.33	2009 年
	太阳能浴室改造二期	2008－2009 年	175.00	140	0.00	140.00	2009 年
	太阳能浴室改造三期	2008－2009 年	287.50	230	0.00	214.10	2009 年
	第一配电室改造	2008－2009 年	547.50	438	0.00	438.00	在建
	更换节能变压器改造	2008－2009 年	303.75	243	0.00	243.00	在建
	配电室电节能改造	2009 年	475.00	380	0.00	355.92	在建
	更换节能灯具、加装智能电表等节电措施改造工程	2009 年	1 250.00	1 000	0.00	1 000.00	在建
	太阳能路灯照明系统改造	2009 年	175.00	140	19.67	159.67	在建
	小计		5 420.00	4 336	175.30	4 471.32	
	供暖系统安装温控调节阀及改造热交换站工程	2005 年	230.00	184	17.42	201.42	2005 年
	锅炉烟气余热利用及生活热水节能	2006－2008 年	162.50	130	2.95	132.95	2008 年
	诚信楼外墙保温节能改造工程	2009 年	487.50	390	929.85	1 319.85	2009 年
	小计		880.00	704	950.22	1 654.22	
节水项目	中水处理	2004 年	227.50	182	20.45	202.45	2004 年
	中水循环系统外管网安装工程	2005－2006 年	386.25	309	7.54	316.54	2006 年
	平改坡及雨水收集	2006－2007 年	596.25	477	44.51	521.51	2007 年
	中水三期安装膜处理装置	2008－2009 年	500.00	400	0.00	400.00	在建
	雨水收集利用工程	2009 年	108.75	87	0.00	52.00	在建
	小计		1 818.75	1 455	72.50	1 492.50	
总计			8 118.75	6 495	1 198.02	7 618.04	

第六章　监察审计工作

第一节　监 察 工 作

（内容见第七篇第一章第五节）。

第二节　审 计 工 作

一、机构沿革

原对外经济贸易大学的审计工作始于1984年。1984－1988年，审计工作归财务处下属的审计室负责。1989－1990年，审计工作归校纪委主管、财务处代管。1991年，根据外经贸部文件（外经贸人编字［90］第489号）批准，成立监察审计处。1993年起与纪委办公室合署办公，设3名专职审计人员。2001年，在原对外经济贸易大学与原中国金融学院合并成立新的对外经济贸易大学之后，学校整合两校监察审计机构和人员，成立新的纪检/监察审计处，进一步加强对审计工作的领导，设置主管审计工作副处长，配备2名专职审计人员。2006年7月，学校成立审计室，副处级独立建制。2007年4月，审计室升级为审计处。截至2010年12月，审计处编制3名，专职工作人员2人。

二、工作职责

高校内部审计工作是指学校内部审计机构和人员通过对学校与资源利用有关的业务活动及其内部控制的真实性、合法性和有效性进行独立审查、确认、评价、咨询的行为，旨在加强管理、防范风险、提高资金使用效益，促进学校事业目标的实现。其主要职责是对下列事项进行审计：

（一）财务收支及有关经济活动；

（二）预算执行和决算；

（三）预算内、预算外资金的管理和使用；

（四）专项教育资金的筹措、拨付、管理和使用；

（五）固定资产的管理和使用；

（六）建设、修缮工程项目；

（七）对外投资项目；

（八）内部控制制度的健全、有效及风险管理；

（九）经济管理和效益情况；

（十）有关领导人员的任期经济责任。

三、2000 - 2010 年审计工作情况

2000 年，完成对诚信楼的工程结算审计。

2001 年，按照教育部提出的“严格内部审计制度”的要求，进一步加强学校内审制度建设，修订完善《内部审计工作规定》、《基建、修缮工程审计暂行规定》、《领导干部经济责任审计暂行规定》等 3 项制度，并制定内审工作流程、审计人员职责、审计人员职业道德规范和工作纪律。审计部门委托社会中介机构完成对已竣工基建、修缮项目的结算审计 6 项，送审结算金额 1 588.02 万元，审计核减金额 98.88 万元，有效提高了建设资金的使用效益。配合两校财务并账和二级机构撤并工作，对原中国金融学院培训中心等 5 个二级财务账户进行了审计，涉及金额 1 518.25 万元。配合朝阳区检察院和校纪委对高晓栋一案的调查审理，对与本案有关的账簿、凭证、报表、单据等进行了核查、整理和清退，累计核查金额达 2.2 亿元，并对涉案的龙宇公司的账务和“小金库”问题进行清理、追查。

2002 年，学校按照“全面审计，突出重点”的原则，全面开展基建修缮工程审计，委托社会中介机构完成基建修缮工程结算审计 33 项，累计送审金额 9 619 万元，审减 581 万元，平均审减率 6.04%。这些项目包括基建处统一管理的工程项目，也包括各学院、各部门自行管理的装修、维修项目。通过审计，节约了建设资金，巩固了经济效益，同时也使资金管理规范化、制度化的观念和意识得到进一步认同和深化，对提高办学的规范性起到积极作用。完成处级干部经济责任审计 8 项、重点岗位（餐饮中心原经理、商贸中心原经理）离任审计 2 项。结合学校实际，委托会计师事务所对学校 1999 年 1 月至 2002 年 10 月 31 日财务收支状况进行审计，对四年来校财务在核算、管理、控制上取得的成绩给予评价，对存在的问题和需要改进的方面提出了建议。

2003 年，内部审计工作确定“紧跟形势，加强审计；适应改革，创新审计”的指导思想，明确了审计重点和要求，将财务监督和造价控制的关口前移，提出“各项基建修缮项目工程款的结算均以审计意见书为依据”，“新开工基建项目实行从招标、施工到结算的全过程造价跟踪审计”，并对新开工的教学楼工程和体育场看台工程试行跟踪审计，融入成本分析和控制，探索和积累了一些经验。当年共完成基建项目跟踪审计 2 项，审计金额 1 042 万余元；完成修缮工程结算审计 68 项，累计送审金额约 1 844 万元，审减 122 万元，审减率 6.6%；进行了 2002 年财务决算报表审计和餐饮中心 2002 年度财务收支审计。此外，还就印刷厂改制工作进行审计调研。

2004 - 2005 年，内部审计继续创新方式，加强研究，扩大覆盖面。两年共完成基建工程进度款跟踪审计 9 751.8 万余元；完成修缮改造工程结算审计 56 项，累计金额 3 127 万余元，审减 96.4 万余元。结合基建、修缮项目特征试行“线状”的全过程跟踪审计和“点状”的重点环节跟踪审计模式，坚持审计到位不越位，积极参加工程例会、勘察施工现场、审核招标文件和合同、考察材料和设备、审核工程进度款，在基建处、施工方、监理方之间沟通协调，提出管理建议，促进双赢。结合 2005 年中层干部换届，对全体正处级和主持工作的副处级干部的经济责任进行审计，对校办企业财务收

支及其经理人的任期经济责任进行审计。在银行存款审签中引入抽查原始凭证、审查原始凭证等操作程序。此外，还配合有关部门进行教育收费检查和科研经费管理问题调研等工作。

2004 年 4 月，教育部下发《教育系统内部审计工作规定》。明确今后教育审计工作的主要目标是将教育经济活动全部纳入审计范围，加大事前、事中审计力度及效益性审计力度。2005 年 11 月底，教育部召开中国教育审计制度建立 20 周年总结大会，学校内部审计十年回顾文章《正确把握定位，在探索中发展》，被收录在教育部财务司主编的《教育内部审计 20 周年回顾文集（2006 年版）》中。

2006 年 7 月，学校发文（外经贸学人字［2006］071 号）成立副处级独立建制的审计室，编制 3 名，学校内部审计工作进入新的发展阶段，内部审计在监督、管理、服务方面的职能作用更加突出。年内完成处级干部经济责任审计 3 项，完成学校 2005 年度会计报表审计、餐饮服务中心 2005 年度会计报表审计、卓越国际学院 2005 年度会计报表和 2006 年 1－8 月财务收支审计、中美学院第二期财务收支审计、“211 工程”资金专项审计等财务审计项目。并配合科研、财务部门实施科研项目结项审签工作。配合卓越国际学院工作小组，对该院 2002 年至 2006 年 8 月 31 日的财务收支和 2006 年 8 月 31 日资产状况实施专项审计调查。牵头制定《大项维修工程管理办法（暂行）》，推进修缮工程管理和结算手续规范化。完成行政楼等 46 项修缮改造工程和宁远楼、虹远楼 2 项基建工程的结算审计，累计审定资金 34 670.6 万余元，审减 545.7 万元，经济效益明显。其中，虹远楼工程因跟踪审计造价控制效果突出而受到教育部好评。在对行政楼等 9 项施工要求明确的修缮改造工程的审计中，首次探索实施了预算审核，其中部分工程按照预算审定金额结算。当年学校图书信息中心工程开工建设，审计室在总结宁远楼、虹远楼基建工程跟踪审计实践的基础上，通过招投标方式，委托专业造价咨询机构对该项目实施点线结合的跟踪审计。

2007 年 4 月，审计室升级为审计处，内部审计的地位和重要性更加突出，审计方式和审计目标更加明确，审计研究和制度建设有了新的突破。本年度，财务审计多管齐下，开展了学校 2006 年财务收支审计，并针对提出的问题和建议进行后续审计，强调以审促改，在防护性审计的基础上，更加突出审计的建设性；完善对科研经费管理和使用情况的审查制度，共审签科研项目结题经费 8 项，累计 27 万元；严格执行银行对账单财务、审计负责人“双签制”，每月审查基本户银行存款余额调节表，抽查记账凭证和原始凭证，追踪大额资金流动，督促未达账项及时入账，有效防范资金运作风险。工程审计采用三种模式：对图书信息中心大型基建工程采取跟踪审计模式，重点控制工程进度款、材料设备采购、合同造价、隐蔽工程和变更洽商等环节和过程；对立项手续完备、采用招投标、具备专业管理能力的修缮工程，采取结算审计模式，全年完成结算审计 38 项，累计审定金额 3 357.8 万元，审减 125.5 万元；对施工要求明确或建设单位无专业管理人员的修缮项目进行预算审核，全年审核工程预算 5 项，涉及金额 187 万元，审减 17 万元。经济责任审计关注内控制度的有效性，对原财务处处长等 5 名处级干部和华德公寓总经理进行了经济责任审计。审计监督则向经营性资产清产核资、采购与招投标过程、教育收费检查等领域拓展。效益审计实践和探索取得预期成效，关于学校教学实验室的建设及其使用效益的审计调查报告，受到校领导和相关部门的好评，并由此获得学校审计史上第一项科研课题立项——2007－2008 年中国教育审计学会科研课题立项，研究成果荣获三等奖。与审计业务的开展相适应，审计处修订完善了各项工作流程、审计人员岗位职责和职业道德规范；加强了对审计人员的后续教育，审计队伍的专业技能有所提高，1 名审计人员获得中级审计师专业技术职务，审计中首次尝试计算机辅助审计。

2008－2009 年，内部审计遵循“和谐审计、服务审计、互动审计”的理念深入开展，审计重点向风险控制、管理审计转变，注重提升审计质量。2008 年，学校修订《内部审计规定》，制定《建设工程项目跟踪审计实施办法》和《预算执行与决算审计实施办法》，进一步规范内审工作。两年共完成上年度校级预算执行与决算审计 2 项，并对问题整改情况进行后续审计；审签结项科研项目 21 项，累计 150 万元；跟踪审计图书信息中心收尾工程并积极协调和督促工程竣工结算，实时跟踪 32 个专项资金（其中工程类 22 项）的管理和使用过程，完成修缮工程结算审计 63 项，累计送审金额 4 102 万余元，审减 206 万余元；完成 13 名处级干部和 12 名后勤实体中心主任的任期经济责任审计；继续加强对基本户银行存款对账单的审签，确保资金安全。2008 年还配合校企改制，组织完成了对学校出版社、茂达公司的年度报表审计。2009 年 5 月，教育部财务司对原校长陈准民进行离任审计，政府审计为进一步规范学校管理、加强内部审计起到了促进作用。

2010 年，学校内部审计按照“为规范财务会计工作服务、为提高资金使用效率服务、为教育改革和发展服务”的目标，充分发挥“免疫系统”功能，采用独立审计与委托审计相结合的方式，完成 2009 年度校级预算执行与决算审计、华德公寓财务报表审计和总经理离任审计、茂达公司财务报表审计和 19 名中层干部经济责任审计。工程建设领域继续采用跟踪审计与预结算审计结合模式，科研楼工程跟踪审计关口前移至施工准备阶段，通过招投标选择甲级造价咨询公司，参与科研楼工程招标代理单位和监理单位遴选，加强施工总（分）包招标文件、工程量清单和总（分）包合同审核，核定工程进度款 2 700 余万元，审核招投标相关文件 35 份，出具审计意见及建议 37 份；图书信息中心工程结算审计取得突破，总包及 22 个分部分项工程结算基本定案，预计审减金额约 390 万元；完成修缮工程结算审计 34 项，合计金额 2 621.64 万元，审减 64.66 万元，综合审减率 2.47%。结合审计实践，推动并参与修订《对外经济贸易大学基建工程设计变更及洽商管理办法》，有效实现了节约资金、规范管理、防范风险的目标。

第七章　治安保卫工作

第一节　概　　述

一、基本职责

保卫处（部）是学校负责治安保卫工作的职能部门，其主要职责是：在上级司法机关的指导下，党委、主管校长（书记）的领导下，依靠师生员工认真做好校园的政治保卫、国家安全、治安、消防、交通、警卫、门卫、巡逻、保密和综合治理等方面的工作，以维护校园的安全稳定、文明和谐，保障学校教学、科研、生产等各项工作和生活的顺利进行，保护师生员工人身及财产安全。

二、机构设置

保卫处（部）设有6个科室：处办公室、政治保卫办公室、治安管理办公室、消防管理办公室、户籍管理办公室、交通安全管理办公室。此外，学校应急指挥中心、治安综合治理委员会、安全工作委员会、交通安全委员会、消防委员会、外来人员安全管理工作领导小组办公室也设在保卫处，由保卫处负责日常事务办理。

第二节　基 本 工 作

一、治安工作

根据中共北京市委教育工委和北京市公安局关于重点部位的防范要求，学校确定14处单位和地点为重点防范部位。保卫处每年代表学校与各院、处（部、中心）级单位签订《安全稳定治安保卫责任书》和消防安全协议，落实安全管理责任制，对重点部位加强管理。

2001年，保卫处共抓获各类违法犯罪分子39人，其中被公安机关收审25人，共为学校和师生挽回经济损失4万余元。学校1人被判刑。4月11日，北京市高校校园环境整治工作现场会在本校举行。

2002年，保卫处6名干部参加市公安局文保处组织的治安干部培训班，取得北京市专职保卫人员上岗证。学校发生突发性事件3起，其中校内1起、校外2起，非正常死亡3人。

2003年“非典”期间，保卫处对学校进行封校管理。本年共有5名学生非正常死亡，发生在校内3起、校外2起。保卫处成功营救一名试图自杀的学生。

2004 年，学校投资 248 万元，在清远楼一层校保卫处建设技防监控系统和中央监控室。2004 年，校园“110”报警服务系统开通，报警电话为 64493110。全年共破获治安刑事案件 32 起，抓获不法分子 24 人次，其中有 11 人刑事拘留。

2005 年，学校再次投资 150 万元用于第二期、第三期技防建设。全年共破获治安刑事案件 35 起，抓获违法犯罪嫌疑人 20 人次，其中 16 人刑事拘留、4 人治安拘留，调解各类纠纷 25 起。

2006 年，在 2004 年完成第一期、2005 年完成二、三期的校园技防设施建设的基础上，又完成新改造的行政楼和宁远楼的技安防设施的安装，监控点总计达到 400 余个，覆盖学校重点部位和校园内绝大部分地区。保卫处为保安人员配置 20 辆自行车，用于巡逻和发案快速出警。全年依靠技防设施共破案 20 起，抓获校园犯罪嫌疑人 23 人，送交公安机关处理人员 18 人，为师生挽回经济损失 3 万多元。做好教育部来校“211 工程”验收及本科评估期间的安全保卫工作。2006 年 7 月 25 日，保卫处接管了北京对外贸易学校（北京市朝阳区惠新东街 16 号，面积 18 284.47 平方米）门卫管理。2006 年 8 月 28 日，保卫处发放 2 000 份致全体新生的公开信，介绍学校的治安及如何自我防范情况；为新生购买《大学生安全知识》一书免费发放；组织公安局、安全局的领导到军训基地为新生作安全知识讲座。

2007 年，学校投入 100 余万元为新建图书馆安装监控系统，除视频、防入侵报警外，还设置重要出入口的道闸门禁系统。校园 110 巡逻车投入使用。全年破案 15 起，协助公安机关抓获犯罪嫌疑人 16 人。做好党建指标评估检查期间的学校安全保卫工作。处置突发性事件 6 起，其中校内 5 起、校外 1 起，非正常死亡 1 人（校外车祸）。

2008 年，共协助公安机关破获案件 8 起，其中涉及诈骗案件 3 起，抓获 10 名涉案人员，3 人送公安机关处理，7 人由学校进行教育处理。制止打架斗殴 15 起，调解各类纠纷共 21 起。处理突发事件 6 起，其中校内 4 起、校外 2 起，非正常死亡 2 人。2008 年，为参加奥运会、残奥会的志愿者进行政审，学校启动《校园平安奥运多维防空体系方案》，保障奥运会、残奥会期间校园安全。为教工志愿者、学生志愿者举办安全讲座 3 次。

2009 年，破获有影响案件 9 起，协助公安机关抓获骚扰外国来华女留学生、盗窃等各类犯罪嫌疑人 10 人。处理突发事件 5 起，保卫处成功解救一名试图自杀的 2007 级学生。“甲型 H1N1 流感”期间加强校园管理，进校人员验证、测量体温。7 月 24 日，针对本市多发利用手机短信、网络等现代工具进行远程操控诈骗案件，保卫处发出致教职员工的一封信，同时将各类诈骗案例制成展板在校内展览，提示大家一定要提高警惕，谨防受骗。

2010 年至今处置突发事件 4 起，其中校内 2 起、校外 2 起，非正常死亡 3 人。保卫处成功解救两名试图自杀的学生。2010 年 4 月 14 日，保卫处接管行政楼值班室全面工作。

二、消防工作

消防办公室每年对校内建筑物的避雷设施进行避雷检测；每年“119”开展冬季防

火宣传，展出消防展板，悬挂消防横幅；每年定期在学生宿舍楼搞消防疏散演习和灭火演习；每年定期在师生中开展消防安全知识讲座。

2001年11月9日，首次举行消防疏散演习。

2005年11月，在虹远楼所有宿舍房门内侧统一张贴消防疏散图等标识。

2006年2月17日，朝阳消防监督处对学校投资99万余元改造的诚信楼、博学楼消防报警系统进行验收，验收合格。2006年3月19日，保卫处接管虹远楼消防报警中控室值班。

2007年1月15日，学校第一第二食堂、视听中心、求索楼、体育中心、清远楼、图书馆避雷施工工程完成，监察处、审计处、基建处、资产处、保卫处联合对工程进行验收。

2009年，保卫处开展雷霆行动、百日消防检查、合围攻坚行动等一系列活动，对学校消防工作进行检查整改。2009年7月，在虹远楼安装413个消防应急灯，保证该楼在发生火灾或其他突发事件供电被切断的情况下，仍然能够紧急照明。2009年7月，对视听中心烟感报警系统、视听中心与电教楼中间的两个大电教室的烟感报警系统进行维修，更换主机、烟感探头等设备。2009年12月11日，保卫处代表对外经济贸易大学与朝阳区亚运村消防中队举行警民共建签字仪式。

2010年11月，保卫处向全校师生发放社会单位消防安全“四个能力”建设标准宣传卡；聘请专业消防公司对学校消防设施进行评估，消防演习使用高层逃生滑道。

2001年以来，共发生火险火情四起，其中一起过火面积达10余平方米，均未发生人员伤亡。

三、户籍工作

按照学校户籍管理规定，每学年初完成师生的户籍入户、更换身份证工作；每学年末完成毕业生户口迁移、暂存、留余及往届毕业生户口迁移等离校办理工作；每年为师生办理户口卡出借、复印、整理等工作；每年办理学校外来务工人员的暂住证，并将临时工信息上交小关办事处。

定期开展有关户籍方面的宣传、咨询工作。

2010年12月，完成对外经济贸易大学人口普查统计工作。

四、交通工作

2002年4月，交通安全工作由后勤集团划入保卫处管理。2002年8月，学校与海安停车管理公司签订停车场托管协议，学校停车实行收费管理。

2003年3月，校交通安全办公室由后勤处调入保卫处。2003年9月起开展每年与每位入学新生签定《对外经济贸易大学学生交通安全责任书》工作。

从2004年开始，每年保卫处代表学校同各部门签订年度《交通安全责任书》。2004年5月，学校按北京市发改委（［2004］495号）文件要求，将校停车收费改为计时收费制。2004年8月，学校投资约4万元完善校园交通设施。2004年10月，开展禁止学生（特别是来华留学生）骑摩托车进校强化管理工作。

2005 年 1 月，学校与海安公司签订停车场机动车保险协议。2005 年 4 月，朝阳区发改委价格督查组领导来校检查停车收费管理工作。

2007 年 4 月，学校购置校园 110 巡逻车一台。后购买手动拖车机一台，处理违规停放车辆。2007 年 9 月，学校投资 2.5 万元对校园交通设施更新维修，划标线 8 000 米、标划车位 400 个、更新标牌 15 面。

2008 年 5 月对全校有驾驶证员工和私车进行统计工作。2008 年 8 月，负责驻校 20 余台奥运专用大客车安全。

2009 年与参加 60 年国庆游行活动安全领导小组和参加国庆活动车辆专职司机签定《交通安全责任书》。

学校自 2000 以来未发生大的交通事故。

五、综合工作

2001 年保卫处开始撰写保卫工作简讯，至今已发布 191 期。

2004 年，学校被推荐为全国保卫学会理事单位，保卫处长被推荐为北京保卫学会常务理事、副理事长和学会培训部部长。保卫处撰写的论文《高校突发性伤亡事件善后工作探索》被北京市高教保卫学会第九届年会评为一等奖，并在《全国学校安全工作指南》一书和北京高校后勤杂志增刊上发表。

2005 年 7 月 24 日《北京法治报》、7 月 25 日《北京青年报》相继报道了我校利用技防设施破案的事例，8 月 8 日北京电视台《法制进行时》栏目报道了我校两次利用技防设施破获两个盗窃团伙的事迹。2005 年 8 月，参与了市教委、市教育工委安全教育软件和教材的编写，教材和软件已正式出版发行。2005 年承担了北京市保卫学会课题《高校保卫组织建设和管理规范（标准）研究》（2006 年 9 月此课题中标，成为全国学会 2006－2008 年度重点课题）。

2006 年，保卫处完成了大学生的安全教育进教材和进课堂工作。保卫处内部制度重新进行了修订，使学校的安全保卫工作有章可循。

2008 年，保卫处承担的全国高校保卫学会重点课题《高校保卫组织建设与管理规范》和北京市教育工委的重点课题《北京高等学校平安校园建设的现状》均结题并通过验收。

2009 年，保卫处提交的《建平安校园，保“平安奥运”》被北京市委教育工作委员会评为二等奖，并被收入论文集《热诚献奥运，全力筑平安》。9 月 4 日，保卫处网页开通。

2010 年 6 月，对保卫处往年档案进行集中清理。

六、获奖

2001 年以来，对外经济贸易大学国家安全小组荣获高校国家安全工作先进集体称号 3 次（北京市国家安全局颁发），荣获首都国家安全工作先进集体 1 次（北京市国家安全工作领导小组办公室颁发）；保卫处共荣获集体三等功 5 次，集体嘉奖 5 次（北京市公安局颁发）。

2001 年以来，个人荣获首都国家安全工作先进个人 2 人次（北京市国家安全工作领导小组办公室颁发）；荣获北京市级交通安全先进管理干部 1 人次；荣获国家安全工作先进个人 7 人次（北京市国家安全局颁发）；荣获个人三等功 5 人次，荣获个人嘉奖 7 人次（北京市公安局颁发）。

第三节　治安保卫管理规章制度

2002 年 9 月 27 日，学校下发了文件《关于明确对外经济贸易大学保卫部机构的决定》；2002 年交通安全委员会制定了《对外经济贸易大学校园交通安全管理规定》。

2004 年 6 月 30 日，根据国办发教育部［2002］19 号文件，结合部分毕业生离校时尚未落实工作的实际情况，由保卫处起草，学校制定并下发《对外经济贸易大学关于毕业生暂存户口管理实施办法（暂行）》。

2006 年在本科教学工作水平评估工作中，保卫处结合本部门工作实际情况，对保卫处的各项制度进行了重新修订，将 25 项安全保卫规定、12 项保卫处内部责任制、8 项保卫处内部管理制度、9 项安全工作预案和 19 项工作流程汇编成册。

2007 年 5 月，为了防止学校车辆“违法行为超标”，由保卫处起草，学校制定《对外经济贸易大学车辆交通违法行为超指标处理规定》。6 月，为了维护学校的安全稳定和有效地防范各种安全事故发生，保障全校师生员工生命、财产安全和教学、科研、工作、生活正常进行，依据《国务院特大安全事故行政责任追究的规定》和《北京市重大安全事故行政责任追究的规定》，结合我校的实际情况，由保卫处起草，学校制定《对外经济贸易大学关于安全稳定和重大安全事故行政责任追究的暂行规定》。

2008 年 2 月，针对出入学校的机动车流量增加，校内道路和停车场近于饱和的现状，学校制定《对外经济贸易大学关于调整校门开放时间和机动车停车收费标准的通知（试行）》，对大门进出机动车时间和机动车收费标准进行适当调整，以控制进校车辆，减少机动车在校内穿行和停放数量，保证正常教学和校内交通安全。5 月，为贯彻党的十七大精神，落实教育部和北京市教工委关于 2008 年高校安全稳定工作指示和要求，结合我校工作实际，学校党委制定《对外经济贸易大学 2008 年安全稳定工作实施方案》。6 月，根据中共北京市教工委《2008 年北京奥运会、残奥会期间首都高校“多维综合防控体系”建设方案》要求，我校结合实际情况，由保卫处起草，制定并下发了《校园平安奥运多维防空体系方案》。

2009 年，为加强学校消防管理，3 月学校下发了《对外经济贸易大学火灾隐患排查整治“雷霆行动”工作方案》；6 月下发了《对外经济贸易大学火灾隐患排查整治“合围攻坚行动”工作方案》。

2010 年 6 月，学校下发了《关于办理机动车进出校园通行证的通知》，对机动车停车收费标准进行了调整。11 月学校下发了《对外经济贸易大学冬季防火工作落实方案》，对全校的冬季防火工作进行部署。

第八章　资产管理工作

第一节　概　　述

资产管理处成立于1999年7月。其主要职责是：在学校统一领导下，以科学发展观为指导，实施内控发展战略，实现校内资产的有效配置；实施外扩发展战略，拓展学校发展空间，实现学校资产的保值增值和可持续发展，达到资产的良性循环，使其更有效地为教学科研和师生生活服务。

资产管理处下设7个科室：办公室、档案信息室、设备科、房管科、公用房办公室、校产办公室和人防办公室。2009年11月，学校撤销了3号地置换工程办公室，其人员和职能划归资产管理处。

第二节　资产管理规章制度

资产管理处作为全校资产的主管部门，自2000年以来，先后出台了各类办法、规定、细则20余个，进一步规范管理过程，明晰工作人员的职责。

一、固定资产管理制度

2000年5月，出台了《对外经济贸易大学固定资产——房屋建筑报增、报减执行办法（暂行）》，这是学校首次对房屋建筑的管理作出明确规定。2004年1月，为规范学校仪器设备申购、审批、采购、验收、使用、报废等相关程序，出台了《对外经济贸易大学仪器设备管理办法（试行）》，明确了管理原则，建立了奖罚机制，提高了管理效率。2005年，为进一步加强资产管理工作，调动资产管理员的积极性，增强工作责任心，制定了《对外经济贸易大学关于资产管理员工作职责的规定》。2009年11月，为进一步加强学校固定资产管理，维护学校合法权益，提高资产使用效益，结合新形势，制定了《对外经济贸易大学固定资产管理办法》。2010年7月，为规范固定资产的处置程序，加强对固定资产处置行为的管理，制定了《对外经济贸易大学固定资产处置管理办法》。至此，固定资产的管理更加全面、细化、科学。

二、教职工住房及补贴管理制度

2004年6月，为妥善解决在停止住房实物分配后新入校教职工的住房问题，学校出台了第一部《对外经济贸易大学周转住房管理暂行规定》，对周转房源性质、租赁对象、租赁程序、租赁期限、租金等进行明确规定。2006年1月，为进一步深化学校住房制度改革，充分发挥住房资源的综合效益，为学校人才强校提供可持续的房源，学校出台了《关于周转房管理的暂行规定》。2009 年 11 月，为加强对周转房的管理，结合新形势、新要求，出台了《对外经济贸易大学租赁周转房管理暂行办法》，使学校周转房的管理更加完善。

2006 年 1 月，根据《中共中央办公厅、国务院办公厅转发建设部等单位 < 关于完善在京中央和国家机关住房制度的若干意见 > 的通知》精神，结合学校实际，制定了《关于无房教职工住房补贴实施试行办法》。同时，为进一步贯彻落实人才强校战略，切实解决青年教职工的住房困难问题，协助青年教职工解决在校外购买住房时的首付款问题，出台了《关于新教职工提前支取住房补贴的试行办法》。2006 年 4 月，制定了《关于发放住房补贴和提前支取住房补贴的实施细则》，对住房补贴发放及提前支取住房补贴中的相关细节问题进行了解释和说明。2008 年 8 月，制定了《对外经济贸易大学农转人员住房补贴实施办法》，对原对外经济贸易大学与原中国金融学院 1992 年因征用土地录用的属于学校正式在编职工的农转人员的住房补贴事宜进行了说明。

2008 年 6 月，为解决教职工已购公有住房上市交易问题，制定了《对外经济贸易大学已购公有住房上市出售管理办法》。2008 年 12 月出台的《对外经济贸易大学经济适用住房汇新楼售房方案和售房实施办法》，对汇新楼售房进行了更加明确、细化的规定。

三、校办企业资产管理制度

2007 年 1 月，学校为加强对校办企业国有资产的监督与管理，摸清校办企业家底，核实企业的资产质量、财务状况及经营状况，完善校办企业的法人治理结构和经营管理模式，推动校办企业的改革与发展，制定了《对外经济贸易大学校办企业清产核资实施方案》。

四、部门管理制度

2005 年 10 月，制定了《资产管理处“三重一大”制度》，为重大决策、重要干部任免和重要建设项目的安排以及大额度资金使用的决策和执行提供了依据。同年，制定了《资产管理处处务公开实施办法》，开通了资产管理处网站，接受校内外有关部门和广大师生员工的监督。制定了《资产管理处党风廉政建设责任制实施细则》，对资产管理处处内廉政建设进行了规定和说明。2010 年，构建了资产管理廉政风险防范责任体系，各岗位的责任更加明晰，风险控制与防范更加有效。

此外，还陆续制定了《资产管理处印章使用管理办法》、《资产管理处考勤、奖金发放和财务报销制度》、《资产管理处库房管理制度》等，健全了处内管理。

第三节　物资设备管理

一、历年固定资产情况

近年来，学校固定资产总值不断增加，2010 年学校固定资产数量及总值比 2003 年

增加近一倍，详情见下表。(各年数据均为当年年底数)

表 9.8.1　　历年固定资产情况一览表

年份	总量（台件）	总值（元）	建筑		家具		设备及图书	
			数量（幢）	总值（元）	数量（批）	总值（元）	数量（台、批）	总值（元）
2003	14 334	610 533 758. 13	96	504 807 771. 92	2 369	17 319 202. 67	11 869	88 406 783. 54
2004	15 277	497 361 616. 99	99	381 293 515. 03	2 575	19 161 307. 56	12 603	96 906 794. 4
2005	17 653	523 650 071. 8	99	381 293 515. 03	2 823	31 477 201. 16	14 731	110 879 355. 61
2006	22 636	626 760 292. 63	106	452 312 332. 75	3 512	38 617 634. 36	19 018	135 830 325. 52
2007	23 981	635 862 369. 22	87	446 291 934. 6	3 637	41 307 097. 36	20 257	148 263 337. 26
2008	25 209	980 721 053. 92	89	761 889 816. 22	3 755	48 407 499. 98	21 365	170 423 737. 72
2009	27 694	1 150 300 323. 59	90	867 515 127. 92	4 046	49 997 608. 7	23 558	232 787 586. 97
2010	29 437	1 170 381 209. 18	90	867 489 927. 92	4 531	55 366 152. 7	24 816	247 525 128. 56

二、资产清查

学校每年定期开展资产清查，做到了账账相符、账物相符。

2007 年 3 月，按照财政部、教育部的工作部署，学校成立以主管校长为组长、纪检监察处处长和资产管理处处长为副组长、相关职能部门副处长为组员的资产清查领导小组，对 2006 年 12 月 31 日前的全校各类资产进行了彻底清查。经减账处理后，实盘设备共计 18 136 台件，价值 133 618 095. 89 元；实盘房屋建筑 415 448. 11 平方米，价值 446 253 438. 6 元；实盘藏书 1 481 036 册（件），价值 678 621. 33 元；实盘全校家具资产总额 39 003 469. 36 元。

三、落实政府采购

根据《中华人民共和国政府采购法》的规定，学校从 2003 年开始实施政府采购，严格按照政府采购程序进行。每年政府采购情况详见下表：

表 9.8.2　　历年政府采购情况一览表

年　份	采购数量（台、件）	采购金额（元）
2004	4 535	14 224 331. 28
2005	16 316	23 678 101
2006	9 511	22 198 412
2007	2 995	11 962 813
2008	5 694	12 280 194
2009	5 296	14 449 331

第四节　房屋管理

一、教职工住房

（一）基本情况

2001 年，学校共有教职工住宅楼房 2 014 套，148 187.27 平方米；平房 143 间，2 141.1 平方米。

2001 年在学校北部建成一栋经济适用房汇新楼，共有 104 户已取得分配资格的教师入住。该楼于 2005 年经中央国家机关房改办批复按 3 640 元/m^2 的基准价向教师出售，学校于 2009 年开始向该楼的购房人出售，截至目前，共有 99 户交纳购房款并领取了经济适用房产权证。

（二）日常管理

为解决新入职教职工住房困难，学校在房源紧张的情况下，为新入职教职工提供周转房。截至 2010 年 12 月，先后为 476 名教职工办理了周转房手续，解除了青年教职工的后顾之忧。

2005 年 4 月，教育部批复了《对外经济贸易大学公有住房超标处理办法》，明确学校教师的已购公房超标部分在控制面积标准以内的按即时成本价处理，超过控制面积标准部分按 2 230 元/m^2 或即时成本价分别处理。2006 年，在学校房改委员会对超标处理工作房款收取等有关单位进行协调部署后，房管科开始超标处理的运作。截至 2010 年 12 月，已有 103 套住房进行了超标处理，收取超标处理房款 1 635 505.37 元，处理后发给购房人房屋产权证。

2006 年 7 月，根据党政联席会和学校房改委员会的会议精神，开始办理教职工住房上市交易工作。截至 2010 年 12 月，学校已先后为 169 名教职工办理了房改房、经济适用房等的上市交易工作。

二、办公用房

（一）日常管理

2005 年 9 月，为加强学校公用房屋资源的管理，掌握学校校区内用于教学科研、教辅、行政办公、生活服务等各类用房情况，专门成立了公用房屋管理办公室。

（一）新增建筑物情况

表 9.8.3　　历年新增建筑物情况一览表

日　期	项目名称	类别	建筑面积（平方米）	备　注
2002 年 5 月	体育中心	新建	3 267	
2004 年 6 月	运动场看台	新建	2 700	
2004 年 12 月	中水站	新建	273	

续表

日　期	项目名称	类别	建筑面积（平方米）	备　注
2005 年 7 月	东门传达室	新建		
2005 年 8 月	宁远楼	新建	32 568. 5	可用房间数 342 个
2005 年 11 月	虹远楼	新建	93 858	可用房间数 2 364 个
2008 年 10 月	刘鎏雄楼	新建	24 935. 54	
2009 年 10 月	新南门传达室	新建		
2010 年 1 月	求真楼	更名		由原旧图书馆更名

截至 2010 年底，学校校区总建筑面积为 350 753. 05 平方米（其中地下建筑面积为 31 021. 12 平方米），各类可用房屋为 6 369 间。

第五节　校办产业管理

一、基本情况

学校校办企业经历了近 20 年的发展，2000 年 7 月完成了两校校产办部门之间的实质性合并，合并以后共有全资企业 6 家、参股企业 6 家。

截至 2010 年底，学校累计投资 2 636. 3 万元。经营范围涉及电子信息、宾馆、出版、杂志；共有职工 108 人，其中学校事业编制 23 人。

目前校产办管理的全资与参股企业 8 家，其中学校全资企业有 2 家、学校参股企业有 6 家。

二、发展历程

根据北京市的统一部署，学校对校办企业进行了改革和改制工作，截至 2003 年 11 月 30 日，改制为有限责任公司的 2 个，注销、关闭的 2 个。中达进出口公司改制为“中达进出口有限责任公司”，学校持有 5. 3% 的股份。对外经济贸易大学印刷厂改制为“北京经大印刷有限责任公司”，净资产由原企业职工买断，学校不持股。威力达斯商贸公司经清产核资后，主动注销关闭，企业资产上缴学校。北京龙宇建设工程公司由于未通过企业资质年审，被动注销关闭，企业资产上缴学校。改制后共有全资企业 2 家、参股企业 6 家。

根据教育部《关于积极发展、规范管理高校科技产业的指导意见》、教育部《关于高校产业规范化建设中组建高校资产经营有限公司的若干意见》的精神，学校成立了校企规范化建设领导小组，开展了一系列资产管理公司组建工作，并根据教育部的要求和学校实际情况，制定了《对外经济贸易大学校办企业规范化建设工作方案》、《对外经济贸易大学校办企业清产核资实施方案》，发布了《关于开展对外经营性投资清查工作的通知》等，整顿了各项工作，建立了企业规范化建设工作网站。

2007年1月开始对全校各处级单位的对外投资情况进行清查，对参股企业进行普查。

2007年2月开展清产核资工作，根据《对外经济贸易大学校办企业清产核资实施方案》，以2006年12月31日为基准日，对北京茂达科技贸易公司、对外经济贸易大学华德公寓、对外经济贸易大学出版社和《国际贸易问题》杂志社四家全资企业进行了清产核资。《清产核资专项审计报告》于2007年12月10日获得教育部和国资委的批复。

2009年4月27日，学校下发了《关于成立北京茂达科文资产管理有限责任公司的决定》和《关于成立对外经济贸易大学经营性资产管理委员会的决定》。2009年4月30日第三次上报了《对外经济贸易大学资产资产管理公司组建方案》，此方案获得教育部批准，批复于6月8日下发至学校。2009年11月11日，《北京茂达科技贸易公司评估备案表》获得教育部的批准。2010年1月学校经过研究经营性资产的实际情况，决定暂不组建资产管理公司。

第九章　离退休人员工作

第一节　概　　述

2000 年底，原对外经济贸易大学离退休人员总数为 454 人，其中离休干部 83 人，退休干部、教师 275 人，退休工人 96 人；原中国金融学院离退休人员总数为 88 人，其中离休干部 5 人，退休干部、教师 78 人，退休工人 5 人。2001 年 3 月两校实质性合并时，共有离退休人员 567 人。截至 2010 年 6 月 30 日，离退休人员总数为 856 人，其中离休干部 63 人，退休干部、教师 603 人，退休工人 190 人。

2001 年 6 月两校实质性合并时，部门名称为离退休人员工作部。2002 年 3 月更名为离退休人员工作处（简称“离退休处”）。

第二节　离退休工作规章制度

一、关于离退休的规章制度

（一）离退休年龄

根据现有的政策规定测算，离休干部不会再新增，而对于退休年龄，遵照国家相关规定并结合学校以往的规定，学校于 2010 年以外经贸学人字［2010］097 号文件的形式再次进行了修订公示，内容如下：

1. 党政管理人员、非专职教师系列的专业技术人员：男年满 60 周岁，女年满 55 周岁。

2. 工勤人员：男年满 60 周岁，女年满 50 周岁。

3. 具有正高级专业技术职务的教师（含专职科研人员，下同），一般于 60 周岁退休。但根据教学、科研工作需要及健康状况，经本人申请，由所在学院或其他处级教学科研机构同意，并经人事处批准，可以延长一年退休，即可以到 61 周岁退休。

4. 博士生指导教师的退休年龄，视教学、科研工作需要及健康状况，经本人申请，由有博士学位授予权的学院或其他处级教学科研机构同意，并经人事处批准，可延长至 65 周岁。20 世纪 90 年代中期之前经国务院学位委员会办公室批准的博士生导师，退休年龄可延长至 70 周岁。在延长期内，因考核不合格失去博士生指导教师资格者，则应于当年办理退休手续。

5. 对学校学科建设有重大贡献的学科带头人，达到上述延长后的年龄时，根据工作需要及健康状况，经本人申请，由其所在学院或其他处级教学科研机构向学校提出再次推迟退休的报告，经学校党政联席会议批准，可以适当进一步推迟退休，但一般不得超过 70 周岁。

6. 具有副高级专业技术职务的女性教师，一般于 55 周岁退休。但根据教学、科研工作需要及健康状况，经本人申请，由所在学院或其他处级教学科研机构同意，并经人事处批准，可以延长退休，但最高不超过 60 周岁。中级及以下专业技术职务的女性教师 55 周岁办理退休手续。

7. 研究生指导教师退休前停招研究生的具体时间按《对外经济贸易大学研究生指导教师管理条例》中的相关规定执行。

办理退休的具体时间：教师办理退休的时间为其生日所在学期结束时；其他人员办理退休的时间为其生日所在月份的次月。

（二）离退休人员待遇

1. 政治生活待遇

在保持以往政治生活待遇不变的基础上，2007 年学校颁布《校领导联系老干部工作制度》，加强校领导联系老干部工作制度的建设，落实党中央关于“政治上尊重老干部，思想上关心老干部，生活上照顾老干部”的重要指示。

校领导联系老干部工作的对象是：原任学校校级领导干部、离休干部代表和全国知名人士。联系方式有电话联系、上门走访、相约在办公室面谈以及互发信件、短信、电子邮件等。

联系的主要内容有：宣传党的路线、方针、政策和北京市、教育部有关文件精神；通报北京市、教育部和本校有关工作情况；听取老干部的意见、建议和想法，采纳他们的合理化建议，不断改进工作；了解老干部政治、生活待遇落实的情况；对老干部遇到的困难与问题，按照有关规定进行解释，协调、督促有关部门妥善解决。

校领导干部与联系对象每学期至少应联系一至二次。对所联系的老干部，应做到基本情况、待遇落实情况清楚，有针对性地做好工作。

2. 生活待遇

2000 年 9 月，学校发布《关于为原对外经济贸易大学离退休人员增加生活补贴的通知》。

2001 年 3 月，为促进两校实质性融合，学校制定了《关于离退休人员的人事工资待遇的调整方案》。

2005 - 2009 年，学校调整在职职工岗位津贴时，同步给离退休人员提高生活补贴。

从 2007 年起，全校性的节假日补助（含降温费），退休人员与离休、在职人员同等待遇，以同等标准发放。

2009 年 5 月，根据教育部《关于在京直属高等学校、直属事业单位离休干部人员待遇有关问题的通知》，本校离休干部（共 67 人）月均补贴增加 1 044.08 元，并从 2009 年 1 月全部补发兑现。

3. 丧葬制度

2007 年 5 月，学校制定《关于离退休人员丧葬工作的规定》，规定如下：

（1）丧事办理的基本原则

严格执行党和国家有关殡葬改革的方针政策，离退休老同志逝世后，丧事从简，一律不开追悼会，实行火化制度。如果家属提出举行遗体告别仪式，可以家属为主，学校有关部门协助办理。离退休老同志逝世后，无偿向国家捐献遗体者，应予以提倡并给予大力支持。逝世离退休老同志生前是中国共产党党员者，告别时遗体可以覆盖党旗。逝世离退休老同志属于少数民族者，应尊重其民族习惯，但本人生前有遗嘱或亲属要求火化的，应予以积极支持。提倡文明节俭办丧事，严禁铺张浪费和搞迷信活动。离退休老同志逝世后，不按照国家有关殡葬改革方针政策办丧事的，所在单位和有关部门不得为其丧事提供方便。学校只提供在北京境内办理丧事用车，不负责到外地的车辆。

（2）丧事办理的工作职责与分工

离退休人员工作处职责：得知离退休人员逝世后，离退休处应立即通知人事处、逝世者原单位和有关部门专职人员，如果是知名人士去世的，还应报告学校主管领导；负责协调人事处、逝世者原单位及有关部门专职人员到逝世者家中慰问家属并一同协商、办理丧葬有关事宜；负责草拟治丧小组名单，治丧小组一般由人事处、离退休处、逝世者原单位领导及有关部门专职人员组成，如逝世者是知名人士还应有校领导参加；负责逝世者讣告与家属协商后的定稿及发布工作，讣告由离退休处统一在校内网上发布及家属区张贴；负责协调丧事用车、组织参加告别人员、送花圈单位及其他相关事宜。

人事处职责：配合离退休处、逝世者原单位进行逝世者家属慰问、抚恤工作；负责提供逝世者的人事档案查阅；负责逝世者家属提出的涉及人事政策问题的解释工作；负责核算逝世者丧葬费、抚恤金、按规定报销的各项费用；负责审批工作人员误餐费、停车费、丧事用车费等报销事项；参加治丧小组工作。

逝世者原单位职责：得知老同志逝世后，应与离退休处、人事处及有关部门专职人员一同尽快到逝世者家中慰问家属，并协商、办理丧葬有关事宜；参加治丧小组工作；负责到人事处查阅逝世者档案，起草讣告（脱稿后交离退休处与家属协商定稿）、书写挽联；安排工作人员布置告别厅，并负责组织本单位人员参加逝世者遗体告别仪式。

有关部门专职人员职责：得知老同志逝世后，应与离退休工作处、人事处及逝世者原单位一同尽快到逝世者家中慰问家属，并协商、办理丧葬有关事宜；参加治丧小组工作；负责协助逝世者家属联系太平间、告别厅、殡仪馆等有关丧事工作的具体事宜。

（3）丧事办理规格

校领导参加送别及送花圈：逝世者原为学校正职领导、省级以上人大、政协委员、知名教授的，学校主要领导和相关领导应当到逝世者家中慰问家属，参加遗体告别仪式并以个人名义送花圈。逝世者原为学校副职领导、正教授、离休局级干部及知名副教授、有突出贡献的正处级干部的，主管离退休工作的校领导及相关校领导应到逝世者家中慰问家属，参加遗体告别仪式并以个人名义送花圈。

送花圈范围：个人：逝世者的生前好友及要求以个人名义送花圈者。校内单位：逝世者离退休前为教师的，一般以教学口几个大学院及相关单位为主送花圈；逝世者离退休前为党政、教辅人员的，一般以相关党政、教辅部门为主送花圈。

（4）丧事有关费用

根据上级文件规定，有关装殓方面的费用，如寿衣、整容、遗体存放、运送、火化、骨灰盒存放等，不分职务级别，每人按5 000元补贴，由家属掌握包干使用。为体现学校关怀，除当月工资外，还照发次月全额工资，第三个月起停发工资。抚恤金按本人 20 个月的基本工资计发。学校提倡丧事从简，凡是自己办理、未用学校车辆的逝世者家属，在结算丧事费用时给予适当的经济补偿。

二、离退休管理工作规章制度

（一）《贯彻党风建设责任制的实施细则》

2001 年 6 月制定，分总则、责任范围与责任内容、责任考核、责任追究、附则等几方面，就离退休工作中所涉及的党风建设责任进行了细化和明确，分清责任。2006 年修订。

（二）《离退休人员特困基金暂行管理办法》

2002 年 4 月制定，规定离退休人员享受特困基金的具备条件、补助标准、申请审批程序以及全年 5 万元额度和成立专门特困基金领导机构。2007 年修订。2008 年，为使更多的因大病需要帮助的老同志受益，学校将该基金从 5 万元增加到 15 万元，并对原管理办法进行修订，扩大了帮扶范围。2010 年 6 月，在广泛征求意见的基础上再次修订。

（三）《离退休人员工作处处务公开暂行办法》

2002 年 10 月制定，按照“公开、公平、公正”的基本原则，从公开内容、公开组织机构、公开落实与监督四个方面规范离退休处的工作。2008 年修订。

（四）《离退休人员工作处执行“三重一大”制度暂行规定》

2003 年 4 月制定，明确了相关内容、责任人、风险点，并制订党员和群众监督等落实措施。该规定于 2006 年、2009 年两次修订。

第三节　离退休人员的管理与服务

一、离退休人员的管理工作

学校实行的是离退休人员一级管理服务体系。

离退休处负责新离退休人员的接待（含离退休党员组织关系的接转）；负责离退休人员的政治学习、文件传阅、听重要报告、参加有关会议和政治活动的组织工作；组织离退休人员开展适宜的文体活动；统一掌握离退休人员活动经费的使用；经常对离退休人员进行家访和慰问，合理解决他们遇到的困难；同有关部门配合，为逐步改善离退休人员的物质生活提供必要的条件；离退休人员去世后，与人事处、原工作单位一起负责丧事处理；元旦或春节期间，组织并协同有关部门对离退休人员进行慰问等。

人事处负责通知达到退休年龄的教职员工到人事处办理退休手续，计算离退休费以及国家、学校相关生活待遇政策的具体落实。

财务处负责离退休费、药费报销的具体发放。

校医院负责离退休医药费报销的审核。

工会负责退休人员一次性独生子女奖励补贴的发放。

二、离退休人员的服务工作

为离退休人员服务好，根本的出发点就是要遵循“六个老有”，即：“老有所养、老有所医、老有所教、老有所学、老有所乐、老有所为”的客观规律，让老同志们晚年舒心愉快。

开展活动：离退休处每年春、秋季节组织老同志开展郊游活动；每年组织春、秋季趣味运动会；举办老同志元旦新年文艺汇演或团拜会，学校主要领导出席并通报情况；组织老年合唱团、舞蹈队参加校内外演出活动，多次参加教育部、北京市教工委、朝阳区、小关地区和学校比赛演出并获奖；日常有合唱团、舞蹈队、乒乓球队、钓鱼协会等多种文体社团活动。

举办多种培训班：2006－2010年，离退休处先后举办老年电脑班、证券知识培训班、手工班、钢琴班、京剧班、绘画班。开办了养生知识讲座、公证知识讲座。

2002年，离退休处为第一位百岁退休老人焦树藩老先生过生日。2010年，学校党委书记王玲、副书记陈建香代表学校为第一位百岁离休干部黄毅老先生祝寿。

第四节　离退休人员工作队伍建设

离退休处适应新形势下离退休人员工作的新要求，加强自身队伍建设，坚持以“诚心、热心、耐心、细心”为老同志做好各项服务工作，在工作中加强制度建设和信息宣传，编写《离退休工作处处志》、《离退休工作管理手册》，创办内部刊物《惠园夕阳情》，受到上级肯定和多次嘉奖。2005年获评北京市高校党的建设和思想政治工作单项进步奖；连续五年被评为北京高校老干部信息工作先进单位；2006年，时任处长朱忠田被评为北京市教育系统老干部工作先进个人。

表9.9.1　　1995－2010年离退休处获得的集体奖项

序号	获奖时间（年）	获奖者	获得奖项
1	1995	关心下一代工作委员会	北京市教育系统关心下一代工作先进集体
2	1999	关心下一代工作委员会	全国教育系统关心下一代工作先进集体
3	2000	健身操队	北京市教育系统老同志庆国庆健身操暨老年人优秀健身项目表演比赛“红梅奖”奖杯
4	2002	离退休处	首届全国高校“河南大学杯”华夏师表书画大展组织奖
5	2003	老年艺术团	朝阳区“首都新侨乡文化系列活动”表演类三等奖
6	2003	老年艺术团	中国第二届同里水乡艺术节团体表演金奖和最佳组织奖
7	2003	关心下一代工作委员会	全国教育系统关心下一代工作先进集体

续表

序号	获奖时间（年）	获 奖 者	获 得 奖 项
8	2003	离退休处	北京高校老干部信息工作一等奖
9	2004	离退休处	北京高校老干部信息工作一等奖
10	2004	关心下一代工作委员会	北京市教育系统关心下一代工作先进集体
11	2004	老年艺术团	“拉丁健身操”在北京高校老同志庆祝建国55周年文艺演出荣获优秀节目奖，同时荣获组织纪念奖
12	2004	离退休处	北京市教育系统老同志“老有所为”成果展组织纪念奖
13	2005	离退休处	北京高校老干部信息工作二等奖
14	2005	离退休处	北京市高校党的建设和思想政治工作单项进步奖，奖金10万元
15	2006	离退休处	在学校保持共产党员先进性教育活动中表现突出，获评党支部综合优秀奖
16	2006	离退休处	北京高校老同志迎奥运800天健身项目表演赛一等奖
17	2006	离退休处	北京高校老干部信息工作先进单位
18	2007	离退休处	小关社区“唱响2008，唱响和谐社区歌咏比赛”一等奖
19	2007	离退休处	北京高校“迎奥运、促和谐，牵手万米走”优秀组织奖
20	2009	老年舞蹈队	自编自演的《花穗健身操》荣获北京市教工委举办的“颂祖国，展风采”老年健身操大赛最佳时尚创意奖
21	2009	老干部合唱团	在2009年朝阳区“社区一家亲”系列文化活动中荣获三等奖
22	2010	离退休处	北京市教工委离退休工作知识竞赛三等奖

表9.9.2　1995－2010年离退休处获得的个人奖项

序号	获奖时间（年）	获 奖 者	获 得 奖 项
1	1995	朱忠田　王　镇	外经贸部老干部工作先进个人
2	1998	朱忠田	国家人事部、外经贸部授予“全国经贸系统先进工作者”称号
3	1999	朱忠田	北京市教育系统老干部工作“无私奉献”荣誉奖
4	2003	朱忠田	校级防“非典”先进个人

续表

序号	获奖时间（年）	获奖者	获得奖项
5	2004	朱忠田	《以“三个代表”重要思想为指导，努力做好新时期老干部工作》在北京教育系统老干部工作征文比赛中荣获一等奖。刊登在《北京教育工作》2004 年第 35 期
6	1994 - 2005	朱忠田	连续 10 年被评为校级优秀共产党员或优秀党务工作者
7	2006	朱忠田	北京市教育系统老干部工作先进个人

第十章　档案管理工作

第一节　概　　述

档案管理工作的目标是围绕学校的中心工作，做好学校档案管理的制度建设、队伍建设和信息化建设，提高机关服务的质量。目前，学校的档案管理工作由学校档案馆负责。档案馆的前身为校办综合档案室。2009 年 8 月，根据教育部《高等学校档案管理办法》的要求，经学校研究，决定在原综合档案室的基础上，成立对外经济贸易大学档案馆/校史馆。校档案馆/校史馆是两块牌子一套班子，为学校直属正处级单位，是学校出具档案证明的唯一机构。

档案馆的主要职能是：集中统一管理全校的文书档案、科研档案、基建档案、财务档案、教学档案、声像档案、设备档案等，并开展档案的利用工作，为学校教学、科研服务。

校史馆的主要职责是：接收与征集学校发展历程中的重要史料并加以保管、利用、编研、展览等，成为宣传学校历史、展示学校成就的重要窗口。

档案管理设施的改造主要经历两个阶段，2006 年，原档案室对档案管理的设施进行了全面改造，库房安装了密集架及通风、消毒等设备，实现了办公、阅览、复印、装裱和整理等工作的分区域管理。2009 年 8 月后，档案馆购置了彩色复印机、扫描仪等档案现代化管理设备，办公条件得到提升，达到档案管理规范化的要求。

档案馆现有正式职工 3 人，外聘人员 5 人。档案馆独立建制后，学校各部门、各单位都配备一名专（兼）职档案员，全校兼职档案员有 50 余人。

第二节　档案管理规章制度

一、档案分类

目前，档案由两大全宗九个类别档案组成。第一大全宗包括两个时期的文书档案资料（两个时期是指：1. 原对外经济贸易大学自 1951 年建校至 2000 年 6 月，2. 2000 年 6 月原对外经济贸易大学与原中国金融学院合并成立新外经济贸易大学至今），主要包括党群类、行政类、教学类、学生类、科研类、外事类、基建类等，约 4 000 卷。第二大全宗是原中国金融学院（含原银行学校）部分档案，约 1 500 卷。此外，人事、财务、科研、仪器设备等专业档案约有近 3 万卷（册）。这部分档案分布在各职能部门设立的档案室中，由专人负责保管，并接受档案馆的业务指导。

二、机构与职能

档案馆下设四个办公室。

（一）行政办公室

其主要职能有：宣传、贯彻执行国家有关档案工作的法律法规和方针政策，统筹规划全校档案管理工作；组织全馆日常工作；拟订、完善学校档案工作规章制度，并负责监督、指导和检查执行情况，负责学校保密资料的管理和利用工作；开展全校各立卷部门兼职档案员的业务培训；负责档案馆经费的筹集、管理和使用等。

（二）文书档案室

其主要职能有：负责文书档案的接收、整理、鉴定、统计、保管工作；负责日常实物的接收与保管工作；指导各部门的归档工作等。

（三）科技档案室

其主要职能有：科技档案的接收、整理、鉴定、保管、统计；负责日常实物的接收与保管工作；负责教学档案的收集、保管和利用工作；开展科技档案信息的编研等。

（四）开发利用室

其主要职能有：档案馆网站建设与维护，及时发布各种信息；负责日常档案信息的网络管理和数据库建设工作；提供档案的利用及核实工作，出具证明材料；汇总各科室档案统计数据，开发利用档案信息资源；开展档案编研工作等。

三、档案的开发利用

在做好立卷归档工作的同时，档案馆围绕学校的中心工作搞好服务，配合学校有关部门开展档案利用工作，为学校的各项工作提供服务，实现档案与其他工作的有效结合。学校的档案工作每年为学校教学、科研单位提供各类档案的查询借阅服务达千余次。

档案馆还设有“档案信息服务中心”，按国家有关规定，开展学历认证等工作，并出具各种相关证明材料。每年为应届生开具出国等相关证明材料上千次，为往届生提供查档服务 600 次以上，出具各种证明材料上百份。

四、档案工作信息化建设

2002 年，学校引入“南大之星档案管理系统”，开始了档案工作的信息化建设。2005 年，根据信息化校园建设要求，原档案室与学校信息化建设单位共同研制开发了校内文档一体化系统，初步实现文件、档案的一体化管理。

2009 年 8 月后，档案馆进一步加强了档案资源的信息化建设。截至 2010 年 5 月，第一大全宗的全部案卷已录入档案管理系统中，实现了案卷目录的信息化管理，为学校各单位档案信息的查询、利用提供了便利。档案馆对各单位兼职档案员进行了业务知识和操作技能培训，实现了学校各部门使用“南大之星档案管理系统”进行归档的工作，实现了档案管理信息化。

五、档案工作制度建设

2009年12月，档案馆起草制定《档案管理办法》。明确了学校档案工作由校长领导，一位校领导分管，并明确校长和主管校长、学校档案馆（室）以及各单位专兼职档案员的职责，明确了“高校档案机构是学校出具档案证明的唯一机构”，为全校档案工作提供制度依据。

同期，档案馆通过学校，发布《关于集中收集、征集重要实物和声像档案的通知》，在全校范围内开展了档案清查和征集工作。

为加强对接收校外单位和个人捐赠的有史料价值物品（礼品、纪念品）的统一管理，2010年9月10日，学校下发《关于妥善管理校外单位和个人捐赠的有史料价值物品的规定》，由档案馆负责管理校外单位和个人的捐赠品并建立档案的工作。

第十篇　学院、研究院、教研部

第一章 国际经济贸易学院

第一节 概 述

国际经济贸易学院的前身为1954年创建的北京对外贸易学院对外贸易经济系。对外贸易经济系于1954年设立对外贸易专业，1955年设立国际运输专门化，1956年设立国际金融专门化。1973年对外贸易经济系改称三系，又称对外贸易系。1983年学校设立国际经济合作系，简称六系。1984年对外贸易系更名为国际贸易系，仍称三系。1994年三系与六系合并，成立国际经济贸易学院。

学院现设有八个学系：国际贸易学系、金融学系、国际运输与物流学系、国际商务与经济合作学系、经济学系、政治经济学系、数量经济学系、财政与税务学系。截至2010年12月，学院拥有教师103人，行政管理人员14人。教师中教授36人，副教授39人，博士生导师32人。具有博士学位的教师84人，其中获得海外博士学位的教师36人。教师中担任国务院应用经济学学科评议组召集人1人，教育部应用经济学教学指导委员会委员1人，全国国际商务硕士专业学位教育指导委员会副主任1人、秘书长1人，长江学者讲座教授2人，教育部海外名师1人，教育部新世纪人才6人，富布莱特学者7人，北京市经济学学科评议组成员1人，北京市高校教学名师3人，中央部委和国际组织等咨询专家15人，全国百篇优秀博士论文的获得者1人。

学院拥有本科、硕士、博士三个层次的学位授予权。本科层次设有国际经济与贸易、金融、经济、物流管理四个专业。硕士层次，经国务院学位委员会批准，1981年获得国际贸易学硕士学位授权，1987年获得金融学硕士学位授权，2003年获得数量经济学硕士学位授权，2005年获得应用经济学硕士学位一级学科的学位授权，开设了国际贸易学、金融学、数量经济学、产业经济学、财政学和区域经济学等六个科学硕士学位专业。2010年9月获得国际商务硕士、金融硕士、资产评估硕士三个专业学位授权。博士层次，经国务院学位委员会批准，1984年获得国际贸易学博士学位授权，2003年获得金融学博士学位授权，2005年获得应用经济学博士学位一级学科的学位授权，开设了国际贸易学、金融学、数量经济学、产业经济学、财政学、区域经济学和统计学等七个博士专业。上述所有学位项目以中文为工作语言，招收中外学生。此外，学院自2004年起开设全英文培养学位项目，招收来华留学生。来华留学生在本科层次开设国际经济与贸易、金融学、经济学、物流管理四个专业，在硕士层次开设应用经济学、国际商务、金融、国际发展四个学位项目，此外还开设经济学博士学位项目。

2002年，学院的国际贸易学学科被列入本领域唯一的国家重点学科，2007年再次列入国家重点学科。2003年，金融学学科被列入北京市重点学科。2008年，应用经济学一级学科和法经济学交叉学科被列入北京市重点学科。2010年，低碳经济学交叉学科被列入北京市重点学科。2007 年，学院的国际经济与贸易国际化人才培养被列为国家二类特色专业建设点；2008 年，金融学专业被列为国家一类特色专业建设点。2009 年，国际贸易教学团队获得国家级教学团队称号。2004 年，国际贸易实务课程建设与教学实践获得国家级教学成果二等奖。国际贸易实务、国际贸易为国家级精品课程，国际贸易还被评为国家级双语示范课程。学院还获得北京市教学成果一等奖 3 项、二等奖 2 项，北京市教学团队 2 个，北京市精品课程 5 门，北京市精品教材 18 部。

学院设有多个校级研究中心，包括国际经济学研究中心、国际商务研究中心、外国直接投资研究中心、中国国际货币研究中心、中国经济发展研究中心、应用国际贸易研究所、国际低碳经济研究所、能源经济研究中心、金融与资本市场研究中心、租赁研究中心、祥琪奢侈品研究中心、供应链研究中心、行业税收政策与管理研究中心以及电信、信息与传媒经济研究中心等。学院还设有外贸实训仿真系统南北实验室、跨产业经济学虚拟研究平台、资本市场虚拟研究平台等。学院承担全国高校国际贸易学科协作组秘书处、国际经济与金融学会（中国）秘书处的组织工作；是联合国贸发会议虚拟学院的中国主成员单位。

截至 2010 年底，学院与海外及港台地区 40 多所院校开展合作交流，展开教师和学生交流和联合研究工作。学院每年派出近 100 名学生赴海外参加校际交流、访学、暑期课程班、联合培养、海外实习及其他短期交流项目。同时，学院每年接收 150 多名交流交换学生。学生主要来自美国、加拿大、德国、法国、澳大利亚、墨西哥等国家。每年接待 100 多名海外学者来访和合作研究。

学院与中国各级政府、企事业单位以及国际组织建立了多种形式的学术联系。如受国家发改委、商务部、财政部、教育部、北京市等有关部门委托，完成专项政策咨询研究；与联合国贸发会议、博鳌亚洲论坛、世界银行、亚洲开发银行、美国国际贸易委员会的研究部门等开展合作研究。此外与诺基亚、英国石油公司等大型跨国公司以及中国石油天然气股份有限公司、中国石油化工股份有限公司、中国中铁股份有限公司、山东电力集团公司等大型国有企业建立了院企联系。

第二节　学系与专业

一、学系情况

学院现设有八个学系，承担应用经济学和理论经济学两个一级学科本科、硕士和博士三个层次，用全中文和全英文培养中外学生的任务。

（一）国际贸易学系

国际贸易学系的前身为 1954 年创建的对外贸易经济系，1954 年开设对外贸易本科专业，1956 年设立对外贸易专业研究生班。1978 年正式恢复国际贸易本科专业和研究生专业，1981 年获得教育部国际贸易专业硕士学位授权，1984 年获得国际贸易专业博士学位授权。1978 - 1983 级招收 5 年制本科生。1998 年国际贸易本科专业更名为国际经济与贸易专业，国际贸易研究生专业更名为国际贸易学专业。2007 年获评国际经济与贸易国际化人才培养国家二类特色专业建设点，2009 年设立国际经济与贸易专业三语培养实验班（即国际经济与贸易专业本科学生在熟练应用汉语、英语的基础上，修读法语、西班牙语或日语的文学学士学位）。2011 年获得理论经济学一级学科博士学位授权，设立经济史博士专业。

国际贸易学系现有专职教师 17 人，其中教授 7 人、副教授 4 人；具有博士学位的教师 14 人。学系还聘有长江学者讲座教授 1 人，海外名师 1 人。

（二）金融学系

金融学系的前身为 1956 年成立的国际金融教研室，1956 年在对外贸易本科专业下设国际金融专门化并招收学生，1984 年正式设立国际金融专业，1987 年获得教育部国际金融专业硕士学位授权，2010 年获得金融硕士专业学位授权。1994 年成立金融学系，1997 年国际金融的本科专业和硕士研究生专业均相应更名为金融学专业，2008 年金融学专业获评国家一类特色专业。自 1999 年起在国际贸易学博士点开设金融学研究方向，2003 获得金融学专业博士学位授权。

金融学系现有专职教师 18 人，其中教授 8 人、副教授 4 人；具有博士学位的教师 17 人。

（三）国际运输与物流学系

国际运输与物流学系的前身为 1955 年成立的国际运输与保险教研室，1955 年在对外贸易本科专业下设国际运输专门化并招收学生，1986 年正式设立国际运输专业。1994 年设立国际运输与保险学系，1997 年学系分设、成立国际运输与物流学系和保险学系，2000 年保险学系重组进入保险学院。1997 年专业目录调整后，国际运输专业变更为经济学专业（运输经济学方向），2007 年设立物流管理专业（国际运输与物流方向）。2006 年设立产业经济学硕士和博士研究生专业。

国际运输与物流学系现有专职教师 9 人，其中教授 3 人、副教授 3 人；具有博士学位的教师 7 人。

（四）国际商务与经济合作学系

国际商务与经济合作学系的前身为 1954 年成立的国际贸易实务教研室和 1983 年成立的国际经济合作系。1954 年开设对外贸易本科专业，1983 年设立国际经济合作专业。1994 年成立国际经济贸易学院后设立国际经济合作学系。1997 年专业目录调整后，国际经济合作专业并入国际经济与贸易专业，相应的硕士与博士研究生专业并入国际贸易学专业，发展了外商直接投资、跨国经营等方向。2010 年国际经济合作学系与国际贸易实务教研室合并重组成立国际商务与经济合作学系，2010 年获得国际商务硕士专业学位授权。

国际商务与经济合作学系现有专职教师 16 人，其中教授 8 人、副教授 6 人；具有博士学位的教师 12 人。学系还聘有长江学者讲座教授 1 人。

（五）经济学系

经济学系的前身为 1983 年成立的国际经济合作系经济学教研室，1994 年正式成立经济学系，从事应用经济学和理论经济学的科学研究，并为全校开设各层次的经济学课程。2005 年设立经济学荣誉学士学位实验班。

经济学系现有专职教师20人，其中教授4人、副教授10人；具有博士学位的教师18人。

（六）政治经济学系

政治经济学系的前身为1986年成立的人文科学系的政治经济学教研室。1999年该研究室并入学院并成立政治经济学系。2000年原中国金融学院部分政治经济学教师并入。学系从事政治经济学的科学研究，并承担全校政治经济学、《资本论》研究以及中国经济概论等本科和研究生课程教学。2000年在国际贸易学专业硕士研究生项目下设立政治经济学、中国经济等研究方向。

政治经济学系现有专职教师10人，其中教授3人、副教授5人；具有博士学位的教师3人。

（七）数量经济学系

数量经济学系的前身为1983年成立的国际经济合作教研室，2006年正式成立数量经济学系，从事计量经济学和数理经济学的研究与教学。1995年开始建设计量经济学课程体系，2003年获得数量经济学专业硕士学位授权，2006年设立数量经济学博士专业。

数量经济学系现有专职教师7人，其中教授1人、副教授4人；具有博士学位的教师7人。

（八）财政税务学系

财政税务学系正式成立于2008年，之前的研究与教学主要由经济学系和国际经济合作学系承担。2006年设立财政学硕士专业和博士专业，2007设立经济学专业国际税务方向，开始招收本科生。2010年获得资产评估硕士专业学位授权。

财政税务学系现有专职教师6人，其中教授2人、副教授3人；具有博士学位的教师6人。

二、专业

（一）本科专业

从2009年起，学院对本科生实施按照经济学大类招生（贸易、金融、经济），共开设国际经济与贸易专业、金融学专业、物流管理专业（国际运输与物流方向）、经济学专业（经济学荣誉学士实验班、国际税务方向）等五个专业方向。此外，设有国际经济与贸易专业第二学士学位项目。约三分之一的本科生毕业后在国内外继续攻读研究生，三分之二的毕业生直接就业。

1. 国际经济与贸易专业

该专业是国家级二类特色专业，是学校最早的本科专业之一。该专业旨在培养具有全球视野和国际化经营技能的专业人才，培养学生从事国际贸易及国际化经营管理活动、相关政策研究所需的基本技能。主要课程有：国际贸易、国际贸易实务、国际金融、跨国公司、电子商务、中国对外贸易概论、国际营销学、国际商法、宏微观经济学、国际经济学、计量经济学等。毕业生就业去向主要为国家部委、贸易公司、中外跨国企业、金融机构等。

该专业还设立“三语”培养实验班，即国际经济与贸易专业＋一门第二外语（西班牙语、法语或日语）的双学位项目，培养国际经贸复合型人才。学生毕业可获得经济学学士和文学学士两个学位，成为可以用汉语、英语和第二外语工作的“三语”人才。

2. 金融学专业

该专业源自1956年创立的国际金融专门化，是国家级一类特色专业，该专业培养适应全球金融一体化的金融专业人才。主要课程有：国际金融、财务会计、投资分析、商业银行管理、金融衍生市场、金融时间序列模型、公司金融战略、经济学原理、国际经济学、计量经济学等。毕业生就业去向主要为国家部委、中外资银行、非银行金融机构、咨询机构等。

3. 物流管理专业（国际运输与物流方向）

该专业源自1955年创立的国际运输专门化，是体现传统国际运输与现代商业模式相结合的专业，旨在培养国际运输与现代物流管理的专业人才。主要课程有：运输经济学、国际运输与物流管理、国际海上运输、国际路空运输、海上保险、采购学原理、仓储管理、生产管理、供应链管理、经济学原理、国际经济学、计量经济学等。毕业生就业去向为国家部委、贸易公司、大型企业集团、物流企业等。

4. 经济学专业（国际税务方向）

该专业是为满足经济全球化对我国高级国际税务人才的迫切需要而设立的。依托学院国际经贸、金融专业优势，培养专业基础扎实、知识面宽，既通晓国内外财经理论及相关税务专业知识，又具有较强实际操作能力的国际税务专业人才。主要课程有：财政学、税收学、公共经济学、税收经济学、税收制度与政策、中国税制、税收筹划、税务管理、税务检查、避税与反避税、国家税收、财务管理、税务会计、税收法律等。毕业生就业去向主要为国家部委、大型跨国公司、专业税务服务机构等。

5. 经济学专业（荣誉学士学位实验班）

荣誉学士学位制度是发达国家本科教育中一种比较成熟的培养优秀创新人才的学位教育制度。经济学荣誉学士学位实验班构建并运用适合我国经济学高层次人才的培养模式，培养具有国际竞争力的经济学学术型专门人才。该专业从大学一年级新生中选拔学生，单独编班，通过高难度的课程训练，课上课下的各种正式和非正式的学术活动，参加国际学科竞赛，用英文撰写学位论文等培养手段，发掘学生的学术潜质，引领学生进入学术前沿，为学生今后在中外名校攻读研究生以及创造性地从事经济专业工作打下坚实的基础。主要课程有：经济学原理导论、中级宏微观经济学、计量经济学、国际经济学、金融经济学、数理经济学、规制与反垄断经济学、博弈论与信息经济学等。毕业生就业去向大部分在中外名校攻读研究生学位，少部分到国家部委、大型跨国公司、金融机构工作。

6. 国际经济与贸易专业第二学士学位

该专业培养拥有第一个学士学位的学生从事国际贸易及国际化经营管理活动、相关政策研究所需的基本技能，使学生以自己多样化的专业技能适应社会的需要，成为具有全球视野和国际化经营技能的专业复合人才。主要课程有：国际贸易、国际贸易实务、国际金融、跨国公司、电子商务、中国对外贸易概论、国际营销学、国际商法、宏微观经济学、国际经济学、计量经济学等。毕业生就业去向主要为国家部委、贸易公司、中外跨国企业、金融机构等。学制二年。

（二）硕士研究生专业

截至2010年12月，国际经济贸易学院设有国际贸易学、金融学、产业经济学、数量经济学、财政学、区域经济学等科学学位硕士研究生专业，还设有国际商务硕士、金融硕士和资产评估硕士三个专业学位硕士研究生专业。

硕士研究生的培养目标是通过灵活多样的课程设置，使学生具备坚实的专业理论基础，掌握先进的分析手段及实际操作技能，具有国际化的视野和较强的中英文沟通能力。2006年1月，对外经济贸易大学获得应用经济学博士学位一级学科的学位授权。相应地，学院也具有应用经济学硕士学位一级学科的学位授权。

（三）博士研究生专业

2006年1月，对外经济贸易大学获得应用经济学博士学位一级学科的学位授权。

学院从1984年招收国际贸易学专业博士研究生，2003年招收金融学专业博士研究生，从2006年开始招收区域经济学、财政学、产业经济学、数量经济学专业博士研究生；学院在法与经济学北京市重点交叉学科点下，设立法与经济学交叉学科博士培养项目。学院于2002年建立了应用经济学博士后流动站。2010年初，学院的博士研究生培养工作接受了国际专家的评估。

（四）来华留学生教育

学院来华留学生的培养包括本科、硕士和博士三个层次，按照全中文和全英文两个轨道培养。全中文培养的轨道与中国学生的培养模式相似，但突出了留学生教育的特点。全英文培养轨道与国际高水平大学的学位项目一致，本科设有国际经济与贸易、经济学、金融学、物流管理四个专业；硕士设有国际商务、金融、应用经济学、国际发展四个专业；博士设有经济学一个专业。2010年在学院攻读学位的来华留学生人数达到868人，来自100多个国家，占全国来华留学生学历生总规模的1%以上。

第三节　科研与教学

一、科研

（一）科研立项

2000 - 2010年，国际经济贸易学院共承担18项国家自然科学基金、社会科学基金等国家级课题，24项教育部及北京市等省部级纵向课题，共获得经费516万。

承担商务部、科技部、农业部、原国家经贸委、国家电监会以及企事业单位等横向课题共96项，共获得经费1 030万。

学院承担联合国贸发会议、亚太经合组织、博鳌亚洲论坛、法国国家科学院、加拿大自然科学基金会、美国国际贸易委员会、能源基金会、澳大利亚国际援助署、英国国际发展署等国际机构的课题16项，获得经费超过80万美元。

学院承担的国家级以及省部级科研立项见下表。

表10.1.1 2000－2010年学院承担国家级课题一览表 （单位：万元）

序号	课题名称	项目来源	主持者	立项时间（年）
1	竞争性投资决策模型、理论及其应用	国家自然科学基金	刘树林	2000
2	马克思主义论经济全球化	国家社会科学基金	王绍熙	2001
3	拍卖基本理论与实务研究	国家自然科学基金	刘树林	2001
4	汇率制度与货币政策和经济稳定增长的协调关系	国家社会科学基金	孙华妤	2005
5	多属性采购拍卖与应用	国家自然科学基金	刘树林	2005
6	中外跨国公司成长环境与模式比较研究	国家社会科学基金	卢进勇	2007
7	国际油价变动趋势及其对我国经济的影响研究	国家社会科学基金	魏巍贤	2007
8	属权法国际贸易核算体系下的中美贸易不平衡成因分析	国家自然科学基金	林桂军	2007
9	新形势下防范金融风险研究	国家社会科学基金	门　明	2008
10	供应链管理国际化下的企业关系研究——以中国汽车制造企业为例	国家社会科学基金	赵忠秀	2008
11	外贸增长方式转变和出口企业生产率研究	国家社会科学基金	葛　嬴	2008
12	国家石油安全与垄断规制——基于纵向一体化视角、微观经济分析方法的研究	国家社会科学基金	王炜翰	2009
13	构建有效公平的散伙机制——博弈视角的理论研究	国家自然科学基金	李建培	2010
14	新一轮国际贸易保护主义对我国对外贸易的影响及对策研究	国家社会科学基金	唐宜红	2010
15	国际服务贸易数据采集途径的创新研究	国家社会科学基金	王晓东	2010

续表

序号	课 题 名 称	项目来源	主持者	立项时间（年）
16	基于网络博弈理论的自由贸易区路径选择问题研究	国家自然科学基金	张 锦	2010
17	后危机时代稳步推进人民币汇率形成机制改革战略研究	国家社会科学基金	孙华妤	2010

表 10.1.2 2000－2010 年学院承担省部级课题（纵向）一览表

序号	课 题 名 称	项目来源	主持者	立项时间（年）
1	世界贸易组织与我国的经贸发展状况及对策	教育部基地重大项目	薛荣久	2000
2	网上拍卖基本理论与实证分析	教育部	刘树林	2002
3	21 世纪中国企业国际竞争力培养与走出去战略	教育部	卢进勇	2002
4	入世与中国开放型经济政策及法律体系的完善和创新	教育部	王绍熙	2002
5	经济全球化过程中的发展中国家——贸易、投资与市场发展研究	教育部	林桂军	2002
6	世贸组织与中国贸易理论及政策创新	教育部	王林生	2002
7	北京市对外贸易的商品结构变化与未来走向研究	北京市	唐宜红	2006
8	中国跨国公司成长环境与模式研究	教育部	卢进勇	2006
9	研究开发投入、技术进步与利用外资	教育部	崔 凡	2008
10	北京市产业结构调整过程中文化创意产业的国际合作	北京市	梁 蓓	2009
11	北京碳信用交易机制与发展战略研究	北京市	门 明	2009
12	本地市场效应对中国出口商品结构的影响研究	教育部	唐宜红	2009
13	利率管制条件下货币政策对外自主性的衡量	教育部	孙华妤	2009
14	央票、市场分割与我国央行公开市场操作的有效性研究	教育部	许亦平	2009
15	北京市企业国家化动因及影响研究	北京市	洪俊杰	2010

续表

序号	课 题 名 称	项目来源	主持者	立项时间（年）
16	我国企业对外直接投资动因研究——母国制度的视角	教育部	洪俊杰	2010
17	市场导向和商务环境对物流客户关系及绩效的影响：基于中国第三方物流企业的实证研究	教育部	王　强	2010
18	基于管理层择时的公司融资决策研究——动因、机制与监管	教育部	束景虹	2010
19	纺织业的区域、产业布局与转移的优化机理和政策研究	教育部	王　飞	2010
20	产业结构、发展战略与经济转型	教育部	徐朝阳	2010
21	经济学战略规划研究	教育部	林桂军	2010

（二）专著与教材

2002－2010 年，国际经济贸易学院教师共出版 146 部教材、92 部专著、编著 75 部、译著 7 部。

（三）论文

国际经济贸易学院的科研论文相继发表在《中国社会科学》、《经济研究》、《管理世界》、RAND Journal of Economics，Review of Financial Studies，Journal of Econometrics，Urban Studies，International Economic Review，Games and Economic Behavior 等国内、国际顶尖学术期刊上。经济学论文数量指标进入国内高校前 10 名，独立发表能力进入国内高校前 5 名，国际学术影响力日益提高。

2002－2010 年，国际经济贸易学院教师共发表 1 073 篇论文，其中在核心期刊上发表 428 篇，57 篇收录于 SSCI。

（四）学术网络、研究中心

1. 学术网络

学院通过创立 2 个全国性学术组织，成为联合国贸发会议虚拟学院中国唯一成员，加入联合国亚太经社理事会亚太贸易研究和培训网络（ARTNeT）。培训网络通过出版英文学术期刊、主办国际国内学术会议、教师参加学术会议和短期交流等方式，扩大了学术网络的影响。

学院组织开展全国高校国际贸易学科协作组工作，截至 2010 年共召开九届年会，内地及港台参加协作组的高校达到 146 所。同时学院建立中国国际贸易教育科研网 www. csitnet. cn，成为全国高校进行国际贸易学科教学和科研交流的平台。

学院于 2008 年创建国际经济与金融学会中国分会（International Economics and Finance Society China－IEFS China）。其宗旨是支持国际经济学领域（包括国际贸易和金融）的科学研究，促进国内外学者的学术交流，推进学术界、政界及实业界密切合作，截至2010年已举办两届国际学术年会，成为世界范围内国际经济学领域最活跃的学术网络之一。

学院于2005年4月成为联合国贸发会议虚拟学院成员，是代表中国的唯一正式成员，标志着学院的研究与教学进入联合国系统。

2008年与英国Emerald出版公司合作，在全球出版发行英文学术期刊Journal of Chinese Economic and Foreign Trade Studies（ISSN 1754－4408），截至2010年底出版3卷。

2009年8月，国际经济贸易学院正式加入联合国亚太经社理事会亚太贸易研究和培训网络（ARTNeT），成为该组织成员，有多名教师参加了ARTNeT能力建设培训项目。

学院还与国外高校以及联合国、美国国际贸易委员会、世界银行等国际组织建立长期的科研合作。与美国华盛顿大学合作建立国际经济学研究中心，与英国诺森比亚大学合作建设技术管理研究中心，与澳大利亚阿德莱德大学合作建立服务贸易研究中心。

2. 研究机构

学院设立了16个研究中心，包括国际经济学研究中心、国际商务研究中心、外国直接投资研究中心（对外经济贸易大学重点研究基地）、中国国际货币研究中心、中国经济发展研究中心、应用国际贸易研究所、国际低碳经济研究所、能源经济研究中心、金融与资本市场研究中心、特许经营研究中心、租赁研究中心、祥琪奢侈品研究中心、供应链研究中心、行业税收政策与管理研究中心、农产品贸易政策研究中心以及电信、信息与传媒经济研究中心等。学院还建设外贸实训仿真系统南北实验室、产业经济学虚拟研究平台、资本市场虚拟研究平台等。

（五）科研奖励

学院已获得17项国家级与省部级科研奖励，包括全国高校人文社科优秀成果奖、全国商务研究奖、安子介国际贸易研究奖、北京市人文社科奖等。

（六）社会服务

学院为政府部门和企事业单位提供研究支持、专业咨询等服务。如：为国家发展和改革委员会、商务部、财政部、教育部等政府部门提供课题研究支持；学院15位教授担任商务部、海关总署、北京市以及联合国贸发会议等机构的咨询专家。学院与诺基亚、英国石油公司等大型跨国公司以及中国石油天然气股份有限公司、中国石油化工股份有限公司、中国中铁股份有限公司、山东电力集团公司等大型国有企业建立了合作关系。

二、教学

学院推行“成效为本”的教学法改革，全面实施高等教育质量工程，由7名成员组成的学院教学监督委员会监督保障教学质量，审议裁决师生的教学投诉。

国际经济贸易学院拥有1个国家级教学团队——国际贸易教学团队；拥有1项国家

级教学成果二等奖——国际贸易实务课程建设与教学实践；拥有4门国家级精品课程——2004年王健教授主持的《国际贸易实务》、2005年薛荣久教授主持的《国际贸易》、2008年薛荣久教授主持的《世界贸易组织概论》（网络课程）、2010年张玮教授主持的《国际贸易》（网络课程）；拥有1门国家级双语示范课程——2008年林桂军教授主持的《国际贸易》。

国际经济贸易学院还拥有1个北京市教学团队——2007年“国际贸易实务教学团队”；拥有3项北京市教学成果奖——2009年冷柏军教授主持教学改革项目“财经类专业本科生毕业论文英文写作指导模式的探索与实践”（一等奖）和2项二等奖；拥有5门北京市精品课程——2004年王健教授主持的《国际贸易实务》、2004年黄晓玲教授主持的《中国对外贸易概论》、2005年薛荣久教授主持的《国际贸易》、2006年赵忠秀教授主持的《国际运输与物流管理》、2009年杜奇华教授主持的《国际经济合作》。

三、人才培养

（一）办学规模

截至2010年9月，学院注册全日制攻读学位学生3 555人。国内学生2 687人，其中本科生1 817人、硕士生706人、博士生164人。来华留学生868人，其中本科生655人、硕士生176人、博士生37人。2010年中国学生招收了460名本科生、360名硕士研究生、42名博士研究生；来华留学生招收了182名本科生、112名硕士研究生、15名博士研究生。

（二）本科培养特色

学院注重本科生第一、第二和第三课堂的有机结合，组织学生参加国内、国际各种赛事，通过竞赛培养锻炼学生。自2005年以来，在第十七、十八、十九届北京市大学生（丙组）数学竞赛中，共有3人获得一等奖，5人获得二等奖，8人获得三等奖。在大学生英语竞赛中，共有1人获得特等奖，2人获得一等奖，2人获得二等奖，5人获得三等奖。在自2007年的全国大学生数学建模竞赛中，共获得1个全国一等奖，4个全国二等奖，5个北京市一等奖，4个北京市二等奖，其中涉及28人次。在2008、2009和2010年的美国数学建模大赛中，共获得4个国际一等奖，2个国际二等奖，共涉及10人次。

学院学生活动丰富多彩，学生们积极参加全国和学校组织的各类学术、文体活动，并取得了多项优异成绩。曾获“挑战杯”课外科技学术作品竞赛北京市一等奖和二等奖；“天玑小新”杯全国英语竞赛第一名和北京高校“明礼铭志”礼仪演讲比赛第一名；2007、2010年获得第五届国际商务谈判精英邀请赛冠军称号；学生辩论队夺得北京市高校经济学院辩论赛五连冠；学院本科生参与科研创新人数逐年增加；一年一度举行的“经贸文化节”已成功举办了十五届。

学院鼓励学生参与国际学生交换项目，并逐步建立海外实习基地，在本科期间获得半年至一年的海外游学经历。目前，学院与海外及港台地区40多所院校发展合作交流关系，开展教师和学生交流和联合研究工作，与10多所国外院校开展了本硕专业培养国际合作项目，合作学校遍布美、加、英、德、法、澳、日等国，学生可获得本科双学位证书或进行本硕连读。每年派出近100名学生赴海外参加校际交流、访学、暑期课程班、联合培养、海外实习及其他短期交流项目。

（三）就业去向

学院高度重视、关心和帮助学生进行职业生涯设计，本科毕业生除攻读硕士学位和出国留学外，大部分走上理想的工作岗位。国际经济贸易学院毕业生的就业去向主要集中在国家部委（如商务部、外交部）、大型外贸、外企公司、金融机构、高新技术产业和涉外机关事业单位等，考研出国比例逐年上升。一部分学生还进入了中国石油、中石化、壳牌石油、通用电气、国有四大银行、渣打、汇丰等外资银行、全球四大会计师事务所等知名跨国公司。

表 10.1.3　　学院 2006－2010 年本科毕业生工作去向一览表

去向 年份	外贸公司	外企公司	各大银行	高新技术产业	考研出国	机关、事业单位
2006	20%	27%	16%	4%	26%	7%
2007	18%	26%	20%	8%	22%	6%
2008	17%	26%	21%	8%	23%	5%
2009	25%	19%	22%	3%	27%	4%
2010	18%	26%	23%	5%	26%	2%

（四）人才培养规模

2001－2010 年，学院累计本科招收中国学生 3 860 人，毕业 3 547 人；硕士研究生招生 3 100 人，毕业 2 965 人；博士研究生招生 310 人，毕业 235 人。招收来华留学生本科 1 510 人，毕业 1 345 人；硕士研究生招生 470 人，毕业 416 人；博士研究生招生 67 人，毕业 30 人。（见表 10.1.4）

表 10.1.4　　国际经济贸易学院学生的招生及毕业人数一览表

年份	本科招生人数	本科毕业人数	硕士招生人数	硕士毕业人数	博士招生人数	博士毕业人数	本科（留）招生人数	本科（留）毕业人数	研究生（留）招生人数	研究生（留）毕业人数	博士生（留）招生人数	博士生（留）毕业人数
2001	246	167	147	/	17	/	/	14	/	/	/	/
2002	297	183	178	72	26	5	182	21	51	/	1	1
2003	281	362	186	103	22	11	318	33	73	17	8	/
2004	300	557	283	141	31	12	371	42	85	13	6	/
2005	380	290	274	195	31	24	484	49	105	21	6	/

续表

年份	本科招生人数	本科毕业人数	硕士招生人数	硕士毕业人数	博士招生人数	博士毕业人数	本科（留）招生人数	本科（留）毕业人数	研究生（留）招生人数	研究生（留）毕业人数	博士生（留）招生人数	博士生（留）毕业人数
2006	414	376	318	508	25	14	590	62	85	66	11	/
2007	446	294	315	267	26	24	658	92	102	34	18	5
2008	451	314	289	310	30	17	682	99	90	45	27	1
2009	440	372	303	307	39	21	671	138	83	48	32	/
2010	440	449	292	287	40	21	607	169	89	36	30	4

（五）培训项目

学院为中央部委及各级地方政府提供培训项目，如商务部、国家知识产权局、商务部对外援助培训；为中石化、中石油等中央企业提供高级培训项目等。此外，开办多个专业的研究生课程进修班，10 年累计招生规模 7 600 人，结业人数 6 400 人，获得硕士学位人数 1 367 人。

四、学术合作与交流

学院每年举办多个国内国际学术会议，固定举办的大型学术会议包括全国高校国际贸易学科协作组年会、IEFS China 学术年会、中国国际商务发展论坛、全球贸易与经济发展国际学术会议等，10 年累计超过 120 次；接待国外学者来访 560 人次，教师出国（境）参加学术活动 400 多人次，在国际学术会议上宣读论文超过 200 人次。学院每年接收 150 多名交流交换学生，学生主要来自美国、加拿大、德国、法国、澳大利亚、墨西哥等国家，10 年累计超过 1 200 人次。

第二章　法　学　院

第一节　概　　述

法学院成立于1984年。学院设有完整的本科、硕士、博士课程体系，拥有国际法学、民商法学两个二级博士点和法学硕士一级学科点，并设有国际法学博士后流动站。2002年，国际法学专业被批准为国家级重点学科；2006年，民商法学专业被评为北京市重点学科；2007年，法学院获评教育部国际化法学人才特色专业建设点。法学院还是中国法学会国际经济法研究会的常设机构所在地。

学院下设国际经济法学系、民商法学系、经济法学系、法学理论学系、诉讼法学系、宪法学与行政法学系六个学系。学院现有专职教师49人，其中教授16人、副教授18人、讲师15人；具有博士学位的教师40人；国家级教学名师1人，教育部新世纪人才支持计划学者1人，北京市教学名师1人，北京市青年优秀教师2人；先后有3位教师获得国务院特殊津贴。前任院长沈四宝教授是国内知名法学家，国务院学位委员会第四届、第五届学科评议组法学组成员，教育部社会科学委员会委员，中国法学会国际经济法学会会长，国家级教学名师。现任院长王军教授是国内法学界知名学者，现任国务院学位委员会第六届学科评议组法学组成员、中国法学会国际经济法学会副会长，参与了包括中国合同法和侵权法的起草工作在内的相关国家立法研究工作。在2009年12月通过的《侵权责任法》的起草过程中，王军教授被聘为全国人大法制工作委员会聘请的核心专家组成员。

法学院同美国哥伦比亚大学、杜克大学、乔治城大学、威斯康星大学、康涅狄格州大学、劳约拉大学、西东大学的法学院保持着交流关系。目前，法学院已经有多名教师在这些法学院获得学位，还有十余名教师在包括哈佛大学、牛津大学、剑桥大学、耶鲁大学和哥伦比亚大学法学院在内的大学进修、讲学和攻读学位。从2000年起，美国的法学院每年到学院举办暑期班，其间，法学院选出的优秀学生与来自美国的几十个学生共同学习，在同一个考场中使用相同的试卷考试。

法学院承办了多项全国性学术会议和国际高端学术会议。2005年以来，曾牵头主办多次全国性国际商法教学研讨会。2005年12月22日，举办多哈回合最新发展会议；2006年3月4日，举办后WTO法律制度嬗变暨多哈回合进展路线图国际会议；2006年以来，每年承办中国国际经济法学研究会年会；2007年6月24日，举办全国法学博士培养论坛；2008年1月12日，举办反垄断法实施与司法程序研讨会；2008年12月18日，举办首届全国财经类院校法学教育论坛；2009年12月9日，举办反垄断规制与知识产权研讨会。

法学院在日常授课中注重选用全外文的资料、教材，注重对国外先进法学院教学风格的吸收，又利用学校、学院所建立的良好的国际性教学交流途径，定期邀请知名教授、学者来校授课，并输送优秀学生去国外知名法学院深造，帮助学生比较真切地感受法制发达国家法学教育的最新脉动。为了实现教学的兼容并蓄，即理论学习与专业实践的相互结合，学院的专业课程不仅采用案例分析型、比较分析型、模拟辩论型等多种课堂教学方式，而且鼓励学生自主创立法律援助中心，利用所学知识积极为社会提供服务。

2000－2010年，法学院共培养本科毕业生880余人，硕士毕业生914人，博士毕业生167人。自2006年始，本科毕业生就业率在95%以上，2008年以来就业率均在98%以上。

2008年，法学院学生在“中国工商银行杯”首都大学生辩论邀请赛中获得亚军。法学院与国内外多所高校搭建了交流合作平台，参加多项国内外大型学术赛事，包括维也纳商事仲裁比赛、Jessup模拟法庭比赛、“挑战杯”首都大学生课外学术科技作品比赛、“贸仲杯”国际商事仲裁比赛等。

法学院在北京建立的实习基地有金杜律师事务所、华贸硅谷律师事务所、商务部条法司、反垄断局和公平贸易局等。外国的律师事务所，如美国的美迈斯所、众达所、普衡所，英国的高伟绅所、安理所等，都接待过法学院学生的实习。它们在学校还设有奖学金或向法学院的学生提供科研项目资助等。

第二节　专业与学系

一、国际法学专业与国际法学系

国际法学专业（包括国际公法、国际私法、国际经济法三个方向）设立于1984年1月3日，是学校第一批设立的两个博士点之一，并于2002年被评为国家级重点学科。该专业现拥有博士学位授予资格、博士后流动站、教育部国际化法学人才特色专业建设点、全国双语教学示范点，自2005年成为中国法学会国际经济法学研究会依托单位。

国际法学系现有教授4人、副教授7人、讲师5人，其中博士生导师5人。沈四宝教授为教育部社会科学委员会委员、中国法学会国际经济法学会会长，2006年评为国家级教学名师。代表性教材《国际商法》被列为国家“十一五”规划教材，先后5次获得省部级以上教学成果奖。

国际法学系成立了WTO法律研究中心等专业学术研究机构，其部分科研成果已被实践部门用作决策的参考。国际法系的教师还主持承担2项国家哲学社会科学基金以及10余项教育部、司法部、国务院法制局和商务部等部委资助的研究项目。在国内法学权威期刊和核心期刊上发表学术论文52篇，出版专著14部。

二、民商法学专业与民商法学系

民商法学专业于1998年7月获得硕士学位授予权，2006年被评为北京市重点学科；民商法学博士点于2008年开始招生，设有民法学、商法学、民诉法学和金融法学等研究方向。该专业由民法学、商法学和知识产权法学三个研究方向构成，其研究涉及民商的各个重要领域，如民法总论、物权法、合同法、侵权责任法、公司法和知识产权法等。

民商法学系现有教授4人、副教授4人、讲师4人，其中博士生导师4人。该系教师伴随我国侵权法起草的进程，承担了多项重要研究课题，其研究成果得到全国人大法工委主持侵权法起草工作的有关领导的肯定。

三、经济法学专业与经济法学系

该专业密切关注中国市场经济法制融入全球化的迫切需要，致力于探究和解决中国经济转型时期国家协调经济发展的重大理论和实践问题，在竞争法、银行法、保险法、证券法等研究领域取得成果。以黄勇教授为首的反垄断法和反不正当竞争法学术团队与美国司法部反托拉斯局、美国联邦贸易委员会以及欧洲委员会竞争总司建立了长期的学术联系，三家机构的最高主管官员都曾应邀前来中国访问，参加相关的学术会议。自2007年起至今，欧洲委员会竞争总司通过其在中国的代表机构定期委托该团队成员进行反垄断法的课题研究，并将研究成果提交给中国的反垄断立法和执法机构。

经济法学专业现有教授2人、副教授4人、讲师3人，其中博士生导师2人。黄勇教授是活跃在反垄断法和反不正当竞争法领域的知名专家，受邀于全国人大、国务院、商务部等部门，在这一领域参与制定或修订了多项法律和法规，主持国际合作研究及省部级科研项目21项，入选教育部“新世纪优秀人才计划”。

四、法学理论专业与法学理论学系

法学理论专业关注与涉外法制、国际法等密切关联的法学理论的主题性研究，重点为比较法理论、法制现代化理论、法社会学、法经济学等领域。同时，该专业方向关注与当代中国法制建设关系紧密的重大理论问题研究，在司法改革理论与实践、法治与社会秩序等领域承担了10余项重要课题。

法学理论系现有教授2人、副教授1人、讲师1人，其中博士生导师1人。承担该专业的本科核心课程和法学硕士、法律硕士以及法学博士的学位课程、研修课和专题讲座的教学任务。其中，为本科生开设的课程包括法理学、中国法制史、西方法制史和欧洲联盟法概论等。

五、诉讼法学专业与诉讼法学系

该专业现有民事诉讼法学、刑事诉讼法学、仲裁和证据法学等方向，其研究涉及诉讼及仲裁的各个重要领域，在民事诉讼法、刑事诉讼法、仲裁法、破产法和证据法方面取得学术成果，已形成三个重点研究领域：涉外民事诉讼法、国际商事仲裁与国际争端解决、中国诉讼法和司法制度。

诉讼法学专业现有教授3人、副教授1人、讲师1人，其中博士生导师3人。沈达明教授20世纪90年代所著《比较民事诉讼法初论》曾获第一届国家人文科学优秀成果一等奖。该系教师利用学科点的模拟法庭和模拟仲裁实验室，为本科生和硕士生开设模拟法庭、商事仲裁实务、法律谈判等课程。

六、宪法学与行政法学专业及宪法学与行政法学系

宪法学与行政法学专业主要研究宪法学的基本理论、基本宪政制度和中国宪政建设中的主要问题以及行政法的基本观点、基本原理和基本制度，解决中国行政法制建设中的现实问题。目前该专业的主要研究方向有：比较宪法、比较行政法与行政诉讼法、外贸行政法、海关行政法、涉外行政法。该专业主要培养从事宪政、人权、行政法理论研究的专门人才和法律实务人才。

宪法学与行政法学系现有教授1人、副教授1人、讲师1人。

七、法律硕士专业

对外经济贸易大学作为全国首批获得法律硕士专业学位教育的八所院校之一，于1996年起正式在全国招生。该专业学位旨在培养德才兼备，具备较坚实的法学理论基础和较全面的法律实务知识，并掌握较广博的涉外经贸知识，较熟练地运用一门外语，适应社会主义市场经济和对外开放事业的需要，适应社会主义民主、法制建设需要的高层次的复合型、应用型法律专门人才。

该方向培养方式以课堂教学为主，重视和强调案例教学，注重培养理论联系实际的能力。学位论文的写作采取导师制。为加强教学与科研、法律实务部门的联系与交流，学院聘请法律实务部门的专家参与研究生的教学及培养工作。教学内容及教授方法均以加强学生的职业道德和职业能力的培养为基本目标，并始终以培养学生自觉运用职业思维方式和法律原理观察、分析及解决各种社会问题的能力，培养学生熟练地进行法律推理的能力，培养学生熟练地从事代理与辩护业务、非诉讼法律事务以及组织与管理法律事务的能力为原则。

从2000年12月到2010年1月，法学院共培养法律硕士1 370人。

第三节　学科建设与科研

一、学科建设

法学院于1985年获得国际法学二级博士点授权，是全国最早获得国际法学博士学位授予权的学科点之一。国际法学学科于1997年获选全国首批“211工程”大学重点建设学科，2002年获评国家级重点学科，2003年建立国际法学博士后流动站，2006年成为中国国际经济法学研究会依托单位，2007年再次获评国家级重点学科，并获评教育部国际化法学人才特色专业建设点及教育部全国双语教学示范点。法学院民商法专业于2006年获得二级博士点授权，2007年获评北京市重点学科，并于2007年开始招收博士研究生。在北京市教育质量工程项目中，获北京市优秀教师团队建设项目和国际商事仲裁实验教学中心建设项目。

二、科研情况

自2000年至2010年12月，法学院承担的国家级、省部级科研立项近百项，详见下表：

表 10. 2. 1　　2001 - 2010 年法学院国家级课题一览表

序号	课题名称	项目来源	主持者	立项时间（年）
1	法学教育改革问题研究	国家社科基金	沈四宝	2003
2	国际法与国内法的关系	国家社科基金重点项目	万鄂湘	2004
3	加入世贸组织后面临的新法律问题研究	国家社科基金	陈卫东	2005
4	我国侵权损害赔偿制度的构建	国家社科基金	王　军	2006
5	多边环境条约中的贸易措施研究	国家社科基金	边永民	2007
6	现代社会中的隐私权保护	国家社科基金	马　特	2007
7	商业银行重整与破产法律制度研究	国家社科基金	伏　军	2007
8	《合同法》分则的完善与我国典型合同立法的体系性研究	国家社科基金	宁红丽	2008
9	最高人民法院判决研究	国家社科基金	侯　猛	2008
10	法律政策在侵权民事案件司法裁判中的运用与考量——以中国法院侵权民事案件为研究样本	国家社科基金	林　敏	2008
11	海事法视阈下的索马里海盗问题研究	国家社科基金	刘刚仿	2010

表 10. 2. 2　　2001 - 2010 年法学院省部级课题（纵向）一览表

序号	课题名称	项目来源	主持者	立项时间（年）
1	国际贸易规则与环境措施的法律研究	教育部	边永民	2001
2	中国证券仲裁制度方案	教育部	沈四宝	2002
3	侵权法上严格责任比较	教育部	王　军	2002
4	我国境内企业境外间接上市法律问题研究	教育部	伏　军	2005
5	当代中国和谐社会的道德共识与民法制度的价值取舍——以权利理论为中心	北京市	梅夏英	2006
6	我国商事仲裁的制度创新——以我国仲裁法修订为视角	教育部	王晓川	2007

续表

序号	课 题 名 称	项目来源	主持者	立项时间（年）
7	DNA 证据研究	教育部	陈学权	2007
8	区分所有建筑物的管理问题研究	教育部	徐海燕	2007
9	人权与贸易关系研究	教育部	陈卫东	2007
10	完善我国产品责任法相关问题研究——以北京市法制实践为视角	北京市	李　俊	2009
11	北京市外商投资法律体系建设	北京市	沈四宝	2009
12	反垄断法域外使用理论与实务	北京市	黄　勇	2009
13	北京市商事争议多元解决机制研究	北京市	沈四宝	2009
14	北京市发展低碳经济的政策法律制度研究	北京市	丁　丁	2010
15	生命权的伦理冲突和制度保障	教育部	马　特	2010
16	业主大会的内部治理研究	教育部	薛　源	2010
17	两岸四地自由贸易区暨经济一体化法律问题研究	教育部	鲍　禄	2010

教师在核心期刊发表论文 288 篇，出版学术著作和教材近 200 部。

法学院的科研成果获国家和省部级奖励 30 余项，其中：沈四宝主编的《国际商法》2005 年被评为教育部高等教育精品课程，2006 年获司法部第二届全国法学教材与科研成果奖；王军《比较合同法》教学与课程于 2005 年获北京市教育教学成果奖（高等教育）二等奖；沈四宝《世界贸易组织法教程》获 2005 年北京市高等教育精品教材称号；沈四宝“新型国际化经贸法律人才培养模式”获 2008 年北京市优秀教学成果奖二等奖；黄勇《国际竞争法研究——竞争法实施中的国际冲突与国际合作》、李卫刚《宪法学讨论教学教程》2006 年同获第二届全国法学教材与科研成果奖；陈学权《中华人民共和国刑事诉讼法再修改专家建议稿与论证》2009 年获司法部第三届全国法学教材与优秀科研成果奖（著作）二等奖；李玫《大湄公河次区域经济合作法律问题研究》2009 年获司法部第三届全国法学教材与科研成果奖；陈学权《科学技术在刑事诉讼中的价值》2009 年获司法部全国法学教材与优秀科研成果奖、优秀作品奖。

法学院教师在国外讲学以及在国际会议上作重要主题报告或发表演讲 70 余次，其中：王军教授在 2005 年 4 月哈佛大学法学院东亚法律研究中心会议上作关于中国传统文化、传统哲学和法律的演讲；盛建明教授在 2005 年 12 月香港 WTO 第五届部长会议边会——WTO 与可持续发展上作题为“可持续发展对中国法律制度的挑战”的报告；边永民教授在 2008 年 6 月 Sustainability in FTAS 会议上作题为 The Sustianable Issues in China's FTAs 的报告；黄勇教授在 2008 年 9 月苏黎世的竞争法学会第三届年会上作题为

Competition Law in China：Recent Developments and Open Questions 的报告；石静霞教授在 2008 年 11 月耶鲁大学举办的亚洲与国际关系国际会议上作关于亚洲法律改革的演讲；苏号朋教授在 2009 年 10 月于北京举行的罗马法 · 中国法与民法法典化国际研讨会上作题为“论中国法上的惩罚性赔偿”的演讲；丁丁教授在 2009 年 12 月在阿根廷举办的第三届中国——拉美法律论坛上作题为“中国与拉美发展自由贸易区的法律对策”的报告。

第三章　金融学院

第一节　概　　述

一、历史沿革

金融学院成立于2000年6月，在原中国金融学院金融系、工商管理系、国际经济系的基础上组建而成。

原中国金融学院成立于1987年9月20日，隶属于中国人民银行，是由中国人民银行、中国工商银行、中国农业银行、中国银行、中国建设银行（原中国人民建设银行）、中国人民保险公司、中国国际信托投资公司、交通银行、光大金融公司等多家金融机构共同组建的高校。邓小平同志亲笔题写校名，陈云同志题词："办好中国金融学院，培养新一代银行家。"陈慕华同志为第一任名誉院长，刘鸿儒同志担任第一任院长。学院集聚了刘鸿儒、俞天一、江其务、甘培根等一批国内外知名教授。

2001年5月，学院调整为金融系、国际金融系和证券投资系三个学系，有专职教师37人。

2004年，学院调整为货币经济系、金融经济系、银行管理系和金融工程系四个学系。设有两个本科专业：金融学专业和金融工程专业。

2007年，学院根据专业设置再次调整为三个学系：金融系、金融工程系和投资系。

二、学科发展

2000－2010年，金融学院开办的专业由一个发展为三个，分别为：金融学、金融工程学、投资学。其中金融学专业已形成本科、硕士、博士三个培养层次，设有博士后流动站，并在本科层次设立CFA（特许金融分析师）和FRM（金融风险管理）等特色专业方向。同时拥有来华留学生金融学专业本科、硕士、博士的培养点。

2002年，金融学科被确定为北京市重点学科，同年招收第一届金融学专业硕士研究生。2003年获得金融学专业博士点授予权，并于2004年招收第一届金融学专业博士研究生。

2003年，经教育部批准，设立金融工程学本科专业，同年招收第一届金融工程学专业本科生。

2006年，经教育部批准，设立投资学本科专业，并于2007年开始招生。

2008年，金融学专业被批准为国家级特色专业建设点，金融学和金融工程学同时获得北京市特色专业建设立项；2009年，金融工程学专业被批准为国家级特色专业建设点，金融学教学团队为北京市级优秀教学团队。

2008 年，“银行管理学” 获得教育部双语教学示范课程立项。

三、师资与学生

学院现有专职教职工 64 人，其中专业教师 52 人；享受政府津贴的专家 4 人，教授 13 人，副教授 23 人；具有博士学位的教师 35 人。获得北京市优秀教师 3 人次，北京市师德先进个人 2 人次，北京市优秀共产党、“首都教育先锋教学创新个人” 等其他省部级以上荣誉称号 12 人次；获得 “安子介国际贸易研究奖”、“北京市哲学社会科学奖” 等省部级以上科研奖励 7 人次；具有海外学习、进修、访学经历的教师 32 人次。

现有在校生 1 583 人，其中本科生 1 108 人，硕士和博士研究生 317 人，来华留学生 158 人。学院毕业生的就业率连续多年达 98% 以上，就业单位主要在央行、商业银行、证券投资等金融系统、外资企业、国家机关等相关领域。

第二节　教育教学

一、本科教育

（一）金融学专业

该专业本科的主要课程包括：微观经济学、宏观经济学、计量经济学、货币银行学、财政学、公司理财、银行管理学、国际金融学、金融风险管理、金融经济学导论、金融工程学概论、金融衍生工具、金融监管理论与实务、个人理财、证券投资学、投资银行学、企业财务分析和统计学等课程。另有 20 门左右的专业课程供学生选择。

（二）金融工程专业

该专业本科的主要课程包括：微观经济学、宏观经济学、计量经济学、货币银行学、金融工程学、公司理财、金融衍生工具、金融经济学导论、金融风险定量分析、应用随机过程、银行管理学、国际金融学、证券投资分析与管理、固定收益证券分析、金融时间序列分析、金融工程应用分析等课程。另有 20 门左右的专业课程供学生选择。

（三）投资学专业

该专业本科的主要课程包括：经济学和管理学类的宏微观经济学、计量经济学、管理学、项目管理、项目评估、产业经济学、技术经济学；金融和财务管理类的金融学、财务会计、公司理财、企业财务分析、价值评估；以及投资类的投资学、证券投资学、项目融资、投资银行经营与业务、风险投资、兼并与收购、房地产投资等课程。

（四）特许金融分析师（CFA）特色班

CFA 是 “特许金融分析师”（Chartered Financial Analyst）的简称，是美国以及全世界公认的金融投资行业最高等级证书，也是全美重量级财务金融机构金融分析从业人员的必备证书。学院与美国特许金融分析师协会合作，在本学院本科生完成前两年基础课程教育的前提下，择优选择部分学生组成单独的 CFA 特色班，通过实施与国际接轨的 CFA 课程体系，培养具备 CFA 知识体系、能够有能力通过 CFA 考试的应用型金融人才。

该方向的主要课程有：微观经济学、宏观经济学、计量经济学、货币银行学、银行管理学、国际金融学、财政学、金融经济学、金融风险管理、公司理财、衍生产品与另类投资分析、权益证券估值与投资分析、固定收益证券估值与投资分析、资产组合管理、财务报表分析、投资中的定量方法与应用。

（五）金融风险管理（FRM）特色班

FRM（Financial Risk Manager）是全球金融风险管理领域的一种资格认证，由全球风险协会（GARP）设立。GARP是由150多个国家的85 000多名会员组成的世界最大的金融协会组织之一。FRM考试设立的时间不长，但发展极为迅速，已得到华尔街和其他欧美著名金融机构与大型公司风险管理部门以及政府监管层的认同，并已初步成为风险管理领域里最权威的认证。学院与美国全球风险协会（GARP）中国分会合作，在本学院本科生完成前两年基础课程教育的前提下，择优选择部分学生组成单独的FRM特色班，培养具备FRM的知识体系、并有能力通过国际考试获得FRM证书的风险管理专业人才。

该方向的主要课程：微观经济学、宏观经济学、计量经济学、货币银行学、银行管理学、国际金融学、财政学、金融经济学、金融中的数量方法、资本市场及金融工具、市场风险管理、投资风险管理、信用风险管理、操作风险管理、监管及合规。

二、研究生教育

（一）博士研究生

博士研究生课程主要有：高级微观经济分析、高级宏观经济分析、高级计量经济分析、当代金融理论与政策、中国金融问题研究、经济及金融经典著作选读、货币经济学前沿问题。

（二）硕士研究生

硕士研究生课程主要有：微观经济学、宏观经济学、计量经济学、金融计量经济学、经济金融经典文献选读、经济金融前沿问题讲座、货币经济学、国际金融理论与政策、金融经济学、公司金融研究、银行经济学、金融工程学、金融规划与决策、金融监管理论与政策、现代财政理论与政策、投资组合管理、投资技术分析理论、行为金融学固定收益证券定价、金融风险学。

（三）在职研究生课程班

目前，学院共设银行管理方向、CFA方向、公司金融与投融资方向、金融工程与风险管理方向、投资分析与金融理财方向、金融投资与证券实务方向等6个研究方向，在校生600多人。

三、来华留学生教育

（一）金融学专业（本科）

该专业设有中文授课和全英文授课两种培养模式，下设国际金融和证券投资两个研究方向，中文授课主要课程有微观经济学、宏观经济学、货币银行学、金融市场学、国际金融学、国际贸易理论与实务、风险投资、商业银行业务与经营、中国金融改革和发展、投资银行学、证券投资学。英文授课主要课程有微观经济学、宏观经济学、货币银行学、金融市场学、国际金融学、国际贸易理论与实务、风险投资、商业银行业务与经营、中国金融改革和发展、投资银行学、证券投资学、微观经济学、宏观经济学、货币银行学、金融市场学、国际金融学、国际贸易理论与实务、风险投资。

（二）金融学专业（硕士）

主要课程包括：中级微观经济学、中级宏观经济学、计量经济学、货币经济学、金融经济学、国际金融理论与政策、中国金融、东亚金融、现代金融前沿问题。

（三）金融学专业（博士）

主要课程包括：高级微观经济学、高级宏观经济学、金融计量经济学、计量经济学、国际金融理论、金融工程学、金融理论与政策。

第三节　学术研究

一、科研机构

学院搭建的科研平台包括：金融研究所、应用金融研究中心、金融市场研究中心、金融产品与投资研究中心、中小金融机构研究中心、公共政策研究所、中国汽车金融研究中心。

二、学术成果

学院教师自2000年以来获得的国家级、省部级科研立项见下列各表。

表10.3.1　　2000－2010年金融学院国家级科研课题一览表

序号	课题名称	项目来源	主持者	立项时间（年）
1	金融制度的功能变迁与我国金融机构经营模式的转换	国家社会科学基金	吴　军	2003
2	人民币区域化问题研究	国家社会科学基金	邱兆祥	2005
3	扩大需求特别是农村消费需求研究——基于不确定性的分析	国家社会科学基金	齐天翔	2006
4	管理者行为视角下股价泡沫对公司投资行为的影响：机制及检验	国家自然科学基金	俞鸿琳	2009
5	国际化资产配置的风险管理问题研究	国家自然科学基金	余　湄	2009
6	金融危机、资本流动与我国的经济增长	国家社会科学基金	范言慧	2009

续表

序号	课题名称	项目来源	主持者	立项时间（年）
7	不确定环境下居民家庭投资组合模型和实证研究	国家自然科学基金	吴卫星	2010
8	银行监管对商业银行跨境并购影响的实证研究	国家自然科学基金	陶利斌	2010
9	国际铸币税的测算	国家自然科学基金	张健华	2010

表 10.3.2　　2000－2010 年金融学院省部级课题一览表

序号	课题名称	项目来源	主持者	立项时间（年）
1	多元化金融集团与金融控股公司——金融企业组织变革	教育部	郭　敏	2001
2	财政政策和货币政策协调配合的路径研究	教育部	邱兆祥	2001
3	入世后中国金融对外开放的战略与策略研究	教育部	刘　亚	2001
4	信用风险量化模型的构建和应用研究	教育部	吴　军	2002
5	不确定性与个人储蓄	教育部	齐天翔	2005
6	北京市农村金融服务业的现状与发展路径研究	北京市	田秀娟	2006
7	经济全球化条件下北京市金融业风险预警与风险管理机制研究	北京市	宋国良	2006
8	北京现代金融中心建设问题研究	北京市	刘　亚	2007
9	北京金融业集聚与金融创新研究	北京市	吴　军	2007
10	我国巨灾风险管理的财政支持体系研究	教育部	林　晶	2008
11	中国家户投资组合调查和实证研究	霍英东基金	吴卫星	2008
12	外需贡献“先大起后大落”的形成机制研究——金融约束的视角分析	教育部	王剑锋	2009
13	IPO 市场效率的影响因素及评价指标体系研究	教育部	贺炎林	2009
14	北京市居民家庭投资组合选择行为与相关金融政策分析	北京市	吴卫星	2010

续表

序号	课题名称	项目来源	主持者	立项时间（年）
15	从辅导员挂职锻炼经历解析高校辅导员多元化培养路径	教育部	王祖瑞	2010
16	后危机时代中小商业银行的效率提升与风险控制研究	教育部	邱兆祥	2010

2000—2010 年，学院教师共发表学术论文 782 篇，出版著作 72 部，编写教材 68 部，其中 15 篇被 SCI/SSCI 收录。

2008 年与 2009 年，金融学与金融工程被列为国家级特色专业建设点，2003 年《微观经济学》、2005 年《银行管理学》列入北京市精品课程，2009 年金融学教学团队获得北京市优秀教学团队的荣誉。

三、学术活动

学院组织多项学术活动，形成了 SBF 论坛、教师学术报告会、瑞穗金融论坛等多个学术活动传统项目。

2002 年 5 月 20－23 日，学院与中国人民银行西安分行在宁夏联合召开“加入 WTO 与中国高等金融教育的改革和创新高级研讨会”，与会嘉宾共商金融教育的改革与创新。

2005 年 11 月 14 日，第一届“瑞穗基金金融论坛”隆重举行，中日专家共聚惠园讨论金融前沿问题。

2007 年 5 月 19 日，学院与北京开达经济学家咨询中心、《金融时报》理论部共同举办“三农问题与金融支持高层专题研讨会”。

2008 年 3 月 17 日，第二届“瑞穗基金金融论坛”隆重举行。3 月 19 日，学院与世界银行集团国际金融公司共同举办“按揭保险国际研讨会”。

2008 年 10 月 25－26 日，“第五届中国金融学年会”由本院承办，年会共收到国内外 106 所高校及研究机构提交的 318 篇论文，通过评审入选了 187 篇论文；260 多位来自全国 80 多所高校和中国人民银行、农业部等部委研究机构以及美国、韩国、中国香港、中国台湾的学者和专家参加了大会。

2009 年 1 月 17 日，学院与北京开达经济学家咨询中心联合举办“2009 首都经济学界新春论坛”，邀请北京市 50 多位著名经济金融领域专家莅临学校。

2010 年 1 月 9 日，学院举办“金融创新与发展国际研讨会”，来自中国、西班牙、韩国、俄罗斯、日本、沙特六国的专家学者 50 余人汇聚对外经济贸易大学，共同研讨后金融危机时代金融监管、金融创新与发展、国际金融新秩序的重建和金融研究的未来发展趋势。4 月 16 日，学院金融产品与投资研究中心主持举办“中国 · 银行理财年会（2010）”。5 月 24 日，学院与国家开发银行联合举办“资产证券化创新研讨会”。5 月 29 日，第三届“瑞穗基金金融论坛”隆重召开。10 月 16 日，由学院与《金融研究》

编辑部举办的第一届金融研究论坛隆重举行。

2010 年 6 月 19 日，学院金融市场研究中心主持举办“全球风险协会（GARP）对外经济贸易大学分会揭牌仪式暨风险管理论坛”，全球风险协会 UIBE 分会成立，成为 GARP 在中国设立的首个高校分会和课程培训基地。

第四节　合作交流

金融学院与国内外的高校、研究机构、金融业界建立了广泛的联系。学院先后与中国人民银行、交通银行、中国工商银行、中国农业银行、中国诚信信用管理有限公司等单位合作建立 9 个教学实习基地。学院与美国、英国、澳大利亚、日本、韩国、中国香港等国家和地区的高等院校和金融机构广泛开展学术交流、互派教师、合作办学等。

一、教学实习基地及校企合作

2002 年，学院与中国民生银行合作，联合举办“民生班”，开启银校联合培养人才的新模式，民生班共举办 3 期。

2003 年，与宁波鄞州农村合作银行签订农村合作银行发展模式研究合作协议，共同开展课题研究。

2005 年，与中国农业银行合作建立农行北京分行教学实习基地和云南省分行教学实习基地。与中国诚信信用管理有限公司合作建立教学实习基地。与中国人民银行福州中心支行合作建立东南教育实习基地。

2006 年，学院建立金融工程实验室，为金融工程专业学生的实践学习创造条件。与中国信达资产管理公司签订合作协议，建立学生实习基地。

2009 年，与交通银行北京分行签订合作协议，建立教学实习基地。与中国工商银行签订产学研合作协议，开展多方面合作。与花旗银行合作，举办“花旗银行金融实务班”。与国家开发银行签订合作协议，共同开展资产证券化创新课题研究。

2010 年，学院与工商银行合作，联合举办“工商银行杯”全国大学生银行产品创意设计大赛活动。与冠通期货经纪有限公司签订合作协议，建立期货教学实习基地。与深圳发展银行合作建立深圳发展教学实习基地。

二、社会服务品牌

2004 年，学院与中国人民银行培训学院联合举办“计量经济模型在中央银行的应用”培训项目，先后为中国人民银行相关职能部门的业务骨干以及福州、成都、广州等分行举办了 8 期专业培训班。

2005 年至今，学院为浙江和山东、北京等地区的中小商业银行开展高、中层管理干部培训，已举办 10 期专业培训班。

2007 年 3 月开始承办“银监会系统干部监管专业英语”培训项目，每期三个月。培训对象主要是来自银监会会机关、省银监局以及各地银监分局处级以上干部和业务骨干。截至 2010 年，已成功举办 6 期，培训学员 300 多人。

三、国际合作项目

2007 年，学院与英国伯明翰大学社会科学学院经济系签订合作协议，开始举办“1+1”国际硕士课程班项目。2008 年、2009 年、2010 年 3 届学生共计 80 多人赴英学习。

2008 年，学院与美国西东大学签订师生交换合作协议，并开始举办“1+2”国际硕士课程班项目。与英国鲁斯金大学签订合作协议，开展师生互换交流项目等合作。

2010 年，学院与美国西东大学签订“研究生联合培养和举办暑期班合作协议”，与美国威廉·帕特森大学签订“暑期游学实践项目合作协议”，开始进行暑期实践项目和研究生联合培养。

2010 年暑期，第 1 期暑期游学学生访美。

第五节　学 生 工 作

从 2001 年开始，学院以“秉承学院传统，传播金融文化”为主旨，举办了九届“金融文化节”，为学生提供了与著名经济学家和知名企业直接交流学习的平台。

学院每学期组织各种文体活动和各类竞赛，利用第二课堂丰富学生的校园文化生活。同时积极探索第三课堂教学，面向社会开展志愿服务活动，如：与团中央、中国少儿新闻出版总社、“知心姐姐”工作部联合开展“知心信件”志愿活动；与打工子弟爱心会（CMC）联合开展为打工子弟支教活动；与亚运村街道办事处联合开展助老服务活动；与交通管理部门联合开展交通协管服务等。每年暑期，学院还组织学生分赴全国各地，在民生、经济、文化等多个领域开展社会实践和调研。

2006 - 2010 年，学院有 300 多名学生参与本科科研创新活动，本科学生公开发表学术论文 20 余篇，获得创新成果奖国家级 1 项、北京市一等奖 1 项、三等奖 2 项、优秀奖 2 项。有 70 余人次在全国大学生英语竞赛、全国大学生英语演讲比赛、全国大学生数学竞赛、全国大学生数学建模大赛、美国大学生数学建模竞赛、全国语言文字基本功大赛中取得优异成绩。在 2009 年首届北京市英语演讲比赛中，本院学生获特等奖。2009 年学院 1 名学生入选“中国大学生年度人物”。学生学术刊物《金融方舟》已出版 13 期。

2010 年，学院制定《学院学生学术发展基金及管理办法》用以鼓励和支持学生从事学术研究，2010 年 12 月，首批获资助学生名单公示。

第四章　国际商学院

第一节　概　　述

国际商学院的前身为1982年创建的北京对外贸易学院国际经济管理系，简称“五系”，1987年更名为国际企业管理系，1994年更名为国际工商管理学院，2005年更名为国际商学院。

学院现设六个学系：会计学系、管理学系、财务管理学系、人力资源与组织行为学系、营销学系、统计与技术经济学系。截至2010年12月，学院专职教师共计83人，其中教授27人、副教授32人；具有博士学位的教师61人。教师中，7人享受国务院特殊津贴，1人是新世纪百千万人才工程国家级人选获得者，1人评为北京市教学名师，5人是教育部新世纪人才计划获得者，1人是全国百篇优秀博士论文获得者。

学院拥有本科、硕士、博士三个层次的学位授予权。本科层次设有工商管理、会计学、市场营销、财务管理和人力资源管理五个专业。硕士层次，经教育部批准，1993年5月学院获得工商管理硕士（MBA）（含国际MBA）专业硕士项目；2002年7月获得高级管理人员工商管理硕士（EMBA）专业硕士项目；2010年9月获得会计专业硕士（MPAcc）和资产评估专业硕士（MV）项目。2006年1月，学院获得工商管理一级学科硕士授予权，下设企业管理、会计学、技术经济及管理三个科学硕士学位项目，并获得企业管理博士学位授予权。

2004年，学院受北京市教委、北京市哲学社会科学办公室委托，建设北京企业国际化经营研究基地；2003年和2008年，学院的企业管理学科两次被列入北京市重点学科建设行列；2007年，学院的国际化工商管理类精英人才培养模式实验区被列入教育部重点实验区；2009年9月，管理系列课程教学团队获得国家级教学团队称号。2007年、2008年，学院的会计学专业与市场营销专业先后成为教育部特色专业建设点。国际营销学、营销学原理、战略管理、国际财务管理4门课程为国家级双语教学示范课程；国际企业管理、企业财务报表分析、中小企业管理、公司理财、营销学原理5门课程为国家级精品课程。

学院设有多个校级研究中心：国际会计与财务研究中心、中小企业研究中心、全球营销研究中心、国际人力资源与组织发展研究中心、创新与创业管理研究中心、跨国公司研究中心、中国企业国际化经营研究中心、全球企业可持续与创新研究中心、商务统计研究中心、企业风险管理研究中心、服务营销与管理国际研究中心。

目前，学院已与海外30多所院校签署包括本、硕、博各层次在内的短期交流或联合培养协议，每年派出近80名学生赴海外参加校际交流、访学、暑期课程班、联合培养、海外实习及其他短期交流项目。同时，学院每年接收50多名交流交换学生，学生主要来自德国、法国、美国、加拿大、澳大利亚等国家。此外，学院分别与美国马里兰大学和法国巴黎第一大学合作举办中美EMBA项目和中法MBA项目。

学院与政府有关部门和企业建立了多种形式的学术联系，如：受国家发展和改革委员会、商务部、北京市等有关部门委托，完成了一系列的政策咨询报告；与摩托罗拉、ABB、诺基亚等大型跨国公司和中国石油天然气股份有限公司、中国石油化工股份有限公司、中煤能源集团有限公司等大型国有企业建立了院企联系。

国际商学院秉承“创造管理新知，培养高素质全球化工商管理人才”的使命，不断优化师资队伍结构和质量，探索国际化商业人才的培养规律。

学院确立的愿景是：成为中国领先的商学院。

第二节　学系与专业

一、学系情况

学院现有的六个学系，除统计与技术经济学系外，均招收本科学生。

（一）管理学系

管理学系的前身为1982年创建的国际经济管理系，当时下设国际企业管理、会计学（国际会计）两个专业。1983年开始招收国际企业管理专业学生。2000年该系设立人力资源管理专业，并于当年招生。2004年1月，与法国兰斯管理学院签署《工商管理双学位培养协议》。同年9月，工商管理专业（兰斯项目）开始招生。2009年6月设立工商管理专业（全球管理实验班），同年开始招生。

管理学系现有专职教师20人，其中教授7人、副教授10人；具有博士学位的教师16人。

（二）会计学系

会计学系的前身为1983年成立的会计学教研室，1991年更名为会计学系。1985年开始招收会计学专业学生。1999年设立财务管理专业，并于当年招生。2003年，学院与特许公认会计师公会（Association of Chartered Certified Accountants）合作，设立会计学专业ACCA方向。2004年与加拿大注册会计师协会（Certified General Accountants Association of Canada）合作，开设会计学专业CGA方向。

2007年，学院的管理学学士学位通过澳洲会计师公会认证，学校成为首家获得澳洲会计师公会学位认证的北京高校。2009年，学院管理学学士学位（会计专业）又通过了香港会计师公会评审，使学校成为首家获香港会计师公会认证的教育部直属高校。

会计学系现有专职教师18人，其中教授8人、副教授6人；具有博士学位的教师11人。

（三）营销学系

营销学系的前身为1986年成立的营销教研室，1991年更名为营销学系。1997年开始招收市场营销专业的本科生。2009年设立市场营销专业（全球营销方向），同年招生。

营销学系现有专职教师 14 人，其中教授 2 人、副教授 6 人；具有博士学位的教师 11 人。

（四）统计与技术经济学系

统计与技术经济学系的前身为 1983 年成立的统计教研室，1991 年更名为统计学系。

该系现有专职教师 11 人，其中教授 3 人、副教授 4 人；具有博士学位的教师 6 人。

（五）人力资源与组织行为学系

该系成立于 2010 年 5 月。现有专职教师 8 人，其中教授 2 人、副教授 4 人；具有博士学位的教师 7 人。

（六）财务管理学系

该系成立于 2010 年 5 月。现有专职教师 12 人，其中教授 5 人、副教授 2 人；具有博士学位的教师 10 人。

二、专业介绍

（一）本科专业

学院现设有五个专业：

1. 工商管理专业（全球管理实验班）

该专业核心课程一律使用国际知名商学院英文原版教材，采用全英语或中英双语教学。主要课程有：宏观经济学、微观经济学、管理学原理、国际企业管理、国际物流、人力资源管理、组织行为学、国际营销学、国际金融、公司理财、财务会计、国际财务管理、国际商法等。

2. 工商管理专业（兰斯项目）

这是学校与法国兰斯管理学院共同培养的“2+3”双学位学生项目。“2+3”培养模式的具体操作是：学生第一、第二学年在本校学习，课程设置主要是法语强化、公共基础课程的必修部分、管理学等专业基础课。第三学年至第五学年在法国兰斯管理学院学习。其中，第三学年主修法语和法国文化等基础课程，第四至第五学年为专业学习阶段，这一阶段的主要专业课程有：国际经济学、国际营销、公司理财、国际金融、审计学、欧洲环境下的企业经营、商业伦理、信息技术与管理、人力资源管理、风险管理。学生在兰斯管理学院的第四学期参加企业实习（半年）。学生完成五年的学习，达到两校对学生学习的各项要求并获得相应学分后，可同时获得：兰斯管理学院的高级欧洲管理学学士学位，即 CESEM（Diplô me d'Etudes Supérieures Européennes de Management）和对外经济贸易大学管理学毕业证书、中国教育部颁发的管理学学士学位证书。2004－2010 年，该项目累计招生 120 人。

3. 人力资源管理专业

该专业核心课程均使用美国英义原版教材，采用全英语或中英双语教学。主要课程有经济学原理、管理学原理、组织行为学、人力资源管理、人员培训与开发、工作分析与设计、绩效与薪酬管理等。

4. 会计学专业

该专业开设的主要课程有经济学原理、会计学原理、中级财务会计、成本与管理会计、公司财务管理、审计学、高级财务会计、管理学原理、国际财务管理、国际企业管理等。

5. 财务管理专业

该专业开设的主要课程有财务会计、营销学原理、管理会计、公司财务管理、国际财务管理、财务工程概论、证券投资分析、投资银行业务等。

6. 市场营销专业

该专业课程均采用最新的英文原版教材，大多数情况下使用全英语或中英双语教学。主要课程包括：营销管理、全球营销、商务调研、分销策略、消费者行为、服务营销、企业间营销、销售与客户关系管理以及经济学、企业管理和国际商务等课程。

（二）全日制硕士研究生

学院拥有工商管理一级学科硕士授予权，下设企业管理、会计学、技术经济及管理三个专业。

1. 企业管理专业

2001 年，企业管理专业下设 4 个专业方向：国际企业管理、国际营销学、对外经贸定量分析、生产与服务系统管理。2003 年，专业方向调整为 5 个：国际企业管理、国际营销管理、企业定量分析、运营与服务管理和中小企业管理。2006 年，专业方向新增人力资源管理，并将运营与服务管理变更为运营管理。2009 年，企业管理专业方向增加到 7 个，新增服务营销管理方向。

2. 会计学专业

2001 年，会计学专业设有 3 个专业方向：国际会计、财务管理、成本与管理会计。2006 年，成本与管理会计方向更改为审计学方向。

3. 技术经济及管理专业

该专业设立于 2003 年，当时有 2 个专业方向：投资与融资管理、项目管理。2009 年增设创新与创业方向。

（三）博士研究生

学院自 2007 年开始招收博士研究生。全日制博士研究生设有企业管理、产业经济学、统计学三个二级学科点。其中，企业管理专业下设战略管理与跨国经营、国际营销与服务营销、企业创新与组织变革、会计与财务管理、技术与创新管理等研究方向；产业经济学专业下设产业升级与产业政策、中小企业发展与政策、产业开发与产业政策、产业可持续发展战略与政策等研究方向；统计学专业下设商务统计、经济预测、应用统计等研究方向。

（四）工商管理硕士（MBA）

1993 年 5 月，国务院学位委员会批准学校为培养工商管理硕士的试点单位。1998 年开始招收工商管理专业在职硕士研究生（春季班），1999 年首届 MBA 联合会成立，2002 年开始招收工商管理硕士全日制硕士研究生，2005 年首届 MBA 校友理事会成立，2010 年开办英文 MBA 项目。学校 MBA 项目分为国际企业管理、财会与金融两大研究方向。学校至今已培养 MBA 学生 3 000 余人，在读学生近千人。

（五）高级管理人员工商管理硕士（EMBA）

学校是全国首批获国务院学位委员会批准的培养高级管理人员工商管理硕士（EMBA）的院校之一。2003 年 1 月学校 EMBA 教育中心成立，同年 7 月招收第一批学员。截至 2010 年 12 月 31 日，已招收 23 期近千名学员。

从 2005 年开始，EMBA 中心组织学生赴欧洲、美国、加拿大等地知名学府和国际企业进行访学活动。2008 年，EMBA 中心与加拿大多伦多大学罗特曼商学院展开正式合作，学生学习合格后，除了获得对外经济贸易大学颁发的硕士学位外，还可获得多伦多大学颁发的结课证书。

（六）国际 MBA 项目

国际 MBA（International MBA）教育的招生对象是来华留学生，采用全英文授课模式，课程涉及企业管理、运营管理、人力资源管理、营销管理、会计、公司理财、国际贸易等领域。学员达到毕业要求后，获得由对外经济贸易大学颁发的硕士学位证书和硕士研究生毕业证书。该项目于 2006 年 3 月首次开班，招收了来自 3 个国家的 9 名学员。截至 2010 年 9 月，招生人数已达 297 人，学生来自泰国、印尼、俄罗斯、美国、加拿大、韩国等 20 多个国家和地区。

（七）中法 MBA

对外经济贸易大学中法高级企业管理干部培训中心（简称中法中心）成立于 1991 年 3 月。同年，广州标致汽车公司选派 8 名学员来中心学习，学员毕业后全部赴法国实习，并获法国尼斯大学学位证书。此后，中法中心相继与法国保险协会、家乐福等开办专项培训班。1998 年，该项目的毕业生改发法国巴黎第一大学 MBA 学位证书。同年，中法中心并入学校的国际工商管理学院管理。

2001 年，中法中心更名为中法国际工商管理学院。同年，通过中国教育部的教学评估。2003 年，除了以法语为教学语言的全日制 MBA 项目以外，中法国际工商管理学院创办了全英文在职 MBA 项目。目前学院已有 900 多名毕业生。

（八）中美 EMBA

中美 EMBA（Smith-UIBE EMBA）是对外经济贸易大学与美国马里兰大学史密斯商学院（Robert H. Smith School of Business, University of Maryland）合作创办的 EMBA 教育项目。该项目于 2002 年获得中国教育部和国务院学位委员会批准，专项培养高级管理人员工商管理硕士（EMBA）。毕业学员将同时获得马里兰大学史密斯商学院工商管理硕士学位和对外经济贸易大学企业管理研究生同等学历结业证书。该项目于 2002 年启动，2003 年招收首批学员，截至 2008 年 7 月，共招生 200 余人。学员 90% 以上来自跨国企业，主要为企业中人力资源、财务、销售等不同部门的高级经理人，学员平均年龄为 35－40 岁。2008 年 8 月，双方之间的合作协议到期，随后签署《对外经济贸易大学与美国马里兰大学关于工商管理硕士教育项目的续签协议》，该续签项目于 2009 年 9 月获中国教育部审批。根据续签协议的规定，合格学员将获得马里兰大学史密斯商学院的工商管理硕士学位，同时获得对外经济贸易大学国际商学院企业管理高级培训结业证书。

（九）会计专业硕士（MPAcc）

学院于2010年9月获得会计专业硕士授予权。

（十）资产评估专业硕士（MV）

学院于2010年9月获得资产评估专业硕士授予权。

（十一）高级培训系列

学院EDP中心是对各企业中高层管理者进行培训的专门机构。EDP是Executive Development Programs的简称，即高层管理者培训与发展。

该中心面向广大企业中高层管理者开设研究生课程班、公开课和企业内训。

1. 研究生课程班

学院自1997年开办企业管理专业研究生课程班，包括财务管理、人力资源管理、市场营销等研究方向。2007年增加会计学专业，包括金融财务研究方向。学院曾与国家新闻出版总署、中国土产畜产进出口总公司、北京市对外贸易学校、福建省外贸中心、河南省经济战略研究所等机构合作开办研究生课程班。自2002年起，主要在校内开办研究生课程班，面向社会招生。

2. EDP公开课

这是针对来自不同行业、不同文化背景的各企业中高层管理人员设立的教学项目，分为综合管理课程、专题类课程和国际合作课程三个方面，内容涉及工商管理高级课程、企业国际化课程、企业成长与发展课程、金融财务课程、市场营销课程、特色专题课程、国际合作课程等模块。

3. EDP企业内训

主要针对企业面临的挑战及问题，培养企业管理者的领导思维、创新理念和行业前沿技术，以企业实际需求为中心，定制与公司文化及战略重点相结合的全面培训方案。内容涉及财务专题、领导力提升、战略决策、市场营销、运营管理、人力资源与组织行为等方向的课程模块，也可根据企业具体需要设置相应课程。

4. 青岛培训中心

该中心成立于2002年12月，为山东省各级各类企事业中高层管理人员开设企业管理、会计、金融与财务管理等方向的研究生课程班。截至2010年12月，已举办研究生课程班28期（其中社会班22个，企业班6个），培养学员一千多人。

第三节　科研与教学

一、科研情况

（一）科研成果

2001－2010年，学院教师在国际学术期刊Journal of International Business Studies和Journal of Strategic Management等SSCI、SCI发表学术论文37篇；在国内《中国社会科学》、《经济研究》、《管理世界》、《管理科学学报》、《中国工业经济》、《会计研究》等权威CSSCI发表学术论文348篇；出版专著93部；完成专项研究报告27项。有些研究报告得到温家宝、回良玉、王刚等党和国家领导人的批示，有些报告已被国家相关部门、企事业单位所采用。

（二）科研立项

2001－2010年，学院教师主持的国家级（国家自然科学基金和国家社会科学基金）重大、重点、一般项目以及教育部、北京市等省部级项目具体情况见下表。

表10.4.1　2001－2010年国际商学院国家级自然科学基金课题一览表

序号	课题名称	主持者	立项时间（年）
1	我国中小企业竞争力评价体系、实证分析与多边比较研究	林汉川	2002
2	组织裁员沟通模式与下岗（失业）人员再就业的关系研究	牛雄鹰	2004
3	拍卖的机制设计研究	马　俊	2004
4	跨国公司技术转移与学习战略研究——中国的实践和印度的经验	范黎波	2005
5	促进我国民间创新活动的政策支持体系研究	林汉川	2006
6	高层管理者工作——家庭冲突与应对方式研究	刘玉新	2006
7	公司社会责任，道德治理及其评价系统研究——基于公司治理视角的分析	叶陈刚	2006
8	嵌入全球价值链的模块化制造网络构建与动态演进研究——以汽车和信息产业为例	尹建华	2006
9	中外合资企业管理控制问题的比较案例研究	汤谷良	2007
10	顾客满意度及其不确定性对企业财务业绩的影响研究	高充彦	2007
11	实物期权视角下新技术商业化过程中的不确定性、学习与投资决策研究	邢小强	2008
12	多边市场条件下石油市场风险管理研究	吕文栋	2008
13	转轨经济下中外合资企业控制权动态演进与绩效的关系研究	李自杰	2009
14	服务补救中的顾客参与概念、驱动因素和作用机制	陈　可	2009
15	基于租金和价值链治理视角的跨国公司研发外包研究：理论、实证与中国的应对策略	周晓燕	2009
16	基于异质性和多重嵌入性的集聚效应和企业竞争优势关系研究	李　瑜	2010

续表

序号	课题名称	主持者	立项时间（年）
17	服务团队情绪氛围、员工情绪与顾客情绪的互动机制研究——基于情绪劳动和情绪感染的视角	刘小禹	2010
18	IPO财富效应、管理层股权安排与公司治理稳定性	韩慧博	2010
19	ERP与管理会计和控制系统的互补性及其业绩影响	戚依南	2010
20	消费者服务购买决策过程中的属性可比性对品牌选择的影响研究——基于结构匹配模型的视角	孙　瑾	2010
21	双重目标约束下新型农村金融机构可持续发展机制研究	张正平	2010
22	基于服务主导逻辑范式的价值共创与分享研究：理论探讨与实证分析	王永贵	2010

表 10.4.2　　2001－2010年国际商学院国家级社会科学基金课题一览表

序号	课题名称	主持者	立项时间（年）
1	我国中小企业发展战略问题研究	林汉川	2002
2	中国企业跨国经营战略——国际比较与实证分析	范黎波	2002
3	下岗失业人员再就业职业指导技术规划的开发	牛雄鹰	2003
4	企业财务质量与管理质量关系研究	张新民	2004
5	加快发展循环经济研究	尹建华	2005
6	中国资本市场监管有效性研究——基于搏弈论的视角	郝旭光	2005
7	中国汇率制度选择、宏观绩效与金融稳定性研究	郑建明	2006
8	境外国有资产监管问题研究	周　煊	2006
9	构建我国中小企业“走出去”的政策支持体系研究	林汉川	2006
10	股权分置改革的会计后果及其监控研究	雷光勇	2007

续表

序号	课 题 名 称	主持者	立项时间（年）
11	全球金融危机下我国现今制造业发展战略研究	林汉川	2008
12	“十二五”时期中国服务外包企业创新能力测评体系实证分析	施建军	2010
13	会计信息质量、投资者信心与金融稳定性研究	雷光勇	2010
14	抽栏调查我国企业发展国际品牌的战略模式研究	王分棉	2010
15	我国创意产业园区形成机理和管理模式研究	张　炜	2010
16	资本国际化背景下的中国产业安全研究——基于企业经济安全视角	张新民	2010

表 10.4.3　2001－2010 年国际商学院省部级（教育部立项）课题（纵向）一览表

序号	课 题 名 称	主持者	立项时间（年）
1	创新理论与企业创新体系建设	范黎波	2001
2	中国企业国际营销发展现状研究	傅慧芬	2001
3	博弈论在多边贸易体制中的应用	李自杰	2002
4	企业战略财务管理研究	张新民	2002
5	市场不完全与人民币汇率理论——兼论人民币最优均衡汇率	郑建明	2003
6	国企减员模式对下岗人员再就业的影响	牛雄鹰	2003
7	基于知识管理的企业价值网络竞争优势研究	周　煊	2005
8	在美上市中国企业落实萨班斯法案情况分析与中国企业赴美上市对策研究	王铁栋	2006
9	入世后外资企业在中国对外贸易中的地位变迁及其影响和对策	范黎波	2006
10	公司伦理结构与道德治理机制研究	叶陈刚	2006
11	企业成本理论与方法的系统研究	余恕莲	2006
12	面向低收入群体市场的创新研究	邢小强	2008
13	采购供应链的协调及腐败问题研究	马　俊	2008
14	合资企业知识获取与我国利用外资政策的选择：基于控制能力的视角	李自杰	2009
15	产品差异化与战略联盟稳定性——中国轿车行业实证分析	王　皓	2009

续表

序号	课题名称	主持者	立项时间（年）
16	暗示性的品牌名字对消费者决策的影响——基于中国服务行业的研究	孙　瑾	2009
17	零售商店品牌的企业社会责任战略定位——基于顾客响应的角度	郭晓凌	2010
18	攀升全球价值链的模块化制造网络价值创新与知识流动机制研究——以汽车和通信制造业为例	尹建华	2010
19	政府治理、关系网络与家族企业成长机制研究	陈德球	2010
20	基于行为代理理论的高科技企业研发投入决策研究	吴剑峰	2010
21	中国企业对发达国家直接投资与自主创新能力研究	汪　洋	2010

表 10.4.4　2004－2010 年国际商学院省部级（北京市）立项课题（纵向）一览表

序号	课题名称	主持者	立项时间（年）
1	北京地区上市公司财务质量研究	张新民	2004
2	加快北京市高新技术产品出口问题研究	林汉川	2004
3	与跨国公司互联——提升首都企业技术学习与创新能力	范黎波	2004
4	北京经营性城市基础设施建设吸引外资策略研究	周　煊	2005
5	日本首都圈科技型中小企业的发展与北京市科技型中小企业发展的比较研究	杨宝峰	2006
6	北京市服务企业客户关系营销研究	安圣慧	2006
7	2006 年北京企业国际化经营发展报告	林汉川	2006
8	北京市上市公司 EVA 绩效研究	张建平	2007
9	EPR 下的北京电子废物回收体系构建、模式与管理研究	尹建华	2009
10	北京市企业资本国际化战略研究	张新民	2008
11	北京企业技术创新能力与知识管理体系研究	范黎波	2008

续表

序号	课题名称	主持者	立项时间（年）
12	社科基地——北京企业国际化经营研究基地	张新民	2008
13	北京高新技术企业国际化经营与财务状况质量关系研究	钱爱民	2009
14	研发总部、创投中心与北京市科技竞争战略研究	徐子健	2009
15	北京市境外上市与企业成长性评价与机制研究	孔宁宁	2010
16	北京企业对外投资的支持体系研究	王铁栋	2010

学院纵向科研经费 909.4 万元，横向科研经费 623.5 万元，国家“十一五”、“211 工程”重大项目经费 336.5 万元，科研经费总计 1 869.4 万。

（三）科研奖励

学院已获得 21 项国家级与省部级科研奖励，包括孙冶方经济科学奖、全国高校人文社科优秀成果奖、蒋一苇企业改革与发展奖、北京市人文社科奖等。

（四）研究机构

2004 年，北京市哲学社会科学办公室“北京企业国际化经营研究基地”在本校设立。该基地在 2007 年北京市的研究基地评估中被评为“优秀”级。

（五）社会服务

学院为政府部门和企事业单位提供研究支持、专业咨询等服务：为国家发展和改革委员会、商务部、财政部等政府部门提供课题研究支持；为北京市发展和改革委员会、北京市财政局提供政策研究支持；为北京市城建集团、北京市金隅集团、北京好邻居连锁店等大型集团公司进行资产重组、全面预算管理、财务诊断咨询。学院的教授担任国内多家企业的管理及战略顾问。

二、教学获奖

学院自 2001 年以来，已获得 1 项国家级教学成果奖，《中小企业管理》、《企业财务报表分析》、《国际企业管理》获得国家级精品课程；获得 8 项北京市教学成果奖与全国教育科学优秀成果奖；19 项北京市精品课程或精品教材奖。《战略管理》、《营销学原理》、《国际营销》、《国际财务管理》等四门课程获评国家级双语教学示范课程，并受教育部委托举办 4 次全国高校经济管理类双语教学师资培训班。

三、人才培养

2001－2010 年，学院本科招生人数累计 3 218 人，毕业 2 799 人；研究生招生 5 716 人，毕业 3 994 人。学院培养的毕业生广泛就职于政府机构和著名企业，就业去向主要为：全球知名的跨国公司、国内外著名咨询机构、国有大中型骨干企业和外贸公司、民营科技企业，各商业银行、金融机构以及全球四大会计师事务所（普华永道中天会计师事务所有限公司、德勤华永会计师事务所有限公司、毕马威华振会计师事务所有限公司、安永华明会计师事务所有限公司）等。

2000 年，商学院学生获得国际企业管理挑战赛全球总冠军，这是中国学生首次在国际性商科竞赛中获得全球冠军；2001 年，再次获得国际企业管理挑战赛全球总冠军。在国际企业管理挑战赛 30 多年的赛史上，这是由同一国家同一商学院所保持的蝉联冠军纪录。2005 年，商学院学生获得欧莱雅全球在线商业策略竞赛本科组全球总冠军，2009 年获得 MBA 组全球总冠军。在每年数千名中国学生、数万名全球学生参与的欧莱雅全球在线商业策略竞赛中，这是中国商学院所获得的本科组全球冠军和 MBA 全球冠军。

在历年的国际企业管理挑战赛和欧莱雅全球在线商业策略竞赛这两项国际性商科竞赛中，学院培养的研究生和本科生 5 次获得东亚区冠军，10 次获得中国区冠军。

学院来华留学生招生人数累计 1 082 人，毕业 635 人。来华留学生来自美国、俄罗斯、蒙古、法国、加拿大、韩国、日本、哈萨克斯坦、伊朗、汤加、多米尼克、沙特、阿联酋、塞内加尔、德国、土耳其等十几个国家。学院开设了来华留学生研究生预备班。在学位教育方面，扩大了法国兰斯项目交流学生规模，启动了全英文教学项目。2008 年，学院开设中文授课留学生博士项目。2010 年启动全英文通识来华留学生本科项目，设工商管理和市场营销两个专业。

四、学术合作与交流

学院多次主办大型国内、国际学术会议。2007 年举办“VBM 与财务管理创新学术研讨会”；2008 年发起并主办国内首届全国高校“战略管理”学者论坛，同年主办以“深化合作，共创和谐；中国开放 30 周年——中欧经贸合作回顾与展望”为主题的 2008 年中欧经贸合作国际论坛；2009 年学院与国际营销研究学会（CIMaR-UIBE · BUSINESS SCHOOL 2009 JOINT CONFERENCE）共同主办“2009 国际营销联合学术研讨会”，同年举办“第八届实证会计国际研讨会”；2010 年主办“第六届管理会计与控制国际研讨会”。

学院教师参加的各类国内外学术会议有管理科学与工程国际会议年会、中国管理研究国际学会年会、中国管理学年会、IEEE International Conference on Service Operations and Logistics, and Informatics、营销科学学报 JMS 年会、JMS 中国营销科学学术年会、GLOBAL MARKETING CONFERENCE 等。

第五章　英语学院

第一节　概　　述

一、机构设置

英语学院的前身是高级商业干部学校英文系。1952 年 9 月学校开设英文系、英文翻译专业。1954 年 8 月成立北京对外贸易学院，同年 9 月设立西方语言系。1956 年 5 月与其他语言系合并为外国语言系。1960 年 2 月改为对外贸易翻译系。1964 年 11 月改为第一外语系，设英语专业。1978 年 2 月改为对外贸易英语系。1984 年 9 月北京对外贸易学院改名为对外经济贸易大学。1994 年 2 月，对外贸易英语系与其他外语系合并组建国际交流学院。2001 年 3 月学校进行院系调整，原国际交流学院英语系恢复独立建制，更名为英语学院。

英语学院现有 4 个学系：商务英语学系、翻译学系、语言文学学系、通用英语学系。

设有 6 个研究所：国际商务英语研究所、理论语言学研究所、应用语言学研究所、英语国别文化研究所、翻译研究所、英语文学研究所。

设有 3 个中心：商务英语与跨文化研究中心（校级重点研究基地）、全国国际商务英语测试研究中心以及翻译硕士（MTI）专业学位教育中心。

英语学院拥有国际会议同声传译报告厅、中欧口译员实训室、商务英语实验室、机辅商务翻译实验室、多模态语言工程实验室及各类先进教学设备。学院资料室拥有图书、报刊和教学资料 11 300 余册，其中原版进口图书 6 000 余册，原版进口期刊 60 多种。

二、专业设置

2000 - 2010 年，英语学院本科专业由一个发展为 3 个，分别为：商务英语、翻译、英语（传媒方向）。硕士研究生专业由一个发展到 4 个，分别为：外国语言文学一级硕士学位授予权下设外国语言学及应用语言学（英语）和英语语言文学两个专业，翻译硕士（MTI）专业学位下设英语笔译和英语口译两个专业。

三、师资队伍

英语学院现有在编教师 121 人，其中专职教师 118 人、辅导员教师 3 人。专职教师中教授 15 人、副教授 53 人、讲师 50 人；校外兼职博士生导师 3 人、硕士生导师 78 人，外聘实践导师 35 人；具有博士学位的教师 46 人，在读博士学位的教师 14 人；90% 以上的教师曾在国外留学、进修或工作过。此外，还常年聘请外国专家及外籍教师、国内外知名客座和兼职教授 20 余人。

四、人才培养

本科生招生规模由 2000 年的 82 人，上升为 2010 年的 160 人。2000 年，英语学院在校本科生为 331 人，2010 年达 543 人，增长了 64%。自 2007 年开始，英语学院从全国 17 所重点外语学校招收保送生累计达 150 人。2000 - 2010 年，共培养本科毕业生 953 人。

研究生招生规模持续发展，由 2000 年的 26 人，上升为 2010 年的 257 人（其中 MTI 招生人数为 197 人）。2000 年英语专业在校研究生为 51 人，2010 年达到 358 人，增长了 6 倍。2000 - 2010 年，共培养硕士研究生 700 余人，学生就业率达 98% 以上。毕业生就业于商务部、外交部、驻外使领馆、联合国、国际组织和金融机构以及中外大型企业等，有的已担任重要职务。

五、国际化特色

（一）与欧盟口译总司合作

20 世纪 80 年代，对外贸易成为中国首个对外开放的重点领域。为了保证双方交流的顺畅，当时的中华人民共和国对外经济贸易合作部（现商务部）和欧共体（现欧盟）委员会共同提议启动高级译员培训项目。从 20 世纪 80 年代开始，中欧双方每年共同组织一次选拔考试，合格者在比利时布鲁塞尔由欧共体（现欧盟）委员会口译总司进行培训。外交部和对外经济贸易合作部（现商务部）的大多数译员都有这一经历。英语学院每年都会有 1 - 2 名教师入选。这一项目持续至今。学院已有 8 名教师经欧盟培训，获得口译证书。2000 年，英语学院开始和欧盟口译总司合作，在国内进行高级译员培训，和布鲁塞尔的培训项目同时进行，是目前欧盟委员会在华唯一正式职业议员教育合作机构。2001 年，经教育部批准，中欧高级译员培训中心成立，当年招收首批学生尝试进行职业议员培训。2004 年开始正式招收口译方向硕士研究生，2009 年并入翻译硕士（MTI）项目，2010 年开始招收 MTI 专业学位研究生。尽管如此，该中心在招生、课程设置、教学和毕业几个方面都始终保持其相对独立性，以体现其国际化特色：任课教师均在欧盟接受过专业培训，部分教师还在欧盟口译司担任过同传培训教师，在教学的同时为国内外高端会议提供口译服务；学生的入学考试、中期考试和毕业职业考试均由中欧双方教师及国际会议议员协会会员共同主持，两年的高强度专业培训均采取中欧双教师授课制。

（二）成立国际交流中心

在与欧盟口译总司合作基础上，2008 年英语学院成立国际交流中心，学院先后与英国华威大学、曼切斯特大学，美国乔治敦大学、圣托马斯大学、南伊利诺伊州立大学，澳大利亚皇家墨尔本大学、莫纳什大学等建立了联系与合作关系。合作形式包括教师出国培训、教师互派、合作研究、学生互换、学生联合培养等。

（三）招收来华留学生

英语学院自2005年开始招收本科留学生，2007年开始招收硕士留学生。截至2010年，已有来自韩国、日本、俄罗斯、也门、印尼、美国等国的196名留学生攻读商务英语专业本科和硕士学位，已毕业15人。

（四）师生的国际交流

2000－2010年，英语学院先后派教师赴哈佛、牛津、剑桥、加州伯克利、伯明翰、乔治敦、悉尼等大学进行研修和培训，参与讲学与学术交流，计71人次；教师参加国际会议达75人次。学生出国、出境学习有45人次。

第二节　专业与学系

一、专业设置

（一）本科专业设置

1. 商务英语专业

该专业开设的主要课程有综合英语（1－4）、欧美文化概论（1－2）（英）、商务英语阅读、商务英语写作（初级、中级、高级）、商法导论（英）、跨文化交际导论（英）、商务翻译（英译汉）（汉译英）、经济学原理（英）、商科经典名著选读（英）、营销学（英）等。

2. 翻译专业（英语经贸方向）

该专业开设的主要课程有综合英语（1－4）、商务英语写作（初级、中级、高级）、翻译理论入门（英）、商务翻译（英译汉）（汉译英）、文学翻译（英）、交替口译(1－2)（英）等。

3. 英语专业（传媒方向）

该专业开设的主要课程有综合英语（1－4）、欧美文化概论（1－2）（英）、商务英语写作（初级、中级、高级）、商务翻译（英译汉）、公共关系概论（英）、新闻编辑（英）、英语新闻分析等。

（二）研究生专业设置

1. 外国语言学及应用语言学专业（英语）

该专业主要研究方向有：商务英语、跨文化商务交际、商务英语教学、翻译学。

2. 英语语言文学专业

该专业主要研究方向有：语言学、英美文学、商务外交。

3. 英语笔译专业（翻译硕士）

该专业主要研究方向有：商务笔译、商务法律翻译。

4. 英语口译专业（翻译硕士）

该专业主要研究方向有：商务口译、国际会议口译。

二、学系设置

（一）商务英语学系

商务英语学系现有教师 29 人，其中教授 6 人、副教授 14 人、讲师 9 人；具有博士学位的教师 10 人，具有硕士学位的教师 19 人，其中在读博士 7 人。

商务英语学系下设跨文化交际教研室、商务英语语言教研室。商务英语系的教师为“北京市优秀教学团队”和“国家级教学团队”的主干，主要负责商务英语本科专业课程、外国语言学及应用语言学商务英语和跨文化商务交际方向硕士研究生课程及非英语专业研究生公共英语的教学任务。

开设的本科课程主要有经济学原理、管理学、商法导论、跨文化交际导论、国际商业文化、商务英语听说、商务英语阅读、商务英语写作等。开设的英语硕士研究生课程主要有商务英语概论、商务联系学、经济学、跨文化商务管理、跨文化交际等。开设的非英语硕士课程主要有商务英语听说、商务英语阅读等学位公共课。

（二）翻译学系

翻译学系现有教师 22 人，其中教授 4 人、副教授 10 人、讲师 8 人；具有博士学位的教师 6 人，具有硕士学位的教师 15 人，其中在读博士 1 人。

翻译学系下设口译教研室、笔译教研室。主要负责翻译本科专业课程、翻译硕士（MTI）专业学位研究生课程、外国语言学及应用语言学翻译学方向硕士研究生课程、中欧高级议员培训中心课程、英语专业本科和研究生的口笔译课程以及全校口笔译通选课程的教学任务。

开设的本科课程主要有商务翻译（英译汉）（汉译英）、翻译理论入门、文学翻译、科技翻译、实用法律文书翻译、交替口译、机助翻译等。开设的硕士研究生课程主要有中外翻译史、商务翻译、英语演讲、翻译理论概要、翻译批评、商务法律翻译实践、汉语经典英译、经贸翻译与实践和机辅商务翻译等；中欧高级译员培训中心的课程主要有交替传译（英汉互译）、同声传译（英汉互译）、视译、口译理论概要、商务联络口译等。

（三）语言文学学系

语言文学学系现有教师 16 人，其中教授 4 人、副教授 9 人、讲师 3 人；具有博士学位的教师 13 人，其中有博士后研究经历的教师 5 人，具有硕士学位的教师 3 人。

语言文学学系下设语言文学教研室和英语传媒教研室，教学和研究领域涉及语言学、文学、国别研究及传媒等专业方向。

开设的本科课程主要有散文分析、欧美戏剧鉴赏、英美文学导论、语言学导论、跨文化传播概论、美国文化、传意学导论、世界新闻传播史、新闻编辑、英语演讲、英语新闻写作实践等；开设的硕士研究生课程主要有英国文学专题、美国文学专题、英语诗歌赏析、英国浪漫主义文学、莎剧赏析、文学批评与研究方法、普通语言学、语义与语用学、认知语言学、语料库语言学、话语分析、第二语言习得、美国文化专题、文化人类学、国际政治专题、美国外交专题、中美关系专题等。

（四）通用英语学系

通用英语学系现有教师51人，其中教授1人、副教授20人、讲师30人；具有博士学位的教师17人，具有硕士学位的教师29人，其中在读博士6人。

通用英语学系下设大学英语教学部和英语专业教学部，负责全校本科非英语专业的大学英语课程、英语专业一二年级课程、二学位基础英语课程。大学英语教学部开设课程主要有大学英语精读和大学英语口语。英语专业教学部负责商务英语、翻译、英语（传媒方向）三个本科专业的基础阶段教学，主要开设课程有综合英语、英语听说、英语语音、英语论文写作、英语语法、阅读指导、欧美文化概论等。

第三节　学科建设与科研、教学

一、学科建设情况

2006年1月，经教育部批准，获外国语言文学一级硕士学位授予权，其中含外国语言学及应用语言学（英语）、英语语言文学两个二级硕士学位授予权。

2007年1月，经教育部批准，设立全国首个商务英语本科专业。同年开始招生。

2008年1月，经教育部批准，设立翻译本科专业。同年开始招生。

2009年6月，经教育部批准，设立翻译硕士（MTI）专业学位。次年开始招生。

英语学院现有学术带头人12人，中青年学术骨干26人。

2008年9－10月，英语学院商务英语教学团队先后荣获“北京市优秀教学团队”和“国家级教学团队”称号。

2009年4月，为了改革我国英语人才培养模式，由英语学院牵头，联合全国7家商务英语专业本科院校起草《高等学校商务英语专业本科教学要求（试行）》。英语学院成立了培养方案修订领导小组，全面修订本科2009级商务英语、翻译、英语等三个专业的培养方案及留学生培养方案；开展2010级研究生培养方案的修订工作，对研究生的培养方向和课程设置进行调整，打通了选修课，初步建立起专业内部的通选小平台。

2009年7月，校级重点研究基地“商务英语与跨文化研究中心”正式挂牌成立。英语学院制定了配套的基地管理办法和规章制度，并面向国内外公开招聘基地研究员。基地与每位研究员签订合同书，明确了科研任务和目标。

二、科研情况

（一）科研成果

2000－2010年，特别是2005年后，英语学院先后获得国家社科基金项目8项、省部级项目12项（包括11项教育部人文社科项目和1项北京市共建项目），横向合作课题3项，中欧联合项目1项，科研经费达200多万元。其中国家级和省部级科研立项见表10.5.1。

表 10.5.1　2006－2010 年英语学院国家级课题一览表

序号	课题名称	项目来源	主持者	立项时间（年）
1	中美官方语言的文化差异及其语言策略研究	国家社科基金项目	窦卫霖	2006
2	来华留学生语言社会化进程中跨文化交际能力的培养	国家社科基金项目	史兴松	2007
3	多模态即席话语的语料库分析	国家社科基金项目	张佐成	2007
4	“新维多利亚小说”研究——后现代文化重构 19 世纪	国家社科基金项目	金　冰	2009
5	中西媒体中的危机话语研究及其对策	国家社科基金项目	冯捷蕴	2009
6	教育公平的话语分析	国家社科基金“十一五”规划项目	窦卫霖	2009
7	商务话语名物化语料库考察及研究	国家社科基金项目	王立非	2010
8	谢默斯·希尼诗歌比较研究	国家社科基金项目	刘　炅	2010

表 10.5.2　2003－2010 年英语学院省部级课题（纵向）一览表

序号	课题名称	项目来源	主持者	立项时间（年）
1	中国英语专业硕士生智性与技能的全面发展研究	教育部人文社科博士点基金项目	陈苏东	2003
2	跨文化商务交流成败的案例研究与理论分析	教育部人文社科项目	窦卫霖	2005
3	我国高校商务英语专业培养方案研究	教育部人文社科项目	陈准民	2007
4	商务英语人才培养复合度研究	教育部人文社科项目	王关富	2007
5	商务外语与跨文化商务竞争力研究	北京市共建项目	陈准民	2008

续表

序号	课题名称	项目来源	主持者	立项时间（年）
6	语言中的高层转喻思维机制研究	教育部人文社科项目	陈香兰	2009
7	基于语料库的英汉商务话语人际意义对比研究	教育部人文社科项目	王　彦	2009
8	来华留学生汉语学习动机及影响因素研究	教育部"留学回国人员科研启动基金"资助项目	史兴松	2009
9	当代商务语言的社会语言学研究——中国内地与香港的比较视角	教育部人文社科项目	谷小娟	2010
10	ESP 教学视阈下专业敏感度与学术语言运用能力的实证研究	教育部人文社科项目	王　淳	2010

2000－2010 年，英语学院教师出版语言学、文学、翻译、跨文化研究专著 30 多部、教材 180 多部、译著 130 多部；在 A&HCI、SSCI、CSSCI 核心期刊上发表论文 200 多篇。

英语学院举办国际性和全国性学术会议 10 余场，举办学术讲座 100 多次。参加国内外学术活动 200 多人次，其中参加国际学术会议 75 人次。

在教学科研方面，英语学院开设的 2 门课程获国家级精品课程，3 门课程获北京市精品课程；获国家级精品教材 1 部、北京市精品教材 11 部。

（二）科研机构的历史沿革

2006 年 3 月，原对外经贸应用外语研究所更名为国际商务英语研究所。同时新成立 5 个非实体研究所，分别为：理论语言学研究所、应用语言学研究所、英语国别文化研究所、翻译研究所、英语文学研究所。

2006 年 9 月，国际商务英语研究所分设 4 个研究中心：商务英语语料工程实验中心、商务英语研究和考试中心、跨文化商务交际研究中心、商务英语教师发展中心。

2009 年 6 月，商务部中国国际贸易学会与学校联合成立全国国际商务英语测试研究中心，在学院挂牌。

2009 年 7 月，商务英语与跨文化研究中心被列为学校重点研究基地。11 月，建立多模态语言工程实验室，隶属于商务英语与跨文化研究中心。

2009 年 12 月，翻译硕士专业学位教育中心在学院成立。

（三）科研机构与研究方向

1. 商务英语与跨文化研究中心（Center for Business English and Cross-cultural Studies）主要研究方向为：国际商务文化、商务语言、经贸翻译、商务英语人才培养。

2. 国际商务英语研究所（Institute of International Business English）主要研究方向

为：商务英语语言、跨文化商务交际、商务英语教学。

3. 理论语言学研究所（Center for Theoretical Linguistics Studies）主要研究方向为：理论语言学、认知语言学、功能语言学、话语分析、社会语言学。

4. 应用语言学研究所（Center for Applied Linguistics Studies）主要研究方向为：英语应用语言学、二语习得、语料库语言学、大学英语教育。

5. 英语国别文化研究所（Center for American Studies）主要研究方向为：美国研究、跨文化传播研究。

6. 翻译研究所（Center for Translation Studies）主要研究方向为：翻译理论，翻译实践，英汉对比。

7. 英语文学研究所（Center for English and American Literature Studies）主要研究方向为：英国文学、美国文学。

8. 全国国际商务英语测试研究中心（Research Center for China National Business English Test）主要研究方向为：全国商务英语考试题库和测试研究。

9. 翻译硕士（MTI）专业学位教育中心（Master of Translation and Interpreting Education Center）主要研究方向为：翻译专业学位教育与管理。

三、教学情况

2000－2010 年，英语学院开设的本科课程由 51 门发展到 100 门，其中核心课程由 8 门发展到 12 门；开设 MA 硕士研究生课程 87 门，开设 MTI 专业硕士课程 54 门，其中 16 门为研究生共享课程。

英语学院承担着全校本科和研究生的英语教学工作，包括英语专业课和公共英语课。本科公共英语课，平均每学期占全院本科教学工作量的 60% 以上；研究生的公共英语课占总课时的 29% 。

第四节　人才培养

英语学院各专业的学生在英语专业四、八级考试中保持着 95% 以上的通过率，且通过率和优秀率稳步上升。学生个人或集体在全国大学生英语知识竞赛、“CCTV 杯”、“21 世纪杯”、“外研社杯”、“高教社杯”等各类英语演讲或辩论比赛中以及服务社会过程中多次获奖，如：英语学院代表队在 2006 年大中国区莎士比亚英文戏剧比赛中荣获冠军，2004 级赵天明同学获得 2006 年度“寻访青春榜样”——首都优秀青年学生评选活动“志愿之星”称号，2004 级学生蔡秀英当选“2007 年中国大学生自强之星”，2008 级朱一帆同学荣获 2010 年北京市大学生英语演讲比赛二等奖，2008 级商务英语 3 班获得 2010 年“北京市示范班集体”称号。英语学院 2002 年创办的“社区英语中心”为迎接 2008 年第 29 届北京奥运会义务教授英语，获得北京市教委和其他单位奖励的诸多荣誉。奥运会后，该中心还在为三十多个社区义务教授英语，为北京“世界城市”建设和丰富社区文化继续义务服务。学院有 147 名学生成为 2008 北京奥运志愿者。

第六章　外语学院

第一节　概　　述

一、机构设置

2001 年 3 月，学校进行院系调整，原国际交流学院东语系、西语系及日语系合并恢复原外语外贸系，并更名为外语学院。2006 年 6 月原中德学院与外语学院合并，组成新的外语学院。

学院下设阿拉伯语系、法语系、意大利语系、日语系、朝鲜（韩）语系、德语系、俄语系、西班牙语系、越南语系与葡萄牙语系 10 个学系。半个世纪以来，外语学院曾由陈涛、廖馥君、宋文军、张雄武、赵润、姜信道、肖天佑等一大批知名专家、学者执教，为国家培养了数以千计的外语、外交、外贸人才，学生多次在国内外学科竞赛中获得大奖，涌现出原外经贸部部长石广生、中央人民政府驻香港特别行政区联络办公室副主任郭莉、广东省副省长宋海、全国人大常委会副秘书长曹卫洲等知名校友。

二、学科与专业

学院拥有阿拉伯语、法语、意大利语、日语、朝鲜（韩）语、德语、俄语、西班牙语、越南语与葡萄牙语 10 个专业。除葡萄牙语专业为 2007 年设立（2009 年 9 月正式招生）外，其他专业均创建于 20 世纪 50 年代初期。

目前，学院拥有外国语言文学一级学科硕士学位授权点，日语语言文学、阿拉伯语语言文学、德语语言文学、西班牙语语言文学、俄语语言文学、法语语言文学、亚非语言文学、欧洲语言文学、外国语言学及应用语言学 9 个二级学科硕士学位授权点。此外，学院还承担世界经济硕士点——区域国别研究方向研究生的培养工作。

2007 年，学院阿拉伯语专业、西班牙语专业和非通用语种群（含朝鲜语、越南语、意大利语和葡萄牙语专业）被遴选为国家级高等学校第一批特色专业建设点（第二类）。2008 年，上述三个特色专业建设点分别被确定为北京市高等学校特色专业建设点。2010 年，日语专业被评选为国家级高等学校第六批特色专业建设点（第一类）。

三、师资队伍

学院现有教师 77 人，其中教授 22 人、副教授 31 人；具有博士学位的教师 32 人，在读博士学位的教师 10 人；校外兼职博士生导师 2 人，硕士生导师 50 人。此外，还常年聘有外国专家及外国教师近 20 人。

学院 10 个专业均是本语种全国教学研究会和文学研究会的理事或常务理事单位，

各专业均有教师担任相关学术团体的理事、常务理事、秘书长、副会长、会长等职务。

2010 年，阿拉伯语（经贸）专业本科教学团队被评选为“北京市优秀教学团队”。

表 10.6.1　外语学院各学系师资一览表

	总人数	教授	副教授	讲师	助教	博士学位	在读博士	博导	硕导	长期外教
日语系	12	4	5	3		5	1	1	10	
阿语系	10	4	3	3		4	2	1	7	
朝语系	8	2	5	1		6	1		7	
越语系	2		1		1		1			
法语系	9	2	4	3		3	1		6	1
西语系	8	1	2	4	1	2	2		3	1
俄语系	6	1	3	2		5			3	1
意语系	6	1	4	1					3	1
德语系	15	8	4	3		7	2		10	1
葡语系	1				1					1
总计	77	23	31	20	3	32	10	2	49	6

四、人才培养

截至 2010 年 12 月，学院在校本科生为 817 人、研究生为 138 人。

学院注重开展实践教学，拥有多个校外教学实习基地，并为学生提供各类国外实习机会。2009 年，学院学生主要实习基地之一“中国进出口商品交易会”被遴选为北京市校外人才培养基地。

学院培养的具有国际化特色的经贸外语复合型人才，受到用人单位的普遍欢迎。近年来，学院毕业生就业率始终保持在近 100%；学生就业去向包括国家部委、事业单位、大型银行、国内外知名企业等。

五、国际交流与合作

半个世纪以来，外语学院先后同 20 多所外国大学与学术机构建立了学术交流关系，学院经常选派教师赴国外讲学、参加国际学术研讨会，80% 以上的教师曾在国外留学或进修，50% 以上的教师曾在我国驻外使、领馆经商处工作。此外，学院每年通过国家留学基金会和校际交流派遣近百名本科生与研究生赴国外留学及实习，去向有日本、韩国、埃及、德国、古巴、俄罗斯、意大利、法国、突尼斯、摩洛哥、叙利亚、越南等国家。

第二节　专业与学系

外语学院现设有日语、阿拉伯语、朝鲜（韩）语、越南语、法语、西班牙语、俄语、意大利语、德语与葡萄牙语 10 个专业，对应设立 10 个学系。

一、日语专业与日语学系

日语专业成立于1954年，1994年建系，1986年被批准为日语语言文学硕士学位授权点。2010年被批准为教育部高等教育第一类特色专业建设点。

陈涛、宋文军等教授曾对学院日语专业的发展作出贡献，他们主持编纂《日汉辞典》、《现代日汉大辞典》，创办《日语学习与研究》杂志。目前，本校是中国国际商务日语研究会会长单位、中国日语教学研究会副会长单位、中日比较文学研究会副会长单位。

该专业与日本立命馆大学签有“2+2”双学位联合人才培养协议，并与日本立命馆大学、东京经济大学、日本大学、大分大学、阪南大学、福山大学等日本高校签有校际交流协议，开展留学生派遣和教师进修、讲学等相关交流活动。

日语学系现有教师12人，其中教授4人、副教授5人、讲师3人；具有博士学位的教师5人，在读博士1人；博士生导师1人，硕士生导师10人。

该学系近年来出版专著5部，发表论文80余篇，编写教材20余部，其中《商务基础日语》被列入国家“十一五”教材规划；承担国家社科基金一般项目1项，省部级以及国际合作项目4项。

日语专业学生曾多次获全国翻译、演讲等比赛一等奖。

二、阿拉伯语专业与阿拉伯语学系

阿拉伯语专业成立于1954年，是我国高校最早开设的阿语专业之一。1999年开始在外国语言学及应用语言学框架下招收研究生，2003年被批准为阿拉伯语语言文学二级硕士学位授权点。2007年被批准为教育部高等教育第二类特色专业建设点，2008年被批准为北京市高等教育特色专业建设点。

1993－2000年，学校曾为中国阿拉伯语教学研究会秘书处单位，目前则是中国阿拉伯语教学研究会副会长单位、中国阿拉伯文学研究会副会长单位。

该专业目前与埃及开罗大学、约旦大学、沙特卡西姆大学等阿拉伯国家著名高校签有校际交流合作协议，开展留学生派遣和教师进修、讲学等相关交流活动。

阿拉伯语学系现有教师10人，其中教授4人、副教授3人、讲师3人；具有博士学位的教师4人，在读博士2人；博士生导师1人，硕士生导师7人。

该学系主要的教学研究成果有：《阿拉伯语经贸文选》于2004年被评为北京市精品教材；《阿拉伯语经贸谈判与口译》于2005年被评为北京市精品课程，2007年被评为国家级精品课程；编写中的《阿拉伯语阅读教程》和《阿拉伯语经贸应用文》被列入国家“十一五”教材规划。2010年，阿拉伯语（经贸）专业本科教学团队被评为“北京市优秀教学团队”。

主要的科研成果有：出版学术专著5部，译著50余部，工具书2部；发表学术论文百余篇，其中20余篇被CSSCI核心期刊收录，部分论文被《人大复印资料》和《新华文摘》全文转载；承担国家社科基金一般项目2项、青年项目1项，教育部重大项目1项，北京市哲学社会科学重点项目1项，教育部一般项目2项，北京市高等教育教学改革项目1项；2项成果获得北京市哲学社会科学优秀成果二等奖，2人次获得埃及政府表彰奖。

阿语专业的学生于 1986 年、1994 年和 1998 年全国阿拉伯语统考中三次获集体第一，两次获个人第一。

三、朝鲜（韩）语专业与朝鲜（韩）语学系

朝鲜（韩）语专业成立于 1952 年，是我国高校最早开设的朝语专业之一。1999 年，学院开始在外国语言学及应用语言学框架下招收硕士研究生，2005 年，学院获得外国语言文学一级学科硕士学位授权点后，该专业开始招收亚非语言文学硕士。此外，该专业自 2007 年开始在国内首次开设中韩同声传译硕士课程。2007 年，包含朝鲜（韩）语专业在内的非通用语种群被批准为教育部高等教育第二类特色专业建设点，2008 年被批准为北京市高等教育特色专业建设点。

学校目前是中国朝鲜（韩）语教学研究会会长单位、中国朝鲜韩国文学研究会副会长单位、中国朝鲜史学会副会长单位以及国际 KOREA 学会副会长兼亚洲分会会长单位。

该专业目前与韩国的庆熙大学、新罗大学等高校建立了友好合作关系，开展留学生派遣和教师进修、讲学等相关交流活动。

朝鲜（韩）语学系现有教师 8 人，其中教授 2 人、副教授 5 人、讲师 1 人；具有博士学位的教师 6 人，在读博士 1 人；硕士生导师 7 人。

该学系教师出版专著 11 部，相关专业图书 24 部，发表学术论文 170 余篇；编撰教材 20 余部，其中《商务韩国语》2008 年被评为北京市精品教材。目前承担教育部人文社科研究项目 1 项。2 人次获得韩国总统奖、总理奖。

朝语专业学生在 1995 年、2004 年、2005 年全国韩语演讲大赛中获第一名，2001 年在全国第一届韩语知识竞赛中获第一名，2003 年在《故国消息》杂志社主办的世界学生韩语散文大赛中获第一名，在中国驻朝大使馆举办的历届留学生朝语竞赛中 4 次获第一名。此外，本专业学生还在国内外各类竞赛中多次获得其他各种奖项。

四、越南语专业与越南语学系

越南语专业成立于 1952 年，是学校最早开设的外语专业之一。2007 年，包含越南语专业在内的非通用语种群被批准为教育部高等教育第二类特色专业建设点，2008 年被批准为北京市高等教育特色专业建设点。

越南语学系现有教师 2 人，其中副教授 1 人、助教 1 人；在读博士 1 人。发表学术论文 18 篇，编写教材 1 部。

该专业毕业生多在商务部、外交部、中联部、国际广播电台等国家机关、各大外贸公司及外资企业工作。

越南语专业学生曾在全国越语演讲比赛中获得第一名。

五、法语专业与法语学系

法语专业成立于 1954 年，沈达明等国内知名教授曾在此任教。2005 年外语学院获

得外国语言文学一级学科硕士学位授权点后，该专业开始招收法语语言文学硕士。

该专业目前与法国巴黎三大应用外语学院签有交流合作协议，每年互派学生交流留学。

法语学系现有教师9人，其中教授2人、副教授4人、讲师3人；具有博士学位的教师3人，在读博士1人；硕士生导师6人。此外长期聘有法国专家1人。

该学系教师出版专著4部，译著17部，编著18部；发表学术论文55篇，其中21篇发表在核心期刊；编写教材8部，教学参考书及工具书5部；完成教育部留学回国人员启动项目1项，目前承担国家社科基金一般项目1项。

法语专业学生曾获亚洲区法语比赛第一名。

六、西班牙语专业与西班牙语学系

西班牙语专业成立于1954年，是我国高校最早开设的西语专业之一，张雄武等多名国内知名教授曾在此任教。2000年开始在外国语言学及应用语言学框架下招收硕士研究生，2005年外语学院获得外国语言文学一级学科硕士学位授权点后，该专业开始招收西班牙语语言文学硕士。2007年被批准为教育部高等教育第二类特色专业建设点，2008年被批准为北京市高等教育特色专业建设点。

该专业与西班牙巴塞罗那自治大学、科米亚斯大学，墨西哥学院、墨西哥蒙特雷理工学院等高校签订了交流合作协议，每年互派学生进行交流留学。

西班牙语学系现有教师8人，其中教授1人、副教授2人、讲师4人、助教1人；具有博士学位的教师2人，在读博士2人；硕士生导师3人。此外有长期聘用的外教1人。

该学系教师近年来出版专著6部，译著10部；发表学术论文39篇，其中20篇发表于核心期刊；承担商务部、北京市等省部级科研项目2项；编撰并出版词典1部，教材6部，其中《西班牙语经贸应用文》2004年版以及2009年修订版均被评为北京市精品教材；《西班牙语经贸应用文》于2008年被评为北京市精品课程；该系举办了2届“中拉经贸关系”国际研讨会。

西语专业学生多次在全国性各种比赛中获奖。

七、俄语专业与俄语学系

俄语专业成立于1951年，是学校最早开设的外语专业之一。2005年，外语学院获得外国语言文学一级学科硕士学位授权点后，该专业开始招收俄语语言文学硕士。

该专业目前与俄罗斯国立人文大学、莫斯科国际关系学院、贝加尔国立经济法律大学签有校际交流协议，开展留学生派遣和教师进修、讲学等相关交流活动。

俄语学系现有教师6人，其中教授1人、副教授3人、讲师2人；具有博士学位的教师5人；硕士生导师3人。此外长期聘任的外教1人。

该系出版专著7部，发表学术论文近50篇，其中13篇发表于核心期刊；编写教材12部，教学参考书及工具书6部；完成并承担国家社科基金一般项目2项；2项成果获得北京市哲学社会科学优秀成果二等奖。

俄语专业学生在历年来的全国俄语专业四、八级水平测试中成绩优异，并数次在国内外各种俄语大赛中获奖。

八、意大利语专业与意大利语学系

意大利语专业创始于 1954 年，是我国高校中第一个开设的意大利语本科专业。2005 年，外语学院获得外国语言文学一级学科硕士学位授权点后，该专业开始招收欧洲语言文学硕士。2007 年，包含意大利语专业在内的非通用语种群被批准为教育部高等教育第二类特色专业建设点，2008 年被批准为北京市高等教育特色专业建设点。

学校目前是中国意大利语教学研究会会长单位、欧洲学会意大利研究会副秘书长单位。

该专业目前与意大利卡利亚里大学签有校际交流协议，每年派遣学生赴意大利留学。

意大利语学系现有教师 6 人，其中教授 1 人、副教授 4 人、讲师 1 人；硕士生导师 3 人。此外长期聘用的外教 1 人。

该学系教师出版译著 22 部、编著 2 部；发表学术论文 39 篇，其中 6 篇发表于核心学术期刊；编写教材 15 部，其中《意大利语经贸谈判与口译》于 2004 年被评为北京市精品教材，《意大利语经贸应用文》于 2009 年被评为北京市精品教材；4 人次获得意大利总统颁发的仁惠之星爵士勋章、荣誉骑士勋章。

意大利语专业学生曾数次在国内外各种比赛中获奖，其中在全球意大利语专业学生征文比赛中，该学系学生获得一等奖，是亚洲地区唯一获奖学生，并获得意大利锡耶纳外国人大学提供的奖学金。

九、德语专业与德语学系

德语专业成立于 1951 年，是学校最早开设的外语专业之一。1999 年开始在外国语言学及应用语言学框架下招收研究生，2003 年获得德语语言文学二级硕士学位授予权。

该专业目前与德国爱尔兰根·纽伦堡大学、波茨坦大学、吉森大学和康斯坦茨应用技术学大学签有“4+2”本硕连读联合培养协议，与德国耶拿大学签有校际交流协议，每年派遣学生赴德国留学。

德语学系现有教师 15 人，其中教授 8 人、副教授 4 人、讲师 3 人；具有博士学位的教师 7 人，在读博士 2 人；硕士生导师 10 人。此外长期聘用外教 1 人。

该学系教师自 2000 年以来，出版专著 12 部，发表学术论文 161 篇，其中 63 篇发表于核心期刊；编写教材 5 部，其中《德国文化史》于 2005 年被评为北京市精品教材；承担并完成国家社科基金一般项目 3 项、教育部哲学社科研究项目 1 项。

多年来，德语专业学生数次在国内外各种比赛中获得大奖。

十、葡萄牙语专业与葡萄牙语学系

葡萄牙语专业建立于 2007 年，并于 2009 年开始招收首届本科生。2007 年，包含葡萄牙语专业在内的非通用语种群被批准为教育部高等教育第二类特色专业建设点，2008 年被批准为北京市高等教育特色专业建设点。

葡萄牙语专业自成立以来，与葡萄牙、巴西等国驻华使馆保持密切联系，并于2010年3月与葡萄牙里斯本大学签订了关于学校葡语专业培训项目及两校学术交流谅解备忘录。

该学系现有教师1人，并聘有葡萄牙籍外教1人。

第三节　学科建设与教学、科研

一、学科建设

外语学院是国内较早开展多语种外语专业本科人才培养的高校。

学院于1984年获得外国语言学及应用语言学二级学科硕士学位授予权；1986年获日语语言文学二级学科硕士学位授予权；2003年获阿拉伯语语言文学、德语语言文学两个二级学科硕士学位授予权；2005年由外语学院牵头全校外语学科申报并获外国语言文学一级学科硕士学位授予权。

截至目前，外语学院拥有10个本科学位授予权，1个外国语言文学一级学科硕士学位授予权，9个二级学科硕士学位授予权。

二、教学情况

根据学校为各层次教育制定的人才培养目标，以及零起点外语专业的特点和我国经济社会当前与未来对外语人才的需求，突出国际化与复合型人才的培养，通过对课程体系、教学内容、教学方法、社会实践及国际联合培养等各个环节的工作，予以具体落实。

（一）经贸外语复合型人才的培养模式

学院对零起点外语专业的复合型人才培养的探索起步较早，围绕经贸外语复合型人才的培养，从培养目标、课程体系、教学内容、知识结构等方面进行了较为系统的分析与探索，不断完善经贸外语复合型人才的培养方案，建立了符合这种培养模式的课程体系。学院自2003年至今，已承担并完成教育部及北京市教育教改项目4项。

（二）课程体系建设

经贸外语复合型人才培养模式的课程体系由四部分组成：即专业外语类课程、经管类课程、人文基础类课程和公共外语（英语，包括商务英语）类课程。其中专业外语类课程按照学习进度分为基础阶段课程与高级阶段课程。前者主要包括基础外语、视听说、阅读、语法等课程，后者则包括两类课程：一类是语言文学类，即精读、文学选读、翻译理论与实践、报刊选读等课程；另一类是经贸外语类，即经贸谈判、经贸文选、经贸应用文、业务实习等课程。

在课程建设方面，学院取得的成果包括国家高等教育精品课程建设1项，北京高等教育精品课程建设2项。

（三）教材建设

根据人才培养模式与课程体系建设的需要，外语学院在零起点外语专业教材的建设上采用以下做法：1. 选用全国各兄弟院校所编写的优秀教材为基础教材。2. 重点建设培养方案和教学计划中所列的核心课教材。3. 优先建设具有学校专业特色的经贸外语课教材。自2004年至今，已有7部教材被遴选为北京市高等教育精品教材，并完成1部国家“十一五”规划教材的编撰工作。

（四）社会实践

外语学院非常重视培养学生的实践能力与创新能力，为此，积极开拓教学实践基地。目前拥有包括中国进出口商品交易会、浙江省纺、浙江轻工、义乌小商品城、昆之源等在内的众多教学实习基地，并为学生提供各类国外实习机会。这些基地对于提高学生的语言实践能力和商务谈判的应变能力，均起到了良好的作用。2009年，学院实习基地“中国进出口商品交易会”被遴选为北京市校外人才培养基地。

（五）国际合作联合培养

外语学院人才培养的国际化特色主要表现在：

1. 学院不断发展与国外大学与学术机构的交流与合作。已先后与德国、法国、意大利、西班牙、葡萄牙、俄罗斯、日本、韩国、埃及、沙特、约旦、墨西哥、古巴等十几个国家的30多所知名高校签订了校际交流合作协议以及联合培养协议，每年选派70余名学生赴海外留学或实习；并积极创造条件为教师提供出国进修和参加学术交流的机会。

2. 常年正式聘用外国专家来院任教。学院每学期聘用长期或短期来院任教的外籍教师有10余名。

3. 学院所有教师都具有在国外学习、进修、讲学或在我驻外使领馆长期工作的经历，熟悉驻在国的国情和文化。

4. 各专业在教学过程中广泛选用原版外文教材。

5. 学院每年举办对外经济贸易大学外语文化节。

6. 学院经常举办各国驻华使节系列讲座等。

表10.6.2　　外语学院教师国际获奖一览表

主要贡献	获奖人	时间	奖项名称
法语教学与中法文化交流贡献	常崇洋	1992	摩洛哥国王“阿拉维勋章”
韩语研究和教学贡献	姜信道	2001	大韩民国总理奖
阿拉伯语教学与研究	杨言洪	2005	埃及高教部、文学艺术最高委员会：阿拉伯语教学与研究表彰奖
阿拉伯语教学及中阿文化交流、中阿文学著作翻译	葛铁鹰	2005	埃及高教部、文学艺术最高委员会：阿拉伯语教学与研究表彰奖
意语教学及中意文化交流贡献	张密	2005	意大利总统“仁惠之心爵士”勋章 意大利总统“骑士”勋章
意语教学及中意文化交流贡献	李文田	2005	意大利总统“骑士”勋章
意语教学及中意文化交流贡献	周莉莉	2005	意大利总统“骑士”勋章
韩语研究和教学贡献	金秉运	2008	大韩民国总统奖

（六）教学效果与社会声誉

外语学院零起点外语专业的学生，经过在校 4 年的语言能力培养和专业知识学习，均达到一定的专业水平。学生在全国专业外语四、八级考试中的通过率居全国高校同类专业前列，且英语四、六级的通过率呈逐年稳步上升趋势，具备了双语优势。学生的经贸专业知识、综合素质均有显著提高，在各类比赛中多次获奖，自 2003 年以来，在各种国际与全国性大赛中有 6 人次获一等奖，5 人次获二等奖，10 人次获三等奖。

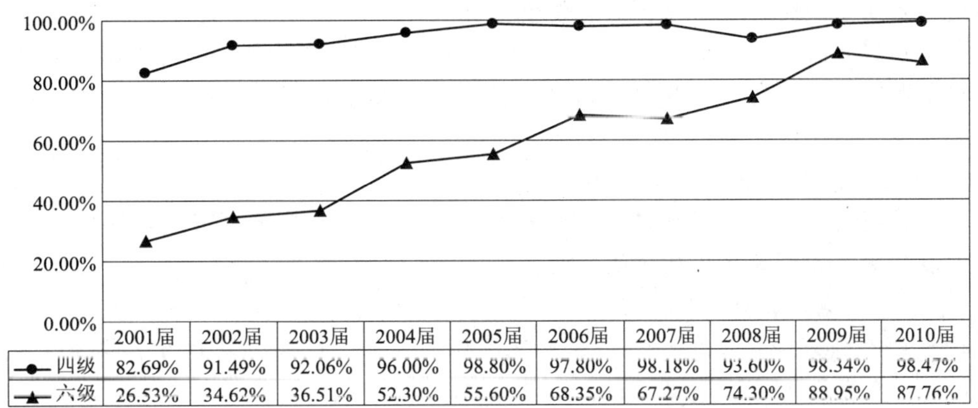

	2001届	2002届	2003届	2004届	2005届	2006届	2007届	2008届	2009届	2010届
四级	82.69%	91.49%	92.06%	96.00%	98.80%	97.80%	98.18%	93.60%	98.34%	98.47%
六级	26.53%	34.62%	36.51%	52.30%	55.60%	68.35%	67.27%	74.30%	88.95%	87.76%

图 10.6.1　外语学院 2001－2010 届学生英语四、六级通过率示意图

学院培养的学生受到用人单位的普遍欢迎，毕业生就业层次亦不断提高。对毕业生的跟踪调查显示，用人单位对外语学院毕业生的满意率达 90% 以上。

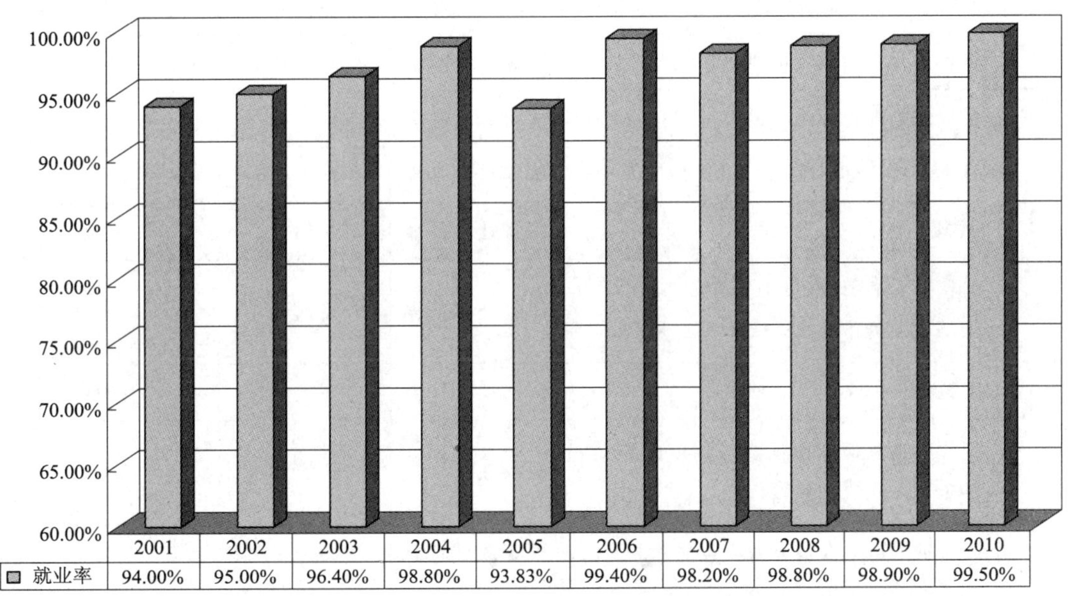

	2001	2002	2003	2004	2005	2006	2007	2008	2009	2010
就业率	94.00%	95.00%	96.40%	98.80%	93.83%	99.40%	98.20%	98.80%	98.90%	99.50%

图 10.6.2　外语学院 2001－2010 届本科毕业生就业率

学院的教学效果还表现在，外语学院的教师多人次获得教育主管部门的嘉奖：2 人获“北京市优秀教师”称号，1 人获“北京市教学名师”称号。阿拉伯语（经贸）专业本科教学团队被评为“北京市优秀教学团队”。

三、科研情况

（一）研究平台建设

外语学院在继续加强原有外国语言研究中心、外国文学研究中心两大学术研究平台建设的同时，着力拓宽科研领域，开展国别地区经济、文化、政治的研究，以满足中国加入世界贸易组织后的对外经济贸易发展的需要。2001 年 9 月，成立对外经济贸易大学区域国别研究所，挂靠于学院，该所下设东亚、俄罗斯与中亚、西亚北非、拉美、欧洲等五个研究中心。2009 年 9 月，对外经济贸易大学重点研究基地“区域国别研究中心”挂牌。

（二）科研团队建设

外语学院注重科研团队的建设，2010 年 5 月，学院“外国语言文学多维研究创新团队”获校级学术创新团队建设项目立项。

（三）科研成果、立项与获奖

2000 年至今，学院共计发表学术论文 730 篇，其中在核心期刊发表学术论文 199 篇；出版学术专著 43 部，译著 111 部，编著 58 部。

学院承担省部级以上科研立项（含横向）24 项，其中国家社会科学基金项目 10 项。见下表：

表 10.6.3　　2000－2010 年外语学院国家级课题一览表

序号	课题名称	项目来源	主持者	立项时间（年）
1	现代语言学视角下的俄语成语学	国家社科基金	吴　军	2003
2	债权总则给付障碍法的体系建构	国家社科基金	杜景林	2005
3	日本古代文学“和习”问题研究	国家社科基金	马　骏	2006
4	德国文化论	国家社科基金	李伯杰	2008
5	阿拉伯古籍中的“中国”研究——以史学著作为中心	国家社科基金	葛铁鹰	2008
6	阿拉伯传记文学及其研究	国家社科基金	邹兰芳	2008
7	现代买卖法瑕疵担保责任制度的定位、体系与范式规则研究	国家社科基金	杜景林	2009
8	二十世纪俄罗斯戏剧及其语言特征	国家社科基金	吴　军	2009
9	“信、达、雅”接受史中的中西译理融合研究	国家社科基金	谢思田	2009
10	美国与伊斯兰政治关系研究	国家社科基金	丁　隆	2010

表 10.6.4　　2000－2010 年外语学院省部级课题一览表

序号	课题名称	项目来源	主持者	立项时间（年）
1	海湾油气与我国能源安全	教育部	杨言洪	2001
2	北京市吸引海湾国家投资战略和措施研究	北京市教委	叶文楼	2004
3	海湾国家海外投资格局的变动与我国吸引其投资的对策研究	教育部	叶文楼	2005
4	中德语言学交流史	教育部	冯晓虎	2005
5	中国韩国语教学情况调查	教育部	金秉运	2009
6	俄罗斯传统经济文化与当代市场经济建设	教育部	宋艳梅	2010

2002 年以来，学院获得省部级以上学术研究成果奖 3 项。

（四）举办学术会议

2000 年至今，学院以区域国别研究所为依托，举办重要学术会议近 20 场，包括 4 场大型国际学术会议。

第七章 信息学院

第一节 概 述

一、历史沿革

2001 年 3 月，原对外经济贸易大学信息经济系、原中国金融学院信息管理系以及基础部数学教研室合并组建为对外经济贸易大学信息学院。

二、组织机构

信息学院下设电子商务系、信息管理系和应用数学系，设有现代服务业研究中心、金融科技中心、电子商务研究所以及中国钢铁在线交易研究中心等科研机构；另有学院办公室、教学管理办公室、学生工作办公室、实验中心等教学管理与教辅机构。

三、师资队伍与学生状况

学院现有教职工 56 人，其中专职教师 43 人。教师中教授 4 人、副教授 23 人；具有博士学位的教师 22 人；1 人享受国务院政府津贴。学院还从商务部、中国人民银行、国务院发展研究中心、国家质检总局、中国工商银行、国家开发银行、中国国际电子商务中心等单位聘请金融服务、信息化管理、电子商务领域的 10 余名专家担任兼职教授。

学院现有在校生约 600 余人，其中本科生 480 余人、硕士和博士研究生近 100 人，来华留学生近 20 人。毕业生就业率多年来在学校始终保持领先地位，就业主要分布在国家机关、金融机构、外资企业等领域。

第二节 专业与学系

一、专业情况

学院已形成本科、硕士、博士三个培养层次：拥有信息管理与信息系统、电子商务两个本科专业；产业经济学、金融学硕士研究生专业，产业经济学博士研究生专业；2010 年增设金融学专业金融服务外包方向及电子商务（网络营销）来华留学生专业；形成了从本科到博士的专业培养框架体系。

（一）本科生教育

1. 电子商务专业

2001 年，经教育部批准，学校正式开设电子商务本科专业，同年 9 月招收第一届本科生，目前，该专业设有国际商务和金融服务外包两个专业方向。

该专业主要课程包括微观经济学、管理学原理、货币银行学、数据库系统、系统分析与设计、网络营销、电子金融、供应链与 ERP、电子商务系统建设与实施等。

2. 信息管理与信息系统专业

该专业始建立于 1987 年，1988 年开始招收第一届本科生。

该专业主要课程包括微观经济学、财务会计概论、计算机网络、程序设计基础、系统分析与设计、数据结构、数据库系统、信息系统建设与实施等。

（二）硕士研究生教育

1. 产业经济学专业

学院自 1995 年 7 月开始招收产业经济学硕士研究生，目前在校生 80 余人。

该专业设有三个专业方向：商务信息管理与电子商务方向、企业资源规划与电子商务方向、金融信息化与现代服务业方向。

2. 金融学专业

2010 年增设金融学专业金融服务外包方向。该专业的主要课程包括：经济数据分析、金融系统风险管理、数字（信息）经济学、银行管理学、服务外包理论与实务、金融 IT 服务外包与管理等课程。

（三）博士研究生教育

2004 年 10 月，金融学专业的电子商务与网络金融博士研究生方向招生资格获得批准，于 2005 年开始招生；2007 年，产业经济学博士研究生开始招生，目前已毕业和在读学生共有 7 人。

2010 年产业经济学专业博士研究生增设电子商务与网络金融方向。该专业的主要课程包括：经济学方法论、高级微观经济学、高级计量经济学、高级宏观经济学、高级产业组织专题、规制经济学、电子金融与网络金融专题等课程。

（四）来华留学生教育（本科）

学院自 2007 年开始发展来华留学生教育，招收电子商务（网络营销）专业学生。

该专业主要课程包括：微观经济学、宏观经济学、管理学原理、营销学原理、网络营销、客户关系管理、现代服务、电子商务与贸易案例分析、电子商务基础等。

目前有来自韩国、印度尼西亚和哈萨克斯坦等国家的近 20 名来华留学生。

二、学系情况

信息学院目前设有电子商务学系、信息管理学系和应用数学学系三个学系。

1. 电子商务学系

该学系下设电子商务教研室和计算机公共基础教研室，现有教师 18 人，其中教授 2 人，副教授 9 人，讲师 7 人；具有博士学位的教师 9 人。目前除承担本专业本科、研究生教学任务外，还承担全校计算机公共课程的教学工作。

2. 信息管理学系

该学系下设信息管理教研室和信息技术教研室，现有教师 11 人，其中教授 2 人、副教授 6 人，讲师 3 人；具有博士学位的教师 5 人。主要承担本专业本科、研究生的教学任务。

3. 应用数学学系

该学系现有教师14人，其中副教授8人、讲师6人；具有博士学位的教师8人。主要承担全校数学课的教学任务。

第三节　学科建设与教学、科研

“十一五”期间，信息学院在电子商务、电子贸易管理、金融信息化以及现代服务业研究和应用等方面进行重点建设。2005年以来，学院获得科研经费800余万元，科研项目的层次稳步提高。截至2010年，学院教师共发表论文150余篇，其中SCI、SSCI、EI收录20余篇；主持和承担的国家级、省部级科研立项见下表：

表 10.7.1　　2002－2010 年信息学院承接国家级课题一览表

序号	课题名称	项目来源	主持者	立项时间（年）
1	对电子商务标准 ebXML 的研究	国家社科基金项目	陈恭和	2002
2	社会性网络服务持续使用理论模型及实证研究	国家自然科学基金	殷国鹏	2009

表 10.7.2　　2000－2010 年信息学院承接省部级课题（纵向）一览表

序号	课题名称	项目来源	主持者	立项时间（年）
1	北京现代服务业研究	北京市	陈　进	2007
2	非法传销组织向高校渗透的特点研究	教育部人文社科研究项目	张志娟	2008
3	金融服务外包下商业银行流程管理体系的理论及实证研究	教育部人文社科研究项目	崔金红	2009
4	金融服务外包产业聚集的区位优势与发展模式研究	教育部人文社科研究项目	陈　进	2009

“电子商务”专业被批准为2010年国家级特色专业；“商务信息管理系列课程教学团队”获得2008年北京市优秀教学团队称号；《电子金融》被评为2010年国家级精品课程；《管理信息系统》和《电子商务》分别被评为2004年及2008年北京市精品课程；“面向国家公共信息服务的现代商务实践体系建设”以及“财经类《电子商务》公共课程建设研究和立体化教材建设”获得2008年北京市教学成果二等奖；《管理信息系统》、《电子商务教程》分别获评2006年、2008年北京市精品教材，《电子金融概论》荣获2007年北京市高等教育精品教材建设项目，《数字经济学》、《信息管理概论》荣获2009年北京市精品教材建设立项；《电子支付与金融》、《商务智能应用教程》于

2007 年入选教育部“十一五”规划教材，《电子商务应用基础》、《管理信息系统》于 2008 年入选教育部“十一五”规划教材。

2009 年与浙江大学、西安交通大学、北京邮电大学合作完成的“高校电子商务专业知识体系建设与创新实践”项目以及与西北大学、北京语言大学、中国人民大学、东北师范大学、中央音乐学院合作完成的“构建实施应用《大学文科计算机教学基本要求》”项目分获第六届高等教育国家级优秀教学成果二等奖；在商务部电子商务促进与推广工程项目中，2005 年、2006 年分别获得电子商务案例编写优良奖，2008 年获得电子商务案例编写一等奖。

2010 年 4 月成功申报并获批“管理科学与工程”重点培育学科项目。2010 年与北京联合大学联合申报，建立了北京市校外人才实习培养实习基地。2002 - 2007 年、2007 - 2012 年，学院是教育部文科计算机基础教学指导委员会副主任委员单位，同时也是教育部电子商务专业教学指导委员会副主任委员单位。

学院教师多人获得各类奖项：1 名教授 2010 年荣获北京市教学名师称号；2 名教师荣获北京市优秀德育工作者和北京市优秀辅导员称号。

实践教学方面，2004 年 8 月，学校代表队在“易趣杯”首届电子商务大赛北京赛区比赛中荣获北京市第二名、全国优胜奖的好成绩；2005 年在“一拍杯”第二届全国大学生电子商务大赛中荣获全国一等奖和三等奖各一项。2007 年，本校学生开始参加全国大学生数学建模竞赛活动，同年 7 个队参赛，4 个队获奖，其中一项为国家二等奖；2008 年 10 个队参赛，7 个队获奖，其中包括国家二等奖 2 项；2009 年 25 个队参赛，12 个队获奖，其中包括国家一等奖 1 项、二等奖 2 项。2010 年在第六届“挑战杯”首都高校大学生创业计划大赛中，信息学院有 7 支代表队参加北京市角逐，其中 4 支队伍获铜奖。本院学生参加“2010 年全国大学生数学建模竞赛”获得佳绩，14 名同学分别取得全国二等奖、北京市二等奖。还有 2 名同学参加美国大学生数学建模竞赛获得一等奖。在 2010 年第二届高校“创意 创新 创业”电子商务挑战赛北京赛区的比赛中，有 9 支队获奖，其中特等奖 1 个、一等奖 2 个、二等奖 6 个；另有三支队伍代表学校参加全国第二届“创意 创新 创业”电子商务挑战赛的比赛，取得了特等奖、三等奖、优秀奖各 1 名的优异成绩。

第四节　合作、交流与服务

一、国内合作

设在信息学院的中外经贸合作网站信息采编中心成立于 2004 年 7 月，主管单位为中华人民共和国商务部，由对外经济贸易大学信息学院负责日常维护运营。截至目前，采编中心共承接了商务部 7 个中外经贸合作网的维护工作。

采编中心自建立以来，在完成中外经贸合作网日常工作的同时逐渐成为本校学生的实习基地，吸收了大量本校乃至外校各专业学生包括来华留学生到中心进行实地实习。本校学生既有信息学院的，也有经贸学院、外语学院等 10 余个专业的学生，还有学校勤工俭学中心推荐的特困生以及来自俄语国家的留学生；外校学生来自北京大学、北京外国语大学、中国人民大学、外交学院、北京交通大学、北京联合大学等校。截至2010年7月，在采编中心实习的学生累计541人次，其中对外经济贸易大学学生456人次，外校学生75人次；本科生占51%，研究生占39%。

信息学院与首都信息化发展有限公司、中国国际电子商务中心、航天信息有限公司等单位建立了校外教学实习基地；与IBM、SAP等世界知名企业建立了大学合作伙伴关系，并进行科研交流活动。

二、国际合作

学院目前与加拿大不列颠哥伦比亚大学，澳大利亚莫纳什大学、格里菲斯大学，英国里丁大学、约克大学、西苏格兰大学等国家和地区的20多所大学、研究机构建立了长期合作关系，开展学术交流、合作办学等项目。2001年，信息学院的国际课程班（计划外招生）开始招生。截至2010年，项目对接的英国、澳大利亚及美国的海外大学已达几十所，有近千名学生通过该项目进入海外大学深造，专业覆盖国际金融、国际贸易、电子商务、多媒体等热门领域。

三、社会服务

1. 中外经贸合作网站信息采编中心发挥学校在国际经济贸易、金融、外语、电子商务等领域的综合优势，依托网站为各国政府、企业商家、研究机构、各界读者提供信息服务。

2. 现代服务业研究中心自成立以来，依托自身优势和领先的研究成果，不断加大与社会的联系。在现代服务业规划和发展方面成果丰硕，积极为国家建设献计献策，取得良好的社会效益。2009年出版“北京现代服务业研究”著作，2010年9月承担内蒙古自治区呼伦贝尔市“第三产业十二五发展规划”的调研和编写工作，同时承担北京市海淀区“金融业十二五规划”的编写工作，2011年圆满完成福建省干部发展现代服务业的专项研究和培训工作。

3. 电子商务研究所成立后积极开展电子商务理论和应用研究，在电子信用管理和应用实践方面独树一帜，处于国内外领先水平。

4. 金融科技中心长期研究电子金融服务和网络金融，完成大量的科研项目，出版了一批国家级电子金融、网络金融服务的书籍，其研究和应用能力在国内处于领先水平。

5. 2010年成立的中国钢铁在线交易研究中心正在深入开展中国大宗商品在线交易现状的调查与研究，了解国内外相关领域发展现状及发展趋势，积极制定建立国内一流大宗商品在线交易平台的策略。

第八章　公共管理学院

第一节　概　　述

公共管理学院成立于2006年1月，由原人文与行政学院行政管理学系和海关管理学系组建而成。原外交部副部长、中国驻美国特命全权大使、现中国博鳌论坛秘书长周文重担任学院名誉院长，中国行政管理学会常务副会长高小平任学院学科建设委员会主席。

一、学科发展

学院现有行政管理　公共事业管理、劳动与社会保障3个本科专业。

学院拥有行政管理二级学科硕士授予权，下设5个专业方向。2010年4月获得公共管理硕士（MPA）学位授予权，下设公共行政管理、海关管理、文化事业管理、国际经贸管理与政策、公共财政与税收管理、人力资源与社会保障等方向。

学院负责招收财政学二级学科博士点下的公共政策方向博士研究生。

二、师资队伍

学院现有教职工47人，其中专职教师41人。教师中教授5人、副教授15人、讲师21人；具有博士学位的教师24人，具有博士后流动站经历的教师7人。20多名教师有在国外、境外著名大学进修、学习、访学的经历。学院多名教师担任社会学术兼职，其中郑俊田教授担任中国海关学会常务理事、中国行政管理学会常务理事、中国行政管理学会县级研究会副会长、全国海关报关员分级专家组成员；张红教授担任中国法学会WTO研究会理事；2009年，邵鹏副教授被台湾成功大学聘为客座教授；廉思副教授担任中国青少年发展基金会顾问、北京大学中国与世界研究中心研究员、河南师范大学兼职教授以及浙江图书馆文澜讲坛客座教授等职。

教师中3人次获得“首都教育系统奥运工作先进工作者”、“北京市劳动模范”、“北京高校优秀辅导员”等荣誉称号。廉思副教授的《关于北京市“蚁族”群体的调研报告》获得2010年北京市第十一届哲学社会科学优秀成果奖二等奖。

学院成立以来，教师承担国家社科基金项目4项，主持、参与省部级立项13项，横向合作项目30项。在SSCI、CSSCI等学术期刊发表论文200多篇。5项科研、教学成果获得省部级奖项。

三、人才培养

学院成立以来，共培养本科生697人，其中韩国、日本、法国、俄罗斯等国来华留学本科生 143 人；硕士生 142 人，其中来华留学硕士生 13 人；博士生 4 人，其中来华留学博士生 3 人。

四、合作与交流

学院与商务部、海关总署、国家质量检验检疫总局等政府部门保持着长期的合作关系，与中国海关学会、中国口岸协会、中国报关协会、中国行政管理学会、北京大学、中国人民大学、清华大学等学术团体和高校保持合作关系。学院被定为中国口岸协会培训基地。学院与澳大利亚堪培拉国立大学、纽卡斯尔大学、英国诺森比亚大学等高校签订了合作办学协议。

学院主办、承办了各类学术会议及交流活动，如：2008－2010 年，与韩国行政学会、韩国光云大学联手，在中韩两国举办三届“改革与发展——中韩行政改革国际研讨会”；2009 年，协办“联合国教科文组织国际社会学协会休闲研究专业委员会中期会议暨中国休闲与社会进步年会”；举办“2010 年中国西部教育高峰论坛”。学院教师参与 20 多项国际、国内重要的学术会议和交流活动，共提交会议论文 20 余篇，主题发言 10 人次。

第二节　专业与学系

公共管理学院现有 3 个本科专业和 4 个学系。

一、行政管理专业与行政管理学系

行政管理专业创建于 1997 年，目前在本科层次设有涉外行政管理、涉外经济事务管理、海关管理 3 个方向。2003 年 5 月获得行政管理硕士研究生授予权，在硕士层次除设有涉外行政管理、涉外经济事务管理、海关管理、质量控制与检验检疫管理外，2009 年增设了文化与休闲产业管理专业方向，同年开始招收硕士研究生。

该专业的基础课程有管理学、政治学、行政法学、管理心理学等；主要课程有公共管理学、公共经济学、公共政策、公共管理方法与技术、涉外行政管理等。

行政管理学系现有教师 10 人，其中教授 1 人、副教授 4 人、讲师 5 人；具有博士学位的教师 9 人。该系教师承担行政管理专业的基础课、方向选修课以及学校公共课平台上的部分选修课程。

该学系先后同中国政治学会、中国政策科学学会、北京市政治学与行政学会、北京大学、吉林大学、中国人民大学、中山大学、南开大学以及韩国行政学会、韩国光云大学等国内外科研机构和高校建立了学术交流关系，定期邀请国内外大学的知名教授来系交流讲学。

二、公共事业管理专业与公共事业管理学系

公共事业管理专业创建于 2007 年 3 月，下设文化事业管理方向，同年开始招收本科生。主要课程有公共事业管理学、公共管理法律通论、文化学与文化产业概论、文化

安全学、文化创意产业研究等。

公共事业管理学系成立于2006年12月，其前身为法律政治学系。该系现有教师8人，其中教授1人、副教授4人；具有博士学位的教师6人；具有博士后流动站经历的2人。该系与北京大学文化产业研究院、国家发展与改革委员会文化产业研究中心、中国社会科学院文化研究中心、中国人民大学、中国传媒大学媒体管理学院、中央财经大学文化与传媒学院、首都师范大学文学院等建立了教学和科研合作关系。该系教师关注社会热点问题，为政府相关部门提供了20余篇调研报告，其中廉思副教授的《蚁族》产生了较大的社会影响。《蚁族》一书先后荣获“华语传媒图书大奖”、“中国图书势力榜非文学类十大好书”、国家图书馆“文津图书奖”等荣誉，并被翻译为英文、日文、韩文等多种语言。《蚁族》一书所反映的问题也引起中央领导的高度关注。2009年12月，全国哲学社会科学规划办公室《成果要报》刊发了廉思撰写的《“蚁族”对社会稳定的影响及相关对策建议》一文，得到温家宝、周永康、王兆国等中央领导的亲笔批示和高度重视。2009年12月25日，十一届全国人大常委会第十二次会议聚焦“蚁族”群体的生存和发展。2010年全国“两会”期间，“蚁族”也成为“两会”代表热议的“民生议题”。2010年11月，全国哲学社会科学规划办公室《成果要报》又刊发廉思撰写的《“蚁族”群体新出现的态势及对策建议》一文，得到胡锦涛、周永康等中央领导的亲笔批示和高度重视。

从2007年4月到2010年12月，该系教师共参加学术会议30次，其中国际会议12次，如：联合国教科文组织国际社会学协会休闲研究专业委员会中期会议暨中国休闲与社会进步年会、第四届世界遗产论坛、北京大学国际文化产业新年论坛；提交会议论文13篇，大会发言15人次。因较好完成了协办联合国教科文组织国际社会学协会休闲研究专业委员会中期会议的工作，学校文化与休闲产业研究中心获得了国际社会学协会、中国休闲哲学专业委员会颁发的“优秀组织奖”。

三、海关管理专业（方向）与海关管理学系

学校海关管理专业创立于1974年，1976年开始招收本科生，共培养海关专业本科生1 600多人。1985年开始招收研究生，共培养29名涉及关税专业、国际海关组织与公约协定及海关史专业方向的研究生。1996年开始招收双学位学生，培养双学位学生290人。1998年，在教育部的学科调整中，海关管理专业改为行政管理专业下的专业方向。海关管理方向于2002年开始招收硕士研究生，至2010年7月，培养了30多名海关管理专业方向硕士研究生。

海关管理专业历年培养的学生中，有3人担任了副部级领导职务，40多人担任海关司局级领导，200多人担任处级领导。

海关管理学系自1984年以来，为海关总署举办英语提高班10期，共320人；岗前培训班6期，共300人；验估征税班15期，共900人；海关统计班10期，共500人；海关缉私警察班3期，共180人；海关缉私警察局长班4期，共120人。各类各级的培训人数达2 000多人。

目前，海关管理的学科体系由海关管理学、海关法学、国际海关组织与公约协定、

协调制度归类四个方面组成。

海关管理学系现有教师 15 人，其中教授 2 人、副教授 5 人；具有博士学位的教师 3 人，在职攻读博士学位的 2 人；博士生导师 1 人（挂靠国际经济贸易学院）。该系教师与海关总署保持密切联系，直接参与海关行业内的重要活动，如：郑俊田教授长期担任中国海关学会常务理事、中国报关协会报关员分级专家组专家等职；何晓兵副教授 1999 - 2000 年参加《海关法》的修改起草小组的工作，是 2000 年《海关法》第八章的撰稿人员之一，2000 - 2001 年参加《关税条例》修改起草小组工作。

四、涉外经济事务管理专业方向与公共经济学系

涉外经济事务管理专业方向为行政管理专业下设的专业方向，以公共经济类和公共政策类课程为基础。该系主要承担该专业方向本科生和硕士生的教学任务，并承担财政学博士点下的公共政策部分课程。公共经济系目前开设了近 30 门本科生、研究生、博士生的专业必修课、选修课。公共经济学课程群包括：公共经济学、管制经济学、新制度经济学、区域经济学、公共选择理论、技术标准经济（福利）分析、公共管理方法和技术、全球市场中的企业与政府；公共政策课程群包括：公共政策、贸易政策分析、公共政策的经济分析、各国贸易政策比较分析、进出口管制与我国贸易政策、住房政策、社会保障政策、中国宏观经济政策研究；公共财政课程群包括：财政理论与政策、税收理论与政策、公共支出分析、财政管理研究。

该学系现有教师 7 人，其中教授 1 人、副教授 2 人；具有博士学位的教师 7 人；具有博士后流动站经历的 3 人。

五、劳动与社会保障专业

该专业创立于 2009 年 3 月，下设涉外劳动经济管理方向。2010 年招收第一届学生。主要课程有西方经济学、统计学、公共政策分析、劳动经济学、劳动关系、社会保障学、社会保障国际比较、社会救助与社会福利、劳动法与社会保障法等。

该专业李长安副教授参与撰写国家发展与改革委员会“十二五”前期重大项目“实施扩大就业发展战略”的报告，并为国家人口与计生委撰写报告《劳动力成本上升与制造业发展》，为国务院发展研究中心中国发展研究会撰写《转折时期农民工就业歧视问题研究》；承担并参与国家发改委、民政部、亚洲开发银行等项目 6 项；被《京华时报》、《上海证券报》、《西部论丛》、《科学时报》、搜狐财经等多家媒体聘为专栏作家。

第三节　教学与科研

一、教学情况

（一）国际化办学

2008 年，对外经济贸易大学与英国诺森比亚大学签署链接教育协议，由对外经济

贸易大学公共管理学院与英国诺森比亚大学艺术与社会科学学院共同组织实施校际联办MPA公共管理硕士学位。该项目是对外经济贸易大学继纽卡斯尔商学院合作项目后的一个新项目，现已培养了两届学生。

2007年，学院与韩国江南大学开展“2+2”本科办学模式，现有在校学生43人。

2009年，学院又与澳大利亚纽卡斯尔大学签署了“1+3”本科办学协议。

学院在本科、硕士、博士各个办学层次上都招收来华留学生，现有来华留学生156人，主要来自韩国、法国、俄罗斯、哈萨克斯坦、越南、泰国、伊朗、也门、印度尼西亚等国家。

（二）教学奖项

郑俊田教授的《中国海关通关实务》于2004年、2008年分别获评北京市高等教育精品教材和“北京市第十届哲学社会科学优秀成果奖”二等奖；车洪波教授的《领导科学》获2005年第五届教育部全国多媒体课件大赛教学课件三等奖；吕维霞教授的《现代商务礼仪》获2007年第七届教育部全国多媒体课件大赛教学课件优秀奖。

（三）实习基地

学院与商务部、海关总署、出入境检验检疫局及其下属单位达成联合培养协议；与北京海关、天津海关、唐山海关等政府机关，以及中国行政管理协会、中国报关协会、中国五矿进出口协会等中介组织签订实习基地协议；与中国物流运输公司等企业签订合作办学协议。公共事业管理专业（文化事业管理方向）与大钟寺古钟博物馆、中国国家会议中心、中国国际旅行社总社有限公司、中国嘉德国际拍卖有限公司、北京市古代钱币展览馆、北京北奥会展有限公司和北京荷庄“一号地国际艺术区”投资顾问有限公司等建立专业实习基地11个。

（四）双语教学

学院开设了“公共部门人力资源管理”、“商事组织管理”等9门双语教学课程。

二、科研情况

（一）科研成果

自2006年学院成立以来，学院教师承担的国家级以及省部级科研立项见下表：

表10.8.1　　2009－2010年公共管理学院国家级课题一览表

序号	课题名称	项目来源	主持者	立项时间（年）
1	文明形态理论的唯物史观研究	国家社科基金	邵　鹏	2009
2	潜在危机：我国“高校毕业生低收入聚居群体”与社会稳定问题研究	国家社科基金	廉　思	2009
3	创业带动就业的效果分析与政策选择	国家社科基金	李长安	2010
4	我国行业协会制度的组织特征和能力建设研究	国家社科基金	吴　伟	2010

表 10.8.2　　2006－2010 年公共管理学院省部级课题（纵向）一览表

序号	课题名称	项目来源	主持者	立项时间（年）
1	2008 北京奥运进出境物流海关应对机制研究	北京市	李柱国	2007
2	政府机关公众感知行政服务质量测评模型及影响因素研究	教育部	吕维霞	2007
3	北京“空港综合保税港区”制度创新与溢出效应研究	北京市	郑俊田	2008
4	考虑合谋因素的政府安全管制效果研究	教育部	吴　伟	2008
5	新休假制度下北京市民休闲行为的时空特征与调控对策研究	北京市	吴承忠	2009
6	后冷战时代民主社会主义的理论、模式与演变——基于科社与民社比较视角的研究	教育部	邵　鹏	2009
7	我国文化产业基金运行机制研究	教育部	王文杰	2010
8	我国高校后勤服务外包绩效评价体系、实证分析与比较研究	教育部哲学社科基金	吕维霞	2010
9	我国实施碳税的福利效应实证研究	教育部哲学社科基金	崔景华	2010

学院教师承担横向合作项目 30 项，在 SSCI、CSSCI 等学术期刊发表论文 200 多篇。

（二）科研机构

目前，学院设有公共管理研究所、海关管理研究所、对外经济贸易大学行业协会研究中心、对外经济贸易大学社会稳定与危机管理研究中心、亦禾关务研究中心、企业社会责任与社会发展研究中心、文化与休闲产业研究中心、中国县市科学发展与国际化研究中心等。其中，行业协会研究中心、社会稳定与危机管理研究中心为校级研究中心。

第四节　人才培养

学院为学生提供出国交流的机会。2005 年，学院与奥地利格拉茨市的约安讷乌姆应用科技大学签订交流合作协议，每年互派学生进行交流学习。2006 年以来，学院共派出 27 名学生。

学院培养的本科毕业生就业率稳步上升。2010 届本科毕业生就业率为 98.5%，就业去向主要有中央和地方政府机关，如各地海关、外交部、边检等；国有企业，如中国电信、中国建筑有限公司等；外资企业，如四大会计师事务所、宝洁有限公司、通用电气公司等；各大银行，如交通银行、建设银行、中信银行、招商银行等。

学院学生在全国和北京市的比赛中获得的奖项主要有：全国大学生数学竞赛二等奖1项，北京市大学生数学竞赛三等奖1项；全国大学生英语竞赛一等奖1项，二等奖3项，三等奖3项。2人次获“北京市三好学生”称号。4人次在公开出版的刊物上发表论文4篇。

第九章　保险学院

第一节　概　　述

保险学院的前身是1988年创立的原中国金融学院金融系保险专业。1995年4月，保险专业从金融系独立出来，成立保险系。2001年4月，在原中国金融学院保险系和原对外经济贸易大学保险学系的基础上，成立对外经济贸易大学保险系。2007年3月改制为保险学院。

保险学院面向全国招收保险专业、劳动与社会保障专业和精算与风险管理方向本科生；招收金融学（保险方向）、劳动经济学专业硕士研究生和博士研究生。

保险学院现设有三个学系：风险管理与保险系、员工福利与社会保障系、统计与精算系。设有两个研究中心：保险法研究中心、中国风险管理与保险研究中心。

保险学院现有教职工39人，其中教授5人、副教授15人；具有博士学位的教师25人；博士生导师5人，硕士生导师17人；20多名教师具有在国外学习或实习的经历。学院还聘请15位社会知名学者为兼职教授，定期或不定期为学生举办学术讲座。

保险学院是中国保险学会常务理事单位，是中国保监会北京保监局指定的保险经纪人、公估人、代理人从业资格考试中心，也是中国保监会指定的保险继续教育培训机构。学院与国内外保险机构建立了广泛的交流合作关系，泰康人寿保险公司等多家保险公司在学院设立奖助学金。学院还与人保健康等多家保险机构合作建立学生实习基地。学院设有英国保诚保险公司资助的保诚阅览室，该阅览室是我国高校风险管理与保险专业资料最齐全的阅览中心之一。

第二节　学系与专业

保险学院现有三个学系。

一、风险管理与保险学系

风险管理与保险系最早的教学活动可追溯至1951年建校时国际贸易系开设的“国际货物运输保险”课程。

该专业的教学科研领域涉及企业风险管理、保险法、保险经济学、财产与责任风险管理、人身与健康风险管理、国际企业风险管理、保险公司经营与管理、保险公司财务分析、非寿险精算以及再保险等领域。

该学系现有教师11人，其中教授1人、副教授7人，8名教师有在国外大学学习或保险公司工作的经历。该学系所开设的主要专业课程的教材均选用国外名校的经典英文教材，部分课程采用双语或全外语授课。

该学系教师已公开出版多部学术专著和教材，公开发表学术论文百余篇。部分教师承担了国家级、北京市以及中国保监会和其他部委的科研任务。

二、员工福利与社会保障学系

该学系主要承担社会保障专业的教学任务，开设课程有社会保障学、社会保险理论与政策、保险理财规划、员工福利计划、企业年金、社会保障基金管理、社会保障国际比较、社会医疗保险、劳动和社会保障法、保险经济学、劳动经济、公共财政学、人口经济学、健康经济学、社会保障经济学和养老金经济学等。

该学系现有教师 11 人，其中教授 3 人、副教授 3 人、讲师 5 人；教师全部有博士学位；具有出国进修经历的教师 7 人。该系教师先后承担国家级、省部级课题 10 余项，在《经济研究》、《管理世界》等重要期刊发表论文 100 多篇，出版学术专著 30 余部，荣获国家级、省部级奖励 20 余次。

三、精算与风险管理学系

学院于 2009 年在保险专业下设立精算与风险管理方向，并面向全国统一招收本科生。

2006 年，对外经济贸易大学开始与英国肯特大学数学、统计与精算学院协商探讨精算与风险管理专业本科学生两校合作的培养方案，2009 年两校签订该项目的相关协议，至今已成功招收 2009 级和 2010 级两届本科生。

2009 年，对外经济贸易大学与英国肯特大学签订精算与风险管理专业本科“2 + 2”双学位国际合作培养项目。该项目于 2010 年秋季开始执行。

该学系开设的主要课程有数学分析、随机数学方法、利息理论、金融数学、精算数学、非寿险精算学等。教材选用该专业国际上的最新教材，且大部分采取全外语、双语或实验课教学模式。

该学系有专职教师 6 人，其中副教授 2 人、博士生导师 1 人；具有博士学位的教师 2 人；具有博士后流动站经历的教师 2 人；所有教师均有国外学习、进修或访问的经历。

第三节　学术研究与人才培养

一、学术研究

2007 – 2009 年，学院教师公开出版学术专著或教材 27 部，发表论文 109 篇。2001 – 2009 年，在《经济研究》、《金融研究》、《保险研究》、《统计研究》、《国际贸易问题》等核心期刊发表论文 200 多篇，其中被 SCI 或 CSSCI 收录约有 70 篇。

2001 – 2010 年，学院教师承担国家级以及省部级科研立项见表 10. 9. 1。

表 10.9.1　　2001－2010 年保险学院国家级课题一览表

序号	课 题 名 称	项目来源	主持者	立项时间（年）
1	中国城乡社会保障制度的比较和衔接	国家社科基金	王国军	2001
2	我国农村社会保障体系的总体设计	国家自然科学基金	王国军	2004
3	初次分配和再分配中的效率与公平问题研究	国家社科基金	王亚柯	2008
4	中国保险业效率研究——基于风险的视角	国家自然科学基金	黄　薇	2008
5	运用长期互利保险解决我国人口老龄化医疗卫生服务和长期照料问题的研究	国家社科基金	荆　涛	2008
6	计划生育政策与城乡家庭生活保障制度研究	国家社科基金	王国军	2010

表 10.9.2　　2009－2010 年保险学院省部级课题（纵向）一览表

序号	课 题 名 称	项目来源	主持者	立项时间（年）
1	企业风险管理的分析框架及有效性研究	教育部	王　稳	2010
2	我国道路交通事故受害人社会救助基金制度重构研究	教育部	李青武	2010
3	基于广义线性混合模型和信度的费率厘定研究	教育部	谢远涛	2010
4	保险合同纠纷诉讼外纠纷解决机制研究	北京市	于海纯	2010
5	EVA 视角下的中国保险业偿付能力预警指标研究	北京市	王　艳	2009

学院教师承担北京市教委 6 部精品教材的编写。王国军教授的《保险经济学》、《高级保险经济学教程》于 2008 年、2009 年分别获北京市高等教育精品教材立项。学院教师还参与中国保监会和国家人事部的教材编写工作。

学院有多名教师荣获教学科研奖，其中王国军教授的专著《社会保障：从二元到三维——中国城乡社会保障制度的比较与统筹》2008 年获得第十届北京市哲学社会科学优秀成果一等奖；孙洁副教授的《五年来全国“两会”代表、委员关于农民工社会保障议（提）案综述》荣获人力资源与社会保障部颁发的第三届中国社会保障论坛优秀论文奖。

二、人才培养

目前，学院在校本科生有560名，硕士研究生108人，博士生5人。截至2010年7月，本科生就业率为100%。其中87.2%的毕业生在北京工作，就业的主要去向有保险业、银行业、外企、事业单位等。

2009年，学院学生刘畅、李康乐的《我国煤矿安全生产责任保险研究》先后获得第五届“挑战杯”首都大学生课外学术科技作品竞赛一等奖与第十一届“挑战杯”全国大学生课外学术科技作品竞赛全国三等奖。在2010年第六届“挑战杯”首都高校大学生创业计划竞赛中，由学院学生李萌负责，罗曼妮、马天一和其他学院学生组成的5人团队的创业项目《“梧桐下”老年网站创业计划》荣获银奖，本院学生周晓夏负责的《我潮流，我做主》获得铜奖。

2009年，本院学生叶娇荣获全国大学生数学竞赛（北京）一等奖。2010年，杨晓煜荣获全国大学生英语竞赛一等奖；同年，吴羽乔、周霁颖获“高教社杯”全国大学生数学建模竞赛一等奖，黎立娴、杨钟韵获得二等奖。

第四节　合作与交流

一、国内合作与交流

保险学院目前与中国保险学会、深圳保险中介行业协会、中国人民健康保险股份有限公司、民生人寿保险股份有限公司、长城保险经纪有限公司、永安财产保险股份有限公司、北京华盛保险代理有限公司、华夏人寿保险股份有限公司等多家单位建立了校外教学实习基地。与长安保险经纪有限公司、华夏人寿保险股份有限公司签订了全面战略合作框架协议。

二、国际合作与交流

保险学院与英国肯特大学建立了“2＋2”精算专业国际合作培养项目，优秀的精算专业本科生可通过国内2年加英国2年的国际化培养模式，获得两校的学位，并有机会获得“英国精算师”考试最高八门课程的免考资格。

学院还与美国圣约翰大学、北卡罗来纳大学等签署联合培养专业学生的协议，与美国威斯康星大学商学院、犹康大学法学院、英国提塞德大学商学院、澳大利亚悉尼大学商学院、越南对外贸易大学金融学院等多所国外著名高校建立了友好关系，在学生培养、学术交流等方面开展多方面合作。

第十章　中国语言文学学院

第一节　概　述

一、历史沿革

中国语言文学学院的前身是汉语教研室。

1951 年，高级商业干部学校成立的同时即设立国文组。1954 年，北京对外贸易学院成立后设立了公共课教研组，隶属于教务处，其中语文组负责汉语课教学。1962 年 1 月设立汉语教研室，隶属于教务处。1986 年，汉语教研室划归新成立的人文科学系，更名为中文教研室。2001 年 3 月，并入重组改制的人文与行政学院。2002 年更名为人文与行政学院中文系。

2006 年 1 月，人文与行政学院拆分为公共管理学院、人文与社会科学学院和中国语言文学系 3 个学校直属院系。2008 年 2 月，中国语言文学系更名为中国语言文学学院（以下简称中文学院）。

二、现状

中文学院现有“汉语言文学”和“对外汉语”两个本科专业。设有通识系、文学系、对外汉语系和经贸汉语系四个教学单位，另有商务汉语研究中心及汉语水平考试考点（初中等、高等）、商务汉语水平考试考点等机构。

目前中文学院主要承担三个方面的教学任务：

1. 培养汉语言文学专业和对外汉语专业本科生。
2. 为全校各专业本科生开设中国语言文学类公共课程。
3. 为全校来华留学学历生开设汉语基础课程。

三、师资队伍与学生状况

中文学院现有教职工 35 人，其中专职教师 30 人。教师中教授 2 人、副教授 15 人；具有博士学位的教师 21 人。另有留学生汉语课程外聘教师 30 余人。

现有中国学生 120 余人，来华留学生 50 余人。中国本科毕业生就业主要分布在国家机关、教学机构、外资企业等领域。

第二节　专业与学系

一、专业情况

中文学院现有的两个本科专业均招收中国学生和来华留学生。

2002 年，经教育部批准，设立汉语言文学专业（跨文化交流方向），同年招收该专业本科生。专业方向课包括中国古代文献导论、英语文学原著选读、比较文学、中外文学交流专题等。2005 年 9 月，学校与中国现代文学馆签订为期三年的共同建设汉语言文学专业“中国现代文学馆教学实习基地”的协议，学生实习内容包括协助整理作家手稿、整理书籍、参加文学类讲座及各类活动。该方向 2007 年后停止招生。

2003 年，在汉语言文学专业下增设“经贸汉语方向”（来华留学生），同年招收该专业来华留学生本科生，学制四年。专业方向课包括商务应用文写作、汉语表达与演讲、商务文化等。

2007 年，在汉语言文学专业下增设“对外汉语方向”，同年招收该方向本科生。专业方向课包括对外汉语教学概论、第二语言习得理论、对外汉语课堂教学法、语言信息处理、教育心理学等。该方向 2008 年后停止招生。

2008 年，经教育部批准，设立对外汉语专业，同年招收该专业本科生。专业方向课包括对外汉语教学概论、对外汉语课堂教学法、语言信息处理、教育心理学等。

2009 年后，汉语言文学专业和对外汉语专业同时招生。

二、学系情况

中文学院下设四个学系：

1. 通识学系。负责组织全校公共基础课平台上“中文写作、文学与艺术、人文基础”模块中的汉语言文学类公共课程，授课对象为全校本科生。2009 学年共开设课程 18 门。

通识系现有教师 6 人，其中副教授 4 人、具有博士学位的教师 2 人。

2. 文学学系。负责组织汉语言文学专业、对外汉语专业中的文学类课程，授课对象为汉语言文学专业和对外汉语专业的本科生。总计开设课程 40 余门。

文学学系现有教师 7 人，其中副教授 4 人，教师全部具有博士学位。

3. 对外汉语学系。负责组织对外汉语专业课程，授课对象为对外汉语专业本科生。

对外汉语学系现有教师 7 人，其中副教授 4 人、具有博士学位的教师 5 人。

4. 经贸汉语学系。负责组织商务汉语课程，授课对象为全校来华留学学历生，其中包括全校各专业留学学历生的公共汉语课程和中文学院汉语言文学专业留学学历生的专业课程。总计开设公共汉语必修课程 13 门，专业课程 30 余门。

经贸汉语学系现有教师 10 人，其中教授 2 人、副教授 3 人、具有博士学位的教师 7 人。

第三节　教学与科研

一、汉语教学公共基础课的发展

（一）通识课

建校初期的汉语课称为国文课，主要讲授中国古代文学作品和汉语语法。1962 年，汉语教研室开始比较系统地建设语文课程，在本科一二年级开设中国语文必修课程，由大班授课（一个年级一起上课）改为中班授课（40 人一起上课），课程内容以中国古代文学作品为主，兼及中国现代文学作品和汉语语法。同年开始自编教材。1985 年完成校级教改项目，将“中国语文”课分为古代文学和现代文学两个部分。1986 年改称“大学语文”。

1962－1992 学年，全校“大学语文”课必修学分为 8 学分，“大一”两个学期各 4 学分。1993 学年起调整为 6 学分，“大一”两个学期各 3 学分。1999 学年起外语专业仍为 6 学分，非外语专业调整为 3 学分。2006 学年起外语专业调整为 4 学分，非外语专业调整为 2 学分。在必修学分逐渐减少的情况下，为了给学生提供丰富多样的文学、人文课程，汉语教师面向全校开出了越来越多的选修课：在原有的中国文学史、古汉语、外贸应用文的基础上，又增加了外国文学、新时期文学选讲、中外文学名家专题、中国当代文学专题、大众传播学、公文写作、应用文写作、唐宋诗词选讲、影视艺术鉴赏、文化市场与文化消费、佛教文化与中国文学、中国饮食文化专题、新闻写作、西方文学概论、西方文学经典专题、比较文学等十几门选修课，中文学院现已形成内涵丰富的大学语文课群。

按每年 2000 名本科新生计算，中文学院每学年的通识课教学任务为：中文写作类课程 22－24 个班（按平均每班 80 人计），文学与艺术类和人文基础类课程 11－12 个班（按平均每班 100 人计），总共约 33－36 个班。

（二）来华留学生汉语课

20 世纪 80－90 年代，汉语教研室教师即参与学校来华留学生语言生的汉语教学工作。1993 年 9 月，学校首次正式招收来华留学本科生，单独设班。第一年以语言学习（中文、英文）为主，汉语教研室即开始承担其汉语课教学工作，主要课程包括现代汉语、阅读与写作、汉语视听说、经贸文化、商务汉语写作、中文报刊选读、中国概况等。随着来华留学本科生人数逐年增加，学校为留学生开设了公共课平台，中文学院从 2007 学年起在该平台增开选修课，包括汉字与汉字文化、词语与文化、书法艺术等。

按每年 480 名留学生本科新生计算，中文学院每学期承担的汉语精读、汉语阅读与写作、汉语视听说课程分别为 40－45 个班（按平均每班 20 人计），每学年中文报刊选读 12 个班，商务应用文写作 4 个班。

二、商务汉语教学与研究

中文学院在商务汉语教学和研究方面取得的成果主要有以下几个方面：

1. 在教材研发方面，至今已出版 20 多种商务汉语教材，覆盖入门、初级、中级、高级各个层次，内容既有商务汉语语言的学习，也有对中国商务文化的介绍，如汉语商务通系列教程、新世纪经贸汉语系列教程、商务汉语案例阅读系列教材、商务汉语考试应试大全、北京商务汉语等。其中，《汉语商务通·中级口语教程》、《新世纪经贸汉语·初级商务汉语精读》被评为北京市精品教材。新世纪经贸汉语系列教程自2004年1月出版后，已重印多次。《商务汉语考试应试大全》被引入日本正式出版发行。

2. 在科研方面，中文学院先后主持或参与国家汉办、商务汉语教学资源基地（北京）多项研究项目。（详见表10.12.2）

3. 在商务汉语考试的组织和研发方面，中文学院先后参与HSK（文秘）考试的研发、新汉语考试的研发以及商务汉语考试（BCT）的命题，同时也是重要的商务汉语考试组织单位，自2006年以来组织了多次考试和预测。

4. 自2005年开始，学校汉语言文学专业每年一次与外语教学与研究出版社等单位联合举办“商务汉语教材研发和课程建设国际研讨会”，与会单位和人数逐年递增。2008年，举办了首届商务汉语考试国际研讨会，国内外近30个单位参加。

三、科研情况与合作交流

2001－2010年，中文学院的教师正式发表论文共计200余篇，出版教材35部，出版各类著作26部。获得国家级和省部级立项情况见下表：

表10.10.1　中文学院获国家级课题立项情况

课题名称	项目来源	主持者	立项时间（年）
语义地图与致使构式	国家社会科学基金	曹　晋	2010

表10.10.2　中文学院教师获省部级课题（纵向）立项情况

课题名称	项目来源	主持者	立项时间（年）
诗薮校注	教育部	王明辉	2006
比较诗学的东亚生成	教育部	蒋春红	2010

中文学院先后与美国、日本、新加坡、韩国等国以及我国香港地区的多所大学建立联系，开展交流活动。2006－2010年，先后聘请来自哥伦比亚大学、普林斯顿大学、斯坦福大学、早稻田大学、加州大学圣塔巴巴拉分校、佛蒙特大学、香港浸会大学、北京大学、人民大学等海内外知名学者来校开办海内外高端学术讲座。

2010年6月，聘加州大学洛杉矶分校东亚系陶红印教授为中文学院客座教授，讲授《中文习得理论与教学法》，并开展相关研究与交流工作。

截至2010年，中文学院已有十余名汉语教师赴美国、爱尔兰、俄罗斯、日本、韩国、泰国、希腊等国访学、从事汉语教学及参加学术会议。

2009年以来，中文学院汉语言文学专业毕业生6人获选进入国家汉办非英语国家汉语教师及志愿者培训项目，经过日语、西班牙语、葡萄牙语、俄语等培训，赴相关国家从事汉语教学工作。

第十一章　国际关系学院

第一节　概　　述

国际关系学院成立于2010年1月，由原人文与社会科学学院的政治学系和国际政治学系更名组建而成。

国际关系学院下设政治学系、国际政治学系和国际政治经济学系，建立国际能源与环境研究中心、经济外交研究中心、国际移民和国家安全研究中心、软实力和国家战略研究中心、当代中国政治发展研究中心等五个研究机构。

国际政治学系从2007年开始招收国际政治专业本科生，2010年学院开始招收国际政治专业经济外交方向的本科生。目前学院在校本科生共计213人，其中中国学生167人，来华留学生46人。

学院现有教师19人，其中教授3人、副教授2人；具有博士学位的教师16人；有1年以上海外留学经历的教师6人。1名教师在世界经济专业国际政治经济方向下招收博士研究生，5名教师在法学专业国际组织与国际制度方向下招收硕士研究生。数名教师拥有在海外著名高等学府和研究机构从事教学和科研活动的经历，包括美国哈佛大学、英国伦敦政治经济学院、德国国际政治与安全研究院、比利时布鲁塞尔自由大学、日本爱知大学、韩国首尔国立大学等。学院有长期聘用的专家学者。

学院教师承担4项国家级科研立项和8项省部级科研立项；《国际政治经济学》课程2009年获得北京市精品教材立项。2010年，学院教师共发表中英文科研论文37篇，出版专著5部；学院开设3门全英文教学课程和3门双语教学课程。

学院先后同北京大学、清华大学、中国人民大学、外交学院、中央编译局、美国行政学会、哈佛大学、杜克大学、阿拉斯加大学、德国国际政治与安全研究院、日本爱知大学、韩国首尔国立大学等国内外高等院校和科研机构建立了合作关系。

第二节　专业与学系

一、专业

国际关系学院现有国际政治本科专业，下设国际政治专业和经济外交方向。

国际政治专业的主要课程包括政治学、国际政治学、国际关系史、国际政治经济学、外交学、当代中国外交、世界经济、美国政治与经济、欧盟政治与经济、日本与东亚政治经济、俄罗斯政治与经济、国际法、比较政治学、西方政治思想史、全球化与全球治理等。

经济外交方向的主要课程包括政治学、国际政治学、国际关系史、国际政治经济学、外交学、当代中国外交、世界经济、国际组织与国际制度、经济外交理论与实务、跨国公司政治经济学、经济合作与经济安全、国际谈判实务、外交礼仪、外交冲突与危机管理等。

二、学系情况

国际关系学院目前设有三个学系：政治学系、国际政治学系、国际政治经济学系。政治学系与国际政治学系的前身是成立于 2006 年 1 月的人文与社会科学学院政治学系与国际政治学系。

政治学系现有教师 6 人，包括教授 2 人、副教授 1 人；具有博士学位的教师 5 人；具有海外留学一年以上经历的教师 2 人。在教学工作方面，政治学系承担着国际政治专业本科生的部分基础理论课程、部分荣誉课程、全校和学院选修课程的教学任务。政治学系教师的研究领域包括中国流动人口政治参与问题研究、当代中国政治发展研究、西方政治思想史研究等。

国际政治学系现有教师 8 人，其中教授 1 人、讲师 7 人；具有博士学位的教师 7 人；在海外进修一年以上的教师 1 人。该学系的兼职教授包括前驻法大使兼国际展览局主席吴建民先生、外交学院党委书记兼常务副院长秦亚青教授、美国阿拉斯加大学孟吉瑞（Jerald McBeath）教授、吉林省政协常务副主席林炎志教授等国内外著名学者。国际政治学系主要承担国际政治专业本科生的专业课程、部分荣誉学士课程、全校和学院选修课程的教学任务。该系教师的研究领域主要有国际能源与环境问题、国际移民和国家安全、经济外交与经济安全、软实力和国家战略等。

国际政治经济学系成立于 2010 年 1 月。该系现有教师 5 人，其中副教授 1 人、讲师 4 人；具有博士学位的教师 4 人；具有海外留学一年以上经历的教师 3 人。在教学工作方面，国际政治经济学系承担着国际政治专业本科生的部分核心课程和部分荣誉学士课程，并面向全校开设数门选修课程。

第三节　教学与科研

一、教学工作

学院实行指导教师制度、英语辅导教师制度、导生制度，保证指导教师每学期辅导学生在 20 小时以上。学院专门配备 5 名教师为学生提供外语辅导，以强化和提高学生的外语能力。同时，学院为本院来华留学生开设时事汉语、汉语速成等汉语补习课，促进其汉语水平的提高。

在英语教学方面，采用全英文教学的有美国政治与经济、全球化与全球治理、经济社会学等 3 门课程；采用双语教学的有外交学、外交工作实务、国际战略学等 3 门课程。

国际政治荣誉学士课程体系中，包括现代政治学理论与方法、当代中国政治发展与制度创新、当代国际关系理论专题研究、大国外交与中国战略、全球治理与国家安全等5门课程。国际关系学院与加拿大达尔豪西大学、美国丹佛大学签订初步学术交流协议，内容包括互派学者从事合作研究、交换学生、建立夏令营等。国际政治专业2007级2名本科生被加拿大达尔豪西大学录取为交换生，2008级2名本科生被美国圣托马斯大学录取为交换生，两批学生均顺利完成在国外高校的学习任务。

二、科研情况

学院成立以来，学院教师已累计发表各类中外文学术论文37篇，其中英文论文3篇，英文论文中SSCI收录1篇。CSSCI期刊论文17篇（A类3篇，B类3篇）。

学院教师共出版中外文学术著作5部，其中1部英文著作在英国出版。

学院教师获得国家级以及省部级科研立项见下表。

表10.11.1　2008－2010年国际关系学院教师获国家级课题一览表

序号	课题名称	项目来源	主持者	立项时间（年）
1	我国流动人口政治参与问题研究	国家社科基金	戴长征	2008
2	国际话语权视角下中国公共外交体系的构建研究	国家社科基金	檀有志	2010

表10.11.2　2007－2010年国际关系学院教师获省部级课题（纵向）一览表

序号	课题名称	项目来源	主持者	立项时间（年）
1	我国城市流动人口政治管理研究	教育部	戴长征	2007
2	改革开放以来中国共产党民主政治建设的经验研究	教育部	熊光清	2010
3	新时期北京市流动人口政治管理研究	北京市	戴长征	2010
4	跨国人口流动与中国国家形象研究	教育部	乔　旋	2010
5	“行业减排方法”对我国参与国际气候变化谈判与合作、履行自主减排承诺的可行性研究	教育部	王　波	2010
6	政治体制创新中的“党员主权”与“政党主权”：椒江“常任制”改革的政治人类学阐释	教育部	陶　庆	2010
7	中国流动人口权利救济问题研究	教育部	熊光清	2010

三、学术交流

学院教师积极参加国内外高水平的学术研讨会，如“中国国际问题论坛2010”、

“2010 上海论坛年会”、“基层民主与中国政治发展学术研讨会”、“中国社会科学院气候公平与碳预算国际学术论坛”、“庆祝中国政治学科恢复与中国政治学会成立三十周年政治思想史论坛”等。

2010 年 10 月，学院协办“庆祝中国政治学会成立三十周年暨中国政治学会第七次代表大会”，并获得由中国政治学会颁发的优秀团体会员奖。2010 年 11 月，学院承办“北京市政治学行政学学会年会暨中国特色社会主义政治建设学术研讨会”。

四、学生科研与获奖情况

自 2007 年以来，国际政治专业本科生已获得 2 项市级科研项目，3 项市级奖励。其中在 2008 年 11 月公布的“北京市大学生科学研究与创业行动计划”获批项目中，学院 2007 级本科生申报的两个项目均获得批准；在 2009 年第五届“挑战杯”首都大学生课外学术科技作品竞赛中，学院学生获得 3 项奖励。

第十二章　国际经济研究院

第一节　概　　述

一、历史沿革

1976 年初，经对外贸易部批准，北京对外贸易学院将对外贸易问题研究室更名为国际贸易问题研究所，仍挂靠在对外贸易系。1982 年 10 月，国际贸易问题研究所经调整、充实，成为直属校部的专职研究机构（正处级）。2000 年 6 月，原对外经济贸易大学的国际贸易问题研究所与原中国金融学院的中国金融经济研究所合并，新机构仍沿用国际贸易问题研究所的名称。

2003 年 11 月，经学校党委批准，国际贸易问题研究所更名为国际经济研究院（以下简称“经研院”）。

二、发展现状

经过 30 多年的发展，经研院已由专职研究机构转变为综合性研究、教学机构。

2003 年前，根据学校的总体要求和安排，经研院主要从事国际贸易等领域的科研活动，既为学校教学、科研的发展提供服务和支撑，同时也为国家有关职能部门、地方政府商务主管部门、进出口商会和行业协会以及国内外企业等提供科研咨询服务，独立或合作完成相关的科研项目或专题研究。此外，经研院还与一些国际机构、专业咨询机构积极开展合作，并承担相关的委托项目。

2003 年后，经研院调整职能，以组织和从事科研活动为主，同时逐步推进研究生培养，有选择地发展其他形式的教育和培训。

2003 年 9 月，经研院获得世界经济二级学科硕士学位授予权，与世界贸易组织研究院、外语学院共同负责该硕士学位点的建设以及硕士生的培养工作。2010 年 5 月，学校批准经研院自 2011 年起招收世界经济专业博士研究生。

2010 年 6 月，经研院和继续教育学院作为全国第一批阳光留学教育试点单位，建立“北京阳光留学教育实验基地”。

三、组织机构

经研院现设有 4 个研究室：世界经济研究室、中国对外经济贸易研究室、国际投资研究室、国际农业经济研究室

设有 1 个研究所：中国开放型经济研究所。

设有 8 个研究中心：技术性贸易措施研究中心、台港澳经济研究中心、中国—欧盟

经济合作研究中心、中国—俄罗斯/独联体研究中心、全球生产网络与加工贸易研究中心、中国资本运营研究中心、国际农业合作与发展研究中心、国际新能源战略研究中心。

其他机构有：办公室、杂志编辑部、信息资料部、北京阳光留学教育示范基地、培训交流中心。

四、人员状况

经研院现有教职工 38 人（包括长驻国外人员），其中专职研究人员 32 人、行政辅助人员 4 人、图书资料管理人员 2 人。专职研究人员中教授（研究员）7 人、副教授（副研究员）18 人、讲师（助理研究员）7 人；具有博士学位的 17 人；博士生导师 4 人，硕士生导师 21 人；有 17 人具有在中国驻外使领馆或国外大学工作、学习的经历。

第二节　科研与教学

一、科研情况

（一）科研方向与科研成果

作为学校主要研究机构，经研院始终坚持以“三个服务”为宗旨：为学科领域理论创新服务、为政府决策服务、为人才培养和社会发展服务。

经研院长期与政府部门、行业组织和企业、科研机构、大专院校广泛合作，研究重点集中于基础理论研究、国家政策研究、商业咨询服务；研究范围主要涉及世界经济、国际区域经济合作、国别经济、国际贸易、国际投资、“两岸四地”经济合作、国际产业合作等领域。

2000—2010 年，经研院在继续保持与国内外研究机构的学术合作与交流基础上，着重开展以下几个方面的工作：不断扩大合作规模，提高合作层次；大力发展与非洲地区、国际组织的学术交流；开展新能源领域的国际合作研究，扩大经研院在新能源领域的学术影响力；扩大与东盟国家之间的学术交流。

经研院加强与商务部、国家发改委、农业部等国家机关的学术联系，积极承接商务部、农业部、国际组织等委托的研究课题，巩固和扩大研究院在中国对外经济贸易领域内的学术影响力。经研院与地方政府开展合作，设立研究基地，承接地方政府课题，为推动区域开放发展服务。为适应新形势的发展，经研院进一步整合资源，设立国际投资研究室、国际农业经济研究室。

2000 年 –2010 年，经研院承担各类研究项目和专项课题 114 项。除国家级与省部级课题外，还承担包括商务部、科技部、农业部、环保部、国台办等部委和地方政府委托项目及国外相关机构的横向合作课题 92 项。

国家级、省部级课题立项见表 10. 12. 1。

表 10. 12. 1　　2001 – 2010 年国际经济研究院国家级课题一览表

序号	课 题 名 称	项目来源	主持者	立项时间（年）
1	入世后海峡两岸经贸关系前景与政策选择	国家社科基金	华晓红	2001
2	中国保税区目标模式研究	国家自然科学基金	桑百川	2002
3	国际纺织品贸易一体化与我国新时期纺织服务贸易发展战略	国家社科基金	赵京霞	2004
4	中印签订 FTA 问题研究	国家社科基金	高　巍	2005
5	基于国际贸易技术溢出的我国双边 FTA 动态优化研究	国家自然科学基金	汤　碧	2008

表 10. 12. 2　　2002 – 2010 年国际经济研究院省部级课题（纵向）一览表

序号	课 题 名 称	项目来源	主持者	立项时间（年）
1	外商控股购并国有企业问题研究	教育部	桑百川	2002
2	建立大陆与港澳台自由贸易区的政策研究	教育部	华晓红	2002
3	不良产品进口与我国的管制措施研究	教育部	夏友富	2005
4	上海合作组织框架下的能源一体化与中国新时期的能源战略研究	教育部	韩立华	2005
5	中国周边区域经济合作问题研究	教育部	华晓红	2005
6	世界贸易组织十年：中国的视角	教育部	桑百川	2005
7	多边贸易体制下中美欧三方互动关系研究	教育部	赵京霞	2006
8	区域差距与经济凝聚——欧盟促进区域协调发展的政策效应研究	教育部	张晓静	2007
9	中国外资流入与外贸发展关系研究	教育部	庄　芮	2007
10	我国对外直接投资绩效分析与策略研究	教育部	蓝庆新	2008
11	改革开放以来中国对外开放的进程、成就和基本经验研究	教育部	桑百川	2008
12	北京市深入发展生产性服务业问题研究	北京市	华晓红	2008

续表

序号	课题名称	项目来源	主持者	立项时间（年）
13	对非洲农业官方发展援助的国际比较及三方合作模式研究	教育部	张海森	2009
14	中国制造业在全球制造网络动态演进中的角色转换与价值链跃迁研究	教育部	杨立强	2010
15	中国对外投资可持续发展战略研究	教育部	夏友富	2010
16	低碳经济与中国对外贸易可持续发展战略研究	教育部	李　丽	2010

经研院科研人员独立或与他人合作共发表和出版著作110部，其中专著57部、编著22部、译著9部、教材8部。

经研院共发表学术论文和文章925篇。在核心期刊上发表学术论文306篇，其中CSSCI刊物发表学术论文205篇，还在EI刊物上发表学术论文2篇。

经研院共完成和提交各类研究报告141篇，绝大多数研究报告是受国家有关部委委托而编撰的，其中12篇得到国务院（包括总理和副总理）和中央有关领导的关注和批示。

经研院研究人员的科研成果获得的奖励有：国家级奖励2项、安子介国际贸易研究奖3项、省部级奖励23项以及地方政府奖励3项、国家一级学会颁发的奖励6项（中国国际贸易学会5项、中国国际经济合作学会1项）。

（二）研究机构

经研院设有研究室、研究所及研究中心。

1. 研究室

（1）世界经济研究室。研究范围包括世界经济理论与实践、世界经济形势及中国应对策略、当代跨国公司、服务贸易与服务外包、海外投资与利用外资、产业发展与国际竞争力、国际经济法与中国涉外经济法、国别经济、东亚区域经济合作、中国与欧盟、俄罗斯经贸关系等。

该室现有研究人员9人，其中研究员3人、副研究员5人，获得博士学位的有5人。

（2）中国对外经济贸易研究室。研究范围包括中国外经贸理论与政策研究、国际区域经济合作研究、台港澳经济研究、全球生产网络与加工贸易现象的理论与政策研究、WTO多边贸易体制与双边、多边经贸关系等。

该研究室现有研究人员4人，其中研究员1人、副研究员2人，有博士学位的2人。

（3）国际投资研究室。研究范围包括国际金融理论与政策、实践，国际资本流动，国际直接投资，创业投资与私募股权基金，跨国并购，跨国公司经营管理，人民币汇率机制，中国利用外资，中国对外投资等。

该室现有研究人员 3 人，其中副研究员 1 人，获得博士学位的 3 人。

（4）国际农业经济研究室。研究范围包括国际农产品市场与贸易分析预测，WTO 多双边农业贸易谈判政策评估，农业利用外资与对外投资，农业发展援助国际比较，世界粮食安全，中欧、中法、中非经贸关系，新经济地理学，区域经济学等。

该研究室现有研究人员 4 人，其中副研究员 3 人，有博士学位的 2 人。

2. 中国开放型经济研究所

该所成立于 2008 年，重点研究全球化和区域经济一体化发展新趋势以及中国开放型经济发展的理论、战略、政策及其重大问题。

该所现有研究人员 4 人，其中研究员 1 人、副研究员 1 人，获得博士学位的 1 人。

3. 研究中心（非实体性研究机构）

（1）技术性贸易措施研究中心。2000 年 11 月成立。2009 年 5 月成为学校重点研究基地之一，重点研究技术性法规、标准和合格评定程序，商品检疫和检验，包装、标签和标志，以电子商务为中心的信息技术壁垒，贸易发展与环境保护，贸易便利化，原产地规则，知识产权保护等。相关专题涉及 TBT - SPS 理论与实践，国外 TBT - SPS 的动态跟踪与分析，TBT - SPS 对国际贸易和中国社会经济发展的影响等。

（2）台港澳经济研究中心。1992 年成立。重点研究台港澳地区经济、贸易发展现状与趋势以及台港澳地区同祖国大陆的经贸关系，探索四方经贸合作、共同发展的途径。

（3）中国—欧盟经济合作研究中心。2003 年 11 月成立。重点研究中国—欧盟双边经贸关系，探讨推进双方经济合作的理论与实践。

（4）中国—俄罗斯/独联体研究中心。2003 年 3 月成立。重点研究中国与俄罗斯/独联体在经贸、投资、科技和能源合作等领域的双边和多边关系。

（5）全球生产网络与加工贸易研究中心。2004 年 5 月成立。重点研究全球生产网络的理论基础，东亚生产网络的形成动因与特点，东亚生产网络与东亚区域经济一体化，加工贸易与一般贸易比较研究，加工贸易与全球贸易失衡问题，加工贸易政策国际比较研究，加工贸易政策完善与协调，加工贸易与“走出去”战略，加工贸易与外资经济，加工贸易转型升级，加工贸易向中西部梯度转移等专题。

（6）中国资本运营研究中心。2008 年成立。重点研究资本运营的理论、政策及重大问题，系统总结国内外发展的经验与教训，积极开展国际学术交流与合作，提出中国企业资本运营的思路与建议。

（7）国际农业合作与发展研究中心。2010 年成立。重点研究国际农业发展模式与政策比较、世界粮食安全、农业利用外资与对外投资、农业国际发展援助、多双边农业谈判、国际农产品市场分析与预测支持系统、农村发展与减贫战略、环境保护与资源可持续利用等。

（8）国际新能源战略研究中心。2008 年成立。重点研究新能源战略研究、节能降耗研究、保护环境研究、西南地区生物能源研究、新能源与经济可持续发展的关系、环境与新能源开发利用及国际比较研究等。

（三）其他机构

1. 刊物编辑部

主要负责编辑和发行3本专业性刊物：

《国际贸易译丛》，主要介绍世界经济和国际贸易组织，特别是WTO的最新动态、理论、措施。译载英、日、法、德、意、西、俄、阿、朝、越等语种的外刊文章和资料。开设栏目有经济理论、国际贸易、国际金融、国际商法、世界经济、世界市场、国别经济、国际经济技术合作、经营管理、利用外资、贸易壁垒等。

《跨国公司研究》，主要刊登有关跨国公司、国际资本流动、对外开放、引进外资和对外投资等方面的研究成果。

《台港澳经济研究》，主要刊登有关台港澳经济、两岸经贸关系、大陆与台港澳经贸合作等方面的研究成果。

2. 信息资料部

现有近万册专业性书籍（包括多种经济类大型统计年鉴及工具书）提供查阅；负责订购、交换两百余种专业性中外文期刊和保存大量统计资料；负责加工整理各类经贸专题资料汇编，包括利用外资、中国对外投资、中国对外贸易、国际金融研究、知识产权研究、技术贸易壁垒、台港澳经贸、中外企业研究（跨国公司、中小企业研究）、世界贸易组织、农业贸易以及国际区域经济合作等；定期在网上发布资料信息，资料内容涉及世界经济、国际贸易、国际金融、国别地区经济贸易、地方经济贸易等领域。

3. 北京阳光留学教育实验基地

2010年4月，经教育部有关主管部门批准，经研院和继续教育学院作为全国第一批阳光留学教育试点单位，建立“北京阳光留学教育实验基地”。6月30日举行了“对外经济贸易大学北京阳光留学教育实验基地”的揭牌仪式。

4. 培训交流中心

该中心成立于2010年9月，是从事国内外高端培训、学术会议交流的专门机构。中心凭借由学校的学者教授、国家部委的专家、企业资深主管联合组成的“三位一体”的师资团队，通过优化的课程设置和科学的管理，为社会培养复合型人才。

二、教学情况

（一）专业设置与开设课程

2003年，经研院获得世界经济专业硕士学位授予权后，2004—2010年已招收7届世界经济专业硕士研究生，其中毕业生38人、在读生17人。2010年5月，经研院获学校批准，自2011年开始招收世界经济专业硕博连读研究生。

2010年5月，区域经济学被评为学校重点培育学科。

经研院目前已独立开设15门课程，包括世界经济研究、国际经济学前沿、国际区域经济合作理论与实践、中国对外贸易政策、发展经济学、产业经济学、国际投资理论与政策、贸易与环境、宏微观经济学等。

（二）培养方向

根据世界经济专业硕士研究生2010年培养方案，经研院负责的培养方向为：

1. 国际经济合作与区域经济一体化。主要研究国际区域经济一体化与经济全球化的关系，国际经济合作中的组织形态、发展特征及其对世界经济的影响。

2. 中国对外经贸发展。密切关注世界经济前沿，跟踪中国外经贸发展动向与政策变化，重点突破世界经济的发展规律、中国区域经济一体化发展趋势与前景、中国外经贸政策走向、服务贸易发展等学术前沿问题。

3. 区域国别经济。探索美国、日本、欧洲、俄罗斯、东亚、南亚、非洲等典型国家（地区）的经贸发展形态，典型国家（地区）相互之间经贸关系发展趋势，以全球化发展的视角分析典型国家（地区）经贸发展规律，特别关注中国与典型国家（区域）的经济关系发展。

4. 国际投资与跨国经营。主要研究国际直接投资和国际间接投资，包括利用外资、对外直接投资、金融及资本运营、跨国公司理论、跨国公司经营管理等。

5. 产业国际竞争力。以经济全球化条件下的产业经济理论与实践为研究对象，重点研究产业竞争力评价指标体系及竞争力培育，研究国际重要产业发展规律，探讨中国产业优化升级路径。

6. 国际农业经济。围绕农业国际化问题，结合国际经济学、发展经济学、农业经济学等相关理论，研究世界农业经济发展规律与国际发展援助模式，对主要国家农业发展政策进行国际比较，探讨多边与双边农业谈判中贸易与农业政策的协调，分析农业利用外资与对外投资的理论、战略与政策等。

（三）培养方式

经研院遵循“教学与科研相结合，以科研带动教学，以教学促进科研”的原则，在确保课堂教学质量的同时，为研究生提供较多的实习和海外学习的机会。推荐学生到商务部及外资企业实习，开展留学生交换项目（双学位）等。

2009 年 11 月，经研院与中国—东盟商务理事会签订合作协议，建立了教学实习基地。

第十三章　中国世界贸易组织研究院

第一节　概　述

对外经济贸易大学中国世界贸易组织研究院（以下简称“研究院”）于 2002 年 7 月成立，其前身是 1991 年 5 月成立的关贸总协定研究会。1995 年 1 月，世界贸易组织成立，关贸总协定研究会更名为世界贸易组织研究会。2000 年 1 月，在世界贸易组织研究会基础上经过改制，世界贸易组织研究中心正式成立。2000 年 8 月，经教育部批准，世界贸易组织研究中心入选“教育部普通高等学校人文社会科学重点研究基地”，并于 2002 年 7 月更名为中国世界贸易组织研究院。

研究院是集世界贸易组织、经济全球化、国别经贸关系与贸易政策、区域经贸合作、中国经贸政策等领域的研究、教学和咨询服务于一体的综合性实体研究机构。设顾问、学术委员会、名誉院长、院长、副院长，下设办公室、WTO 规则研究中心、服务贸易研究中心、国际投资研究中心、世界经济研究中心、资料室、研习室等。

研究院的宗旨是根据中国改革开放和建立社会主义市场经济的基本国策，以及加入世界贸易组织的客观要求，专门从事以世界贸易组织为基础的多边经济贸易体制、经济一体化及各国相关经贸政策等综合性国际问题研究，为中国融入国际经济体系、参与国际竞争和进行现代化建设服务。

按照教育部对重点研究基地的要求，研究院的建设目标是成为中国 WTO 领域的科学研究基地、人才培养培训基地、全国学术交流和资料信息基地、咨询服务基地和科研体制改革的试验基地。

研究院特聘原对外贸易经济合作部副部长龙永图为首席顾问，对外经济贸易大学王林生教授为名誉院长。研究院第一任学术委员会主任为对外经济贸易大学薛荣久教授，第二任（现任）学术委员会主任为原商务部条法司司长张玉卿教授。

第二节　基地建设

中国世界贸易组织研究院是教育部全国普通高等学校人文社会科学重点研究基地中惟一以 WTO 为研究主题的科研基地。研究院根据《普通高等学校人文社会科学重点研究基地管理办法》开展基地科学研究、人才培养、学术交流和资料信息建设、咨询服务、深化科研体制改革等各项建设工作。2004 年和 2009 年，研究院参加了教育部组织的两次重点研究基地评估并顺利通过。

一、科学研究

研究院通过申报和接受委托，承担国家级、省部级和企业等与WTO领域相关的各类研究课题。至2010年8月，研究院承担国家社科基金项目、教育部重大攻关项目、教育部人文社科重点研究基地重大项目、教育部人文社科研究一般项目、国务院台湾事务办公室、国家统计局、卫生部、科技部、司法部以及深圳市人民政府、重庆市人民政府、北京市东城区政府、中国出口信用保险公司等政府部门及企事业单位各类研究项目共计42项，总科研资助经费超过700万元。其中国家级以及省部级科研立项如下表：

表10.13.1　　2000－2010年中国世界贸易组织研究院国家级课题一览表

序号	课 题 名 称	项目来源	主持者	立项时间（年）
1	21世纪的国际经济规则	国家社科基金项目	张汉林	2000
2	互利共赢的开放战略研究	国家社科基金重大项目	张汉林	2007
3	经济全球化下的国际贸易体制理论研究：基于美国与WTO双层博弈的政治经济分析	国家社科基金	屠新泉	2008
4	区域服务贸易自由化机制研究	国家社科基金	周念利	2010

表10.13.2　2002－2010年中国世界贸易组织研究院省部级课题（纵向）一览表

序号	课 题 名 称	项目来源	主持者	立项时间（年）
1	中国服务贸易发展与服务贸易立法	教育部基地重大项目	张汉林 沈四宝	2002
2	服务贸易争端解决机制研究	教育部一般项目	屠新泉	2003
3	WTO主要成员贸易政策体系与对策研究	教育部重大课题攻关项目	张汉林	2003
4	用GTAP模型分析未来20年中国对外经贸发展及政策选择——兼论北京市的战略及对策	北京市	张汉林	2004
5	过渡期后中国出口贸易摩擦预警研究	教育部基地重大项目	杨荣珍	2005
6	中国对外贸易可持续发展水平评价指标和测度模型——兼入世对策选择	教育部	周念利	2006

续表

序号	课 题 名 称	项目来源	主持者	立项时间（年）
7	新时期中欧经贸摩擦的三层次决策博弈分析	教育部	李计广	2007
8	国际经贸摩擦对北京市相关产业发展和安全的影响及对策研究	北京市	张汉林	2008
9	CEPA 框架下加强京港现代服务业合作的新机制研究	北京市	张汉林	2008
10	国际服务经济一体化理论与实证研究	教育部基地重大项目	杨荣珍	2008
11	基于引力模型的中国双边服务贸易流量与出口潜力研究	教育部	周念利	2009
12	国内规制对服务贸易的影响：基于国别与行业差异研究的中国服务业规制改革	教育部	李　杨	2010
13	G20 与全球经济治理新机制：中国的定位、作用和策略	教育部基地重大项目	屠新泉	2010
14	全球化背景下国际秩序重构与中国国家安全战略研究	教育部重大课题攻关项目	张汉林	2010

截至 2010 年 8 月，研究院研究人员共出版学术专著近 30 部，学术译著 12 部，国内外期刊公开发表论文近 200 篇，获省部级各类奖项 10 余项。

二、研究团队

研究院目前全职在编研究人员 6 人，其中教授（研究员）2 人、副研究员 2 人，具有博士学位的研究人员 5 人。学科背景为经济学和法学。

研究院以多种形式优化科研队伍的知识结构和年龄结构，锻炼团结协作的科研团队，尤其注重科研人员研究视野的国际化、研究工具的综合化以及研究能力的应急性。围绕中国加入世界贸易组织以后国际经济形势发展的新趋势和新挑战，研究院在鼓励研究人员开展各项科学研究活动的同时，提供海外交流机会，搭建国际交流平台，同时研究院研究人员受邀参加社会各界组织的 WTO 领域相关知识培训，发挥人才培养的重要作用。至 2010 年，研究院有 4 名专兼职研究人员入选“教育部跨世纪优秀人才支持计划”，有 5 项成果分别获教育部中国高校人文社会科学研究成果奖、司法部法学优秀教材与法学优秀科研成果奖、安子介国际贸易研究奖（2 次）及北京市哲学社会科学优秀成果奖。

三、学术交流与资料信息建设

研究院以学术年会为平台，广邀相关领域研究人才，开展学术交流。2001－2009年已举办八届学术年会，年会主题的选取均是当年WTO研究领域的热点问题。参加人员来自京内外各大高校以及国外知名大学。年会推动了国内WTO领域的研究，也引起国际WTO研究界的重视。

2009年，经国家新闻出版总署批准，研究院创办《Journal of WTO and China》（《WTO与中国》）杂志。该杂志作为研究院院刊，成为国内外WTO领域研究交流的新平台。

研究院资料室现藏书2千余册，订阅国内外相关领域学术期刊50余种，购买世界银行、世界贸易组织、经济合作与发展组织等国际机构研究数据库5个。

四、咨询服务

研究院成立以来，围绕经济全球化背景下中国对外开放逐步深入面临的理论和实际问题，开展针对性应用研究，并向有关部门提供咨询服务。2008年，为响应教育部和学校加大社会科学研究服务社会、服务国家重大决策工作的要求，重点发挥研究院作为WTO与中国对外开放问题思想库的作用，在相关研究课题的支持下，研究院组织实施了“WTO与中国对外开放重大问题学术快速反应机制”，联系校内外研究人员，组建以张汉林教授、杨荣珍教授和屠新泉博士为核心的研究团队，围绕中国参与WTO和对外开放中出现的重大问题，不定期召集由各相关部门领导、各领域知名专家参与的学术讨论，开展有针对性的研究，并快速形成研究和咨询报告，通过全国哲学社会科学规划办公室《成果要报》、新华社《参考清样》、《求是内参》、《对台调研参阅件》等途径，报送中央领导和有关部门。至2010年12月，已有12份咨询报告得到温家宝总理、王岐山副总理等国家领导人的肯定和批示。2007年，研究院被中国负责加入GPA谈判的主管部门财政部正式确定为谈判的决策与咨询机构。

五、深化科研体制改革

研究院坚持开放性特色，吸引校外学术骨干，注重建设兼职研究队伍。在总结与商务部国际贸易经济合作研究院等研究机构开展学科建设与科研工作的经验基础上，先后展开与国家发展和改革委员会宏观经济研究院、国务院发展研究中心对外经济研究部、国家外汇管理局等相关研究单位的合作研究，并聘请相关人员为研究院兼职研究员和世界经济专业博士生导师。这些兼职研究骨干通过承担研究院基地的重大项目、指导博士研究生以及召开研讨咨询会等方式，进一步充实了基地科学研究、咨询服务和人才培养等方面的建设。

第三节 教　学

一、硕士博士的招生及就业情况

2003年底，研究院申报并获得国民经济学二级学科硕士点、世界经济二级学科硕士点和世界经济二级学科博士点的授予权。2004 年各学科点开始招生。至 2010 年，研究院共招收国民经济学硕士研究生 36 人、世界经济专业硕士研究生 42 人，世界经济专业博士研究生 32 人。2007 年 11 月，研究院世界经济学科获二级学科北京市重点学科，国民经济学作为应用经济学科的重要支撑，获一级学科北京市重点学科。

研究院硕士、博士的招生规模逐步扩大，毕业生就业一次签约成功率为 100%，多就业于国有企业、银行业、国际知名外企以及国家部委、高校等。

研究院重视对研究生的培养，特别是对博士研究生科研能力的培养与训练。研究院 2008 届世界经济博士生蔡春林的学位论文《中俄印巴经贸合作机制研究》获评 2009 年度北京市优秀博士学位论文。

二、研究生培养及各项资助制度

研究院通过修改和完善硕士、博士研究生培养方案，保证研究生培养的质量和教学工作的正常开展，至 2010 年，研究院共修订培养方案 7 次。根据学科特色和社会需求，调整教学课程 20 余门。

2009 年，学校对研究生实施两级管理后，研究院出台《勤工助学岗位管理办法》、《学生研习室使用规定》、《研究生参与科研工作要求及奖励办法》等相关管理规定，进一步规范研究生培养的管理工作。

第十四章　思想政治理论课教学科研部

第一节　概　　述

思想政治理论课教学科研部（简称“思政教研部”）成立于2009年11月11日，是直属学校领导的独立二级教学科研机构，主要负责学校的思想政治理论教学、科研、社会服务和相关管理工作，承担马克思主义理论学科建设、人才培养和教学科研梯队建设等任务，同时开展人文通识类课程的教学和相关科研工作。

思政教研部下设4个学系：马克思主义基本原理系、马克思主义中国化研究系、中国近现代史系和思想政治教育系。

设有1个科研机构：全球化与中国现代化问题研究所，成立于2010年4月。下设马克思主义中国化研究室、当代世界经济与政治研究室和中国社会文化发展研究室。

思政教研部现有专职教师16人，其中教授3人、副教授9人、讲师4人；具有博士学位的教师5人。教师中有2人为北京高校思想政治理论课学科带头人，3人为北京高校思想政治理论课优秀中青年骨干教师，2名教师在北京市高校政治理论教学基本功比赛中曾分别获得三等奖。此外有兼职教师25人，分别来自学校宣传部、学生工作部等部门。

为加强学术创新团队建设，思政教研部特别设立思想政治理论课首席教授职位，以首席教授为学术带头人，开展科学研究的集体攻关。现已聘任4名首席教授。

第二节　学　　系

思政教研部现有4个学系。

一、马克思主义基本原理学系

现有在职教师6人。学系以马克思主义基本原理为主要学科发展方向，兼顾国外马克思主义研究、哲学等相关学科，重点承担《马克思主义基本原理》、《马克思主义经典著作选读》、《马克思主义与当代社会思潮》等课程教学科研任务。目前开设本科生思想政治理论课1门、本科生人文通识课12门、硕士研究生课程1门，博士研究生课程1门。

二、马克思主义中国化研究学系

现有在职教师5人，学系以马克思主义中国化研究为主要学科发展方向，兼顾马克思主义发展史、国际关系等学科，重点承担《毛泽东思想和中国特色社会主义理论体系概论》、《科学社会主义的理论与实践》、《世界经济与政治》等课程教学科研任务。目前，开设全校本科生思想政治理论课 2 门、本科生人文通识课 11 门、硕士研究生课程 3 门。

三、中国近现代史学系

现有在职教师 5 人。学系以中国近现代史为主要学科发展方向，兼顾中国古代史、世界史等相关学科，重点承担《中国近现代史纲要》课程教学科研任务。目前，开设本科生思想政治理论课 1 门、本科生人文通识课 16 门、硕士研究生课程 1 门。

四、思想政治教育学系

现有兼职教师 25 人。学系以思想政治教育为主要学科发展方向，兼顾教育学、法学、心理学相关学科，重点承担《思想道德修养与法律基础》、《形势与政策》等课程教学科研工作。目前，开设本科生思想政治理论课 2 门。

第三节　课程建设与科学研究

一、课程建设

思政教研部目前共开设面向全校本科生和研究生的 9 门思想政治理论课、34 门人文通识类课程。

1. 实施思想政治理论课建设“百万工程”。

2009 年 11 月 3 日，学校党政联席会议决定实施思想政治理论课建设“百万工程”：学校下拨教研部经费 100 万元，专项支持思想政治理论课教学、科研和师资队伍建设。“百万工程”的基本内容是：以明显提高思想政治理论课教学效果为目标，以马克思主义理论学科建设为龙头，以加强思想政治理论课教师队伍建设为根本，努力提升思想政治理论课整体建设水平。思政教研部把“百万工程”分解为思想政治理论课教学模式创新工程、重点课程建设工程、重点科研课题研究工程、学术攻关团队建设工程、基础条件建设工程，设立了思想政治理论课课时费补贴、实践教学资助专项、科研课题资助专项、学术交流资助专项、教学工作奖励专项、科研成果奖励专项等。“百万工程”建设成效明显。2010 年，思政教研部获得校级重点培育学科项目 1 项、校级教学研究课题立项 6 项；思想政治理论课教学效果得到明显提高，在 2010 年两个学期的全校教学质量综合评估中，思政教研部教师讲授的全部课程总平均成绩均超过优秀标准，绝大部分课程在优秀标准线之上，远超历年水平。

2. 创新思想政治理论课教学模式

思政教研部积极推进教学改革，经过 2010 年的努力，初步形成思想政治理论课教学的新模式：在教学内容改革上，以重点主题的讲授为主，强调理论上的解惑答疑和能力上的思维方法训练；在教学方法改革上，积极采用互动式教学、研究式教学、情景模拟教学、实景教学、网络平台教学、社会调研等多种教学法，强调学生主体的积极参与和实践体验；在课堂组织方式上，根据学生的不同意愿和兴趣，适当组织专题讨论小组和实践调研小组，科学安排教学时间；切实改进考核评价方法，加大过程学习的考察评价比重。

3. 加强社会实践和社会调查

社会实践和社会调查已经成为思政教研部政治理论教育不可或缺的重要环节，让教师和学生从社会现实中了解马克思主义，找到其理论的深刻源泉。2010 年暑假，思政教研部教师集体赴新疆喀什经济特区、乌鲁木齐等地开展社会实践和社会调查活动。2010 年，为加强实践教学，设立“思想政治理论课学生暑期社会实践调研”项目，收到各类调研报告 51 份。社会实践和社会调查强化了思想政治理论课的教育功能。

4. 完善通识课体系建设，突出通识课的人文素质教育功能

思政教研部开设的人文社科类选修课涉及哲学、社会学、心理学、历史文化、政治学等众多基础学科，形成通识教育的基本体系。在学校 2010 培养方案中的 53 门人文通识类选修课中，由思政部教师开设的人文通识课有 34 门。思政教研部采取思想政治理论必修课和选修课相互结合的方式，形成马克思主义理论教育为主、通识教育为辅的素质教育模式。其基本框架为：围绕必修课“马克思主义基本原理概论”，开设“西方哲学史专题”、“中国传统哲学精华”、“现代思维方式与训练”、“当代西方社会思潮”等选修课程；围绕必修课“毛泽东思想和中国特色社会主义理论体系概论”，开设“中华人民共和国史”等选修课程；围绕必修课“中国近现代史纲要”，开设“近现代风云人物专题”、“中外文化交流史”等选修课程。

5. 开辟第二课堂，指导学生社团活动和其他集体活动

思政教研部教师利用自己的理论优势和知识资源，积极参与指导学生第二课堂活动，指导学生社团活动和其他集体活动。思政教研部教师普遍参与学生社会实践课题和科研创新项目的指导工作，2010 年，人均承担 2—3 个课题指导，有 40 多人次参与各种学生大型活动的指导和评审工作，1 名教师获得北京市学生社会实践优秀指导教师，3 名教师获得学校学生暑期社会实践突出贡献奖。

6. 建设思想政治理论课网络教学平台

2010 年 4 月，“马克思主义基本原理概论”网络学习平台正式投入使用，初步显示了网络为课堂教学服务的功能，为学生课外学习和进一步理解与消化课堂所学理论知识提供了支持。

二、科学研究

2000 - 2010 年，思政教研部教师发表论文共计 185 篇，其中社会科学论文索引（CSSCI）收录 62 篇，权威期刊转载 5 篇；参与或独立撰写专著、教材共计 37 部；主持和承担教育部专项课题 2 项（见表 10. 14. 1）和北京市课题 3 项。

表 10.14.1　2010 年思想政治理论课教学科研部省部级课题（纵向）一览表

序号	课题名称	项目来源	主持者	立项时间（年）
1	马克思主义基本原理概论精彩课件	教育部	乐　平	2010
2	中国共产党关于马克思主义中国化、时代化、大众化经典论述研究	教育部	刘建萍	2010

第十五章 体 育 部

第一节 概 述

2001 年 6 月，原对外经济贸易大学与原中国金融学院合并，成立新的对外经济贸易大学。两校体育部同时合并，组建对外经济贸易大学体育部。体育部为副处级教学部门，下设办公室、教学工作组、科研工作组、群体场地工作组。2010 年 12 月，经学校党委会研究决定，体育部为正处级教学单位。体育部于 2005 和 2010 年，分别获得北京市教育委员会颁发“实施《学生体质健康标准》先进院校”和《2010 年北京市高校阳光体育竞赛》优胜奖。

体育部现有教职工 28 人。其中专职教师 22 人、管理人员 6 人，被评为“2010 年北京市高校阳光体育竞赛”优胜奖。教师中副教授 15 人。

第二节 体育场馆与设施

2001—2010 年，学校共投资 8 000 余万元对老旧运动场、馆、看台进行改扩建。目前，体育场、馆面积总计 52 724 平方米，其中室内场馆面积为 3 324 平米。学校所有体育场馆均用于体育教学与训练，在保证校内学生课外体育活动的前提下，适度对校外人员有偿开放。自 2007 年起，所有体育场馆及设施均向全校学生、教职员工免费开放。

综合运动场：自 2001 年开工改建，2002 年竣工投入使用。运动场总面积达到 35 000 平方米，包括标准田径场 1 座（塑胶跑道，含跑、跳、投设施）、天然草坪足球场 1 个、篮球场 6 个、网球场 5 个、排球场 6 个。全部场地均为全天候灯光场地。

体育中心（羽毛球馆）：2003 年改建并完工，可容纳 2 000 人。该中心除可进行羽毛球教学与比赛外，还可举办网球、篮球等比赛及大型活动。

运动场看台：2004 年落成，建筑面积 5 000 余平米，看台观众席可容纳 2 000 余名观众。半地下为设备用房、体操训练房及浴室，看台 1—2 层是体育部办公区，主席台后方及四层为贵宾休息室和会议室。

人工草坪足球场：2006 年建成并投入使用，场地面积 6 600 平方米，主要用于足球教学与训练。

高尔夫练习场：2006 年购置。

轮滑运动场：2009 年完工并投入使用，场地面积 3 600 平方米。

乒乓球馆：场地面积 812 平方米，可摆放 21 张球台，并配有 2 台训练发球机。主要用于乒乓球教学与训练，课余时间对外开放。

第三节　教学与科研

一、教学

体育部现承担全校8 000余本科生及部分来华留学生、继续教育学院部分学生的体育课教学任务。

2001年，体育部仅开设足球、篮球、排球、乒乓球、棒垒球、武术、游泳、健美操等9项体育专项课程。随着学校体育工作的发展和体育场馆设施的不断完善，先后又开设轮滑、网球、体育舞蹈、羽毛球、高尔夫球、器械健美等体育项目课程。2010年，学校将体育课的学分从3学分提高到4学分，并对体育教学计划进行结构性的调整，分为体育基础课、初级体育选项课和中级体育选项课三个层次。目前，体育专项课程有25门，涉及15个运动项目。在乒乓球、网球、棒垒球等课程教学中，引进和使用发球机等现代化设备进行辅助教学，并将竞技比赛、游戏等融入课堂教学，提高了教学效果。体育教学还打破院系、年级的界限，采取“四自主”（即由学生自选项目、自选时间、自选教师、自选学期）的选课方式。

二、科研

自2001年至2010年，体育部教师共发表体育专业论文140余篇。张旭光创编的“九式太极操”，2004年入选国家全民健身项目；2005年受国家体育总局特别邀请，在首届国际传统武术节上展演，获得成功；同年，获国家体育总局颁发的“优秀全民健身”项目一等奖。

第四节　体育竞赛与体育工作

一、竞技体育

体育部现组建的学生体育代表队有17支，分别是足球、男子篮球、女子篮球、男子排球、女子排球、田径、游泳、武术、网球、乒乓球、羽毛球、棒垒球、高尔夫、体育舞蹈、轮滑、高山滑雪、传统武术等。代表队由专项教师分别担任教练，组织日常训练，定期参加北京市大学生体育协会举办的各项体育赛事。

2000年—2010年，学校体育代表队获得的团体冠、亚军奖项如下表：

表10.15.1　　2000—2010年学校体育代表队获得的团体冠亚军奖项

序号	项目	比赛名称	比赛时间（年）	比赛成绩
1	篮球	第三届CUBA北京地区选拔赛男子乙组	2000	亚军
2	篮球	北京市大学生篮球联赛乙组男子	2000	亚军

续表

序号	项目	比 赛 名 称	比赛时间（年）	比 赛 成 绩
3	游泳	北京市高校大学生游泳运动会甲组男子团体	2000	第一
4	篮球	北京市大学生篮球联赛乙组女子	2000	亚军
5	游泳	北京市大学生“大运杯”游泳运动会女子甲组团体	2001	第一
6	游泳	北京市大学生“大运杯”游泳运动会男子甲组团体	2001	第一
7	游泳	北京市大学生“大运杯”游泳运动会男女甲组团体	2001	第一
8	游泳	北京市高校游泳比赛甲组男子团体	2002	冠军
9	游泳	北京市高校游泳比赛甲组女子团体	2002	冠军
10	游泳	北京市高等院校游泳比赛甲组男女团体	2002	冠军
11	游泳	北京市大学生游泳比赛男子甲组团体	2002	第一
12	游泳	北京市大学生游泳比赛甲组男女团体	2002	第一
13	游泳	北京市大学生游泳比赛女子甲组团体	2002	第一
14	游泳	北京市高校大学生游泳比赛甲A组女子团体	2003	第一
15	游泳	北京市高校大学生游泳比赛甲A组男子团体	2003	第一
16	游泳	北京市高校大学生游泳比赛甲A组男女团体	2003	第一
17	排球	北京市大学生排球联赛女子乙组	2003	第一
18	游泳	北京市大学生游泳冠军赛甲A女子团体	2004	第一
19	游泳	北京市高等院校游泳比赛乙组男女团体	2005	第二
20	武术	第二届世界传统武术节集体项目	2006	二等奖
21	武术	“迎奥运”北京高校第八届传统保健体育比赛集体三十二式太极剑	2007	第二
22	武术	“迎奥运”北京高校第八届传统保健体育比赛	2007	团体第二
23	武术	“迎奥运”北京高校第八届传统保健体育比赛集体九式太极操	2007	第一
24	滑雪	北京市高等院校学生滑雪比赛团体	2007	亚军
25	武术	北京高校第九届传统保健体育比赛	2008	团体第二
26	高尔夫	北京市大学生高尔夫锦标赛学生女子团体	2008	第二
27	高尔夫	高校杯高尔夫球技能赛学生女子组	2009	亚军
28	武术	北京高校第十届传统养生体育比赛集体太极扇	2009	第二

续表

序号	项目	比赛名称	比赛时间（年）	比赛成绩
29	垒球	第十四届北京市大学生垒球联赛	2009	第一
30	足球	“印院杯”北京大学生足球乙级联赛	2010	冠军
31	轮滑	Rollerblade 杯北京大学生第一届轮滑比赛	2010	男女团体第一
32	轮滑	Rollerblade 杯北京大学生第一届轮滑比赛	2010	女子团体第一
33	排球	2010 年北京市大学生排球联赛	2010	女子团体 A 组亚军
34	体育舞蹈	首都高校第二届体育舞蹈比赛	2010	乙组团体二等奖

2010 年 7 月，学校申报组建高水平篮球队和高水平武术队，经教育部专家组评定，学校高水平篮球队申报项目获得批准。

二、群众体育

目前，学校已形成以“阳光体育运动”为核心，以校体育部组织的 9 大校级赛事、17 个体育社团和俱乐部活动、各院系体育活动为支撑的“三位一体”的课外体育活动组织机制。

“阳光体育运动”的活动内容丰富、形式多样、点面结合，具有参与率高、覆盖面大、活动周期长的特点，引领全校体育锻炼的热潮。

每年在全校范围内开展的 9 大赛事分别为田径运动会、新生运动会、校级篮球联赛、排球联赛、足球联赛、游泳比赛、乒乓球联赛、体育文化节、纪念 12·9 长跑等。

17 个体育俱乐部，如乒乓球俱乐部、武术协会、自行车协会、网球俱乐部、高尔夫球俱乐部等每月都安排相关赛事和兴趣活动。

各院系也结合本院系特色，或开展趣味体育节，或组织与其他院系之间比赛交流等深受学生喜爱的体育活动。

此外，体育部还负责全校教职工体育工作，除每年举办全校田径运动会外，还协同校工会举办学校教职员工足球比赛、羽毛球比赛、乒乓球比赛、冬季长跑等全校教职工业余体育活动，并组织学校教职工代表队参加校外有关比赛竞赛活动。

三、社会体育工作

2005 年，由学校发起成立北京高等院校冰雪轮滑协会。该协会是北京市大学生体育协会的下属协会，校党委副书记陈建香担任该协会主席。自 2006 始，该协会已举办 4 届北京市大学生滑雪比赛。2008 年北京奥运会期间，协会组织学校轮滑表演队代表北京高校大学生参加奥运赛场群众体育展演，受到北京体育局嘉奖。2010 年 6 月，学校成功举办北京市大学生第一届轮滑比赛。2010 年 7 月，国家体育总局冬季运动管理中心、中国滑雪协会、北京大学生体育协会共同在北京启动“中国大学生滑雪校园之星”活动。目前，该协会已组织北京 28 所高校总计 2 000 余人次参加此次活动。

2007—2010 年间，该协会受国家体育总局委托，先后 4 次组织举办北京市高校教师高山滑雪裁判员培训班，培训了 29 所高校 90 余名教师，其中 23 人通过考核，获得国家级裁判证书。部分裁判员受邀参加第 11 届全国冬季运动会、第 29 届世界大学生冬季运动会及年度国际雪联积分赛等国内外高山滑雪高等级赛事的裁判工作。

〔第十篇附录〕

附件 10.1：海关管理系

学校的海关管理系成立于 1974 年，是由海关总署与原北京对外贸易学院（对外经济贸易大学前身）共同组建。在 20 世纪 80 年代，该系涌现了多名海关领域国内知名专家学者，如王普光、蔡渭洲、颜锡钧等，奠定了我国现代海关理论的基础，并创建了当代中国海关管理专业较为完整的，包括海关管理学、海关法学、国际海关组织与公约协定、协调制度归类、海关史等五个方面组成的课程体系。

海关管理系 1978 年开始正式招收海关管理专业本科学生，1985 年开始招收国际贸易（海关方向）研究生，1991 年停招。1996 年开始招收海关管理专业双学位学生。

海关管理系从 1985 年开始，承担了多项海关系统的在职培训与学历培养。如海关总署英语提高班、岗前培训班、验估统计班、缉私警察班等，共计 2000 多人次。1998 年，在教育部进行的专业目录调整中，将海关管理专业合并到行政管理专业中，作为一个专业方向保留至今。

海关管理系大多数毕业生已经成为海关系统的业务骨干和管理中坚力量，已经有 3 人走上部级领导岗位，50 多人担任了司局级领导。此外，还有很多的毕业生活跃在与海关相关的国际贸易、物流、税务、管理咨询服务等领域。

海关管理系现有专职教师 15 人，其中教授 3 人、副教授 4 人、讲师 8 人；另有外聘兼职教授 10 人。

2001 年 3 月海关系并入人文与行政学院。

附件 10.2：人文科学系

1986 年，原对外经济贸易大学的马列主义教研室和原隶属于教务处的汉语教研室、综合教研室等教学单位联合组建了人文科学系。依照当时学校教学单位名称的数字排序，人文科学系为第八系。人文科学系的成立第一次整合了学校的政治理论与人文学科的教学资源，加强了学科间的联系，增强了政治理论与人文学科的教学与科研力量，明确了学校政治理论与人文科学发展方向。

人文科学系下设政治经济学、中共党史、国际政治、汉语、综合等 5 个教研室。

1999 年 11 月，人文科学系的政治经济学教研室整体迁出，并入了原对外经济贸易大学的国际经济贸易学院。

2000 年，随着原对外经济贸易大学与原中国金融学院的合并，原中国金融学院理论部和社科部中除法学、外语以外的学科设置，与原对外经济贸易大学人文科学系合并，组建了新的人文科学系。

新的人文科学系共有教工 43 人，其中教师 40 人；教师中教授 3 人、副教授 15 人。下设 6 个教研室，分别是：哲学、中国革命史、国际政治、汉语、史地、行政管理。

人文科学系承担了全校大部分本科生、硕士生、博士生的马克思主义理论课程，以及面向全校学生的人文类课程，承担着行政管理专业的建设。2000 年至 2001 年 3 月，人文科学系教师发表论文 50 余篇，出版各类著述 6 部。

人文科学系设有行政管理本科专业。该专业自 1997 年开始招生，每届学生 20 名，至 2000 年 7 月，招收了 4 届学生，共 80 名。

2001 年 3 月，人文科学系与海关管理系合并，组建了人文与行政学院，原人文科学系撤销。

附件 10.3：人文与行政学院

人文与行政学院成立于 2001 年 3 月。由对外经济贸易大学的人文科学系、海关管理系（含商品检验检疫学系）合并而成。

学院有两个本科专业：行政管理专业与汉语言文学专业。行政管理专业设置于 1996 年，1997 年正式招生，下设的专业方向有：海关管理、涉外行政管理、商品检验与质量管理。学院 2003 年获得行政管理专业硕士研究生授予权，于 2004 年开始招收行政管理专业研究生。汉语言文学专业始建于 2002 年，设有跨文化交流方向。同年招收本科生，2003 年开始招收经贸汉语方向本科来华留学生。

学校的进出口公正鉴定专业始建于 1986 年，由原国家进出口商品检验局与原北京对外贸易学院共建。1986—1998 年招收两届大专生，每届 20 人。1989 年开始招收第一届本科生，每届 20 人，截至 2000 年，共计招生 240 人。2001 年该专业与原国家出入境检验检疫局脱钩，同年停止招生。学校的进出口公正鉴定专业与国家进出口商品检验局合作，自 1990 年以来举办了各类培训班，如商检证书、资产评估、财产鉴定、司局级英语培训、处长培训班、WTO 培训等，共计 1800 人次。

学院有教工 72 人，其中专职教师 65 人，教师中教授 5 人、副教授 24 人。

学院设有四个学系：行政管理学系、哲学政治学系、汉语言文学学系、海关管理学系。行政管理学系下设：政治学教研室、经济学教研室、管理学教研室、商检教研室、综合教研室。哲学政治学系下设：哲学研究室、国际政治教研室、中国政治教研室、历史教研室。汉语言文学系下设：古代文学教研室、现代文学教研室。海关管理系下设：关税教研室、商品教研室、业务教研室、专业基础教研室。

学院设有：公共管理研究中心、关税研究中心、中澳培训中心。

人文与行政学院有在校本科生 570 人（含 40 名来华留学生）；行政管理专业（海关管理方向）二学位于 2000 年开始招生，共计培养学生 164 人，培养硕士研究生 22 人。

人文与行政学院承担全校大部分本科、硕士、博士的马克思主义理论课及面对全校的人文类课程，共计百余门。承担着行政管理、汉语言文学学科以及海关管理专业的建设。自 2001 年至 2005 年，教师共发表论文 300 多篇，各类著述（含教材）60 余部。

学院举办了“改革与创新——面向二十一世纪的中国公共管理研讨会”的全国性会议，教师参加国内外学术会议 30 人次，学院选派 4 名教师出国访学与进修。

2006 年 1 月，人文与行政学院拆分为公共管理学院、人文与社会科学学院、中国语言文学系。

附件 10.4：人文与社会科学学院

对外经济贸易大学人文与社会科学学院成立于 2006 年 1 月，由原人文与行政学院的哲学政治学系组建而成。人文与社会科学学院设有四个学系：政治学学系、国际政治学系、哲学社会学系、历史文化学系。学院教师承担全校本科生、硕士研究生、博士研究生的大部分政治理论课和全校人文社会科学类通识课的教学与研究工作，以及政治学和国际政治学学科的教学研究工作。学院先后为全校学生开设各类基础课、专业基础课和选修课共计 70 多门。学院国际政治学系从 2007 年开始招收四年制国际政治专业本科生。截至 2009 年 12 月，学院共有专职教师 33 人，其中教授 3 人，副教授 10 人。截至 2009 年底，学院教师在各类学术刊物上发表论文 200 多篇，出版专著 15 部。2010 年 1 月，人文与社会科学学院正式更名为国际关系学院。人文与社会科学学院部分师资从中分离组建为思想政治理论课教学研究部。

大　事　记

2000年

1月9日，学校举行“科教扶贫工程”首期革命老区科教班开学典礼，对外贸易经济合作部张祥副部长参加开学典礼并为培训班讲了第一课。

1月12日，学校召开第四届教代会、第十一届工代会第二次全体代表大会，校长陈准民作工作报告。

1月14日，学校举行电子商务实验室建成仪式暨电子商务教学研讨会。

2月12日，国务院办公厅发出［2000］11号文件，转发经国务院同意的教育部、国家计委、财政部《关于调整国务院部门（单位）所属学校管理体制和布局结构的实施意见》，该意见决定：中国金融学院与对外经济贸易大学合并，划转教育部管理。

2月21日，对外贸易经济合作部党组决定，任命王正富为对外经济贸易大学副校长，免去马春光的对外经济贸易大学副校长职务。

3月1日，对外贸易经济合作部部长石广生在部办公大楼接见学校五位校领导。

3月1日，教育部高教司司长钟秉林一行来学校视察工作。

3月2日，学校召开新学期第一次全体教职工大会，传达国务院副总理李岚清关于高校体制调整的讲话精神。

3月14日、16日，对外经济贸易大学与中国金融学院两校管理部门负责人进行对口接触交流，就本部门职责、任务、编制及运转情况作了相互介绍。

3月24日，由国际工商管理学院五名硕士研究生组成的对外经济贸易大学队，代表中国大学生出战第17届国际企业管理挑战赛（GMC）国际总决赛并夺得冠军；同时，还赢得了最佳组织奖。

3月，西班牙语专业学生刘珊在全国西班牙语征文比赛中荣获一等奖。

4月10日，学校与中国工商银行合作协议正式签字，协议规定中国工商银行北京分行向学校提供5亿人民币授信额度，用于学校基础设施建设。

4月17日、30日，学校举行后勤社会化改革甲乙方签字仪式，学校与运输服务中心、餐饮服务中心、幼儿园、维修中心、供暖中心、宿舍管理中心等后勤实体分别签署协议。

5月11日，学校聘请日本贸易振兴会理事大宫正先生为客座教授。

5月24日，学校代表队获得“外研社杯”全国英语辩论赛总决赛冠军，队员何雅青获得“最佳辩手奖”。

6月8日，学校召开纪念建党79周年表彰大会，表彰经贸学院院办党总支等8个先进基层党组织，以及赵红等25位优秀共产党员和王家祥等6位优秀党务工作者。

6月12日，学生新食堂正式启用，连贯校园东西门的主干道翻修工程完工。

6月21日，对外经济贸易大学、中国金融学院合并大会在视听中心举行。教育部党组副书记、副部长吕福源，对外贸易经济合作部副部长孙广相，中国人民银行副行长肖刚，中共北京市委常委、教育工委书记兼教委主任徐锡安，北京市副市长林文漪等领导出席。原两校师生代表700余人参加了大会。合并大会由教育部发展规划司司长纪宝成主持。吕福源代表教育部宣读了两校合并组建新的对外经济贸易大学的决定和新的党委、行政领导的任命，并发表讲话。

6 月 21 日，中共教育部党组任命对外经济贸易大学党委、行政领导班子：许其立任党委书记，贾怀勤任党委副书记兼纪委书记，陈建香任党委副书记；陈准民任校长，姚德骥、陈苏东、徐子健、刘亚、王正富任副校长。

6 月 28 日，学校举行 2000 届本、专科学生毕业典礼，共有 608 名本、专科学生毕业。

6 月 29 日，学校召开首届研究生培养工作会议，副校长徐子健作了题为《深化改革，提高研究生培养质量》的主题报告。

6 月 30 日，学校举行 2000 届研究生毕业典礼，6 人获得博士学位，133 人获得硕士学位，42 人获得工商管理硕士专业学位，26 人获得法律硕士专业学位。

6 月，学校完成春季来华留学生报名注册工作，接收学历与非学历长期生 520 名，短期生 36 人。来华留学生人数首次突破 500 人，比 1999 年增长 20.1%，继续保持 1995 年以来连年持续、稳步增长的发展态势，在北京高校排名仅次于北京大学、北京师范大学、北京外国语大学，从 1999 年的第九位跃居第四位。

8 月，学校世界贸易组织研究中心入选教育部普通高等学校人文社会科学研究基地。

9 月 14 日，学校举行 2000 级新生开学典礼。原对外经济贸易大学在全国 30 个省、市、自治区实际招生 1 264 人，其中本科生 954 人、国际贸易二学位 60 人、海关二学位 30 人、新高职 220 人。其中有来自广西及云南的两名外语类状元。

9 月 20 日，中共中央政治局常委、国务院副总理李岚清莅临学校，对学校学生食堂和校园环境进行考察。

9 月 22 日，学校举行美国注册商业投资师（CCIM）资格认证培训班开学典礼。

10 月 16 日至 17 日，学校与美国康州大学共同举办“中美投资与保险法律研讨会”。

10 月 17 日，学校召开“三讲”教育动员大会，党委书记许其立作动员报告，北京市教工委“三讲”巡视组组长吴林祥代表上级讲话。

11 月 2 日，学校召开贸易技术性措施研究中心成立大会。

11 月，法学院“法学专业案例教学研究与实践”获得教育部教学改革项目立项。

12 月 2 日，学校举行第八届“安子介国际贸易研究奖”颁奖大会暨教育部人文社会科学研究中心重点研究基地——“对外经济贸易大学世界贸易组织研究中心”揭牌仪式。

12 月 16 日，学校游泳队在北京市高校游泳运动会上取得了男子团体总分第一名、女子团体总分第三名和男女团体总分第一名的好成绩。

12 月 18 日，学校代表队第四次蝉联国际企业管理挑战赛中国赛区冠军，并将于 2001 年 3 月代表中国赴里斯本参加第 18 届国际企业管理挑战赛国际总决赛。

12 月 20 日，对外贸易经济合作部部长郑拓彬向学校赠送一套 13 卷本《大汉和辞典》，价值 30 多万日元。

12 月 21 日，学校学位评定委员会召开第三十三次会议，林桂军、白树强、马春光、余恕莲、徐子健、焦津洪、王军等七位教授被遴选为博士生指导教师。

12 月 28 日，学校召开两校合并后的第一次教职工代表大会和工会代表大会，陈准民校长作题为《抓住机遇，迎接挑战，为新世纪的新经贸大学更美好而团结奋斗》的报告。

2001 年

1 月 15 日，学校召开“三讲”教育总结大会，党委副书记贾怀勤代表党委作“三讲”教育工作总结报告。

2 月，第二届“全国外经贸研究成果奖”颁奖大会举行，杨长春博士的《中西部地区的对外开放》和桑百川博士的《外商直接投资下的经济制度变迁》荣获“优秀著作奖”。

3 月 9 日，校长陈准民代表学校与国内一级国际货运代理企业大田集团总裁王树声签定《对外经济贸易大学大田物流研究中心合作协议》。

3 月中旬，学校召开外事工作会议，提出关于学校国际化建设的四点设想：第一，师资队伍建设国际化；第二，学生培养国际化；第三，学科建设国际化；第四，管理工作国际化。

3 月 22 日，代表中国参赛的学校代表队再次蝉联国际企业管理挑战赛世界冠军。

3 月 29 日，对外经济贸易大学信息学院成立大会召开。

3 月 29 日，学校召开统战工作会议，全国政协委员张素我、王林生教授和来自各民主党派、侨联的二十位代表参加会议。

4 月 11 日，北京市高校校园环境整治工作现场会在学校召开，学校作为北京高校校园环境整治工作示范单位，受到与会的北京市副市长林文漪、刘志华等领导的好评。

4 月 14 日，对外经济贸易大学租赁研究中心成立暨 2001 年世界租赁年报中国分报推介会在学校召开。

4 月 25 至 27 日，学校承办全国高等学校来华留学生教育管理职能学术研讨会，来自全国 80 多所院校的专家、学者和留学生教育管理人员参加研讨会。

5 月 9 日至 13 日，陈准民校长访问韩国国际交流财团和韩国学术振兴财团。

5 月 14 日，由学校与欧盟口译司合作开办的“中欧高级译员培训项目”协议签字仪式举行。

5 月 15 日，对外经济贸易大学大田物流研究中心成立，这是我国首家由政府、企业、大学三方共同参与的物流研究机构。

5 月 21 日，对外经济贸易大学金融学院成立大会暨上交所证券节开幕式召开，中国证监会副主席高西庆等证券界知名人士参加大会。

5 月 25 日，学校授予来访的委内瑞拉玻利瓦尔共和国总统乌戈·拉斐尔·查韦斯·弗里亚斯先生经济学名誉博士学位，对外贸易经济合作部部长石广生出席学位授予仪式。

5 月 29 日，来自韩国的博士研究生郑宇植顺利通过博士论文答辩，成为学校第一位获得博士学位的来华留学生。

6 月，学校党委常委会通过《对外经济贸易大学“十五”事业与学科发展规划》并公布实施。

6 月 7 日，学校举行授予吴敬琏名誉教授仪式，陈准民校长向吴敬琏颁发“对外经济贸易大学名誉教授”聘书。

6 月 28 日，2001 届毕业生毕业典礼仪式举行，共 1 200 名毕业生圆满完成学业。

9 月 6 日、7 日，2001 级新生报到。2001 年学校在全国 30 个省、市、自治区招生录取 1 720 人，其中本科生 1 132 人、国际贸易二学位 58 人、海关二学位 30 人、高职 500 人。

9 月 6 日，学校召开由中层干部和全体教师参加的教师人事制度改革宣讲会。

9 月 10 日，美国财政部部长奥尼尔在我国财政部部长助理李勇的陪同下来校并发表题为《China's globle opening》的演讲。

9 月 17 日，学校举行第一届教学督导员聘任仪式，聘请英语学院丁衡祁教授、外语学院郑育森教授、人文与行政学院王兮教授为校级第一届教学督导员。

9 月 18 日，中央电视台大型文艺晚会“同一首歌”在诚信楼广场举行，庆祝学校建立 50 周年。

9 月 21 日，“对外经济贸易大学 50 周年校庆摄影、书画展”开幕，对外贸易经济合作部部长石广生等领导为此次活动题词。

9 月 22 日，对外经济贸易大学建校 50 周年庆祝大会隆重举行。中共中央政治局常委、国务院副总理李岚清致信祝贺，中共中央政治局候补委员、国务委员吴仪发来贺信。对外贸易经济合作部部长石广生、教育部副部长章新胜出席大会并讲话。

10 月 9 日，外语学院姜信道教授在韩国汉城接受了由韩国总理李汉东颁发的韩国“世宗文化奖”奖状和木槿花勋章。

11 月 9 日，学校举行“教育教学思想大讨论”动员大会。

11 月 15 日，学校就业指导中心揭牌仪式举行。

11 月 17 日，“WTO 中国策略”高级论坛在学校举行。

11 月 28 日，学校自动化办公系统（简称 OA 系统）开始试运行。

12 月 7 日，学校召开 2001 年教学工作会议，校长陈准民作《抓紧机遇，明确职责，开创学校教学工作新局面》的报告。

2002 年

1 月 1 日，后勤服务集团成立，下设餐饮服务中心、宿舍管理中心、供暖中心、维修中心、节能中心、校园绿化保洁中心、物业管理中心等十多个实体机构。

1 月 7 日至 11 日，教育部司局级领导干部 WTO 专题研修班在学校举办，教育部及其直属单位的 56 位司局长参加此次研修班，教育部副部长章新胜为研修班作专题报告。

1 月 18 日，第九届“安子介国际贸易研究奖”颁奖大会在学校举行。本届“安奖”共评选出优秀著作6部、优秀论文8篇、学术鼓励奖15名，获奖作品涉及我国经贸行业的诸多领域。

2月24日，学校召开全校中层干部和管理干部竞聘上岗动员大会。

2月，经教育部批准，学校的国际贸易学、国际法学两门学科成为国家级重点学科，实现了在国家级重点学科建设上零的突破。

3月19日，被誉为“欧元之父”的蒙代尔先生来校作题为《世界经济中的中国：货币区域和贸易区域》的学术演讲和《国际货币理论政策前沿》专题学术报告会，并由学校授予名誉教授。

3月28日，教育部党组书记、部长陈至立来学校视察，听取陈准民校长的工作汇报。

4月6日，随着原中国金融学院校区教工食堂的拆除，学校校园环境改造第三期工程正式开始。

4月15日，教育部专家组对学校“211工程”“九五”期间建设情况进行复核评估并予以肯定。至此，学校“211工程”一期建设圆满完成，二期建设全面启动。

4月，学校研究生教育教学立项工作全面展开。此次立项涉及的范围包括研究生课程体系改革，研究生题材建设，研究生教学手段与教学方法革新与改进，硕士学位点评估，研究生培养与管理，研究生教育理论研究。

5月19日，由研究生组成的两支代表队，在“中国·北京2002模拟联合国”活动中分别荣获“团体金奖”、“优秀主提国奖”和“最佳主提国奖”、“团体铜奖”。

5月30日，据北京市教育委员会通知，学校金融学、企业管理学两学科在专家评议的基础上，经审核批准为普通高等学校北京市重点学科。这是学校首次获得市级重点学科。

6月3日，学校与泛华科技集团有限公司在国宾酒店共同举办新闻发布会，宣布双方合作成立北京经华智业教育科技有限公司。

6月4日，学校举行首届中欧高级译员培训班毕业典礼，20名学员获得中欧双方联合签署的国际会议译员资格证书，成为我国第一批得到中欧双方专业部门认可的、具有较高交替传译和同声传译能力的高级专业人员。

6月26日，学校举行2002届研究生毕业典礼，共有418名研究生毕业，其中博士6人、学历硕士123人、法律硕士（JM）23人、在职法律硕士（EJM）34人、工商管理硕士（MBA）80人、同等学力申请硕士学位152人。

6月，美国国家技术学院、美国琼森·威尔斯大学、英国比亚大学商学院、北欧斯堪的纳维亚半岛高等教育机构联合体、加拿大阿尔伯塔大学商学院等院校代表来访。

9月12日，教育部党组任命胡福印为对外经济贸易大学副校长，免去姚德骥的对外经济贸易大学副校长职务。

9月24日，学校举行新闻发布会，宣布经教育部、国务院学位委员会批准，对外经济贸易大学与美国马里兰大学合办的中美国际管理学院成立。

9月26日，学校举行“做‘三个代表’实践者”主题党日活动总结表彰大会。全校19个党总支、72个党支部的675名党员和部分入党积极分子参加了这次主题党日活动。

10 月 8 日，学校聘茅于轼先生为名誉教授。授聘仪式结束后，茅于轼教授为师生作了“什么是制度经济学”的精彩讲座。

10 月 10 日，第十届“安子介国际贸易研究奖”评选结束，本届共有 6 部著作获优秀著作奖，12 名高校学生获得学术鼓励奖。

10 月 11 日，对外经济贸易大学中国世界贸易组织研究院揭牌仪式举行，研究院特聘对外贸易经济合作部副部长龙永图为首席顾问，王林生教授为名誉院长，张汉林教授为院长。

10 月 19 日，共青团对外经济贸易大学第十一次代表大会召开。

10 月 19 日，学校“十五”“211 工程”建设可行性研究报告通过教育部专家组论证。

11 月 9 日，学校召开首次基建工作研讨会，副校长王正富在会上作了题为《总结、反思、展望、策划》的工作报告。

11 月 13 日，北京市高等院校外国留学生教育管理评估专家小组莅临学校，全面考察学校来华留学生教育。

11 月 17 日，教育部副部长周济一行五人来学校进行调研。

12 月 12 日，学校召开以“提高认识、积极进取、为繁荣学校科学研究而努力奋斗”为主题的科研工作会议。

12 月 26 日，对外经济贸易大学海尔商学院成立，该学院是学校二级单位，实行董事会领导下的院长负责制。

12 月 26 日，学校召开第五届教代会暨第十二届工代会，137 名正式代表出席大会。本次“双代会”共收到代表提案 47 件。

2003 年

1 月 3 日，北京市教委召开高等学校外国留学生教育管理评估工作总结大会，对外经济贸易大学被评为来华留学生教育管理先进单位，贺向民、曹亚红、刘台照被评为来华留学生教育管理先进个人，王正富副校长在大会上作了经验介绍。

1 月 24 日，学校撤销后勤服务集团，探索实行“小机关多实体”后勤管理体制。

1 月 24 日，财政部、教育部在人民大会堂隆重举行首届国家奖学金颁奖仪式。学校共有 94 名同学获得首届国家奖学金。

2 月 27 日，学校举行全校教职工大会暨“十佳教师”、科研颁奖仪式，石静霞、齐天翔、杨长春、桑百川、张建平、奉立城、胡玉龙、朱凯、杜景林、陈恭和获得 2001—2002 年度“十佳教师”称号。

3 月 10 日，新西兰前任首相 Ken Eagle 女士来校访问，与陈苏东副校长商谈共同举办 WTO 国际研讨会的相关事宜。

3 月 19 日，经教育部批准，外语学院的俄语和阿拉伯语专业计划提前招生各 18 名。为此学校召开部分外语专业提前招生工作会议。

3 月 20 日，学校召开“安子介国际贸易研究奖”十周年纪念大会暨中国国际贸易理论与政策学术研讨会，博鳌亚洲论坛秘书长龙永图与会，并作《新世纪中国对外经济贸易发展》的主题报告。

3 月 28 日，学校工商学院 EMBA 招生咨询会举行，EMBA 教育工作正式启动。

4 月 10 日，“对外经济贸易大学—中国建设银行大学校园龙卡（试用卡）”发卡仪式举行，惠园“一卡通”开始试运行。学校成为北京高校中第一个使用“一卡通”的高校。

4 月 23 日，为有效预防“非典”，学校预防“非典”领导小组发出公告，决定自 4 月 23 日起，实行校门有限封闭制度。

5 月 13 日，教育部党组书记、部长周济一行 6 人来学校督察指导防治“非典”工作。

7 月 1 日，学校举行 2003 届学生毕业典礼，1 500 余名毕业生参加毕业典礼。

7 月 2 日，学校与中国民生银行合办的首届“民生班”举行结业典礼。

7 月 21 日，学校按照预定计划，结束因“非典”造成的临时停课，开始全面复课。

7 月，张汉林教授所著《经贸战争新领域——服务贸易总协定与国际服务贸易》获高校人文社会科学研究成果二等奖。

9 月 11 日，学校举行 2003 级研究生新生开学典礼。学校的 2 个博士点、11 个硕士点的近 900 名研究生新生参加开学典礼。至此，学校在校研究生人数达到 2 500 人。

9 月 17 日，学校举行新教学楼宁远楼开工典礼。新教学楼位于学校东南部，主体共 8 层，高 30 米，有地下车库。主楼占地面积为 4 344 平方米，连同周边绿化带占地面积为 12 738 平方米。教学楼总建筑面积为 32 568. 5 平方米。

9 月，学校获准增列世界经济、国民经济学、数量经济学、经济法学、德语语言文学、阿拉伯语语言文学、技术经济及管理、行政管理 8 个硕士点。

10 月 22 日，对外经济贸易大学中国—欧盟经济合作研究中心成立大会举行。

10 月 24 日至 26 日，张晓云、李劼两位同学在首届全国越语口语比赛中分别获一、二等奖。

11 月 3 日，陈准民校长、国际经济研究院华晓红院长、夏有富教授等六人，赴台湾参加主题为“入世后两岸经贸关系”的研讨活动。

11 月 5 日，美国副国务卿艾伦 · 拉森先生（Alan P. Larson）来校访问，并为学生作了题为《长远共同发展中的中美经济》的演讲。

11 月 9 日，学校被评为“全国聘请外国文教专家先进单位”。

11 月 20 日，对外经济贸易大学国际经济研究院正式挂牌。

11 月 22 日至 23 日，学校举办“WTO 与中国企业国际化战略论坛”。

11 月 24 日，中共北京市委教育工委副书记李明带领专家组来校检查党建和思想政治工作。

11 月 27 日，学校召开第五届教代会暨第十二届工代会第二次全体会议。

12 月 4 日，学校举行 2002 – 2003 年度学生先进集体、先进个人表彰大会，本次学生获奖率高达 78% 。

12 月 11 日，中纪委委员、教育部党组成员、中纪委驻教育部纪检组组长田淑兰一行三人来校视察工作。

12 月 12 日，时任全国人大常委会财经委员会副主任、原对外贸易经济合作部部长石广生莅临学校，为国际工商管理学院的 EMBA 学员作题为《中国入世两周年之回顾》的讲座。

12 月 13 日，学校召开第一届研究生代表大会，通过《对外经济贸易大学研究生会章程》。

12 月 27 日，法学院院长沈四宝教授在人民大会堂为十届全国人大常委会作题为《对外贸易法律制度若干问题》的讲座，吴邦国委员长主持讲座并发表讲话。

12 月，学校新增金融学、国民经济学两个博士点，将于 2004 年开始招生。至此，学校已拥有国际贸易学、国际法学、金融学、世界经济等博士学位授予权，还拥有国际贸易学、金融学（含保险学）等 17 个硕士学位以及工商管理硕士（MBA）、法律硕士（JM）两个专业学位的授予权。

12 月，金融学院齐天翔副教授申报的“个人储蓄行为与金融系统演变”项目和法学院石静霞副教授申报的“跨界破产与重整法律问题的比较研究”项目获得 2003 年度教育部“优秀青年教师资助计划”资助。

2004 年

1 月 10 日，在中国最大门户网站新浪网和择校网联合举办的 2003 年度全国“十佳网络教育机构”评选活动中，学校远程教育学院获得“十佳”称号。

3 月 24 日，学校第一个学生实习基地“广交会”挂牌仪式在中国贸易中心办公大楼举行。

3 月 24 日，学校举行第 11 届“安子介国际贸易研究奖”颁奖大会，夏友富教授撰写的论文《我国大豆产业发展战略研究》获得一等奖。

3 月 30 日，学校校友、外交部副部长周文重来校作关于中美关系问题的讲座，并被聘为学校客座教授。

4 月 2 日，陈准民校长、刘亚副校长与朝阳区区长陈刚、副区长孙世超会谈，就朝阳区政府和对外经济贸易大学如何加强合作、共谋新发展达成共识。

4 月 7 日，学校举行研究生首次科研立项成果报告会。

4 月 13 日，学校党委常委会批准学校《教师/科研人员岗位设置与聘任方案》，并决定于 4 月 19 日正式启动教师/科研人员岗位聘任工作。

4 月 15 日，学校举行“中国入世后公司治理国际研讨会”。此次研讨会由对外经济贸易大学与澳大利亚大学联合主办，是中国与澳大利亚两国间的重要学术交流活动。

4 月 27 日，学校举行“2004 中国—欧盟经济贸易论坛”，中国国际贸易学会名誉会长、原对外贸易经济合作部副部长沈觉人，波兰驻华使馆大使克·布尔斯基，欧盟驻华使团副团长、公使衔参赞叶森等与会。

4 月 29 日，学校第 35 届田径运动会开幕。本次运动会是学校首次师生同台竞技的运动会。

5月11日，教育部党组成员、副部长赵沁平代表部党组宣布关于对外经济贸易大学党委书记的任免决定，任命王玲为学校党委书记，免去许其立担任的学校党委书记、常委职务。

5月23日，学校20名同学在全国大学生英语竞赛中获奖，其中国际经济贸易学院2003级李玥、金融学院2002级刘芳两名同学获特等奖，保险系2001级徐博、人文与行政学院2002级杨飞获一等奖。

6月10日，学校举行欢送2004届毕业生专场文艺晚会。本场晚会是近几年学校首次举行的全校性毕业生大型专场文艺晚会。

6月25日，由校领导带队的学校本科教学评估检查小组，开始对各教学单位、教辅单位的本科评建工作进行全面检查评比。

6月28日、**29日**，学校研究生和本科生毕业典礼先后举行，本届共2 197名学生毕业，其中博士研究生16名、硕士研究生451名、本科生1 567名、二学位生83名、来华留学生62名。

7月1日，学校党委举行“七一”表彰会，金融学院党总支，研究生部党总支，外语、中德学院联合党总支，教辅党总支，国际学院直属党支部，继续教育学院党总支获得优秀基层党组织称号。

9月2日，校友总会会长贾怀勤到商务部，向全国人大财经委员会副主任、原对外贸易经济合作部部长石广生校友赠送青铜宝鼎，感谢他多年来对学校工作的支持。

9月9日，学校2004级研究生和本科生开学典礼分别举行，本届新生中有本科生1 503名、研究生1 407名。

9月9日，学校召开庆祝教师节大会，对在北京市教育系统获得荣誉称号的7名同志给予表彰和奖励，这7名同志是：首都劳动奖章获得者桑百川，北京市优秀教育工作者仇鸿伟，北京市优秀教师刘树林、何自云、李伯杰，北京市教育创新标兵杨长春，青年师德先进个人苏号朋。

9月13日，学校召开迎接新员工会暨新员工培训会。此次学校招聘录用专职教师和党政教辅人员46名，其中博士后研究人员3名，这是学校首次招聘博士后研究人员。

9月23日，学校举办第一届教职工合唱节，党委书记王玲、校长陈准民等校领导参加了校直机关合唱队的登台演唱。

9月24日，学校的北京企业国际化经营研究基地荣获“北京市哲学社会科学研究基地”。

10月21日，学校校友、外交部副部长周文重被聘为学校人文与行政学院名誉院长。

10月22至24日，在第六届全国国际商务英语研讨会上，学校提交论文10篇，入选论文集的有5篇，其中获奖论文4篇，是参加本次研讨会院校中入选率和获奖率最高的学校。

11月7日，研究生部组织的模拟代表队在“2004模拟联合国”活动中夺得最高奖——“最高领导奖”，陈慧同学获得“最佳观察员奖”。

11 月 11 日，学校召开人才强校战略座谈会，就“十一五”发展战略和 2005—2010 年师资队伍建设规划进行讨论。孙维炎、王林生、薛荣久、刘耀威、邱兆祥、吴芬、李诗、陈恭和等作了专题发言。

11 月 16 日至 17 日，全国 MBA 院校《会计学》教学研讨会在学校召开，来自全国 70 所 MBA 院校的近百名会计学领域专家学者与会。

11 月 22 日，学校召开首届学科颁奖大会。学校学生获得第十五届北京大学生非数学专业数学竞赛一等奖 2 名、二等奖 6 名；首届国际青年外国语大赛一等奖 2 名、二等奖 1 名、三等奖 1 名；大学生英语竞赛特等奖 2 名、一等奖 2 名、二等奖 5 名、三等奖 11 名。

11 月 25 日，学校召开人才强校工作会议，校党委书记王玲在会上作《以师资队伍为龙头，坚定不移地实施人才强校战略》的主题报告。

12 月 6 日，学校举行由商务部编写的《中国电子商务报告（2003 年）》首发式，这是我国政府第一部宣传中国电子商务政策导向、指导电子商务发展的主题报告。

12 月 16 日，学校举行“安子介国际贸易研究奖”第十二届颁奖大会，本届共有 7 部著作、12 篇论文获优秀奖，17 人获得学术鼓励奖。颁奖结束后，北京大学校长助理海闻教授作题为《经济发展与农产品贸易保护》的学术报告。

12 月 23 日，学校召开第五届教代会暨第十二届工代会第三次全体代表大会，陈准民校长向大会作题为《开拓创新，求真务实，为实现学校教育事业跨越式发展而努力奋斗》的年度工作报告，通过《树立信心，振奋精神，为迎接本科教学评估再付百倍努力》的倡议书。

2005 年

1 月 21 日，教育部党组决定：任命陈准民为对外经济贸易大学校长，徐子健、刘亚、王正富、胡福印、林桂军为对外经济贸易大学副校长；免去陈苏东的对外经济贸易大学副校长职务；任命林桂军为对外经济贸易大学党委委员、常委；免去陈苏东的对外经济贸易大学党委委员、常委职务。

2 月 24 日，欧盟贸易委员彼得·曼德尔森应邀来学校演讲。

3 月 16 日，学校举行本科教学评建工作动员大会暨评建工作责任书签字仪式。

3 月 23 日，学校的国际工商管理学院正式更名为国际商学院。

4 月 1 日，在全世界规模最大的商业策略竞赛——欧莱雅全球在线商业策略大赛上，由付茂捷、刘潇和李想三位本科生组成的对外经济贸易大学 JIS 队夺得本科组总冠军，由刘春、王琨和许涛三位 MBA 组成的学校 Energy Star 队获得 MBA 组第三名。

4 月 28 日，学校召开“五一”劳模先进表彰座谈会，获 2004 年度北京市劳动模范称号的苏号朋、获北京市 2004 年度教育创新先进个人称号的王稳两位教师出席。

4 月 30 日，学校武术队参加由北京师范大学学生体育协会主办的“首都高校武术比赛”，夺得 11 个奖项，其中孙坤同学获得 32 式太极剑第一名。

5 月 7 日，学校召开新一届处级领导干部聘任仪式暨培训会，110 名处级干部接受任职聘书，历时一个多月的处级干部换届工作基本结束。

5月12日，学校举行2005年度本科教学项目立项签约仪式。本次签约涉及的教学项目包括：9门校级精品课程，13门校级常规课程，30项教学实验课题，6项精品教材，13项常规教材。

5月20日，学校召开教代会主席团扩大会议，听取学校《第二轮人员聘任和岗位酬金改革总体意见（讨论稿）》修改情况汇报。

5月26日，国家社科基金科研项目立项结果公布，学校本年度被批准立项的科研项目共7项，其中应用经济学2项、经济理论2项、法学2项、国际问题研究1项。获得科研立项的项目负责人有：国际经济贸易学院孙华妤，国际商学院尹建华、郝旭光，法学院陈卫东，金融学院邱兆祥，中德学院杜景林，国际经济研究院高巍。

6月1日，2002年诺贝尔经济学奖获得者、美国乔治—梅森大学教授弗农·史密斯（Vernon Smith），2003年诺贝尔经济学奖获得者、美国加利福尼亚大学教授克里夫·格兰杰（Clive Granger）来校演讲。陈准民校长向两位经济学家颁发学校名誉教授证书。

6月2日，在北京大学生思想政治教育工作会议上，学校学生工作部和研究生部党总支被授予“北京高校德育工作先进集体”荣誉称号，王强、张楠、胡东旭、巩喜云、廉茵被授予“北京高校优秀德育工作者”荣誉称号。

6月7日，学校与北京市对外贸易学校签订《房产买卖合同》及《搬迁安置补偿协议》。

6月9日，学校举行“建华爱心奖学金”签约仪式。“建华爱心奖”由学校79届校友、江苏美迪洋集团董事长毛建华捐资设立。

6月15日，学校举行全国翻译专业资格考试培训中心揭牌仪式。

6月15日，学校在首届北京大学生艺术展演活动中获得优秀组织奖1项，优秀创作奖1项，指导教师奖1项，一等奖5项，二等奖11项，三等奖2项。

6月30日，学校新闻网正式开通试运行。

6月30日，学校党委召开“七一”表彰大会，表彰获得市级奖励的先进集体和个人以及国际经济贸易学院党总支等10个先进基层党组织、薛荣久等17名优秀共产党员和贾怀勤等5名优秀党务工作者。

7月10日，中共对外经济贸易大学第十次代表大会开幕，党委书记王玲代表上届党委作题为《以人为本，特色立校，为对外经济贸易大学的跨越式发展而奋斗》的工作报告。中共北京市委常委、市委教育工作委员会书记朱善璐、教育部社政司副司长袁振国、市委教育工委副书记刘建等领导出席。

7月22日，中共北京市委批复学校第十次党代会选举结果：王玲为党委书记，杨逢华、陈建香为党委副书记，王玲、王正富、刘亚、杨逢华、陈建香、陈准民、林桂军、胡福印、徐子健为党委常委，杨逢华为纪委书记，黄捷、唐春梅为纪委副书记。

9月1日、2日，学校分别举行2005级本科生、研究生开学典礼。当年共招收新生2 921人，其中本科生1 772、研究生1 069人、专科生80人，首次招收港澳学生。

9月6日，欧盟口译司司长Mr. Benebitte一行来访。

9月8日，校党委召开保持共产党员先进性教育活动动员大会，中共北京市委保持共产党员先进性教育活动第四督导组组长陈乃芳等出席。校党委书记、校保持共产党员先进性教育活动领导小组组长王玲作题为《深入实践“三个代表”重要思想，永葆共产党员的先进性》的动员报告。

9月11日至13日，学校举行全国高校国际贸易学科协作会议暨2005国际贸易学科发展论坛，教育部社政司副司长袁振国、中国国际贸易学会会长施用海、校长陈准民出席开幕式并致辞。

9月14日至16日，由280名同学组成的志愿团出色完成第七届二十国集团财长和央行行长会议（G20会议）志愿服务。

9月19日，学校召开以“东亚共同体构想”为主题的“对外经济贸易大学与东京经济大学友好交流20周年国际研讨会”，校长陈准民和东京经济大学校长村上胜彦出席并作演讲。

9月21日，原中共中央政治局常委、国务院副总理李岚清来校为师生作题为《音乐·艺术·人生》的讲座。

11月7日，学校先后举行虹远楼及周边设施改造竣工剪彩仪式和新校名碑揭幕仪式。

11月11日，学校举行“教育部双语教学骨干教师高级研修班开学典礼”，来自全国各地财经、外语类院校230余人参加。

11月11日，学校召开全国外语、外贸院校学生工作协作会第九届年会。

11月22日，第一届“China Daily”杯主题演讲比赛在学校举行，参赛学生来自北京八所高校，本校国际经济贸易学院张晓懿夺得冠军。

12月1日，学校举行2004至2005学年度先进集体、先进个人、奖学金颁奖大会，1 226名学生获得各类先进个人荣誉称号，2 408人获得全校各类奖学金。

12月10日，在北京市外国留学生“来华杯”汉语演讲比赛决赛中，本校来华留学生、来自古巴的谢拉荣获一等奖，来自瑞士的赛明获优胜奖。

12月16日，学校召开第十三届“安子介国际贸易研究奖”颁奖大会。本届“安奖”共评出优秀著作奖4部，优秀论文奖12篇，学术鼓励奖9名，学校课题组的“北京企业国际化经营研究报告2005”获三等奖。

12月16日至17日，学校召开来华留学生教育工作会议，对学校“十五”期间的来华留学生教育工作进行全面总结，并对未来“十一五”期间学校来华留学生教育工作作出全面规划。

12月21日，学校举行第二届“挑战杯”对外经济贸易大学学生课外学术作品竞赛暨表彰大会，陈建伟和李楠同学的论文获得北京市大学生学术作品竞赛特等奖，并被推荐到全国参赛，在全国比赛中荣获二等奖。

12月23日，学校召开第六届教代会暨第十三届工代会，145名正式代表及6名特邀代表出席，42名列席代表列席。

12月28日，德国驻华大使史丹泽博士来校作《新政府成立后的德中关系走向》的演讲。

12月29日，学校召开保持共产党员先进性教育活动总结大会，党委书记王玲作总结报告，中共北京市委督导组组长陈乃芳讲话。

2006 年

2 月 9 日，中共对外经济贸易大学第十届委员会第二次全体会议召开，校党委委员 19 人出席会议，会议进一步明确了学校办学指导思想和近期重点工作。

3 月 2 日，“WTO 法律之父”约翰·杰克逊教授来访并作专题演讲。

3 月 3 日，学校“中国日报网站本科生教学实习基地”挂牌。

3 月，学校获得应用经济学一级学科博士学位授权点，实现了一级学科博士授权点零的突破。同时还获得民商法学和企业管理（含财务管理、市场营销、人力资源管理）两个二级学科博士学位授权点及法学、外国语言文学、工商管理三个一级学科硕士学位授权点。

3 月，学校撤销人文与行政管理学院，组建“两院一系”，即人文与社会科学学院、公共管理学院和中文系。

4 月 4 日，沙特石油公司副总裁 Mr. Hamed Alsaadoun 来校访问。

4 月 6 日，学校举行“竞争法与产业政策论坛”，微软全球副总裁兼法律顾问布拉德·史密斯出席并作演讲。

4 月 17 日，学校“外语文化节”开幕，来自 17 个国家的 20 余位使节出席开幕式，其中有 7 位外国大使。

4 月 22 日，学校举行全国外语、外贸院校暨部分在京院校联合招生咨询会。外交学院等 16 所高校参加此次招生咨询会。

4 月 22 日，学校外语学院陈大卫同学在“北京市高校日语演讲比赛”中夺得冠军。

5 月 13 日，学校召开“中国国际商务语研究委员会”成立大会。

5 月 17 日至 29 日，学校英语学院“莎士比亚”英语戏剧代表队在香港中文大学举办的“第二届大中国区莎士比亚英文戏剧比赛决赛”中荣获冠军。

5 月 19 日，学校举行中法国际管理学院第三届中欧经济论坛。

5 月 23 日，“感动惠园”颁奖晚会在学校文化广场隆重举行，同时在虹远楼举办“I LOVE UIBE”、“I LOVE CHINA”点灯活动。

5 月 25 日至 28 日，学校举办“第二届全国外语学院院长论坛”。

5 月 26 日至 27 日，学校举办第三届全国高等院校“国际商法”教学研讨会。

5 月 31 日，学校召开信息化校园建设项目工程启动会议。

6 月 21 日至 23 日，教育部本科教学评估专家组对学校本科教学工作进行预评估。

6 月 24 日至 25 日，学校与美国华盛顿大学共同主办第四届“WTO 中国与亚洲经济国际研讨会”。

6 月 26 日，学校召开“十五”“211 工程”建设项目整体验收汇报会。

6 月 28 日，学校举行 2006 届本科生毕业典礼，11 名即将赴北京密云县上任的学生村官、20 名支援西部的毕业生和 80 名优秀毕业生在会场前排就坐。

6 月 29 日，学校举行 2006 届研究生毕业典礼，50 名博士毕业生、1 429 名硕士毕业生身穿学位服参加典礼，硕士毕业生首次超过千人。

6 月 30 日，学校召开纪念建党 85 周年暨主题党日总结表彰大会，金融学院党总支货币经济学党支部书记齐天翔代表受表彰者在大会上发言。

6 月，学校国际商学院 2004 级都薇同学在 ACCA 全球考试中以英国税法考试 95 分的好成绩荣获中国大陆第一名。

8 月 13 日，学校著名法学教授沈达明先生辞世。

8 月 15 日，中共对外经济贸易大学第十届委员会第三次全体（扩大）会议召开，校党委书记王玲代表党委常委会作主题报告。校党委常委、副校长刘亚就推进本科评建冲刺阶段工作发言。校党委常委、副校长林桂军汇报了学校“十五”“211 工程”建设项目整体验收情况。

8 月 18 日，对外经济贸易大学浙江省纺织品进出口集团有限公司教学实习基地和对外经济贸易大学浙江东方集团轻工业品进出口有限公司教学实习基地签约挂牌仪式在浙江省纺织大厦举行。

8 月，“环迅杯”第二届电子商务大赛全国总决赛在本校举行，来自全国 23 个赛区的 66 名选手从近 5 万名选手中脱颖而出，进入全国总决赛。

9 月 6 日，学校召开教师节表彰大会，表彰在教育部、北京市获奖的教师。沈四宝获得“国家级教学名师奖”；张新民获得“北京市教学名师奖”；施丹、杨言洪、刘立新获得“北京市优秀教师”称号；吴革获得“北京市教育创新标兵”称号；郭敏、马春光获得“北京市师德先进个人”称号；孟大惟、李峰、庄红岩、鲁萍、樊泽民获得“北京高校优秀辅导员”称号

9 月 16 日，学校举行庆祝沈四宝教授获“国家级教学名师奖”暨沈四宝奖学金设立和首次颁奖大会。

9 月 28 日，学校举行北京 2008 奥运会志愿者招募暨“志愿奥运 · 和谐先锋”主题活动启动仪式。

10 月 14 日，学校韩国语专业学生在北京高校首届韩国文化节活动中获演说大赛一等奖和戏剧大赛最佳表演奖。

10 月 16 日，教育部本科教学工作水平评估专家组一行莅临学校，对学校本科教学工作水平进行为期 6 天的考察评估。

10 月 29 日，学校举行中国汉语水平考试（HSK）考点揭牌仪式暨汉语国际推广研究会。

10 月 27 日，学校国际商学院董夏同学在第十二届全国英语演讲总决赛中获一等奖。

10 月 28 日，司法部第二届全国法学教材与科研成果奖颁奖，学校法学院沈四宝、王军、焦津洪编著的《国际商法》（对外经济贸易大学出版社 2005 年 6 月版）、李卫刚主编的《宪法学讨论教学教程》（对外经济贸易大学出版社 2005 年 9 月版）获三等奖。

10 月 28 日，学校世界贸易组织研究院主办的第五届世界贸易组织与中国国际学术年会在人民大会堂新闻发布厅举行。

10 月，学校九式太极操代表队在“第二节世界传统武术节”上获团体项目第二名，

这是学校体育武术类团体项目首获国际大奖。

10 月，林汉川教授率领团队的科研成果《经济管理类博士培养新模式探索》在“全国第三届教育科学研究优秀成果奖颁奖大会暨学术报告会”上获三等奖。

10 月，2003 级意大利语系学生张婷在“我与意大利饮食文化”国际作文大赛中获一等奖。全球共有 10 名同学获得一等奖，亚洲地区仅 2 名。

11 月 2 日，法国科学院院士米歇尔·克罗齐埃教授来学校访问。

11 月 24 日，学校举行 2006 年度学科竞赛颁奖仪式。2006 年参加各类大型学科竞赛获奖同学 50 名。其中 26 名同学在全国大学生英语竞赛中获奖，3 位同学获特等奖，为历年最佳成绩；23 位同学在第 17 届北京市大学生数学竞赛（非数学专业）中获奖；法学院王向伊同学在北京市“我心中的奥运”大学生英语演讲比赛中获得冠军。

11 月，学校举行第十四届“安子介国际贸易研究奖”评审大会，确定获奖的优秀著作 6 部，优秀论文 15 篇，学术鼓励奖 9 名。

12 月 1 日，学校召开贯彻《北京市普通高等学校党建和思想政治工作基本标准》达标创先动员会。

12 月 13 日，《经济学家》杂志专题报道学校林桂军教授与哥伦比亚大学 Schramm 教授的合作研究成果，对两位学者所进行的研究的重要性和影响力给予高度评价。

12 月 14 日，张新民教授的著作《企业财务状况质量分析理论研究》和石静霞教授的论文《中国的跨界破产法：现状、问题及发展》分别获得第四届中国高校人文社会科学研究优秀成果奖三等奖。

12 月 26 日，学校 2006 年度本科教学优秀教师和优秀本科教学管理工作者评选结束，郭敏等 15 名教师被评为本科教学优秀教师，邹亚生等 16 名工作人员被评为优秀本科教学管理工作者。

12 月 28 日，在全国法律硕士专业学位创立十周年纪念大会暨第三届法律硕士教育论坛上，学校法学院推荐的康明和芮立新同学的两篇论文获优秀法律硕士论文奖。

12 月 28 日，学校举行 2005—2006 学年度学生先进集体、先进个人、奖学金颁奖典礼。共有 16 个学生集体获得先进集体荣誉称号，920 名学生获得先进个人荣誉称号，2 467 名学生获得各类奖学金。

2007 年

1 月 30 日至 31 日，学校举行第二届全国国际贸易实务教学与研究高级研讨会。

1 月 9 日，学校召开学术委员会会议，讨论学校“十一五”学科与师资建设规划。

2 月，教育部公布“新世纪优秀人才支持计划”，国际经济贸易学院葛嬴博士、国际商学院雷光勇博士和法学院梅夏英博士入选该计划 2006 年人员名单。

3 月 4 日，中共对外经济贸易大学第十届委员会第四次全体（扩大）会议召开。会议的主题是：推进学校发展，构建和谐校园。

3 月 5 日至 16 日，第十届全国人大代表、学校保险学院教师孙洁博士出席全国人民代表大会第五次会议。会议期间孙洁博士提出制定《社会保险法》、修改《税收征收管理法》的议案，引起关注。

3月22日，学校举行对外经济贸易大学澳洲会计师公会学位认证揭牌仪式。

3月29日，沙特石油公司总裁朱马赫及公司高层管理人员一行14人来访。

3月，经教育部批准，学校开设投资学（授予经济学学位）、国际政治（授予法学学位）、商务英语（授予文学学位）、物流管理（授予经济学学位）、公共事业管理（授予管理学学位）和劳动与社会保障（授予管理学学位）六个本科专业，其中商务英语为国内高校中首家获得批准设立的新专业。

4月2日，商务部司处级干部“经济与商务理论研修班”在学校开班。

4月5日，商务部部长薄熙来率商务部官员莅临学校视察工作，并与师生代表座谈。

4月12日，学校党委召开党员代表大会，选举出席北京市第十次党代会代表，校党委书记王玲当选。

4月16日，学校第6届外语文化节开幕，23个国家驻华使馆的25位官员出席开幕式。

4月28日，学校举行全国商务英语本科专业培养方案讨论会，上海对外贸易学院等6所高校领导及教师与会。

4月，学校林桂军、沈四宝两位教授在教育部社会科学委员会第三次工作会议上被增补为该委员会委员。

4月，学校商务汉语考试（Business Chinese Test）考点申办成功。

5月9日，由重庆大学原党委书记祝家麟为组长的教育部巡视组进驻学校，开展为期三周的巡视工作。

5月12日，学校举行第二届研究生代表大会暨首都高校全体研究生“志愿北京·服务奥运”志愿者项目启动仪式，会议选举产生第24届研究生会主席团，通过“研究生之歌”。

5月14日，西班牙教育学部国际合作司副司长玛格丽特·枚利斯·玛娜尔女士等一行来校访问。

5月23日，教育部公布2006年高校本科教学工作的评估结果，本校本科教学工作水平的评估结论为优秀。

5月26日，学校举行保险学院成立庆典暨保险发展与人才培养研讨会。

5月，国际经济贸易学院国际物流管理专家王强教授和王晓东博士的论文《Strategic Postures of Third Logistics Providers in Mainland China》，荣获2007年“Emerald Highly Commended Award”。

6月3日，2007年度“赛扶（SIFE）”中国总决赛在光大会展中心落下帷幕，学校赛扶团队夺得第三名。

6月5日，香港华人置业集团董事会刘銮雄主席、刘鸣炜执行董事、吕丽君博士来学校访问。学校董事会董事、全国政协常委、香港星岛新闻集团董事会主席何柱国和星岛集团贾红平执行董事一同来访。

6月6日，校长陈准民会见应邀来校参加大使论坛的德国驻华大使史丹泽博士。史丹泽大使作了题为《经济是基础，文化是桥梁》的演讲，全面地介绍了德国的政治、经济与文化现状。

6月8日，共青团对外经济贸易大学第十二次代表大会召开，会议听取并审议通过上届团委会工作报告，选举产生共青团对外经济贸易大学第十二届委员会。

6月28日，学校纪念建党86周年暨表彰先进大会召开，4个先进党总支、7个先进党支部、21名优秀共产党员和6名优秀党务工作者获得表彰，校领导向27项“主题党日”活动获奖者颁奖。

6月28日至29日，学校举行2007届本科生和研究生毕业典礼，本届毕业本科生1 490名、来华留学生（本科）150名。

6月，在第二届“我心中的奥运”北京市大学生英语演讲比赛决赛中，本校国际商学院董夏同学获得一等奖。

9月4日，学校承办的首个孔子学院在俄罗斯国立人文大学揭牌。中国国务委员陈至立、教育部部长周济、俄罗斯联邦教育署署长巴雷欣等出席揭牌仪式。

9月5日，欧洲联盟欧洲委员会负责竞争事务的委员内莉·克鲁伊（Neelie Kroes）女士一行来访。

9月6日，学校举行2007级本科生和研究生开学典礼，当年在全国31个省（市、自治区）以及由华侨和港、澳、台地区录取1 999名本科生。

9月13日，学校举行本年度优秀教师表彰大会，对获得市级科研成果奖、市级精品课程类奖、优秀教师荣誉称号的教师以及学校评选出的优秀教师、优秀教育工作者给予表彰和奖励。

9月22日，学校举办“21世纪中日经济论坛”，就中日经济理论以及实际经济问题进行广泛交流。

9月24日至25日，中共北京市委教育工委《北京普通高等学校党建和思想政治工作基本标准》达标检查组来校，对学校党建达标工作进行检查验收。

9月，学校为首位援藏干部、金融学院齐天翔教授举行欢送会。

9月，学校举行“北京现代服务业研究”启动仪式。该项研究是为北京市社会经济健康、科学、持续发展服务的重大科研项目。

10月19日，欧盟教育、培训、文化与青年委员菲格尔（H. E. Dr. Jan Figel），欧盟驻中国使团团长安博大使（H. E. Abou），菲格尔委员代表团成员、欧盟驻中国使团一秘 Filon 等来访。

10月，学校外语学院2005级学生赵梦媛在意大利外交部举办的“意大利语与海洋”征文比赛中获一等奖，成为全球仅有的10名一等奖获得者之一。

10月，学校金融学院徐成同学在第五届CCTV杯英语演讲比赛北京赛区比赛中获得一等奖。

11月3日，学校国际商学院举行庆祝建院25周年典礼。

11月8日，学校英语学院与中国外文局共建实习基地揭牌仪式在中国外文局举行。

11月9日，世界著名经济学家约翰·拉特里奇博士应邀来校演讲。

11月16日至18日，学校成功举办第三届高校模拟商务谈判邀请赛，南开大学、清华大学、对外经济贸易大学代表队获得团体前三名。

11 月 18 日，第三届北京市高校模拟阿盟部长级会议在学校举行，30 余位阿拉伯国家驻华外交官和来自北京六所高校的学生参加了这次活动。

11 月 21 日，学校党委召开落实《北京普通高等学校党建和思想政治工作基本标准》自查自评及达标检查验收工作总结会。中共北京市委教育工作委员会对学校进行《北京普通高等学校党建和思想政治工作基本标准》达标检查验收的评定结果为达标检查验收予以通过，评定等次为合格。

12 月 6 日，北京市哲学社会科学规划办公室、北京市教育委员会的有关领导和专家来校，对学校北京市哲学社会科学研究基地——“北京企业国际化经营研究基地”的建设情况进行检查验收，对学校“北京企业国际化经营研究基地”的建设成效给予高度评价。

12 月 6 日，学校举行 2006—2007 学年度学生先进集体、先进个人、奖学金颁奖典礼，对 4 个优秀党章（马列）学习小组、10 个先进集体、1 020 名优秀学生及各类奖学金获奖者给予表彰和奖励。

12 月 8 日，备受社会媒体关注的国内首个奢侈品研究中心——对外经济贸易大学祥祺奢侈品研究中心成立。

12 月 10 日，澳大利亚前总理鲍勃·霍克先生来校作演讲。

12 月，学校王健、黄勇两位教师当选北京市第十三届人大代表。

2008 年

1 月 4 日，学校举办对外经济贸易大学区域国别研究中心成立仪式暨区域国别研讨会。

1 月 9 日，学校法学院苏号朋教授被选为政协北京市第十一届委员会委员。

1 月 10 日，学校召开第六届教代会暨第十三届工代会第三次会议，本着求真务实和全心全意为教职工服务的精神，充分听取代表意见和建议。

1 月 18 日，教育部副部长章新胜来校指导工作，并出席学校的“王俊雄先生捐赠对外经贸大学匡济助学金签字仪式”。

3 月 15 日，中共对外经济贸易大学第十届委员会第五次全体（扩大）会议召开。党委书记王玲作了《抓住机遇，构筑创新平台，建设优势学科，全面提升核心竞争力》的工作报告。

3 月 17 日至 26 日，陈准民校长一行访问哈佛大学、新泽西州 Monmouth 大学、哥伦比亚大学、乔治敦大学等多所美国高等院校。

3 月 28 日，2008“IET－方正大学校长奖”颁奖典礼在学校举行，校长陈准民和其他高校的五位校长获 2008“IET－方正大学校长奖”。

4 月 12 日，学校召开中国开放型经济研究所成立大会暨中国开放性经济发展研讨会。

4 月 12 日至 13 日，由对外经济贸易大学、德国海因里希·伯尔基金会联合主办的

“竞争与伙伴关系：中国与欧盟经济贸易关系热点问题”国际学术研讨会在学校举行。

4月17日，学校党委召开扩大会议，通报教育部巡视组巡视学校后所提出的意见建议和中共北京市委教育工委党建评估专家组对学校工作提出的意见，并汇报了校党委根据上级意见所做的整改工作情况。

4月27日，学校第39届运动会闭幕。本届运动会破男子跳远、男子800米两项学校记录。

4月27日，学校举行“校园开放日”，为参加高考的学生及其家长进行咨询服务。

4月28日，学校举办第三期院长论坛，听取赴浙江大学、江南大学考察团成员汇报考察情况。

5月4日，学校召开“五四表彰大会”，董檪、王晓宇等47名优秀共青团员受到表彰。

5月，学校林桂军副校长率团出访加拿大多伦多大学、麦克马斯特大学、布鲁克大学、达豪西大学、卡尔顿大学、皇后大学、维多利亚大学。

6月5日，学校举行“青春·奥运·2008”——对外经济贸易大学2008奥运会、残奥会志愿者誓师大会，北京团市委书记、北京2008奥组委志愿者部部长刘剑等出席大会。

6月11日，欧洲联盟欧洲委员会消费者保护委员梅格莱娜·库内娃女士在欧盟欧洲委员会驻华大使塞日·安博的陪同下率团访问学校。

6月20日至25日，学校分别举行2008届本科生、研究生和来华留学生毕业典礼，2008年毕业本科生1 599名、博士研究生32名、硕士研究生1 294名、来华留学生309名（其中2名博士研究生、134名硕士研究生、173名本科生）。

6月26日，学校召开纪念建党87周年暨表彰先进大会，对获得2006－2007年度北京高校德育工作先进集体、优秀共产党员、优秀党务工作者称号的单位和个人进行表彰。

6月，国际经济贸易学院2005级经济学荣誉学士班范瀚文、刘小溪和信息学院张颖代表学校首次参加2008年美国大学生数学建模大赛（MCM/ICM），获二等奖（Honorable Mention）。

7月10日，学校召开第二次人才强校工作会议。会议的主题是：以科学发展观为指导，围绕学科建设目标，建设高层次人才队伍和优势学科创新团队。

8月16日，全国政协委员、香港城市大学校董会主席钟瑞明访问学校。

9月11日，学校党委召开以“传承奥运精神，弘扬伟大师魂”为主题的全校教职工大会，庆祝第24个教师节，表彰2007年教师节以来涌现出的优秀教职工和从事教育工作30年的教职工。

9月25日，学校召开“211工程”三期建设宣传介绍会，“211工程”三期建设全面启动。

9月，学校教师许亦平、林桂军和孙华妤合作完成的论文《Accounting for China-US Trade Imbalance：An Ownership — Based Approach》被国际学术期刊《Review of International Economics》接受并将公开发表。

10月7日，澳大利亚工党主席、南澳大利亚州州长迈克·兰恩（Hon Mike Rann）率团来校，出席学校与阿德莱德大学谅解备忘录和合作意向书签字仪式。

10月18日，由学校开放型经济研究所和国际经济伦理研究中心携手德国阿登纳基金会主办的“开放与责任”国际研讨会在学校召开。

10月19日，第三届北京市高校大学生韩国文化节开幕式在本校举行，来自北京大学等九所高校的韩语系师生约500人参加了开幕式。

10月21日，学校举行“中国技术管理和创新：21世纪的机遇和挑战”国际研讨会，来自国内外著名大学、研究机构和国际组织的120余名专家学者参加研讨会。

10月25日，第五届中国金融学年会在学校举行，金融学院副院长丁志杰教授等就公司治理、金融资产定价、全球金融危机等问题作主题演讲。

10月27日，学校举行“王林生奖学金、奖教金”签字仪式。学校1987届研究生校友、美国艾威资本集团亚洲董事、总经理谢岷提供100万元人民币，设立“王林生奖学金、奖教金”，这是学校校友首次以导师名义设立的奖学、奖教金。

10月30日，学校举行“中国企业国际化经营研究中心”成立揭牌仪式。

10月30日，学校召开“奥运工作总结表彰大会”，宣读北京市教育工作委员会、北京市教委、共青团北京市委、北京市学联《关于表彰首都教育系统奥运工作先进单位、先进集体、先进个人和优秀学生的决定》。学校获得多项集体和个人荣誉。2008北京奥运会和残奥会期间，学校近2 500名志愿者，分布于40多个场馆的70多个服务点，在近三个月的志愿服务工作中，取得了零失误、零事故、零投诉佳绩。

10月，学校林桂军副校长率我国五所知名高校代表组成的中国高教代表团赴莫斯科，参加上海合作组织成员国“教育无国界周”活动，期间访问了学校与俄罗斯国立人文大学共建的俄罗斯国立人文大学孔子学院。

11月7日，学校举行第十五届“安子介国际贸易研究奖”颁奖典礼暨学术报告会，获奖代表、商务部国际贸易经济合作研究院徐强博士作题为《增强我国经济国际主导权的若干思考》的报告，国际经济贸易学院殷晓鹏、姚顺利博士应邀作题为《全球化与国际贸易理论的发展及应用》的报告。

11月8日至9日，学校举行“中国国际贸易学会年会暨国际贸易发展论坛”，商务部副部长易小准出席并作主旨演讲。

11月22日，美国华盛顿大学与学校国际经济学研究中心（RCIE）联合召开第一次学术研讨会——2008 RCIE国际贸易研讨会，来自美国以及中国香港和内地多所著名大学和中国科学院的近40位国际贸易领域学者参加研讨会。

11月28日，学校区域国别研究中心组织召开第二届中国与拉美国家经贸关系研讨会，30多位中外拉美问题研究专家、学者以及巴西、智利等驻华官员与会。

11月29日，学校召开2009届毕业生冬季招聘会，中纺集团、商务部培训中心、中国技术进出口公司等70多个单位派人来校招聘人才。

11月，据北京市教委办公室文件通知，学校与北京大学等25所高校被评为首批“北京地区高校示范性就业中心”。

12月18日，学校举行2007－2008学年学生先进集体、先进个人、奖学金颁奖典礼，对7个优秀（党章）马列学习小组、17个先进集体、1 118名优秀学生和各类奖学金获得者进行表彰。

12月19日，学校举行“高等教育国际化研究暨国际化指标体系研讨会”，会议通过问卷调查形式对高等教育国际化指标设置进行调研。

12月25日，中国驻美大使、原外交部副部长、学校1968届校友周文重应邀来校作《金融危机与中美关系》的形势报告。

12月27日，以“特色型大学与创新型国家建设”为主题的第二届高水平特色型大学发展论坛年会在学校召开，26所高水平特色型大学的主要领导及专家参加了年会。教育部党组副书记、副部长陈希出席会议并讲话。

12月30日，学校召开统战人士纪念改革开放30周年座谈会，校党委副书记杨逢华出席座谈会并讲话。

12月，学校林桂军、沈四宝两位教授被聘为第二届教育部社会科学委员会委员。

2009年

1月8日，学校召开主题为“推进科学发展，营造和谐氛围”的第六届教代会暨第十三届工代会第四次会议。

2月24日，学校举办“全球经济与中国研讨会”，会议主题是“抑制贸易保护主义，提振经济增长信心”。

2月28日，学校国际商学院MBA代表队获得PEAKTIME全球商业策略竞赛中国赛区冠军和亚军。

3月7日，学校举行“WTO法律制度与金融海啸背景下全球化治理研讨会”暨“WTO法学之父杰克逊教授新著《WTO与国家主权》（中文版）首发式”，法学院教授盛建明博士是该书中文版译者之一。

3月10日，中共对外经济贸易大学第十届委员会第六次全体（扩大）会议召开。会议审议通过了《深入学习实践科学发展观活动实施方案》。

3月12日，学校召开深入学习实践科学发展观活动动员大会。教育部指导检查第四工作组成员出席动员大会。

3月20日，学校召开春季招聘会，38家京内外单位参加招聘会，为毕业生提供近300个就业岗位。

4月11日，学校关心下一代工作委员会与中国老教授协会在学校联合举办“金融危机发展趋势与对策”专家论坛。

4月11日，学校国际经济贸易学院主办“全球经济与中国”大型学术论坛第三期“超主权货币能走多远”。

4月13日，学校外语学院与国际学院联合主办2009年外语文化节开幕，十四个国家的驻华使节出席开幕式。

4月15日，原中共中央政治局常委、国务院副总理李岚清莅临学校，为师生作“篆刻与《突围》”讲座。李岚清还向学校赠送了他亲自书写的“诚信为本，互利共赢”书法作品以及精心雕刻的“诚信为本”印章，向学校团委和学生会赠送亲笔签名的《突围》一书。

4月15日，学校举办中国—苏丹建交五十周年图片展，苏丹驻华大使和胡福印副校长为图片展剪彩。

4月19日，学校举办2009年全国外语、外贸院校暨部分在京院校联合招生咨询会，有近万名学生家长来现场咨询。

4月22日，学校MBA代表队在第九届欧莱雅全球在线商业策略竞赛决赛中获得最佳SPI奖以及全球总冠军。

4月23日，巴林王国研究中心秘书长阿卜杜拉·萨迪克、高级顾问努埃曼·贾拉勒、信息部主任穆罕默德·安萨里一行3人来访。

5月4日，学校举行“我与祖国共奋进——对外经济贸易大学‘五四’运动九十周年纪念大会暨五四表彰大会”，对先进基层团组织、优秀学生社团、优秀团干部和优秀科研作品予以表彰。

5月7日，学校举办第一个毕业生就业实习基地“对外经济贸易大学—华道数据就业实习基地”签约仪式暨首场校园招聘会。

5月14日，学校举行2008级学生奖学金颁奖暨优秀学生事迹报告会，402名学生获得优秀学生称号，968名学生获得各类奖学金。

5月16日至17日，学校举办首届全国语言语块教学与研究学术研讨会，来自英国、美国、新加坡和我国港澳台地区以及北京大学等国内外100多所院校的200多名代表与会。语块教学研究创始人之一英国Cardiff大学的Alison Wray教授出席。

5月20日，诺贝尔经济学奖获得者爱德华·普雷斯科特教授被聘为对外经济贸易大学荣誉教授。

5月23日至24日，学校召开国际经济和金融学会（中国）2009国际学术会议。新古典贸易理论大师Ronald W. Jones教授、国际贸易理论领域世界级经济学家Murray C. Kemp教授等70多位中外学者与会，就国际经济学现实和未来发展以及世界经济面临的问题和挑战进行学术探讨。大会设立16个分会场，宣读会议入选论文50篇，其中有本校教师论文13篇，显示了本校教师的国际学术水准。

5月31日，学校举行“全球经济与中国”大型学术论坛第四辑——“全球经济复苏与中国的作用”，诺贝尔奖获得者、英国剑桥大学教授莫里斯爵士出席论坛并发言。

5月，学校杨梦雅同学被授予“2008年度全国优秀共青团员”称号，这是在本次表彰活动中北京地区唯一获此殊荣的大学生。

6月1日，雅典经济商业大学校长Professor Gregory P. Prastacos率代表团来访，学校党委书记王玲向Prastacos校长递交学校草拟的《两校学术合作协议》、《共建孔子学院协议》等文件。

6月5日，教育部党组副书记、副部长陈希代表教育部党组宣布关于对外经济贸易大学行政领导班子的任免决定，任命施建军为对外经济贸易大学校长，徐子健、刘亚、胡福印、林桂军、张新民为对外经济贸易大学副校长；免去陈准民的校长职务、王正富的副校长职务；教育部党组任命施建军为中共对外经济贸易大学委员会委员、常委，张新民为中共对外经济贸易大学委员会常委；免去陈准民、王正富的中共对外经济贸易大学委员会委员、常委职务。

6月9日，施建军校长会见来访的韩国亚洲大学校长徐文濩（Moon Ho SHU）一行，双方签署《对外经济贸易大学（中国）与亚洲大学（韩国）学术交流协议》。

6月27日至30日，学校先后举行2009届来华留学生、研究生和本科生毕业典礼，2009年从学校毕业的本科生1 737名，研究生1 464名，来华留学生379名。

7月1日，学校党委召开纪念建党88周年暨表彰先进大会，对13个先进基层党组织、23名优秀共产党员和6名优秀党务工作者给予表彰。

7月3日，学校举办第一届北京现代服务业发展论坛。

7月9日，学校举行重点研究基地授牌仪式，施建军校长为8个校级重点研究基地授牌。8个校级重点研究基地是：外国直接投资研究中心、国际财务与会计研究中心、技术性贸易措施研究中心、应用金融研究中心、竞争法研究中心、区域国别研究中心、商务英语与跨文化研究中心、现代服务业研究中心。

8月8日，施建军校长出席中国高等教育学会高等财经教育分会全体理事会并主持校长组讨论。会上，施建军校长当选第二届理事会副理事长，刘亚副校长当选常务理事，校长办公室主任余兴发当选理事兼副秘书长。

8月10日至15日，校党委书记王玲率领学校首期中层干部境外培训考察团，赴英国访问考察伯明翰大学、华威大学、伦敦政治经济学院、肯特大学和剑桥大学。

8月，学校党委书记王玲出席国家汉办在俄罗斯符拉迪沃斯托克举行的“欧亚地区孔子学院联席会议”，并代表与会中国高校作《推进孔子学院发展的几点建议》的演讲。

9月3日，学校党委召开深入学习实践科学发展观活动总结暨群众满意度测评大会，党委书记王玲代表校党委作《深入学习实践科学发展观活动总结报告》。部属高校深入学习实践科学发展观活动指导检查工作组第四组组长王文生出席会议并讲话。

9月7日，学校举行以“我爱我的祖国，我爱我的大学”为主题的2009级新生开学典礼。2009年学校招收本科生2 016名，其中高考招生1 876人、保送生50人、华侨港澳台联合招生11人、2008年预科转回30人、西藏内地班18人、新疆内地班11人、国际贸易二学位20人。

9月8日，在教育部公布的第六届高等教育国家级教学成果奖获奖项目中，本校林汉川教授主持完成的《“中小企业管理”的三层次课程体系创新与人才培养模式探索》，陈进教授和华迎与外校合作完成的《高校电子商务专业知识体系建设与创新实践》，陈恭和教授与外校合作完成的“构建实施应用《大学文科计算机教学基本要求》”等3项成果荣获国家级教学成果二等奖。

9月9日，欧盟委员会贸易委员凯瑟琳·阿斯顿应邀来访，为师生作了题为《中国—欧盟贸易关系向前迈进——建立信心》的演讲。

9月10日，学校召开以“弘扬高尚师德，履行神圣使命”为主题的教师节庆祝表彰大会，表彰奖励2008－2009学年教育教学优秀成果以及在教学、科研和人才培养等方面取得突出成绩的优秀工作者。

9 月 24 日，学校举行“祖国万岁”庆祝新中国成立六十周年合唱比赛，这是学校有史以来规模最大的师生同台歌唱比赛。

9 月，经国务院学位委员会批准，学校获得英语翻译专业硕士学位授权点，在研究生培养方面首次新增专业硕士学位。

9 月，学校青年教师廉思主编的《蚁族》一书由广西师范大学出版社正式发行，广受社会各界关注和好评。

9 月，学校首次招收葡萄牙语专业学生，第一届葡语本科专业共招收 12 人。

10 月 1 日，学校派 1 565 名师生参加国庆六十周年活动，圆满完成群众游行、广场联欢、合唱等项任务，荣获北京市群众游行优秀组织单位奖。

10 月 6 日至 11 日，学校党委书记王玲率对外经济贸易大学代表团和学生艺术团参加在希腊雅典经济商业大学举行的孔子学院成立暨揭牌仪式大会，并对该校进行工作访问。

10 月 13 日，中国宋庆龄基金会秘书长李宁来学校共商双方合作事宜。

10 月，首届北京市大学生英语演讲比赛决赛圆满结束，学校英语学院的李桑汇与金融学院的王轩获得并列第一名。

10 月 17 日，全国国际商务英语考试研究中心揭牌仪式暨考官培训班开学典礼在学校举行。

10 月 22 日，学校举行国庆 60 周年活动总结表彰大会，对在国庆 60 周年活动中表现突出的先进集体和个人予以表彰和奖励。

10 月 27 日，学校召开中层党政一把手通气会，施建军校长通报学校《学习实践科学发展观活动整改落实方案》实施推进情况。

10 月，2009 年国家级教学团队立项建设名单公布，学校申报 3 个北京市教学团队全部获得批准。以范黎波教授为带头人的管理系列课程教学团队、以赵忠秀教授为带头人的国际贸易教学团队被批准为国家级教学团队。此外，浦军负责的国际财务管理课程被批准为国家级双语示范课程，刘立新负责的金融工程专业被批准为特色专业建设点。至此，学校共有 7 门国家级双语示范课程，9 个国家级特色专业建设点。

11 月 5 日，学校召开中层干部换届动员大会，党委书记王玲作动员报告，校长施建军作动员讲话，换届工作于 2009 年 11 月开始。

11 月 5 日，中共对外经济贸易大学第十届委员会第七次全体会议召开，会议审议并一致通过《关于筹备召开学校第十一次党代会的决议》。

11 月 7 日至 8 日，由学校承办的第二届中国经济管理基础课程教学高层论坛在北京会议中心开幕。

11 月 10 日，美国现任国务院副国务卿罗伯特·霍马茨来访，并发表《新全球经济环境下的中美经济关系》演讲，施建军校长向霍马茨副国务卿赠送国画《岁寒三友》。

11 月 11 日，学校党委研究决定，成立对外经济贸易大学思想政治理论课教学科研部（简称思政教研部）。该部为独立的二级教学科研机构，负责全校思想政治理论课的教学和科研管理工作。学校拨给思政教研部经费 100 万元/年，实施思想政治理论课建设“百万工程”。

11 月 12 日，学校聘请哈萨克斯坦国家基金理事会主席卡里姆别托夫博士为金融学专业荣誉教授。

11 月 14 日至 15 日，学校举行“腾飞工程”国际化人才培养第二届国际校长论坛。来自美国、英国、法国等 10 多个国家和地区的 30 多所著名大学的校长、教育机构负责人与国内 40 多所大学和教育机构的校长、专家学者齐聚学校，以“教育创新·合作·发展”为主题，就金融危机背景下的全球教育问题进行深入探讨。

11 月 25 日，学校图书信息中心工程荣获年度中国建设工程鲁班奖（国家优质工程）。

11 月 27 日，学校与唐山市政府全面合作协议签字仪式在唐山市举行，施建军校长和唐山市委副书记、市长陈国鹰分别在签字仪式上致辞，并代表双方签署全面合作协议。

11 月，学校获得国家自然科学基金立项 6 项，资助经费 112.5 万元，获教育部人文社科研究项目立项 17 项。

11 月，国务院学位委员会通报第六届学科评议组召集人选举结果，学校副校长林桂军教授当选应用经济学评议组召集人。

12 月 2 日，本校学生在“2009 年全国大学生数学建模竞赛”中荣获全国一等奖 1 个，二等奖 2 个；北京市一等奖 5 个，二等奖 4 个。

12 月 11 日，教育部党组副书记、副部长陈希专程来学校调研指导工作，部长助理、部党组成员林惠青和直属高校工作司司长陈维嘉陪同调研。在由校党委书记王玲主持的调研座谈会上，施建军校长介绍了对外经济贸易大学的发展历史和办学特色，汇报了学校近期认真学习实践科学发展观所取得的成果。

12 月 16 日，学校隆重召开校教育基金会成立暨 60 周年校庆筹备工作动员大会，党委书记王玲、校长施建军为学校教育基金会及 60 周年校庆徽标揭牌。

12 月 17 日，学校召开 2008 – 2009 学年度学生先进集体、先进个人、奖学金颁奖典礼。28 个先进集体、4 662 名先进个人受到隆重表彰，奖金总额达 490 万。信息学院 2007 级赵珂、法学院 2006 级莫阳、国际经济贸易学院 2007 级毕帆代表获奖者在会上发言。

12 月 21 日，学校举行庆祝国际经济贸易专业建设 55 周年大会。

12 月 23 日，中国常驻世界贸易组织代表、特命全权大使孙振宇受邀来校作关于青年成才的精彩演讲。

12 月 27 日，学校举行 2009 中国开放经济高层论坛，论坛的主题是：稳定外需，促进中国开放型经济可持续发展。商务部副部长钟山出席会议并发表主旨演讲。

2010 年

1 月 16 日，学校组织 2010 年艺术特长生测试工作，来自全国各地的 120 名考生接受了分类测试。

1 月 23 日，学校举行 2010 年自主招生考试，考试分为笔试和面试两部分。经过报名初审，共有 790 余名考生参加本次考试。

1 月 31 日，校长施建军在 2009 年搜狐年度教育盛典暨中国教育总评榜揭晓盛会上以高票荣获由网友投票以及专家评议推举产生的“中国教育 60 年 60 人”成就奖，国际商学院入选“建国60周年最具影响力商学院品牌”。

2月9日至18日，学校党委书记王玲率领对外经济贸易大学代表团赴美国德州大学圣安东尼奥分校参加UTSA-UIBE商务孔子学院揭牌仪式。随后，代表团对美国普林斯顿大学（Princeton）、罗格斯大学（Rutgers）、圣约翰大学（St. John's）、北卡罗来纳大学教堂山分校（UNC at Chapel Hill）等四所高校及麦克希尔（Mc Graw-Hill）教育出版集团进行友好访问。学校大学生艺术团随行并进行文艺巡演。

2月，学校代表队在中国名校杯北京市大学生第四届高山滑雪比赛中获得女子团体第二名、男子团体第二名、男女团体第二名和女子第二、第六名，男子第三、第四名的好成绩。

2月，在民革北京市委第十三届委员会第七次全体会议上，本校法学院教授、市政协委员苏号朋当选为民革北京市委委员。

2月，由国际商学院、中国电影发行放映协会共同主办的“对外经济贸易大学现代影视EMBA学位项目新闻发布会”举行。

2月，学校举行赵苏副教授赴疆工作欢送会，王玲书记、施建军校长、徐子健副校长出席欢送会。

3月10日，施建军校长会见来访的德国住房部前部长Ulrich Pfeiffer，双方进行了友好亲切的会谈。

3月12日，学校举行2010年毕业生春季招聘会，40余家单位提供700余个工作岗位。

3月12日，学校1992届校友、深圳走秀网络科技有限公司联合创始人纪文泓向学校教育基金会捐赠100万元人民币，用于支持学校事业发展。

3月17日，施建军校长会见来访的巴基斯坦前央行行长伊思哈特·侯赛因（Ishrat Husain），以及陪同来访的巴基斯坦驻华使馆萨尔达尔·汗公使。

3月18日，学校举行校党委中心组理论学习专题报告会，特邀中央教育科学研究所所长袁振国教授解读《国家中长期教育改革和发展规划纲要》。

3月20日，学校举行国际低碳经济研究所揭牌仪式暨“低碳经济国际研讨会”，中国以及来自日本、德国、美国和欧盟等国家的专家学者和外交使节出席揭牌仪式和研讨会。

3月，学校范黎波教授入选2009年“新世纪百千万人才工程”国家级人选。

3月，全国哲学社会科学规划办公室向学校党委发来通报，高度评价学校廉思副教授研究成果《“蚁族”对社会稳定的影响及相关对策建议》。

3月，学校学生团队在美国数学建模竞赛（MCM/ICM）中取得一等奖2项，三等奖14项。

4月8日，学校党委中心组举办理论学习专题报告会，特邀北京市金融工作局党组书记、北京市金融服务工作领导小组副组长兼办公室主任霍学文作题为《从首都金融业发展看金融创新人才培养》的报告。

4月10日，学校党委书记王玲、校长施建军分别会见来访的泰国正大集团副董事长蔡绪锋及其随行人员，并聘蔡绪锋为学校客座教授。

4 月 18 日，学校在诚信楼广场举行 2010 年“校园开放日”暨全国财经外语类院校和部分在京高校联合招生咨询会。

4 月 18 日，学校召开国际关系学院成立大会暨“国际体系变革与中国对外战略”学术研讨会。中国前驻美大使、博鳌亚洲论坛秘书长、学校著名校友周文重出席会议。

4 月 19 日，学校召开教育基金会和校友工作会议，对完善组织机构、抓好基础建设、统一基金管理等工作进行部署。

4 月 22 日，学校举行第一届国际文化节开幕式，来自 34 个国家的驻华使节出席开幕式。

4 月 26 日，教育部召开“2009 年度全国毕业生就业典型经验高校经验交流会”，宣布获奖高校名单并举行授牌仪式。本校与清华大学、北京大学等 50 所高校荣列其中。

4 月 28 日，学校举行纪念五四运动 91 周年暨第一届青年教师发展论坛。

4 月 29 日，学校召开就业工作表彰暨 2010 年就业工作推进会，表彰奖励 2009 年就业工作先进集体和个人。

4 月，教育部科学技术委员会发布《关于批准建设教育部战略研究培育基地的通知》，学校“中国开放经济与国际科技合作战略研究中心”成为教育部第二批战略研究培育的四个基地之一。

5 月 19 日，学校举行国际商务汉语教学与资源开发基地（北京）揭牌仪式暨《商务汉语全球通》系列教材首发式。

5 月 21 日，对外经济贸易大学《商务外语研究》创刊揭牌暨专家咨询会举行，社科院、全国重点高校和研究机构知名外语专家学者到会。

5 月 22 日至 23 日，学校召开“全国首届跨文化商务交际国际研讨会”。

5 月 28 日，学校蒋屏、张玮、窦卫霖三位教授的课程被评为教育部 2010 年度国家精品课程（网络教育）。

5 月 31 日，应教育部国际司和中国教育国际交流协会邀请，施建军校长参加了在上海召开的第十届“中澳高等教育论坛”。

6 月 2 日，教育部在广州全面启动“中非高校 20 + 20 合作计划”，经过专家评审，对外经济贸易大学与突尼斯大学等 20 对合作院校入选该计划。

6 月 4 日，由教育部人事司、中共北京市委组织部、市委教育工委组成的考察组，来学校开展党委换届考察工作。

6 月 4 日，学校举行第六届管理会计与控制国际研讨会，来自美国、英国、澳大利亚、加拿大、中国等国家的 50 多名国内外著名会计界专家学者参加研讨会。

6 月 6 日，在北京市第一届大学生轮滑比赛中，本校获得团体总分第一名、女子团体第一名和男子团体第三名。

6 月 8 日，学校“千人计划”入选者、美国普渡大学张浩教授来到学校，校党委书记、“人才强校”领导小组组长王玲会见张浩教授。

6 月 10 日，学校举行 2009 级学生奖学金颁奖大会暨优秀学生事迹报告会，502 名 2009 级获奖学生代表参加大会。

6 月 10 日，学校就业指导中心主办的“首届暑期就业实习招聘会”在本校举行，近 50 家单位与会。

6 月 12 日，学校教育基金会收到学校 2008 届博士生校友、祥祺集团董事长陈红天捐赠 100 万元，此笔捐赠款项将专门用于资助 2010 年度校友代表大会。

6 月 17 日，全国哲学社会科学规划办公室公布 2010 年国家社科基金年度项目评审结果，本校共获得国家社科基金资助项目 16 项，这是建校以来立项数量最多的一年。

6 月 19 日，学校举行全球风险协会对外经济贸易大学分会揭牌仪式暨风险管理论坛，原全国政协常委、中国国外农业经济学会会长徐更生致贺词，并与施建军校长共同为 CIACD 中心揭牌。

6 月 24 日，学校党委理论学习中心组召开专题学习会，集体学习《国家中长期人才发展规划纲要（2010－2020 年）》。

6 月 30 日，学校举行北京阳光留学教育实验基地揭牌仪式。

6 月，施建军校长撰写的《跑好这一棒——我的办学理念与思考》由对外经济贸易大学出版社出版发行。

6 月，学校获得低碳经济学交叉学科北京市重点学科。至此，学校已拥有一个一级学科、两个交叉学科、三个二级学科北京市重点学科。

7 月 1 日，学校召开纪念建党 89 周年暨“育人标兵”、“成才表率”表彰大会。

7 月 12 日，阿根廷共和国总统克里斯蒂娜·费尔南德斯·德基什内尔访问学校，接受了施建军校长代表学校授予的法学名誉博士学位，并发表关于中阿关系、世界经济形势的主题演讲。

7 月 17 日至 18 日，中国共产党对外经济贸易大学第十一次代表大会隆重举行。大会选举出中共对外经济贸易大学第十一届党委委员 23 名，中共对外经济贸易大学纪律检查委员会委员 9 名。

7 月 25 日至 27 日，学校党委书记王玲率学校代表团前往新疆石河子大学商谈对口支援工作，参加两校共同举办的学术研讨会，并看望正在石河子大学挂职的赵苏老师。

8 月 1 日至 10 日，受国家汉办委托，由学校国际商务汉语教学与资源开发基地和英语学院共同承办的“孔子学院外方项目经理首期研修班”正式开班授课。

8 月，在教育部“昆山杯”全国大学生优秀创业团队大赛总决赛中，由学校推荐的优秀创业团队“Starever 新恒科技创业团队”以“市场营销表现”全国第一的优异成绩成功晋级，成为唯一一所进入全国总决赛的财经类部属高校。

8 月，经团中央等相关单位提名，本校公共管理学院廉思副教授当选中华全国青年联合会第十一届委员会委员。

9 月 7 日，北京市庆祝教师节大会隆重表彰北京市教育系统 20 名师德标兵及 216 名师德先进个人，本校教师张翠萍、丁志杰荣获北京市师德先进个人称号。

9 月 7 日，学校艺术团一行 30 人，应沙特阿拉伯阿美石油公司邀请抵达沙特达兰，参加当地 iTHRA 国际文化艺术节文艺演出。

9 月 9 日，学校召开教师节庆祝表彰大会，表彰为学校发展建设作出突出贡献的教职员工。

9 月 19 日，学校举行 2010 年校友工作大会，来自全国各地、各届校友共同商讨学校校友工作和2011年60周年校庆大计。

9月21日，学校向世界知名学者PeterBuckley教授颁发长江学者讲座教授证书。

9月，根据国务院学位委员会下发的《关于下达2010年新增硕士专业学位授权点的通知》，学校获得金融、国际商务、保险、资产评估、公共管理、会计六个专业硕士学位授权资格。

9月，中国博士后基金会近期公布第47批博士后科学基金面上资助获得者名单，本校金融学院博士后王修华、国际经济研究院博士后史爱武获得二等资助，资助金额为3万元/人。

9月，学校国际经济贸易学院青年教师洪俊杰荣获霍英东教育基金会第十二届高等院校青年教师奖（三等奖），国际商学院青年教师王永贵、法学院青年教师马特荣获霍英东教育基金会第十二届青年教师基金基础性研究课题资助。

9月，学校外语学院2008级阿拉伯语专业学生在全国阿拉伯语专业四级考试中获得团体平均分数第一名。

10月11日，学校举行中韩商务汉语体验中心揭牌仪式。

10月14日，学校举行学生素质教育中心启动仪式，校党委书记王玲出席并讲话。

10月16日，由对外经济贸易大学和韩国光云大学共同主办的第三届中国—韩国行政管理国际学术研讨会在本校举办。

10月21日，学校举行匡翘基金成立暨2010年匡翘助学金颁发仪式，正建（香港）国际有限公司董事副总经理罗铸元、本校原副校长王林生和夫人严隽和（本校63届校友、原北京市外经贸委副主任）等出席，15名2010年度学生获得匡翘助学金。

10月21日，学校举行与北京保险行业协会共建教学实习基地签约暨揭牌仪式，这是学校首次与行业协会共建校级教学实习基地。

10月25日，学校举行由国家汉办主办、本校国际商务汉语教学与资源开发基地承办的泰国教育部官员与校长团研修班结业典礼，40位泰国教育部官员与中小学校长获得结业证书。

10月26日至11月3日，应美国加州州立大学富勒顿分校（CSUF）的邀请，学校徐子健副校长带队的国际商务汉语教学与资源开发基地“商务中国”巡讲团一行6人赴美国南加州富勒顿市参加2010美国经济预测会（2010 American Economics Forecast Conference），并在中国经济分会上演讲。

10月27日，学校举行党委理论中心组学习专题报告会，邀请国务院研究室党组副书记、副主任江小涓教授解读“十二五”规划建议。

11月3日，由本校和北京联合大学共同申报的中国国际电子商务中心校外人才培养基地挂牌仪式及三方共建协议在北京市亦庄经济技术开发区中国国际电子商务中心举行。

11月6日，在浙江越秀外国语学院和韩国大真大学共同举办的“纪念韩文创制颁布564周年·全中国大学生韩文演讲比赛”中，本校外语学院2007级韩语系赵谦慧同学获得一等奖。

11月8日，学校老领导、原对外贸易部副部长赵长春同志的遗体告别仪式在八宝山举行。施建军校长、陈建香副书记代表学校前往参加并慰问了赵长春同志的夫人及家属，陈泉源、孙维炎、徐世伟、徐延春、黄震华、徐秉仁等学校老领导和老同志及有关人员参加了告别仪式。

11 月 9 日，由对外经济贸易大学电子商务研究所、信星计划管理中心和 OASIS（中国）办事处联合主办的“开放标准与电子商务论坛”在本校举行。

11 月 18 日，第十六届“安子介国际贸易研究奖”颁奖典礼暨学术报告会在本校举行。

11 月 18 日，学校国际商学院首期现代影视传媒管理 EMBA 课程的开学典礼在本校举行。

11 月 21 日，“我的大学我的梦”——第三届北京市大学生艺术展演活动闭幕颁奖晚会在中国剧院举行，本校共获得一等奖 2 个、二等奖 5 个及三等奖 1 个，陈建香副书记代表本校上台领取“优秀组织奖”。

11 月 24 日，学校与中国对外贸易中心共建的“北京市高等学校市级校外人才培养基地”挂牌仪式在中国进出口商品交易会中国对外贸易中心举行。

11 月 24 日，华夏人寿保险股份有限公司与对外经济贸易大学保险学院战略合作框架签约仪式暨教学实习基地授牌典礼在华夏人寿总公司举行。

11 月 27 日，由北京市政治学行政学学会主办、本校国际关系学院承办的“中国特色社会主义政治建设”学术研讨会在本校举行。来自北京高等院校、科研院所的近 60 位政治学者与会并展开热烈的学术讨论。

11 月 25 日，由国家汉办主办、本校国际商务汉语教学与资源开发基地承办的希腊校长团研修班结业典礼在本校举行，校长施建军教授出席研修班结业典礼。30 位希腊大学与中、小学校长获得结业证书，为期九天的研修班落下帷幕。

11 月 26 日，学校国际经济研究院院长桑百川教授被聘请担任中华人民共和国商务部商务时评专家。

11 月，经全国哲学社会科学规划领导小组审批，本校张新民教授申报的《资本国际化背景下的中国产业安全研究》和孙华妤教授申报的《后危机时代稳步推进人民币汇率形成机制改革战略研究》被正式批准为 2010 年度国家社会科学基金重点项目，各获资助经费 20 万元。

11 月，在“2010 高教社杯全国大学生数学建模竞赛”中本校共有 37 支队伍参加，2 支队伍获全国一等奖、3 支队伍获全国二等奖，本校获全国奖数量在同类院校中名列前茅。

11 月，根据教育部《关于公布新一轮普通高等学校申请建设高水平运动队综合评审结果的通知》，本校篮球项目获得高水平运动队建设资格，这是学校体育工作的一大突破。

11 月，由对外经济贸易大学大田物流研究中心梅赞宾、刘建新等多位研究员，本校多位校友及行业资深人士花费 5 年时间倾心打造的 80 多万字的行业力作《中国国际货运代理业发展研究报告》一书由中国物资出版社出版。

10 月至 11 月，施建军校长率中国教育部高校代表团访问澳大利亚，了解澳洲教育规划，为制订中国“十二五”教育规划服务。

12 月 1 日，山西财经大学党委副书记薛文治率代表团一行 9 人莅临本校进行学习考察，与本校党委副书记陈建香及部分职能部门领导就学生管理工作进行交流。

12 月 3 日，学校召开第三次来华留学生工作会议，全面总结“十一五”期间来华留学生工作，制定和完善来华留学生教育“十二五”发展规划。

12 月 3 日至 5 日，由中国企业管理研究会主办、汕头大学承办的“经济发展方式转变与中国企业管理”学术研讨会暨中国企业管理研究会 2010 年年会在汕头举行。会上，施建军校长作了《企管学科调整与企业管理创新》的演讲，并被选为新一届中国企业管理研究会副会长。

12 月 3 日，在北京高校创先争优活动阶段总结部署暨表彰大会上，本校国际经济贸易学院施丹副教授荣获“北京高校育人标兵”称号。

12 月 5 日，“外经贸”杯 2010 高校未来商务谈判精英邀请赛结束了激烈的角逐，在夺得 2008 年的季军和 2009 年的亚军之后，对外经济贸易大学代表队终于在今年夺得比赛的冠军。对外经济贸易大学代表队由国际经济贸易学院的 6 名学生组成，他们是：塔娜、于鹭、詹臻荣、宁竞、刘炎东、周笑梅。

12 月 11 日，由中国世界贸易组织研究院主办的第九届 WTO 与中国学术年会在北京顺利举行。

12 月 16 日，由海尔集团、IMA 美国管理会计师协会共同发起设立的“管理会计研究中心”成立揭牌仪式在本校举行。

12 月 17 日，商务部在北京举办“第六届中国贸易救济与产业安全高级研讨会暨有奖征文颁奖典礼”，本校世界经济专业 2007 级博士生魏磊和 2008 届毕业生蔡春林合作的《后危机时代我国外贸发展方式转变的方向与路径》荣获一等奖。

12 月 20 日，第六届“国家图书馆文津图书奖”揭晓，本校廉思副教授《蚁族：大学毕业生聚居村实录》等 10 部图书获奖。

12 月 28 日，教育部、商务部共建对外经济贸易大学签字仪式在学校举行。教育部部长袁贵仁、商务部部长陈德铭出席签字仪式并讲话。教育部党组成员、部长助理林蕙青主持签字仪式。

后　　记

2010年初，为迎接我校六十周年校庆，学校决定组织编写《对外经济贸易大学校志（2000—2010）》。此项工作由校庆筹备领导小组总负责，办公室设在档案馆。学校成立了以校领导为主任、副主任，各单位一把手为编委的《校志（2000—2010）》编委会，成立了由徐子健、赵忠秀、朱成器、车洪波、曹亚红、张小锋、孟令东等组成的编审组。

2010年3月初，《校志（2000—2010）》编审组拟定了《校志（2000—2010）》大纲和目录讨论稿。2010年5月，学校举办了两期校志编写人员培训班，明确了分工，规范了要领。2010年7月上旬，编审组成员对各单位送来的初稿进行了初审。暑假期间，负责总纂的车洪波教授对各单位的第二、第三稿进行了审改。蔡少薇老师协助总纂人做了很多文字工作。2011年1月形成了《对外经济贸易大学校志（2000—2010）》（征求意见稿），经各单位审定后，交负责总纂的车洪波教授统稿，尔后提交学校校庆筹备领导小组审批。2011年6月，送交对外经济贸易大学出版社编辑出版。

《对外经济贸易大学校志（2000—2010）》，继2000年出版的《对外经济贸易大学校志》之后，撰写了2000年至2010年的相关内容，其篇章、体例大体上沿用了原校志，增加了"学科建设"、"学院、研究院、教研部"两篇，突出了"国际合作与交流"等重点篇目，增加了"教代会"、"安子介国际贸易研究奖"、"学术刊物部"、"校友会、基金会"、"关心下一代工作委员会"、"学生管理工作"等章节。与2000年出版的《对外经济贸易大学校志》相比，《校志（2000—2010）》的编写体例、结构框架、章节顺序有所创新，比较完整、准确地反映了学校十年的发展状况。

《校志（2000—2010）》编写出版工作得到了学校领导和各部门、各单位负责人的大力支持。王玲书记、施建军校长和其他校领导审阅了全部稿件，各单位负责人对本单位稿件进行了细致审核。已故的徐子健副校长在担任《校志（2000—2010）》副主编期间，对校志编写倾注了精力和心血，直至病重住院后还多次过问校志编写工作进展情况。副校长赵忠秀教授接任《校志（2000—2010）》副主编后，全力支持校志办公室各项工作的有序开展。负责总纂的车洪波教授认真细致地审阅、修改稿件，为保证校志质量付出很大努力。出版社责任编辑朱成器老师，提前进入编辑工作，为本次修志提供了很多宝贵意见和建议。档案馆曹亚红馆长全面负责校志编写工作的组织策划、统筹协调。思想政治理论课教学科研部主任李景瑜教授撰写了《对外经济贸易大学校志（2000—2010）》的概述部分；档案馆的侯英杰、吴兴旺同志整理了《大事记》部分。在此，向所有为《对外经济贸易大学校志（2000—2010）》编写出版作出努力的单位、个人，表示衷心的感谢。

《对外经济贸易大学校志（2000—2010）》编委会

二〇一一年六月